L'ART

DU

FACTEUR D'ORGUES.

Par D. B<small>EDOS</small> <small>DE</small> C<small>ELLES</small>, Bénédictin.

 SECONDE PARTIE.

M. DCC. LXX.

L'ART

DU

FACTEUR D'ORGUES.

Par D. FRANÇOIS BEDOS DE CELLES , Bénédictin de la Congrégation de Saint-Maur , dans l'Abbaye de Saint Denys en France ; de l'Académie Royale des Sciences de Bordeaux , & Correspondant de celle de Paris.

SECONDE PARTIE.
Pratique de la Construction de l'Orgue.

POUR devenir Facteur d'Orgues, il ne suffit pas d'avoir une connoissance , même parfaite, de l'Orgue ; il faut de plus être instruit de tout le détail de la main-d'œuvre ; c'est ce qui va faire le sujet de cette seconde Partie , à laquelle j'ai souvent renvoyé dans le cours de la premiere , promettant d'y donner la description complette de toutes les opérations convenables & nécessaires à la fabrique de toutes les parties de ce grand instrument. J'y ferai, en toute occasion, l'application des principes de méchanique enseignés dans la premiere Partie. Cette seconde peut être regardée comme la principale & la plus nécessaire ; puisqu'il s'y agit de la construction de l'instrument entier. Je ne négligerai rien de tout ce qui pourra contribuer à satisfaire là-dessus les Amateurs , les Curieux , & ceux qui se destinent à devenir Facteurs d'Orgues. Voici donc mon plan, qui consiste en onze Chapitres.

Le premier contiendra des avis à ceux qui veulent faire construire un Orgue , aussi bien qu'aux Architectes & aux Menuisiers , sur ce qui est de leur compétence respective par rapport à l'Orgue.

Le second renfermera tout le détail nécessaire à la construction des Sommiers , avec leurs proportions.

Le troisieme , la maniere d'exécuter toutes les Pieces & Machines qui ont relation aux Sommiers , comme les Tirants , les Pilotes tournants, les Balanciers, les Abregés , les Claviers , &c.

Le quatrieme, la conſtruction de la Soufflerie & de tout ce qui en dépend.

Le cinquieme, la conſtruction des Tuyaux de bois.

Le ſixieme, la maniere de fondre l'étain & le plomb, pour en faire des tables minces, propres à former les tuyaux.

Le ſeptieme fera voir comment il faut faire les tuyaux de la Montre.

Le huitieme, comment il faut faire tous les autres tuyaux d'étain & de plomb.

Le neuvieme, la maniere de poſer toutes les machines & les tuyaux de l'Orgue.

Le dixieme, la maniere de faire parler les tuyaux, faire la Partition, couper les tuyaux en ton, & la maniere d'accorder l'Orgue.

Le onzieme, la maniere de relever ou réparer un Orgue.

CHAPITRE PREMIER.

Avis à ceux qui veulent faire conſtruire un Orgue, auſſi bien qu'aux Architectes & aux Menuiſiers, ſur ce qui eſt de leur compétence reſpective par rapport à l'Orgue.

LORSQU'ON veut faire conſtruire un Orgue, on eſt dans l'uſage, ſur-tout en certaines Villes, de s'adreſſer premiérement à un Architecte, que l'on charge de conſtruire la tribune, de donner le deſſein de l'Orgue, d'en faire faire les Buffets & de les mettre en place. On appelle enſuite un Facteur d'Orgues, qui, malgré un nombre d'inconvénients qu'il trouve dans un local déja fait, & auxquels il n'eſt plus poſſible de remédier, du moins ſans une dépenſe conſidérable, eſt obligé de conſtruire l'inſtrument le moins mal qu'il peut, ſelon la diſpoſition & les dimenſions qu'il a plû à l'Architecte de donner au local & aux Buffets. Il arrive de-là un grand préjudice pour le Propriétaire; parce que l'Orgue n'ayant pas pu être conſtruit dans les regles de l'Art, tout y ſera gêné, à l'étroit, mal diſpoſé, impoſſible, ou au moins très-difficile à entretenir, ſujet à de grands inconvéniens, & par conſéquent peu ſolide. On remarque pluſieurs exemples frappants de ce que je viens de dire dans Paris & ailleurs. Je connois pluſieurs Egliſes, que le reſpect que je leur dois ne me permet pas de nommer, qui ont eu le malheur de tomber dans cette imprudence. Un Architecte peut être fort habile dans ſon Art, ſans entendre, comme c'eſt l'ordinaire, celui du Facteur d'Orgues. Il n'y a pas lieu d'être autant ſurpris de ce qu'il diſpoſera mal un local & un Buffet, que de ce qu'il veut bien ſe charger d'une pareille entrepriſe, ſans douter au moins s'il ne pourra pas y faire des fautes. Mais lorſqu'il ſe concertera avec le Facteur d'Orgues, il n'aura pas à riſquer d'occaſionner des obſtacles à la bonne diſpoſi-tion & à la ſolidité de l'inſtrument. Je donnerai donc quelques avis aux

Entrepreneurs d'un Orgue, & quelques autres en particulier au Menuisier ; ce qui sera le sujet des deux sections suivantes.

Avis aux Entrepreneurs d'un Orgue.

446. La premiere chose qu'il convient de faire lorsqu'on veut faire construire un Orgue, est d'appeller d'abord le Facteur, qui doit examiner le local où l'on veut le placer. Après être convenu avec lui de la qualité de l'Orgue, selon la grandeur de l'Eglise, la disposition du lieu, & la dépense qu'on veut y faire ; il en dressera le devis, & donnera les principales mesures, tant du local que des Buffets, en se concertant avec l'Architecte. Celui-ci fera son devis pour tout ce qui est de sa compétence ; il donnera les desseins & les plans tant de la tribune que des Buffets, & fera construire l'un & l'autre s'il en est chargé, le tout selon les mesures dont on sera convenu.

447. Une tribune d'Orgue est toujours plus convenable en pierre qu'en bois. Si on la fait en bois, elle doit être construite de maniere qu'elle ne puisse faire aucun mouvement ; il ne suffit pas qu'elle soit assez forte pour porter l'Orgue, il faut de plus, qu'elle soit absolument inébranlable ; cela est essentiel ; ceux qui construisent une pareille tribune avec des poutres, quelque fortes qu'elles soient, qui traversent toute la largeur de l'Eglise, sans aucun appui intermédiaire & portant de fond, ne peuvent jamais réussir à la rendre telle ; elle fera toujours quelque mouvement : il faut nécessairement des appuis par-dessous, soit colonnes, ou tambour, &c, afin qu'elle ne soit susceptible d'aucun ébranlement. Le moindre mouvement est toujours si préjudiciable à l'Orgue, qu'il en est bien-tôt dégradé dans toutes ses parties, principalement les tuyaux, qui alors ne peuvent durer long-temps. Sur ces poutres ainsi appuyées, on assemblera de gros soliveaux, &c ; on peut couvrir & décorer le tout, y donner de l'élégance, par un bel ordre d'Architecture, avec architraves, corniches, plafonds, &c.

448. Si l'Architecte doit faire une voûte, il doit spécifier dans son devis, quelle sera sa hauteur du raiz de chaussée ; sa largeur, sa profondeur ; si elle sera cintrée sur son plan en dehors ou en dedans, & de combien de pieds ; de quelle qualité de pierre il doit se servir ; quel genre d'Architecture & de décoration il entend y employer, &c.

Le devis du Facteur doit contenir le détail de toute la composition de l'Orgue projetté ; s'il sera un 16 pieds ou un 8 pieds en Montre, à combien de Claviers, & quelle sera leur étendue : quels Jeux joueront sur chaque Clavier : si les Jeux seront de grosse ou menue taille, & quelle sera la matiere de chacun ; de quelle espèce de bois il construira les tuyaux de bois & les Sommiers. S'il doit y avoir un Positif séparé, quelle sera sa Montre & ses Jeux ; s'il y aura des Pédales féparées , combien & quels Jeux il y aura, auffi bien que leur matière & leur étendue ; il marquera combien il y aura de Soufflets , l'efpèce de bois & leur grandeur , &c. Si le Facteur fait l'entreprife des Buffets , il entrera en fon devis , dans le détail de leurs principales dimenfions pour la hauteur , la largeur & la profondeur , auffi bien que la qualité du bois , le genre d'ornements & de décoration , &c. On trouvera dans la troifiéme Partie de cet Ouvrage des modeles de devis , &c , foit pour l'Architecte , le Facteur , foit pour le Menuifier.

449. S'il y a quelque rofe ou quelque croifée derriere l'Orgue , qu'on veuille ménager , à caufe que le jour qu'elle donne eft néceffaire , on pourra faire le deffein du Buffet de l'Orgue en telle forte que les croifées faffent leur fonction également. Je donne un exemple d'un pareil Buffet à la fin de cet Ouvrage , *Pl. 77, & 78.* Si l'on defire d'avoir un Orgue fans qu'aucun tuyau paroiffe en Montre , j'en donne encore une idée *Pl. 79 & 80.*

PLANCHES 77 & 78. 79 & 80.

450. On évitera toujours de faire un bombement fur le plan au milieu du devant du grand Buffet de l'Orgue ; parce qu'il obligeroit néceffairement à éloigner du devant du Buffet le grand Sommier qui ne peut aller qu'en ligne droite. Il s'enfuivroit qu'il faudroit enfoncer affez avant dans le Buffet les Claviers pour aller chercher l'à plomb du Sommier ; ou bien fi l'on vouloit mettre les Claviers à l'ordinaire , on feroit néceffité de multiplier les machines pour fuppléer au défaut de l'à plomb. L'un & l'autre feroit un grand inconvénient qu'il faut toujours éviter.

SECTION SECONDE.

Avis particuliers au Menuifier au fujet d'un Buffet d'Orgue.

On peut avoir des Orgues à faire dans certains petits lieux , où les Menuifiers dont on eft obligé de fe fervir , quoique bien fouvent intelligents & adroits dans leur métier , n'ont pas toujours des connoiffances fuffifantes pour la conftruction d'un Buffet d'Orgue. C'eft un cas fort commun dans les Provinces. Plufieurs Facteurs d'Orgues peuvent être fort habiles dans leur art , fans avoir le talent de diriger le Menuifier dans cette efpéce de travail. Ces raifons m'ont déterminé à expliquer ici ce qui pourroit embarraffer ceux qui ne font pas experts dans ce genre. Je donnerai en même-tems les mefures ou les proportions des Tourelles de toutes les grandeurs ufitées ; ce qui pourra être utile à tous ceux qui font chargés de faire des deffeins d'Orgue.

PLANCHE 53.

451. La premiere figure de la Pl. 53 , repréfente géométralement la moitié d'un *bâti* d'un Buffet d'Orgue. *A, B, C, D, E,* font les principaux montants du *maffif* ou pied du Buffet. Ils doivent avoir une épaiffeur & une largeur proportionnées à la grandeur du Buffet, fur tout le battant *A* , qui doit être quarré. Tous ces montants foutiennent une forte traverfe *F G* , fur laquelle

on

on applique l'architrave du massif. A six ou huit pouces de cette traverse *F G*, on en met une autre un peu plus large *H I*, qui est soutenue par de petits montants *K*, *L*, *M*, *N*, *O*. On applique, sur le devant de cette seconde traverse, une autre moulure, qui sert comme de corniche au massif, ou de base au corps d'en haut, où sont les Tourelles, les Plattes-faces, &c. La console *A P*, dans sa partie inférieure *A*, est assemblée contre le battant *A Q* par la clef *A*, & dans sa partie supérieure *P*, au-dessous du bout de la traverse *F G*. L'espace *A Q F P* compris entre le battant *A Q* & la console *A P*, est rempli par un panneau *arrasé*. On assemble encore d'autres traverses *a*, *b*, *c*, *d*, *e*, au-dessous de la grande traverse *F G*, pour servir de champ au-dessous de l'architrave. On fait ordinairement les traverses *Q B*, *C D*, cintrées & ornées. Celles *f* & *g* sont posées pour représenter une partie de lambris à hauteur d'appui.

R S est un montant au milieu du Buffet, dont le bout inférieur *S* est assemblé sur la traverse *T E*, & le bout supérieur porte des mortaises pour recevoir les tenons des traverses *H I* & *FG*. *T V* est la fenêtre du Clavier, qui a 3 pieds de hauteur & 3 pieds & demi de largeur. Si le Buffet de l'Orgue est petit, on peut retrancher de la hauteur de la fenêtre du Clavier, par exemple, six pouces, ou même un pied s'il est nécessaire; parce qu'on a besoin d'un certain espace pour l'Abregé, qu'on pose au-dedans du Buffet entre le dessous du Sommier & la traverse *T E* du dessus de la fenêtre du Clavier. *U V* est une autre traverse sur laquelle on pose les Claviers. Elle est ordinairement élevée au dessus du raiz de chaussée de 3 pieds. On n'en met point en cet endroit au bas du Buffet; elle embarrasseroit pour poser les machines qui doivent faire jouer le Positif & les Pédales.

452. On décore tout ce corps d'en bas ou massif de cadres à l'entour des panneaux; on assemble ces cadres en *embrevement*. On voit, *fig.* 2, en quoi cela consiste. *a*, est partie d'un montant qui porte une rainure, dans laquelle la languette *b* du cadre *b c g d* est assemblée. Ce cadre a aussi une rainure *c*, pour recevoir le panneau *e f*, dont on ne voit qu'une partie. On fait ces cadres d'une grosseur proportionnée à la grandeur du bâti, & à la distance d'où il doit être vu. Chaque Menuisier donne aux moulures le profil qu'il juge à propos. Les panneaux *h* & *i* (*fig.* 1), doivent être entourés d'un cadre à moulures moins riches & fort différentes des autres. Celui *B X*, doit représenter un pilastre, par conséquent les moulures en doivent être particulieres. Les panneaux *k* & *l*, doivent être arrasés.

Les moulures qui recouvrent la grande traverse *H Y I J*, & celle *F*, *Z*, *G* *Æ*, forment aux endroits où sont marquées ces lettres, un demi-rond saillant, représenté en perspective en la fig. 4, & géométralement en la fig. 3. Ces demi-ronds doivent être assemblés à ces traverses par des clefs collées & chevillées dans ces demi-ronds mêmes & insérées bien juste dans les mortaises *H*, *Y*, *I*, *J*, & *F*, *Z*, *G*, *Æ*, ensorte que ces clefs qui ne doivent avoir aucune

ORGUES. II. Partie.   P p faillie au-dedans du Buffet, foient bien chevillées aux grandes traverfes par deux chevilles à chaque clef.

453. L'efpace compris entre la corniche *H Y I J*, & l'architrave *F Z G Æ*, doit être ouvert, c'eft-à-dire, qu'on le ferme par des planches mobiles; c'eft ce qu'on appelle *la frife*. Les parties en demi-rond faillant, qui forment le pied des Tourelles, fe ferment par des efpéces de cerceaux, *fig.* 5, ou *fig.* 6, faits de trois pieces, affemblées comme l'on voit en *a* & *b*, *fig.* 5; & afin que ces deux parties faillantes en demi-rond de la corniche & de l'architrave, foutiennent mieux la charge qu'elles doivent porter, on y met entre deux un petit montant de fer, *fig.* 7, dont la place eft marquée en *c*, *fig.* 5 : on le fait tenir dans un trou au-deffous de la corniche, & dans un autre au-deffus de l'architrave. On apperçoit ce montant de fer à la figure 3, dans la frife. On ne le voit point en la figure 4, parce que la frife en cerceau eft repréfentée en place, & le cache.

454. Il faut remarquer que ces demi-ronds, qui forment les pieds des Tourelles, font plus faillants qu'un demi-cercle, comme on peut le voir en *d*, *fig.* 5, qui eft le centre de ce demi-cercle. J'appelle ce furplus du demi-cercle un *renflement*, qui doit être plus ou moins grand felon la groffeur des Tourelles; c'eft pour leur donner plus de grace. J'en donnerai bien-tôt la mefure.

455. Les montants des Tourelles font marqués *k*, *t*, *m*, *n*, *o*, *p*. Ils font repréfentés coupés vers le bas, la planche n'ayant pas affez de hauteur pour leur donner les proportions convenables. Leur bout inférieur eft affemblé en tenon dans les mortaifes faites au-deffus de la traverfe *H Y I J*. La Tourelle *o p*, eft terminée par un entablement, dont on voit le profil en *r f*, & le plan géométral en la figure 8.

456. La *fig.* 9. repréfente en perfpective la partie faillante en demi-rond de cet entablement, à laquelle tiennent les deux retours qui font de la même piece, comme on le pratique ordinairement. On conftruit cet entablement en entier, & on le pofe tout affemblé comme en une piece fur la Tourelle, où il s'emboîte par des tenons qu'on voit au bout en *r* & *q*, *fig.* 1; on attache toutes les moulures de la corniche de l'entablement aux côtés du bâti, comme on peut le remarquer à ce plan, *fig.* 8, où l'on voit des mortaifes aux traverfes des côtés : elles doivent recevoir des clefs qu'on fixe audeffus des traverfes du bâti de la Tourelle; car il faut obferver que la partie de la Tourelle, qui excéde la Platte-face, comme de *o* en *r*, *fig.* 1, eft toute fermée fur les côtés & derriere par des montants, des traverfes & des panneaux. Ce que je viens de dire d'une Tourelle, doit s'entendre de toutes les autres.

457. Les traverfes *t m* & *n o*, qui s'affemblent à tenons & mortaifes fur les montants des Tourelles, font recouvertes par des ornements; on leur donne la pente que ces ornements exigent, pour qu'elles ne paroiffent point du tout. On ne peut la donner comme il faut, que lorfque les ornements font deffinés.

458. Il faut remarquer dans la figure 8, la coupe *c d*, & celle *a b*. La premiere *c d*, étant simplement à l'*onglet*, & faisant une ligne droite, est sans difficulté ; mais la seconde *a b*, ne peut pas former une ligne droite, puisqu'il s'a-
git de faire profiler une partie droite avec une courbe ; ce qui exige nécessairement que la coupe soit courbe & elle n'est plus à l'*onglet*. Pour trouver la
courbure de cette ligne *a b*, on tirera toutes ces lignes paralleles qui sont représentées sur la figure, ou un plus grand nombre, si la figure est grande &
exactement paralleles entr'elles ; par tous les points d'intersection, c'est-à-
dire, dans tous les points où elles se coupent, on ménera la ligne *a b*, qui
se trouvera nécessairement courbe, quoique cette courbure ne soit presque pas
sensible dans cette figure 8, à cause de sa petitesse. La régle que je viens de donner est générale pour toutes sortes de coupes irrégulieres, même pour celles
qu'on appelle *fausses-coupes* ; elle est absolument nécessaire, pour que toutes
les moulures profilent bien, & que tous leurs membres puissent avoir exactement la même grosseur & les mêmes dimensions dans leur retour. Au reste, pour
faire entendre cette régle des coupes irrégulieres, je me suis servi de la figure 8,
afin de n'en pas faire une autre ; car je viens de dire, art. 456, que le retour *a b c d*
se fait ordinairement tout d'une piece avec le grand demi - rond saillant.

459. Tous les ornements qui servent à soutenir le *devers* des tuyaux des
Montres, tant des Tourelles que des Plattes-faces, & qu'on nomme *clairs-voirs*,
doivent toujours être posés hors du *nœud* du bâti du Buffet de l'Orgue, afin que
les tuyaux étant posés dans leur place, affleurent le même bâti, & soient bien
à-plomb.

460. Les clairs-voirs des Tourelles ne se font point ordinairement en façon de
cerceau, mais en douelles, ou douves collées les unes contre les autres, observant de leur donner en dehors une épaisseur convenable aux ornements que
l'on doit y sculpter ; le bout supérieur de ce clair-voir sera inféré dans une grosse
& profonde rainure au-dessous de l'entablement ; les côtés qui toucheront les
montants des Tourelles, y seront arrêtés par des clefs ; le tout étant bien ajusté
en place, on le donnera au Sculpteur, qui y fera son ouvrage ; lequel étant
fini, on le doublera en dedans, comme on le pratique ordinairement, d'une forte
toile collée avec de la colle-forte. Il y en a qui pour s'assurer davantage de la
solidité de ce clair - voir de Tourelle, attachent un demi - cercle de laiton
mince dans son pourtour intérieur, au moyen de petits clous ; ils en arrêtent
encore les deux bouts sur les grands montants ; & enfin, on arrêtera solidement le clair-voir en sa place. Il ne faut pas oublier que toute son épaisseur doit
être hors du nœud du bâti, comme je viens de le dire ; toute son épaisseur devant être sur les grands montants & non en dedans.

461. On attache les clair-voirs des Plattes-faces, soit droites ou cintrées, &c.
au-devant du bâti, avec des vis ou des clous, qui prennent en partie sur les
traverses, & en partie sur les montants. Il ne faut pas se conformer pour cette

PLANCHE
53.

partie au deſſein de la planche 30, qui repréſente tous les clair-voirs poſés au-dedans du nœud du bâti du Buffet ; c'eſt une faute qu'il faut éviter.

462. Les côtés du Buffet tiennent & ſont liés au-devant & au derriere par des traverſes aſſemblées avec les battants qui portent les mortaiſes. Les traverſes *H Y I* & *F Z G* doivent être aſſez épaiſſes, pour qu'on puiſſe y faire aux bouts *W* & *P*, des mortaiſes pour recevoir les traverſes, *fig.* 10, à doubles tenons & à épaulements.

463. On conſtruit un tambour ſur le côté, dont la conſole *P A*, *fig.* 1. fait voir la forme ; on y fait des montants, des traverſes, & des panneaux courbes : on fait ordinairement une porte ſur le côté dans le bas. La partie du côté, depuis *W* juſqu'à l'entablement qui termine le haut de la Tourelle, ſe remplit juſqu'au derriere du buffet par un compartiment des montants, traverſes & panneaux, comme je l'ai dit, (456), de la partie des côtés de toutes les Tourelles qui ſont au-deſſus des Plattes-faces. On mettra des planchers par-deſſus toutes les Tourelles pour les couvrir. On couvrira de même toutes les Plattes-faces ; mais on obſervera que ſi on a beſoin d'une plus grande hauteur que ne donnera naturellement une Platte-face, on peut rehauſſer conſidérablement ſon plancher en derriere. Il n'y aura pas d'inconvénient qu'il ſoit beaucoup en pente pour placer plus commodément les grands tuyaux d'Anche. Cette obſervation a ſouvent lieu pour les Plattes-faces d'un Buffet de Poſitif, dont les planchers de Plattes-faces ſe trouvent trop bas pour placer une Trompette.

464. Je n'entre pas dans un plus grand détail ici. J'ai dit pluſieurs autres choſes concernant les Buffets d'Orgues dans la Section premiere du Chapitre ſixieme de la premiere Partie, où l'on trouvera des obſervations qu'il eſt bon de lire, & que je ne répéterai point, cela ſeroit inutile : on pourra s'inſtruire à fond ſur cette matiere dans le Traité de Menuiſerie, fait par M. Roubo, & donné par l'Académie des Sciences, en même-temps que celui-ci.

Proportions des Tourelles pour toutes les grandeurs des Buffets d'Orgue.

465. Il y a trois meſures à donner pour la conſtruction d'une Tourelle : ſa largeur, c'eſt-à-dire, la diſtance intérieure d'un montant à l'autre ; ſa hauteur, qui eſt la diſtance du deſſus de l'entablement inférieur, juſqu'au deſſous de l'entablement ſupérieur ; & enfin la troiſieme meſure eſt le *renflement*, qui eſt la diſtance du centre du demi-rond ſaillant au nœud du bâti. Outre cela, il faut encore diſtinguer ſi une Tourelle, par exemple, de 16 pieds, eſt ſeule, ou s'il y en a deux. S'il n'y en a qu'une, qu'on mettra au milieu du Buffet, elle doit être plus large ; parce qu'on doit y poſer les cinq plus gros tuyaux du Jeu de 16 pieds ouvert, qui ſont *C, D, E*. S'il y a deux Tourelles de 16 pieds, elles doivent être plus étroites, parce qu'on doit mettre à chacune des tuyaux plus petits, comme ceux-ci *C, E, G* ; quoique je ne nomme que trois tuyaux,

il

il faut entendre que devant y en avoir cinq à chacune des deux Tourelles, il en faut dix, dont deux de la taille du premier *C sol ut*; quatre de la taille dû premier *E si mi* ♭, & quatre de la taille du premier *G re sol*. Lorsqu'il n'y a qu'une Tourelle de 16 pieds, on met le plus gros de la taille du premier *C sol ut*, deux du premier *D la re*, & deux du premier *E si mi*. C'est ainsi qu'il faut entendre la Table suivante, où l'on remarquera que je donne à chaque espece de Tourelle une hauteur suffisante pour contenir non-seulement le corps du tuyau avec son pied proportionné; mais encore un espace convenable au-dessous de l'entablement supérieur, pour que le tuyau ne soit pas *offusqué*, & deplus, pour placer un *pont* dessous son pied.

TABLE des dimensions des Tourelles de tous les Buffets d'Orgue.

			largeur	renflement	hauteur
1 Tourelle de 32 pieds.		C, D, E, 5 pieds.	6 pouces largeur.	9 po. renflement.	35 pieds de hauteur.
2 Tourelles de 32 pieds.		C, E♭, G, 5 pieds.	2 pouces largeur.	8 po. renflement.	35 pieds de hauteur.
1	24.0 po.	F, G, A, 4	6...0.lignes...	7	27.
2	24.0 po.	F, G✕, C, 4	3...6.lignes...	7	27.
1	21.4 po.	G, A, B, 4	1...8	7	24.
2	21.4.	G, B♭, D, 3	10...0	7	24.
1	19..0.	A, B, C✕,4	0...0	6	22.
2	19..0.	A, C, E, 3	7...2	6	22.
1	16..0.	C, D, E, 3	5...0	6	19.
2	16..0.	C, E♭, G, 3	1...4	6	19.
1	12..0.	F, G, A, 2	6...3	5	14.
2	12..0.	F, G✕, C, 2	3...6	5	14.
1	9..6.	A, B, C✕,2	0...0	4..6 lignes	11.
2	9..6.	A, C, E, 1	10...0	4...6	11.
1	8..0.	C, D, E, 1	8...0	4	9...6 pouces.
2	8..0.	C, E♭, G, 1	6...3	4	9...6 pouces.
1	6..0.	F, G, A, 1	3...8	3	7.
2	6..0.	F, G✕, C, 1	2...10	3	7.
1	4..9.	A, B, C✕, 1	1...4	2...6	6.
2	4..9.	A, C, E, 1	0...8	2...6	6.
1	4..0.	C, D, E, 1	0...8	2	5.
2	4..0.	C, E♭, G, 0	11...8	2	5.
1	3..0.	F, G, A, 0	10...0	1...6	4.
2	3..0.	F, G✕, C, 0	9...0	1...6	4.

466. Les mesures que je viens de donner dans cette Table, supposent nécessairement que les demi-ronds sont réguliers à un seul centre, & qu'on mettra cinq tuyaux à chaque Tourelle, tels que ceux qui sont indiqués & du Diapason que j'ai donné dans la premiere Partie de cet Ouvrage. Si l'on vouloit donner une autre forme aux Tourelles, comme d'une anse de panier à trois centres, ou une figure de trefle, &c. il faudroit prendre des mesures particulieres; ce qui se fait au moyen de cartons que l'on coupe en rond, dont chaque diametre est pris sur le Diapason. Nous aurons occasion d'expliquer ceci lorsqu'il s'agira de faire les tuyaux d'une Montre. Ce que je viens de dire des Tourelles en général, doit s'entendre pour celles d'un grand Buffet & pour un Positif.

467. Quand on a posé un Buffet d'Orgue en sa place, on doit l'arrêter par des barres de fer bien scellées dans les murs & mises en tout sens, pour qu'il ne puisse faire aucun mouvement. Le Buffet du Positif doit aussi être bien arrêté contre le grand par plusieurs barres de fer. Il est essentiel, & je ne saurois assez

le répéter, que les Buffets d'Orgue foient très-folides & fermes à leur place, fans quoi un Orgue dépérit bien-tôt, & ne peut garder l'accord. On voit que ceux qui font pofés fur des planchers de bois, ne durent pas long-tems, à moins que ces planchers ne foient bien foutenus en deffous par des colonnes, &c. comme je l'ai déja dit, art. 447.

CHAPITRE SECOND.

Conftruction des Sommiers.

LES Sommiers étant le fondement de toute la méchanique de l'Orgue, il eft important de les conftruire avec la plus grande attention, & de leur donner les dimenfions & la grandeur convenables. Il eft néceffaire de les placer à propos, afin que tout le méchanifme de l'Inftrument puiffe être difpofé non-feulement à jouer comme il faut; mais encore à être commode & d'un facile entretien. Il y a ordinairement plufieurs Sommiers dans un Orgue, fur-tout lorfqu'il eft un peu confidérable. Il y en a un qui eft le principal, & qu'on appelle le *grand Sommier*. Il y a enfuite le Sommier du Pofitif, le Sommier de Pédale, celui du Récit & celui de l'Echo. Je détaillerai la conftruction de tous ces Sommiers après avoir expofé quelques principes généraux. Je diviferai donc ce Chapitre en fept Sections. Dans la premiere, je donnerai quelques inftructions générales fur lesSommiers.Danslafeconde,je détaillerai la conftruction d'un très-grandSommier, comme pour un 32 pieds bien fourni. Dans la troifiéme, je décrirai celui d'un grand Pofitif proportionné au précédent. Dans la quatrieme, celui des Pédales. Dans la cinquieme, celui du Récit & de l'Echo. La fixieme contiendra des réflexions importantes au fujet des Sommiers précédents; & je décrirai dans la feptieme, la conftruction de plufieurs autres Sommiers moindres que les précédents.

SECTION PREMIERE.

Inftructions générales fur les Sommiers.

468. L'expérience nous apprend qu'on eft borné pour la largeur qu'on peut donner à un Sommier. Le vent n'a pas affez de vivacité dans de trop longues gravures; leur longueur de 6 pieds réuffit bien; il ne faut gueres paffer cette dimenfion. Il n'en eft pas de même de la longueur du Sommier; on pourroit lui en donner tant que l'on voudroit; cela ne feroit rien à l'effet & à la fonction que le Sommier doit faire: mais fi on le fait trop grand, il ne fera jamais folide, il fera fujet à fe tourmenter, & difficile à conftruire. Il convient donc de le faire auffi court que l'on peut, pourvû que les Jeux n'y foient pas trop ferrés, ce qui offufqueroit les tuyaux.

469. Il eft d'ufage de divifer les grands Sommiers en plufieurs parties, le

plus ordinairement en deux ; quelquefois en trois, & bien souvent en quatre.
Cette pratique est fondée sur plusieurs raisons ; 1°. On rend par-là les Sommiers
beaucoup plus courts, par conséquent bien plus solides & plus faciles à exécuter comme il faut. 2°. On ménage des espaces ou *allées* entre les Sommiers,
qui donnent la commodité & la facilité d'atteindre de la main à tous les tuyaux
qui sont posés par-dessus le Sommier, ce qui est un avantage très-nécessaire &
dont on est privé quand les Sommiers sont fort grands. 3°. Ces allées donnent
lieu d'approcher plus aisément de tous les tuyaux de la Montre, des Cornets,
&c. 4°. On a l'avantage d'approcher le vent des tuyaux de la Montre & de
quantité d'autres qu'on est obligé de *poster*. 5°. Enfin, on ménage par-là plus
commodément des places pour poster les tuyaux. On voit donc que le partage
ou la division des grands Sommiers en plusieurs parties, contribue à leur solidité, au meilleur arrangement de l'Orgue & à la facilité de l'entretien : cependant on doit faire ces allées entre les Sommiers les plus étroites que l'on peut,
pour que l'Abrégé ne soit pas trop long ; car lorsqu'il l'est trop, il ne va jamais
bien. Des allées d'un pied de large ou même moins, sont suffisantes, à moins
que certaines circonstances n'obligent de les faire un peu plus larges.

470. Chaque Facteur d'Orgues donne l'ordre qu'il veut pour l'arrangement
ou la progression des tuyaux des Jeux sur le Sommier ; mais la meilleure maniere est toujours la plus simple. La plus commode de toutes & la plus facile à
exécuter, c'est de poser les Basses des Jeux aux extrémités, & les autres tuyaux
de suite, toujours alternativement de chaque côté, ensorte que les dessus se
trouvent vers le milieu de l'Orgue ; il ne faut pas s'embarrasser de suivre l'arrangement des tuyaux de la Montre, comme plusieurs Facteurs. Il ne faut pas
imiter l'ordre des tuyaux du grand Sommier de la Planche 50, je veux dire des
deux parties *Q* & *R*, qui n'est pas commode ; mais l'arrangement des Basses
P & *S*, est bien, & on eût mieux fait de suivre la même progression pour les
Dessus sur les parties *Q* & *R* des Sommiers des Dessus. Ce n'est pas que cet arrangement fasse plus mal jouer les tuyaux ; mais c'est qu'il est plus embarrassant
quand on accorde, & que l'Abrégé en est plus difficile & plus compliqué. La raison pour laquelle on l'a ainsi représenté, est que l'Orgue que j'ai fait dessiner se
trouvoit ainsi arrangé.

PLANCHE
50.

471. Il est cependant des cas où l'on est obligé de s'écarter de cette régle ;
c'est lorsqu'on n'a pas assez de hauteur pour poser les grands tuyaux des Basses,
des Jeux d'anche. Alors il faut distribuer ces grands tuyaux dans les Tourelles où
l'on trouve ordinairement les hauteurs nécessaires. Ce cas a lieu principalement
lorsqu'on a à placer une Bombarde dont la Basse a ses tuyaux fort grands. Ainsi
quand j'ai dit ci-dessus qu'il est mieux de mettre les tuyaux de suite alternativement de chaque côté, il faut entendre, s'il n'y a pas d'obstacles qui obligent de
faire autrement.

472. La profondeur des *gravures*, qui consiste dans la largeur des barres,

varie selon le nombre & la qualité des Jeux qui doivent jouer sur le Sommier. Plus les Jeux sont grands & en grand nombre , plus les gravures doivent être profondes , & autant qu'il le faut pour pouvoir recevoir le vent qu'une soupape peut donner. S'en tenir à cet égard , comme plusieurs Facteurs , à une mesure déterminée pour tous les Sommiers , est un faux principe. Il y a des regles à suivre , qu'il faut ici expliquer.

473. Les soupapes ont une connexion nécessaire avec les gravures , puisque celles-ci reçoivent immédiatement le vent qui leur vient par celles-là. Je suppose qu'il s'agit d'avoir la plus grande quantité de vent possible dans une gravure pour faire jouer ensemble une partie des plus grands tuyaux de l'Orgue. Il faut donc donner à la soupape & à la gravure la plus grande dimension , qui pourtant doit être telle que le Clavier ne soit point dur à jouer. La plus grande longueur qu'on puisse donner aux soupapes d'un grand Sommier , est 12 pouces ou 144 lignes , & la plus grande largeur des gravures des Basses est de 9 lignes. Si l'on passe ces deux mesures , le Clavier devient trop dur. On ne peut point faire enfoncer une touche plus de 5 lignes dans les Basses , (pour les Dessus, elles enfoncent d'une ligne de moins) , & en supposant que le point de suspension des touches du Clavier est placé au milieu de leur longueur , ces cinq lignes sont réduites à deux lignes & demie. (*voy. art. 6*). Il s'agit donc de trouver la valeur ou la quantité de l'ouverture que forme une soupape de 144 lignes de longueur, qui baisse de 2 lignes & demie & dont la gravure a 9 lignes de largeur. Il faut remarquer que cette soupape doit avoir 12 lignes de largeur , pour recouvrir la gravure d'une ligne & demie de chaque côté.

474. Nous avons expliqué, art. 45 , pag. 13 , comment on trouve la superficie d'un triangle , il faut le relire. Lorsqu'on baisse la soupape , elle forme une ouverture qui a la figure d'un triangle de chaque côté , & de plus un quarré long à PLANCHE 54. son bout antérieur. Le triangle *a d c* , *fig. 8. Pl. 54* , représente un des deux côtés de cette ouverture ; *a d* , est le dessous des barres du Sommier ; *d c* , est le dessus de la soupape. On multipliera la longueur *d c* , par la moitié de la largeur *a c* , qui est *a b* , & l'on aura la superficie du triangle *a d c*. La longueur *a d* , est supposée de 144 lignes ; la distance *a c* est de deux lignes & demie ; en multipliant l'une par l'autre , la moitié de *a c* qui est *a b* ou *c b* , le produit sera 180 : voilà donc 180 lignes quarrées. L'autre côté de la soupape en donne autant ; c'est donc 360 lignes quarrées , auxquelles il faut ajouter l'ouverture du bout antérieur de la soupape , *fig. 16* , qui forme un quarré long *a c d b* , de 12 lignes de longueur sur deux lignes & demie de largeur. Ces deux dimensions multipliées l'une par l'autre , produisent 30 lignes quarrées , qui étant ajoutées à 360 ci-dessus , font 390 lignes quarrées d'ouverture. Cette ouverture est égale à un quarré qui auroit 19 lignes 3 quarts à chacun des quatre côtés , ou autrement dit de 19 lignes 3 quarts en quarré. Remarquez que je viens de multiplier l'ouverture antérieure de la soupape par 12 lignes qui est sa vraie largeur, (pour recouvrir la gravure

que

que je suppose avoir 9 lignes de large) ; or c'est par la hauteur de deux lignes
& demie & la largeur de la soupape, qu'il faut multiplier cette ouverture antérieure, & non par celle de la gravure ; car il faut considérer cette ouverture que
forme la soupape, (en baissant de deux lignes & demie), indépendamment
de la gravure, comme si celle-ci n'existoit pas. Il est clair alors que cette ouverture est bien réelle, & doit être calculée comme je viens de le dire.

475. Il est nécessaire que la soupape fasse une ouverture un peu plus grande
que la capacité de la gravure. Nous venons de voir que la soupape donne 390
lignes quarrées d'ouverture au vent ; il s'agit de donner à la gravure de 9 lignes
de largeur une profondeur convenable pour que sa capacité soit un peu moindre
que 390 lignes quarrées. Pour avoir la capacité d'une gravure, il faut multiplier
sa profondeur par sa largeur ; le produit donnera en lignes quarrées la capacité
de la gravure. Je trouve donc que 3 pouces & demi ou 42 lignes de profondeur
à la gravure est celle qu'il faut dans le cas présent ; car 42 lignes de profondeur
multipliées par les 9 lignes de largeur font 378 lignes quarrées de capacité, qui
se trouve un peu moindre que l'ouverture de la soupape de 12 lignes quarrées *(a)*.

476. On peut simplifier ce calcul en multipliant la longueur de la soupape
par son ouverture entiere, qui est deux lignes & demie, au lieu de la multiplier par la moitié de cette même ouverture. Alors on ne doublera point le produit ; ce qui reviendra au même. La regle que j'ai donnée art. 6, est pourtant
exactement vraie, pour trouver la superficie d'un triangle ; mais comme nous
avons ici deux triangles égaux & semblables, qui font les deux côtés de l'ouverture de la soupape, il suffira d'en calculer un seul, comme je viens de le dire,
en multipliant la longueur de la soupape par son ouverture entiere, & on ajoutera toujours au produit l'ouverture antérieure.

477. Si le point de suspension ou du tirage, au lieu d'être posé au milieu de
la longueur des touches du clavier, comme je l'ai toujours supposé jusqu'ici,
étoit déterminé plus en devant, c'est-à-dire, que si divisant la longueur de la
touche en 5 parties égales, on en laissoit trois sur le derriere des touches & deux
seulement sur le devant, comme c'est la pratique ordinaire de bien des Facteurs
d'Orgue ; alors le clavier ainsi suspendu feroit ouvrir la soupape de trois lignes,
qui donneroient 468 lignes quarrées d'ouverture, en supposant toujours qu'elle
auroit 12 pouces de longueur. En ce cas, il faudroit donner aux gravures 4
pouces 3 lignes de profondeur. Leur capacité auroit alors 459 lignes quarrées,
par conséquent moins que l'ouverture de la soupape de 9 lignes quarrées.

478. Il y a des Facteurs d'Orgue qui préferent la méthode de faire des gravures larges, mê jusqu'à 1 pouce ou peut-être davantage ; & afin d'éviter

---

(*a*) Par le terme de *capacité* d'une gravure, | tention à sa longueur Comme nous nous servi-
il ne faut pas entendre sa largeur, sa profondeur | rons souvent de ce terme dans le cours de cet Ou-
& sa longueur, comme il seroit naturel ; mais | vrage, il faudra toujours se souvenir qu'on doit
nous ne le devons considérer, pour notre objet, | l'entendre de même.
que dans son bout ou son entrée, sans faire at- |

d'employer de groffes foupapes, qui oppofant une grande furface au vent, caufent une réfiftance trop fenfible, ce qui rend les touches du clavier plus dures à
baiffer, ils rétréciffent les bords de la gravure en la partie qui doit être recouverte par la foupape. A cet effet ils entaillent & ils collent une petite tringle
de bois de chaque côté ; de forte que quoique la gravure ait, par exemple, 12
lignes de largeur, fon ouverture rétrécie de chaque côté, par une tringle de 2
lignes & demie, ou d'un feul côté, par une tringle de 5 lignes, ce qui eft mieux,
fera réduite à 7 lignes de large, & par conféquent la foupape, ne devant avoir
que 10 lignes de largeur, ne fera pas trop groffe.

479. Cette méthode eft bonne feulement en ce qu'elle contribue à diminuer
le volume des foupapes ; mais elle eft défavantageufe d'un autre côté, en ce
qu'elle oblige de diminuer la profondeur des gravures ; par conféquent, il faut
faire les barres plus étroites, & alors un grand fommier, que je fuppofe devoir
être bien grand & fort chargé de tuyaux, n'eft pas fi fort. Dans l'exemple de l'article
précédent, la gravure a 12 lignes de largeur. Elle ne peut avoir que 32 lignes
de profondeur ; parce que 32 lignes multipliées par 12, produifent 384 lignes
quarrées. Or nous avons vu (474) que la foupape de 144 lignes de longueur,
donnoit 390 lignes quarrées d'ouverture, ainfi 390 ne furpaffant 384 que de 6
lignes quarrées, il s'enfuit qu'on ne peut pas donner plus de 32 lignes de largeur
à ces barres ; ce qui rendroit ce grand Sommier moins fort. Cependant il ne faut
pas abfolument blâmer cette méthode. Je ferai voir bien-tôt dans quels cas on
pourroit l'employer.

480. Il faut préfentement examiner s'il feroit avantageux de fuivre la méthode
de plufieurs Facteurs, qui eft de faire les gravures des baffes d'un grand Sommier étroites, comme de 6 lignes de largeur, ce qui procureroit de petites foupapes
& des barres fort larges pour donner affez de profondeur aux gravures, & par
conféquent le Sommier feroit très-fort. Dans ce cas, les gravures devroient avoir
5 pouces 4 lignes de profondeur, & auroient 384 lignes quarrées de capacité.

481. Il paroît qu'il y auroit un inconvénient dans cette méthode, qui feroit
que les trous deftinés à donner le vent à de grands tuyaux, par exemple,
au 24 pieds, devroient être fi longs, que le regiftre en deviendroit fort large.
Pour faire parler un pareil tuyau, il faut au moins une ouverture de 144 lignes
quarrées. Or ce trou qui ne pourroit avoir que 6 lignes de largeur, puifque la
gravure n'en auroit pas davantage, devroit en compenfation avoir 24 lignes de longueur ; mais cette longueur ne pouvant fe prendre que fur le travers
& non fur la longueur du regiftre, il faudroit que celui-ci eût au moins 36 à 38
lignes de large. On feroit obligé de donner auffi une plus grande largeur à proportion aux autres regiftres ; ce qui rendroit le Sommier exceffivement large &
par conféquent les gravures trop longues. Un fecond inconvénient feroit que fi
des barres fi larges (de 5 pouces 4 lignes) venoient à s'envoiler fur le champ, c'eft-
à-dire, devenir creufes dans leur deffus, & la colle & les cloux ou pointes, rif-

queroient fort de ne pouvoir réfister à l'effort du bois que fa grande largeur rendroit très-violent ; & de la féparation de la barre d'avec la table, il s'enfuivroit des emprunts.

482. Puifqu'il y a de l'inconvénient, comme nous venons de le voir, à faire des gravures fort larges, qui obligent à faire un Sommier moins fort ; ou bien fort étroites, qui donnent occafion d'avoir des gravures trop longues ; il convient donc de prendre un milieu, qui confiftera à donner 8 à 9 lignes de largeur aux gravures, plutôt 9 lignes que 8, lorfque le Sommier doit donner du vent à de fort grands tuyaux. Car alors les plus grands trous auront 9 lignes de largeur comme les gravures, fur 16 lignes de longueur prife au travers du regiftre, qui aura 30 lignes de largeur. Si l'on ne donnoit que 8 lignes aux gravures, le trou du Sommier en queftion ne pouvant avoir également que 8 lignes dans un fens, il en faudroit 18 dans l'autre pour faire le même nombre de 144 lignes quarrées ; car 9 fois 16, ou 8 fois 18, font également 144 ; mais le regiftre dans le fecond cas, devroit avoir 32 lignes de largeur, ce qui rendroit ce fommier plus large. Je fuppofe toujours qu'il s'agit d'un grand Sommier, qui doit porter un grand nombre de Jeux.

483. Quoique des foupapes d'un pouce de largeur, telles qu'il les faut pour recouvrir des gravures de 9 lignes de large, ne foient pas bien groffes, cependant fi l'on veut rendre le Clavier plus délicat, on peut employer la méthode dont j'ai parlé art. 478, pour réduire toutes les ouvertures, qui auront plus de 6 lignes de largeur, à cette mefure ; de forte que les foupapes ne devant avoir alors que 9 lignes de largeur, elles rendront la réfiftance du vent moins fenfible. Cela même peut donner lieu à pofer le point de fufpenfion du Clavier un peu plus en devant, fans que pour cela le Clavier devienne dur. Il ne faut au refte rien craindre à l'occafion du rétréciffement de cette ouverture des gravures, laquelle étant de plus de 11 pouces de longueur, ou 132 lignes, feroit plus de 800 lignes quarrées d'ouverture, qui fe trouveroit plus du double plus grande que la capacité de l'ouverture de la foupape ou de la gravure ; par conféquent cette ouverture de 800 lignes quarrées feroit plus que fuffifante pour que le vent entrât bien librement dans la gravure.

484. Toutes les gravures d'un grand Sommier, ou même de quelque Sommier que ce foit, ne doivent pas être d'une égale largeur. Il y en a de 9 lignes, comme je l'ai déja dit, il y en a de 8 lignes, de 7, de 6, de 5 & de 4, & même de moins encore, felon les Jeux qu'il s'agit de faire jouer. Les plus petites gravures d'un Sommier fort chargé de Jeux doivent être de 6 lignes de largeur.

485. Une gravure de 9 lignes, qui eft la plus grande largeur qu'on puiffe donner dans un fommier relatif à un clavier à la main, (car pour un Sommier de pédale il en eft bien autrement,) ne fçauroit fournir une quantité de vent fuffifante pour faire parler, ou comme difent les Facteurs d'Orgues, pour *nourrir* les baffes des Jeux dont les tuyaux font fort grands & qui font pofés fur la même

gravure, comme les 32 pieds, les 16 pieds, &c. On eſt dans l'uſage d'employer deux gravures avec deux ſoupapes qui s'ouvrent enſemble par une ſeule touche ; c'eſt ce qu'on appelle *double gravure*, ou *double ſoupape*. On met ainſi de ces doubles gravures dans les baſſes d'un grand Sommier une octave & demie au moins, c'eſt-à-dire, 18 ou 20, s'il y a beaucoup de Jeux. On n'en met qu'une octave, s'il y en a moins. Ces doubles gravures fourniſſent du vent au double. J'ai dit, art. 475, qu'une gravure de 9 lignes de largeur ſur 42 lignes de profondeur fourniſſoit 378 lignes quarrées d'ouverture au vent, deux gravures en donneront donc au double, c'eſt-à-dire, 756 lignes quarrées, ce qui équivaut à une ouverture qui auroit 27 lignes & demie en quarré.

486. On eſt partagé parmi les Facteurs d'Orgues ſur la maniere d'employer les doubles gravures. Doivent-elles avoir enſemble une communication du vent ? Chacune doit-elle prendre & donner ſon vent aux tuyaux qui ſont deſſus, ſans qu'il y ait aucune ouverture de communication entr'elle & ſa voiſine ? Les uns pratiquent la premiere méthode ; les autres, en plus grand nombre, s'en tiennent à la ſeconde. Je crois que ceux-ci font le mieux.

487. Ce que je viens de dire dans pluſieurs articles de la préſente Section, étonnera peut-être quelques Facteurs, qui n'ayant pas fait attention au petit calcul de l'ouverture des ſoupapes, combinée avec la capacité des gravures, ont regardé comme un principe, qu'on ne pouvoit jamais donner plus de 30 lignes de profondeur aux gravures, quelque longueur qu'ils donnent aux ſoupapes ; ce qui ne peut être vrai que lorſqu'on fait les ſoupapes d'environ 8 pouces de longueur, qui donneront 260 & quelques lignes d'ouverture, tandis que les gravures auront 240 lignes quarrées de capacité, à les ſuppoſer de 30 lignes de profondeur ſur 8 lignes de largeur. Cela eſt bon pour un Poſitif & pour un 8 pieds ordinaire, comme nous le verrons dans la ſuite.

SECTION SECONDE.

Conſtruction d'un grand Sommier.

488. POUR ſimplifier cette deſcription, nous ne ſuppoſerons le Clavier que de 50 touches, nous en retrancherons le premier *C ſol ut* ✳ ; mais dans la pratique on fera mieux de ne pas le retrancher. Il s'agit dans cette Section de conſtruire un grand Sommier à 30 regiſtres & propre à un Orgue de 32 pieds bien rempli, qui doit être à 5 Claviers, dont on a vu *art.* 354, *pag.* 108, la fonction & la deſtination. Voici les noms des Jeux qu'il faut faire jouer par le Sommier en queſtion.

1. Grand Cornet de Bombarde.	7. Bourdon de 16 pieds.
2. Grand Cornet.	8. Second 8 pieds.
3. Montre de 32 pieds, dont on retranchera les 4 premiers tuyaux.	9. Bourdon de 16 pieds de Bombarde.
	10. Bourdon de 8 pieds de Bombarde.
4. Montre de 16 pieds.	11. Gros Naſard.
5. Montre de 8 pieds.	12. Bourdon de 8 pieds.
6. Bourdon de 32 pieds de Bombarde.	13. Preſtant.

14. Groſſe

14. Grosse Tierce.
15. Prestant de Bombarde.
16. Grosse Fourniture de Bombarde de 4 tuyaux.
17. Quarte de Nasard.
18. Nasard.
19. Doublette.
20. Tierce.
21. Grosse Fourniture de 3 tuyaux.
22. Fourniture de 4 tuyaux.

23. Grosse Cymbale de 4 tuyaux.
24. Cymbale de 5 tuyaux.
25. Bombarde.
26. Trompette de Bombarde.
27. Clairon de Bombarde.
28. Premiere Trompette.
29. Seconde Trompette.
30. Clairon.
Ce qui fait 28 Jeux en 30 registres.

Je nomme ainsi ces Jeux, *grand Cornet de Bombarde*, *Trompette de Bombarde*, &c. parce qu'ils doivent jouer sur les mêmes gravures, les mêmes soupapes, le même Abregé particulier, & le même Clavier que la Bombarde.

489. Ce Sommier doit être divisé en 4 parties, dont deux pour les Basses & les deux autres pour les Dessus. Les deux Sommiers des Basses, qui contiendront 10 *marches* chacun, seront à *triple gravure* pour chaque marche. Les deux Sommiers des Dessus auront 15 marches chacun, & seront à double gravure pour chaque marche. Ainsi l'on voit que les deux Sommiers des Basses, contenant 10 marches chacun, ce sont 20 marches pour tous les deux; & les deux des dessus ayant 15 marches chacun, les deux ensemble font 30 marches, qui étant ajoutées aux 20 des deux Sommiers des Basses, font en tout 50 marches. C'est le nombre des Touches dont nous sommes déja convenus pour les Claviers, art. 488.

490. Sur chaque marche, on destine une des triples gravures dans les deux Sommiers des Basses, aussi bien qu'une des doubles gravures dans les deux Sommiers des Dessus, pour faire jouer les Jeux de la Bombarde & autres énoncés ci-dessus qui doivent être sur les mêmes gravures. Tous les autres Jeux prennent leur vent des doubles gravures qui restent dans les deux Sommiers des Basses, & des simples qui restent dans les deux Sommiers des Dessus. On distribue sur l'une des doubles gravures des deux Sommiers des Basses une partie des Jeux, & l'autre partie sur l'autre. Car ces doubles gravures sur chaque marche des Sommiers des Basses n'ont aucune communication de vent réciproque. Voici comment on peut faire ce partage ou distribution des Jeux sur chacune des doubles gravures.

Jeux à mettre sur la premiere gravure de chaque double gravure.	*Jeux à mettre sur la seconde gravure de chaque double gravure.*	*Jeux à mettre sur les simples gravures de la Bombarde, tant des deux Sommiers des Basses que des deux des Dessus.*
3. Montre de 32 pieds.	4. Montre de 16 pieds.	
5. Montre de 8 pieds.	7. Bourdon de 16 pieds.	
11. Gros Nasard.	8. Second 8 pieds.	1. Grand Cornet.
13. Prestant.	12. Bourdon de 8 pieds.	6. Bourdon de 32 pieds.
17. Quarte de Nasard.	14. Grosse tierce.	9. Bourdon de 16 pieds.
19. Doublette.	18. Nasard.	10. Bourdon de 8 pieds.
21. Grosse fourniture de 3 tuyaux sur marche.	20. Tierce.	15. Prestant.
23. Grosse Cymbale de 4 tuyaux sur marche.	22. Fourniture de 4 tuyaux sur marche.	16. Grosse fourniture de 4 tuyaux sur marche.
28. Premiere Trompette.	24. Cymbale de 5 tuyaux sur marche.	25. Bombarde.
30. Clairon.	29. Seconde Trompette.	26. Trompette.
		27. Clairon.

Voilà 20 registres ou 20 Jeux, dont les Basses sont distribuées sur les doubles gravures des deux Sommiers des Basses. Les Jeux de la Bombarde au nombre de 9, qui composent la troisieme colonne, jouent sur de simples gravures particulieres dans les 4 Sommiers. Pour le grand Cornet, relatif au second Clavier, & qui doit jouer avec les 20 Jeux ci-deſſus contenus aux deux premieres colonnes, il ſe met ſur les ſimples gravures qui reſtent dans les deux Sommiers des Deſſus. On voit que le tout enſemble fait 30 Jeux ou plutôt 30 regiſtres ; car il y a deux Jeux partagés en 4 regiſtres, qui font les 21 & 22, nommés *groſſe Fourniture* & *Fourniture* ; ils ne font qu'une ſeule Fourniture ; de même que les 23 & 24 nommés *groſſe Cymbale* & *Cymbale* qui ne font qu'un ſeul Jeu de Cymbale ; mais on doit les ſéparer ainſi par deux regiſtres, à cauſe de la multitude & ſur-tout de la grandeur des tuyaux ſur chaque marche, qu'on ne réuſſiroit que bien difficilement à faire jouer comme il faut, ſi on les mettoit ſur un ſeul regiſtre.

491. Quand on ſera ainſi déterminé pour le nombre & la qualité des Jeux qu'on veut faire jouer ſur le grand Sommier, on examinera quelle largeur & quelle longueur on pourra lui donner ſelon le local. A cet effet, on verra au-dedans du grand Buffet comment on peut en diſpoſer les 4 parties ; en quel ſens on peut ſe reſſerrer ou s'étendre ſelon que le Buffet ſera plus ou moins long, & plus ou moins profond ; ce qui déterminera les largeurs des regiſtres ou l'épaiſ-ſeur des barres ; car en élargiſſant les regiſtres, on élargit le Sommier, & en épaiſſiſſant les barres on l'alonge. Il faut pourtant ne pas paſſer les bornes dont j'ai fait mention ci-deſſus, art. 468. On examinera quelle largeur on donnera aux *allées* ou paſſages entre les Sommiers ; ce qui a relation à la diſpoſition des Layes, pour pouvoir les ouvrir commodément dans le beſoin par les *Friſes* du Buffet : comment on placera le Sommier du Récit avec toute la Méchanique pour faire jouer ſes Regiſtres & ſes Soupapes : comment on placera les Cornets à une élévation ſuffiſante pour qu'il ne faille pas couder les tuyaux des deſſus de certains Jeux qui doivent ſe placer par-deſſous leurs pieces gravées : comment on placera les tuyaux de bois & tous les autres qu'il faudra poſter : comment on placera les Sommiers des Pédales avec toute leur méchanique & leurs grands tuyaux : comment on donnera le vent à tous ces Sommiers. On meſurera les hauteurs qui doivent être ſuffiſantes pour placer tous les grands tuyaux : comment on diſpoſera les Abregés & toutes les autres machines. Il eſt néceſſaire de tout prévoir, pour que tout l'Orgue ſoit arrangé d'une façon propre, ſolide & com-mode à entretenir. Quand on ſera déterminé pour tout l'intérieur de l'Orgue, on entreprendra le grand Sommier, & on commencera par en écrire toutes les meſures & dimenſions à-peu-près comme dans la page ſuivante ; je ſuppoſe qu'elles pourront être telles ſelon le local.

492. On voit ici trois Tables, dont les deux premieres à gauche contiennent les largeurs des gravures & les épaiſſeurs des barres, auſſi-bien que celles des tra-verſes du Chaſſis des 4 Sommiers. La troiſieme Table contient les largeurs des Regiſtres, celles des faux-Regiſtres & l'épaiſſeur des deux battans des 4 Som-miers. La premiere Table à gauche, a quatre colonnes de chiffres. La premiere dé-ſigne l'ordre des gravures & celui des tuyaux de chaque Jeu pour un Sommier

Trav. du Chass. ≡ 11 lig. épaiss.

I.	2.9 lig. largeur.
	— 8 lig. épaiss.
1.	2.9
	— 8
B. 1.	2.8
	≡ 8
3.	4.9
	— 8
3.	4.9
	— 8
B. 3.	4.8
	≡ 8
5.	6.9
	— 8
5.	6.9
	— 8
B. 5.	6.8
	≡ 8
7.	8.9
	— 8
7.	8.9
	— 8
B. 7.	8.8
	≡ 8
9.10.8
	— 7
9.10.8
	— 7
B. 9.10.8
	— 7
11.12.8
	— 7
11.12.8
	— 7
B. 11.12.8
	— 7
13.14.8
	— 7
13.14.8
	— 7
B. 13.14.8
	— 7
15.16.8
	— 6
15.16.8
	— 6
B. 15.16.8
	≡ 6
17.18.8
	— 6
17.18.8
	— 6
B. 17.18.8
	≡ 6
19.20.8
	— 6
19.20.8
	— 6
B. 19.20.8

Trav. du Chass. ≡ 11 lig. épaiss.

Gravures & Barres des deux parties des Basses du Grand Sommier, à 10 triples gravures.

La longueur des deux Sommiers des Basses est de 41 pouces 7 lignes en dehors.

Trav. du Chass. ≡ 11 lig. épaiss.

21.22.8 lig. largeur.
	— 13 lig. épaiss.
B. 21.22.8
	≡ 13
23.24.8
	— 13
B. 23.24.8
	≡ 13
25.26.7
	— 13
B. 25.26.7
	≡ 13
27.28.7
	— 13
B. 27.28.7
	≡ 12
29.30.7
	— 12
B. 29.30.7
	≡ 12
31.32.7
	— 12
B. 31.32.7
	≡ 12
33.34.7
	— 12
B. 33.34.7
	— 12
35.36.7
	— 11
B. 35.36.7
	— 11
37.38.7
	— 11
B. 37.38.7
	— 11
39.40.6
	— 11
B. 39.40.6
	≡ 11
41.42.6
	— 11
B. 41.42.6
	≡ 10
43.44.6
	— 10
B. 43.44.6
	≡ 10
45.46.6
	— 10
B. 45.46.6
	≡ 10
47.48.6
	— 10
B. 47.48.6
	≡ 10
49.50.6
	— 10
B.49.50.6

Trav. du Chass. ≡ 11 lig. épaiss.

Gravures & Barres des deux parties des Dessus du grand Sommier, à 15 doubles gravures.

La longueur des deux Sommiers des Dessus est de 48 pouces deux lignes en dehors.

Battant du Chass. ≡ 11 lignes épaisseur.

1..Grand Cornet de Bombarde... 18 *lignes largeur.*
	— 8 lignes épaisseur.
2..Grand Cornet..............18
	— 8
3..Montre de 32 pieds........30
	— 8
4..Montre de 16 pieds........24
	— 8
5..Montre de 8 pieds.........20
	— 8
6..Bourdon de 32 pieds.......30
	— 8
7..Bourdon de 16 pieds.......24
	— 8
8..Second 8 pieds............20
	— 8
9..Bourdon de 16 p. de Bombarde.24
	— 8
10..Bourdon de 8 p. de Bombarde.20
	— 8
11..Gros nasard.............20
	— 8
12..Bourdon de 8 pieds.......20
	— 8
13..Prestant 15
	— 9
14..Grosse Tierce...........15
	— 9
15..Prestant de Bombarde......15
	— 12
16..Gr.Fournit. de Bomb. de 4 tuy.28
	— 12
17..Quarte de Nasard.........14
	— 12
18..Nasard.................15
	— 9
19..Doublette..............14
	— 9
20..Tierce.................14
	— 12
21..Gr. Fournit. de 3 tuyaux...24
	— 12
22..Fourniture de 4 tuyaux....24
	— 12
23..Gr. Cymbale de 4 tuyaux....24
	— 12
24..Cymbale de 5 tuyaux........24
	— 12
25..Bombarde 21
	— 12
26..Trompette de Bombarde....18
	— 12
27..Clairon de Bombarde.......18
	— 12
28..Premiere Trompette........18
	— 12
29..Seconde Trompette........18
	— 12
30..Clairon 17

Battant du Chass. ≡ 11 lignes épaisseur.

Registres & faux-Registres des quatre parties du grand Sommier.

La largeur des 4 Sommiers est en dehors de 75 pouces 3 lignes, y compris les deux battants du chassis.

des Baſſes ; & la ſeconde colonne marque la même choſe pour l'autre Sommier, ſemblable des Baſſes. Les chiffres répétés de trois en trois, 1 , 1 , 1 , 3 , 3 , 3 , &c. ou bien , 2 , 2 , 2 , 4 , 4 , 4 , &c. ſignifient que les 3 gravures marquées de même chiffre ne font qu'une marche dont chacune eſt à triple gravure. Les deux premieres de chaque marche font ce qu'on appelle les *doubles gravures*, & la troiſieme de chaque marche marquée par un B, déſigne que c'eſt la ſimple gra-vure deſtinée pour la Bombarde. Chaque marche eſt ſéparée par une double li-gne marquée de trois en trois chiffres pour la faire ſeulement diſtinguer; car quoi-que double , elle ne déſigne qu'une barre comme les ſimples lignes.

493. La troiſieme colonne des chiffres marque la largeur de chaque gravure ; ainſi l'on voit qu'il y a des gravures de 9 lignes de largeur & d'autres de 8 lignes. Chaque gravure repréſentée par le chiffre qui déſigne ſa largeur, eſt ſéparée par une petite ligne. Ces petites lignes repréſentent les barres dont l'épaiſſeur eſt mar-quée par la quatrieme colonne des chiffres ; ainſi l'on voit qu'il y a un nombre de barres qui font de 8 lignes d'épaiſſeur, d'autres de 7 & d'autres de 6 lignes. Aux deux extrémités de la Table , en haut & en bas, on voit une triple ligne qui déſigne l'épaiſſeur de 22 lignes que doivent avoir les traverſes des chaſſis des 4 Sommiers, ſans compter les Denticules.

494. La ſeconde Table eſt de même que la premiere à 4 colonnes de chiffres qui ont la même ſignification que ceux de la premiere. On y voit les doubles pé-tites lignes de deux en deux chiffres , pour faire voir que les deux Sommiers des Deſſus , dont cette Table contient les meſures, ne font qu'à double gravure , dont celle marquée d'un B, de deux en deux, eſt deſtinée pour la ſuite de la Bombarde & des autres Jeux qui doivent jouer ſur la même gravure ; & l'autre qui reſte de deux en deux eſt deſtinée pour la ſuite de tous les autres Jeux. Les deux premieres colonnes de chiffres déſignent , comme à la premiere Table , l'ordre de la ſuite des tuyaux de chaque Jeu.

495. Il faut remarquer que les barres de ce Sommier des Deſſus font beaucoup plus épaiſſes que celles des Sommiers des Baſſes; parce que ceux-ci ayant de tri-ples gravures , les tuyaux doivent s'y trouver aſſez au large ; car il faut compter les eſpaces de trois en trois gravures. Les Sommiers des Deſſus n'étant qu'à dou-bles gravures, & les eſpaces ou l'écartement des tuyaux ne devant ſe compter que de deux en deux gravures, il a été néceſſaire de faire les barres aſſez épaiſſes pour que les tuyaux ſoient aſſez au large. De cette plus forte épaiſſeur des barres dans le Sommier des Deſſus , il ſuit qu'il doit être plus long que le Sommier des Baſ-fes , puiſqu'elles font dans l'un & dans l'autre en pareil nombre de 29 ; parce que les 29 de celui-là ayant dans leur totalité 7 pouces plus d'épaiſſeur que les 29 de celui-ci , elles rendent l'un de 7 pouces plus long que l'autre. Auſſi voit-on au bas de la premiere colonne, que le Sommier des Baſſes n'a que 41 pouces de longueur, & au bas de la ſeconde colonne, que le Sommier des Deſſus en a 48.

496. La troiſieme Table déſigne l'ordre & les largeurs des Regiſtres & faux-
Regiſtres,

Regiftres ; elle eft à quatre colonnes. La premiere marque l'ordre des Jeux fur le Sommier où l'on a obfervé les regles des articles 413 & 414, *pag.* 130. La feconde colonne contient les noms des Jeux. La troifieme , la largeur de chaque Regiftre , qui eft placée vis-à-vis de fon Jeu. Les petites lignes qui féparent chaque Regiftre , défignent les faux Regiftres, dont les largeurs font marquées dans la quatrieme colonne ; elle eft terminée en haut & en bas par l'épaiffeur des battans du Chaffis : il faut obferver que tous les chiffres dans ces trois Tables, qui marquent les largeurs des gravures , les épaiffeurs des Barres & des Chaffis , les largeurs des Regiftres & faux-Regiftres , fignifient des lignes du pouce du pied-de-Roi : du refte, il n'y a qu'une Table des largeurs desRegiftres & faux Regiftres , parce qu'elle eft la même pour les quatre Sommiers, lefquels doivent être également larges.

497. Les mefures & dimenfions des quatre Sommiers étant écrites fur le papier, à-peu-près comme je viens de le faire voir , il s'agit de les tracer fur deux regles de bois, ce qu'on appelle faire *la Regle du Sommier.* A cet effet, on fera deux tringles ou regles de bois uni , comme de noyer bien fec , ou au moins de chêne ; l'une de 6 pieds 4 pouces de longueur, & l'autre de 3 pieds 6 pouces ; toutes les deux auront 3 ou 4 lignes d'épaiffeur, fur environ 2 pouces ou un peu plus de largeur. L'épaiffeur & la largeur de ces regles eft fort arbitraire. On les tirera exactement de largeur & d'épaiffeur ; on les dreffera & unira bien à la varlope ; mais il ne faut jamais les racler ; parce qu'on ne pourroit plus écrire nettement deffus. Sur celle de 6 pieds 4 pouces , *Fig.* 1. *Pl.* 54, on tracera vers le bout avec une pointe fine deux perpendiculaires ou lignes à l'équerre à 22 lignes de diftance de l'une à l'autre , conformément à la troifieme Table ; enfuite à 18 lignes, on en tracera une autre , qui marquera le premier Regiftre ; à 8 lignes de celui-ci , on tracera une autre ligne , qui fera avec la précédente la largeur du faux-Regiftre ; à 18 lignes plus bas , on en tracera une autre ; ce fera le fecond Regiftre ; ainfi des autres Regiftres & faux-Regiftres , jufqu'au trentieme Regiftre inclufivement , & l'on finira par le Chaffis marqué 22 lignes. Dans toutes ces opérations on aura deux compas à pointes fines. On marquera avec l'un les largeurs des Regiftres , & avec l'autre les largeurs des faux-Regiftres , & on aura foin de prendre fur un bon pied-de-Roi le plus exactement que l'on pourra le nombre des lignes indiqué dans la Table.

498. Tous les Regiftres & faux-Regiftres étant tracés, on marquera un petit trait de chaque côté au milieu de chaque faux-Regiftre , comme l'on voit dans la Fig. 1, ce qui défigne la largeur des Chapes ; mais il faut obferver que ce petit trait ne doit pas être au milieu fur tous les faux-Regiftres. Il y en a quelques-uns où il eft de quelques lignes plus à côté ; c'est entre les 15 & 16e Regiftres, entre les 16 & 17e , entre les 20 & 21e , & entre les 24 & 25e Regiftres. La raifon en eft qu'en ces endroits, il eft néceffaire que la Chape foit plus large , pour contenir le nombre des tuyaux fur marche qui doivent y être

PLANCHE 54.

poſés. Il faut encore remarquer dans la figure premiere , une ligne ponctuée ſur le premier Regiſtre & ſur le trentieme ; cette ligne ſignifie que les battants du Chaſſis des Sommiers , qui ne ſont marqués que de 22 lignes d'épaiſſeur , doivent avoir réellement 26 lignes. Ces 4 lignes de plus ſont pour les Denticules , qui auront 4 lignes de profondeur ; & la raiſon pour laquelle on ne marque que 22 lignes ſur ces deux bouts de la Regle , eſt que ces 22 lignes déſignent la largeur des premier & dernier faux-Regiſtres.

499. Quand on aura ainſi tout tracé , on ſuivra tous les traits avec une plume & de l'encre , & on écrira le nom de chaque Jeu, auſſi bien que ſon numéro, qui fera voir la place & le rang qu'il doit tenir ſur le Sommier.

500. Sur l'autre face de la même regle , *fig.* 2, on tracera, par des perpendiculaires, les deux traverſes, les gravures & les barres des deux Sommiers des Baſſes conformément à la premiere Table de la page 161. On ſe ſervira de deux compas, l'un pour les gravures, & l'autre pour les barres. On y écrira tous les chiffres , comme ils ſont marqués dans la Fig. 2 , auſſi bien que les *B* , de trois en trois gravures. On ſuivra avec la plume & de l'encre tous les traits. On ſait déja que les *B* , ſignifient les gravures de la Bombarde & des autres Jeux qui doivent l'accompagner. Sur la ſeconde regle de 3 pieds 6 pouces, *fig.* 3 , on tracera les traverſes , les gravures & les barres , ſelon les meſures marquées dans la ſeconde Table de la page 161 , le tout comme on le voit dans la Figure 3 .

501. Sur un bout de la regle de 6 pieds 4 pouces, & ſur la face où l'on a tracé les gravures & les barres du Sommier des Baſſes , *fig.* 2 , on marquera les dimenſions des autres parties du grand Sommier : ſavoir la profondeur de la Laye , la longueur des Soupapes , avec celle de l'ouverture qu'elles doivent boucher ; la place & la grandeur des grands Flipots ; les largeurs de toutes les Soupapes & le nombre de chaque eſpece , auſſi bien que leur hauteur ou épaiſſeur ; & enfin la hauteur de la Laye.

502. Dans les quatre Sommiers, la profondeur intérieure de la Laye doit être de 15 pouces , à compter du bord antérieur du Chaſſis , comme s'il n'y avoit point de feuillure. La longueur des Soupapes ſera de 12 pouces. L'ouverture des gravures à compter du bord intérieur du Chaſſis, ou des Denticules du Chaſſis antérieur juſqu'aux Flipots , ſera de 11 pouces 4 lignes ; les grands Flipots ſeront donc poſés à 11 pouces 4 lignes du bord intérieur des Denticules du Chaſſis antérieur , & ces Flipots auront 3 pouces de largeur. A 18 lignes du bord antérieur de ces grands Flipots , on marquera par une croix de S. André l'épaiſſeur (qui eſt un pouce) de la planche du derriere de la Laye ; comme il y a dans les quatre Sommiers des gravures de quatre largeurs différentes, il faut auſſi des Soupapes de quatre différentes largeurs. Il en faut 16 de 12 lignes de largeur, 52 de 11 lignes , 28 de 10 lignes , & 24 de 9 lignes ; ce qui fait en tout 120, dont la moitié qui eſt 60 , auront 16 lignes & demie de hauteur, & les 60 autres en auront 15. La hauteur intérieure de la Laye aura 6 pouces. On voit toutes ces meſures marquées ſur la Figure 2 de la regle de 6 pieds 4 pouces.

PLANCHE
54.

503. La longueur de l'ouverture des gravures étant de 11 pouces 4 lignes, & les Soupapes ayant 12 pouces de longueur, il s'enfuit qu'elles recouvriront la longueur de l'ouverture de 6 lignes du côté de la queue & de 2 lignes du côté de la tête. La Laye ayant 15 pouces de profondeur, il restera 1 pouce pour les queues des Soupapes qui auront 1 pouce de peau auxdites queues. La Laye ayant, comme je viens de le dire, 15 pouces de profondeur sur 6 pouces de hauteur intérieure, elle aura 90 pouces quarrés de capacité. Pour rendre les Soupapes des Sommiers des Basses toutes uniformes pour leur hauteur, j'ai pris pour mesure celles de 11 lignes de largeur, parce qu'elles font en plus grand nombre. Or la proportion ordinaire est de leur donner pour leur hauteur, une fois & demie leur largeur; c'est pourquoi je leur donne 16 lignes & demie. Les Sommiers des Dessus ont leurs Soupapes de trois différentes largeurs, sçavoir de 11, de 10 & de 9 lignes. Je choisis la mesure de leur hauteur sur celles de 10 lignes pour prendre un milieu; ainsi j'ai marqué 15 lignes de hauteur pour toutes les Soupapes des Sommiers des Dessus. Du reste, j'ai déja dit, que les Soupapes se font toujours de trois lignes plus larges que les gravures qu'elles doivent boucher.

504. La Regle du Sommier étant finie, il s'agit de choisir & *débiter* le bois pour construire le Sommier. Le bois qu'on appelle *chêne de Hollande*, qui vient de la Norvége par la Hollande, est celui qu'il faut préférer à tout autre comme étant le plus propre pour un Sommier. Il doit être bien sec, sans aucune gerçure, ni nœuds, ni aubier, ou aubour. Il faut choisir le plus ferme pour les Barres, les Chassis & les Registres. Les Barres seront meilleures si on les tire de planches qui seroient sciées originairement de l'épaisseur convenable, plutôt que de les refendre d'un gros madrier. En général le bois qu'on emploie dans sa dimension naturelle, est moins sujet à travailler ou s'envoiler, parce qu'ayant été scié tout vert, il a eu tout le temps de se consolider & de faire tout son effort en féchant. Le vieux bois qu'on tire des démolitions des vieilles maisons, doit être ordinairement rejetté; à cause qu'ayant perdu toute sa seve ou une certaine substance qui contribue à en lier & affermir les fibres, il est devenu cassant, & est même ordinairement plus sujet à s'envoiler ou se gercer que du bois neuf bien sec. Le bois de chêne de France est encore fort bon, s'il est doux & de fil droit. Il faut bien se garder d'employer dans un Sommier du bois tranché, noueux, gelif, échauffé, &c. Le bois de noyer, qui est si propre pour les meubles, n'est pas si bon pour un Sommier que le bois de chêne. Cependant on peut s'en servir si l'on ne peut pas se procurer de chêne.

505. Si l'on se trouve dans des endroits où il ne soit pas possible d'en avoir de bien sec, on peut se tirer d'affaire par cet expédient: on fera abattre des arbres de chêne dans une forêt, vers le mois de Décembre ou de Janvier; on les fera aussi-tôt refendre tout verts en planches de l'épaisseur convenable. On mettra toutes ces planches sous l'eau, où elles demeureront environ deux mois ou un peu plus. On les ôtera de l'eau, & on les mettra toutes debout appuyées contre la

muraille fous un hangard où le foleil ni la pluie ne puiffent pénétrer. Il faut les arranger de façon que , s'il eft poffible , elles ne fe touchent pas. Quand ces planches auront paffé là tout l'Été , on pourra les débiter pour les corroyer au commencement du Printemps fuivant. Cependant on ferabien d'attendre plus longtems à l'égard des planches qui feroient fort épaiffes , comme de 3 ou 4 pouces. On fait par l'expérience qu'on en fait & que j'en ai faite moi-même , que le bois qui a féjourné un certain temps dans l'eau , féche enfuite fort vîte.

506. On débitera toutes les pieces dont doit être compofé le Sommier ; fçavoir , les quatre Chaffis, compofés de quatre pieces chacun ; 120 Regiftres , dont le bois doit être ferme , liant & de fil droit ; les quatre Tables compofées chacune d'un nombre de pieces ; 120 Chapes ; 116 Barres ; les quatre planches des Bourfettes ; celle du derriere de la Laye ; les 8 portes des Layes ; 120 Soupapes , dont le bois doit être choifi , qui ne foit point gras , pas trop dur , & qui foit de fil droit. Le bois de chêne n'eft pas tout précifément de la même couleur. Le plus rembruni eft ordinairement le plus dur & le plus pefant ; il eft plus fujet à fe tourmenter que celui qui eft plus blanc & plus doux à travailler. C'eft celui-ci qu'il faut choifir pour les Soupapes.

507. Il ne faut pas manquer, en débitant le bois , de donner de l'avantage à toutes les mefures prifes fur la regle du Sommier ; c'eft-à-dire , que toutes les pieces doivent être plus épaiffes , plus larges & plus longues qu'il ne faut , afin qu'on puiffe bien *corroyer* le bois. Tout étant débité, on empilera toutes les pieces en un endroit où le foleil , ni la pluie , ni aucune humidité ne puiffent pénétrer ; & on laiffera repofer le tout pendant quelque temps , fur-tout une partie de l'Été. Enfuite on corroyera toutes les pieces, & on les mettra dans leur jufte mefure , conformément à la regle du Sommier. S'il y a quelque piece défectueufe , on la rejettera & on en fera une autre. Dans un Orgue tout s'emploie. Ce qui n'eft pas propre à une chofe , peut fervir pour une autre.

508. Les huit battants des chaffis des quatre Sommiers étant corroyés , & mis à 3 pouces & demi de hauteur & de l'épaiffeur marquée fur la Regle du Sommier , on prendra un des battans des Chaffis des Baffes , on y appliquera le champ de la Regle des gravures du Sommier des Baffes , & on marquera avec jufteffe toutes les gravures pour faire les denticules , qu'on tracera d'un coup de trufquin de 4 lignes de profondeur. On appliquera enfuite contre ce battant les trois autres battants qui doivent être égaux ; & au moyen du triangle, on tracera les denticules fur les quatre enfemble. On tracera en même-tems les doubles mortaifes des bouts , *fig. 6. Pl.* 36 , & celles de quelques Barres V, V, qui doivent être affemblées au Chaffis : (ces Sommiers font affez grands pour en mettre trois :) on préfentera enfuite la Regle des gravures des Sommiers des Deffus fur un des battants des Chaffis des Deffus , & après en avoir pris tous les points , on tracera fur les quatre battants enfemble les denticules & les mortaifes. On prendra enfuite une des traverfes Y, des Chaffis des Baffes ; on y préfentera le champ

de

de la Regle des Regiſtres, pour y marquer les *arraſements* des doubles tenons **Z** & **Z** , qu'on tracera ſur toutes les huit traverſes enſemble ; car elles doivent être toutes égales. On tracera en même-temps les quatre mortaiſes que l'on voit ſur la traverſe *Y* de la fig. 6.

509. Toutes les mortaiſes, les denticules & les tenons étant faits & finis, auſſi bien que la feuillure ſur le bord antérieur d'un des battants de chaque Sommier du côté où doit être la Laye, on montera les quatre Chaſſis avec les trois barres qui doivent y être aſſemblées. On mettra abondamment de la colle à tous les aſſem-blages, qu'il faut exécuter ſi bien , qu'il ne faille ni *ſergents* ni preſſes pour les faire joindre parfaitement. Il faut remarquer que quand on veut travailler le bois bien juſte, on ne doit jamais faire d'aſſemblages forcés ; il faut que tout puiſſe s'aſſembler à bien petits coups de maillet & preſque à la main , ſans que les mor-taiſes faſſent aucun renflement, ni que les tenons diminuent en aucun ſens. Quand la colle ſera bien ſeche, & non plutôt, on chevillera à la colle tous les aſſemblages.

510. Après avoir coupé toutes les barres de la longueur préciſe, & bien à l'é-querre de chaque bout, on marquera le fil du bois ; c'eſt-à-dire , le ſens dans lequel on a pouſſé la varlope lorſqu'on les a dreſſées ſur leur champ ; on les met-tra en place , obſervant de les poſer, en ſorte que le fil du bois ſe trouve dans le même ſens , ou bien, comme ces Sommiers ſont grands, on en mettra la moi-tié , en ſorte que le fil du bois ſoit dans un ſens, & l'autre moitié en un ſens contraire , afin d'avoir la facilité de les affleurer , ſans riſquer de rencontrer des *rebours* & de faire des éclats. Les barres doivent être tellement ajuſtées dans leurs denticules , qu'elles ne ſoient pas abſolument forcées ; mais qu'elles y joignent bien. En les poſant, on mettra de la colle dans les denticules , & on trempera dans le pot à colle les deux bouts de la barre. Il faut faire en ſorte que les bar-res deſaffleurent un peu le Chaſſis par-deſſus & par-deſſous ; c'eſt-à-dire , qu'el-les ſoient plus larges que la hauteur du Chaſſis.

511. Il arrive bien ſouvent que quand on poſe dans les denticules des barres auſſi longues (de **71** pouces **7** lignes) , elles ne ſe maintiennent pas bien droi-tes, n'étant retenues que par les deux bouts ; ce qui ne peut faire que des gra-vures fort irrégulieres ; pour obvier à cet inconvénient, on fera deux regles d'en-viron 3 lignes d'épaiſſeur & de **1** ou **2** pouces de largeur , ſur leſquelles on tra-cera les barres & gravures conformément à la Regle du Sommier. On clouera d'u-ne façon, à être déclouées facilement, ces deux regles *A , B* & *C , D , fig.* 4 ; *Pl.* 54 , aux travers des barres ſur les deux traverſes du Chaſſis du Sommier, en ſorte qu'elles le diviſent en trois parties égales. Il faut obſerver de mettre un mor-ceau de carton ou de bois mince deſſous chaque bout de ces regles, avant de les clouer, afin de les relever ſuffiſamment , pour que les barres deſaffleurent le Chaſſis aux deux faces du Sommier. Il eſt néceſſaire encore de poſer ces regles du côté oppoſé à celui où l'on doit mettre la Table. Quand on poſera les barres , on

les fera entrer par-deſſus le Chaſſis dans leurs denticules ; & lorſqu'il y en aura pluſieurs en place & collées par les bouts, comme j'ai dit dans l'art. précédent, on retournera le Sommier pour les arrêter dans leur longueur au moyen des pointes qu'on fichera ſur les regles, faiſant convenir exactement les barres aux traits qu'on aura marqués ſur les régles, ou plutôt ſur leur champ , ce qui ſera plus juſte & plus commode. Ces regles doivent reſter ainſi en place juſqu'à ce que la table ſoit poſée.

512. Les barres étant toutes poſées & la colle bien ſeche, on paſſera la var-lope ſur toute la ſurface où doit être poſée la table, pour affleurer les barres avec le Chaſſis. On les dreſſera avec ſoin , en ſorte qu'en y préſentant en tout ſens une regle bien dreſſée , elle touche toutes les barres & le Chaſſis. La grille du Sommier en cet état ſera prête à recevoir la table qu'il s'agit de faire auparavant.

513. Il faut choiſir des planches de bois de chêne , ſans aucun nœud ni re-bours ni gerçures , & qui ſoit de fil droit. On débitera toutes les pieces dont la table doit être compoſée , faiſant en ſorte que tous les joints ſe trouvent toujours recouverts par les faux-Regiſtres. Ces pieces ſeront mieux ſi elles ne ſont pas bien larges , mais ſeulement depuis 3 ou 4 pouces juſqu'à 7 à 8 tout au plus. On refendra ces planches de long à 5 à 6 lignes d'épaiſſeur, ſuppoſé que le bois ait plus d'épaiſſeur qu'il ne faut. On les tirera de largeur avec ſoin, & on les mettra à l'épaiſſeur tout au plus de 5 lignes. On les unira parfaitement d'un cô-té ; on fera les joints avec exactitude , & enſuite on les préſentera en leur place ſur la grille du Sommier, où on les arrêtera légérement par quelques pointes. On obſervera toujours que le fil du bois ſoit dans le même ſens dans toutes les pieces. On y préſentera la Regle pour examiner ſi les joints ſeront tous recouverts par les faux-Regiſtres. On tracera par-deſſus au moyen de la Regle des gravures , une li-gne au crayon, vis-à-vis du milieu de chaque barre. On tracera auſſi tous les faux-Regiſtres. On ne fait tous ces traits que pour déſigner la place où l'on doit ficher chaque pointe lorſqu'on poſera la table. Tous ces traits & lignes ſont repréſen-tés dans la fig. 5. *Plan.* 54. Avant d'ôter toutes les pieces de la table , on y fichera toutes les pointes qui doivent y être , ſans pourtant qu'aucune perce toute l'épaiſſeur. Ces pointes de fer doivent être à tête , avoir un pouce de lon-gueur , & être groſſes à proportion. Enſuite on établira toutes les pieces de la table , on les ôtera & on les arrangera commodément pour les reprendre lorſ-qu'il faudra les coller , ce qu'il faut faire au plutôt , de peur que quelque piece ne ſe tourmente.

PLANCHE
54.

514. Comme l'on fait une conſommation conſidérable de colle dans la facture de l'Orgue , & que la ſolidité d'un grand nombre de pieces & de machines dépend de ſa bonne qualité, il eſt à propos avant de paſſer outre , d'en parler. Il eſt pluſieurs eſpeces de colle forte , (car celle-ci eſt la ſeule dont il faut ſe ſervir) ; celle d'Angleterre eſt ſans contredit la meilleure, celle qui foiſonne davantage & qui fait par conſéquent le plus de profit, quoique la plus chere , & celle avec

laquelle on travaille le plus proprement. On fait de la colle - forte en plusieurs Villes du Royaume ; mais elle est plus noire , n'abonde pas tant , & ne tient pas si bien. Il y a une autre espece de colle qui nous vient sous le nom de colle de Flandres ; elle n'est pas propre aux ouvrages de l'Orgue , parce qu'elle ne tient pas si bien que les deux autres. On doit en faire provision à bonne heure , afin de l'entretenir bien seche ; si elle reste long-tems humide , elle perd de sa bonté & de sa force. Pour la faire fondre , on la cassera à petits morceaux dans une espece de boîte de bois pour que les morceaux ne sautent point ; on en perdroit beaucoup sans cette précaution. Le fond de cette boîte est tant soit peu concave. Il y a une espece de contre-moule de bois assez massif , qui est tant soit peu convexe en dessous , & ce morceau de bois remplit entiérement la boîte. On met la feuille de colle dans le fond de la boîte , on pose le contre-moule par-dessus la colle , & on donne quelques coups de maillet sur ce morceau de bois qui casse la colle à petits morceaux sans qu'il s'en perde un seul. Toute cette opération est faite dans un moment. Du reste , cette boîte à casser la colle n'est qu'un gros morceau de bois dans lequel on fait un creux d'environ 8 pouces de longueur , sur 6 pouces de largeur & 4 ou 5 pouces de profondeur.

On mettra cette colle ainsi cassée dans le pot à colle ou dans un chaudron , si l'on a besoin d'en fondre une quantité considérable ; on y mettra une quantité d'eau , ensorte que la colle en soit couverte d'environ 2 pouces , & on mettra tout de suite le pot ou chaudron sur le feu. On ne fera point tremper du tout la colle d'avance, comme beaucoup d'Ouvriers le pratiquent. La colle, par cette méthode, perd d'autant plus de sa qualité qu'on la fait tremper plus long-temps. Il ne faut pas que le pot à colle ou le chaudron soient immédiatement sur le feu , mais dans un autre vase plein d'eau , ce qu'on appelle *bain-marie.* Voyez le pot à colle représenté *fig. 92. Pl. 12 ,* & sa description , art. 117 , *pag.* 34. Il est des Ouvriers qui prétendent qu'il est mieux de faire la colle au feu sans bain-marie. Il est certain qu'alors elle est bien-tôt faite , pourvu qu'on la remue continuellement ; ils ne se servent du bain-marie , que lorsqu'il s'agit d'employer la colle. A mesure qu'elle fondra , on la remuera presque toujours avec une spatule de bois blanc , comme de tilleul ou peuplier , mais non de sapin ou de chêne. Quand la colle sera fondue, on la fera bouillir hors le bain-marie quelque temps pour la cuire; & si elle écume , on jettera l'écume. La colle étant fondue doit être liquide , bien coulante & très-nette. A cet effet , on fera bien de la passer au travers d'un linge , comme plusieurs Ouvriers le pratiquent. On fera grande attention qu'il ne s'en attache point au fond du pot. Si l'on trouvoit que la colle fût trop épaisse , on y remettroit de l'eau , & sur tout de l'eau chaude & nette. On prétend qu'il n'est pas indifférent de se servir de toute sorte d'eau pour fondre la colle. On croit que celle de riviere ou de fontaine doit être préférée à celle de puits , ou de marais ou d'étang. On doit être encore averti que la colle est sujette à se tourner , & qu'il n'y a que les hommes qui doivent la faire.

PLANCHE
12.

On ne doit fondre de colle que la quantité que l'on peut employer pendant huit jours. Si elle se moisit ; elle perd toute sa force & ne vaut plus rien. Il y en a qui y mêlent un peu d'eau-de-vie pour qu'elle se conserve plus long-temps. On la fera durer quelques jours de plus, si on la fait fondre de temps en temps, quoiqu'on n'en ait pas besoin. On aura soin de jetter l'eau du bain-marie lorsqu'on ne se sert point de la colle.

Il est encore une autre espece de colle qui est plus forte que celle d'Angleterre & plus blanche ; mais elle est au moins au double plus chere que l'autre, ou plutôt elle revient au quadruple du prix, parce qu'elle ne foisonne pas de beaucoup autant que celle d'Angleterre. C'est la colle de poisson dont je veux parler. On ne s'en sert point dans la facture de l'Orgue. Cependant, au cas qu'on voulût en faire quelque usage pour quelque chose de particulier & de conséquence, voici la façon de la préparer. Comme cette colle est en façon de fort parchemin, on la battra sur un tas de fer à bons coups de marteau jusqu'à ce qu'elle commence à se déchirer ; alors on la coupera avec des ciseaux à petits morceaux. On lavera bien toute cette colle avec de l'eau nette ; on jettera cette eau, & on fera tremper cette colle dans d'autre eau nette pendant une nuit. Ensuite on la fera bouillir dans un pot de terre, jusqu'à ce que tout soit bien fondu. On la passera au travers d'un gros linge ; lorsqu'on voudra s'en servir, on la fera fondre à l'ordinaire au bain-marie. Si au lieu de faire fondre cette colle avec de l'eau, on y mettoit de l'eau-de-vie, elle seroit encore plus forte.

515. Tout étant prêt, on posera les deux extrémités de la grille du Sommier sur les bords de deux établis qu'on approchera suffisamment l'un de l'autre ; voyez la *fig.* 6 de la *Pl.* 54. On mettra à terre au-dessous du Sommier quelques réchauds de feu, pour que la colle dont on va se servir ne se fige pas trop vîte. Ensuite le pot à colle étant à portée, on enduira de colle avec un grand pinceau le dessous de la première planche de la table ; on en mettra également sur la partie des barres que cette piece de la table doit recouvrir. On appliquera promptement celle-ci sur sa place, en la faisant un peu aller & venir en tout sens pour ôter la colle superflue & en chasser l'air qui pourroit se trouver enfermé dans les surfaces ; & on enfoncera avec diligence toutes les pointes. Comme il est nécessaire d'appliquer promptement chaque piece de la table, & d'enfoncer les pointes avec toute la diligence possible, on aura la précaution d'être 3 ou 4 ou 5 personnes, autant que l'on pourra s'y placer sans s'embarrasser ; chacun aura son marteau, & travaillera à enfoncer des pointes. On aura aussi des tenailles à portée pour arracher promptement les pointes qui se replieront, pour en substituer d'autres en leur place.

516. Avant de coller la seconde planche de la table, on ôtera avec grand soin toute la colle qui se trouvera sur les barres auprès de la première planche & sur la face de son joint ; afin que rien n'empêche que la seconde planche ne joigne parfaitement & sur les barres & contre la première. Si l'on veut s'épargner

ce

Planche 54.

ce foin, on fera une planche de toute la longueur du Sommier de 7 à 8 pouces de largeur, & de l'épaisseur de la table. On la dressera bien en dessous & d'un bord. Cette planche étant faite, on présentera la seconde piece de la table contre la premiere, & cela sans colle ; on mettra la planche contre cette piece de la table, qui la serrera bien contre la premiere piece ; & on arrêtera la planche en cette situation par une pointe à chaque bout ; on ôtera la seconde piece de la table ; on y mettra de la colle aussi bien que sur les barres, comme la premiere fois, sans oublier la partie qui doit joindre contre la premiere planche. On appliquera cette seconde à sa place, en la faisant un peu aller & venir ; la planche la tiendra bien poussée contre la premiere piece. Ensuite on enfoncera promptement les pointes comme à la premiere. On ôtera la planche, on présentera la troisieme piece de la table, on arrêtera la planche contre celle-ci, & on collera cette troisieme piece. On continuera ainsi jusqu'à ce que toutes les planches qui doivent composer la table soient posées & clouées.

517. Il est bon d'observer qu'il ne faut pas manquer de ficher des pointes aux deux côtés de chaque joint, comme on le voit aux figures 6 & 10, de la *Pl.* 54. Par ce moyen, ces joints ne se sépareront jamais. Si quelqu'une des planches dont la table est composée se trouvoit assez large pour contenir 2, 3, ou 4 Registres, il faut mettre une rangée de pointes dessous chaque faux-Registre, comme on peut le voir en *K*, *K*, &c. *Fig.* 2, *Pl.* 34 ; & même si quelque Registre se trouvoit fort large, (ce qui n'a pas lieu au présent Sommier), il faudroit mettre une rangée de pointes au milieu de sa place. Du reste, il faut toujours entendre qu'on doit mettre une pointe sur chaque barre dans chaque rangée des pointes, & deux rangées sur la partie de la table qui couvre le Chassis.

518. A mesure qu'on fichera des pointes, un autre Ouvrier en repoussera d'une ligne de profondeur toutes les têtes avec un repoussoir, *fig.* 12, *Pl.* 54, où il est représenté à demi-grandeur, & dont le bout inférieur doit être un peu creux & de la grosseur des têtes des pointes. La raison pour laquelle on doit repousser au plutôt les pointes, est que la colle n'étant point encore entierement figée, il peut y avoir des endroits où cette opération fera mieux appliquer la table contre les barres. *Voyez* les art. 294 & 295, pag. 89 & 90, avec les figures qui y sont citées. Il faut au reste entendre que tout ce que j'ai dit ci-dessus, a lieu pour les trois autres parties du même Sommier, & qu'après avoir appliqué la table sur l'une, on doit de même la mettre aux autres.

519. J'ai fait remarquer, art. 296, pag. 90, qu'il y a une autre maniere de monter ce commencement du Sommier, qui est qu'on commence par coller ensemble toutes les pieces de la table, & après l'avoir bien *replanie* d'un côté, on la colle & on la cloue sur les quatre pieces du Chassis & sur les deux ou trois barres qui y sont déja assemblées. On y met ensuite les autres barres l'une après l'autre, voici comment : on fait d'abord un instrument, qui consiste, *fig.* 9. *Pl.* 54, en une tringle bien droite, *a b*, de 6 à 7 lignes d'épaisseur, un peu

PLANCHE 54.

moins large & un peu moins longue que les barres du Sommier ; on la colle & on la cloue bien folidement fur une planche c d, d'environ trois pouces de largeur & plus longue que toute la largeur du Sommier. On arrête cet Inftrument fur l'établi par un valet à chaque bout ; l'Inftrument étant prêt, on met de la colle fur la table au-dedans du Sommier, à l'endroit où la barre doit être placée, auffi bien que dans les deux denticules ; on en met encore le long de la barre & aux deux bouts, on la pofe dans fa place, on retourne le Sommier, & on le pofe de façon que la barre porte bien fur la planche c d, & qu'elle appuye en même-tems contre la tringle a b. Celle-ci fert à faire tenir la barre bien droite pendant qu'on la cloue, pourvu qu'on ait foin de mettre le *bouge* de la barre, s'il y en a, vers la tringle. Alors on la cloue tout le long en fichant des pointes à tous les endroits marqués, afin que, comme je l'ai dit précédemment, les pointes fe trouvent recouvertes par les faux-Regiftres. Quand une barre eft bien arrêtée, on retourne le Sommier, & fi l'on voit de la colle en quelque endroit où doit être pofée la barre fuivante, il faut l'ôter foigneufement ; enfuite on fera la même opération pour la feconde barre & pour toutes les autres ; c'eft-à-dire, qu'il faut retourner le Sommier deux fois pour chaque barre ; d'abord pour y mettre la colle, & la placer, & encore pour la clouer. Chacun choifira de ces deux manieres de monter ce commencement du Sommier celle qu'il jugera la plus commode ; chacune a fon avantage ; il me paroît que la premiere méthode eft préférable ; mais aucune ne difpenfe des obfervations de l'art. 517.

520. Toutes les pointes étant repouffées, il faut pofer le Sommier debout, appuyé contre un mur ou autre chofe, & les gravures en dehors, ayant la précaution de le mettre de façon qu'il ne puiffe point gauchir ; on le garantira du foleil & de l'humidité. Il faut le laiffer ainfi jufqu'à ce que la colle foit parfaitement féche. Enfuite on l'encollera de la maniere fuivante.

521. On le pofera fur un établi, la table en deffous & bien de niveau. On ôtera les deux régles qui n'y font plus néceffaires pour retenir les barres. On remplira de colle bien chaude 4 ou 5 ou 6 gravures, & après l'avoir laiffée un peu de temps, comme un quart de minute, & l'avoir un peu remuée avec un pinceau dans chacune de ces 4 ou 5 ou 6 gravures, on la vuidera dans un chaudron en inclinant le Sommier jufqu'à le renverfer. On l'égouttera foigneufement, on l'aidera même avec le pinceau ; enfuite on remettra de la colle (autre que celle qui a déja fervi, qui ne feroit pas affez chaude) dans d'autres gravures, on la vuidera de même. On fera la même opération à toutes les gravures, ayant foin de les bien égoutter ; enfuite on remettra le Sommier debout contre la muraille comme la premiere fois. Quand la colle fera bien féche & qu'elle fera bien dure, on encollera une feconde fois toutes les gravures de la même maniere ; on aura foin toujours de mettre le Sommier debout, de façon qu'il ne puiffe pas s'envoiler ; mais on le fera porter fur le côté oppofé à celui fur lequel on l'avoit pofé la premiere fois : car quoique l'on faffe bien égouter la colle, il s'en ramaffe tou-

jours un peu qui forme une petite croûte au bout des gravures. En le posant comme
je viens de le dire sur un côté opposé à la seconde encollure, il se trouvera une
croûte égale de colle, aux deux bouts des gravures; ce qui ne peut qu'y faire
du bien. La raison pour laquelle on encolle les gravures, est pour boucher exactement les pores du bois & prévenir les emprunts. On les fait égoutter avec
soin; parce que s'il se ramassoit de la colle en quelque endroit en assez petite
quantité, elle risqueroit de se moisir & de se pourrir. Alors la colle reste toujours
humide, & ne seche jamais bien.

522. Quand la colle sera devenue bien dure dans les gravures, on mettra le
Sommier sur l'établi, les barres en dessous, & on dressera la table avec la grande
varlope à petit fer, afin de ne pas risquer de faire des éclats. Il est essentiel que
la table soit bien dressée & parfaitement unie. On se gardera bien de se servir
d'aucun rabot ni racloir, ces outils gâteroient tout, parce qu'ils creuseroient.
On voit à présent pourquoi j'ai recommandé dans l'art. 513, de mettre toutes
les planches de la table, en sorte que le fil du bois se trouve dans le même sens.
Sans cette précaution, il seroit presque impossible, ou du moins bien difficile, de
bien unir la table. Afin de s'assurer si la table est parfaitement dressée & unie,
on présentera, *fig.* 10. *Pl.* 54, le Sommier au soleil, en lui donnant une pente
telle que la lumiere de cet astre affleure ou rase la surface de la table en travers
& non en long. On appercevra alors les moindres défauts; tous les coups de
varlope paroîtront, si on s'en est servi ayant trop de fer, ou si le fer n'a pas été affûté assez plat. Si l'on apperçoit des défauts, on les enlevera en repassant la varlope à plus petit fer affûté comme il faut.

PLANCHE
54.

523. Quand on se sera assûré que la table est bien dressée & bien unie, il s'a-
git d'y faire tous les trous nécessaires. Il faut d'abord déterminer comment chacune des quatre parties du Sommier doit être placée, pour savoir où est le devant
& le derriere du Sommier, quel est le bout où se mettent les premiers tuyaux;
& afin de s'entendre, il faut convenir que nous nommerons toujours *le devant
du Sommier* le bord qui se place du côté de la Montre de l'Orgue, & où l'on
construit la Laye: *le derriere* est le bord opposé. Nous nommerons *le côté des
Basses du Sommier*, le bout où se mettent les plus grands Tuyaux; & *le côté des
Dessus*, le bout où l'on place leur suite ou les Dessus.

524. Quand on aura déterminé la situation du Sommier, on présentera à chaque bout où sont les traverses & par-dessus la table, la Regle des Registres &
faux-Registres, & par les points qu'on aura faits, on tracera des lignes à la pointe
pour marquer la place des Registres & faux-Registres. On marquera aussi avec le
crayon seulement d'autres lignes entre les faux-Registres, pour désigner la place
des trous qui doivent être faits sur la table pour donner le vent aux tuyaux de
chaque Jeu. Si un Jeu doit être posé en droite ligne, on n'en tirera qu'une au
milieu entre deux faux-Registres; s'il doit être posé en zig-zag, on tirera deux
lignes; mais il faut observer en ce second cas, de ne pas mettre trop au bord du

Regiſtre les trous qui doivent être grands ; on l'affoibliroit trop. Il faut qu'il reſte toujours au moins 5 lignes au bord du Regiſtre, après le trou fait de toute ſa grandeur, qu'il faut prévoir. On préſentera encore la Regle des gravures des Baſſes, ſi l'on travaille ſur un des Sommiers des Baſſes, ou celle des Deſſus, ſi l'on opere ſur un Sommier des Deſſus ; on préſentera, dis-je, cette Regle ſur les bords du devant du Sommier, on en fera autant ſur le bord du derriere, & après avoir marqué par des points le milieu de chaque gravure, on tirera des lignes au crayon d'un point à l'autre dans toute la largeur du Sommier. Ces lignes ſe coupant avec celles qu'on aura faites entre les faux-Regiſtres, déſigneront à chaque point d'interſection la vraie place de chaque trou.

525. Comme le Sommier des Baſſes eſt à triples gravures, il eſt néceſſaire de diſtinguer celles qui doivent donner le vent aux Jeux de la Bombarde ; & celles ſur leſquelles on diſtribuera les autres Jeux qui doivent jouer ſur les doubles gravures, &c. Et afin de ne rien confondre, voici comment on pourra s'y prendre. Les lignes qui marquent le milieu des gravures de la Bombarde ſeront, ſi l'on veut, en craie noire. Celles qui déſignent le milieu de chaque premiere des doubles gravures, ſeront tracées avec la craie rouge, appellée *ſanguine* : & enfin, la ſeconde de chaque double gravure ſera tracée avec la craie blanche ; on marquera enſuite d'un *O*, en craie noire, tous les points où les lignes noires ſe coupent avec celles des Regiſtres des Jeux de la Bombarde, & ces *O* déſigneront la place de chaque trou convenable à ces Jeux ; on fera auſſi des *O*, avec la craie rouge à tous les points où les lignes rouges ſe coupent avec les Regiſtres des Jeux qu'on a déterminé devoir être placés ſur la premiere des doubles gravures ; & enfin, on fera des *O*, avec la craie blanche à tous les points où les lignes blanches ſe coupent avec celles des Regiſtres des Jeux qu'on deſtine à jouer ſur la ſeconde des doubles gravures. On aura ſoin auſſi d'écrire au crayon le nom de chaque Jeu ſur la place de ſon Regiſtre. Les Sommiers des Deſſus n'ayant que des doubles gravures, il en faudra marquer une en noir, & ce ſera celle de la Bombarde, & l'autre en rouge qui ſera pour tous les autres Jeux.

526. Toutes ces opérations étant faites avec beaucoup d'attention & de juſteſſe, on frappera chaque *O* d'un bon coup de pointeau. C'eſt un poinçon aſſez

PLANCHE 54.

gros, affûté très-court, *fig.* 11. *Pl.* 54, où il eſt repréſenté à demi-grandeur. On applique la pointe du pointeau ſur le milieu de l'*O*, où l'on doit faire le trou, & d'un coup de marteau ſur le pointeau on l'enfonce d'une bonne ligne ; ce que l'on fait ainſi, afin que lorſqu'on fera le trou au même point, la meche du villebrequin ſoit mieux déterminée, & qu'elle ne s'écarte pas.

527. Il y a une obſervation à faire, avant de percer la table, au ſujet des Jeux des Cornets. J'ai dit à l'art. 180, page 51, qu'on ne donne que deux Octaves d'étendue aux Cornets, & qu'ils ne commencent qu'au *C ſol ut* du milieu du Clavier. Dans le Sommier que nous décrivons, il y a 50 marches. En numérotant chaque gravure, comme il convient, le *C ſol ut* du milieu du Clavier, ſe

trouvera

trouvera ſur la vingt-quatrieme gravure à un des deux Sommiers des Deſſus, qui aura tous ces nombres pairs. Sur celui-ci, il faudra faire 14 trous, & omettre la premiere gravure, à laquelle il n'y aura point de trou pour les Cornets. A l'autre Sommier des Deſſus, dont les nombres ſont impairs, il n'y aura que 13 trous pour les Cornets, dont le premier trou ſera ſur la 25ᵉ gravure ; par conſéquent il faudra omettre les deux premieres gravures, ſur leſquelles il n'y aura point de trou pour les Cornets. Si nous n'avions pas retranché dans notre deſcription le premier *C ſol ut dièſe*, il y auroit alors 51 marches. Le *C ſol ut* du milieu du Clavier ſe trouveroit ſur la 25ᵉ gravure, & il y auroit 14 trous ſur le Sommier des nombres impairs, & 13 ſur celui des nombres pairs. J'ai cru d'autant plus néceſſaire de faire faire toute cette obſervation, que j'ai vu des Orgues où l'on s'étoit trompé à percer comme il faut pour le Cornet.

528. Tous les trous étant ainſi marqués, on les percera avec une petite meche de villebrequin, de la groſſeur du Nᵒ. 2 de la Plaque, *fig.* 62. *Pl.* 8, qui contient toutes les grandeurs des trous des Sommiers & à laquelle nous aurons recours pluſieurs fois. Ce qui étant fait, on repaſſera en deux ſens la grande varlope ſur la table à très-peu de ſeu pour emporter toutes les bavochures que la meche du villebrequin aura faites ; mais il ne faut enlever, s'il eſt poſſible, aucun copeau.

PLANCHE 8.

529. Les Regiſtres, comme je l'ai déja dit, art. 299, pag. 91, ſont des regles de bois, d'un peu moins de 3 lignes d'épaiſſeur. Ils ſont deſtinés à ouvrir ou fermer le vent aux Jeux. On les poſe entre les faux-Regiſtres. Il eſt eſſentiel à leur fonction qu'ils joignent parfaitement ſur la Table. La pratique ordinaire de preſque tous les Facteurs d'Orgues, eſt de les doubler en deſſous d'une peau blanche, afin que le vent ne puiſſe pas s'échapper entre la Table du Sommier & le Regiſtre. Il me paroît qu'il ſeroit à ſouhaiter qu'on renonçât à cette pratique, à laquelle je trouve des inconvénients conſidérables & qui méritent attention. 1ᵒ. Le Regiſtre, ſelon ſa fonction, eſt tantôt pouſſé & tantôt repouſſé. Ce mouvement cauſe un frottement de la peau dont il eſt doublé, contre la Table qui eſt néceſſairement poreuſe, étant de bois. Cette peau s'uſe avec le tems par ce frottement. Il s'en détache continuellement de petites parties qui forment peu à peu un duvet, que le vent chaſſe dans les tuyaux, & qui s'attache à leurs lumieres. Les tuyaux qui en reçoivent une certaine quantité ne parlent plus du tout. Ceux qui en reçoivent moins parlent mal, & ceux qui en reçoivent très-peu ſont au moins totalement diſcords. 2ᵒ. Une partie de cette uſure demeurant ſous le Regiſtre, celui-ci à force d'aller & de venir, en forme des rouleaux qui groſſiſſent peu à peu, & le tiennent élevé de tout leur diametre au-deſſus de la Table; ce qui produit des échappements de vent entre l'un & l'autre, & fait que les Regiſtres deviennent quelquefois fort durs à tirer & à repouſſer. 3ᵒ. On eſt obligé de changer de tems en tems cette peau pour remédier à tous ces inconvénients, ce qui eſt une réparation conſidérable & diſpendieuſe. 4ᵒ. Quand il faut relever un Orgue, c'eſt une augmentation conſidérable de travail pour ôter le duvet qui ſe trouve quelque-

fois en grande quantité dans les pieds des tuyaux. Il eſt fort difficile de le faire
fortir , lorſque les tuyaux ſont petits , à cauſe que leur embouchure qui conſiſte
en un trou au bout inférieur du pied , eſt très-petite , & il eſt rare qu'on en chaſſe
entiérement tous ces petits floccons.

530. Il ſera donc beaucoup mieux de ne point doubler de peau les Regiſtres ,
ſi l'on peut trouver un expédient pour les faire ſi bien *plaquer* contre la Table ,
que le Sommier ſoit bien *étanche.* A cet effet, il faut que les Regiſtres ſoient bien
plans & d'une épaiſſeur exactement égale d'un bout à l'autre. Or j'ai imaginé un
Inſtrument pour exécuter les Regiſtres avec la préciſion convenable & propre à
rendre le Sommier bien étanche ; j'en ai fait l'expérience bien des fois ; je nomme cet inſtrument une *filiere.* C'eſt une eſpece de gros rabot que j'ai décrit, art.

PLANCHES
9, 10, 11.

114 , pag. 30 , dont j'ai donné la figure à demi-grandeur , & détaillé les pieces
aux *Pl.* 9 , 10 & 11. Comme j'en ai parlé amplement , je n'en dirai pas davantage ici. Il ne s'agit que d'en montrer l'uſage.

531. Il faut d'abord affûter le fer du gros rabot avec grand ſoin , & de façon
que ſon tranchant ſoit parfaitement droit. A cet effet , on appliquera ce tranchant
ſur un morceau de bois bien dreſſé , ſur lequel on le ſituera dans la même pente où
il eſt en ſa place dans le rabot. C'eſt ce que j'ai repréſenté dans la *fig.* 2. *Pl.* 55.
Lorſque le tranchant y touchera exactement d'un bout à l'autre , on ſera aſſûré
qu'il eſt bien droit. On le mettra dans ſa place , où on l'affermira au moyen de ſon
coin , faiſant en ſorte qu'il faſſe un copeau très-mince & bien égal.

532. Il faut corroyer tous les Regiſtres , les tirer très-exactement de largeur,
conformément à leurs largeurs reſpectives marquées ſur la Regle du Sommier ;
qu'ils ſoient bien dreſſés & bien plans d'une face ; on les tirera de trois bonnes lignes d'épaiſſeur. Lorſqu'ils ſeront ainſi tous préparés , on fixera ſur l'établi

PLANCHE
55.

la filiere *a, fig.* 1. *Pl.* 55 , par deux valets *b* & *c* , portant chacun de ſon côté
au moyen d'une forte tringle de bois ſur les barrettes de fer *u* & *x.* On relevera
plus qu'il ne faut le rabot au moyen de la vis *p* ; & après avoir un peu frotté de
ſavon les deux faces du Regiſtre *O d* , on le fera entrer dans la filiere par l'entrée *O* , en tel ſens que la face qui a été premiérement dreſſée ſe trouve en deſſous appuyée ſur le couſſinet 5 , *fig.* 75 & 74, *Pl.* 9 , où ſe trouvent les mêmes

PLANCHE
9.

lettres , mais majuſcules. Alors on baiſſera le rabot juſqu'à ce que le fer commence à mordre ſur le Regiſtre. On le fera paſſer tout entier en le tirant bien
fortement par le bout *N, fig.* 1. *Pl.* 55. On le fera ainſi paſſer pluſieurs fois ,
tant qu'on verra que le fer en enleve des copeaux. Lorſque le fer ne mordra plus ,
on baiſſera un peu plus le rabot en faiſant un peu tourner la vis *p* , & on ſera
paſſer pluſieurs fois le Regiſtre. On continuera de faire ces opérations juſqu'à ce

PLANCHE
11.

que le rabot ne puiſſe plus baiſſer , & qu'il porte entiérement ſur les deux tringles *O* & *N, fig.* 80 , *Pl.* 11. L'épaiſſeur la plus convenable pour les Regiſtres
eſt de deux lignes & demie. En général , plus les Regiſtres ſont minces , mieux
ils font leur fonction. Cependant s'ils l'étoient trop , ils riſqueroient de caſſer.

On voit par l'expérience que les Registres de deux lignes & demie d'épaisseur font affez folides, & ne caffent point; cependant lorfqu'ils font fort étroits & fort longs, comme dans le cas préfent, il fera bon de leur donner 2 lignes trois quarts d'épaiffeur au grand Sommier feulement.

PLANCHE
55.

533. Il faut obferver, 1°. de mettre le Regiftre dans la filiere par le bout convenable pour que fon bois fe trouve de fil, afin de ne pas le faire couper à rebours. 2°. Lorfqu'on verra que le Regiftre eft prefque fini, on le retournera afin de faire repaffer par le fer du rabot la face qui a toujours frotté contre le couffinet 5, ce frottement ayant comme écrafé la furface des fibres du bois; & on le changera en même-temps de bout pour ne pas le faire couper à rebours.

PLANCHE
9, ou 10,
ou 11.

534. On fera les faux-Regiftres de trois bonnes lignes d'épaiffeur; on les tirera bien exactement de largeur conformément à celles qui font marquées fur la Regle du Sommier, & ils feront bien dreffés. On collera & on clouera avec des pointes le premier, en forte qu'il foit exactement placé conformément à la Regle qu'on y préfentera. Celui-là étant arrêté, il fera facile de placer les autres de la maniere fuivante : on appliquera contre le premier faux-Regiftre le premier Regiftre. Contre celui-ci, on collera & on clouera le fecond faux-Regiftre; on appliquera contre celui-ci le fecond Regiftre, & on collera & on clouera le faux-Regiftre fuivant; on continuera de même jufqu'à ce que tous les faux-Regiftres foient ainfi arrêtés. A mefure que l'on pofera les faux-Regiftres & le Regiftre, on préfentera par-deffus la Regle du Sommier, & on examinera fi l'on en fuit exactement les divifions. Si l'on s'appercevoit qu'on s'écartât, on rétréciroit tant foit peu un Regiftre ou faux-Regiftre felon qu'on remarqueroit où feroit le défaut. On obfervera 1°, de ne point mettre des pointes aux endroits où il faudra mettre des clous à chape; ce qu'il faudra prévoir & même marquer, 2°. On fera attention que toutes les pointes qu'on mettra, entrent dans des barres & non dans des gravures. 3°. On en mettra de trois en trois barres, ou de quatre en quatre feulement, & on les repouffera tout de fuite d'environ une ligne avec le repouffoir. 4°. Enfin, on n'y mettra que peu de colle, de peur qu'elle ne regorge deffous les Regiftres. On ôtera ceux-ci tout de fuite pour éviter qu'ils ne fe collent en quelqu'endroit : d'ailleurs, on eft obligé de les lever pour faire l'opération qui fuit.

535. Pour ajufter les faux-Regiftres, en forte que leur épaiffeur affleure bien jufte celle des Regiftres, on accommodera une varlope onglet de la maniere fuivante. On paffera dans la filiere environ deux pieds de longueur d'une tringle d'un pouce ou environ de largeur. Cette tringle deviendra exactement de la même épaiffeur que les Regiftres. On en collera un morceau de chaque côté, *a* & *b*, (*fig.* 4. *Pl.* 55), du deffous & felon la longueur d'une varlope onglet *B*, en forte que fon fer *C* foit entiérement à découvert. Ces deux tringles déborderont extérieurement cette petite varlope, qu'on mettra fous un valet jufqu'à ce que la colle foit bien feche, & que ces deux tringles tiennent bien. Voyez cette varlope onglet par le bout, *fig.* 3, *Pl.* 55.

PLANCHE
55.

On ménera cette varlope onglet ainfi accommodée fur les faux-Regiftres qu'on rabottera jufqu'à ce que le fer ne morde plus ; les deux tringles collées portant alors fur la Table , tiendront la varlope onglet élevée de toute l'épaiffeur des Re-giftres , & par conféquent convenable aux faux-Regiftres. Il faut obferver que quand on mettra fous le valet la varlope garnie de ces deux tringles, il ne faudra point la ferrer avec violence, pour ne pas rendre les morceaux de bois plus minces, & afin qu'il refte une petite furface ou comme une feuille de colle dont l'épaiffeur repréfentera la petite faillie du fer néceffaire pour couper & ra-botter les faux-Regiftres.

536. A l'égard des faux-Regiftres qui font fur les deux battants du Sommier, on les mettra à l'épaiffeur convenable avec la grande varlope , leurs Regiftres étant dans leurs places : on aura foin de préfenter de temps en temps une regle en travers à plufieurs endroits pour s'affurer qu'ils foient bien affleurés.

537. Pour ceux qui voudront s'en tenir à l'ancienne pratique de mettre de la peau aux Regiftres, voici comment cela fe fait. On préparera les Regiftres com-me je l'ai dit ci-deffus au commencement de l'art. 532. On choifit de la peau bien préparée & d'égale épaiffeur ; on la coupe par bandes tant foit peu plus larges que chaque Regiftre. On les racle du côté liffe ; on y met de la colle, & on les applique fur le deffous du Regiftre , le côté velu en dehors ; enfuite on fait chauf-fer un fer à repaffer le linge ; & après avoir mis un papier fur la peau, on paffe le fer deffus. On effaye auparavant le fer fur un morceau de peau ; car s'il eft trop chaud, il fait rider ou retirer la peau , ce qui gâte tout. Il faut remarquer qu'on ne peut pas y appliquer le linge trempé dans l'eau chaude , parce qu'on gâteroit ainfi le duvet de la peau ; c'eft pourquoi on fe fert du fer à repaffer. Quand la peau eft bien féche , on la recoupe aux côtés du Regiftre avec la pointe bien tranchante d'un couteau, afin qu'elle foit coupée nettement & bien raz.

538. On met tous ces Regiftres doublés de peau chacun en fa place, la peau en deffous. On les arrête par une pointe à chaque bout. Enfuite on paffe la varlope fur tous les Regiftres & faux-Regiftres enfemble jufqu'à ce que le tout foit affleuré & bien uni. Alors on pofe les Chapes.

539. Les Regiftres paffés à la filiere étant tous faits, on broffera bien toute la Table du Sommier pour en ôter les copeaux & la pouffiere qui pourroit s'y trou-ver ; on mettra tous les Regiftres en leur place , entre les faux-Regiftres, avec lefquels ils doivent fe trouver bien affleurés. Ils dépafferont la longueur du Som-mier de chaque bout, au moins de 4 à 5 pouces. Mais les faux-Regiftres ne fe-ront pas plus longs que le Sommier. On arrêtera les Regiftres en leur place en y fichant une pointe à chaque bout. Il ne faut pas que ces pointes foient trop fortes , parce qu'il faudroit gâter ou déchirer les Regiftres pour les arracher. En-fuite on clouera les Chapes.

540. Les Chapes, comme je l'ai dit art. 300, pag. 91 , font des planches d'en-viron un pouce d'épaiffeur , dont la largeur doit aller de la moitié d'un faux-Regiftre

giftre à la moitié du faux-Regiftre fuivant. Cependant ceci n'eft pas une regle
générale; car on ne l'obferve pas toujours aux Chapes gravées pour le plein Jeu,
comme on peut le voir en *f* & *g*, *fig.* 5, *Pl.* 55 : *f*, eft une Chape gravée,
vue par le bout; *g*, le Regiftre; *h* & *k*, les faux-Regiftres, qu'on peut remarquer
auffi larges que le Regiftre.

541. Les Chapes doivent être d'un bois de chêne bien fain, fans nœuds,
gerçures ni rebours, fur-tout celles qu'on deftine à être gravées; il faut les choifir
fur toutes les autres. Toutes auront un pouce d'épaiffeur étant finies. On les dégauchira avec foin; on les tirera de large conformément aux mefures prifes fur
la Regle du Sommier, & on les tirera d'épaiffeur, fans les couper jufte de longueur. A mefure qu'on les finira, on les mettra chacune à fa place fur le Sommier.

542. Pour clouer ces Chapes, il faut avoir des clous de fer doux & de deux
pouces de longueur, dont la tête foit un peu petite, mais bien faite. On la garnira de plufieurs rondelles du même cuir dont on fait les empeignes des fouliers.
Pour faire cette garniture avec facilité & diligence, on fera plufieurs trous au
bout d'un morceau de planche, dans lefquels un de ces clous puiffe entrer bien
aifément; on coupera le cuir par morceaux un peu plus grands que les têtes des
clous. On percera ces cuirs avec une pointe; on y fera entrer un clou; & lorfqu'on en aura ainfi enfilé 3 ou 4 ou 5 morceaux, on mettra ce clou dans un des
trous de la planche, bien tenue par un valet fur le bord de l'établi; on y donnera un ou deux coups de marteau pour ferrer les cuirs en deffous de la tête, autour de laquelle on les coupera tout de fuite avec un couteau ou un cifeau; le
tout fe fera avant d'ôter le clou de fon trou. Voyez un clou ainfi garni, *fig.* 7.
Pl. 54, dans la moitié de fa grandeur. On fait, comme je viens de le dire, plufieurs trous fur le morceau de planche, parce qu'à force de couper les cuirs, le
tour du trou s'ufe; alors on l'abandonne, & l'on fe fert d'un autre.

543. Les deux Sommiers des Deffus dont il s'agit, *fig.* 6, *Pl.* 55, ayant 48
pouces 2 lignes de longueur, il convient d'y mettre fix couples de clous à chaque Chape, ce qui fera 12 clous pour chacune : car on les met de deux en deux,
c'eft-à-dire, qu'il y aura deux clous de 9 en 9 pouces : & comme il y a 30 Chapes, il faut 360 clous. Pour le Sommier des Baffes, qui eft à-peu-près de la même
longueur, il en faut autant; ce qui fait 720 clous, qu'il faut encore doubler,
parce qu'il y a quatre Sommiers; ce font donc en tout 1440 clous, qu'il faudra
ainfi garnir.

544. Les Chapes étant toutes pofées fur le Sommier, on tirera aux deux extrémités les lignes *a b*, *c d*, *fig.* 6, *Pl.* 55, paralleles entr'elles, & vis-à-vis de
l'extrémité extérieure des traverfes du Chaffis; ce qui fera juftement la longueur
du Sommier, & qui déterminera la longueur précife des Chapes. On en tirera 6
autres paralleles, *e f*, *g h*, *i k*, *l m*, *n o* & *p q*, pour défigner la place
de chaque clou, comme on le voit dans la figure. On fera les trous pour les clous

à Chape, avec une petite meche de villebrequin proportionnée à la groffeur des clous & garnie d'un morceau de bois, *fig.* 14. *Pl.* 54, pour empêcher que la meche n'enfonce trop. On commencera par la premiere Chape *b d*, & la derniere *a c*, afin de maintenir toutes les autres. On fera les trous un peu en pente, pour ne pas rifquer de mordre fur le Regiftre, comme on peut le remarquer en la figure 5, *Pl.* 55, où l'on voit les clous qui traverfent la Chape, le faux-Regiftre, la Table, & entrent dans les barres. Aufli quand on tracera les lignes pour marquer la place des clous, faudra-t-il avoir grand foin que les clous percent dans des barres & non dans des gravures. On obfervera encore que lorfqu'on aura fait un trou à l'extrémité d'une Chape, on doit y mettre un clou, & l'y enfoncer incontinent ; qu'on doit enfuite, & non plutôt, faire un trou à l'autre extrémité, & y enfoncer également de fuite un clou. Si l'on ne prenoit point cette précaution, & qu'on fît un nombre de trous tout de fuite fans arrêter la Chape, celle-ci rifqueroit de changer de place à chaque trou qu'on feroit ; aucun en ce cas ne fe rencontreroit, & par-là on gâteroit tout. On aura foin de graiffer tous les clous avant de les mettre dans leurs trous. Il y en a qui les font recuire ; c'eft-à-dire, qu'ils les font rougir au feu. Ce n'eft pas une bonne méthode ; parce que l'écaille qui fe forme fur les clous quand on les fait rougir, eft préjudiciable.

545. S'il n'eft pas poffible de s'en procurer d'un fer affez doux, il y a une maniere de les recuire fans qu'ils prennent d'écaille. Pour cela, il faut en faire plufieurs paquets de 100, ou de 2 ou 300 chacun ; on enveloppera ce paquet d'un morceau de linge qu'on liera avec quelque gros fil. On revêtira ce paquet de terre graffe bien pétrie, & on le fera fécher peu-à-peu auprès du feu. S'il s'y forme des fentes, on les bouchera avec de la même terre ; enfin, quand les paquets feront bien fecs, & qu'il n'y paroîtra aucune fente, on les mettra dans un brafier de charbon enflammé, capable de les faire bien rougir. On les laiffera ainfi dans le feu jufqu'à ce qu'il foit parfaitement éteint de lui-même, & que les paquets foient entiérement refroidis. De cette maniere de recuire, réfultent deux effets ; 1°. La terre graffe étant un abforbant, le fer s'y décharge d'une partie de fon phlogiftique, & par-là devient plus doux & moins caffant. 2°. Le fort enduit de terre empêchant la flamme du feu d'agir immédiatement fur le fer, le préferve de l'écaille ; & le linge dont les paquets font enveloppés difpenfe de la peine de nettoyer les clous que cette terre graffe barbouilleroit fi elle les touchoit. Du refte, on fait faire ordinairement ces clous exprès, & on en donne un modele au Cloutier.

546. Toutes les Chapes étant clouées, on retournera le Sommier fens-deffus-deffous ; c'eft-à-dire, les gravures en deffus, au fond defquelles on verra les trous de la Table. On prendra la même meche de villebrequin qui aura fervi à les faire ; on la mettra dans ces trous, & on percera les Regiftres & les Chapes, prenant bien des précautions pour percer bien droit, fur-tout dans le fens de la

PLANCHES
54 & 55.

longueur des gravures. C'est dans ce même sens qu'on pourroit donner un peu de zig-zag aux trous des Chapes, les perçant par la Table (comme il s'agit préfentement), en donnant un peu de pente au villebrequin en avant & en arriere. Ce peu de zig-zag dont je parle, ne feroit à propos que pour mettre les Tuyaux un peu plus au large. Mais ce n'eft pas ici le cas, parce que les Jeux étant près les uns des autres, le zig-zag n'y conviendroit pas. Les Chapes qui doivent être gravées, qui font celles des Fournitures & des Cymbales, ne doivent être percées que jufqu'à la moitié de leur épaiffeur; & afin de ne les percer précifément que jufqu'où il faut, on garnira la meche (qui doit être plus groffe que la précédente) d'un morceau de bois, *fig.* 15, *Pl.* 54, qui empêchera qu'on n'aille trop avant. On remarquera la différence de ce morceau de bois, *fig.* 15, qui eft gros & cylindrique pour qu'il n'entre point dans les gravures, d'avec l'autre, *fig.* 14, qui eft conique, & en cela plus commode pour faire les trous des Chapes, ne couvrant point ce que l'on fait.

547. On retournera le Sommier, les Chapes en deffus, & on paffera des meches plus grandes dans les trous qui doivent être plus grands. Pour faire cette opération avec ordre & ne pas rifquer de fe tromper, on tirera (*fig.* 6, *Pl.* 55) en travers & par-deffus les Chapes les mêmes lignes que fur la Table, *art.* 525, & avec les mêmes craies. Ces lignes pafferont fur tous les trous, & ferviront à diftinguer, comme nous l'avons vû au même article, les gravures des Jeux de la Bombarde, auffi bien que la premiere & la feconde de chaque double gravure. Parmi tous les trous qu'il faut aggrandir, il y en a de deux fortes; les uns doivent être quarrés, pour donner une plus grande quantité de vent, les autres refteront ronds, ce que je ferai remarquer; mais avant de quarrer les trous de la premiere forte, il faut y paffer une meche dont le diametre convienne au plus petit trou quarré. Ce fera celle du N°. 10. de la Plaque, *fig.* 62. *Pl.* 8. Ainfi quand nous parlerons des Numéros de la grandeur des trous, il faudra toujours entendre des trous ronds conformes à ceux de cette plaque de cuivre, ou de fer. Je commencerai à décrire les grandeurs des trous d'un des Sommiers des Baffes, & enfuite ceux d'un Sommier des Deffus, ce qui s'entendra des deux autres Sommiers.

548. Dans les Sommiers des Baffes, il ne doit y avoir aucun trou pour les Cornets.

Le 3e. Jeu, qui eft la Montre de 32 pieds, aura tous ces trous du 10e. N°. On les quarrera tous enfuite, comme je le fpécifierai dans les *art.* 551 & 552, ci-après. On paffera la même meche N°. 10, aux fept Jeux fuivants. Une grande partie de ces trous feront quarrés.

Le 11e. Jeu, qui eft le gros Nafard, aura les quatre premiers trous du N°. 10; les quatre fuivants du 9e. & les deux autres du 8e. Il y en aura quelques-uns quarrés.

Le 12e. Jeu, qui eft le Bourdon de 8 pieds, aura tous fes trous du 10e. N°; quelques-uns feront quarrés.

Le 13e. Jeu, qui eft le Preftant, aura les deux premiers trous du N°. 10. deux du 9e. deux du 8e. deux du 7e. & deux du 6e. Ils refteront tous ronds.

Le 14ᵉ. Jeu, qui eſt la groſſe Tierce, de même que le précédent.

Le 15ᵉ. Jeu, qui eſt le Preſtant de Bombarde, de même.

Le 16ᵉ. Jeu, qui eſt la groſſe Fourniture de Bombarde, n'aura aucun trou encore, parce que ſa Chape doit être gravée auparavant.

Le 17ᵉ. Jeu, qui eſt la Quarte de Naſard, aura huit trous du 6ᵉ. Nᵒ. & deux du 5ᵉ. Ils reſteront tous ronds.

Le 18ᵉ. Jeu, qui eſt le Naſard, aura les quatre premiers trous du 7ᵉ. Nᵒ. quatre du 6ᵉ. & deux du 5ᵉ. Ils reſteront tous ronds.

Les 19 & 20ᵉ. Jeux, qui ſont la Doublette & la Tierce, comme la Quarte ci-deſſus.

Les 21, 22, 23 & 24ᵉ. Jeux, qui ſont les deux Fournitures & les deux Cymbales, n'auront encore aucun trou, parce qu'il faut auparavant graver leurs Chapes.

Le 25ᵉ. Jeu, qui eſt la Bombarde, aura tous ſes trous du 12ᵉ. Nᵒ. dont pluſieurs ſeront quarrés.

Le 26ᵉ. Jeu, qui eſt la Trompette de Bombarde, aura tous ſes trous du 12ᵉ. Nᵒ. Ils reſteront tous ronds.

Le 27ᵉ. Jeu, qui eſt le Clairon de Bombarde, aura tous ſes trous du 10ᵉ. Nᵒ. Ils reſteront tous ronds.

Le 28ᵉ. Jeu, qui eſt la premiere Trompette, comme la précédente.

Le 29ᵉ. Jeu, qui eſt la ſeconde Trompette, de même.

Le 30ᵉ Jeu, qui eſt le Clairon, comme le précédent.

Tous ces trous étant ainſi agrandis, on en fera de même à l'autre Sommier des Baſſes, qui eſt tout ſemblable à celui-ci.

549. On prendra un des deux Sommiers des Deſſus, auxquels je ſuppoſe qu'on aura déja paſſé la meche du Nᵒ. 2, qui aura percé la Table, les Regiſtres & les Chapes; on y agrandira les trous dans l'ordre ſuivant.

Les 1ᵉʳ. & 2ᵈ. Jeux, qui ſont les deux Cornets, auront tous leurs trous du Nᵒ. 10. Ils feront enſuite tous quarrés.

Le 3ᵉ. Jeu, qui eſt la ſuite de la Montre de 32 pieds, aura les huit premiers trous du Nᵒ. 10, qui ſeront quarrés. Enſuite deux du 8ᵉ. Nᵒ. deux du 7ᵉ. deux du 6ᵉ. & trois du 5ᵉ.

Le 4ᵉ. Jeu, qui eſt la Montre de 16 pieds, aura les quatre premiers trous du 10ᵉ. Nᵒ. qui ſeront quarrés. Enſuite deux du 9ᵉ. Nᵒ. deux du 8ᵉ. deux du 7ᵉ. deux du 6ᵉ. deux du 5ᵉ. & un du 4ᵉ.

Le 5ᵉ. Jeu, qui eſt la Montre de huit pieds, aura trois trous du 5ᵉ. Nᵒ. ſix du 4ᵉ. & ſix du 3ᵉ. Ils reſteront ronds.

Le 6ᵉ. Jeu, qui eſt le Bourdon de 32 pieds, aura les neuf premiers trous du 10ᵉ. Nᵒ. Ils ſeront quarrés. Enſuite le dixieme trou ſera du 8ᵉ. Nᵒ. Le onzieme du 7ᵉ. deux du 6ᵉ. Nᵒ. & deux du 5ᵉ. Ceux-ci reſteront ronds.

Le 7ᵉ. Jeu, qui eſt le Bourdon de 16 pieds, aura les trois premiers trous du

10e. N°. Ils feront quarrés. Enfuite trois du 7e. N°. trois du 6e. trois du 5e. & trois du 4e. Ils refteront ronds.

Le 8e. Jeu, qui eft le fecond huit pieds, en fuppofant que toute la premiere octave eft en Montre, & que tous les trente tuyaux feront fur le Sommier, il aura les trois premiers trous du 7e. N°. trois du 6^e. trois du 5^e. trois du 4^e. & trois du 3^e. Ils feront tous ronds.

Le 9^e. Jeu, qui eft le Bourdon de feize pieds de Bombarde, comme le Bourdon de feize pieds ci-deffus, qui eft parfaitement femblable.

Le 10^e. Jeu, qui eft le Bourdon de huit pieds de Bombarde, aura les deux premiers trous du 8^e. N°. deux du 7^e. deux du 6^e. trois du 5^e. trois du 4^e. & trois du 3^e. Ils feront tous ronds.

Le 11^e. Jeu, qui eft le gros Nafard, comme le Bourdon de huit pieds, ci-deffus.

Le 12^e. Jeu, qui eft le Bourdon de huit pieds, comme le Bourdon femblable de Bombarde.

Le 13^e. Jeu, qui eft le Preftant, en fuppofant qu'il doit être tout entier fur le Sommier, aura quatre trous du 6e. N°. quatre du 5e. quatre du 4e. & trois du 3e. Ils refteront ronds.

Le 14e. Jeu, qui eft la groffe-Tierce, comme le Preftant.

Le 15e. Jeu, qui eft le Preftant de Bombarde, comme l'autre Preftant précédent.

Le 16e. Jeu, qui eft la groffe Fourniture de Bombarde, n'aura encore aucun trou, parce qu'il faut auparavant graver la Chape.

Le 17e. Jeu, qui eft la Quarte de Nafard, aura le premier trou du N°. 5, quatre du 4e. quatre du 3e. & les cinq qui reftent demeureront du 2^d. N°. qui eft la meche qui a fervi la premiere fois. Tous ces trous refteront ronds.

Le 18^e. Jeu, qui eft le Nafard, aura deux trous du N°. 5, quatre du N°. 4, & neuf du N°. 3. Ils refteront tous ronds.

Les 19 & 20^e. Jeux, qui font la Doublette & la Tierce, comme la Quarte de Nafard.

Les 21, 22, 23 & 24^e. Jeux, qui font les deux Fournitures & les deux Cymbales, n'auront encore aucun trou, parce qu'il faut graver les Chapes auparavant.

Le 25^e. Jeu, qui eft la Bombarde, aura fix trous du 11^e. N°. & neuf du 10^e. Ils refteront tous ronds.

Le 26e. Jeu, qui eft la Trompette de Bombarde, aura neuf trous du 10e. N°. & fix du 9e. Tous ronds.

Le 27e. Jeu, qui eft le Clairon de Bombarde, comme la Trompette.

Les 28, 29 & 30e. Jeux, qui font la premiere Trompette, la feconde Trompette & le Clairon, feront percés comme la Trompette de Bombarde.

550. Tous les trous étant agrandis aux quatre Sommiers, il refte à quarrer ceux qui doivent être quarrés. A cet effet, on déclouera toutes les Chapes; on

ORGUES. II. Part.   A a a

les coupera de longueur , & on les arrangera par ordre , bien établies. On laissera les Regiſtres arrêtés par les deux pointes qui les tiennent à chaque bout , & on tracera par-deſſus les quarrés des trous, qu'il faudra quarrer ſelon les grandeurs indiquées ci-deſſous à l'article ſuivant. Pour quarrer les trous , on ſe ſervira d'un ciſeau bien affûté & bien tranchant , d'une largeur convenable. Il ſera plus com-mode d'en avoir de pluſieurs largeurs. On aura ſoin de couper le bois bien net-tement & en ſorte que le trou quarré ſe trouve fait en même-temps au Regiſtre & à la Table , juſque dans la gravure , obſervant que le trou ſoit de la même grandeur tant en deſſus qu'en deſſous.

551. A commencer par le Sommier des Baſſes , on tracera & on quarrera les trous du Regiſtre & de la Table enſemble , du 3ᵉ. Jeu, qui eſt la Montre de 32 pieds. Il faut ſe ſouvenir que nous en retranchons les quatre premiers tuyaux , & que nous ne la commençons qu'à l'*E ut fa* de 24 pieds. Ainſi il ne faut opérer que ſur la premiere gravure du troiſieme couple des doubles gra-vures , que je nommerai le 3ᵉ. trou. On le fera de 9 lignes dans un ſens , & de 16 lignes dans l'autre ; le 4ᵉ. de 9 lignes ſur 15 ; le 5ᵉ. de 8 lignes ſur 15 ; le 6ᵉ. de 8 lignes ſur 13 ; le 7ᵉ. de 8 lignes ſur 12 ; le 8ᵉ. de 8 lignes ſur 11 ; le 9ᵉ. de 8 lignes ſur 10 , & le 10ᵉ. de 8 lignes ſur 9.

552. Avant de paſſer outre , il faut avertir qu'on doit donner les 9 lignes de largeur , ſelon la largeur de la gravure , & les 16 lignes ſelon la longueur de la gravure ; c'eſt-à-dire , en travers du Regiſtre ; en ſorte que ce Regiſtre de la Montre de 32 pieds , ayant 30 lignes de largeur , il reſtera encore 7 lignes de largeur de bois à chaque côté du trou ; ce qui eſt plus que ſuffiſant pour que le Regiſtre ſoit très-ſolide ſans être ſujet à caſſer.

Le 4ᵉ. Jeu , qui eſt la Montre de 16 pieds , aura le premier trou de 9 lignes ſur 12 , un de 9 ſur 11 , deux de 9 ſur 10 , deux de 8 ſur 9 , deux de 8 ſur 8 , deux de 7. ſur 8.

Le 5ᵉ. Jeu , qui eſt la Montre de 8 pieds , aura un trou de 8 ſur 8 , un de 7 ſur 8 , deux de 7 ſur 7 , deux de 6 ſur 7 , deux de 6 ſur 6 ; & il reſtera deux trous ronds du Nᵒ. 10.

Le 6ᵉ. Jeu , qui eſt le Bourdon de 32 pieds , dont nous retranchons les quatre premiers tuyaux , aura le 3ᵉ. trou de 8 ſur 18 ; le 4ᵉ. de 8 ſur 17 ; le 5ᵉ. de 8 ſur 15 ; le 6ᵉ. de 8 ſur 13 ; le 7ᵉ. de 8 ſur 12 ; le 8ᵉ. de 8 ſur 11 ; le 9ᵉ. de 8 ſur 10 , & le 10ᵉ. de 8 ſur 9 lignes.

Le 7ᵉ. Jeu , qui eſt le Bourdon de 16 pieds , aura un trou de 9 ſur 12 , un de 9 ſur 11 , deux de 9 ſur 10 , deux de 8 ſur 9. deux de 8 ſur 8 , & deux de 7 , ſur 8.

Le 8ᵉ. Jeu , qui eſt le ſecond 8 pieds , aura un trou de 8 ſur 8 , deux de 7 ſur 8 , deux de 7 ſur 7 , deux de 6 ſur 7 , & trois de 6 ſur 6.

Le 9ᵉ. Jeu , qui eſt le Bourdon de 16 pieds de Bombarde , aura un trou de 8 ſur 13 , un de 8 ſur 12 , deux de 8 ſur 11 , deux de 8 ſur 9 , deux de 8 ſur 8 , deux de 7 ſur 8 lignes.

Le 10ᵉ. Jeu, qui est le Bourdon de 8 pieds de Bombarde, aura un trou de 8 sur 8, un de 7 sur 8, deux de 7 sur 7, deux de 6 sur 7, deux de 6 sur 6, & il restera deux trous ronds du N°. 10.

Le 11ᵉ. Jeu, qui est le gros Nasard, aura deux trous de 7 sur 7, deux de 6 sur 7, un du 10ᵉ. N°. rond, un du 9ᵉ. deux du 8ᵉ. & deux du 7ᵉ. N°. Ainsi les quatre premiers trous seront quarrés, & les six autres seront ronds.

Le 12ᵉ. Jeu, qui est le Bourdon de 8 pieds, comme le Bourdon de 8 pieds de Bombarde.

Le 13ᵉ. Jeu, qui est le Prestant, n'a aucun trou quarré.

Le 14ᵉ. Jeu, qui est la grosse-Tierce, n'a aucun trou quarré.

Le 15ᵉ. Jeu, qui est le Prestant de Bombarde, n'a aucun trou quarré.

Le 16ᵉ. Jeu, qui est la grosse-Fourniture de Bombarde, aura les quatre premiers trous de 8 sur 13, & les six autres de 8 sur 12.

Les 17, 18, 19 & 20ᵉ. Jeux, qui sont la Quarte de Nasard, le Nasard, la Doublette & la Tierce, n'ont point de trous quarrés.

Les 21, 22, 23 & 24ᵉ. Jeux, qui sont les deux Fournitures & les deux Cymbales, auront chacun les quatre premiers trous de 9 sur 12, & les six autres de 8 sur 12.

Le 25ᵉ. qui est la Bombarde, aura deux trous de 8 sur 10, deux de 8 sur 9, deux de 8 sur 8, deux de 7 sur 8, & deux du 14ᵉ. N°. ronds.

Les 26, 28 & 29ᵉ. Jeux, qui sont les trois Trompettes, auront tous leurs dix trous du 12ᵉ. N°. ronds.

Les 27 & 30ᵉ. Jeux, qui sont les deux Clairons, auront tous leurs dix trous du 10ᵉ. N°. ronds.

553. Tous les trous des Registres & de la Table des deux Sommiers des Basses étant finis, on quarrera de même ceux qu'il faut quarrer aux deux Sommiers des Dessus. J'en décrirai seulement un. On ne fera que répéter les mêmes opérations sur l'autre.

Les deux premiers Jeux, qui sont les deux Cornets, auront les trois premiers trous de 8 sur 8, ensuite trois de 7 sur 8, trois de 7 sur 7, & les quatre autres de 6 sur 7 lignes. Il faut remarquer que pour ces deux Cornets, il ne faut que 13 trous à un Sommier & 14 à l'autre, parce que ces deux Jeux n'ont que 27 Marches, ne commençant qu'au troisieme *C sol ut*, au milieu du Clavier. Voyez l'article 527, ci-dessus, *page* 174.

Le 3ᵉ. Jeu, qui est la suite de la Montre de 32 pieds, aura deux trous de 8 sur 8, deux de 7 sur 8, deux de 7 sur 7; deux de 6 sur 7; les sept autres seront ronds des Nᵒˢ. marqués à l'article 549, *page* 182.

Le 4ᵉ. Jeu, qui est la Montre de 16 pieds, aura un trou de 7 sur 7, deux trous de 6 sur 7, un de 6 sur 6, & les autres trous au nombre de 11, comme à l'article, 549, *page* 182.

Le 5ᵉ. Jeu, qui est la Montre de huit pieds, aura tous les trous ronds, comme à l'art. 549, *page* 182.

Le 6ᵉ. Jeu, qui eſt le Bourdon de 32 pieds, aura deux trous de 8 ſur 8, deux de 7 ſur 8, deux de 7 ſur 7, deux de 6 ſur 7, un de 6 ſur 6, & les ſix autres ſeront ronds. Voyez l'art. 549, *page* 182.

Le 7ᵉ. Jeu, qui eſt le Bourdon de 16 pieds, aura un trou de 7 ſur 7, deux de 6 ſur 7, un de 6 ſur 6, & les onze autres feront ronds. Voy. l'art. 549, *p.* 183.

Le 8ᵉ. Jeu, qui eſt le ſecond huit pieds, aura tous ſes trous ronds, comme à l'article 549, *page* 183.

Le 9ᵉ. Jeu, qui eſt le Bourdon de 16 pieds de Bombarde, comme le précédent Bourdon de 16 pieds.

Le 10ᵉ. Jeu, qui eſt le Bourdon de 8 pieds de Bombarde. Voy. l'art. 549, *p.* 183.

Les 11, 12, 13, 14 & 15ᵉ. Jeux, qui ſont le gros Naſard, le Bourdon de 8 pieds, le Preſtant, la groſſe Tierce & le Preſtant de Bombarde. Voyez l'art. 549, *page* 183.

Le 16ᵉ Jeu, qui eſt la groſſe Fourniture de Bombarde, aura tous les quinze trous quarrés de 8 ſur 12.

Les 17, 18, 19 & 20ᵉ. Jeux, qui ſont la Quarte de Naſard, le Naſard, la Doublette & la Tierce. Voyez l'art. 549, *page* 183.

Les 21, 22, 23 & 24ᵉ. Jeux, qui ſont les deux Fournitures & les deux Cymbales, auront tous leurs 15 trous quarrés de 8 ſur 12.

Le 25 Jeu, qui eſt la Bombarde, aura quatre trous du Nᵒ. 13, cinq du Nᵒ. 12 & ſix du Nᵒ. 11, tous ronds.

Les 26, 27, 28, 29 & 30ᵉ. Jeux, qui ſont les trois Trompettes & les deux Clairons. Voyez l'article 549, *page* 183.

554. Tous les trous étant finis, on ôtera les Regiſtres; on les appliquera ſur les Chapes, faiſant convenir tous les trous enſemble. Si tous les trous d'un Regiſtre ſont quarrés, il eſt difficile de le bien placer ſur la Chape. Mais on a la précaution de ne point quarrer les premiers & derniers trous du Regiſtre qu'on n'ait fait cette application ſur la Chape. Dans ce cas, c'eſt-à-dire, les premiers & derniers trous étant encore ronds, on applique le Regiſtre ſur la Chape; on remplit bien juſte ces premier & dernier trous par une cheville pour bien arrêter le tout enſemble, & on trace tous les trous du Regiſtre ſur la Chape avec une pointe fine, aux quatre côtés du dedans de chaque trou quarré. Ce qui étant fait, on arrête le Regiſtre ſur la Chape, ſoit par une pointe à chaque bout, ou par deux valets, on ôte les deux chevilles rondes qui bouchoient les premier & dernier trous, & on les quarre avec un ciſeau, qui quarrera en même-temps le trou de la Chape. Enſuite au moyen du Regiſtre, on quarre les deux trous de la Table, qui n'avoient point été quarrés auparavant. Il faut au reſte obſerver que la quarrure des trous doit être auſſi grande en deſſus de la Chape qu'en deſſous, & doit traverſer entiérement.

555. Lorſqu'on aura fini de quarrer les trous des Chapes aux quatre Sommiers, on *fraiſera* tous les trous au-deſſus des Chapes, avec la fraiſe, *fig.* 64. *Pl.* 8.

Cette

Cette fraise doit s'emmancher au villebrequin. On doit ébaucher à la gouge les bords des grands trous, sur-tout aux trous quarrés, que l'on finira ensuite avec la fraise jusqu'à ce qu'on en ait atteint entiérement les angles. On évasera également avec la fraise tous les petits trous ronds sans les ébaucher avec la gouge ensuite, on passera en deux sens sur la Chape un petit rabot, pour ôter toutes les bavochures que la fraise aura faites. On donnera dessous toutes les Chapes, les coups de scie dont il est parlé *article 323, page 98*; & ensuite, on y passera une lime quarrée pour emporter proprement les vives arrêtes qui restent aux deux bords de la trace de la scie ; on abattra aussi les deux vives arrêtes du dessous des deux côtés de la Chape, pour donner, en cas de besoin, une issue au vent qui pourroit venir de ces coups de scie. Il y en a qui gravent sur la table du Sommier, des petites rainures assez semblables à celles du dessous des Chapes, mais beaucoup plus légeres ; ce qu'ils exécutent avec un ciseau. Ces petites gravures doivent être fines, bien peu profondes, & le bois coupé bien proprement ; c'est une précaution fort prudente pour empêcher les échappements de vent qui pourroient venir dans la suite entre la Chape & le Registre, au cas que le bois fasse quelque mouvement.

556. La pratique la plus ordinaire du plus grand nombre des Facteurs d'Orgues, est, de ne jamais se servir de la fraise ; cet outil leur est absolument étranger : au lieu de la fraise, ils font grand usage des fers à brûler. Voyez-en la forme, *fig. 98, Pl. 12*, où un de ces fers est représenté géométralement ; lisez aussi l'art. 124, *page 34*, où vous en trouverez la description. On fait rougir au feu deux, au moins, de ces fers par le bout convenable à la grandeur des trous qu'on a à brûler ; on applique la tête de ce fer rouge sur le trou, & le tenant debout ou verticalement, on le fait rouler entre les deux mains étendues l'une contre l'autre, pendant le tems convenable, jusqu'à ce que l'évasement du trou soit au point qu'on le souhaite. On continue d'évaser des trous avec le même fer, jusqu'à ce que sa chaleur ne soit plus assez grande pour produire l'effet qu'on désire. Alors on remet ce fer au feu ; on prend l'autre qui doit être rouge, & on opere comme avec le premier ; ainsi, on se sert de l'un & de l'autre alternativement, jusqu'à ce qu'on ait fini son ouvrage. On se sert de ces fers à brûler, pour les creux des boursettes ; en un mot, à tous les usages auxquels on emploie la fraise. Il paroît que l'usage de celle-ci est à préférer ; outre que l'ouvrage en est bien autrement propre, elle ne dégrade point les qualités du bois. Le fer à brûler rend le bois sujet à se déjetter, moins liant & plus cassant ; cependant il est quelques cas où il est bon de s'en servir, comme je le ferai remarquer dans l'occasion.

557. Certains Facteurs ont la pratique de faire autrement les trous des Chapes où il doit y avoir des porte-vents. Lorsqu'on a passé la petite meche avec laquelle on a percé ensemble la Table, le Registre & la Chape, *article 546, page 180*, & avant d'agrandir le trou avec une autre meche, ils y passent la meche ;

PLANCHE 12.

fig. 1, *Pl.* 56, que nous appellerons *quarrée*, dont le bout *A* étant rond, & remplissant bien le trou de la Chape; ils creusent une ouverture cylindrique de la grosseur que doit avoir le porte-vent; ensuite ils y passent la meche ronde qu'il faut pour agrandir le trou; ils le quarrent en dessous, &c. Il est évident que le porte-vent tient mieux dans un pareil trou, que dans un trou conique, tel qu'on le fait avec la fraise; on doit avoir alors de ces meches quarrées de différentes grosseurs. On en voit le plan par le bout en *B*. Il y a dans cette méthode un petit inconvénient, qui est, que lorsque dans certains cas, on est obligé d'arracher ces porte-vents, ils cassent tous dans leurs trous, au lieu que selon l'autre maniere, on les ôte facilement au moyen d'un ciseau, sans les endommager.

558. Il reste à graver les Chapes des Fournitures & des Cymbales : j'ai déja expliqué avec quelque détail, la maniere simple de graver les Chapes pour le plein Jeu, *article* 313, *page* 95; & la maniere *double* aux articles 324 & 325, *page* 98. J'appelle maniere *simple* de graver les Chapes, celle où il n'y a point de rainures à faire avec le bouvet, ni flipots, ni tringles à rapporter & à coller; ce qui est la maniere double. Comme on peut relire ces articles, je ne répéterai point ici ce qui y est contenu; mais je décrirai seulement ce qui reste à expliquer. Il s'agit donc premiérement de graver la Chape de la grosse Fourniture de Bombarde. Il faut d'abord appliquer le dessus de son Registre, contre le dessous de sa Chape, & l'arrêter contre, au moyen de deux chevilles bien justes aux premier & dernier trous; ensuite, on quarrera les trous à la grandeur indiquée ci-dessus, *article* 552, *pag.* 184, c'est-à-dire, de 8 lignes sur 12; on ôtera les deux chevilles rondes, & on en mettra deux autres quarrées, à deux trous déja quarrés, & on quarrera ceux dont on a ôté les chevilles rondes. On quarrera ensuite les premier & dernier trous qui restoient à quarrer sur la Table; on fera ensorte que les trous quarrés des Chapes, ne soient profonds que jusqu'à la moitié de leur épaisseur.

559. Tout cela étant fait, on présentera sur la Chape les quatre tuyaux, le premier de chacune des quatre rangées qui doivent jouer sur une Marche. Le premier de la premiere rangée, est un tuyau de 4 pieds, & qui a trois pouces de diametre. Le premier de la seconde rangée, est de 2 pouces une ligne & demie de diametre. Le premier de la troisieme rangée, est d'un pouce 8 lignes & demie de diametre; & le premier de la quatrieme rangée, est d'un pouce deux lignes de diametre. On les fera tenir debout sur la Chape, par leur bout supérieur, le pied en haut. Le plus gros en *a*, (*Pl.* 55, *Fig.* 7, qui représente une partie de la Chape dont il s'agit, avec l'arrangement des quatre tuyaux dont chaque Marche est composée), le quatrieme qui est le plus petit en *b*, le second en *c*, & le troisieme en *d*. On marquera sur la Chape, la place de ces quatre tuyaux, & le centre de chacun, sur lesquels centres, on tracera les lignes *e f*, & *g h*, tout le long de la Chape; on tracera de même les lignes *t u*, & *x y*, le tout avec le trusquin. Ces lignes doivent servir à marquer la place de chaque tuyau.

560. Il faut remarquer que le tuyau *a*, *Fig.* 7 , *Pl.* 55 , n'eſt point poſé à
ſa place naturelle ; il a fallu le tranſporter un peu à gauche, à cauſe de ſa groſſeur;
on le *poſte* ſur un petit pont, ce que j'expliquerai ailleurs. Il ſera beaucoup mieux ,
comme quelques-uns le pratiquent, de faire un petit morceau de gravure exprès ,
pour éloigner ſuffiſamment ce tuyau; parce qu'un pont le releve, & il n'en tien‐
droit pas ſi ſolidement. On peut encore remarquer dans cette figure quelques
autres Tuyaux qui ſont un peu hors de leur alignement, à cauſe de leur groſſeur ,
ce qui n'a lieu que pour quelques Tuyaux des Baſſes ; mais tous les autres ſe trou‐
veront à leur place naturelle.

561. Vis-à-vis du milieu de chaque grand trou quarré, on tracera les lignes à
l'équerre, *i b*, *l m*, *n o*, *p q*, *r s*, &c. On fera les trous du N°. 8 , au travers
de l'épaiſſeur de la Chape, vis-à-vis des grands trous quarrés & des traits à l'é‐
querre. On ne les fera pas plus profonds qu'il ne faut ; car il ne faut pas qu'ils
percent d'outre en outre.

562. Avant de parler des trous qu'on doit faire ſur la Chape de la Four‐
niture pour donner le vent à chaque Tuyau, il faut obſerver que dans la deſcrip‐
tion que je vais en faire, je ne m'arrêterai point à la ſeule Chape des Sommiers
des Baſſes, mais que j'y joindrai la Chape correſpondante du Sommier des Deſſus
du même côté, comme ſi le grand Sommier au lieu d'être partagé en quatre par‐
ties, n'étoit diviſé qu'en deux ; alors les deux Chapes n'en feroient plus qu'une,
qui ſeroit en une piece. Cette ſuppoſition n'aura lieu que dans la deſcription des
trous des Chapes des Fournitures & des Cymbales ; je ſuppoſe encore que je dé‐
cris les trous de ces deux eſpeces de Jeux des deux Sommiers qui ſont numéro‐
tés par les nombres impairs, qui ſe poſent à la gauche de l'Orgue ; c'eſt-à-dire ,
du côté du *C ſol ut* du Clavier.

563. On fera les trous au-deſſus de la Chape, ſavoir, pour le plus grand &
premier Tuyau *a*, *fig.* 7 , *Pl.* 55 , du N°. 7. Pour le plus petit *b*, du N°. 4.
pour les deux autres *c* & *d*, du N°. 5. Pour les deux marches ſuivantes, de même.

Pour la quatrième marche, au plus grand Tuyau, du N°. 6 ; au plus petit, du
N°. 3 ; & aux deux autres, du N°. 4. On en fera de même aux deux marches
ſuivantes.

Pour la ſeptieme marche, au plus grand Tuyau, du N°. 5 ; au plus petit, du N°.
3 ; & aux deux autres, du N°. 4. Pour la marche ſuivante de même.

Pour la neuvieme marche, comme pour la quatrieme, parce que la repriſe
commence. Pour les deux marches ſuivantes, de même.

Pour la douzieme marche, au plus grand Tuyau, du N°. 5 ; pour le plus pe‐
tit, du N°. 3 , & aux deux autres, du N°. 4. Pour les deux marches ſuivantes de
même.

Pour la quinzieme marche, comme pour la quatriéme, parce que la ſeconde
repriſe commence. On fera de même aux deux marches ſuivantes.

Pour la 18ᵉ. marche, au plus grand Tuyau, du N°. 5 ; pour le plus petit, du

Nᵒ. 3 , & aux deux autres , du Nᵒ. 4. On en fera de même aux deux marches fuivantes.

Pour la 21 . marche, au plus grand Tuyau , du Nᵒ. 4 ; au plus petit , du Nᵒ. 2 ,
& aux deux autres, du N. 3. On en fera de même aux quatre marches fuivantes·

564. Tous ces trous étant faits au-deſſus des deux Chapes , on en fera autant
aux deux autres correſpondantes ; on fera enſuite les rainures en deſſous ; on les
garnira de flipots & de tringles , comme je l'ai expliqué , *art.* 324 , *page* 98.
On y donnera les coups de ſcie d'une demi-ligne de profondeur , comme on le

PLANCHE
35.

voit, *fig.* 15 , *Pl.* 35. On fraiſera les trous où l'on doit poſer les tuyaux , &c.

565. Il faut encore graver les Chapes de la groſſe ou premiere Fourniture de
trois Tuyaux & celle de quatre Tuyaux ſur marche , auſſi bien que celles de la
Cymbale , dont la premiere eſt de quatre Tuyaux , & la ſeconde de cinq Tuyaux ſur
marche. Pour graver la Chape de la premiere Fourniture, qui eſt de trois Tuyaux

PLANCHE
55.

ſur marche , il faut d'abord préſenter ſur la Chape , *fig.* 8 , *Pl.* 55 , le premier
Tuyau de chacune des trois rangées ſelon la diſpoſition marquée dans cette figure
8 , & on fera toutes les autres opérations indiquées aux art. 558 , 559 , 560 ,
& 561 , *page* 188. Voici la grandeur des trous qu'on doit faire au-deſſus des Chapes pour poſer les Tuyaux.

566. A la premiere rangée de la groſſe Fourniture , compoſée des plus grands
Tuyaux , pour les trois premiers, on percera du Nᵒ. 7 ; pour les trois ſuivants ,
du Nᵒ. 6 ; pour les deux ſuivants , du N . 5. Pour les trois ſuivants , on reviendra au Nᵒ. 6 , parce que la premiere repriſe commence. Pour les trois ſuivants ,
du Nᵒ. 5. Pour les trois ſuivants , on reviendra encore au Nᵒ. 6 , parce que c'eſt le
commencement de la ſeconde repriſe. Aux trois ſuivants , du Nᵒ. 5 ; aux trois ſuivants , du Nᵒ. 4 ; & aux deux autres qui reſtent , du Nᵒ. 3.

A la ſeconde rangée , on percera pour les trois premiers Tuyaux , du Nᵒ. 5.
Pour les ſix ſuivants , du Nᵒ. 4 ; on reprendra aux ſix ſuivants le Nᵒ. 4 ; on reprendra encore aux ſix ſuivants le Nᵒ. 4 , & les quatre autres ſeront du Nᵒ. 3.

A la troiſieme rangée , on percera pour les quatre premiers Tuyaux , du Nᵒ.
5 ; pour les 18 ſuivants , du Nᵒ. 4 , & pour les 3 autres du Nᵒ. 3·

567. La ſeconde Fourniture n'eſt que la ſuite de la premiere , & ces deux Fournitures ne ſont proprement qu'un ſeul Jeu de Fourniture qu'on partage & qu'on diſ-
tribue ſur deux Chapes & deux Regiſtres , pour éviter la trop grande largeur des
unes & des autres , comme je l'ai dit ailleurs. La fig. 7 , *Pl.* 55 , repréſente la
diſpoſition des quatre Tuyaux de cette Fourniture. En voici les Nᵒˢ. des trous ,
bien différents de ceux de la groſſe-Fourniture de Bombarde , attendu que les
Tuyaux ſont beaucoup plus petits ; le plus grand de cette ſeconde Fourniture ,
n'eſt que de 16 pouces de hauteur , & le plus grand de celle de Bombarde
en a quatre pieds.

A la premiere rangée , tous les trous ſeront du Nᵒ. 3.

A la ſeconde & à la troiſiéme rangées , du Nᵒ. 2.

A la quatrieme rangée , du N°. 1.

568. La fig. 7 , *Pl.* 55 , repréfente également la difpofition des Tuyaux de la premiere ou groffe Cymbale. Voici les grandeurs des trous qu'il faut faire fur la Chape pour les quatre rangées des Tuyaux.

Pour la premiere rangée dont le premier Tuyau eft *a*, *fig. 7* ; on percera pour les trois premiers , du N°. 7 ; les 18 fuivants , du N°. 6 , & les quatre qui reftent , du N°. 5.

Pour la feconde rangée dont le premier Tuyau eft *c*, les trois premiers trous feront du N°. 5 , les 18 fuivants , du N°. 4 , & les 4 qui reftent , du N°. 3.

Pour la troifieme rangée dont le premier Tuyau eft *d*, les trois premiers trous feront du N°. 4, & les 22 fuivans , du N°. 3.

Pour la quatrieme rangée dont le premier Tuyau eft *b*, les trois premiers trous feront du N°. 3 , & les 22 fuivans, du N°. 2.

569. Pour la feconde Cymbale de cinq Tuyaux, qui eft une fuite de la premiere , voyez-en la difpofition en la figure 9 , *Pl.* 55. Elle fera percée ainfi qu'il s'enfuit.

Pour la premiere rangée dont le premier Tuyau eft *a*, les trois premiers trous feront du N°. 3 , & les 22 fuivans , du N°. 2.

Pour la feconde rangée de même ; fon premier Tuyau eft *b*.

Toute la troifieme rangée du N°. 2 ; fon premier Tuyau eft *c*.

Toute la quatrieme rangée du N°. 1 ; fon premier Tuyau eft *d*.

Toute la cinquieme rangée du N°. 1 ; fon premier Tuyau eft *e*.

Je ne répéterai point ici qu'on doit graver toutes ces Chapes, & y faire toutes les opérations indiquées aux art. 558 , &c, *page* 188.

570. Toutes les opéracions étant finies fur les Chapes, les Regiftres & la Table du Sommier , on mettra les *reperes* aux Regiftres, (après leur avoir donné le jeu convenable ; c'eft-à-dire, après les avoir un peu rétrécis,) pour les faire ouvrir & fermer bien jufte. On commencera par examiner attentivement , felon qu'on a réfolu de difpofer les *mouvements*, fi l'on veut que le Regiftre ouvre en le tirant du Sommier, ou en l'y enfonçant : le plus ordinairement on l'ouvre en le tirant ; cependant , il arrive & même affez fouvent : que la fituation des mouvements eft telle, que lorfqu'on tire un tirant au côté des Claviers, le Regiftre ouvre en s'enfonçant dans le Sommier ; l'une & l'autre maniere font également bonnes. Ici nous fuppoferons que le Regiftre ouvre en le tirant du Sommier ; mais il faut obferver qu'il eft effentiel que lorfqu'on tire un tirant, le Regiftre ouvre toujours , foit en fortant du Sommier , foit en s'y enfonçant ; enforte que l'Organifte tire toujours à foi pour ouvrir, & repouffe toujours pour fermer.

571. Il y a plufieurs manieres en ufage pour faire les *reperes* aux Regiftres, elles fe réduifent à trois principales ; j'en ai déja décrit une , *article* 320 , *pag.* 97. La feconde maniere confifte , *Fig.* 11 . *Pl.* 55 , en une mortaife

ORGUES. II. Partie.   C c c

c, faite au milieu de la largeur du bout du Regiftre *A B*. La ligne *f g*,
marque le bout extérieur du Sommier : on voit la cheville quarrée *d*, enfoncée
bien folidement, & collée dans le chaffis, ou la premiere barre du Sommier.
Cette cheville affleure le deffus du Regiftre *A B* ; on conçoit qu'il ne peut
aller & venir que de la longueur de la mortaife *c*, qui doit être telle que
le Regiftre puiffe recouvrir d'une ligne le plus grand trou lorfqu'il ferme,
& que lorfqu'il eft ouvert, tous les trous de la Table & du Regiftre fe rencontrent bien exactement, comme étant faits enfemble. Cette maniere vaut
mieux que celle de l'art. 320. Il y en a qui, au lieu de la cheville de bois *c*,
emploient un morceau de fil de fer affez fort, qui étant fiché dans la Table,
traverfe le Regiftre & la Chape, enforte qu'il excede de quelques lignes en
deffus ; cette maniere a ce feul avantage, qu'on peut tirer entiérement un Regiftre du Sommier en cas de befoin, fans ôter ni les Tuyaux ni la Chape ;
car on arrache ce repere comme un clou, & on le remet après. J'ai vu des
reperes de cette forte dans quelques Orgues : je ne les ai pas trouvés folides ;
le choc, bien fouvent affez violent, & bien fouvent répété, des deux bouts
de la mortaife du Regiftre, contre ce repere de fer, l'ébranle toujours ; agrandit le trou dans lequel il tient, & alonge la mortaife du Regiftre. La rouille
y fait encore bien du dégât.

572. La troifieme maniere confifte à attacher & bien arrêter un morceau
de bois qui double le Regiftre aux deux bouts qui fortent du Sommier.
Celui dont on double le Regiftre par le bout du tirage, forme un repere
lorfqu'il enfonce dans le Sommier, & celui dont on double le bout oppofé, forme le repere quand on tire le Regiftre ; ou bien c'eft l'enfourchement, lorfqu'il y en a, qui fert de repere. Cette méthode eft fujette à quelques
inconvénients ; il fera mieux de s'en tenir à l'une des deux manieres, ou à
celle de l'art. 320, ou à celle du précédent art. 571, qui confifte à ficher
bien folidement une cheville quarrée de bois dur, bien collée, &c.

573. On mettra donc les reperes aux Regiftres ; mais remarquez qu'il faut
les mettre à tous : c'eft-à-dire, un repere à chacun des quatre Regiftres deftinés pour un Jeu diftribué fur les quatre Sommiers ; & il en faut autant pour
tous les Jeux. Il femble d'abord qu'il fuffiroit de n'en mettre qu'à un feul des
quatre Regiftres qui tiennent enfemble par leurs enfourchements ; mais cette
méthode n'eft pas bonne : un feul repere pour les quatre Regiftres ne dure-
roit pas longtems en bon état, comme j'en ai vu l'expérience ; au lieu que
lorfqu'il y en a quatre pour un feul Jeu, un à chacun des quatre Regiftres,
il n'eft pas poffible qu'il arrive aucune altération dans la juftelle néceffaire pour
ouvrir & fermer les Jeux, chaque repere ne fupportant qu'un quart de
l'effort.

574. Le Sommier étant fini du côté de la Table, on le retournera fens
deffus deffous, c'eft-à-dire, que les barres alors feront en deffus ; on paffera
la varlope fur toute cette furface, pour ôter le bois fuperflu des barres, &

on commencera à les dresser ; mais avant de finir entiérement cette opération, c'est-à-dire, d'affleurer entiérement les barres, on mettra les Flipots
dont nous avons dit un mot, *art.* 303, *pag.* 92, voyez la fig. 3, *Pl.* 34. *P Q*,
font ces Flipots, aussi bien que *N O*. On commencera par tirer les deux
lignes de *P* à *Q*, à trois pouces au moins de distance l'une de l'autre, & paralleles au battant. Il faut placer la premiere à 11 pouces 4 lig. du bord
intérieur du battant *R S*, c'est-à-dire, qu'il y aura de *P* à *R*, ou de *Q* à *S* ,
cette mesure de 11 pouces 4 lignes, le tout conformément à ce qui est marqué sur la Regle du Sommier, *fig.* 2, *Pl.* 54.

Planche
54.

Planche
34.

Planche
54.

575. Pour faire ces Flipots *P Q* , on prendra une regle de bois de chêne
de 3 pouces de largeur, comme porte la distance d'une ligne à l'autre, sur
environ 2 lignes d'épaisseur tout au plus, exactement tirée de large. A l'é-
gard de la longueur, on pourra la faire en plusieurs pieces, ensorte qu'il y
en ait en tout suffisamment pour en tirer tous les Flipots, dont il faut garnir
les quatre Sommiers. On tracera sur ces regles, des traits au travers & à l'équerre,
pour marquer la longueur de chaque Flipot, qui doit être plus long d'environ
trois lignes que la largeur de la gravure où il doit être collé ; quand on en
aura scié le nombre convenable, on les recalera proprement jusqu'aux traits ;
ensuite on les appliquera chacun sur sa place entre les deux lignes *P Q* , &
on tracera avec une pointe fine sur les deux barres, un trait de chaque côté
du Flipot. On fera deux entailles en façon de petites feuillures d'une ligne
ou environ de profondeur, dans lesquelles on fera entrer le Flipot un peu
juste. Quand ils seront ainsi tous entaillés, on les collera en les enfonçant à
petits coups de marteau.

576. On a déja pu remarquer, que tous les Flipots doivent être coupés
& posés à bois debout ou de travers, c'est-à-dire, le fil du bois contraire à
celui des barres : si on les mettoit à bois de fil dans le même sens que celui des barres, ils seroient sujets à se décoller dans la suite d'un côté ou de
l'autre, parce que le bois, qui dans ce sens, travaille continuellement, c'est-
à-dire, qui tantôt s'élargit, & tantôt se rétrecit, après avoir fait ce mouvement
pendant un certain temps, se décolle enfin ; ce qui peut causer des inconvéniens. D'ailleurs, les Flipots à bois de bout, contribuent à maintenir les
barres contre les efforts qu'elles pourroient faire dans la suite, les Flipots à bois
de fil n'auroient presque aucune force pour produire cet effet. C'est pour cette
raison qu'il faut mettre également à bois de bout, les petits Flipots *N O* ,
qui ne font point d'autre fonction que de maintenir les barres ; il n'est pas
nécessaire qu'ils soient entaillés ; il suffira qu'ils entrent juste en leur place,
& qu'ils y soient bien collés ; du reste, on les placera au milieu entre les
grands Flipots & l'extrémité postérieure du Sommier. On leur donnera à peu
près un pouce & demi de largeur.

577. Quand le Sommier est extrêmement large, comme celui que nous

décrivons, qui a environ 6 pieds, il est convenable de mettre deux rangées de petits Flipots, lesquelles partageront en trois espaces égaux, toute la distance depuis les grands Flipots, jusqu'au derriere du Sommier ; c'est une précaution d'autant plus utile, qu'il arrive quelquefois que les barres qui n'ont pas cet appui, font un mouvement suffisant pour faire fendre en plusieurs endroits le parchemin, dont on bouche tout le dessous des gravures. Ce n'est pas encore le seul inconvénient qui pourroit arriver des Flipots à bois de fil : lorsque quelques barres s'envoilent, ou se déjettent de côté, il y a des parties qui se décollent & se séparent de la Table, ce qui cause des *emprunts* qui font un défaut énorme dans un Sommier ; j'en ai parlé plus haut, & ce cas n'est pas bien rare.

PLANCHE
34.

578. Si l'on veut que les soupapes soient étroites, comme je l'ai expliqué *art.* 483, on rapportera une tringle à un côté de chaque ouverture des gravures qui auront plus de sept lignes de largeur. A cet effet, on fera proprement une petite feuillure de deux lignes d'un côté de la gravure, aussi bien qu'à chaque bout, & on y ajustera & collera une tringle de la largeur convenable, pour que cette ouverture n'ait pas plus de sept lignes de largeur.

579. Tous les Flipots étant collés, aussi bien que les petites tringles (si l'on veut y en mettre) aux quatre Sommiers, & la colle étant bien seche, on passera la varlope sur toute la surface, jusqu'à ce que les Flipots & les barres soient bien dressés & affleurés avec le chassis, observant de ne pas faire d'éclats. On fera principalement attention à bien unir & dresser à la varlope, & non autrement, la partie des barres comprises entre *P Q*, & *R S*, qui doit être dans la Laye, & sur laquelle on doit poser les soupapes.

580. On choisira du parchemin pas trop fort, & le plus égal qu'il se pourra dans son épaisseur ; on le coupera à la largeur convenable, pour qu'il puisse couvrir tout l'espace *P Q*, *R S*, *fig.* 3, *Pl.* 34, ensorte que les grands Flipots *P Q* soient couverts, aussi bien que les battans *R S*. On en préparera ainsi deux ou trois ou quatre pieces, pour faire toute la longueur de la Laye. On observera que les joints du parchemin se rencontrent au milieu de quelque barre, sans que le parchemin y soit doublé l'un sur l'autre ; on le fera tremper dans l'eau froide pendant quelques heures, & lorsqu'on verra qu'il en sera pénétré, on l'ôtera ; on le raclera avec un couteau du côté de la chair de l'animal.

581. Pour faire cette opération, l'Ouvrier mettra pour tablier une peau de parchemin, au lieu du tablier ordinaire, pour ne pas mouiller sa culotte ; il tiendra de la main gauche un bout de parchemin trempé ; il l'appuiera sur sa cuisse par-dessus le tablier de parchemin, & tenant le couteau horisontalement, & son tranchant appuyé sur le parchemin trempé, il tirera le parchemin en haut, jusqu'à ce que son bout inférieur soit parvenu sous le couteau.

PLANCHE
56.

Voyez la fig. 2 de la *Pl.* 56, où l'on a représenté un Ouvrier en attitude,

faisant

faisant cette opération ; elle se réitérera en changeant le parchemin de situation, jusqu'à ce qu'il soit raclé dans toute sa surface. Ce ratissement du parchemin produit deux effets, l'un, qu'il en tire toute l'eau superflue, & en même temps quelque espece de graisse ou de chaux ; & l'autre, qu'il en ouvre les pores, & rend par conséquent le parchemin plus propre à prendre la colle, & à être collé bien solidement.

582. On mettra de la colle sur le parchemin du côté raclé, & après en avoir mis aussi sur toute la surface que le parchemin doit couvrir, on l'étendra sur sa place. On aura une serviette pliée en quatre, on la trempera dans l'eau bien chaude, on la tordra bien fort aussi chaudement qu'on pourra le supporter, & on étendra promptement cette serviette pliée en quatre sur le parchemin. On appliquera les mains par-tout sur la superficie de la serviette en appuyant bien fort. Lorsqu'on jugera que cette opération aura duré suffisamment pour que la colle se soit réchauffée, on ôtera la serviette ; & avec le tranchant d'un couteau de bois, on frottera toute la surface du parchemin le long des barres, pour chasser les bulles d'air & la colle superflue ; alors, le parchemin sera bien collé ; on le frottera un peu avec la même serviette humide, pour ôter toute la colle ou autre mal-propreté qui pourroit se trouver en quelques endroits.

583. Quand ce parchemin sera parfaitement sec, on le rabottera avec une varlope à onglet, dont la coupe soit demi-droite, comme disent les Ouvriers ; c'est-à-dire, dont la pente tienne le milieu entre la pente ordinaire, & l'angle à l'équerre. Si la pente ordinaire est de 50 dégrés, celle-ci doit tenir le milieu entre 50 dégrés & 90 ; or, de 50 à 90 y ayant 40 dégrés, il faut en ajouter la moitié, (qui est 20) à 50 ; ainsi, la coupe ou la pente du fer de cette varlope à onglet aura 70 dégrés. On passera cette varlope dans le sens de la longueur des barres, à très-peu de fer ; ce que l'on continuera jusqu'à ce qu'on ait atteint toutes les parties de la surface du parchemin, qu'il soit bien dressé & parfaitement uni ; ensuite, on coupera proprement avec un canif, tout le parchemin qui bouche les gravures. Les ouvertures qu'on fera ainsi, seront recouvertes par les Soupapes.

584. Anciennement, au lieu de coller sur les barres & gravures dans la Laye, ce parchemin dont il est fait mention aux trois articles précédents, on y colloit de la peau, le duvet en dessus. Par ce moyen, les Soupapes étoient parfaitement *étanches* ; mais il y avoit un inconvénient considérable, en ce que par cette pratique, on rendoit les claviers plus durs à baisser. Le duvet de la peau de la Soupape, avec celui de la peau des barres & gravures, se colloient pour ainsi dire ensemble, ou s'accrochoient & rendoient la résistance des Soupapes plus sensible au clavier. D'ailleurs, ces deux duvets l'un contre l'autre, retenoient bien plus fréquemment les ordures que le vent pousse aux Soupapes ; & par-là elles étoient plus sujettes aux cornements.

ORGUES. II. Part.   Ddd

585. Pour faire les Soupapes , on choisira du bois de chêne de droit fil en tout sens , qui ne soit point gras , qui soit doux à travailler , & le plus blanc. Celui qui est gras , ou fort dur , ou d'une couleur rembrunie, est sujet à se déjetter. On le corroyera , & on le mettra bien à l'équerre ; on le tirera de large & d'épaisseur, conformément aux mesures marquées sur la Regle du Sommier. On imprimera tout le long , & au milieu du dos de la Soupape , un trait bien enfoncé avec un trusquin dont on limera la pointe en grain d'orge étroit & alongé ; ensuite on emportera avec la varlope tout le bois superflu aux deux côtés , jusques bien près du coup de trusquin. On coupera proprement les deux bouts, selon la forme de la Soupape que l'on voit , *fig. 3* , *Pl. 35* , où elle est représentée en perspective, & en la *fig. 4* , où elle est vue géométralement par le bout.

PLANCHE 35.

586. Comme il convient pour la propreté de l'ouvrage , que toutes les Soupapes soient coupées d'une façon uniforme ; on se servira d'un patron de bois , tel qu'il est représenté *fig. 3* , *Pl. 56.* Ce calibre n'est autre chose qu'une petite planche *a b f* , d'une longueur arbitraire , sur laquelle on colle de champ une autre planche *d e c f* , d'une largeur à volonté. On coupe en talut le bout *c f* , & on donne fort peu de pente à l'autre bout *d e.* On voit son profil en *N* ; avec cet instrument , on tracera aisément & uniformément les deux bouts de toutes les Soupapes de l'Orgue.

PLANCHE 56.

587. Les Soupapes étant toutes formées, on les garnira d'un petit piton de fil de cuivre non recuit , assez fort , que l'on fichera dans le dos , à un pouce de l'extrémité de la tête ; à cet effet , on y fera un petit trou de la grosseur juste du fil de laiton du piton , & qui perce entiérement la Soupape ; on y insérera le petit piton, dont la queue sera limée en pointe assez longue , & qu'on rivera comme l'on rive les clous ordinaires , ensorte que la rivure soit entiérement enfoncée dans le bois , afin que rien n'excede. On pourra donner encore quelque coup de lime pour bien affleurer la rivure, s'il le faut.

588. Pour finir les Soupapes , il faut les garnir de peau ; on choisira la mieux préparée , c'est-à-dire , qui soit souple , épaisse , & autant égale d'épaisseur & de force qu'il se pourra. On fera grande attention de ne faire servir à cet usage , aucun endroit de la peau qui soit comme double , c'est-à-dire , qui semble facile à se séparer en deux dans son épaisseur ; on le raclera avec un couteau ou un ciseau de Menuisier du côté opposé au velu. On l'étendra sur une table , le velu en dessous , & on l'arrêtera par quelques pointes ; mais on se gardera bien de l'étirer ou alonger en aucun sens. On tirera au crayon sur un bord , la ligne *A B* , *fig.* 12 , *Pl.* 55. On barbouillera de colle bien chaude toute la surface de la peau ; on en mettra aussi sur le dessous des Soupapes , que l'on appliquera promptement sur la peau , en les faisant un peu aller & venir pour chasser l'air ; on les arrangera sur la peau , ensorte que toutes les têtes soient précisément sur la ligne *A B* ; on laissera un très-petit espace entre chaque Soupape , pour pouvoir y passer bien ai-

PLANCHE 55.

ſément la pointe d'un couteau lorſqu'il faudra couper la peau pour ſéparer les ſoupapes. Il faut les ſituer ſur la peau, enſorte que leur longueur ſoit dans le même ſens que le fil du bois de la table ſur laquelle on a étendu la peau, parce que la table eſt plus droite dans ce ſens qu'en travers. Lorſqu'on aura garni de Soupapes une piece de peau, on aura ſoin d'ôter entiérement la colle qui remplit ordinairement tout le long des entre-deux des ſoupapes. Cette opération ſe fera avec précaution au moyen d'un couteau de bois.

589. Lorſque la colle ſera parfaitement ſeche, on collera du côté velu, une bande de peau *C D*, ſur les queues des ſoupapes, comme l'on voit dans la Fig. 12. Cette bande de peau doit être aſſez large pour couvrir la moitié du talut de la queue de la Soupape, & un peu plus d'un pouce au-de-là ; mais auparavant, il faut chanfrainer du côté velu, c'eſt-à-dire, amincir tout le long du bord de la bande de peau, (623) qui doit ſe coller ſur le talut des queues, mais non pas à l'autre bord oppoſé. Cette bande de peau étant ainſi étendue ſur ſa place, ſans l'alonger ou l'étirer, on y appliquera tout le long, le linge trempé dans l'eau chaude & bien tordu ; enſuite, avec le couteau de bois, on fera encore mieux appliquer la peau aux extrémités des taluts.

590. Cette bande de peau étant bien ſeche, on marquera avec un compas les points *E & F*, à un pouce de l'extrémité des taluts des Soupapes, ou encore mieux à 13 pouces de la tête des Soupapes. On appliquera ſur ces deux points une regle, le long de laquelle, avec un couteau, on coupera la double peau ; on en fera autant le long des têtes des Soupapes, mais ſans la regle qui n'y eſt pas néceſſaire. On ſéparera toutes les Soupapes en paſſant le couteau dans tous les entre-deux, & alors elles ſeront finies, & ſemblables à celle qui eſt repréſentée en perſpective dans la *fig. 13*, *Pl. 55*, où l'on apperçoit la peau doublée *a b*, de la queue de la Soupape, & comment elle recouvre une grande partie du talut. Après qu'on a coupé & ſéparé les Soupapes, il reſte aux deux côtés du talut un excédent de peau, qu'il faut avoir ſoin de couper proprement.

591. On remarquera qu'il faut éviter de coller les Soupapes, de façon que le dos de la peau, ou ſon milieu, ſe trouve vers le milieu des Soupapes, parce que cet endroit de la peau étant ordinairement plus fort, les Soupapes ne joindroient jamais bien en leur place. Il faut obſerver que cet endroit de la peau ſe trouve plutôt à la queue des Soupapes. Il eſt néceſſaire que la peau ſoit d'une épaiſſeur reguliere.

592. J'ai recommandé dans l'article 588, de ne pas étirer la peau quand on l'étend ſur une table pour coller les Soupapes par-deſſus, pour deux raiſons, dont l'une eſt qu'en étirant la peau on diminue ſon épaiſſeur, & par conſéquent ſon moëlleux, ce qui ſeroit bien préjudiciable ; l'autre & la principale, eſt, que dans la ſuite cette peau ſe retire, & ne couvre point en entier toute la ſurface du deſſous de la Soupape, ce qui n'arrive jamais lorſqu'on a collé la peau dans ſon état naturel. Il y a des Facteurs qui ont la pratique de coller deux peaux au-deſſous de toutes les Soupapes ; & je n'ai fait mention que de cette méthode,

article 306 , *page* 93 , parce qu'il y en a beaucoup qui croyent que c'est la meilleure ; ils prétendent que par-là elles font moins fujettes aux cornements. Les ordures qui les caufent en tenant les foupapes entr'ouvertes , s'enfoncent dans le moëlleux de la peau , & n'occafionnent point ce défordre quand ces ordures ne font pas confidérables ; mais auffi il y a un défaut dans cette pratique , les deux peaux n'étanchent pas fi bien le vent , qu'une feule qui aura les qualités que j'ai indiquées ; l'expérience démontre encore que les ordures qui ont peu de volume , ne caufent point de cornements : chacun choifira la méthode qu'il jugera à propos. Au cas qu'il y ait quelqu'un qui juge qu'il eft mieux de coller deux peaux , je dirai qu'on coupe tout ras la premiere aux quatre côtés de la Soupape , & qu'on colle la feconde , comme je l'ai décrit article 588 , *page* 196. J'ai dit encore dans ce même article , qu'il faut ôter la colle qui fe trouve dans les entre-deux des Soupapes , lorfqu'on les a collées fur la peau. Si l'on ne prenoit cette précaution , on auroit un grand travail pour ôter cette colle étant féche. D'ailleurs , on ne coupe jamais bien nettement la peau lorfqu'on fépare les Soupapes , fi on n'ufe auparavant de cette précaution.

593. Avant de coller les Soupapes dans la Laye , il faut la conftruire ; à cet effet , on arrêtera les deux fupports du Sommier , qui font les deux planchès *A* & *B*, *fig.* 1. *Pl.* 36 , arrêtées fur le chaffis par des tenons ou clefs. On mettra de la colle dans toute la partie de ces fuppports qui joint contre le chaffis du Sommier ; on collera les clefs , & on les chevillera également à la colle. On fixera auffi le petit montant *E* , en collant fon tenon inférieur dans une barre ; on collera & on fixera avec des pointes les petites tringles portant une feuillure contre les flipots & les barres , auffi bien qu'aux deux extrémités où elles feront appliquées debout contre les deux fupports , afin qu'il fe trouve une feuillure tout à l'entour des portes *D* & *D* du derriere de la Laye. On ajuftera par-deffus tout cela , la planche des bourfettes , *fig.* 4 , afin qu'il n'y ait qu'à l'arrêter quand on aura collé les Soupapes.

594. Pour coller jufte les Soupapes , on tirera avec le crayon une ligne en *G C*, *fig.* 4 , *Pl.* 56 , à deux lignes du bord du bout des ouvertures des gravures , pour marquer la pofition des têtes des Soupapes. On tirera une autre ligne *A B* , à 14 ou 15 lignes de la précédente , pour marquer la place des *guides* ; enfuite on préfentera dans fa place la Soupape *D* , de façon qu'on découvre fa gravure *a* , en relevant un peu fa queue de peau *b*. Après qu'on aura par ce moyen bien placé la Soupape , enforte que fon recouvrement foit égal de chaque côté , on fichera feulement d'un côté & affez légérement une épingle ordinaire *c* , qui touche la Soupape vers ce même bout ; vers le bout antérieur *E* , (il faut toujours fuppofer que c'eft la même Soupape , quoique je repréfente la fuite de l'opération fur une autre , ce qui ne peut pas fe faire autrement ,) on fera reculer la Soupape , pour découvrir l'ouverture de la gravure *d* , & on fichera à demeure les deux guides *f g* , qui ne doivent pas gêner la Soupape. Cette figure 4 , eft un morceau de

Laye

PLANCHE 36.

PLANCHE 56.

Laye de Sommier. *G C*, eſt le Chaſſis antérieur. *H I*, la tringle du derriere de la Laye, pour recevoir les portes de la fermeture de derriere. *K L*, les Barres. *M*, eſt une Soupape collée & arrêtée ; on y vôit ſes deux guides.

595. Pour mettre ces guides bien droits & uniformément, on fera un inſtrument, qui conſiſte, *fig.* 5, *Pl.* 56, en un morceau de bois *H L*, d'environ cinq à ſix pouces de longueur, ſur un pouce de largeur, & trois à quatre lignes d'épaiſſeur; on y fera un petit trou au bout *L* bien à l'équerre & ſur le champ, de façon que le guide *d* y entre un peu juſte, ou au moins ſans preſque balloter. On ſe ſert de cet inſtrument pour ficher les guides dans leur place ; à cet effet, on fait un petit trou avec une pointe, ſur le point où l'on doit mettre le guide, & après l'avoir poſé, on y enfile ce morceau de bois qu'on applique ſur la barre, & on enfonce le guide à coups de marteau, juſqu'à ce qu'il affleure le morceau de bois ; de cette maniere, tous les guides ſeront plantés bien droit, & ils auront tous une longueur uniforme, ce qui ſera plus propre.

596. Quand on aura ainſi fiché les deux guides pour chaque Soupape avec l'épingle, il ſera fort aiſé de bien poſer & coller les Soupapes de la maniere ſuivante : on mettra de la colle au-deſſous de la queue, de *u* à *b*, *fig.* 13, *Pl.* 55 ; enſorte qu'il y en ait juſqu'à cinq à ſix lignes deſſous le talut ; on en mettra également ſur la partie du parchemin que cette partie de la Soupape doit couvrir : on l'appliquera ſur ſa place, obſervant que la tête ſoit poſée juſte ſur la ligne que l'on a tirée au crayon : on forcera le couteau de bois ſur la queue, pour bien faire prendre la colle. On verra qu'au moyen des guides mis d'avance & de l'épingle, les Soupapes auront le recouvrement ſur les gravures bien égal de chaque côté. On arrachera enſuite l'épingle, qui n'y ſervira plus de rien. Il y a des Facteurs qui collent une longue bande de peau ſur toutes les queues des Soupapes pour qu'elles tiennent mieux. On fait par l'expérience que les Soupapes collées comme je viens de le décrire ne ſe décollent jamais que par quelque accident extraordinaire. Il eſt vraiſemblable que celles qui ont une bande de peau ſur leur queue ne réſiſteront pas davantage à un accident, ou ſi elles réſiſtent, elles ſeront dérangées au point qu'on ſera obligé de les décoller pour les remettre comme il faut. Pour décoller une Soupape, ainſi doublée d'une bande de peau, on riſque beaucoup d'en déranger quelqu'autre voiſine. D'ailleurs cette opération de décoller une Soupape ainſi collée eſt difficile, &c. Je conclus que la premiere méthode eſt ſans contredit la meilleure.

597. Les Soupapes étant toutes collées, comme on le voit repréſenté en la *fig.* 1. de la *Pl.* 36, on préſentera la planche des Bourſettes, *fig.* 4, (qui doit former le deſſous de la Laye), enſorte que la ſurface qui doit être au dedans de la Laye y ſoit effectivement, & que ſon bord antérieur *P P* ſoit vis-à-vis de la tête des Soupapes ; on la reculera ſuffiſamment pour cela. On marquera ſur ſon bord, au moyen d'une équerre ou d'un triangle, le milieu de chaque Soupape. Ce qui étant fait, on ôtera cette planche de ſa place, & on prolongera, au

ORGUES. II. Part.   E e e

PLANCHE 56.

PLANCHE 55.

PLANCHE 36.

moyen d'un triangle, tous les traits autant qu'il le faudra. On prendra avec un compas la diſtance des pitons des Soupapes juſqu'au bord antérieur de la Laye, & on la marquera ſur la plânche des Bourſettes. On tirera avec le truſquin ſur ce point tout le long, une ligne qui coupera tous les traits tracés en travers. On donnera un bon coup de pointeau ſur toutes les interſections, & on les percera bien droit d'un trou de trois lignes & demie de groſſeur, ou du N°. 5.

598. Sur la face de la planche où l'on doit faire les Bourſettes, on évaſera tous les trous avec une gouge, & on les finira avec la fraiſe. Il faut que cet évaſement ſoit un peu profond, au moins de ſix à ſept lignes : ce qui étant fait, on paſſera en deux ſens un petit rabot pour enlever les bavochures que la fraiſe aura faites. Il faut auſſi paſſer la fraiſe ſur tous les trous à l'autre face de la plan-che, pour les évaſer un peu, comme on peut le voir en x, *fig.* 2, *Pl.* 37 ; cet évaſement ſe fait pour diminuer la ſurface intérieure du trou, & par conſéquent le frottement de l'oſier.

PLANCHE 37.

599. Il y a des Facteurs qui font le creux, O, *fig.* 2, *Pl.* 37, avec une meche platte dans le goût de celle de la *fig.* 6, *Pl.* 56. Ils en arrondiſſent le pe-tit bout P cylindriquement, & la font à deux tranchants. Alors ils n'ébauchent point le creux avec la gouge ; mais quand le trou eſt fait avec la meche ordi-naire du villebrequin, ils y paſſent cette meche, *fig.* 6, qui donne au creux une meilleure forme. Tous les creux étant finis & nétoyés des bavochures, on repaſſera encore la premiere meche dans les trous, afin qu'ils ſoient bien nets. Alors il faudra faire les Bourſettes.

PLANCHE 56.

600. On choiſira de la peau blanche, pas trop mince, mais ſi ſouple qu'elle s'étire facilement en tout ſens. On la prend ordinairement aux côtés des peaux de mouton. Il ne faut jamais ſe ſervir de la peau d'agneau ; elle n'eſt pas aſſez compacte ; le vent paſſe aiſément à travers. Celle qu'on emploiera doit être bien entiere, ſans qu'il y ait abſolument rien de déchiré. On en coupera pluſieurs bandes de trois à quatre pouces de large, de toute la longueur de la peau, ſi elle y eſt toute propre. On mettra la planche des Bourſettes A, *fig.* 14, *Pl.* 55, ſur l'établi BB, où on la fixera par un valet a. On mettra auſſi ſur l'établi le pot à colle C, dans ſon bain-marie ; le couteau de bois, d ; une écuelle f, avec de l'eau chaude dedans. On aura deux petits bâtons, *fig.* 15, faits au tour, de quelque bois dur & bien uni. On n'en a repréſenté qu'un. Tout étant prêt, on opérera de la maniere ſuivante.

PLANCHE 55.

601. Un ouvrier étendra (dans le ſens de la longueur de la planche), un bout de la bande de peau (le côté velu en-deſſous) ſur le premier creux de la planche A des Bourſettes, la tenant un peu tendue avec les deux mains. Un autre ouvrier enfoncera un des bâtons, *fig.* 15, dans ce premier creux, où il le tiendra bien fort. Le premier ouvrier étirera la peau tout à l'entour, juſqu'à ce qu'elle ne faſſe pas la moindre ride. Alors il la relevera (le bâton reſtant

toujours dans le creux), & mettra avec un petit pinceau de la colle tout à
l'entour ſur le bois ſeulement ; il appliquera la peau qu'il unira parfaitement
avec le couteau de bois *d*, ſi bien trempé dans l'eau chaude, qu'il n'en frotte
jamais la peau à ſec.

602. La premiere Bourſette étant faite, & le premier bâton y demeurant
toujours pour la tenir aſſujétie, le premier ouvrier étendra un peu la même
bande de peau ſur le ſecond creux, dans lequel le ſecond ouvrier enfoncera
le ſecond bâton, prenant bien garde de ne pas lâcher l'autre. Alors le premier
ouvrier étirera la peau tout à l'entour de ce ſecond bâton, juſqu'à ce qu'il
n'y ait aucun pli ; ce qui étant fait, le ſecond ouvrier ôtera ce ſecond bâton ;
le premier ouvrier relevera la peau dont la Bourſette eſt déja toute formée ; il
la relevera, dis-je, pour mettre ſur le bois de la colle tout à l'entour du creux,
obſervant ſoigneuſement qu'il n'y en entre abſolument rien. Il remettra la peau
à ſa même place ; le ſecond ouvrier y remettra le même ſecond bâton, & le
premier ouvrier collera la peau, comme à la premiere Bourſette, faiſant toujours
attention de ne laiſſer aucune ride.

603. Pour faire la troiſieme Bourſette, on ôtera le premier bâton de la
premiere Bourſette, & on l'enfoncera par deſſus la peau dans le troiſieme trou,
tenant le ſecond bâton bien ferme dans la ſeconde Bourſette, & on fera cette
troiſieme comme la ſeconde & la premiere. On continuera ainſi tant que la bande
de peau durera. Lorſqu'elle ſera toute employée, on la recoupera tout le long de
chaque côté des Bourſettes, au moyen d'une régle & d'un couteau, pour en
ôter le ſuperflu, & que l'ouvrage en ſoit plus propre. On laiſſera ſeulement de
la peau environ ſix lignes de largeur à chaque côté des Bourſettes. Il eſt au
reſte néceſſaire de faire tout de ſuite cette derniere opération avant que la colle
ſoit ſéche ; autrement on ne pourroit pas détacher ce qu'on auroit coupé
avec la pointe du couteau. On continuera les Bourſettes avec une autre bande
de peau, & on s'y prendra comme on a commencé. La ſeconde bande de peau
étant employée, on la recoupera comme la premiere, faiſant convenir enſemble
les lignes de la coupe, comme ſi c'étoit une ſeule bande de peau. Quand le
tout ſera bien ſec, on introduira une cheville de bois dans les trous au-deſſous
des Bourſettes, & on les relevera.

604. Il y a des Facteurs, qui, pour faire une ſeconde Bourſette, avant
d'enfoncer le ſecond bâton, mettent la colle du côté voiſin de la premiere
Bourſette ou de celle qu'ils viennent de finir ; ils étendent la peau, & enfoncent
le ſecond bâton, qu'ils n'ôtent plus juſqu'à ce que la Bourſette ſoit collée : ils ne
font qu'achever de mettre la colle à une partie du tour du creux. Par cette méthode on riſque d'entraîner de la colle dans le creux lorſqu'on enfonce le ſecond bâton. Quoi qu'il en ſoit de cette ſeconde méthode, chacun ſuivra celle
à laquelle il réuſſira le mieux. Il y en a au reſte qui n'exigent point d'aide pour
faire les Bourſettes, & qui y réuſſiſſent bien ; c'eſt même aſſez l'ordinaire ; mais
cela paroît un peu plus difficile.

Planche 37.

605. Toutes les Bourſettes étant faites, on les garnira de leurs oſiers. Voyez la Fig. 3, *Pl.* 37, où toute cette méchanique eſt repréſentée en perſpective dans ſa grandeur naturelle. Liſez auſſi l'article 315, *pag.* 95, où elle eſt décrite. On choiſira de l'oſier ſec, bien droit & ſans nœuds, du moins chaque morceau à employer. On ne ſe ſervira point du petit bout, parce qu'il eſt trop tendre & ſa moëlle trop groſſe; ce qui feroit le trou intérieur trop grand. On ne ſe ſervira point non plus du gros bout, parce que ſa moëlle eſt trop petite. On le coupera en morceaux d'environ trois pouces de longueur tout au plus. On en chaſſera la moëlle, au moyen d'un fil-de-fer non recuit; on les mettra tous de la même groſſeur d'un bout à l'autre, enſorte qu'ils entrent librement dans les trous de la planche des Bourſettes; on les unira parfaitement, & on en coupera bien proprement un petit bout de trois lignes de longueur, qu'on appelle le *Chaperon*, deſtiné à être collé par-deſſus la Bourſette.

606. On coupera du fil de laiton (non recuit & tel qu'on l'achette jaune & luiſant) de la longueur convenable, à-peu-près comme on le voit en ʒ, *Fig.* 3, *Pl.* 37. On y fera un petit anneau au bout inférieur, & on enfilera cette eſpece de broche dans l'oſier & ſon chaperon. Cette opération étant faite à tous les oſiers; on percera par-deſſous & bien au milieu toutes les Bourſettes avec une pointe fine. Enſuite on poſera les oſiers comme il eſt décrit, *article* 315, *pag.* 95. On fera attention que les anneaux inférieurs des oſiers ſe regardent tous mutuellement, enſorte qu'on pourroit les enfiler tous par une même broche ſi cela étoit néceſſaire. Les anneaux qui ſont par-deſſus les chaperons feront auſſi dans la même ſituation que les inférieurs. On a repréſenté autrement ces anneaux dans les figures, pour les rendre plus viſibles; mais dans la pratique il ne faut pas les mettre dans cette diſpoſition, qui ne ſeroit pas ſi commode.

Planche 56.

607. Le chevalet *QQ*, *Fig.* 4, *Pl.* 36, ou *M*, *Fig.* 2, *Pl.* 37, eſt une tringle de bois d'environ huit lignes d'épaiſſeur, ſur dix-huit à vingt lignes de largeur. On y donne par-deſſus & ſur la plus grande face des coups de ſcie en travers & à l'équerre, de trois lignes tout au plus de profondeur. Il faut obſerver ſoigneuſement que ces coups de ſcie ſoient exactement vis-à-vis du milieu des Bourſettes & du milieu des Soupapes, & qu'ils ſoient aſſez larges pour que le reſſort y ſoit bien libre. Il convient que la ſcie dont on ſe ſert pour faire ces entailles ait un peu plus de paſſage qu'à l'ordinaire. On poſera ce chevalet ſi près des Bourſettes qu'il en touche preſque le derriere, & on l'arrêtera au moyen de quelques pointes. On doublera tout le dedans de la Laye en parchemin bien collé, c'eſt-à-dire, le derriere, les bouts & la planche des bourſettes.

Planches 36, 37.

608. Tout ce deſſus étant fini & bien ſec, & non plutôt, on fixera à demeure la planche des Bourſettes. On l'arrêtera avec de la colle & des pointes. On collera en dehors de petites bandes de peau ſur toutes les jointures. On appliquera le linge trempé dans l'eau chaude & bien tordu ſur toutes ces bandes

de

de peau, & on les recoupera tout de fuite à la régle, afin que le tout foit plus propre.

609. Les effes fe font en fil de laiton recuit de la même groffeur que celle des ofiers, ou même un peu plus gros, puifqu'il doit être recuit. Si on ne le recuit point, il fuffira que le fil foit de la même groffeur que celui des ofiers. Voyez la forme de ces effes, *Fig. 8. Pl. 56.* Il eft néceffaire que les parties *a* & **PLANCHE** *b* des effes foient longues ; fans cela les effes font fujettes à fe décrocher. On aura 56. l'attention, quand on les mettra en leur place, c'eft-à-dire, lorfqu'on les accro-chera au piton de la foupape, & à l'anneau du chaperon, que la bourfette ne foit point tendue, mais qu'il y ait une bonne ligne de lâche, parce que dans la fuite les bourfettes venant à fe retirer un peu, elles tirailleroient les foupapes & cauferoient des cornements. Du refte on coupera toutes ces effes de la même longueur, & on les pliera toutes uniformément, pour la propreté de l'ouvrage.

610. Il ne s'agit plus que de mettre les refforts pour avoir fini l'intérieur de la Laye. On les fait en fil de laiton bien écroui & bien dur. Celui que l'on trouve communément chez les Marchands, qui n'eft point recuit, n'eft pas encore affez dur. Il faut en acheter de cette efpéce, mais plus gros qu'il ne faut. On le fera encore tirer fans le recuire, & on le fera paffer par plufieurs trous de la filiere. Il deviendra & plus dur & moins gros.

611. Il faut remarquer qu'il eft important pour qu'un Clavier aille bien, que la groffeur du fil de laiton des refforts foit bien convenable. S'il eft trop gros, c'eft en vain qu'on les affoiblira en les débandant fuffifamment, le Clavier ira tou-jours mal ; il n'aura jamais cette douce élafticité qu'on doit fentir fous les doigts, que les Organiftes appellent *Vivacité*, qui en fait le principal mérite, & qui contribue le plus à rendre nettes la cadence & les volubilités d'une bonne main. Si le fil de laiton eft trop mince, les refforts feront trop foibles. Ce fera inutile-ment qu'on les bandera de toute leur force, les Soupapes feront toujours fu-jettes à fe tenir entr'ouvertes & à caufer par-là des cornements. Pour qu'un reffort faffe bien fon effet, il faut, qu'étant bandé de toute fa force, il rende la touche tant foit peu trop dure à baiffer, enforte qu'en le débandant très-peu, elle devienne douce & vive. Alors les Claviers feront prompts, & au-ront toutes les qualités qu'on en exige, fi d'ailleurs tout le refte eft conftruit comme il faut, je veux dire, l'Abrégé, les Claviers, &c. comme nous le dirons en fon lieu.

612. A moins d'une grande expérience, il eft difficile de ne pas fe tromper dans le choix de la groffeur du fil de laiton pour les refforts. Il arrive quelque-fois qu'un Facteur curieux de la perfection de fon ouvrage ; fe trouve obligé de changer tous les refforts lorfque tout eft monté en place & en expérience. Pour prévenir un pareil inconvénient, il y en a qui ont la pratique de ne mettre que de faux refforts, en attendant que le Sommier, l'Abrégé & les Claviers foient en place. Alors ils ôtent un faux reffort, ils en mettent un en

forme à sa place, qu'ils jugent convenable , & en font l'expérience. Quand ils ont trouvé la grosseur qui convient , ils font tous les autres du même fil de laiton. On appelle *Faux Ressorts ,* un ressort assez informe en fil de fer , même plus fort qu'il ne faut , & qu'on ne met que pour contenir la Soupape jusqu'à ce que le Sommier & tout le reste soit en place. Ces faux ressorts un peu plus forts qu'il ne faut ne font que du bien aux Soupapes , en ce qu'ils contribuent par leur pression à faire imprimer la peau des Soupapes sur les gravures qui en sont mieux bouchées.

613. Quand on aura essayé un ressort , & qu'on sera assuré & de sa longueur & de la grosseur de son fil de laiton , on construira un petit instrument , au moyen duquel on les fera tous uniformes & avec diligence. On aura une

PLANCHE 56.

planche *A B , fig.* 7 , *Pl.* 56. On fichera bien solidement vers un bout la broche de fer *C,* de trois à quatre lignes de grosseur, pour faire l'œil du ressort. On fichera aussi bien solidement une forte pointe de fil de fer *D ,* pour y accrocher le crochet pointu du ressort. Et enfin l'autre pointe de fer *E ,* qui indiquera où il faut couper le fil de laiton. Pour mettre ces deux pointes *D* & *E* à la distance convenable, on prendra la mesure sur le ressort mis en expérience , qui doit servir de modele à tous les autres.

614. Avant de faire le ressort , il faut d'abord dresser le fil de laiton , qui , ayant été tiré à la filiere , se trouve nécessairement en rouleau. L'outil à dresser le fil d'archal est fort simple; il ne s'agit que de ficher six à sept clous ou pointes assez fortes sur un morceau de planche de huit à neuf pouces de longueur sur six à sept de largeur, & le dressoir sera fait. Cependant il y a quelque difficulté pour bien arranger ces pointes entre lesquelles le fil d'archal doit

PLANCHE 57.

passer. La figure 1 de la Pl. 57 , représente la disposition de ces clous qui doivent être sans tête & d'un fer bien doux, afin de pouvoir les incliner plus ou moins vers le fil d'archal selon le besoin, c'est-à-dire , selon la roideur & la grosseur du fil d'archal. Il n'est guere possible de donner aucune regle pour la disposition de ces pointes. On ne réussit à les arranger comme il faut, que par le tâtonnement; il faut essayer plusieurs fois, jusqu'à ce qu'on voie que le fil d'archal sort bien droit du dressoir. *A , fig.* 2 , est le rouleau de fil de laiton à l'entour d'un devidoir de bois , & dont on a déja fait passer une partie entre les clous *a , b , c , d , e , f ;* on le tire avec une tenaille en allant à reculons, tandis que le rouleau *A* se devide. On met ce rouleau de fil d'archal sur un gros cylindre de bois, qui peut tourner avec facilité étant emmanché sur un boulon de fer *B ;* ou bien on tiendra ce rouleau à la main , & on devidera le fil de laiton à mesure qu'un autre le tirera avec la tenaille ou avec une pincette. La Planche *C D ,* où sont fichés les clous ou pointes , doit être bien arrêtée sur un établi ou autre chose. Il faut se souvenir que ces clous doivent être inclinés chacun vers le fil d'archal; sans cela il ne se tiendroit pas dans le dressoir; mais cette inclinaison sera augmentée ou diminuée selon l'effet qu'on verra que fera la Machine.

On pourra mettre les clous plus ou moins écartés, plus ou moins en ligne tortueuse, jusqu'à ce que le fil en sorte bien droit à la premiere fois qu'il y aura passé. Ce dressoir est d'une grande diligence. Quand il va bien, on peut dresser une quantité considérable de fil d'archal dans un quart-d'heure. Les Épingliers font un grand usage de ce dressoir, qu'ils appellent *Engin à dresser. Cet article est tiré de l'Art de l'Epinglier donné par l'Académie Royale des Sciences.*

615. Pour faire le ressort, on commencera par limer en pointe bien aiguë un bout de fil de laiton. A trois lignes de longueur, on la pliera à-peu-près à l'équerre avec une pincette. On accrochera ce bout d'équerre à la pointe *D*, *fig.* 7, *Pl.* 56. On fera passer le fil de laiton sur la broche *C*, autour de laquelle on le contournera par un tour entier ; ce qui formera l'œil du ressort ; on le fera venir jusqu'à la pointe *E*, où on le coupera avec une cisaille. On pliera ce bout non pointu à l'équerre de deux lignes de long seulement. On fait tenir l'instrument sur un établi par un valet.

616. Ou bien, on déploiera entiérement le premier ressort qu'on aura fait sur l'instrument, & on coupera autant de morceaux de fil de laiton qu'il faut de ressorts, & tous exactement de la même longueur que celui qui a été déployé. On fera à la lime la pointe à un bout de tous ces morceaux. On pliera à l'équerre cette pointe, & on donnera la forme à tous les ressorts sur l'instrument *A B*, *fig.* 7, comme je viens de le dire. Du reste, on peut voir la forme du ressort en la figure 4 de la Planche 37.

PLANCHE 56.

PLANCHE 37.

617. Il faut remarquer qu'il ne convient pas d'employer des ressorts de la même force pour les doubles Soupapes. Il faut y en mettre qui soient un peu plus foibles, afin que les Touches du Clavier qui tireront ces doubles Soupapes ne soient pas plus dures à baisser que celles qui tirent les simples Soupapes. Il est aisé de concevoir qu'une Touche relative à deux Soupapes, dont les ressorts seroient égaux à ceux des simples Soupapes, doit résister au double dans son tirage ; & comme il est nécessaire que toutes les Touches d'un Clavier soient égales de force, c'est-à-dire, pas plus dures à baisser les unes que les autres ; on doit proportionner les ressorts des doubles Soupapes, ensorte que leurs Touches soient égales de force à celles des simples Soupapes.

618. La maniere ordinaire de mettre les ressorts est de les situer à l'équerre ou paralleles aux soupapes, ensorte que leur œil soit vers le derriere de la Laye ; le bout pointu du haut est placé dans la petite rainure du dos de la Soupape ; car c'est pour cela que cette rainure est faite ; & l'autre bout du ressort qu'on appelle son *talon*, est enfoncé dans le coup de scie du chevalet, de maniere que le petit pli en équerre l'arrête pour qu'il ne puisse point fuir en arriere, & que cependant il ne touche point la Bourfette qui est tout près du Chevalet. Il y a des Facteurs qui ne font pas en pointe le bout supérieur du ressort, mais qui le font entrer dans un trou fait au dos de la Soupape. Ils mettent l'autre bout dans un trou fait au Chevalet dans le fond de son entaille. Il est certain

que les reſſorts dont les deux bouts ſont arrêtés dans des trous ne peuvent jamais ſortir de leur place. Voilà le ſeul avantage de cette méthode ; mais auſſi ils n'en ſont jamais auſſi libres , & par conſéquent un Clavier n'en eſt jamais auſſi vif. D'ailleurs ils ſont bien plus difficiles à ôter de leur place dans le beſoin, & on ne peut point par leur moyen arranger une Soupape comme il faut ; ainſi la premiere méthode eſt à préférer.

619. J'en ai imaginé une autre qui me paroît encore plus avantageuſe par l'expérience que j'en ai faite pluſieurs fois. Je les ai diſpoſés à rebours. J'ai poſé la queue ſur le devant de la Laye , & les deux crochets vers le derriere. Ils ſont ſitués obliquement. La fig. 9, de la Pl. 56, repréſente cette diſpoſition. C'eſt le plan d'un morceau de la Laye d'un Sommier. *a , b , c , d , e , f,* ſont les Bourſettes. Les lignes ponctuées repréſentent les Soupapes, qu'il faut regarder comme tranſparentes. *X Y,* eſt la trace de la planche du derriere de la Laye. *Z V ,* la trace du ſupport de côté du Sommier. *A B ,* eſt le Chevalet. *D P , C O, C O ,* ſont les reſſorts, dont *P, O, O* ſont les queues où eſt leur œil. *E, F,* ſont les coups de ſcie obliques pour y poſer des reſſorts. On y remarque le trait à l'équerre coupé obliquement au milieu par le coup de ſcie. *G,* eſt un coup de ſcie donné à l'ordinaire pour en faire voir la différence d'avec les entailles obliques. *H,* eſt un reſſort poſé à l'ordinaire. On voit à tous les reſſorts leur crochet pointu. On apperçoit auſſi comment le premier reſſort *D P* eſt ployé , pour qu'il ne touche point à la planche qui fait le ſupport de côté du Sommier. Ils ſont poſés obliquement pour ne pas toucher ou embarraſſer les Bourſettes, Le crochet du talon eſt arrêté derriere le Chevalet. Cette partie du reſſort , c'eſt-à-dire , l'inférieure eſt plus longue que la ſupérieure de la moitié de la largeur du Chevalet. Si celui-ci a dix-huit lignes de largeur, la partie inférieure du reſſort aura neuf lignes de plus que la ſupérieure. Par cette diſpoſition , le crochet pointu ſe trouve parfaitement vis-à-vis du milieu de la Soupape. La fig. 10. de la même Pl. 56 , ſe rapporte à la fig. 9. Celle-ci eſt le plan d'un morceau de Laye d'un Sommier , & la fig. 10 en eſt l'élévation en perſpective. *I K* eſt le devant du châſſis du Sommier. On y voit par-deſſus l'épaiſſeur de la table , des Regiſtres & des Chapes. Trois reſſorts poſés obliquement à ma maniere y paroiſſent. On en voit un poſé à l'ordinaire pour en faire voir la différence. On y apperçoit les entailles du Chevalet obliques , excepté trois vers *K* qui ſont à l'équerre à l'ordinaire , pour en faire voir la différence. Cette figure n'a pas beſoin d'autre explication.

620. Par la diſpoſition ordinaire , on eſt obligé d'ôter le reſſort toutes les fois qu'on veut le bander ou débander , ce qui eſt un travail conſidérable , parce que le plus ſouvent on ne peut y mettre les mains que difficilement , & quelquefois point du tout ; & ſi l'on ne fait cette opération adroitement , on riſque d'éreinter une Soupape. Il eſt quelquefois difficile d'empêcher qu'une Soupape ne frotte fortement contre un de ſes guides ; ce qui rend la touche du Cla-

vier

PLANCHE 56.

vier molle & lente. Ces inconvénients m'ont fait imaginer de difpofer les
refforts à rebours. Par-là on les ôte avec la plus grande facilité pour les bander quand il le faut. On n'eft point obligé de les ôter pour les débander ; un
coup de doigt fuffit pour cela. En les avançant plus ou moins dans la Laye , on
fait aller la Soupape au milieu des deux guides , en forte qu'elle ne touche à aucun. On l'empêche également par la même opération de fe tenir de travers ,
&c. En un mot , je me fuis bien trouvé de cette méthode. Je ne fais que la pro-
pofer , fans prétendre décider qu'elle foit meilleure que l'autre.

621. En général , il convient qu'un Reffort appuie vers le milieu de la longueur de la Soupape , cependant un peu plus fur le devant. Selon la pratique
commune , cet appui eft trop fur le devant vers la tête de la Soupape ; auffi
voit-on affez fouvent que les queues des Soupapes fe relâchent ; ce qui eft un
grand inconvénient. Quand on pofe un Reffort , il ne faut pas oublier de forcer en en-haut le crochet fupérieur , pour qu'il pique par fa pointe dans la
petite rainure du dos de la Soupape ; c'eft pour cette raifon qu'il faut le faire bien
aigu. Quand un Reffort eft pofé avec cette précaution , il ne fe déplace jamais.

622. Tout l'intérieur de la Laye étant fini , on collera aux quatre coins de
chaque partie de la Laye , dans les angles de la feuillure , un morceau de peau ,
proprement chanfreinée , en forte qu'elle reborde en dehors & que ce rebord
foit également collé ; mais il convient pour la propreté que ces pieces de peau
foient uniformes. A cet effet , on coupera un morceau de peau , auquel on donnera la forme ou le contour convenable en le préfentant plufieurs fois dans fon
angle. Sur ce morceau de peau , on fera un patron de bois qui aura le même
contour. On appliquera ce patron de bois fur de la peau , que l'on coupera avec
un couteau tout à l'entour du patron. On en coupera ainfi un nombre fuffifant ,
qu'il faut chanfreiner tout à l'entour.

623. Pour chanfreiner la peau , on la met du côté liffe & le duvet en deffus
fur un marbre bien poli ; & avec un couteau fait à peu près comme un couteau
de table ordinaire , mais bien tranchant , on amincit la peau tout à l'entour , jufqu'à la rendre , pour ainfi dire , tranchante. On la coupera nettement & toujours
du côté velu. On obfervera que ce chanfrein foit bien uni , bien égal par-tout
& de trois à quatre lignes de large. On aura foin d'aiguifer fouvent le couteau.
Tous les coins étant chanfreinés , on les collera dans les angles de la feuillure
en mettant la colle du côté du duvet , & tout de fuite on y appliquera le linge
chaud à l'ordinaire. Au moyen du couteau de bois , on achevera de bien appliquer la peau , en forte qu'elle prenne bien exactement la forme des angles rentrants & des feuillures. On colle cette peau , afin que le vent ne s'échappe point
par-là.

624. Les tampons des portes des Layes font des planches de bois de chêne de
6 lignes d'épaiffeur. Elles ne doivent pas aller jufte dans leur place , c'eft-à-dire ,

Orgues. II. Partie. G g g

dans leur feuillure. On laissera du jeu suffisamment pour l'épaisseur de la peau qu'on doit coller tout à l'entour. Quand ces tampons seront ajustés, on y attachera bien solidement vers un bout & en dehors une main de fer *b*, *fig.* 11. *Pl.*

PLANCHE 56.

56, ou une boucle suffisamment forte & dont les pitons soient rivés de l'autre côté, qu'on doublera ensuite de parchemin collé à l'ordinaire ; on collera aussi du même côté une bande de peau d'un pouce & demi de largeur, par le côté lisse, en sorte que cette bande de peau excède la grandeur de la planche de 8 à 9 lignes tout à l'entour. Ce qui fera quatre bandes de peau qu'on fera joindre bout à bout, & quarrément à leurs extrémités, quelque part qu'elles se rencontrent, faisant attention de ne pas tacher le velu avec la colle. Pour faire cette opération comme il faut, on mettra la colle sur le bord du derriere de la planche tout à l'entour de la largeur de 8 à 9 lignes. On y appliquera sans l'étirer, la peau dont on aura raclé le côté lisse ; on y mettra un papier dessus, & on y passera le fer chaud à repasser.

Lorsque la colle sera bien seche, on fera entrer à force, pourtant sans violence, les tampons dans leurs feuillures. Alors la peau se repliera d'elle-même sur l'épaisseur des tampons, mais ne s'y collera pas encore, parce qu'on n'aura point mis de colle dans ces parties. On examinera s'ils entrent trop facilement. En ce cas on les retirera, & on collera une petite bande de peau au-dessous de la premiere aux endroits convenables sur l'épaisseur ou sur le champ des tampons, & on mettra aussi de la colle au-dessous de la premiere peau tout à l'entour, pour que les premieres bandes se collent. On remettra les tampons dans leur place où on laissera sécher la colle. On coupera proprement toute la peau superflue qui excédera en dehors.

625. Pour arrêter les tampons des Layes, il y a des Facteurs qui se servent de simples broches de fer, qui tiennent avec deux pitons, dont l'un est fiché sur le Chassis du Sommier, & l'autre sur la planche des Bourssettes. Ils y mettent un coin de bois qui serre les tampons. D'autres emploient une petite bande de fer, mobile sur un clou fiché au Chassis du Sommier ; & par l'autre bout il y a une entaille qui s'accroche à un autre clou fiché sur la planche des Bourssettes, &c. Je crois qu'il est mieux d'employer deux crochets de fer assez forts *d*, & *f*, *fig.* 11. *Pl.* 56, un peu bombés au milieu vers le tampon. Un clou à vis tient

PLANCHE 56.

le bout inférieur du crochet sur la planche des Bourssettes, & le crochet s'accroche par le bout supérieur à un piton à vis, fiché sur le Chassis. Cette ferrure étant bombée par le milieu, est très-propre à bien serrer le tampon dans sa feuillure, & à maintenir fortement la planche des Bourssettes, qui risqueroit de se tourmenter sans cela. Ces deux avantages ne me paroissent pas être dans les autres manieres d'arrêter les tampons.

626. La derniere opération qui reste à faire pour finir le Sommier est de boucher les gravures. Il y a des Facteurs qui y collent du parchemin, & c'est la pratique la plus commune. D'autres, de fort papier ; les uns aiment mieux y col-

ler de la peau ; mais les autres penfent qu'il eft encore mieux de les *tringler* ;
c'eft-à-dire, qu'ils font entrer jufte dans chaque gravure une tringle mince de
bois qu'ils collent ; & après avoir tout replani, ils collent par-deffus une peau
ou un parchemin. Cette derniere pratique a quelques inconvéniens, comme je
l'ai dit, *art.* 308, *pag.* 93. Qu'on me permette de répéter ici en partie ce que
j'ai expliqué plus haut, *art.* 576, *p.* 193, en parlant des grands & petits Flipots.

Le fil du bois de ces tringles, étant dans le même fens que celui des barres,
il eft fujet à s'enfler dans les tems humides, & à fe rétrécir dans les temps fecs ou
chauds. Lorfque le bois s'enfle, cette multitude de fibres que ces tringles rendent
continues avec celles des barres, font des forces réunies qui font un effort confidérable pour faire alonger le Sommier ; mais comme fa table, dont le fil du bois
eft dans un fens contraire, réfifte & ne fauroit fe prêter à cette extenfion, il s'enfuit que le Sommier doit bomber en deffous ; effet que la charge confidérable
des Tuyaux doit favorifer, d'autant plus que prefque rien ne s'oppofe à ce bombement par la conftruction du Sommier. On fent affez que ce mouvement caufé
par le gonflement des tringles réuni à celui des barres, ne peut faire qu'un mauvais effet pour tous les affemblages du Sommier ; mais fi l'humidité malgré l'effort qu'elle occafionne, ne produit pas un bombement fi confidérable à caufe que
les tringles font fort minces, il arrivera que leurs fibres s'écraferont, pour ainfi
dire, contre les barres fans fe remettre jamais dans leur premier état naturel ;
auffi arrive-t-il que quantité de ces tringles fe décollent d'un côté, ce que l'on
voit fort ordinairement lorfque l'occafion demande qu'on défaffe le parchemin
ou la peau qu'on avoit collé par-deffus. Comme je ne vois pas un avantage réel
à tringler un Sommier, & qu'il peut en arriver des inconvéniens, ainfi que je
viens de le dire, je crois qu'il fera mieux de préférer la peau, ou le parchemin,
ou le gros papier ; ces trois chofes font bonnes ; je préférerois même le gros
papier, fi l'on en colle deux ou trois l'un fur l'autre, à caufe de fa roideur.

627. Si c'eft de la peau qu'on veut coller, on mettra la colle du côté velu ;
on ufera du linge trempé dans l'eau chaude & bien tordu ; on paffera le couteau
de bois le long des barres, pour en chaffer l'air & éviter les emprunts ; on chanfreinera les extrémités pour les joindre plus proprement enfemble. On pourra
mettre les peaux prefque entieres. Si l'on veut coller du parchemin, on le fera
tremper quelque temps dans l'eau ; on le raclera à l'ordinaire ; on appliquera le
linge chaud, & on fera comme pour la peau. Si c'eft de gros papier, on ne le
fera point tremper, mais on le collera tout fimplement ; on y appliquera le
linge chaud comme pour la peau & le parchemin, & on paffera le couteau de
bois par-deffus toutes les barres. Quand tout ce papier fera bien fec, on y en
collera un autre par-deffus de la même maniere. On fera encore mieux d'y en
coller un troifieme, comme je l'ai dit dans l'article précédent.

628. Le Sommier étant totalement fini, on remettra dans leur place tous les
Regiftres, fur lefquels on clouera légérement les Chapes ; & à mefure qu'on

les mettra à leur place, on les retrécira tant foit peu de chaque côté, afin qu'elles ne fe touchent point, & qu'il y ait un petit quart de ligne de diftance de l'une à l'autre. C'eft une précaution néceffaire ; parce que dans le temps humide les Chapes s'élargiffent & tendent par-là à s'élever avec force, le bois étant affez épais. Il arrive quelquefois qu'elles font un effort affez confidérable pour faire lâcher les clous ; mais lorfqu'il y aura une petite diftance entr'elles, cet inconvénient ne pourra pas arriver. Pour garantir les ofiers qui fortent hors les deffous de la planche des Bourfettes, on y clouera légérement une barre de bois, qui ait dans toute fa longueur une rainure fuffifante pour contenir tous les ofiers en liberté ; par-là ils feront à couvert de tout accident. Quand on tranfportera le Sommier pour le pofer, on en ôtera toutes les Chapes & tous les Regiftres.

SECTION TROISIEME.

Conftruction du Sommier pour un grand Pofitif.

J'AI déja expliqué ce que c'eft que le Sommier d'un Pofitif aux articles 331 & fuivants jufqu'à 338 inclufivement, *pag.* 102 *& fuiv.* On y a vu en quoi confifte fa différence d'avec le grand Sommier : la conftruction de la Laye avec fa fermeture ; comment on garnit les bouts des Regiftres pour leur tirage, &c. Je ne répéterai point ici ce que j'y ai dit. Je détaillerai feulement tout ce qu'il y a de particulier pour la main-d'œuvre.

629. Les Jeux qui peuvent convenir dans un grand Pofitif proportionné à un trente-deux pieds, font les fuivants, avec leur arrangement refpectif fur le Sommier.

1. Cornet.	10. Tierce.
2. Montre de 8 pieds.	11. Doublette.
3. Bourdon de 16 pieds.	12. Larigot.
4. Bourdon de 8 pieds.	13. Fourniture de 4 Tuyaux.
5. Preftant.	14. Cymbale de 4 Tuyaux.
6. Second 8 pieds.	15. Trompette.
7. Flûte de 4 pieds.	16. Cromorne.
8. Nafard.	17. Clairon.
9. Quarte.	18. Voix humaine.

Si le local le permet, & qu'il convienne à la proportion du grand Buffet, on pourra, au lieu du Bourdon de 16 pieds, mettre un 16 pieds en montre, le commençant à l'*F ut fa* de 12 pieds. On poferoit les quatre premiers Tuyaux au-dedans & ouverts. Ou bien s'il n'y avoit pas affez de hauteur, on mettroit ces quatre premiers Tuyaux en 8 pieds bouché. En ce cas, il faudroit arranger les premiers Jeux un peu autrement, par exemple de la maniere fuivante :

1. Cornet.	3. Montre de 8 pieds.	5. Bourdon de 8 pieds.	7. Second 8 pieds.
2. Montre de 16 pieds.	4. Preftant	6. Flûte de 4 pieds.	8. Nafard.

Et les autres Jeux de fuite comme ils font marqués ci-deffus.

630.

630. Il s'agit de faire la regle de ce Sommier : en voici toutes les mesures & dimensions dans la Table suivante.

Barres & gravures du Sommier du Positif du côté des nombres pairs :

≡22
2. $\frac{8}{20}$
4. $\frac{8}{20}$
6. $\frac{8}{}$
8. $\frac{8}{19}$
10. $\frac{8}{19}$
12. $\frac{8}{18}$
14. $\frac{7}{17}$
16. $\frac{7}{17}$
18. $\frac{7}{16}$
20. $\frac{7}{16}$
22. $\frac{7}{15}$
24. $\frac{7}{15}$
26. $\frac{6}{14}$
28. $\frac{6}{14}$
30. $\frac{6}{13}$
32. $\frac{6}{13}$
34. $\frac{6}{12}$
36. $\frac{6}{}$
≡22.37 pouces 2 lign.

Registres & faux-Registres du Sommier du Positif :

1. Cornet	18 / 9
2. Montre de 8 pieds	18 / 9
3. Bourdon de 16 pieds	24 / 9
4. Bourdon de 8 pieds	18 / 9
5. Prestant	15 / 9
6. Second 8 pieds	18 / 9
7. Flûte de 4 pieds	15 / 9
8. Nasard	15 / 9
9. Doublette	15 / 9
10. Tierce	15 / 9
11. Quarte	15 / 9
12. Larigot	15 / 12
13. Fourniture de quatre Tuyaux	20 / 12
14. Cymbale de quatre Tuyaux	20 / 12
15. Trompette	24 / 9
16. Cromorne	24 / 9
17. Clairon	24 / 9
18. Voix humaine	20 / 15

Barres & gravures du Sommier du Positif, du côté des nombres impairs :

≡00
50. $\frac{5}{9}$
49. $\frac{5}{9}$
48. $\frac{5}{9}$
47. $\frac{5}{9}$
46. $\frac{5}{9}$
45. $\frac{5}{10}$
44. $\frac{5}{10}$
43. $\frac{5}{10}$
42. $\frac{5}{10}$
41. $\frac{5}{11}$
40. $\frac{5}{11}$
39. $\frac{5}{11}$
38. $\frac{5}{11}$
37. $\frac{6}{12}$
35. $\frac{6}{12}$
33. $\frac{6}{13}$
31. $\frac{6}{13}$
29. $\frac{6}{14}$
27. $\frac{6}{14}$
25. $\frac{6}{15}$
23. $\frac{7}{15}$
21. $\frac{7}{16}$
19. $\frac{7}{16}$
17. $\frac{7}{17}$
15. $\frac{7}{17}$
13. $\frac{7}{18}$
11. $\frac{8}{18}$
9. $\frac{8}{19}$
7. $\frac{8}{19}$
5. $\frac{8}{20}$
3. $\frac{8}{20}$
1. $\frac{8}{}$
≡22.54 po. 10 lig.

La planche du derriere de la Laye a d'épaisseur ... 11
Largeur du Chassis antérieur qui termine le Sommier, non comprises les Denticules ... 22
Largeur des Flipots sur lesquels on colle les Soupapes ... 36
Longueur des ouvertures pour les Soupapes ... 97
Longueur des Soupapes ... 108
Hauteur intérieure de la Laye ... 48
Hauteur de toutes les Soupapes ... 15
Largeur des barres toutes finies ... 36

Ce Sommier aura donc 44 pouces 4 lignes de largeur à compter du derriere de la Laye jufqu'à l'extrémité postérieure, ce qui fait la partie qui contient les Regiftres & les Chapes. La Laye aura hors d'œuvre dans sa partie la plus basse 14 pouces de largeur, qui étant ajoutés à 44 pouces 4 lignes ci-deffus, font 58 pouces 4 lignes de largeur totale du Sommier, ou 4 pieds 10 pouces 4 lignes.

On trouvera que j'ai obfervé les regles contenues dans les art. 472 & f. p. 153 & f. par les mefures que je viens de donner pour les gravures, les barres & la longueur des Soupapes.

631. Il faut remarquer que ce Sommier feroit un peu trop grand s'il étoit en une feule partie ; il auroit 7 pieds 4 pouces de longueur, ce qui feroit embarraffant. Il fera mieux & plus commode de le divifer en deux parties que l'on difpofera, comme l'on voit dans ces deux colonnes des barres & gravures. La partie du Sommier repréfentée par la colonne fupérieure fe pofera à gauche, & l'autre partie du Sommier repréfentée par la colonne inférieure, fe pofera à droite ; c'eft-

PLANCHE
56.

à-dire, du côté des Baffes du Clavier. Je fuppofe qu'on regarde l'intérieur du Pofitif, le dos tourné au Clavier. Du refte, l'efpace que j'ai laiffé entre les deux colonnes repréfente le paffage qu'on doit faire entre les deux parties du Sommier. Pour l'explication de ces deux colonnes, la fupérieure & l'inférieure ; des barres & gravures, & de celles des Regiftres & faux-Regiftres, voy. les art. 492 & f. p. 160 & f.

632. J'ajoute aux art. 331 & fuivants, touchant le Sommier du Pofitif, que quand on aura monté la grille du Sommier, comme il eft dit, art. 510 & fuiv. p. 167, on pofera les grands Flipots de 3 pouces de largeur, comme il a été expliqué aux art. 574 & fuiv. p. 192 & fuiv. on les mettra à 97 lig. du bord intérieur du battant antérieur, en forte que les ouvertures que les Soupapes doivent recouvrir, aient 97 lignes de longueur. Quand la colle fera bien feche, on replanira non-feulement la partie qui doit être dans la Laye, mais encore la furface toute entiere des barres par le deffus du Sommier, afin que le tout foit bien dreffé & affleuré ; parce qu'on doit y coller la Table. Voyez les articles 512, pag. 168, & 579, pag. 194.

633. On collera le parchemin (580 & fuiv. p. 194 & fuiv.) fur toute la partie qui doit être dans la Laye, en forte même que les Flipots en foient couverts. On le rabotera, &c. Tout cela étant fini, & avant de couper le parchemin pour faire les ouvertures que les Soupapes doivent recouvrir, on clouera légérement une planche mince fur toute la partie qui doit être dans la Laye, y compris même la place de la planche du derriere de la Laye. Cette planche mince n'eft que pour garantir de la mal-propreté & de tout accident le parchemin qu'on aura collé & rabotté. Elle fera bien dreffée fur le champ qui fera du côté du derriere de la Laye. On pofera la Table du Sommier, comme il eft expliqué aux art. 513 & fuiv. pag. 168 & fuiv. Toutes les pointes étant repouffées & la colle bien feche, on retournera le Sommier fens-deffus-deffous, & on encollera les gravures, comme il eft dit art. 521, p. 172. La colle étant bien feche, on replanira la Table avec toutes les attentions indiquées, art. 522, pag. 173. On y tracera au moyen de la Regle du Sommier, la place des faux-Regiftres ; on tirera toutes les lignes pour marquer les trous (524). On les frappera avec le pointeau (526, pag. 174.) On fera attention à l'art. 527, quand on marquera les trous pour le Cornet qui commencera à *C fol ut* du milieu du Clavier. On fera les trous (528, pag. 175).

634. On pofera les faux-Regiftres (529). On fera les Regiftres, voyez les art. 530 & fuiv. p. 176 & fuiv. On ajuftera les faux-Regiftres (535, 536). On mettra les Regiftres en leur place, où on les arrêtera (539). On fera les Chapes, qu'on pofera (541). On les clouera (542 & fuiv. p. 179 & fuiv.). On retournera le Sommier, pour percer les Regiftres & les Chapes (546). On retournera le Sommier pour agrandir les trous (547). Mais il ne fera pas néceffaire de tirer les lignes fur les Chapes pour diftinguer les gravures, puifqu'elles font toutes fimples, & que par conféquent on ne peut pas s'y méprendre.

635. On fera les trous du Cornet femblables à ceux du grand Cornet du

grand Sommier; & on se conformera pour tous les autres Jeux aux mesures des
trous des Jeux semblables du grand Sommier; sur quoi il faut remarquer que
je dis *semblables* pour la grandeur, mais non pas dans leurs dimensions. Il y a
plusieurs gravures dans le Sommier du Positif, qui ne sont pas aussi larges que
plusieurs de celles du grand Sommier; ce qui est un obstacle pour suivre les mêmes dimensions. Par exemple, il est marqué dans l'art. 552, p. 184, que pour le
Bourdon de 16 pieds, le premier trou sera de 9 lig. sur 12. On ne peut pas suivre cette dimension pour le Sommier du Positif dont il s'agit présentement,
parce que ses plus larges gravures n'ont que 8 lig. Il faut donc prendre une autre
dimension qui forme un trou à peu près semblable, ce sera 8 lignes sur 14. Or
huit fois 14 font 112 lignes quarrées, ce qui est à peu près égal à la dimension
du trou semblable du grand Sommier, qui est, comme je viens de le dire, de 9
lignes sur 12. Or neuf fois 12 font 108 lignes quarrées. Ainsi il faudra se souvenir de la présente observation toutes les fois qu'elle aura lieu, lorsque je ci-
terai les trous du grand Sommier ou de quelqu'autre : & afin de donner plus de
facilité à changer ces dimensions des trous, je vais donner celles du Bourdon de
16 pieds & de la Fourniture & Cymbale. Pour le Bourdon, ou Montre de 16
pieds, (je suppose les gravures de suite, sans être transposées d'un côté & d'autre, comme elles le sont sur deux Sommiers) on fera deux trous quarrés de
8 lignes sur 14 lignes, deux de 8 sur 13; deux de 8 sur 12; deux de 8 sur
11; deux de 8 sur 10; trois de 8 sur 9; trois de 8 sur 8; quatre de 8 sur 7;
trois de 7 sur 7; trois de 7 sur 6; deux de 6 sur 6; & les 22 suivants comme le
Jeu semblable du grand Sommier, art. 549, page 182.

La Fourniture & la Cymbale auront tous leurs trous quarrés de 8 lignes sur 12,
à la Table, au Registre & au-dessous de la Chape. Pour les trous du dessus de la
Chape, on suivra les grosseurs indiquées à l'art. 567, p. 190, où il s'agit de la
petite Fourniture. Pour la Cymbale, on suivra les grosseurs de l'art. 569, p. 191,
où l'on décrit les trous de la petite Cymbale, qui est à cet art. 569 de cinq
tuyaux sur marche. Ici elle n'est que de quatre tuyaux sur marche; c'est pourquoi
on omettra la première rangée de l'art. 569.

636. Il faut remarquer qu'il n'est pas nécessaire d'arranger les quatre Tuyaux
sur marche de la Fourniture, aussi bien que les quatre de la Cymbale, comme on
les voit dans la *fig.* 7. *Pl.* 55. Cette disposition est bonne lorsque les Tuyaux
sont gros. On disposera ceux dont il s'agit comme dans la *fig.* 4. *Pl.* 57. On
sent bien qu'on ne doit donc pas graver les Chapes *doublement*, comme je l'ai
décrit art. 324. Il faut les graver *simplement*, comme je l'ai expliqué art. 313.

637. Toutes les opérations sur les Chapes étant finies, on mettra les reperes
aux Registres, voyez les art. 570 & s. p. 191 & s. Ce qui étant fait, on retournera
les Sommiers, les barres en dessus. On mettra deux ou trois rangées de petits
Flipots pour contenir solidement les barres. V. les art. 576 & 577, p. 193. On les
affleurera & replanira avec la varlope. On clouera avec des pointes, & on collera

PLANCHE
55.

PLANCHE
57.

par-deſſous le devant de la Laye la tringle *h K* , *fig.* 4. *Pl.* 38 , où on la voit par
le bout ; ou *K K* , *fig.* 2. Cette tringle aura 7 à 8 lignes d'épaiſſeur ſur 18 à
20 lignes de largeur. Il eſt eſſentiel qu'elle joigne parfaitement contre le deſſous du Chaſſis & des barres , pour éviter les emprunts. On retournera le Sommier ; on ôtera la planche qui garantiſſoit le parchemin de la Laye. On percera
le parchemin , on le coupera pour faire les ouvertures que les Soupapes doivent
recouvrir , & on fera les trous pour contenir les *pilotins* qui doivent lever les
Soupapes , comme on le voit en *g*, *fig.* 4. *Pl.* 38. Voyez l'art. 337 , p. 104. Ces
trous doivent être bien perpendiculaires , tous ſur la même ligne & d'un peu
moins de 3 lignes de groſſeur , en ſuppoſant que les pilotins ſeront de bois. Il
y a des Facteurs qui aiment mieux les faire de gros fil de laiton ; ce qui paroît
plus avantageux. En ce cas , il ſuffira de donner aux trous une ligne & demie ,
ou un peu plus de groſſeur. Les pilotins en laiton ſont toujours plus unis & plus
polis qu'en bois. Leur peſanteur même favoriſe leur jeu ; & ils ne ſont point
ſujets à ſe déjetter ni à s'enfler par l'humidité. On doit avoir ſoin d'en arrondir le
bout qui porte dans la Bourſette pour ne pas la déchirer. Le bout ſupérieur ſera
limé quarrément. Si les pilotins ſont en bois , on les fera en noyer , parfaitement
arrondis , bien unis & bien dreſſés. On arrondira leur bout inférieur.

638. Les trous des Pilotins étant faits , on retournera le Sommier ſens-deſſus-
deſſous , & on fera les creux des Bourſettes dans la tringle , (598 , 599 , p. 200).
On fera les Bourſettes (600 & ſuiv. p. 200 & ſuiv.). On mettra tous les Pilotins
en leur place. On les coupera de longueur , en ſorte que portant par leur bout inférieur dans le fond de la Bourſette , il s'en manque d'une ligne qu'ils n'affleurent le deſſus des barres ; afin que lorſque les Bourſettes viendront à ſe retirer ,
les Pilotins ne ſe trouvent pas alors trop longs , & ne puiſſent entr'ouvrir les Soupapes , & par-là cauſer des cornements ; ce que l'on voit arriver dans des Orgues neuves. Du reſte , il eſt néceſſaire que les Pilotins ſoient très-libres dans leurs trous ,
qui doivent être faits avec une meche qui coupe bien nettement.

639. On fera les Soupapes (585 & ſuiv. p. 196 & ſuiv). On les garnira de
peau , (588 & ſuiv.). On conſtruira la Laye , qui ne conſiſte qu'aux deux bouts
avec la planche de derriere d'un pouce d'épaiſſeur. Voyez la *fig.* 3. *Pl.* 38. Cette
planche joint & eſt appuyée dans ſon bord inférieur contre la premiere piece de
la Table. On la fixera avec de la colle & des goujons. Elle ſera aſſemblée avec
les deux bouts de la Laye à queue d'aronde percée , ou mieux en queue d'aronde perdue , ou autrement dit , recouverte à bois de fil , le tout collé. Si l'ouverture du bout *A* , *fig.* 3 , pour l'entrée du vent dans la Laye , ſe trouve fort
grande , il ſera mieux de faire d'aſſemblage en trois pieces ce bout de la Laye.
On l'arrêtera ſur le Chaſſis du Sommier par des tenons & mortaiſes ; le tout collé
& chevillé. L'autre bout ſera fixé par des clefs collées & chevillées. On fera
une feuillure de 6 lignes en quarré tout à l'entour de la Laye , comme on voit

en

en la figure 3. On fera bien attention que cette feuillure foit bien égale , bien quarrée , & profilé bien par tout ; afin que les deux planches de la fermeture étanchent parfaitement le vent. On doublera tout l'intérieur de la Laye ; c'est-à-dire , la planche de derriere & les deux bouts en parchemin collé.

640. On pofe les Soupapes, comme il eft expliqué *art.* 594 *& f. p.* 198 *& f.* Il n'y faut point de piton. Elles doivent recouvrir, au moins de deux lignes les trous des Pilotins. On arrêtera le chevalet *O , fig.* 3 , par les deux bouts. Il entrera par un tenon à un bout de la Laye dans une mortaife ; & par l'autre bout, il fera entaillé & arrêté par quelques pointes fichées en dehors. On mettra les deux broches de fer *P P* , dont le bout inférieur entrera à vis en bois dans des barres entre les Soupapes. Si le Chevalet eft court, on ne mettra qu'une vis. S'il eft fort long, on en mettra deux & même trois ; afin que les forces réunies des refforts ne le faffent pas fléchir. Du refte , il faut le pofer de façon que la planche du deffus de la fermeture ne puiffe pas y toucher , quand même on marcheroit deffus ; ce qui arrive quelquefois.

641. On fera & on mettra tous les refforts en place. On obfervera à cet égard ce qui eft dit aux art. 610 & fuivants , *pages* 203 & fuivantes. On pofera la fermeture & toute la ferrure comme il a été expliqué *art.* 332 , *pag.* 103. On voit dans la *fig.* 4. *Pl.* 38 , comment eft faite cette fermeture repréfentée en coupe. Il faut garnir de bandes de peau le pourtour du deffous de la planche *B* ; & en faire de même à la planche *C*. Ce qui s'exécutera comme je l'ai expliqué *art.* 624 & 625 , *pag.* 207 & 208.

Il faut remarquer que dans cette figure 4 , la Table *d* eft repréfentée pofée fur la furface toute entiere de la grille du Sommier , jufques y compris tout le dedans de la Laye où elle eft fciée pour faire les ouvertures que les Soupapes doivent recouvrir. Il y a effectivement des Facteurs qui le pratiquent ainfi. Mais il eft mieux de ne faire aller la Table que jufqu'à la planche *M* du derriere de la Laye. En un mot , on fe trouvera mieux de la méthode que j'ai décrite , *art.* 632 & 633 , *page* 212.

SECTION QUATRIEME.

Conftruction d'un grand Sommier de Pédales.

642. Il fuffira de donner ici toutes les mefures pour faire la Regle du Sommier de Pédale dont il s'agit. J'ai détaillé toute la main-d'œuvre du grand Sommier dans toute la Section feconde du préfent Chapitre , il feroit fuperflu de répéter tout ce que j'y ai expliqué. Je me contenterai de donner feulement les raifons des mefures extraordinaires que je déterminerai aux différentes parties de ce Sommier , qui dans le fond n'eft différent du grand Sommier que pour les dimenfions. On le divife en deux parties pour gagner de la place , en pofant une moitié de chaque Jeu fur l'une , & l'autre moitié fur l'autre.

Barres & Gravures de la moitié du Sommier de Pédale.

```
        ≡22
1.  2.14
        —8
      z8
        —8
3.  4.14
        —8
      z8
        —8
5.  6.14
        —8
      z8
        —8
7.  8.14
        —6
7.  8.14
        —6
7.  8.14
        —6
9. 10.14
        —6
9. 10.14
        —6
9. 10.14
        ≡6
11. 12.14
        —6
11. 12.14
        —6
11. 12.14
        —6
13. 14.14
        —6
13. 14.14
        —6
13. 14.14
        ≡6
15. 16.14
        —6
15. 16.14
        —6
15. 16.14
        ≡12
17. 18.14
17. 18.14
        ≡12
19. 20.14
        —12
19. 20.14
        ≡11
21. 22.14
        —11
21. 22.14
        ≡11
23. 24.14
        —11
23. 24.14
        —10
25. 26.14
        —10
25. 26.14
        —10
27. 28.14
        —12
29. 30.14
        ≡12
31. 32.14
        ≡11
33. 34.14
        —11
35. 36.14
        ≡22
```

Longueur de ce Sommier 6 pieds 2 pouces 2 lign.

Registres & faux-Registres de la moitié du Sommier de Pédale.

```
          ≡22
1. Flûte de 32 pieds...........36
          —18
2. Flûte de 16 pieds...........30
          —10
3. Bourdon de 32 pieds........36
          —10
4. Bourdon de 16 pieds........30
          —10
5. Flûte de 8 pieds en étain.....30
          —10
6. Gros Nafard................30
          —10
7. Flûte de 8 pieds en bois......30
          —10
8. Flûte de 4 pieds en étain......24
          —10
9. Groffe Tierce..............24
          —10
10. Flûte de 4 pieds en étoffe.....24
          —10
11. Nafard..................20
          —9
12. Quarte..................18
          —9
13. Tierce..................18
          —12
14. Bombarde................24
          —12
15. Premiere Trompette........20
          —12
16. Seconde Trompette........20
          —12
17. Premier Clairon...........18
          —12
18. Second Clairon...........18
          ≡22
```

La largeur de ce Sommier est de 4 pieds 8 pouces.

Les Soupapes auront 13 pouces de longueur.

Les ouvertures auront 8 lignes de moins de longueur que les Soupapes.

Les barres auront toutes finies & affleurées 6 pouces de largeur.

Toutes les Soupapes auront 19 lignes de hauteur.

La hauteur intérieure de la Laye aura 6 pouces.

643. Il faut remarquer qu'une partie de ce Sommier est à simples gravures dans les Baffes & dans les Deffus, une autre partie est à triples gravures & une autre à doubles gravures. Je mets trois simples gravures dans le ravalement d'en bas, parce qu'elles font fuffifantes pour fournir tout le vent néceffaire aux cinq Jeux d'anche qui doivent jouer par-deffus. Je fuppofe que l'étendue de tous les Jeux à bouche de Pédale ne paffera pas dans les Baffes le premier *C fol ut* d'en-bas qui eft la huitieme marche. C'eft à cette huitieme marche que commencent les cinq triples gravures, dont les Soupapes doivent baiffer & s'ouvrir toutes les trois enfemble par une feule marche. On diftribuera tous les Jeux à bouche & les Jeux d'anche de la Pédale fur ces trois gravures, qui toutes les trois donneront une furabondante

quantité de vent à tous ces grands tuyaux. Après les cinq triples gravures viennent cinq doubles gravures qui feront plus que fuffifantes pour faire jouer la fuite
de tous les Jeux. Il refte enfin cinq fimples gravures qui fuffiront pour les plus
petits tuyaux.

644. On trouvera une fauffe gravure entre chaque fimple gravure du ravalement en bas. Il y a ainfi trois fauffes gravures marquées par des chiffres tranchés ;
ce qui fignifie qu'elles ne doivent point fervir , & que par conféquent , elles
ne doivent point être numérotées. Leur ouverture dans la Laye fera bouchée par
une tringle entaillée & collée , ne devant y avoir aucune Soupape. Si l'on ne
faifoit ainfi de fauffes gravures , il faudroit des barres de 42 lignes d'épaiffeur
pour efpacer fuffifamment les trous dans ces Baffes. Si des barres auffi épaiffes
venoient à s'envoiler , rien ne réfifteroit à leur effort , & le Sommier en feroit
endommagé. C'eft pourquoi il eft bon de mettre deux barres de 8 à 10 lignes
d'épaiffeur à peu près comme les autres , pour la plus grande folidité du Sommier. Si l'on emploie des barres de 8 lignes d'épaiffeur , comme je l'ai marqué
dans la colonne des barres & gravures , la fauffe gravure aura 28 lignes de largeur. Les barres entre les doubles gravures font beaucoup plus épaiffes que celles
qui font entre les triples gravures pour efpacer fuffifamment les trous.

645. Comme il faut beaucoup de vent pour faire jouer tous les Jeux fpécifiés
ci-deffus , *art.* 642 , *pag.* 215 , je donne 13 pouces de longueur aux Soupapes &
6 pouces de profondeur aux gravures. Pour prouver qu'il faut que les gravures
foient auffi profondes , il n'y a qu'à faire le calcul des art. 474 , 475 & 476. On
peut bien fuppofer que la Soupape de Pédale ouvrira au moins de 6 lignes. Pour
favoir combien de lignes quarrées produira cette ouverture de la Soupape , il
n'y a qu'à multiplier la longueur de 13 pouces ou 156 lignes , par les 6 lignes
de l'ouverture , (476) le produit fera 936 lignes : à quoi il faut ajouter l'ouverture antérieure de la tête de la Soupape qui aura 17 lignes de largeur , lefquelles on multipliera par 6 lignes de hauteur ; le produit fera 102 lignes. Le
total de l'ouverture de la Soupape fera donc de 1038 lignes quarrées. Or la gravure ayant 14 lignes de largeur fur 72 de profondeur , & ces deux dimenfions
étant multipliées l'une par l'autre , le produit fera 1008 lignes quarrées. On
voit que l'ouverture de la Soupape eft un peu plus grande que la capacité de la
gravure ; donc il faut donner 6 pouces de profondeur aux gravures.

646. Il faut obferver que quoique je n'aie marqué que trois fimples gravures
dans la Baffe du Sommier de Pédale , il en faut néanmoins quatre à l'un des deux
Sommiers , parce que le ravalement contient fept marches , qui font *f, f*, g,*
g, a, b♭ , & b.* On retranchera en conféquence une des triples gravures à celui des deux Sommiers qui aura quatre fimples gravures pour le ravalement. On
fera cette attention, s'il eft jamais queftion de conftruire effectivement ce Sommier.

647. Je donnerai ici une idée de la grandeur des trous du Sommier de Pédale
pour donner le vent aux tuyaux ; je fuppoferai un feul Sommier , comprenant

PLANCHE
8.

les deux enfemble , en forte que les trous fe fuivent felon l'ordre naturel des nombres. On obfervera que tous les Jeux à bouche ne commencent qu'à la huitieme marche , c'eft-à-dire , au premier *C fol ut.*

La Flûte de 32 pieds aura deux trous de 14 lignes fur 16. Deux de 14 fur 15. Deux de 14 fur 14. Deux de 13 fur 14. Deux de 13 fur 13. Deux de 12 fur 13. Deux de 12 fur 12. Deux de 11 fur 12. Deux de 11 fur 11. Deux de 10 fur 11. Deux de 10 fur 10. Deux de 9 fur 10. Deux de 9 fur 9. Deux de 8 fur 9 , & un de 8 fur 8.

La Flûte de 16 pieds aura deux trous de 12 fur 12. Deux de 11 fur 12. Deux de 11 fur 11. Deux de 10 fur 11. Deux de 10 fur 10. Deux de 9 fur 10. Deux de 9 fur 9. Deux de 8 fur 9. Deux de 8 fur 8. Deux de 7 fur 8. Deux de 7 fur 7. Deux de 6 fur 7. Deux de 6 fur 6 , & trois de 5 fur 6.

Le Bourdon de 32 pieds aura fes trous comme le 32 pieds ouvert.

Le Bourdon de 16 pieds comme la Flûte de 16 pieds.

La Flûte de 8 pieds en étain aura deux trous de 9 fur 9. Deux de 8 fur 9. Deux de 8 fur 8. Trois de 7 fur 8. Trois de 7 fur 7. Trois de 6 fur 7. Trois de 6 fur 6. Deux du 10e. N°. ronds ; je fuppofe que cette fuite du 8 pieds fera fur fon vent fur le Sommier. Deux du 9e , deux du 8e , deux du 7e , deux du 6e , & un du 5e. N°.

Le gros Nafard comme la Flûte de 8 pieds précédente.

La Flûte de 8 pieds en bois , comme la précédente Flûte de 8 pieds.

La Flûte de 4 pieds. Je la fuppofe toute entiere fur fon vent. Elle aura deux trous du 13e. N°. ronds , deux du 12e , deux du 11e , deux du 10e , trois du 9e , trois du 8e , quatre du 7e , quatre du 6e , & neuf du 5e. N°.

La groffe Tierce comme la Flûte de 4 pieds.

La Flûte de 4 pieds en étain , comme la précédente Flûte de 4 pieds.

Le Nafard aura quatre trous du 9e. N°. quatre du 8e , fix du 7e , huit du 6e ; & fept du 5e. N .

La Quarte aura quatre trous du 8e.N°. quatre du 7e, fix du 6e, huit du 5e, & 7 du 4e.

La Tierce , comme la Quarte ci-deffus.

La Bombarde , auffi bien que les deux Trompettes & les deux Clairons auront toute l'étendue du Clavier de Pédale ; & commenceront par conféquent à l'*F ut fa* du ravalement en bas. Chacun de ces cinq Jeux aura 36 tuyaux , au lieu que les Jeux à bouche n'en auront que 29.

La Bombarde aura fes deux premiers trous , qui feront ronds comme tous les autres de ces cinq Jeux d'anche , de 12 lignes de diametre ; trois de 11 lignes , quatre de 10 , quatre de 9 , quatre du 14e. N°. fix du 13e , & les 13 fuivants du 12e. N .

Les deux Trompettes auront quatre trous du 14e. N°. dix du 13e , & les 19 autres du 12e. N°.

Les deux Clairons auront tous leurs trous du 12e. N°.

648. Il faut remarquer que tous les Jeux ci-dessus de Pédale seront assez à l'étroit. On pourra, si le local le permet, faire le Sommier un peu plus long & un peu plus large. Les Registres d'un pareil Sommier peuvent avoir jusqu'à 4 pouces & demi de largeur. Mais dans ce cas, il faut se souvenir, lorsqu'on posera la Table du Sommier, de mettre une rangée des pointes le long du milieu de la place des Registres qui seront plus larges qu'à l'ordinaire. Il faut encore observer qu'il est utile de donner un fort coup de couteau, le long d'une regle, au milieu du dessous des Registres fort larges. On fera la même opération en dessus, comme si l'on vouloit fendre le Registre en deux, sans cependant le couper entiérement. Il ne faut exécuter ceci, que lorsque le Registre est doublé par les deux bouts, afin qu'il ne risque pas de se séparer en deux. On laisse toujours quelques pouces de long aux deux bouts sans les fendre pour lui conserver sa solidité. On fend ainsi les Registres larges, afin qu'ils plaquent mieux, & qu'ils ne risquent pas de s'envoiler. On ne manquera pas de donner légérement quelques coups de rabot le long de la fente dessus & dessous ; parce que la pointe du couteau aura fait renfler le bois aux deux côtés de la coupe. Du reste, cette espece de fente n'est d'aucun inconvénient pour les trous ; parce qu'on les fait alors toujours en zig-zag.

649. On peut ainsi distribuer les Jeux sur les neuf triples gravures.

Premiere gravure.	*Seconde gravure.*	*Troisieme gravure.*
1. Flûte de 32 pieds.	2. Flûte de 16 pieds.	3. Bourdon de 32 pieds.
5. Flûte de 8 pieds.	4. Bourdon de 16 pieds.	6. Gros Nasard.
7. Seconde Flûte de 8 pieds.	8. Flûte de 4 p. en étoffe.	9. Grosse Tierce.
10. Flûte de 4 pieds en étain.	11. Nasard.	12. Quarte.
15. Premiere Trompette.	14. Bombarde.	13. Tierce.
17. Premier Clairon.	18. Second Clairon.	16. Seconde Trompette.

Sur les dix doubles gravures.

Premiere gravure.	*Seconde gravure.*
1. Flûte de 32 pieds.	3. Bourdon de 32 pieds.
2. Flûte de 16 pieds.	4. Bourdon de 16 pieds.
5. Flûte de 8 pieds.	7. Flûte de 8 pieds.
6. Gros Nasard.	8. Flûte de 4 pieds.
10. Flûte de 4 pieds.	9. Grosse Tierce.
12. Quarte.	11. Nasard.
14. Bombarde.	13. Tierce.
16. Seconde Trompette.	15. Premiere Trompette.
18. Second Clairon.	17. Premier Clairon.

Orgues. II. Part.   Kkk

Sommiers du Récit & de l'Echo.

Sommier du Récit.

650. Nous donnerons à tous les Jeux du Récit trente-quatre marches d'étendue, comme c'eft la mode à préfent; c'eft-à-dire, à commencer à la clef d'*F ut
fa*, ou autrement dit au fecond *F ut fa*, jufqu'au *D la re* en haut. Il ne faut pas
mettre les tuyaux de fuite; mais les Baffes au milieu du Sommier, & la fuite alternativement de chaque côté, en forte que les deux derniers tuyaux de chaque Jeu fe trouvent aux deux extrémités du Sommier. Ou bien on mettra les
plus petits tuyaux au milieu & leur fuite alternativement de chaque côté, enforte que les deux plus grands tuyaux de chaque Jeu fe trouvent aux deux extrémités. On choifira de ces deux manieres de difpofer les tuyaux celle que l'on
voudra. Toutes les deux font également bonnes. La raifon pour laquelle il ne
faut pas mettre les tuyaux de fuite; c'eft-à-dire, le plus grand tuyau de chaque
Jeu à un bout du Sommier, & le plus petit à l'autre bout, eft que lorfque ces
tuyaux, (j'entends les Jeux d'anche), font de fuite demi-ton par demi-ton, fi le
Facteur, qui les a fait parler, les a traités délicatement comme il convient; c'eft-à-
dire, qu'il leur ait donné une harmonie un peu plus tendre, ils font une efpece de
petit enrouement dans la cadence & dans les volubilités de la main, enforte qu'on
a bien de la peine à toucher nettement, ce qui eft un défaut. Mais lorfque les
demi-tons font féparés, & qu'il n'y a que les tons entiers qui fe fuivent, cet inconvénient n'a pas lieu. Dans les mefures de la Regle du Sommier que je vais
donner, j'ai pris la premiere méthode énoncée ci-deffus, de l'arrangement des
tuyaux, fans prétendre faire entendre qu'elle foit meilleure que la feconde que
je préférerois. Voici d'abord les Jeux que l'on peut faire jouer fur le Sommier de
Récit.

1. 8 pieds ouvert.
2. Bourdon de 8 pieds.
3. Cornet de 6 tuyaux fur marche; car j'y ajoute un 8 pieds ouvert.
4. Flûte conique de 8 pieds.
5. Premiere Trompette.
6. Seconde Trompette.
7. Cromorne.
8. Haut-bois.

651. Il faut remarquer que dans cette difpofition des Jeux, il y a quatre 8
pieds à l'uniffon qui fe fuivent & qui font 1°. 8 pieds ouvert; 2°. Bourdon
de 8 pieds; 3°. Le 8 pieds ouvert du Cornet & le Bourdon du Cornet. Ce dernier Bourdon reftera à fa place naturelle. Mais le 8 pieds ouvert du Cornet,
auffi bien que les deux autres 8 pieds doivent être féparés, afin qu'ils faffent

tout leur effet. On les postera par des porte-vents, en sorte qu'ils soient assez éloignés les uns des autres. Voici donc la Regle du Sommier.

⎓ 18	⎓ 15
50.4	1..Bourdon de 8 pieds............................ — 15
— 6	
48.4	2..8 pieds ouvert................................ — 15
— 6	— 12
46.4	— 26
— 6	3..Cornet de six tuyaux.......................... ⎰ 24
44.5	⎱ — 40
— 7	— 24
42.5	— 26
— 7	4..Flûte conique de 8 pieds...................... — 18
40.5	— 12
— 7	5..Premiere Trompette........................... — 18
38.6	— 12
— 8	6..Seconde Trompette............................ — 18
36.6	— 12
— 8	7..Cromorne.................................... — 18
34.6	— 12
— 8	8..Haut-bois................................... — 18
32.6	⎓ 15
30.6	
— 9	2 pieds 5 pouces 2 lignes de largeur.

28.6
— 9
26.7
— 10
24.7
— 10
22.7
— 10
20.7
— 11
18.7
— 11
17.7
— 11
19.7
— 10
21.7
— 10
23.7
— 10
25.7
— 9
27.6
— 9
29.6
— 9
31.6
— 8
33.6
— 8
35.6
— 8
37.6
— 7
39.5
— 7
41.5
— 7
43.5
— 6
45.4
— 6
47.4
— 6
49.4
⎓ 18
3 pieds 6 pouces de longueur.

652. La Regle des barres & gravures du Sommier de Récit dont il s'agit, n'a pas besoin d'autre explication que d'avertir que j'ai numéroté les gravures selon l'ordre ordinaire des Jeux entiers. Ainsi il se trouve que le Récit commence au dix-septieme tuyau des Jeux tels qu'ils sont numérotés sur le grand Sommier. J'ai cru que cela seroit plus commode pour prendre les mesures des tuyaux d'anche sur les Diapasons. J'en ferai de même pour l'Echo. Il faut remarquer dans la Regle des Regiftres & faux-Regiftres, que le Cornet est sur deux Regiftres & deux Chapes. Les deux Regiftres sont égaux, étant chacun de 24 lignes de largeur. Les deux Chapes sont inégales. La premiere sera de 71 lignes de largeur, sur laquelle on fera jouer les trois premieres rangées du Cornet, qui sont le 8 pieds ouvert, (qui sera posté par des porte-vents) le Bourdon & le Prestant. La seconde Chape sera de 57 lignes de largeur, sur laquelle on posera les trois autres rangées du Cornet, qui sont le Nasard, la Quarte & la Tierce. Les trois faux-Regiftres qui sont dessous les deux Chapes du Cornet sont fort larges. Le premier a 26 lignes de largeur, dont 20 lignes se trouveront dessous la premiere Chape du Cornet, & les six autres lignes se trouveront dessous la Chape du 8 pieds ouvert. Le faux-Regiftre de 40 lignes de largeur, qui se trouve entre les deux Regiftres du Cornet, sera recouvert de 27 lignes par la premiere Chape du Cornet & de 13 lignes par la seconde. Le troisieme faux-Regiftre du Cornet est encore de 26 lignes de largeur, dont 20 lignes seront recouvertes par la seconde Chape du Cornet; & les 6 autres lignes se trouveront dessous la Chape de la Flûte

conique. On ne manquera pas d'aſſembler avec grand ſoin les deux Regiſtres *A* & *B* du Cornet dans des mortaiſes faites aux deux morceaux de bois *C* & *D*, un à chaque bout, comme on le voit dans la *fig.* 5, *Pl.* 57. Il faut coller & cheviller ces deux Regiſtres dans leurs mortaiſes ; afin que quand on les tirera & repouſſera, ils ne puiſſent pas biaiſer, ce qui feroit que l'un tireroit plus que l'autre. Un de ces deux morceaux de bois *C*, a un trou au milieu pour l'accrocher aux mouvements du tirage. Du reſte, il y aura aſſez de place pour poſer tout le Cornet ſur les deux Chapes ; pourvû qu'on le mette en zig-zag, & qu'on en poſte la premiere rangée, qui eſt le 8 pieds ouvert, que je conſeille fort de faire en étain. Les deux faux-Regiſtres, qui ſont l'un à l'extrémité poſtérieure du Sommier, & l'autre à ſon extrémité antérieure, ſont marqués de 15 lignes de largeur ; mais les battants du Chaſſis ſur leſquels ils ſont poſés doivent avoir 18 lignes de largeur, ſans compter les denticules de 3 lignes de profondeur. Voici les autres meſures.

Les barres auront 30 lignes de largeur toutes finies.

Les Soupapes auront 6 pouces de longueur & 9 lignes de hauteur.

La Laye aura 3 pouces 6 lignes de hauteur, & 8 pouces 7 lignes de profondeur.

653. Les deux Chapes du Cornet de Récit doivent être gravées *ſimplement* dans le goût de celles que j'ai décrites, *art.* 313, *pag.* 95. Voyez la figure qui y eſt indiquée. Comme ce Cornet eſt de plus groſſe taille dans ſes baſſes que le grand Cornet ordinaire, (252), & qu'il a une plus grande étendue, il eſt bon de donner ici les dimenſions de tous ſes trous ; d'autant mieux qu'il eſt partagé ſur deux Regiſtres & deux Chapes. Je ſuppoſe que les tuyaux ne ſont point tranſpoſés, mais qu'ils ſont poſés de ſuite. Les trous ſeront quarrés à la Table, au Regiſtre & deſſous la Chape.

Le premier Regiſtre, ſur lequel doivent jouer le 8 pieds, le Bourdon & le Preſtant, aura les quatre premiers trous de 7 lignes ſur 9 ; ſix de 7 ſur 8 ; douze de 6 ſur 8 ; ſix de 5 ſur 8, & ſix de 4 ſur 8.

Le ſecond Regiſtre ſur lequel doivent jouer le Naſard, la Quarte & la Tierce aura les quatre premiers trous de 7 ſur 8 ; ſix de 7 ſur 7 ; ſix de 6 ſur 7 ; ſix de 6 ſur 6 ; ſix de 5 ſur 6, & ſix de 4 ſur 6.

Les trous qu'on fera au travers de l'épaiſſeur de la premiere Chape, (561, p. 189), ſeront du 9e. N°. & ceux de la ſeconde Chape ſeront du 8e. N°.

Au-deſſus de la premiere Chape, pour la premiere rangée de tuyaux, qui ſont le 8 pieds ouvert du Cornet, & qu'il faut poſter pour l'éloigner du Bourdon ſon uniſſon, il y aura douze trous du 8e. N°. douze du 7e. & dix du 6e. Ces trous ſeront ſuffiſamment grands pour y mettre des porte-vents convenables.

Pour la ſeconde rangée, qui eſt le Bourdon du Cornet, il y aura huit trous du 7e. N°. huit du 6e. huit du 5e. & dix du 4e. N°.

Pour la troiſieme rangée, qui eſt le Preſtant, douze trous du 6e. N°. douze du 5e. & dix du 4e. N°.

Pour

Pour la quatrieme rangée, qui est le Nasard sur la seconde Chape, douze trous du 6e. N°. douze du 5e. & dix du 4e. N°.

Pour la cinquieme rangée, qui est la Quarte, douze trous du 5e. N°. douze du 4e. & dix du 3e. N°.

Pour la sixieme rangée, qui est la Tierce, les trous seront de même qu'à la Quarte.

Pour les deux autres 8 pieds, qui doivent être postés, on fera les douze premiers trous du 8e. N°. douze du 7e. & dix du 6e. N°.

Pour les quatre Jeux d'Anche, on fera les dix-sept premiers trous de 5 sur 5 lignes ; & les dix-sept autres de 4 lignes sur 4, tous quarrés qu'on rendra ronds par-dessus la Chape au moyen de la fraise.

Sommier de l'Echo.

654. Le Sommier de l'Echo, selon qu'on le fait ordinairement, n'est tout au plus que de trois Octaves d'étendue, commençant au second *C sol ut.* Anciennement on mettoit un nombre considérable de Jeux à l'Echo. Le plus souvent on n'y fait jouer qu'un Cornet, qui même est ordinairement de menue taille, dont on fait aller les tuyaux de suite sans aucune alternative ; ce qui se fait ainsi pour éviter d'y faire un Abrégé. Ce Sommier est sans Registres ni Chapes. On fait la Table plus épaisse qu'à l'ordinaire, comme de 6 à 7 lignes. On la perce, & on pose immédiatement les tuyaux sur les trous fraisés de la Table. Du reste, ce Sommier se construit comme celui du Positif, la Laye en dessus. Voyez ci à côté les mesures pour en faire la regle.

Le Sommier aura 2 pieds 10 pouces 7 lignes de longueur.

Les Barres toutes finies auront 26 lignes de largeur.

Les Soupapes auront 4 pouces de longueur, & 12 lignes de hauteur.

La profondeur intérieure de la Laye aura 6 pouces 7 lignes, & son dehors 7 pouces 7 lignes.

La hauteur intérieure de la Laye sera de 3 pouces 6 lignes.

La largeur du Sommier, à compter du derriere de la Laye, jusqu'à son extrémité postérieure, sera de 9 pouces 6 lignes.

La largeur totale du Sommier y compris la Laye, aura 17 pouces 1 ligne.

L'épaisseur de la Table toute finie sera de 7 lignes.

655. A l'égard de la grandeur des trous convenable aux cinq rangées de tuyaux qui composent tout l'écho, on se conformera non pas aux trous d'un Cornet ordinaire, qui seroient un peu trop grands ; mais à ceux des Jeux semblables du grand Sommier ; c'est-à-dire, qu'on percera pour le Bourdon de l'Echo, comme il est dit pour le petit Bourdon du

grand Sommier ; pour le Preſtant de l'Echo, comme pour le Preſtant du grand Sommier ; pour le Naſard de l'Echo, comme pour le petit Naſard du grand Sommier ; ainſi de la Quarte & de la Tierce : car les Jeux de l'Echo ſont les mêmes que ceux du grand Sommier, ou bien, comme ceux du Poſitif, qui ſont d'un peu plus menue taille, du moins pour le Naſard, la Quarte & la Tierce. Du reſte, on fermera & on donnera le vent à ce Sommier, au moyen d'une Soupape poſée dans le porte-vent particulier de l'Echo ; ce que j'expliquerai quand il s'agira des Porte-vents, *art.* 1034.

SECTION SIXIEME.

Réflexions ſur les Sommiers décrits ci-deſſus.

656. De tous les Sommiers dont on vient de voir la deſcription, c'eſt ſans contredit le grand Sommier qui demande le plus d'attention. Celui dont j'ai expliqué la main-d'œuvre, eſt un des plus conſidérables que l'on puiſſe faire, & le plus chargé de Jeux, ſur tout de Jeux les plus grands & qui emploient la plus grande quantité de vent. Dans le détail que je viens de donner de ce grand Sommier, j'ai prétendu principalement faire connoître la pratique de la conſtruction générale de tous les Sommiers. J'en ai propoſé un extrêmement fourni, afin que dans ſa conſtruction celle de tous les autres s'y trouvât compriſe. Pour ne rien embrouiller, je n'ai pas cru devoir interrompre ma deſcription pour y inſérer ce que j'ai à dire préſentement, & que l'on comprendra mieux après tout ce qui a précédé. Je dois donc avertir qu'il y a certaines précautions à prendre dans un Sommier auſſi conſidérable pour éviter les altérations du vent.

657. 1°. Des gravures auſſi longues que celles-ci, qui ont environ 6 pieds, peuvent réuſſir, comme je l'ai dit en ſon lieu, ſans faire craindre un affoibliſſement du vent ; cependant pour avoir encore moins de ſujet de le craindre, on fera bien de pratiquer l'expédient de ne pas conſerver une égale profondeur d'un bout à l'autre dans les gravures. Nous avons déterminé cette profondeur à 42 lignes. On la laiſſera toute entiere au bout où ſont les Soupapes ſur le devant du Sommier ; mais elle ſera réduite à 34 ou 36 lignes au bout oppoſé ſur le derriere du Sommier, où cette profondeur de 42 lignes n'eſt pas néceſſaire. Par-là les gravures iront en diminuant de profondeur ſur le derriere du Sommier. Ce moyen ſera propre à compenſer l'affoibliſſement du vent que pourroit faire craindre la grande longueur de la gravure, & rendra l'effet de ce Sommier aſſuré à cet égard.

658. 2°. Une autre précaution devient néceſſaire. C'eſt une double Laye dont je n'ai point parlé : parce que j'ai voulu donner une connoiſſance générale de la ſimple Laye, qui eſt d'un uſage ordinaire pour tous les Sommiers. Si l'on faiſoit celui-ci à ſimple Laye, il y auroit aſſûrément une altération ſenſible dans l'harmonie ; à cauſe que le vent ſe partageant trop pour fournir à un nombre

confidérable de fort grands Tuyaux qui en dépenfent néceffairement beaucoup, s'affoibliroit, quelque abondante que fût la foufflerie. Au moyen de la double Laye, on féparera les vents; c'eft-à-dire, qu'on fera jouer les Jeux du grand Orgue par des foufflets à ce deftinés, qui porteront féparément leur vent dans la Laye de devant, & celle de derriere recevra fon vent féparément par d'autres foufflets qui feront jouer les Jeux de Bombarde. Voici comment on conftruit cette double Laye.

659. La fig. 3, de la Pl. 57, la repréfente en profil géométral. *A B* eft le corps du Sommier, c'eft-à-dire, le Chaffis, les Barres, les Gravures, les bouts des Regiftres. On y apperçoit la Table, les faux-Regiftres & les Chapes, le tout vu par le bout. *C & D* eft l'intérieur des deux Layes. *E F* les Soupapes. *F* une Soupape de la Laye de devant, & *E* une Soupape de la Laye de derriere. *G* eft la planche qui fépare les deux Layes, afin qu'elles n'aient aucune communication enfemble. Cette planche porte le long de fa partie inférieure une double feuillure pour recevoir les deux planches des Bourfettes *H* & *I*. On peut encore affembler les deux planches des bourfettes en languette & rainure dans celle *G*. On voit dans ces deux Layes les Soupapes, les Refforts, le Chevalet, les Effes, les Bourfettes, les Ofiers, &c.

On fera les grands Flipots *R S* de 4 pouces de largeur de *R* à *S*, pour qu'on puiffe coller les Soupapes *E F*. On en entaillera & on en collera de plus étroits en *Q*. Il fuffira que ceux-ci aient 2 pouces & demi de largeur, pour recevoir le recouvrement des Soupapes repréfentées par celle *E*, & pour qu'on puiffe attacher la tringle *Q*, portant une feuillure qui eft néceffaire pour recevoir le tampon de la porte de cette Laye. On entaillera & on collera des tringles minces dans la Laye de devant aux ouvertures des Soupapes de la Bombarde pour les boucher entiérement, parce que les Soupapes de la Bombarde doivent fe pofer dans la feconde Laye. On entaillera & on collera également dans la feconde Laye des tringles minces pour boucher les gravures des Jeux du grand Orgue, qui ne doivent pas fervir pour la Bombarde. Il fuffira que ces tringles foient à bois de fil dans le même fens que celui des barres. Tout cela étant fait, étant replani & bien dreffé, on collera le parchemin fur toute la furface des barres & gravures qui doit être dans les deux Layes. On la rabottera; on coupera enfuite le parchemin pour former les ouvertures que les Soupapes doivent recouvrir. On arrêtera la planche *G* du milieu au moyen de plufieurs goujons, inférés & collés dans les barres. On fixera la tringle *Q* avec de la colle & des pointes. On arrêtera les deux fupports à chaque bout du Sommier dans lefquels la planche du milieu *G* fera affemblée. On collera les Soupapes, on fixera les deux planches des Bourfettes, &c. Pour arrêter le tampon de la porte de la feconde Laye, on pourra fe fervir de la ferrure indiquée en *G G*, *fig. 2*, & *f G*, *Fig. 3*, *Pl. 36*. On y mettra auffi le petit montant *E*, *fig. 2*, au milieu, pour que les tampons ne foient pas trop longs.

PLANCHE 57.

PLANCHE 36.

Pour faire jouer les Soupapes de ces deux Layes, on fera un grand abregé double : le premier tirera les osiers repréfentés par celui K de la Laye de devant. Le fecond Abrégé qui fera plus faillant, tirera les doubles bafcules M O, & P N, par le piton M. La première bafcule M O eft appuyée fur le chevalet T, & la feconde P N, eft appuyée au-deffous du Chevalet L. La pointe qui tient & traverfe la bafcule par fon milieu eft repliée au-deffous de celle-ci, afin qu'elle ne tombe pas en cas de décrochement. Le bout N de cette feconde bafcule tire par fon piton l'ofier H de la Soupape E.

660. Il eft indubitable que cet expédient d'une double Laye pour féparer les vents, eft fuffifant pour faire bien aller ce Sommier, quoique fi fourni de Jeux & de grands Jeux, fur-tout avec la diminution de la profondeur des gravures par un bout; mais j'y trouve encore un défaut, qui eft d'avoir les Jeux trop ferrés ou trop près les uns des autres. J'ai été obligé, 1°. d'en repréfenter & d'en dé-crire ainfi la Regle pour ne pas paffer la longueur d'environ 6 pieds des gravures. 2°. J'ai cru devoir le charger d'un auffi grand nombre de Jeux pour en faire voir l'arrangement & les grandeurs des trous, me réfervant toujours de donner ici les avis convenables & les plus prudents pour exécuter un auffi grand Sommier. Quoiqu'on puiffe faire bien jouer des Jeux auffi ferrés que je l'ai marqué, je con-feille cependant de les mettre un peu plus au large. Il y a toujours de l'inconvé-nient en ce que les Jeux foient fi près les uns des autres, parce qu'on eft obligé de pofter un plus grand nombre de tuyaux, & qu'il y a par-là une augmentation d'embarras & un travail confidérable : voici donc un moyen pour écarter fuffifam-ment les Jeux, fans augmenter la longueur des gravures; au contraire on la di-minuera.

661. On partagera le Sommier en deux piéces, ou pour mieux dire, on fera deux Sommiers, dont chacun fera également divifé en quatre parties, comme je l'ai décrit. Le premier Sommier fe placera fur le devant vers la Montre, & le fecond fur le derriere, au même niveau du premier. On laiffera un efpace au moins d'un pied entre les deux Sommiers pour former une allée d'un bout à l'au-tre. Le premier Sommier ne contiendra que vingt-un Regiftres pour faire jouer les Jeux dits du grand Orgue. Comme ce premier Sommier ne doit contenir aucun des Jeux de Bombarde, les gravures qui leur étoient deftinées, devien-dront de fauffes-gravures, que l'on bouchera dans la Laye; par conféquent on n'y mettra point de Soupapes. Tous les Regiftres & les faux-Regiftres des neuf Jeux de Bombarde étant retranchés, le Sommier en fera plus étroit d'autant, & les gravures fe trouveront n'avoir qu'environ 4 pieds de longueur. On pourra donc augmenter la largeur de ce Sommier de 9 à 10 pouces, ou même un peu plus; ce qui donnera lieu d'élargir autant qu'il le faudra les Regiftres & les faux-Regiftres, afin que les Jeux y foient plus au large.

662. Le fecond Sommier ne devant contenir que les neuf Jeux de Bombarde, aura fes gravures fort courtes, puifqu'elles n'iront pas à deux pieds. On aura
donc

donc lieu de mettre les Jeux autant au large qu'on voudra, en élargissant suffisamment les Regiftres & les faux-Regiftres. On peut regarder comme de fauffes-gravures celles qui étoient deftinées fur la Regle pour les Jeux de Bombarde, & les boucher dans la Laye. On fe fervira des doubles gravures dans les Baffes pour faire jouer les Jeux comme au Sommier de devant. On fera au Sommier de derriere la Laye en deffus, comme à celui d'un Pofitif, tel que je l'ai décrit dans la Section troifieme, *art.* 630 *& fuiv.* page 211.

663. Je confeillerois encore de décharger le Sommier de devant de la groffe Cymbale pour la pofer fur le fecond Sommier, & la placer un peu éloignée de la Fourniture de Bombarde en mettant un Jeu au moins entre deux. Par ce retranchement, on pourroit, ou rétrécir le premier Sommier, & par-là raccourcir fes gravures, ce qui ne feroit pas fort néceffaire; ou bien, on mettroit les autres Jeux un peu plus au large, ce qui feroit mieux. Il refteroit encore affez de plein Jeu fur le premier Sommier pour accompagner le fond, puifqu'il y auroit douze tuyaux fur marche, par conféquent les Jeux relatifs au fecond Clavier feroient toujours complets.

664. On fera jouer les Soupapes du Sommier de devant à l'ordinaire par un Abrégé, comme on le fait toujours. Celles du fecond Sommier feront levées par le bout ou la tête des bafcules, tirées par leur queue au moyen d'un fecond Abrégé. On trouvera facilement un expédient pour qu'une bafcule leve les doubles Soupapes enfemble dans les Baffes.

665. Tous les Jeux de fond du fecond Sommier feront pofés fur le derriere de l'intérieur du Buffet où ils feront affez au large, auffi bien que le grand Cornet. Il faut que le Buffet foit affez profond pour qu'il refte un efpace d'environ un pied fur le derriere du fecond Sommier, pour pouvoir placer tous les tuyaux de fond, fans qu'ils recouvrent aucune partie du Sommier. Les Jeux d'Anche feront pofés vers la Laye, afin d'avoir la facilité de les accorder & de les entretenir. On verra donc les Jeux d'Anche du premier Sommier qui fe trouveront le long d'un bord de la grande allée, & ceux du fecond Sommier qui feront pofés le long de l'autre bord; ce qui fera bien commode.

666. Comme les Jeux de ce grand Sommier dépenfent une grande quantité de vent, j'ai donné la plus grande dimenfion aux Soupapes & aux gravures, lefquelles, quoique doubles dans les Baffes, ne contiennent les deux enfemble que 756 lignes quarrées de capacité, comme nous l'avons vu, *art.* 485, *p.* 157. Cependant la fomme des trous quarrés du Sommier deftinés à fournir le vent à tous les Jeux qui compofent ce qu'on appelle le plein-Jeu, eft confidérablement plus grande. J'ai pris pour exemple le *Plein-Jeu* (fur le premier *F ut fa*, où commence le 32 pieds), parce que c'eft le mélange où la fomme des lignes quarrées des trous du Sommier eft la plus grande, comme on le voit dans le détail

ORGUES. II. Partie.   M m m fuivant , où font exprimés les noms des Jeux qui compofent le mélange du Plein-Jeu.

Pour la Montre de 32 pieds , le trou eft de 144 lignes quarrées.

Pour la Montre de 16 pieds. . . . . 90.

Pour le Bourdon de 16 pieds. . . . . 90.

Pour le premier 8 pieds ouvert. . . . . 49.

Pour le fecond 8 pieds ouvert. . . . . 49.

Pour le petit Bourdon. . . . . 49.

Pour le Preftant. . . . . 30.

Pour la Doublette. . . . . 12.

Pour les deux Fournitures. . . . . .216.

Pour les deux Cymbales. . . . . .216.

Somme.. . . . .945 lignes quarrées.

On voit que la fomme des lignes quarrées que contiennent tous ces trous , furpaffe la capacité des deux gravures enfemble de 189 lignes quarrées. Il paroît donc que la dépenfe du vent étant plus grande que les deux gravures enfemble n'en peuvent fournir , il devroit y avoir altération des gravures ; ce qui feroit un bien grand défaut.

667. Mais il n'en eft pas ainfi. Il s'en faut bien que les tuyaux en queftion dépenfent réellement autant de vent que les trous du Sommier feroient capables d'en fournir. On ne fait les trous du Sommier fi grands que pour donner une plus grande bafe aux colonnes du vent portées par les porte-vents des tuyaux poftés , & lui conferver par-là toute fa *viteffe* ou fa vivacité. On eft obligé de faire toujours plus grands les trous du Sommier où il doit y avoir des porte-vents, & plus les porte-vents font longs , plus les trous où ils prennent leur vent doivent être grands. En voici une preuve fondée fur l'expérience : je fuppofe qu'on foit obligé , comme il arrive quelquefois, de pofter un peu loin un tuyau qui étoit auparavant fur fon vent , & que le trou du Sommier fur lequel il étoit pofé ne fût qu'un peu plus que fuffifant pour faire bien parler le tuyau. Si l'on y met un porte-vent, au moyen d'un petit *pont* , (car par cet expédient n'inférant point le porte-vent dans le trou , on ne le rétrécit pas) ; il arrive alors , du moins ordinairement, que le tuyau n'a plus affez de vent , quoique étant pofté , il n'en emploie pas davantage que lorfqu'il étoit fur fon vent. Ce qui fait voir encore qu'il ne faut pas manquer dans ce cas d'agrandir le trou du Sommier. On peut avoir remarqué que dans la defcription des trous que j'ai donnée , j'ai déterminé plus grands ceux où il devoit y avoir des porte-vents, que fi les tuyaux devoient être fur leur vent.

668. On ne peut connoître à peu près la véritable dépenfe du vent que par la grandeur des lumieres de la bouche des tuyaux par lefquelles le vent s'échape

pour les faire parler. En voici le détail fur les mêmes Jeux que je viens d'énon-
cer dans l'art. 666, page 228. Je fuppoferai, pour la facilité du calcul, que toutes les lumieres ont une ligne de large fur le premier *F ut fa*, quoiqu'il s'en faille bien que toutes ayent cette largeur.

La lumiere de la bouche de 32 pieds ouvert a   139 lignes quarrées.
Le 16 pieds ouvert a 80
Le Bourdon de 16 pieds a 71
Le premier 8 pieds ouvert a 40
Le fecond 8 pieds ouvert a 40
Le 4 pieds bouché a 43
Le Preftant 25
La Doublette 15
Les 16 tuyaux de Fourniture & de Cymbale
a 6 lignes l'un dans l'autre 96

Somme 549 lignes quarrées.

On voit par-là que les tuyaux dont il s'agit, n'emploient tout au plus que
549 lignes quarrées. Il refte encore 207 lignes quarrées de vent, puifque les
deux gravures enfemble peuvent en fournir 756 lignes quarrées, par conféquent, il ne doit y avoir aucune altération. Le mélange du grand Jeu de Tierce,
qui confifte dans le 32 pieds, les deux 16 pieds, les trois 8 pieds, le Preftant,
les deux Nafards, les deux Tierces & la Quarte, fait à peu près la même dépenfe
de vent que le plein-Jeu, quoique la fomme des lignes quarrées des trous du
Sommier pour ces Jeux, ne foit pas auffi grande que pour le mélange du Plein-
Jeu. La raifon pour laquelle on fait fi grands les trous quarrés de la Table des
Regiftres & du deffous des Chapes des Fournitures & des Cymbales, eft que les
Chapes étant *doublement* gravées, le vent eft rompu par toutes les finuofités de
leurs petits conduits ménagés dans l'épaiffeur des Chapes, ce qui l'affoibliroit néceffairement. Par la grandeur des trous quarrés, on donne au vent une bafe fuffi-
fante, qui empêche que cet affoibliffement n'ait lieu.

669. On objectera peut-être que mon calcul n'eft pas jufte, étant fondé fur un
principe qui paroît être faux. Ne peut-on pas foupçonner que le vent paffant par
des ouvertures auffi étroites que le font les lumieres des bouches des tuyaux,
acquiert une plus grande vîteffe, & que par conféquent, il en fort une plus
grande quantité dans un temps donné?

Ce cas ne peut avoir lieu ici, on ne voit aucune caufe qui puiffe produire
cette augmentation de vîteffe. La grandeur des embouchures des tuyaux eft
prefque toujours affez égale en lignes quarrées à celle des lumieres. On eft
toujours obligé de rendre ces embouchures bien plus petites que les trous des

Sommiers. On ne voit pas qu'un tuyau à bouche, de quelque grandeur ou petiteffe qu'il foit, puiffe parler comme il faut avec une grande embouchure; donc il ne paroît pas que la vîteffe du vent foit augmentée en paffant par les lumieres des bouches des tuyaux.

670. Abfolument il auroit été plus à propos de faire jouer le Bourdon de 32 pieds fur le fecond Clavier, comme le 32 pieds ouvert; mais comme c'eft un Jeu qui confume une quantité de vent confidérable, il auroit pû épuifer le premier Sommier, qui ne pourroit jamais nourrir fans altération deux 32 pieds enfemble avec les deux 16 pieds, &c. Il eft donc mieux de féparer ces deux Jeux fur deux Sommiers différents; on conferve par-là la force du vent. Il vaut toujours mieux qu'il y en ait de refte, ce qui ne peut rien gâter, que non pas qu'il én manque le moins du monde. Plus une gravure dépenfe de vent, plus celui-ci s'affoiblit.

671. On trouvera que dans le Sommier du Pofitif, la fomme des lignes quarrées des trous du Sommier au mélange du Plein-Jeu, fur le premier *C fol ut*, furpaffe celle de la capacité des gravures; mais la fomme des lignes quarrées des lumieres des bouches des tuyaux eft bien moindre que cette capacité des gravures; ce qui fuffit pour qu'il n'y ait point d'altération à cet égard. Pour ce qui eft du Sommier de Pédale, je dois avertir qu'il ne feroit pas abfolument néceffaire de le conftruire à triples gravures dans les Baffes. Les doubles fuffiroient, puifqu'elles pourroient fournir 2016 lignes quarrées de vent & que la fomme des lignes quarrées des lumieres de tous les Jeux à bouche de la Pédale fur le premier *C fol ut*, n'eft que de 11 à 12 cents lignes quarrées. Cependant comme il n'y a point d'inconvénient à mettre de triples gravures, on fera mieux de l'exécuter de même, fur-tout fi l'on avoit à pofter fort loin de grands tuyaux à bouche ou d'anche. On trouvera que les trois gravures enfemble peuvent donner 3024 lignes quarrées de vent, ce qui équivaut à une ouverture qui auroit 4 pouces 7 lignes en quarré. On pourra remarquer, au refte, que dans toutes les Regles de Sommier que j'ai données ci-devant, & dans celles qui fuivent, j'y mets les Jeux le plus à l'étroit qu'il eft poffible. On peut les mettre plus au large, fi la place le permet. Mais il faut toujours fe fouvenir que n'y ayant aucun avantage à mettre les Jeux trop au large, il fera toujours mieux de faire les Sommiers auffi petits qu'il fe pourra, pourvû que les Jeux ne foient pas offufqués & qu'il n'y ait pas trop de tuyaux à pofter.

672. On a déja pu remarquer qu'en décrivant tous les Sommiers précédents, j'ai donné l'idée d'un Orgue très-confidérable & prefque le plus grand que l'on puiffe faire, du moins dans le goût régnant en France : il feroit de 77 Regiftres y compris les deux tremblants. Il ne feroit pas bien ordinaire de trouver dans quelque Eglife un emplacement affez fpacieux & commode pour placer un Orgue de cette conféquence. Il faudroit que le grand Buffet eût environ 11 pieds de profondeur fur 40 à 45 pieds de largeur. Sa hauteur devroit être de 55 à

60 pieds. Il faudroit donc que la Tribune eût environ 20 pieds de profondeur. Sur-tout il faudroit une grande intelligence & beaucoup d'attention pour éviter la proximité des unissons dans l'arrangement & la position de tant de grands tuyaux qui devroient être tous postés ; & pour observer qu'aucun tuyau ne fût offusqué ; que l'on pût aller par-tout pour la facilité de l'entretien ; & qu'en même-temps il y eût un tel ordre, une telle symmétrie, que le tout présentât un coup d'œil gracieux.

SECTION SEPTIEME.
Plusieurs autres Sommiers.

673. Il ne sera plus nécessaire de décrire la main-d'œuvre des Sommiers suivants. Je suis déja entré dans le plus grand détail, quand j'ai expliqué la construction d'un très-grand Sommier, de celui d'un Positif qui lui est proportionné, de ceux des Pédales, Récit & Echo. Il suffira donc de donner ici les mesures pour construire les Regles de plusieurs autres Sommiers propres à toutes sortes d'Orgues grandes & petites. Lorsqu'il y aura quelque chose de particulier à observer, j'aurai soin d'en avertir.

Regle d'un grand Sommier pour un petit 32 pieds.

≡≡ 22	≡≡ 22	≡≡ 22
1. 2. 8 ⟋ 8	21.22. 8 ⟋ 13	1.Grand Cornet de Bombarde.........18 ⟋ 10
1. 2. 9 ⟋ 8	B.21.22. 8 ⟋ 13	2.Grand Cornet...................18 ⟋ 10
B. 1. 2. 8 ⟋ 8	23.24. 8 ⟋ 13	3.Montre de 32 pieds.............34 ⟋ 10
3. 4. 8 ⟋ 8	B.23.24. 8 ⟋ 13	4.Montre de 16 pieds............30 ⟋ 10
3. 4. 9 ⟋ 8	25.26. 7 ⟋ 13	5.Montre de 8 pieds.............24 ⟋ 10
B. 3. 4. 8 ⟋ 8	B.25.26. 7 ⟋ 13	6.Bourdon de 16 pieds..........30 ⟋ 10
5. 6. 8 ⟋ 8	27.28. 7 ⟋ 13	7.Second 8 pieds...............24 ⟋ 10
5. 6. 9 ⟋ 8	B.27.28. 7 ⟋ 12	8.Gros Nasard..................24 ⟋ 10
B. 5. 6. 8 ⟋ 8	29.30. 7 ⟋ 12	9.Bourdon de 8 pieds...........24 ⟋ 10
7. 8. 8 ⟋ 8	B.29.30. 7 ⟋ 12	10.Prestant....................20 ⟋ 10
7. 8. 9 ⟋ 8	31.32. 7 ⟋ 12	11.Grosse Tierce...............20 ⟋ 10
B. 7. 8. 8 ⟋ 8	B.31.32. 7 ⟋ 12	12.Quarte de Nasard............18 ⟋ 10
9.10. 8 ⟋ 7	33.34. 7 ⟋ 12	13.Nasard......................20 ⟋ 10
9.10. 9 ⟋ 7	B.33.34. 7 ⟋ 12	14.Doublette...................18 ⟋ 10
B. 9.10. 8 ⟋ 7	35.36. 7 ⟋ 11	15.Tierce......................18 ⟋ 10
11.12. 8 ⟋ 7	B.35.36. 7 ⟋ 11	16.Fourniture de 6 tuyaux......25 ⟋ 15
11.12. 8 ⟋ 7	37 38. 7 ⟋ 11	17.Cymbale de sept Tuyaux......25 ⟋ 15
B.11.12. 8 ⟋ 7	B.37.38. 7 ⟋ 11	18.Bombarde....................24 ⟋ 15
13.14. 8 ⟋ 7	39.40. 6 ⟋ 11	19.Première Trompette..........18 ⟋ 12
13.14. 8 ⟋ 7	B.39.40. 6 ⟋ 11	20.Seconde Trompette...........18 ⟋ 12
B.13.14. 8 ⟋ 7	41.42. 6 ⟋ 11	21.Clairon.....................18 ⟋ 12
15.16. 8 ⟋ 6	B.41 42. 6 ⟋ 10	≡≡ 22
15.16. 8 ⟋ 6	43.44. 6 ⟋ 10	
B.15.16. 7 ⟋ 6	B.43.44. 6 ⟋ 10	
17.18. 8 ⟋ 6	45 46. 6 ⟋ 10	
17.18. 8 ⟋ 6	B.45.46. 6 ⟋ 10	
B.17.18. 7 ⟋ 6	47 48. 6 ⟋ 10	
19.20. 8 ⟋ 6	B.47.48. 6 ⟋ 10	
19.20. 8 ⟋ 6	49.50. 6 ⟋ 10	
B.19.20. 7	B.49.50. 6 ⟋ 10	
≡≡ 22	≡≡ 22	

Barres & gravures des deux parties des Basses d'un grand Sommier, à dix rigoles gravures pour un petit 32 pieds.

Barres & gravures des deux parties des Dessus d'un grand Sommier à 15 doubles gravures pour un petit 32 pieds.

Registres & faux-Registres des quatre parties d'un grand Sommier pour un petit 32 pieds.

Largeur de tout le Sommier 5 pieds un pouce une ligne.

Les Soupapes auront 11 pouces de longueur.

Les Barres auront toutes finies 93 lignes de largeur.

La profondeur intérieure de la Laye aura 14 pouces, & sa hauteur 4 pouces 8 lignes.

Je ne donne point la mesure de la lon-

Longueur des Sommiers des Basses 41 po. 1 lign. Longueur des Sommiers des Dessus 48 po. 2 lign.

gueur de l'ouverture que les Soupapes doivent recouvrir, parce que l'on fait déja qu'elle doit être de 8 lignes plus courte que la longueur des Soupapes.

Je ne donne pas non plus les largeurs des Soupapes. On fait qu'elles doivent être de 3 lignes plus larges que leurs gravures respectives.

Puisque les gravures de ce Sommier n'ont que 4 pieds 9 pouces, on peut joindre plusieurs autres Jeux à ceux de la Bombarde, comme un Bourdon de 8 pieds, un Prestant, une Trompette, un Clairon. Ces quatre Jeux augmenteront leur longueur d'environ 7 pouces. Ce fera ici le cas de faire à ce Sommier une double Laye, comme je l'ai décrit, art. 659, pag. 225. On fera bien aussi de diminuer par un bout sur le derriere du Sommier la profondeur des gravures & de les y réduire à 32 lignes ou environ. Voyez l'art. 657, page 224.

Ce Sommier doit être divisé en quatre parties comme on le voit par la Regle. On remarque dans celle des gravures des Basses aux cinq premieres marches, une gravure à chacune de 9 lignes de largeur. Elle est destinée à faire jouer le 32 pieds. On en retranchera les premiers tuyaux, & on le fera commencer à l'F ut fa de 24 pieds. On pourra garnir les premieres marches d'une quinte du 16 pieds. Cette quinte donnera beaucoup de corps à l'harmonie sur ces premieres touches. On distribuera sur les doubles gravures des Basses une partie des Jeux sur l'une, & l'autre partie sur l'autre, selon qu'ils dépensent du vent. Le Buffet le plus convenable pour cet Orgue, est celui de la Pl. 32, avec toutes ses dimensions. On
PLANCHE
32.
fera quatre séparations des vents. Une soufflerie fournira le vent dans la premiere Laye du grand Sommier; une autre dans la seconde; une autre aux Pédales; & enfin, une autre au Positif. C'est le vrai moyen, avec les autres précautions ci-dessus décrites, d'empêcher toute altération dans un Orgue aussi considérable.

Toute la Soufflerie sera composée au moins de neuf soufflets, qui auront chacun 8 pieds de longueur sur 4 pieds de largeur. Trois de ces soufflets porteront séparément leur vent dans la premiere Laye du grand Sommier. S'il y en avoit quatre ce seroit beaucoup mieux, mais trois peuvent absolument être suffisants. Deux autres soufflets fourniront séparément le vent à la seconde Laye du même grand Sommier. Deux autres le porteront séparément au Sommier des pédales, & deux autres fourniront séparément le vent au Sommier du positif. Je décrirai dans la suite comment on exécute cette séparation des vents, qui est si essentielle pour faire jouer un grand orgue sans altération. Celui-ci doit être à cinq Claviers. C'est une regle générale qu'il en faut ce nombre lorsqu'il y a une Bombarde à la main, quoique bien souvent ce Jeu soit seul sur ses gravures particulieres. On la fait toujours jouer par le troisieme Clavier, au moyen d'un Abrégé qui y est séparément relatif, comme je l'ai expliqué ailleurs. Je détaillerai en son lieu la maniere d'exécuter le tout. J'ai au reste retranché la voix humaine du grand Sommier, pour ne pas le charger d'un si grand nombre de jeux, les gravures étant déja assez longues. On peut sans inconvénient la mettre sur le Sommier du Positif.

674. *Regle d'un grand Sommier pour un grand 16 pieds.*

Barres & Gravures des deux parties des Baſſes du grand Sommier à 10 triples Gravures pour un grand 16 pieds avec Bombarde.

Gravures	Barres
	22
1. 2.8	
	8
1. 2.8	
	8
B. 1. 2.8	
	8
3. 4.8	
	8
3. 4.8	
	8
B. 3. 4.8	
	8
5. 6.8	
	8
5. 6.8	
	8
B. 5. 6.8	
	8
7. 8.8	
	8
7. 8.8	
	8
B. 7. 8.8	
	8
9.10.8	
	7
9.10.8	
	7
B. 9.10.8	
	7
11.12.8	
	7
11.12.8	
	7
B.11.12.8	
	7
13.14.8	
	7
13.14.8	
	7
B.13.14.7	
	7
15.16.8	
	6
15.16.8	
	6
B.15.16.7	
	6
17.18.8	
	6
17.18.8	
	6
B.17.18.7	
	6
19.20.8	
	6
19.20.8	
	6
B.19.20.7	
	22

3 pieds 4 pouces 7 lignes longueur.

Barres & Gravures des deux grands Sommiers des Deſſus à 15 doubles Gravures, pour un grand 16 pieds avec Bombarde.

Gravures	Barres
	22
21.22.8	
	13
B.21.22.7	
	13
23.24.8	
	13
B.23.24.7	
	13
25.26.8	
	13
B.25.26.7	
	13
27.28.7	
	13
B.27.28.7	
	12
29.30.7	
	12
B.29.30.7	
	12
31.32.7	
	12
B.31.32.7	
	12
33.34.7	
	12
B.33.34.7	
	12
35.36.7	
	11
B.35.36.7	
	11
37.38.6	
	11
B.37.38.6	
	11
39.40.6	
	11
B.39.40.6	
	11
41.42.6	
	11
B.41.42.6	
	10
43.44.6	
	10
B.43.44.6	
	10
45.46.6	
	10
B.45.46.6	
	10
47.48.6	
	10
B.47.48.6	
	10
49.50.6	
	10
B.49.50.6	
	22

3 pieds 11 pouces 9 lignes longueur.

Regiſtres & faux-Regiſtres des quatre parties d'un grand Sommier pour un grand 16 pieds avec Bombarde.

Regiſtres	Largeur	Barres
		22
1. Grand Cornet de Bombarde	18	
		10
2. Grand Cornet	18	
		10
3. Montre de 16 pieds	30	
		10
4. Montre de 8 pieds	24	
		10
5. Bourdon de 16 pieds	30	
		10
6. Second 8 pieds	24	
		10
7. Gros Naſard	24	
		10
8. Bourdon de 8 pieds	24	
		10
9. Preſtant	20	
		10
10. Groſſe Tierce	20	
		10
11. Quarte de Naſard	18	
		10
12. Naſard	20	
		10
13. Doublette	18	
		10
14. Tierce	18	
		15
15. Fourniture de 5 Tuyaux	24	
		15
16. Cymbale de 5 Tuyaux	24	
		15
17. Bombarde	24	
		12
18. Premiere Trompette	20	
		12
19. Seconde Trompette	20	
		12
20. Clairon	18	
		12
21. Voix humaine	18	
		22

5 pieds 0 pouces 1 ligne de largeur.

Les Soupapes auront 10 pouces de longueur.

Les Barres auront 3 pouces 4 lignes de largeur toutes finies.

La profondeur intérieure de la Laye ſera de 13 pouces, & ſa hauteur de 4 pouces 6 lignes.

Il faut encore ſéparer les vents pour cet Orgue. Mais le grand Sommier ſera à ſimple Laye, dans laquelle quatre ſoufflets de 8 pieds porteront leur vent, & trois autres le fourniront au Poſitif & aux Pédales.

675. *Regle d'un grand Sommier pour un 16 pieds sans Bombarde.*

≡ 22
```
1.   2.  8  — 16
1.   2.  8  — 16
3.   4.  8  — 16
3.   4.  8  — 16
5.   6.  8  — 16
5.   6.  8  — 15
7.   8.  8  — 15
7.   8.  8  — 15
9.  10.  8  — 15
9.  10.  8  — 15
11.  12.  8  — 14
11.  12.  8  — 14
13.  14.  8  — 14
13.  14.  8  — 14
15.  16.  8  — 14
15.  16.  8  — 14
17.  18.  8  — 14
```
≡ 22

Barres & Gravures des Basses d'un grand Sommier pour un 16 pieds ordinaire à huit doubles Gravures.

a pieds 10 pou. 6 lig. de longueur.

≡ 22
```
R.17.18.8  — 13
  19.20.8  — 13
R.19.20.6  — 13
  21.22.8  — 13
R.21.22.6  — 13
  23.24 8  — 12
R.23.24.6  — 12
  25.26.7  — 12
R.25.26 6  — 12
  27.28.7  — 12
R.27.28.6  — 12
  29.30.7  — 11
R.29.30.5  — 11
  31.32.7  — 11
R.31.32 5  — 11
  33.34.7  — 11
R.33.34.5  — 10
  35.36.6  — 10
R.35.36.5  — 10
  37.38 6  — 10
R.37.38.5  — 10
  39.40.6  — 9
R.39.40.4  — 9
  41.42.6  — 9
R.41.42.4  — 9
  43.44.6  — 9
R.43.44.4  — 9
  45.46.6  — 8
R.45.46.4  — 8
  47.48.6  — 8
R.47 48 4  — 8
  49.50.6  — 8
R.49.50.4  — 8
```
≡ 22

Barres & Gravures des Dessus d'un grand Sommier pour un 16 pieds ordinaire, à doubles Gravures pour un Récit de 34 marches.

4 pieds 10 pouces 3 lignes de longueur.

≡ 22
```
1.Grand Cornet...............................18
                                          — 12
2.Cornet de Récit............................18
                                          — 12
3.Montre de 16 pieds.........................30
                                          — 12
4.Montre de 8 pieds..........................24
                                          — 12
5.Bourdon de 16 pieds........................30
                                          — 12
6.Bourdon de 8 pieds.........................24
                                          — 12
7.Prestant..................................20
                                          — 12
8.Second 8 pieds............................24
                                          — 12
9.Gros Nasard...............................24
                                          — 12
10.Grosse Tierce............................20
                                          — 12
11.Nasard...................................20
                                          — 12
12.Doublette................................18
                                          — 12
13.Tierce...................................18
                                          — 12
14.Quarte...................................18
                                          — 18
15.Fourniture de cinq Tuyaux.................30
                                          — 18
16.Cymbale de 5 Tuyaux.......................30
                                          — 18
17.Trompette de Récit........................24
                                          — 15
18.Premiere Trompette........................24
                                          — 15
19.Seconde Trompette.........................24
                                          — 15
20.Clairon..................................24
                                          — 15
21.Voix humaine.............................20
```
≡ 22

5 pieds 8 pouces de largeur.

Registres & faux-Registres d'un grand Sommier pour un 16 pieds ordinaire.

Ce Sommier, comme on le voit par la Regle, doit être divisé en quatre parties, & quoiqu'il n'y ait point de Bombarde, il ne laisse pas d'être tout entier à doubles gravures, excepté la derniere du Sommier des Basses, marquée 17, 18, qui est simple, n'étant pas nécessaire d'un plus grand nombre de doubles. Le Sommier des Basses est à l'ordinaire, on mettra une partie des Jeux sur une gravure, & l'autre partie sur l'autre, faisant en sorte qu'ils soient également distribués à peu-près selon que les Jeux dépendent du vent.

676. Il n'en est pas de même des Sommiers des Dessus. La plus large gravure de chaque marche est destinée à faire jouer les Jeux du grand Orgue, ou qui sont la suite des Sommiers des Basses. L'autre gravure, qui est la plus étroite & qui est marquée d'une *R*, servira à faire jouer les Jeux du Récit, qui y prendront leur vent. Par-là on sera dispensé de construire un Sommier particulier

ticulier pour le Récit. On observera que le Sommier des Deſſus commence par une ſimple gravure, qui eſt pour le Récit, afin qu'il s'en trouve le nombre convenable.

677. Le Cornet de Récit, qui prendra ſon vent du grand Sommier par ſes gravures particulieres, pourra être placé ſur les mêmes pieces gravées du grand Cornet en les faiſant ſuffiſamment grandes. On les fera à cet effet à vingt-ſept doubles gravures, & ſept ſimples. Les ſept gravures de la Baſſe ſeront ſimples, parce qu'il n'y aura que la Baſſe du Cornet de Récit. Cette Baſſe du Cornet de Récit ſe poſera de ſuite alternativement ſur les deux pieces gravées, & lorſqu'on ſera arrivé au *C ſol ut* relatif au milieu du Clavier, on poſera une marche du grand Cornet & enſuite une marche du Cornet de Récit. On entremêlera ainſi le grand Cornet avec celui de Récit, faiſant aller de ſuite alternativement de chaque côté ſur les deux pieces gravées, les mêmes marches de chaque Cornet ; de ſorte qu'il paroîtra au coup d'œil que ces deux Cornets n'en feront qu'un ſeul ; parce qu'on verra une gradation réguliere dans les hauteurs des tuyaux. Il ne faut pas craindre dans ce cas la proximité des uniſſons, attendu que ces deux Jeux ne jouent jamais enſemble. La Trompette de Récit ſe placera ſur le grand Sommier au dix-ſeptieme rang, comme on le voit marqué ſur la Regle. Elle ſe trouvera immédiatement après le Plein-Jeu & avant tous les autres Jeux d'anche. Il faudra coller un bouchon de liege dans les gravures du Récit immédiatement après la Trompette de Récit, afin que le vent n'aille pas plus loin : il en ſera plus ferme.

Les Soupapes des Jeux du grand Orgue auront 10 pouces de longueur, & les gravures auront 40 lignes de profondeur, comme au Sommier précédent. Mais 4 pouces de hauteur dans la Laye ſuffiront, n'y ayant pas de Bombarde. La raiſon en eſt, qu'il ne faut pas tant de vent, & que 4 pouces de hauteur donneront aſſez de capacité à la Laye.

Les Soupapes du Récit auront ſeulement 7 pouces 6 lignes de longueur. On les reculera plus que les autres d'environ un pouce ou d'un peu plus, parce que l'Abrégé du Récit doit être plus ſaillant que le grand Abrégé, ſuppoſé, comme c'eſt l'ordinaire, qu'on ſoit un peu à l'étroit. On voit déja qu'il faut entailler & coller de petits Flipots ſur les gravures vers le devant de la Laye ; & les grands Flipots que l'on met vers le derriere pour appuyer les queues des Soupapes, feront plus larges pour les gravures du Récit que pour les autres. Les Bourſettes du Récit ne ſe trouveront pas ſur la ligne des autres. Du reſte, on peut, ſelon que le local le demandera, mettre les Jeux plus ou moins au large, en augmentant ou diminuant progreſſivement l'épaiſſeur des Barres, les largeurs des Regiſtres & faux-Regiſtres. Les Regles du Sommier que je donne, ne ſont préſentées ici que pour donner des principes & des idées ſur leſquelles il eſt facile de s'arranger.

ORGUES. II. Part. O o o

678.　*Regle d'un grand Sommier pour un grand 8 pieds.*

1. 2. 8	22 / 12
1. 2. 8	12
3. 4. 8	12
3. 4. 8	12
5. 6. 8	12
5. 6. 8	12
7. 8. 8	19
9.10. 8	19
11.12. 8	19
13.14. 7	18
15.16. 7	18
17.18. 7	18
17.18. 6	10
19.20. 7	10
19.20. 6	10
21.22. 7	10
21.22. 6	10
23.24. 7	9
23.24. 6	9
25.26. 7	9
25.26. 6	9
27.28. 7	9
27.28. 6	9
29.30. 6	8
29.30. 5	8
31.32. 6	8
31.32. 5	8
33.34. 6	8
33.34. 5	8
35.36. 6	7
35.36. 5	7
37.38. 6	7
37.38. 5	7
39.40. 6	7
39.40. 5	7
41.42. 6	6
41.42. 4	6
43.44. 6	6
43.44. 4	6
45.46. 6	6
45.46. 4	6
47.48. 6	6
47.48. 4	6
49.50. 6	6
49.50. 4	22

5 pieds 3 pouces 3 lignes longueur.

Barres & Gravures de la moitié d'un grand Sommier pour un grand 8 pieds, avec doubles Gravures pour le Récit.

1. Grand Cornet……18	22 / 12
2. Cornet de Récit……18	12
3. Montre de 8 pieds……24	12
4. Bourdon de 16 pieds……30	12
5. Bourdon de 8 pieds……24	12
6. Preflant……20	12
7. Second 8 pieds……24	12
8. Gros Nafard……24	12
9. Groffe Tierce……20	12
10. Nafard……20	12
11. Doublette……18	12
12. Tierce……18	18
13. Quarte……18	18
14. Fourniture de quatre Tuyaux……30	18
15. Cymbale de quatre Tuyaux……30	18
16. Trompette de Récit……24	15
17. Trompette……24	15
18. Clairon……24	15
19. Voix humaine……20	22

4 pieds 11 pouces 7 lignes largeur.
La longueur des Soupapes 9 pouces.
La largeur des Barres 3 pouces.

Regiftres & faux-Regiftres d'un grand Sommier pour un grand 8 pieds.

Ce Sommier fera divifé feulement en deux parties, qui n'ayant chacune que 5 pieds 3 pouces 3 lignes de longueur, ne fera point trop grand. Cependant fi, felon le local, on trouve plus commode de le divifer en quatre parties, il fera facile de le faire, en y employant fi l'on veut les mêmes mefures. On voit qu'il n'y a dans les Baffes que trois doubles gravures à chacune des deux parties, ce qui eft fuffifant, n'y ayant qu'un Bourdon de 16 pieds. Les trente-quatre doubles gravures des deux Sommiers dans les Deffus, fervent les unes pour les Jeux du grand Orgue, & les autres pour les Jeux du Récit, qui commencent à 17, 18.

679. *Regle d'un grand Sommier pour un petit 8 pieds.*

(marge gauche — Barres & Gravures de la moitié d'un Sommier pour un petit 8 pieds.)

1. 2. 8	16
3. 4. 8	16
5. 6. 8	16
7. 8. 8	16
9.10. 8	15
11.12. 8	15
13.14. 7	15
15.16. 7	14
17.18. 7	14
19.20. 7	13
21.22. 7	13
23.24. 7	13
25.26. 6	13
27.28. 6	12
29.30. 6	12
31.32. 6	11
33.34. 6	11
35.36. 6	11
37.38. 6	11
39.40. 6	10
41.42. 5	10
43.44. 5	10
45.46. 5	9
47.48. 5	9
49.50. 5	8

3 pieds 6 pouces 3 lignes longueur.

1. Grand Cornet.........	18
2. Montre de 8 pieds.........	24
3. Prestant.........	20
4. Bourdon de 8 pieds.........	24
5. Nasard.........	20
6. Doublette.........	18
7. Tierce.........	18
8. Quarte.........	18
9. Fourniture de trois Tuyaux.........	24
10. Cymbale de trois Tuyaux.........	24
11. Trompette.........	20
12. Clairon.........	20
13. Voix humaine.........	18

(colonne de droite : 12 pour chaque jeu ; 22 en haut et en bas)

(marge droite — Réglures & faux-Réglures d'un grand Sommier pour un petit 8 pieds.)

3 pieds 1 pouces 10 lignes de largeur.
Les Soupapes auront 8 pouces de longueur.
Les Barres auront 2 pouces 9 lignes de largeur.

Ce grand Sommier ne doit être divisé qu'en deux parties ; il est tout à simples gravures. On pourroit y ajouter quelques autres Jeux, mais non point de 16 pieds. La Layé pourra avoir 4 pouces de hauteur intérieure, pour avoir plus de facilité à manier les Soupapes, &c. On pourroit au reste, faire jouer la Fourniture & la Cymbale sur une seule Chape doublement gravée en disposant les Tuyaux, comme on le voit *fig.* 10. *Pl.* 55. où l'on voit la premiere rangée marquée 1. la seconde 2. la troisieme 3, &c. On peut aussi faire jouer sur une seule Chape des Pleins-Jeux de cinq Tuyaux, lorsqu'ils sont petits.

PLANCHE 55.

680. *Regle d'un grand Sommier pour un 4 pieds en Montre.*

(marge gauche — Barres & Gravures de la moitié d'un grand Sommier pour un 4 pieds en Montre.)

1. 2.	20
3. 4. 7	15
5. 6. 7	15
7. 8. 7	15
9.10. 7	14
11.12. 7	14
13.14. 7	13
15.16. 7	13
17.18. 6	13
19.20. 6	12
21.22. 6	12
23.24. 6	12
25.26. 6	11
27.28. 6	11
29.30. 6	11
31.32. 6	10
33.34. 6	10
35.36. 6	10
37.38. 5	9
39.40. 5	9
41.42. 5	9
43.44. 5	8
45.46. 5	8
47.48. 5	8
49.50. 5	20

3 pieds 3 pouces 3 lignes longueur.

1. Grand Cornet.........	18
2. Montre de 4 pieds ou Prestant.........	20
3. Bourdon de 8 pieds.........	24
4. Nasard.........	20
5. Dessus de 8 pieds ouvert.........	24
6. Doublette.........	18
7. Tierce.........	18
8. Fourniture de 3 Tuyaux.........	24
9. Cymbale de 2 Tuyaux.........	24
10. Trompette.........	24
11. Voix humaine.........	20

(colonne de droite : 20 en haut, 12 pour chaque jeu, 20 en bas)

(marge droite — Réglures & faux-Réglure d'un grand Sommier pour un 4 pieds en Montre.)

2 pieds 8 pouces 10 lignes largeur.
Les Soupapes auront 7 pouces de longueur.
Les Barres auront 2 pouces 8 lignes de largeur.

Ce Sommier est divisé en deux parties, & si on le trouvoit plus commode, on pourroit le construire en une seule partie, qui auroit 6 pieds 3 pouces 2 lignes.
On peut ajouter, si l'on veut, un Clairon.

681. Regle d'un grand Sommier pour un 8 pieds en Montre, avec le Positif ensemble sur le même Sommier.

G.	1. 2.	8/6	=22
G.	1. 2.	8/6	
P.	2. 1.	7/4	
G.	3. 4.	8/6	
G.	3. 4.	8/6	
P.	4. 3.	7/4	
G.	5. 6.	8/6	
G.	5. 6.	8/6	
P.	6. 5.	7/6	13
G.	7. 8.	8/6	13
P.	8. 7.	7/6	13
G.	9.10.	8/6	13
P.	10. 9.	7/6	13
G.	11.12.	8/6	12
P.	11.11.	7/6	12
G.	13.14.	8/6	12
P.	14.13.	7/6	12
G.	15.16.	7/6	12
P.	16.15.	6/6	11
G.	17.18.	7/6	11
P.	18.17.	6/6	11
G.	19.20.	7/6	11
P.	20.19.	6/6	11
G.	21.22.	7/6	11
P.	22.21.	6/6	10
G.	23.24.	7/6	10
P.	24.23.	6/6	10
G.	25.26.	7/6	10
P.	26.25.	6/6	10
G.	27.28.	7/6	9
P.	28.27.	6/6	9
G.	29.30.	6/5	9
P.	30.29.	5/5	9
G.	31.32.	6/5	9
P.	32.31.	5/5	8
G.	33.34.	6/6	8
P.	34.33.	5/5	8
G.	35.36.	6/5	8
P.	36.35.	5/5	7
G.	37.38.	6/5	7
P.	38.37.	5/5	7
G.	39.40.	6/5	7
P.	40.39.	5/5	7
G.	41.42.	6/5	6
P.	41.41.	5/5	6
G.	43.44.	5/4	6
P.	44.43.	4/4	6
G.	45.46.	5/4	6
P.	46.45.	4/4	5
G.	47.48.	5/4	5
P.	48.47.	4/4	5
G.	49.50.	5/4	5
P.	50.49.	4/4	5
			=22

5 pieds 8 po. 9 lign. de longueur.

		=22
G. 1. Grand Cornet.....	18	9
G. 2. Montre de 8 pieds...	20	9
P. 3. 8 pieds ouvert...	20	9
G. 4. Bourdon de 16 pieds...	24	9
G. 5. Bourdon de 8 pieds...	20	9
P. 6. Bourdon de 8 pieds...	20	9
G. 7. Prestant...	18	9
P. 8. Prestant...	18	9
G. 9. Nasard...	18	9
P. 10. Nasard...	18	9
P. 11. Flûte de 4 pieds...	18	9
G. 12. Doublette...	15	9
P. 13. Doublette...	15	9
G. 14. Tierce...	15	9
P. 15. Tierce...	15	9
G. 16. Quarte...	15	9
P. 17. Larigot...	15	9
G. 18. Fourniture de quatre Tuyaux...	24	12
G. 19. Cymbale de trois Tuyaux...	22	12
P. 20. Fourniture de trois Tuyaux...	22	12
P. 21. Cymbale de deux Tuyaux...	20	12
G. 22. Trompette...	18	12
G. 23. Clairon...	18	12
P. 24. Cromorne...	18	12
G. 25. Voix humaine...	15	10
		=22

5 pieds 1 pouce 9 lignes de largeur.

Les Soupapes du grand Orgue auront 8 pouces 6 lignes de longueur.

Les Soupapes du Positif auront 6 pouces 8 lignes de longueur.

Toutes les barres auront 2 pouces 7 lignes de largeur.

La raison de ces différentes longueurs des Soupapes est que les gravures du grand Orgue sont plus larges que celles du Positif, ce qui exige de plus longues Soupapes dont l'ouverture contenant une plus grande quantité d'air, est plus proportionée à la capacité des gravures.

Il est des cas où l'on ne peut construire le Positif dans un corps ou buffet séparé. Il est alors ordinaire de mettre ledit Positif sur le même grand Sommier. Il faut observer de poser les Jeux du Positif à rebours ou en un sens contraire de ceux du grand Orgue. C'est-à-dire, que si l'on met sur le Sommier à droite les nombres impairs des jeux du grand Orgue & les nombres pairs à gauche, on mettra les nombres impairs des Jeux du Positif à gauche, & les nombres pairs à droite ; ce que l'on fait pour éviter la proximité des unissons, qui par ce moyen se trouveront fort éloignés, quoique les

Jeux

Jeux unissons soient posés les uns près des autres. C'est ainsi qu'il faut entendre la Regle des barres & gravures de ce Sommier. Les Numéros des gravures du grand Orgue sont posés à rebours de ceux du Positif. On distingue les gravures du grand Orgue par un *G*, & celles du Positif par un *P*. Il y a pour les Basses trois doubles gravures à chacune des deux parties du Sommier pour les Jeux du grand Orgue, ce qui fait en tout, six doubles gravures.

A l'égard de la Regle des Registres & faux-Registres, les Jeux du grand Orgue y sont distingués par un *G*, & ceux du Positif sont désignés par un *P*. Si l'on veut mettre une Trompette au Positif, on peut l'ajouter immédiatement après celle du grand Orgue. Du reste, on peut construire différents Sommiers de cette espece beaucoup plus considérables & beaucoup moindres. Il suffit d'avoir montré, par l'exemple que je viens d'en donner, comment on les arrange. S'il n'y a point de 16 pieds, on n'y mettra point de doubles Soupapes.

682. *Regle d'un Sommier pour un Positif ordinaire de 8 pieds.*

1. Montre de 8 pieds	20
2. Prestant	18
3. Dessus de 8 pieds	20
4. Nasard	18
5. Flûte de 4 pieds	18
6. Bourdon de 8 pieds	20
7. Doublette	15
8. Tierce	15
9. Quarte	15
10. Larigot	15
11. Fourniture de trois Tuyaux	20
12. Cymbale de trois Tuyaux	20
13. Trompette	20
14. Cromorne	18

3 pieds 0 pouces 2 lignes de largeur.

Ce Positif ainsi fourni convient à un Orgue de 8 pieds en Montre où il y auroit ou non un Bourdon de 16 pieds. Le Dessus de 8 pieds ouvert, doit être aussi étendu que la place peut le permettre, comme de deux Octaves & demie ou trois Octaves. On peut mettre à ce Jeu de 8 pieds une Basse sonnant 4 pieds à l'unisson du Prestant, & semblable à la Basse de la Flûte de 4 pieds; mais alors il convient d'éloigner ce Jeu de la Flûte de quatre pieds. Si l'on est à l'étroit, on peut serrer un peu plus les Jeux & faire le Sommier un peu plus petit.

Les Soupapes auront 7 pouces de longueur, & les barres 32 lignes de largeur.

683. Je ne donne point la grandeur de la Laye ; on la trouvera de la maniere suivante : on ajoûtera à la longueur des Soupapes un pouce pour en coller la queue ; un autre pouce pour l'épaisseur de la planche du derriere de la Laye, & enfin, la largeur du Chassis antérieur du Sommier, en y comprenant les Denticules. La regle générale pour la longueur de l'ouverture des Soupapes dans un Sommier de Positif, est qu'il faut la faire plus courte que les Soupapes de presque un pouce ; parce que les Soupapes doivent recouvrir les Pilotins. Pour trouver la hauteur de la Laye, il faut d'abord savoir celles des Soupapes. Celles-ci doivent avoir 9 lignes de largeur, (car je la prends sur celles qui recouvrent les gravures de 6 lignes de largeur), par conséquent 13 lignes de hauteur. On donnera un pouce d'espace entre la hauteur de la Soupape jusqu'au dessous du Chevalet ; celui-ci aura 16 lignes d'épaisseur. On donnera encore environ 3 lignes du dessus du Chevalet jusqu'au dessous de la planche de la fermeture du dessus de la Laye. Toutes ces mesures ajoutées ensemble, feront 3 pouces 8 lignes de hauteur intérieure. Remarquez qu'à suivre la regle générale de la hauteur des Soupapes, qui doit être une fois & demie leur largeur, j'aurois dû donner 13 lig. & demie, & non 13 lig. de hauteur, attendu que une fois & demie 9 lignes font 13 lignes & demie ; mais j'ai eu égard à la petitesse des Soupapes des dessus, dont les gravures n'ayant que 4 lignes de largeur, leurs Soupapes n'en doivent avoir que sept de largeur ; or celles-ci auront comme les autres 13 lignes de hauteur, ce qui fait, comme l'on voit, presque le double de leur largeur. Ce Sommier au reste, n'est point divisé & n'est pas trop grand. Il y a 12 gravures dans les basses qui sont transposées. On peut ainsi en transposer plus ou moins.

Il est bon de donner ici les principes qu'on suit aujourd'hui pour la composition des Jeux d'un Positif. Dans toutes les anciennes Orgues il étoit ordinairement très-peu fourni de Jeux, encore les faisoit-on tous de fort menue taille. On regardoit le Positif, plutôt comme l'Echo du grand Orgue, qu'un corps des Jeux qui devoient par leur effet correspondre & symmétriser avec les autres. L'usage qu'on en faisoit n'exigeoit point de le remplir davantage ; mais depuis que de grands Organistes, qui ont eu plus de goût & de génie, ont voulu faire tout un autre usage du Positif, il a fallu le fournir de presqu'autant de Jeux que le grand Orgue, pour répondre à l'effet qu'ils prétendoient produire. De sorte que, si l'Orgue n'est qu'un 8 pieds en Montre, sans aucun 16 pieds, cela n'empêche pas qu'on n'en mette un autre semblable dans le Positif, ou du moins le plus de Tuyaux de ce Jeu qu'on peut y loger. Quoiqu'il n'y ait qu'une Trompette & un Clairon au grand Orgue, on peut mettre une autre Trompette dans le Positif & bien souvent un Clairon, aussi bien qu'un Cornet qu'on fait d'une plus menue taille. Tous les Jeux de fond se font de la même taille que les Jeux semblables du grand Orgue ; mais on exige un peu plus de finesse dans le Jeu de Tierce & dans le Plein-Jeu ; c'est pourquoi on fait de plus menue taille le Nasard, la Tierce, la Fourniture & la Cymbale. On demande une harmonie plus tendre & plus délicate dans la Trompette & le Clairon, que dans le grand Orgue, où ils doivent avoir plus d'éclat & de brillant ; mais on peut toujours les faire de la même taille, si l'Eglise est grande.

Regle d'un Sommier de Positif de 4 pieds, avec une autre pour un plus petit.

684.   **685.**

Tableau 684 — Barres & Gravures d'un Sommier entier pour un Positif ordinaire de 4 pieds. (1 pied 2 pouces 2 lignes longueur.)

Tableau 685 — Barres & Gravures d'un Sommier entier pour un Positif plus petit que le précédent de l'article 684. (3 pieds 8 pouces 7 lignes longueur.)

684			685		
2.	6	11	2.	5	10
4.	6	11	4.	5	9
6.	6	11	6.	5	9
8.	6	11	8.	5	9
10.	6	11	10.	5	9
50.	4	6	50.	3	5
49.	4	6	49.	3	5
48.	4	6	48.	3	5
47.	4	6	47.	3	5
46.	4	6	46.	3	5
45.	4	6	45.	3	5
44.	4	7	44.	3	5
43.	4	7	43.	3	6
42.	4	7	42.	3	6
41.	4	7	41.	3	6
40.	4	7	40.	3	6
39.	4	7	39.	3	6
38.	4	7	38.	3	6
37.	4	8	37.	3	6
36.	5	8	36.	3	6
35.	5	8	35.	3	6
34.	5	8	34.	3	6
33.	5	8	33.	3	6
32.	5	8	32.	3	6
31.	5	8	31.	4	7
30.	5	9	30.	4	7
29.	5	9	29.	4	7
28.	5	9	28.	4	7
27.	5	9	27.	4	7
26.	5	9	26.	4	7
25.	5	9	25.	4	7
24.	5	9	24.	4	7
23.	5	10	23.	4	7
22.	5	10	22.	4	7
21.	5	10	21.	4	7
20.	5	10	20.	4	8
19.	6	10	19.	4	8
18.	6	10	18.	4	8
17.	6	10	17.	4	8
16.	6	11	16.	4	8
15.	6	11	15.	4	8
14.	6	11	14.	4	8
13.	6	11	13.	4	8
12.	6	11	12.	4	8
11.	6	11	11.	4	8
9.	6	11	9.	5	9
7.	6	12	7.	5	9
5.	6	12	5.	5	9
3.	6	12	3.	5	9
1.	6	12	1.	5	10

Regist. & faux-Regist. d'un Somm. ordin. pour un Positif de 4 pieds & pour un plus petit.

1. Montre de 4 pieds ou Prestant 15   (20)
2. Bourdon de 8 pieds 18   (10)
3. Nasard 18   (10)
4. Doublette 15   (10)
5. Tierce 15   (10)
6. Larigot 15   (10)
7. Fourniture de trois Tuyaux 18   (12)
8. Cymbale de deux Tuyaux 15   (10)
9. Cromorne 18   (10)
        (12)

     1 pied 9 pouces 9 lignes largeur.
     Les Soupapes auront 6 pouces de longueur.
     Les Barres auront 32 lignes de largeur.

Ce Positif de l'article 684, avec la Regle ci-dessus des Registres & faux-Registres, peut servir pour un Orgue de 8 pieds sans Bourdon de 16 pieds, pour moins dépenser.

Le Positif dont la Regle du Sommier est ci à côté, & marquée 685, est bon pour un Orgue de 4 pieds en Montre lorsqu'on est fort à l'étroit. On peut y faire servir la même Regle des Registres & faux-Registres ; ou bien on en retranchera encore, si l'on veut, le Nasard, la Tierce & le Larigot.

On fait des Sommiers encore plus petits & même pas plus longs que le Clavier.

686. On construit quelquefois des Orgues où il n'y a point de Positif. Pour cette raison ou pour quelques autres, on demande que plusieurs Jeux soient brisés ; c'est-à-dire, qu'en tirant un tirant à droite, on ouvre seulement le dessus du Jeu brisé indépendamment de la Basse, & qu'en tirant un tirant du côté gauche, on ouvre la Basse du même Jeu indépendamment du Dessus, en sorte que pour ouvrir le Jeu entier, il faut tirer deux tirants, l'un à droite & l'autre à gauche. Ces Jeux brisés sont commodes pour suppléer en quelque façon au défaut d'un Positif. Quelques-uns trouvent de la difficulté à disposer cette brisure sans inconvénient. Voici, à ce qu'il me paroît, la meilleure maniere. Je suppose que tous les Tuyaux du Sommier soient transposés alternativement d'un côté & de l'autre, comme on le voit dans la fig. 7, *Pl.* 57. Tous les chiffres que l'on y voit, désignent l'ordre & l'arrangement des Tuyaux. Il faut nécessairement, selon cette brisure, deux Registres entiers pour un seul Jeu. *A B* & *C D* sont ces deux Registres l'un près de l'autre, mais

PLANCHE 57.

qui ne fe touchent point, étant féparés par quelques pointes *a, b, c, d,* de fil de laiton un peu fort, & qui n'excedent point l'épaiffeur des Regiftres. Cette féparation eft néceffaire, afin que le mouvement d'un Regiftre n'entraîne pas l'autre par leur frottement mutuel, quand on le tire ou qu'on le repouffe. *C D* eft le Regiftre qui contient les trous de la Baffe du Jeu que l'on veut être brifé. On voit au bout *C* le trou de fon tirage. *A B* eft celui qui contient les trous du Deffus. Le trou de fon tirage fe voit au bout *B*; en forte qu'en tirant celui-ci du côté droit, on ouvre les deffus du Jeu, & en tirant l'autre du côté gauche par le bout *C*, on ouvre les Baffes du même Jeu. *E F* eft la Chape qui fe cloue par-deffus les deux Regiftres. On voit la correfpondance des trous de la Chape avec ceux des deux Regiftres, par les chiffres qui fe rapportent & par les lignes ponctuées qui les défignent. Voici la maniere d'exécuter le tout.

On perce d'abord la Table felon l'arrangement & la difpofition qu'on voit dans la figure des deux Regiftres. On y met enfuite les deux Regiftres qu'on arrête par une pointe à chaque bout, & on cloue la Chape par-deffus. On retourne le Sommier fens-deffus-deffous. On perce entiérement la Table, le Regiftre & la Chape, & dans toute la grandeur que le trou doit avoir, (fi les gravures font affez larges) pour ceux qui font numérotés, 4, 8, 12, 16, 20, 26, 30, 34, 38, 42, 46, 50, 47, 43, 39, 35, 31, 27, 21, 17, 13, 9, 5, 1. Si les gravures ne font pas affez larges, on quarrera enfuite les trous. Tous les autres trous ne perceront pas d'outre en outre, mais feulement jufqu'à la moitié de l'épaiffeur de la Chape. Toute cette opération étant faite, on ôtera la Chape, que l'on gravera de la maniere fuivante. On fera des trous dans fon épaiffeur à tous les endroits où l'on n'a percé que jufqu'à la moitié de fon épaiffeur; favoir, par le côté *K L* on fera les trous 2, 6, 10, 14, 18, 22, 23, 19, 15, 11, 7, 3. Par le côté *G H*, ceux 24, 28, 32, 36, 40, 44, 48, 49, 45, 41, 37, 33, 29, 25. On n'enfoncera ces trous que jufqu'à ceux que l'on fera enfuite par-deffus; de forte que l'on fera un zig-zag comme l'on voit dans la figure en *E F*. On bouchera l'entrée de tous les trous faits fur le champ ou dans l'épaiffeur de la Chape *E F*, avec une bande de parchemin collé, ou bien avec des bouchons de liege collés.

687. Après avoir donné dans cette fixieme Section un nombre de Regles de Sommier de plufieurs efpeces, il me paroît convenable d'enfeigner préfentement à trouver foi-même les largeurs des Regiftres, afin de mettre certains Jeux affez au large pour qu'on ne foit obligé de pofter aucun tuyau. Je fuppofe que le local foit tel qu'on ne foit point gêné pour la largeur du Sommier. Lorfqu'on fera déterminé pour fa longueur, auffi bien que pour la largeur des Gravures & l'épaiffeur des Barres, on tracera dans toute leur grandeur fur une Table quelques gravures avec leurs barres de la Baffe du Sommier. Voyez la fig. 6 de la Pl. 57, qui repréfente l'opération dont il s'agit. *a b, c d, e f, g h,* &c. font les gravures; les efpaces entre les gravures font les barres. *a, c, e, g,* font les denticules. *A & B* le Chaffis du Sommier. Je fuppofe qu'on veuille trouver la largeur du Regiftre de la Doublette. On prendra fur le diapafon le diametre de fon premier Tuyau, & après en avoir pris le rayon,

c'eft

PLANCHE
57.

c'eſt-à-dire, la moitié du diametre, on tracera le cercle *a* 21, dont on poſera le centre au milieu & vers le bout antérieur de la premiere gravure *a b*. On prendra enſuite le diametre ou plutôt le demi-diametre du troiſieme Tuyau; (je ſuppoſe que les Tuyaux ſeront transpoſés alternativement d'un côté & de l'autre). On tracera le cercle 22, poſant ſon centre 22 ſur la ſeconde gravure *c d*, de façon que ce cercle ſoit à une petite diſtance du premier *a* 21, afin que ces deux Tuyaux ne ſe touchent point. Sur le centre 21, on tirera la ligne 15, 16, parallele au bord du Sommier. Sur le centre 22, on tirera une autre ligne parallele 13, 14. Ces deux lignes marqueront l'écartement du zig-zag qu'il faudra donner aux trous du Sommier pour ce Jeu, comme 21, 22, *l, n*, &c. Si l'on fait enſuite d'autres cercles *l, n*, ſur les meſures des Tuyaux ſuivants du même Jeu, on verra qu'ils y ſeront aſſez au large. Il ſuffira d'avoir tracé les deux premiers. Pour le Jeu ſuivant, que je ſuppoſe être, par exemple, la Tierce, on prendra le demi-diametre de ſon premier Tuyau; on fera le cercle *i*, ſur la même gravure *a b*, de façon que ce cercle ne touche point celui 22, & on tirera ſur ſon centre *i*, la ligne 5, 6. On prendra de même le demi-diametre du troiſieme Tuyau, & on fera ſur la ſeconde gravure *c d*, le cercle *k*, qui ne touchera point le cercle *i*. On tirera la ligne 3, 4 qui paſſe ſur le centre *k*. On pourra de même, ſi l'on veut, tracer les 5ᵉ. & 7ᵉ. Tuyaux en poſant leur centre reſpectif *m o*, ſur la ligne 5, 6, & ſur celle 3, 4. On verra qu'ils ſeront aſſez au large. Ces opérations étant faites ſur ces deux Jeux, on fera de même pour tous ceux dont on ne voudra poſter aucun Tuyau. Il s'agit préſentement de déterminer les largeurs des Regiſtres. A cet effet, on tirera la ligne 17, 18, en ſorte qu'elle ſoit ſuffiſamment éloignée de celle 15, 16, pour que les trous qu'on doit faire le long de celle-ci n'affoibliſſent pas le Regiſtre, & qu'il y ait toujours 5 à 6 lignes de bois à côté des plus grands trous. On donnera la même diſtance à l'autre bord 11, 12 du Regiſtre, & la largeur du Regiſtre ſera déterminée par les deux lignes 17, 18, & 11, 12. On fera de même ſur l'autre Regiſtre; on tirera les deux lignes 7, 8 & 1, 2, leſquelles détermineront la largeur du ſecond Regiſtre. Pour les Chapes, on fait qu'en général leur largeur ordinaire eſt du milieu d'un faux-Regiſtre au milieu du faux-Regiſtre ſuivant. Dans la préſente figure 6, on voit la largeur d'une Chape de la ligne 9, 10, qui eſt le milieu d'un faux-Regiſtre, à la ligne 23, 24, qui eſt cenſée être le milieu d'un autre faux-Regiſtre. L'autre Chape va depuis la ligne 9, 10, juſqu'à la ligne 19, 20, qui eſt le bord du Sommier. On fait que les premieres & dernieres Chapes recouvrent entiérement le Chaſſis du Sommier. On opérera de même pour tous les autres Jeux. On s'y prend ainſi pour marquer les trous des pieces gravées des Cornets, & ceux de la Table du Sommier de l'Echo. En un mot, on ſe ſert de cette méthode lorſqu'on veut faire un Sommier ſur lequel tous les tuyaux puiſſent être poſés ſur leur vent.

CHAPITRE TROISIEME.

Conſtruction des Claviers, des Abrégés, des Tirants, des Pilotes tournants & des Balanciers.

Trois Sections diviseront ce Chapitre. La premiere contiendra la conſtruction des Claviers à la main, & celui des Pédales. La ſeconde celle des Abrégés; & la troiſieme celle des Tirants, des Pilotes tournants & des Balanciers.

SECTION PREMIERE.

Conſtruction des Claviers à la main.

688. Les *Claviers à la main*, ſont ceux qu'on touche avec les doigts; ceux qu'on touche avec les pieds s'appellent *Claviers de Pédales* : quand on dit tout ſimplement *Clavier*, on entend toujours un Clavier à la main. Il ſe conſtruit ſur les principes du *Levier* du ſecond genre (2), dont j'ai donné l'explication *art. 9,* 10 & 11, *page* 5. Il faut voir la fig. 2, *Pl. I*, où l'on en remarquera les trois points eſſentiels, *A, F, P*. Le point d'appui eſt *A*; le fardeau eſt en *F*, & la puiſſance eſt en *P*. Pour faire l'application de ces trois points, voyez la fig. 1 de la Pl. 41. Au premier Clavier 1 1, ou *A A*, on voit en *h d* le point d'appui: en *Y*, le fardeau; & en *l o*, la puiſſance. La même application ſe fera au ſecond Clavier 2 2, ou *B B*; le point d'appui eſt *g C*: le fardeau eſt *u*, & la puiſſance eſt *m n*. Semblablement au troiſieme Clavier 3 3, ou *D C*, le point d'appui eſt *f b*; le fardeau eſt *y*, & la puiſſance eſt *q p*. Enfin au quatrieme Clavier, 4 4, ou *F E*, le point d'appui eſt *e a*; le fardeau eſt *Z*, & la puiſſance eſt *r s*. On appelle *fardeau* toute eſpece de réſiſtance quelconque qu'il s'agit de vaincre. Ainſi au Clavier, le fardeau eſt la Soupape, qui eſt la réſiſtance qu'il faut vaincre en l'ouvrant. Le Reſſort & le vent ſont les deux cauſes de cette réſiſtance. Plus on donne d'avantage au Levier, qui eſt ici la touche du Clavier, moins la réſiſtance eſt difficile à vaincre. On appelle *donner de l'avantage au Levier*, approcher du point d'appui, le point du fardeau, qui eſt ici le point de ſuſpenſion de la touche; mais plus on approche le point du fardeau du point d'appui, moins le point du fardeau ou de ſuſpenſion ou de tirage parcourt d'eſpace. Ainſi l'on perd d'un côté ce qu'on gagne de l'autre. Le plus grand nombre des Facteurs mettent le point de ſuſpenſion des Touches de maniere qu'il n'y a que les deux cinquiemes de la longueur de la Touche ſur le devant, & que les trois cinquiemes ſont ſur le derriere, d'autres le placent au quart ſur le devant, & laiſſent les trois quarts ſur le derriere. Les premiers donnent plus d'avantage au Levier du Clavier que les ſeconds. Dans la premiere diſpoſition, on doit moins ſentir la réſiſtance lorſqu'on touche.

PLANCHE I.

PLANCHE 41.

Je suppose que la Touche baisse de 5 lignes: dans le premier cas, le point de suspension parcourt 3 lignes d'espace; il s'ensuit que la Soupape ouvre d'autant, les fers d'Abrégé étant supposés égaux. Dans le second cas, la Touche & la Soupape baissent de 3 lignes trois quarts. Il est évident que dans ces manieres de placer le point de suspension, soit aux deux cinquiemes, soit aux trois quarts, on a l'avantage de faire ouvrir considérablement les Soupapes; mais le Clavier n'en est pas si doux à toucher. La double résistance & des ressorts & du vent est plus sensible, sur-tout dans le second cas où l'on est sujet à un autre inconvénient, qui est qu'on est obligé de faire les tiges des Touches extrêmement longues : en voici la preuve. On ne peut pas donner moins de 6 pouces 10 lignes du bord antérieur des Touches du second Clavier (lorsqu'il y en a quatre) au point de suspension. Si l'on quadruple (dans le second cas) ces 6 pouces 10 lignes, le produit sera 27 pouces 4 lignes; ce sera la longueur de la Touche. Le Clavier du Positif sera encore plus long: il aura 31 pouces 8 lignes; mais s'il y a cinq Claviers, les Touches seront bien plus longues. Il faudra nécessairement donner du bord antérieur des Touches du second Clavier au point de suspension, 9 pouces 9 lignes; ce qui étant multiplié par 4, le produit sera 39 pouces. Or, cette longueur excessive des Touches les rend nécessairement bien pesantes, ce qui fait que le Clavier ne sauroit avoir la promptitude & la vivacité qu'on en exige. Il est d'ailleurs extrêmement rare que des Touches si longues se conservent bien droites; & pour peu qu'elles viennent à se déjetter, elles sont sujettes à s'arrêter fréquemment sous les doigts de l'Organiste. Enfin des Touches si longues sont plus flexibles, & c'est encore un grand défaut.

689. Je ne prétends point blâmer ceux qui donnent au point de suspension les deux cinquiemes au-devant des Touches, & les trois cinquiemes sur le derriere. Il est des cas où cette méthode est bien entendue. Elle n'oblige pas à faire les Touches excessivement longues. Lorsque les Soupapes sont petites, on peut l'employer utilement. Mais celle qui me paroît préférable est de mettre le point de suspension au milieu de la longueur des Touches. On les fait alors les plus courtes qu'il est possible. Par-là elles sont plus inflexibles, plus légeres & ne risquent pas tant de se tourmenter; la résistance, sur-tout celle du vent, qui rend le Clavier le plus désagréable à toucher, est bien moins sensible. Le seul inconvénient qu'il y ait, est que la Soupape ouvre un peu moins; mais cette perte, à laquelle on peut suppléer d'ailleurs, soit par la longueur des Soupapes, soit en faisant le fer d'Abrégé qui suspend la Touche, un peu plus court que celui auquel la vergette de la Soupape est accrochée, est bien compensée par les autres avantages. J'ai suivi cette méthode dans les desseins des profils des Claviers que j'ai donnés aux Pl. 41 & 42. Je dois avertir qu'il y a une faute dans la Pl. 41, *fig.* 2. La traverse de derriere du second Clavier doit être reculée en arriere d'environ 3 lignes, ce qui en grand viendra à 6 lignes. Comme j'ai expliqué assez au long le méchanisme des Claviers, *art.* 339 & suiv. page 104 & suiv. je ne parlerai que de leur construction.

690. Si l'on veut que des Claviers aillent bien, il faut les travailler avec une grande justesse. Le bois le plus propre pour les chassis est le Noyer, lorsqu'il est bien sec & de fil droit. C'est celui qui se coupe le plus net & le plus juste. Le meilleur bois pour les Touches est le Chêne. Il faut le choisir avec le même soin que celui des Soupapes (585 *page* 196). On le prendra dans des planches qui se trouvent le plus approchant de l'épaisseur convenable. Il n'est pas bon d'en refendre le bois dans de grosses pieces ; on n'en seroit pas si assûré. Il faut qu'il soit doux à travailler ; qu'il ne soit point gras ni spongieux ; il doit être de fil droit. Le merrain, lorsqu'il n'est point gras ni spongieux, y est très-propre.

691. Pour faire les Claviers, on peut en prendre toutes les mesures sur les Pl. 41 & 42. Si l'on ne veut en faire qu'un seul, on en prendra les dimensions sur le second, *fig.* 1, *Pl.* 41. Si l'on veut en faire deux, on en prendra les mesures sur le second & le troisieme. Si on veut en faire trois, on prendra les second, troisieme & quatrieme. Si on veut faire un seul Clavier qui foule, on prendra le premier. Dans quelque cas que ce soit, on pourra les composer sur ceux que j'ai représentés, en doublant toutes les dimensions, c'est-à-dire, chaque longueur, chaque largeur, chaque épaisseur & la grandeur de chaque assemblage. Il faut toujours se souvenir qu'il ne faut pas qu'aucun assemblage soit forcé. On travaillera si juste que tout s'assemble à coups de main. On collera tous les assemblages sans sergent, ni presse, ni étreignoir. On ne se trouveroit jamais juste si l'on faisoit autrement.

692. Avant de commencer les Claviers, il faut faire ce qu'on appelle *la Regle du Clavier*, de la maniere suivante : On aura une regle de bois bien uni, comme de Noyer ou de Poirier, &c. de 30 lignes de largeur, de 3 lignes d'épaisseur, de 26 pouces de longueur, & bien dressée. On tirera à 16 lignes d'un bord la ligne *H P* avec un trusquin à pointe fine. Voyez la fig. 1 de la Pl. 58, qui re-

PLANCHE 58.

présente cette Regle à demi-grandeur. On prendra le long de cette ligne la longueur de 25 pouces 2 lignes, & on marquera deux points *H* & *P* à cette distance, un à chaque bout. On divisera l'espace du point *H* à l'autre point *P*, en 30 espaces égaux, qui feront les trente Touches qui composent les quatre octaves du Clavier, plus une Touche. Pour faire aisément cette division, on divisera premiérement cet espace *H P* en deux parties égales. Secondement on divisera en trois chaque moitié ; & enfin on divisera en cinq parties égales chaque tiers de chaque moitié, & on aura la division faite en trente espaces égaux. Sur les points *L, R, M, O, U, Y, Z, X, J, Q* on tirera des perpendiculaires de toute la largeur de la regle. Sur tous les autres points, on en tirera d'autres qui se termineront sur la ligne *H P*.

Pour avoir les *feintes*, on divisera la largeur d'une touche *a h* en 8 parties égales, desquelles on en prendra cinq, que l'on portera de *a* en *b* ; & on marquera le point *b*. On prendra cette ouverture de compas *a b*, que l'on portera de *c* en *e*, & l'on marquera le point *e*. On divisera en trois espaces égaux, la distance de *e* à *b*, & l'on marquera les points *d* & *i*. On fera précisément les mêmes opérations sur les espaces *M O, U Y, Z X*. Par-là on aura les *C x* & tous les *E ♭*.

Pour

Pour avoir les autres feintes, on diviſera encore la largeur d'une Touche *V M* en 5 parties égales, deſquelles on en prendra trois, que l'on portera de *m* à *o*, & on marquera le point *o*. On prendra cette ouverture de compas *m o*, qu'on portera de *c* à *g*, & on marquera le point *g*. On diviſera en 5 eſpaces égaux la diſtance de *o* à *g*, & on marquera les quatre points *n p r l*. On fera les mêmes opérations ſur les diſtances de *O* à *U*, de *Y* à *Z*, de *X* à *J*. On aura alors tous les *F*&#x2E, *G*&#x2E, & tous les *b*. A l'égard du dernier *C*&#x2E, on le mettra au milieu entre le dernier *C* & le dernier *D* de la largeur des autres *C*&#x2E. Enſuite ayant coupé bien proprement & quarrément les deux bouts ſurperflus de la Regle ſur les premiere & derniere perpendiculaires, on ſuivra tous les traits avec une plume & de l'encre, & l'on y écrira le nom de chaque Touche & de chaque feinte, comme l'on voit ſur la figure, & la Regle du Clavier ſera finie.

693. On tracera, au moyen de la longueur de la Regle du Clavier les arraſements des tenons des traverſes du derriere du Chaſſis. On y fera les rainures avec un bouvet, toujours à petit fer & avec attention, afin qu'elles ſoient bien nettes. On fera toutes les mortaiſes & les tenons avec préciſion, ſans amaigrir le dedans des aſſemblages pour faire mieux joindre le dehors, comme font les mauvais ouvriers. On fera juſtes les mortaiſes dans leſquelles entrent les tenons qui lient les Claviers enſemble; mais celles qui doivent laiſſer mouvoir certains Claviers d'avant en arriere feront tant ſoit peu plus larges, ſans pourtant que le tenon y ballotte, afin de faire avancer & reculer les Claviers ſans effort. On fera ſi bien attention à ce que toutes les pieces des Chaſſis ſoient bien dégauchies, bien dreſſées, bien à l'équerre, & les aſſemblages bien quarrés, que les Chaſſis étant montés enſemble les uns ſur les autres, ils joignent parfaitement, & ſoient bien affleurés par les côtés en dedans & en dehors.

694. Pour faire les Touches, on conſtruira un panneau *A B C D, fig. 2, Pl. 58*, qui eſt repréſenté géométralement & à demi-grandeur: il ſera compoſé de pluſieurs planches de 6 lignes & demie d'épaiſſeur. On les collera l'une contre l'autre à *plat-joint*, faiſant enſorte que les joints ſe rencontrent ſur quelqu'une des lignes perpendiculaires de la Regle du Clavier, laquelle on y préſentera à cet effet. La largeur *CB* de ce panneau doit être préciſément de toute la longueur de la Regle. Sa longueur *A B* doit être du fond de la rainure de la traverſe de derriere du chaſſis juſqu'à affleurer exaĉtement le devant des bras du Chaſſis. On fera chauffer les joints, on y mettra de la colle bien chaude, & on preſſera le tout dans des étreignoirs. La colle étant bien ſeche, on dreſſera exaĉtement le panneau; on le rendra bien uni & dégauchi. On fera tout le long du bout *A D* & en deſſous une feuillure dont on voit la forme en *c, fig. 3, Pl. 43*. Pour la faire comme il faut, on préſentera pluſieurs fois le panneau dans ſa place. Il faut qu'il puiſſe faire le même mouvement que les Touches, c'eſt-à-dire, hauſſer & baiſſer, & que cependant cette eſpece de languette, qui doit être exaĉtement égale d'un bout à l'autre, aille juſte dans ſa rainure ſans ballotter le moins du monde; c'eſt à quoi il

faut faire une grande attention. Il faut enfin , que le panneau entre librement
entre les deux bras de son Chaffis ; mais non pas encore avec tout le jeu qu'il
doit avoir.

PLANCHE
58.

695. Le panneau étant ainfi ajufté & bien dreffé, on y tracera le Clavier de
la maniere fuivante. On tracera avec une pointe, à 16 lignes du bord antérieur
B C, la ligne parallele *H P*, *fig.* 2. A deux lignes de celle-ci on tracera une
autre parallele *t u*. A quatre pouces ou environ du bord antérieur, on en tracera une autre *s x*. A deux ou trois lignes de celle-ci, on tracera celle *q k*. Au
milieu de la longueur des Touches, ou pour mieux dire, à l'endroit où l'on
a réfolu de placer le point de fufpenfion, on tracera la ligne *y ʒ*. A l'endroit où,
felon le profil des Claviers, *Pl.* 41, il faudra placer les mortaifes dans les Touches pour faire paffer les *demoifelles* du Clavier inférieur, s'il y en a, on tirera
deux lignes que je fuppofe devoir être en *f l* & *g h*, felon la longueur qu'il
faudra donner aux mortaifes.

696. La ligne *H P*, termine la longueur des palettes des Touches. Cette
longueur varie felon la place ou le rang que le Clavier doit tenir. Lorfqu'il y a
cinq Claviers, on fait les palettes du premier de 16 lignes; celles du fecond
de 15 lignes; celles du troifieme de 14 lignes; celles du quatrieme de 13 lignes, & celles du cinquieme de 12 lignes. On fait ainfi cette longueur en diminuant, premiérement pour ne pas trop reculer les Claviers fupérieurs, ce qui
feroit incommode ; fecondement pour ne pas trop reculer les points de fufpenfion du fecond Clavier, dont les demoifelles doivent néceffairement paffer derriere le bout des feintes du dernier Clavier, pour quoi il faudroit faire les Touches
plus longues.

697. La ligne *t u*, qui eft à deux lignes environ (lorfqu'on travaille en grand)
de celle *H P*, fert à marquer les mortaifes qu'il faut faire pour féparer les bouts
des feintes des autres Touches. Ces mortaifes qui font fort petites au-deffus du
panneau, doivent être beaucoup plus longues en deffous. Voyez la fig. 3 de

PLANCHE
59.

la Pl. 59. *A B* eft une Touche à demi-grandeur naturelle. *d h* eft le deffus de
la petite mortaife dont nous parlons; *f g* eft fon deffous.

PLANCHE
58.

698. La longueur du placage va du bord antérieur *B C*, jufqu'à la ligne *s x*.
Quelquefois il ne va pas fi loin, quelquefois davantage, felon que le Clavier
eft plus ou moins découvert. La ligne *q k*, défigne la rangée des trous qu'il faut
faire pour les *guides*, qui doivent répondre au-deffus de la traverfe antérieure
du Chaffis du Clavier. Ces guides doivent toujours fe mettre auffi en devant qu'il
eft poffible. La ligne *y ʒ*, marque la rangée des pitons fervant à accrocher le
tirage ou les demoifelles. Les lignes *f l* & *g h*, défignent la longueur des mortaifes qui fervent de paffage au tirage du Clavier inférieur, s'il y en a. Ces mortaifes doivent être d'environ trois lignes de longueur, fi le Clavier inférieur doit
être immobile : s'il doit être mobile, ces mortaifes doivent être de toute la
longueur de la courfe que le Clavier inférieur doit faire, & même un peu plus
longues, afin que le tirage ou les demoifelles n'y frottent point, foit que le

Clavier inférieur soit tiré en avant ou poussé en arriere. Du reste, ces mortaises

n'auront qu'une bonne ligne de largeur.

699. Tout étant tracé, comme je viens de l'expliquer, on mettra le panneau dans sa place ; c'est-à-dire, dans son Chassis & dans sa rainure. On l'arrêtera par un ou deux valets. On fera d'abord les trous des goupilles, perçant ensemble & entiérement la traverse du Chassis & le panneau, le long de la ligne *A D*, qu'on aura tracée sur la traverse. A mesure qu'on percera on mettra les goupilles, qui seront en fil de laiton écroui, plutôt qu'en fil de fer. Voyez une de ces goupilles dans sa dimension naturelle, *fig. 6, Pl. 43.* On fera ensuite les trous sur la ligne *q k,* (*fig.* 2. *Pl.* 58.) pour les guides un peu plus gros que ceux des goupilles : mais on ne percera point la traverse qui se trouve au dessous, il ne faut qu'y marquer les trous. A cet effet, on garnira la meche ou pointe d'un morceau de bois, afin qu'elle n'enfonce pas plus qu'il ne faut. On se sert plus ordinairement d'une pointe d'acier pour faire de petits trous, que d'une meche de villebrequin, attendu qu'il n'est pas toujours aisé de trouver de ces meches assez petites. Cette pointe consiste en un morceau d'acier quarré de 2 ou 3 pouces de longueur qu'on termine un tranchant arrondi & plat par le bout. On la fait rougir au feu, & on la jette dans l'eau froide. Ensuite on la blanchit avec une pierre-ponce & de l'eau, & après l'avoir essuyée avec un linge, on la met sur des charbons ardents jusqu'à ce qu'elle soit devenue bleue. On la retire à l'instant, & on la laisse refroidir. Si l'on doit l'emmancher à un villebrequin de bois, on aura la précaution de la faire platte & large au bout inférieur pour la faire tenir dans la boîte du villebrequin. Si l'on doit l'emmancher dans un villebrequin de fer, on fera son bout inférieur quarré & assez gros pour remplir le trou quarré de la tête du villebrequin. Il faut une pointe emmanchée avec un manche ordinaire pour faire des trous à la main dans l'occasion. Du reste, il convient d'avoir plusieurs de ces pointes, parce qu'il arrive quelquefois qu'elles cassent. Il y en a qui achetent des aiguilles de Bourrelier. Pour les emmancher, on fait un trou dans un morceau de bois, on le remplit d'étain fondu, & on y enfonce promptement le bout troué de l'aiguille. On rape cet étain quarrément jusqu'à ce qu'il entre juste & bien droit dans le trou quarré de la tête du villebrequin. Ces aiguilles sont assez propres à faire des trous dans les cas où le bois ne risque pas de fendre. Revenons au panneau du Clavier. On l'ôtera ensuite de sa place, & on y fera les mortaises comprises entre les lignes *H P* & *t u.* Ces mortaises n'auront pas plus de 2 lignes de profondeur en dessus ; mais comme on doit les faire beaucoup plus longues en dessous, on aura lieu de les approfondir suffisamment pour les faire percer. On fera aussi les autres mortaises pour les passages des tirages du Clavier inférieur. On les travaillera dessus & dessous après avoir chantourné les traits.

700. Toutes ces opérations étant faites, on mettra le placage sur le dessus du devant du panneau. Ce placage se fait en os, ou en ébene noire. Le placage en

os eſt préférable pour les Claviers des Orgues ; parce que cette matiere étant plus dure , elle réſiſte plus long-temps. Les os ſe tirent des jambes des bœufs. On ſcie ces os , & on en fait des lames de la largeur des Touches. On les vend à Paris toutes faites à trois ſols la piece ; mais dans les Provinces , ſi l'on n'a pas la commodité de les faire venir de Paris , on eſt obligé de les faire ſoi-même ; on les ébauchera à la ſcie & avec la rape. Avant de les finir , on les blanchira de la maniere ſuivante.

701. On mettra dans un poëlon , un morceau gros comme le poing de chaux vive , que l'on diſſoudra avec un peu d'eau. La chaux étant éteinte & réduite en pâte , on y jettera à peu près deux pintes ou trois ou quatre livres d'eau. On y ajoutera un peu d'alun broyé. Tout cela étant bien mêlé , on y jettera les os. On mettra le poëlon ſur le feu , & lorſqu'il aura bouilli tout au plus deux ou trois minutes , on ôtera le poëlon du feu. L'eau ayant perdu un peu de ſa grande chaleur , on ôtera doucement toute l'écume. On laiſſera refroidir entiérement le tout , & on ôtera les os , qu'on lavera avec l'eau fraîche. On les laiſſera ſécher bien doucement à l'air qui ne ſoit pas chaud. Si on les faiſoit ſécher trop vîte , ou au ſoleil , ils fendroient. Il faut remarquer que ſi l'on faiſoit bouillir les os plus long-temps que je n'ai dit ci-deſſus , ils ſe brûleroient ou ſe calcineroient , & on gâteroit tout.

702. Lorſque les os ſeront bien ſecs , on finira de les travailler. On les dreſ-ſera ſur une face avec un rabot à fer droit & dentelé. On les mettra de la lar-geur juſte comme les Touches. On les quarrera aux deux bouts. Enſuite on les enfoncera dans un moule de bois où on les rabottera , d'abord avec le rabot à dents , & on les finira avec un rabot à fer droit non dentelé. Ce creux dans le-quel on met ces lames d'os , eſt propre à les tirer d'une épaiſſeur égale & unifor-me. Ce qui étant fait , on les collera l'une après l'autre à leur place ſur le panneau du Clavier , en mettant la colle du côté où l'on a paſſé le fer dentelé. Enſuite on les couvrira de papier , & par-deſſus d'un linge doublé. Au-deſſus du linge , on mettra une forte barre ou ſoliveau qui aura en quarré toute la longueur des lames d'os. On le preſſera au moyen de deux ou trois valets. La colle étant par-faitement ſeche , on rabottera ces os avec un rabot à fer droit ou avec un rabot ordinaire dont le fer ſera tourné , & on les unira avec ſoin. Enſuite , au moyen de la Regle du Clavier , on tracera par-deſſus ces os tous les traits & toutes les lignes qu'ils ont recouverts ſur le panneau. On tracera encore quelques au-tres lignes tout le long , les unes groſſes , les autres fines , pour repréſenter des moulures chacun ſelon ſon goût , à peu près comme l'on voit dans la fig. 1. *Pl.*
PLANCHE 40.
40. On fera par-deſſus les os les petites mortaiſes deſtinées à ſéparer les bouts des feintes d'avec les Touches. Il ne s'agit pour cela que de traverſer les os pour rencontrer les mortaiſes déja faites dans le panneau. Si l'on fait le placage en ébene , on la ſciera par feuilles de la largeur que ce bois ſe trouvera ; & après les avoir rabottées avec le rabot dont le fer ſera droit & dentelé , on les dreſſera ſur

le

le champ de chaque côté , afin que chaque feuille joigne bien l'une contre l'autre , ſans s'embarraſſer où ſe trouveront les joints ; on les collera l'une contre l'autre , en mettant également de la colle deſſus & deſſous, pour empêcher qu'elles ne s'envoilent ; on couvrira le tout d'un ou de deux papiers , & on fera le reſte comme je l'ai dit du placage en os.

703. Il y a pluſieurs Facteurs qui, avant de ſcier le Clavier , collent les talons ou au-deſſus du panneau ou au-deſſous , ſelon que ces talons doivent être deſſus ou deſſous le Clavier. A cet effet , après avoir tracé deux lignes en travers du panneau d'un bout à l'autre , diſtantes entr'elles de toute la longueur des talons, ils collent entre ces deux lignes une tringle à laquelle ils donnent la forme des talons. Ils collent enſuite une bande de peau qui recouvre entiérement cette tringle ; de ſorte que le Clavier étant ſcié , les talons ſe trouvent tout faits & collés à leur place , recouverts d'une peau comme ils doivent l'être. Il y a un défaut dans cette pratique , en ce que le fil du bois des talons croiſe celui des touches , ce qui dans la ſuite peut les faire décoller. Pour remédier à ce défaut , au lieu de faire une tringle à bois de fil , il faut la faire à bois de travers ou de bout ; on peut la faire de pluſieurs pieces. Lorſqu'on l'a collée , on peut achever de lui donner la véritable forme des talons avec le guillaume , & y coller enſuite la bande de peau. On doit mettre la colle du côté velu. On prendra la meſure pour la place , la forme & la grandeur des talons , ſur le profil des Claviers , par exemple , ſur ceux de la Planche 41 ou 42.

704. Il faut obſerver que les talons inférieurs ne doivent pas toucher les talons ſupérieurs ; il convient qu'il y ait un eſpace d'environ une demi-ligne entre deux, comme on peut le remarquer à ceux qui ſont repréſentés *Pl.* 41 , *fig.* 1 & 2 , où l'on voit ce petit eſpace qui eſt la moitié de ce qu'il doit être en grand. La raiſon de ce petit eſpace , eſt que par-là la Soupape relative au Clavier ſupérieur s'ouvrant un inſtant imperceptible avant celle que le Clavier inférieur fait ouvrir (les Claviers étant enſemble) , il n'y a pas deux réſiſtances de vent à vaincre enſemble ; par conſéquent le Clavier eſt plus doux à baiſſer que ſi les talons ſe touchoient ; car alors ce ſeroient deux forces réunies qu'il faudroit ſurmonter. Une autre raiſon eſt que les touches d'un Clavier ne ſe ſoutenant pas toujours bien égales de hauteur , lorſque quelqu'une baiſſeroit un peu , elle porteroit ſur la touche inférieure ; ce qui cauſeroit un cornement. Du reſte , ſoit que l'on colle tous les talons à la fois , ſoit qu'on les colle l'un après l'autre ; on doit obſerver de ne pas les poſer à rebours , comme font beaucoup d'ouvriers, qui les mettent de maniere qu'ils peuvent s'accrocher l'un devant l'autre, lorſque quelque touche ſupérieure eſt baiſſée , & que les Claviers ſont ſéparés ; car alors il arrive que quand on met les deux Claviers enſemble , un talon accrochant l'autre , il faut néceſſairement que l'un ou l'autre ſe décolle & tombe entiérement. On aura donc ſoin de les poſer dans le ſens que l'on voit dans les figures de la Pl. 41 ; & que l'inférieur & le ſupérieur aient la même hauteur ,

ORGUES. II. Part. S ſ

PLANCHE
41 & 42.

afin que le peu de mouvement circulaire que fait la touche en baiffant y foit moins fenfible.

705. On fciera le Clavier avec une fcie à tenon à dents fines , bien ajuftée , qui ait fuffifamment de paffage , & qui ne déchire pas le bois. Du refte , il ne faut pas qu'elle foit plus mince qu'à l'ordinaire , afin qu'il y ait un petit efpace raifon-

PLANCHE 58.

nable entre les touches. On fera une finguliere attention à fcier bien à-plomb & bien quarrément. On fera premiérement paffer la fcie fur les lignes 2, 3; 4, 5; 6, 7; 8, 9; 10, 11 ; 12, 13; 14, 15 & 16, 17 ; par cette premiere opération on féparera le panneau en neuf pieces. Secondement, on fera paffer la fcie fur les lignes 18, 19, 20, 21, 22, 23, 24, 25, 26, 27, 28, 29, 30, 31, 32, 33, 34, 35, 36, 37 & 38, en arrêtant fur la ligne *H P*. Troifiémement, on fciera les feintes en les prenant par le bout où eft la feuillure. On fera paffer la fcie au milieu des traits , & quand on fera arrivé au commencement du placage ou à la ligne *s x*, on détournera un peu la fcie du côté de la feinte, pour laif. fer entier le trait marqué fur le placage du côté de la Touche qui porte la pa- lette. Il faut , comme je l'ai dit , une grande attention pour fcier comme il faut un Clavier ; afin que les Touches fe trouvent à l'équerre en tout fens , & que la fcie paffe toujours au milieu des traits , excepté , je le répete encore , vers le bout antérieur des feintes , dans le terrein defquelles on fera entrer la fcie pour laiffer franc le trait des Touches marqué fur le placage.

706. Le Clavier étant tout fcié , on paffera un petit rabot le long des côtés des tiges , des touches & des feintes , pour emporter la plus grande partie des veftiges de la fcie. On recalera , fur-tout bien proprement les côtés des bouts des touches , pour qu'ils foient coupés bien net & à l'équerre , auffi bien que les côtés du placage qui regardent les feintes. On retouchera aux bouts an-

PLANCHE 59.

térieurs des feintes , comme en *g d , fig.* 3. *Pl.* 59 , dont on arrachera le mor- ceau du placage qui y tient. On retouchera de même derriere les palettes , comme en *f d* , afin que le tout foit coupé proprement & uniformément.

707. On fichera les guides fur la traverfe antérieure du Chaffis , après y avoir fait les trous avec une pointe ou une alêne droite de cordonnier , fur les marques qu'aura faites la meche , comme il a été dit art. 699 , page 249 ; mais il faut que ces trous foient un peu plus petits & un peu moins profonds qu'il ne faut , afin que les guides tiennent bien. C'eft une précaution néceffaire de faire ces trous , pour que la traverfe ne fe fende point. Autre précaution , les pointes in- férieures des guides feront mieux étant quarrées que rondes ; elles rifqueront moins de fendre la traverfe. On fe fervira de l'outil, *fig.* 5 , *Pl.* 56 , pour les

PLANCHE 56.

enfoncer droit & uniformément. On voit un de ces guides dans fa grandeur naturelle, *fig.* 7. *Pl.* 43 ; ils iront mieux en fil de laiton fortement écroui qu'en

PLANCHE 43.

fil de fer. Celui-ci fe rouille bientôt, ce qui lime peu à peu les touches & déf- ajufte le Clavier ; d'ailleurs le frottement de la touche contre le guide feroit plus rude fi on le faifoit en fer.

708. On remettra chaque touche à sa place, & à mesure qu'on les posera, on les rendra libres; à cet effet, on retouchera, avec une lime à dos rond ou avec une queue de rat un peu plus grosse que les guides, aux entailles ou échancrures que les trous des guides qu'on a faits, (699, page 249) ont formées aux côtés des touches. On limera cette échancrure d'une façon convenable jusqu'à ce que la touche joue bien librement avec tant soit peu de ballotement. On fera attention en ajustant ainsi les Touches, qu'elles se trouvent toutes à égale distance entr'elles; c'est pourquoi on ne finira point d'ajuster une Touche dans sa place, qu'on ne présente la suivante pour voir de quel côté il faut gagner. On appliquera aussi souvent la Regle du Clavier, afin d'en suivre exactement les divisions. Sans cette précaution, on risqueroit de s'écarter un peu à droite ou à gauche; il s'ensuivroit que les autres Claviers ne se rencontreroient pas exactement ensemble; on en comprendra bientôt l'inconvénient.

709. Il est essentiel que les Touches soient parfaitement libres entre leurs guides, tant dans leur partie inférieure que dans la supérieure du guide. Je veux dite, que lorsque la Touche est relevée, elle ne doit avoir ni plus ni moins de jeu entre ses guides, que lorsqu'elle porte à fond sur sa traverse antérieure. Elle doit avoir un très-petit ballottement, qui doit être égal, soit qu'elle soit basse ou haute, & cependant il faut qu'elle ne puisse pas toucher sa voisine. Lorsque les Touches sont relevées, leur distance entr'elles doit ête toujours égale & suivre la division de la Regle. Il faut qu'elles puissent se relever d'environ 2 ou 3 lignes plus qu'il n'est nécessaire sans aucune gêne. On fera attention que les guides touchent ou frottent également dans toute l'épaisseur de la Touche. Il ne doit pas y en avoir une seule qui puisse tant soit peu tourner entre les doigts; mais toutes doivent être bien justes dans leur rainure sans aucun ballottement, & cependant bien libres, leurs goupilles étant dans leur place. Tous ces soins sont font essentiels. Si l'on en néglige un seul, le Clavier jouera mal.

710. Les Touches étant bien ajustées, on fera les chanfreins aux deux côtés de chaque palette. Ce chanfrein est nécessaire pour que les doigts de l'Organiste ne s'accrochent point aux vives arêtes des Touches, & qu'ils glissent mieux dans les grandes volubilités. Il y en a qui aiment mieux arrondir ces bords des Touches. Chacun suivra son goût; mais il faut le faire toujours bien proprement & uniformément. Si l'on vouloit que le bout antérieur des Touches fût plaqué, il faudroit le faire avant de les scier, & lorsque le panneau est entier & non ajusté dans sa rainure. Il en est encore qui plaquent la partie visible & découverte des bras des Chassis, tout cela doit se faire avant d'ajuster les panneaux. Je ne parle point de bien des filets d'ivoire ou d'os, dont on orne quelquefois les Claviers, parce que ce n'est guere l'usage pour ceux des grandes Orgues.

711. On ôtera toutes les Touches de leur place. On achevera de bien nettoyer les mortaises au travers desquelles les demoiselles doivent passer. On fichera dans leurs trous tous les pitons du tirage qu'on rivera en dessous. Ils doi-

vent être femblables à ceux des Soupapes. Ces pitons doivent être faits en fil de laiton un peu fort & non recuit, tel qu'on l'achete communément chez les Marchands. On les difpofera tous, en forte qu'ils fe regardent & qu'une même broche pût les enfiler tous en travers du Clavier, s'il étoit néceffaire. On polira le placage des Touches, s'il eft en os, en le frottant avec de la prêle & de l'eau, jufqu'à ce qu'il n'y paroiffe aucun trait du rabot ni du gratoir. Enfuite, avec un bouchon de linge ou de chapeau fin, on frottera, en y mettant du tripoli en poudre très-fine & de l'eau. S'il faut polir de l'ébene, on le prêlera d'abord avec de l'eau, & on finira avec le tripoli & de l'huile.

712. Il refte à faire les feintes. On en voit une repréfentée en perfpective, *fig.* 2. *Pl.* 40, & plufieurs autres dans leur place, *fig.* 1. (dans laquelle il faut remarquer en paffant, qu'on y a repréfenté trop grande une partie de Clavier.) Si le Clavier eft plaqué en os, on fera les Feintes en bois d'ébene noire. S'il eft plaqué d'ébene, les Feintes feront en os. Il faut remarquer qu'il feroit bien plus facile de faire les Feintes & même de plaquer les Claviers en ivoire qu'en os. Je crois qu'il en coûteroit moins, & qu'il feroit plus aifé de trouver de l'ivoire, que des os de la groffeur & de l'épaiffeur qu'il le faut ; il feroit plus facile à travailler, & même d'abord plus propre ; mais il devient avec le temps d'une couleur jaunâtre fort défagréable. Les os confervent beaucoup mieux leur blancheur, & font bien plus durs que l'ivoire ; par conféquent ils doivent être d'un plus long ufage. Les Feintes doivent être plus longues aux premiers Claviers qu'aux derniers. On leur donne quelquefois jufqu'à 3 pouces de longueur, lorfqu'il n'y a qu'un Clavier ; mais cela feroit impratiquable pour les Orgues, lorfqu'il y a plufieurs Claviers.

713. Au premier Clavier, les Feintes pourront avoir 2 pouces de longueur ; au fecond, 1 pouce 9 lignes ; au troifieme, 1 pouce & demi ; au quatrieme, 1 pouce 3 lignes, & au cinquieme, 1 pouce. On les fera de 6 lignes de hauteur dans les Baffes pour les premier & fecond Claviers, s'il n'y en a que quatre. S'il y a cinq Claviers, on les fera de la même hauteur pour le troifieme. Mais pour le Récit & l'Echo, auffi bien que pour les Deffus des autres Claviers, on ne leur donnera que cinq lignes de hauteur. En un mot, il faut que lorfqu'on baiffe une Feinte, le doigt ne puiffe pas toucher les Touches plaquées ; par conféquent, il eft néceffaire que les Feintes foient un peu plus hautes que l'abbaiffement des Touches. Du refte, on fera ces Feintes bien uniformes ; un peu plus baffes fur le derriere que fur le devant ; taillées bien réguliérement & bien dreffées. On émouffera, prefque infenfiblement, les vives arêtes, & on les polira de la même maniere que le placage. Pour les mettre en leur place, on montera le Clavier, c'eft-à-dire, qu'on mettra toutes les Touches chacune en leur place. On les arrêtera avec les goupilles. On fera quelques traits en tout fens en deffous des Feintes pour leur faire mieux prendre la colle. On mettra de la colle en deffous affez abondamment ; on pofera la Feinte dans fa place, enforte qu'elle faffe un

vuide

vuide égal de chaque côté & fur le devant. Ce vuide doit être à peu près égal à celui qui fera entre les Touches. La colle étant bien feche, on démontera encore le Clavier pour ôter la colle fuperflue qui pourra fe trouver aux Feintes, & qui pourroit tenir aux Touches. Le Clavier étant fini, on y accrochera les demoifelles, s'il doit y en avoir ; & on collera une bande de lifiere de drap fur le bord antérieur de la traverfe qui porte les guides, afin d'empêcher par ce moyen que les Touches ne faffent du bruit.

714. Toutes les opérations que je viens de décrire pour conftruire un Clavier, ont lieu pour les autres. Quand ils feront finis, & à mefure qu'on les montera enfemble, on fera paffer les demoifelles dans les Touches fupérieures correfpondantes. Il faut que le tout foit fi bien exécuté, & les Claviers fi égaux pour la divifion des Touches, que les demoifelles ne touchent abfolument à rien dans les mortaifes par où elles paffent lorfque leurs Touches feront fufpendues par l'Abrégé & les Soupapes, foit que quelque Clavier foit reculé ou avancé. Il faut que les Claviers mobiles foient fi bien ajuftés par leurs mortaifes & par leurs tenons qui déterminent leur mouvement horifontal, qu'en les pouffant ou les retirant par un feul de leurs bras, ils reculent ou reviennent en avant comme fi on les repouffoit ou retiroit par leurs deux bras enfemble ; & que cependant ils ne foient pas affez faciles dans ce mouvement pour reculer d'eux-mêmes quand on Touche l'Orgue. Il y a des Facteurs qui ont la coutume d'arrêter les Claviers mobiles par deux verroux ou quelqu'autre ferrure, lorfqu'ils font retirés en avant, afin qu'ils ne puiffent point reculer quand on touche. Il eft certain que par ce moyen ils font très-fixes. Mais il eft encore mieux de les ajufter fi bien qu'on n'ait pas befoin de ce fecours. Pour éviter d'y avoir recours, il fera toujours mieux de rendre mobile le Clavier du Pofitif que le fecond. Celui-ci dans ce cas, refte immobile, & celui du Pofitif portant le fardeau des autres, n'eft jamais fujet à s'en retourner lorfqu'on l'a tiré en avant & que l'on touche.

715. Je dois avertir que dans la conftruction d'un Clavier, on tomberoit dans des inconvéniens confidérables, fi l'on différoit de pourfuivre le travail lorfqu'on en eft parvenu jufqu'à un certain point ; ce que je vais faire entendre. Lorfqu'on aura collé les différentes pieces qui compofent le panneau, on peut bien le laiffer là, & différer tant que l'on voudra à faire le refte. Mais lorfqu'on l'aura ajufté & tracé, il faut néceffairement le percer, mortaifer, plaquer & tracer fur le placage les petites mortaifes & les Touches, & cela tout de fuite. On peut différer de le fcier & de faire tout le refte pour le finir. La raifon de cela eft, que le panneau changeant de largeur continuellement, ne fe trouveroit pas jufte avec la Regle du Clavier. Si après l'avoir plaqué, on différoit un temps confidérable à tracer une feconde fois les petites mortaifes & les Touches, il arriveroit que quand on viendroit à faire cette opération au moyen de la Regle du Clavier, ces petites mortaifes ne fe rencontreroient plus exactement avec celles qu'on auroit faites auparavant fur le panneau. Si l'on différoit à faire les trous

des guides pour les marquer sur la traverse antérieure du Chassis, le panneau ayant changé de largeur, ces trous seroient marqués un peu faux & les Touches ne suivroient pas exactement les divisions de la Regle du Clavier. Il faut en dire de même si l'on différoit à faire les trous des goupilles. Il s'ensuivroit de tout cela que les Claviers n'étant point parfaitement égaux ensemble, les mortaises par où passent les demoiselles, ne seroient pas bien vis-à-vis les unes des autres, & ne se répondant point exactement, elles n'auroient jamais leur jeu libre. Les talons ne se rencontreroient pas non plus exactement. En un mot, on trouveroit encore dans la pratique bien des embarras & des difficultés.

Clavier des Pédales.

716. Pour construire ce Clavier, dont on peut revoir la description, *art.* 359 & suiv. *page* 110 & suiv. il faut d'abord en tracer *la Regle* de la maniere suivante. Sur une regle de bois d'environ 2 pouces de largeur, de 3 ou 4 lignes d'épaisseur & de deux ou 3 pieds de longueur, *Pl.* 59, *fig.* 1, qui est à demi-grandeur naturelle; on tracera avec un trusquin, la ligne *h i*, au milieu & tout le long de la regle. A un bout, on tirera les deux perpendiculaires *m n*, & *k l*, de toute la largeur de la Regle, & distantes l'une de l'autre de 15 lignes. Ce sera l'épaisseur d'un des deux côtés ou bras du Chassis du Clavier. Après la perpendiculaire *k l*, on laissera une ligne de distance jusqu'à la premiere marche, que l'on marquera par les deux perpendiculaires 2, 3; & 4, 5; distantes entr'elles de 10 lignes. On voit dans le milieu de cette marche la place de la Touche *C*, de 4 lignes d'épaisseur. Ce *C*, signifie *C sol ut*. Après cette marche, on laissera une ligne de distance, & on tracera deux autres perpendiculaires 6, 7; & 8, 9; distantes entre elles de 10 lignes. Ce sera la seconde marche *C sol ut* ✕, comme l'on voit dans la figure. Après cette seconde marche, on laissera une ligne d'intervalle, & on tracera la troisieme 10, 11; & 12, 13; de 10 lignes de largeur, au milieu de laquelle on marquera l'épaisseur de la Touche *D la re*. Après avoir laissé une ligne d'intervalle, on tracera la quatrieme marche *E si mi* ♭, marquée 14, 15; & 16, 17. Après celle-ci, on marquera la cinquieme marche *E si mi*, désignée par les perpendiculaires 18, 19; & 20, 21. De *E si mi* cinquieme marche à l'*F ut fa* suivant, sixieme marche, on laissera un pouce d'intervalle, qui est la place d'une marche avec une ligne de chaque côté. On omet cette marche, parce que de *E si mi* à *F ut fa*, il n'y a qu'un demi-ton. Ensuite on continuera de tracer les sept marches suivantes, comme les cinq premieres. Ces sept marches sont *F ut fa; F ut fa* ✕; *G re sol; G re sol* ✕; *A mi la; B fa si* ♭; *B fa si*. On laissera encore un espace d'un pouce, & on tracera les cinq marches suivantes. On continuera ainsi jusqu'à ce qu'on ait l'étendue ou le nombre des marches qu'on veut donner au Clavier de Pédale. Enfin, on terminera la Regle, comme on l'a commencée; c'est-à-dire, qu'on marquera à l'autre bout la même épaisseur de 15 lignes *o p* & *r s*, pour l'autre bras du Chassis. La Regle qui est représentée

PLANCHE 59.

par la fig. 1, ne commence qu'à *C sol ut*, & finit en *A mi la* ; ce qui comprend une Octave & une Sixte, la place n'ayant pas permis de faire cette Regle plus étendue. J'ai jugé plus commode de la représenter par la moitié de ses véritables dimensions. Il faut remarquer que la plûpart des Facteurs donnent 7 à 8, ou 9 lignes d'épaisseur aux Touches du Clavier de Pédale. Je crois qu'il est mieux de n'en donner que 4 lignes ; parce que ce retranchement de 3, ou 4 ou 5 lignes dans l'épaisseur de chaque Touche, raccourcit fort considérablement ce Clavier, sans, pour ainsi dire, rapprocher davantage les Touches ; en quoi il sera plus commode.

717. La Regle de ce Clavier étant finie, on choisira du bois de Chêne de fil droit & bien liant, dont on fera le nombre de marches qui doivent composer le Clavier de Pédale. Elles auront 13 à 14 pouces de longueur, 6 lignes d'épaisseur, & 10 lignes de largeur. On pourra faire le Chassis en bois de Noyer ou de Chêne. On en voit toutes les dimensions à demi-grandeur, aussi bien que la forme, dans la fig. 1. *Pl. 45.* On le voit tout monté dans la Pl. 44. *fig.* 1.

On collera tous les assemblages ; & après avoir mis les guides de fil de laiton pour séparer & maintenir les marches, on arrêtera avec de la colle & des pointes la traverse 6 S, *fig.* 1. *Pl. 45*, vue par le bout, dont on remarque la place dans l'entaille S, *fig.* 2. Ces guides 6 6, *fig.* 1. *Pl. 45*, seront arrêtés par les deux bouts, l'inférieur dans la grande traverse R, *fig.* 1. & le bout supérieur dans la petite traverse 6 S. Les trous des guides aussi bien que ceux des pioches, qui retiennent les marches dans leur rainure, seront marqués au moyen de la Regle du Clavier ; & on fera ces trous, les marches étant dans leur place, en sorte qu'ils se trouvent faits aux deux joues de la rainure & à la marche en même-temps. A cet effet, on arrêtera toutes les marches dans le Chassis & la rainure, au moyen d'une barre mise par-dessus & en travers, assujettie par un valet à chaque bout. Ces trous étant faits, on y mettra les pioches de fil de laiton dont on entaillera la tête ou le pli, pour les affleurer. On rendra toutes les marches bien libres, tant dans leur rainure qu'entre leurs guides ; ce qui se fera au moyen d'une lime, ne les laissant balloter que le moins qu'il sera possible.

718. Les ressorts doivent être beaucoup plus forts, au moins au double que ceux des Soupapes des Sommiers, & seront faits de fil de laiton bien écroui. Il faut observer d'en mettre aux marches des feintes qui soient un peu plus forts qu'à celles des autres Touches, afin que la résistance se fasse sentir également aux unes & aux autres. Tous ces ressorts ensemble font une force réunie considérable, qui feroit fléchir en en-haut la petite traverse 6 S, *fig.* 1. C'est pourquoi l'on mettra une ou deux longues vis, (dont la tête sera entaillée & affleurée), vers le milieu des traverses des guides ; en sorte que celle de dessus, qui est la plus foible, soit soutenue par celle de dessous. Le tout étant bien ajusté, on doublera d'une lisiere de drap le dessus de la traverse inférieure & le dessous de la traverse supérieure, afin que les marches ne fassent point de bruit.

719. Le meilleur bois pour faire la Table, eft le Noyer, parce qu'il fe coupe

PLANCHE
59.

plus net. Cependant le Chêne y fera bon. On y tracera au moyen de la Regle toutes les mortaifes, comme on le voit dans la fig. 2. *Pl. 59*, qui repréfente à demi-grandeur une Table de Clavier de Pédale, *A B C D*, avec toutes fes mefures, mais pas plus étendue que la Regle, faute de place. Il faut obferver que toutes ces mortaifes par où paíferont les Touches, doivent être plus grandes en deffous de deux lignes au moins aux deux côtés & aux deux bouts qu'en deffus, de forte qu'elles feront confidérablement évafées en deffous, & le bois fera coupé en droiture en maniere de chanfrein jufqu'à vive arête. Voyez la

PLANCHE
60.

fig. 10. *Pl. 60*, où l'on a repréfenté une coupe d'un morceau de cette Table *M P N O*. *M P*, eft le deffus de la Table, & *N O*, le deffous. On voit le deffus des mortaifes marquées *a*, *b*, *c*, & comment le deffous eft évafé en droiture jufqu'à vive arête. Ceci demande d'être exécuté avec précaution, afin que le bois foit coupé bien nettement, & qu'en deffus les vives arêtes foient bien confervées. La raifon de la néceffité de cet évafement eft, que n'y reftant plus aucune furface où la pouffiere & les autres ordures des fouliers qui fe dépofent fur le Clavier de Pédale, puiffent s'engager, les Touches feront beaucoup moins fujettes à s'arrêter.

720. On arrêtera la Table au-deffus du Chaffis par quatre ou fix vis, felon que le Clavier aura de longueur. Enfuite on collera les Touches, qu'on fera en bois de Noyer, & qui entrent librement dans les mortaifes. Le trou des pioches

PLANCHE
45.

fera le centre de la courbe qui leur donne la forme & la tournure. (*Pl. 45. fig. 1.*) On en voit une en *I*, & une feinte en *L*, toutes montées en leur place. On voit les mêmes féparément & en perfpective *I* & *L*, *fig. 5* & 4, collées fur leurs marches. On voit encore *fig. 6*, les mêmes Touches *I* & *L*, féparées de leur marche. On les tirera exactement d'épaiffeur, & on les mettra bien à l'équerre fur leur champ, fur-tout en deffous, qui eft leur affiette. Pour les pofer, on mettra de la colle en deffous, & on les mettra en leur place, obfervant avec grand foin qu'elles foient parfaitement droites & bien au milieu de l'ouverture ou mortaife. Quand la colle fera parfaitement feche, on ôtera la Table, on démontera toutes les marches, & on fichera deux pointes au-deffous de chacune, en forte qu'elles entrent fuffifamment dans les Touches. On remontera le tout comme auparavant, & on rendra toutes les Touches bien libres, en retouchant avec une lime, partie aux mortaifes & partie aux Touches felon le befoin. Il faudra à cet effet, démonter & remonter plufieurs fois le Clavier, jufqu'à ce qu'il aille bien. On obfervera toujours qu'il ne faut pas que les Touches, ayent trop de jeu dans leurs mortaifes. On n'y en laiffera que le moins qu'il fera poffible. Je ne répete point ici ce que j'ai dit du Clavier de Pédale, aux art. 359 & fuiv. pag. 110. Du refte, chaque Facteur a fa maniere de conftruire ce Clavier. Celle que je viens de donner me paroît bonne ; je ne prétends point la préférer à d'autres. Chacun choifira celle qu'il trouvera la meilleure.

SECTION

SECTION SECONDE.

Construction des Abrégés.

721. Je renvoie à ce que j'ai dit des Abrégés, *art.* 363 & *suivants, pag.* 112 & suivantes. J'en ai représenté un des plus simples, *Pl.* 46, *fig.* 1, pour en faire entendre la méchanique. En voici un, *Pl.* 60, *fig.* 1, qui est fort composé & propre pour un très-grand Orgue. *A B, C D, E F, G H,* représentent les quatre parties du grand Sommier divisé en quatre, ou plutôt les lignes *AB, CD, EF, G H,* contiennent les points qui représentent les bouts inférieurs des osiers. Ils sortent de dessous les Layes du Sommier, & communiquent aux Soupapes. Les deux Sommiers des Basses *A B,* & *G H,* sont à triples Soupapes, comme le désignent les accolades, dont chacune est marquée d'un chifre, qui dénote l'ordre des gravures. On voit tout le côté droit qui a ses numéros impairs 1, 3, 5, 7, &c. & le côté gauche a tous ses numéros pairs 2, 4, 6, 8, &c. La Soupape ou son osier destinée à faire jouer la Bombarde & les Jeux qui l'accompagnent, est marquée par-tout par un *b*; les doubles Soupapes ou les osiers qui leur répondent, comme en *a*, sont marquées par une petite ligne horisontale, qui paroît accoupler les deux osiers. Les deux Sommiers des Dessus *C D,* & *E F,* sont à double Soupape, dont une est destinée à donner le vent à la Bombarde & à ses Jeux; elle est marquée par un *b*; & l'autre Soupape est pour tous les autres Jeux du grand Orgue.

722. Cet Abrégé est double; c'est-à-dire, qu'il y en a deux, l'un pour le grand Orgue, relatif à son Clavier respectif; & l'autre pour la Bombarde, & relatif à son Clavier particulier. Toutes les lignes horisontales représentent les rouleaux de l'Abrégé, & les verticales désignent les vergettes. Le Clavier est représenté par *I K.* On y voit les chiffres qui en désignent l'ordre. Il faut s'imaginer qu'on est au-dedans de l'Orgue & qu'on regarde devant soi le derriere des Claviers & l'Abrégé dans leur situation naturelle. Tous les points qui terminent les rouleaux d'Abrégé ou les lignes horisontales, représentent les fers ou les petits bras de l'Abrégé. Il faut encore imaginer que toutes les lignes verticales ou les vergettes *L M,* qui vont jusqu'au Clavier, sont toutes doubles, quoiqu'elles paroissent simples; l'une étant supposée devant l'autre, on n'en peut voir qu'une. Ces deux vergettes aboutissent par leur bout inférieur à deux Claviers différents, l'une au Clavier de Bombarde, & l'autre à celui du grand Orgue. Les vergettes ou les lignes verticales, qui aboutissent aux osiers des Soupapes sont toutes simples. Cette explication fera entendre comment chaque vergette inférieure du Clavier, quoiqu'il paroisse n'y en avoir qu'une, est pourtant double, & aboutit à deux rouleaux d'Abrégé. Tous ceux-ci sont numérotés aussi bien que toutes les vergettes, pour rendre sensible la correspondance de chaque Touche du Clavier à sa Soupape respective; ce qu'on peut examiner & suivre avec les

yeux. Cet Abrégé eſt ainſi repréſenté avec de ſimples lignes ſeulement pour faire voir comment on le trace ; maintenant voici comment on l'exécute.

723. Les Sommiers étant poſés & fixés en leur place , on commence par pré-ſenter une longue regle deſſous les oſiers , & on marque un point ſur la regle vis-à-vis de chaque oſier ; on numérote tous ces points ſelon la diſpoſition du Sommier , & ayant noté ſur cette regle l'à-plomb du Clavier , on marquera plus bas les points qui le repréſentent au moyen de la Regle du Clavier. On nu-mérotera également ces points du Clavier ; enſuite on tracera l'Abrégé comme on le voit dans la fig. 1. Dans celui-ci , je me ſuis conformé à la diſpoſition du grand Sommier , tel que je l'ai décrit dans le Chapitre troiſieme ; c'eſt-à-dire , que je ſuppoſe que les premiers Tuyaux de chaque Jeu ſont poſés aux extrémités , & ſucceſſivement les deſſus vers le milieu de l'Orgue alternativement de chaque côté , comme j'ai dit que c'étoit la meilleure diſpoſition. J'en ai repréſenté une

PLANCHE 61.

autre dans la Pl. 61 , *fig.* 1 , où je n'ai mis que les Deſſus , comme l'ordre des chiffres le fait voir. J'ai prétendu y faire remarquer ſeulement , comment on peut diſpoſer les rouleaux de l'Abrégé , lorſque l'ordre du Sommier eſt tel qu'il eſt repréſenté dans la Pl. 50. Je crois que par ces deux ſeules figures d'Abrégé ,

PLANCHE 50.

on ſaura aiſément en conſtruire de toutes les façons , quel que ſoit l'ordre qu'on aura été obligé de donner au Sommier. Voici quelques obſervations à faire dans la conſtruction d'un Abrégé.

724. 1°. Il eſt néceſſaire de réſerver un eſpace d'environ 2 pouces & demi entre

PLANCHE 60.

un fer d'Abrégé , *m* , & celui *n* , *fig.* 1. Pl. 60 , qui eſt ſur un rouleau voiſin poſé ſur la même ligne ; ce qu'on trouvera obſervé dans tous les rouleaux qui ſont dans ce cas , comme le ſont ceux de *d* à *e* ; & de *Y* à *X*. Pour parvenir à trouver cet eſpace , il ne faut pas commencer l'Abrégé en plaçant ſur la même ligne les deux premiers rouleaux ; car alors les fers d'Abrégé n'auroient qu'en-viron 6 lignes de diſtance de l'un à l'autre ; on eſt donc obligé de faire comme on voit en la même fig. 1. où le premier rouleau à droite , *fd* , eſt plus bas que le premier à gauche *a c*. De même le premier rouleau à droite *O Y* , eſt bien plus bas que celui *g Z* , à gauche. La raiſon pour laquelle il faut réſerver cet eſpace

PLANCHE 46.

eſt , (*fig.* 3 , *Pl.* 46) , qu'il faut y placer un tourillon double *O* , c'eſt-à-dire , d'environ 8 lignes d'épaiſſeur , pour recevoir deux pivots des deux rouleaux *P* & *Q*. Les fers d'Abrégé ſont marqués *r* & *S* , entre leſquels je viens de dire qu'il faut un eſpace de deux pouces & demi ou environ , ou 30 lignes ; le tou-rillon doit avoir environ 8 lignes d'épaiſſeur ; il reſte donc 11 lignes d'eſpace aux bouts des deux rouleaux , ce qui fait ſuffiſamment de bois pour bien tenir le fer d'Abrégé auſſi bien que le pivot , auquel on donnera 4 lignes de ſaillie.

725. 2°. Comme on eſt ordinairement à l'étroit pour la hauteur dans la place de l'Abrégé , il eſt néceſſaire de ménager le terrein. A cet effet , il faut accou-pler les rouleaux , c'eſt-à-dire , en placer au moins deux ſur même ligne. Il arrive quelquefois qu'on en place trois , & même juſqu'à quatre dans certains

cas où la disposition du Sommier par rapport à l'à-plomb du Clavier le permet. Cependant l'on est quelquefois obligé de sortir de cette regle, comme on en voit un exemple en *A B*, *fig.* 1. *Pl.* 61, où il y a deux lignes d'un côté qui ne sont pas remplies.

PLANCHE 61.

726. 3°. Il est essentiel dans un Abrégé qu'aucun rouleau ne se torde dans son mouvement, afin que l'abaissement de la Touche du Clavier soit transmis tout entier ou sans la moindre diminution jusqu'à la Soupape. Pour expliquer ceci, je suppose un rouleau d'Abrégé *A B*, *fig.* 11. *Pl.* 60, de 12 pieds de longueur & d'un pouce de diametre, à huit faces égales ; car c'est la forme la plus ordi-naire & la plus convenable ; on accrochera une vergette *a b*, au bras *a*, en sorte qu'elle soit arrêtée fixement en en-haut au clou *b*. On accrochera de même au bras *c*, la vergette *c d*, au bout inférieur de laquelle, on attachera un poids *d*, de 12 onces. Il est vraisemblable que le rouleau se tordra, par la pesanteur ou le tirage du poids *d*, qui descendra peut-être de 4 lignes. Des rouleaux d'Abré-gé, qui se tordent ainsi, plus ou moins, font qu'on baisse presqu'entiérement ou plus ou moins les Touches du Clavier, sans que les Soupapes ouvrent encore. C'est un grand défaut, qui rend un Orgue lent à parler, & dans les volubilités de la main, on baisse bien des Touches, sans faire ouvrir du tout ou que bien imparfaitement les Soupapes. Le Clavier d'ailleurs est mou & a un tact désagréa-ble. Pour remédier à un si grand inconvénient, on fera les rouleaux d'Abrégé d'une grosseur suffisante & proportionnée à leur longueur. Des rouleaux de 5 à 6 pieds de longueur doivent avoir environ un pouce de diametre. Si l'on est obligé de les faire plus longs, comme de 7 à 8 ou 9 pieds, il convient de leur donner un peu plus de grosseur comme de 13 lignes, & même jusqu'à 14 ou 15 lignes, s'ils ont 10 à 12 ou 13 pieds de longueur. On le fait toujours en bois de chêne bien choisi. Pour tracer les 8 faces égales des rouleaux d'Abrégé & de toutes les autres pieces qui doivent avoir cette forme, comme les gra ds pilotes tournans, &c. on corroyera le bois à l'ordinaire, & on le mettra quarré à qua-tre faces égales. Je suppose que *A B C D*, *fig.* 6, *Pl.* 61, est un morceau de rouleau d'Abrégé, & qu'il est quarré. On appliquera le triangle onglet sur une face, au moyen duquel on tracera à l'onglet, la ligne *E G*. On prendra avec un compas la largeur totale d'une face *E F*, & on la portera de l'arête *E* sur la ligne *E G*, au point *H*. Car du point *H* au bord *E*, ce sera la largeur d'une des 8 faces. On ajustera le trusquin sur ce point *H*, & on tracera deux lignes sur chaque face avec le trusquin ainsi déterminé. On emportera le bois des qua-tre angles jusqu'à ces traits, & le rouleau se trouvera à huit faces égales.

PLANCHE 60.

PLANCHE 61.

727. 4°. Quand les rouleaux d'Abrégé sont de 9 à 10 ou 12 pieds, on est obligé de les couper en deux parties. La raison en est, que des rouleaux si longs ne se maintiendroient pas long-temps bien droits. Pour peu qu'ils vinssent à se déjetter, ils se toucheroient mutuellement, ce qui causeroit des arrêts bien fré-quens aux Touches du Clavier. Dans la fig. 1. Pl. 60, les rouleaux relatifs aux

PLANCHE 60.

deux Sommiers des Baſſes , ſont partagés en deux , & diſpoſés en ſorte qu'ils forment comme un Abrégé , qui en fait mouvoir un autre. $O\ Y\ X\ P$, eſt une partie de cet Abrégé qui fait mouvoir l'autre partie $T\ S\ Q\ R$. Il en eſt de même de l'autre côté ; $Y Z\ V X$, eſt une partie qui mene l'autre $J\ U\ W\ \mathcal{E}$.

728. 5°. Il eſt à remarquer que quoique l'on coupe en deux les rouleaux d'Abrégé , on n'eſt pas moins obligé de les faire de la groſſeur convenable comme s'ils étoient entiers. La ſeule raiſon pour laquelle on doit les faire gros, eſt afin qu'ils ne ſe tordent point , du moins ſenſiblement , lorſqu'on les fait jouer. Si on les coupe en deux , chacune des deux parties ne ſe tordra que de la moitié du total ; mais il s'enſuivra toujours que les deux parties enſemble ſe tordront de la même quantité que ſi le rouleau étoit entier. Un rouleau de 12 pieds de longueur , en une piece , d'un pouce de diametre , ſuſpendant une Touche par la vergette attachée à la Soupape , ſe tordra , par exemple , peut-être de 4 lignes dans ſon total , ce tortillement ſe diſtribuant néceſſairement dans toutes les parties de ſa longueur ; la moitié de ſa longueur , qui ſera de 6 pieds , ſe tordra donc de deux lignes ; le quart de ſa longueur , qui ſera de 3 pieds , ſe tordra d'une ligne , ce qui revient à un tiers de ligne pour chaque longueur d'un pied. Si enſuite on coupe ce long rouleau en deux parties égales , qui ſeront de 6 pieds chacune , & qu'on en faſſe un Abrégé en deux briſures , comme les Baſſes de

PLANCHE 60.

celui de la Planche 60 , il s'enſuivra certainement que ces deux morceaux enſemble quoiqu'en deux pieces , ſe tordront autant que ſi le rouleau étoit entier , parce que chaque partie ſe tordant de deux lignes , comme avant la diviſion en deux parties , le total ſe tordra de 4 lignes ; attendu que le bois étant diviſé n'a pas changé de nature. Il eſt bien vrai que la moitié d'un rouleau eſt au double plus fort que ſon total ; mais il ne s'agit pas ici de conſidérer ſéparément la force de la moitié d'un rouleau : puiſqu'une moitié fait mouvoir l'autre moitié , il s'enſuivra néceſſairement le même effet que ſi le rouleau étoit entier ou en une piece.

729. 6°. En ſuppoſant qu'un rouleau d'Abrégé de 12 pieds de longueur , briſé ou non briſé , & d'un pouce de diametre , ſe tord de 4 lignes par la réſiſtance de la Soupape , lorſqu'on veut la faire ouvrir en baiſſant la Touche , le vent y étant , il s'enſuivroit , ce ſemble , qu'afin que le rouleau fût aſſez fort pour vaincre cette réſiſtance ſans ſe tordre , il faudroit lui donner 2 pouces de diametre , qui eſt le quadruple de ſa groſſeur , afin qu'il ne tordît pas du tout. Mais il ne faut pas raiſonner ainſi. Suppoſons que le rouleau en queſtion ait 12 dégrés de force , il peut ſe faire que la Soupape n'ait que 13 dégrés de réſiſtance ; alors un rouleau de 12 dégrés de force ne pourra jamais vaincre ſa réſiſtance ſans ſe tordre ; mais 13 dégrés & un quart de force la vaincront infailliblement ; ainſi il ſera toujours mieux de s'en tenir à l'expérience , & de donner , par exemple , 13 lignes de diametre au rouleau , après tout ſelon la qualité du bois & la grandeur des Soupapes , &c. car cette ligne de plus qu'on lui donnera , étant ſur deux côtés , fait un nombre conſidérable de lignes cubiques que le rouleau

aura

aura de surplus, ce qui le rendra notablement plus fort. Il faut s'en tenir à l'art.
726, *page* 261, fondé sur l'expérience. Tout ce que j'ai dit dans celui-ci, n'est
que pour faire voir comment il faut raisonner sur cette matiere. Du reste, j'ai
insisté là-dessus, peut-être trop longuement ; mais j'ai cru devoir détromper plusieurs Facteurs, qui ont fait jusqu'à quatre brisures, sans grossir les rouleaux, croyant
rendre par-là un Abrégé plus fort. Non-seulement, ils n'ont pas eu lieu d'être
satisfaits de leur opération, mais encore ils sont tombés dans un autre inconvénient, en ce qu'ils ont quadruplé la perte du mouvement, laquelle est produite
par les pivots & par un peu d'élasticité des garnitures des vergettes, &c. ils ont
donc rendu par-là l'Abrégé plus mauvais.

730. 7°. Comme les rouleaux d'un Abrégé sont de différente longueur, on
choisira ceux dont le bois est le plus pesant pour les employer aux places où ils
doivent rester les plus longs. Il est bien certain que plus le bois est pesant, plus
il est dur ; & plus il est dur, moins il se tordra. En un mot, on donnera toute
son attention pour que l'Abrégé n'ait pas ce grand défaut. Cependant il ne faut
pas donner dans une extrémité opposée, qui seroit de faire inutilement les rouleaux trop gros ; car plus ils se feroient, plus ils seroient pesants ; alors leur mouvement seroit plus lent, les frottements sur les pivots plus durs, &c. Moins
les rouleaux seront gros, mieux l'Abrégé ira, pourvû qu'ils ne se tordent
point.

731. Lorsqu'on aura tracé en grand tout l'Abrégé, sur un parquet, ou sur
une muraille, ou mieux sur des planches jointes ensemble, comme on le voit
en petit dans la figure 1. *Pl.* 60, par de simples lignes ; il sera bon pour éviter
la confusion que pourroit occasionner le double Abrégé de distinguer les rouleaux du grand Orgue d'avec ceux de la Bombarde par des lignes faites avec
des craies de différentes couleurs, aussi bien que celles qui représenteront leurs
vergettes respectives. Sur chaque ligne horisontale, qu'on prolongera suffisamment, on fera un point à chaque bout extérieur de tous les rouleaux, à 15 ou
18 lignes de celui qui désigne la place du fer d'Abrégé, pour marquer la place
du tourillon ; ce qui se fera au moyen d'un compas. On marquera aussi la place
des tourillons doubles à tous les endroits où il doit y en avoir. Ce point doit être
au milieu de deux fers d'Abrégé.

732. Quand un Abrégé est fort grand, comme celui-ci, ou même lorsqu'il est
médiocrement grand, il est mieux d'en construire la Table par des pieces assemblées à tenons & mortaises, comme on peut le remarquer dans la fig. 1, *Pl.* 60,
par les lignes ponctuées, qui représentent quinze planches d'un pouce d'épaisseur ou un peu plus, sur 5 pouces de largeur, assemblées les unes avec les autres & placées par-tout où il faut ficher des tourillons. La table ainsi construite
est plus solide que si elle étoit faite de longues planches jointes ensemble. Cette
derniere méthode n'est bonne que pour de petits Abrégés. D'ailleurs, il ne
seroit peut-être pas possible d'introduire dans le pied du Buffet de l'Orgue une
aussi grande Table toute en une piece. Il faut se souvenir, lorsqu'on trace l'Abré-

PLANCHE
50.

gé , de réferver la place pour attacher le bout des grandes traverfes fupérieures qui tiennent le haut des grands pilotes tournants. On voit *Pl.* 50 , ces deux traverfes fupérieures marquées 15 & 16. Un de leurs bouts donne le plus fouvent dans l'Abrégé. Il faut avoir foin de placer au-deffus de ces traverfes 15 & 16 , s'il eft poffible , les rouleaux dont les fers d'Abrégé & les Soupapes fe trouveront vis-à-vis de ces traverfes ; car fi on les mettoit par deffous , il faudroit y faire des ouvertures pour le paffage des vergettes ; ce qui feroit plus embarraffant. Ces deux places à réferver dans l'Abrégé , pour ces deux traverfes , exigent que l'on arrange un peu autrement certains rouleaux. Je n'ai point marqué cette difpofition dans la Pl. 60 ; parce que ce deffein d'Abrégé n'étant deftiné pour aucun Orgue particulier , il n'a pas été poffible de favoir précifément la place de ces traverfes.

733. On doit faire les tourillons en bois de Cormier ou Poirier , ou au moins de Noyer. On fait les tourillons fimples de 3 à 4 lignes d'épaiffeur , & de deux

PLANCHE
46.

lignes moins larges que la groffeur des rouleaux. On voit leur forme à demi-grandeur en *N, fig.* 4. *Pl.* 46. Pour faire bien égaux les tenons *i* , de tous les tourillons , on fera un trou d'une grandeur convenable ; on lui donne ordinairement pour diametre toute l'épaiffeur des tourillons fimples. On préfentera ces tenons dans ce trou. On fera à chaque tourillon un petit trou *h* , où on le voit marqué dans la figure , & pour placer tous ces trous uniformément , on les marquera au compas. On fera les tourillons doubles comme les fimples , mais de 8 lignes d'épaiffeur. On fera grande attention de les percer bien droits. Sans cette précaution , on ne parviendroit jamais à rendre les pivots libres.

734. Il y a des Facteurs qui paffent un fil de fer rouge dans le trou des tourillons : on ne peut pas blâmer cette pratique. Lorfqu'on fait les trous dans le bois , la pointe abat , ou couche plutôt les fibres du bois , qu'elle ne les coupe. Dans la fuite du temps , ces fibres ainfi couchés viennent à fe relever , & gênent le pivot du rouleau ; mais lorfqu'on paffe le fer rouge dans le trou , on brûle les fibres du bois , & on ôte à celles qui reftent toute leur élafticité , en forte qu'il n'eft pas poffible qu'elles fe relevent jamais.

735. Quoique j'aie déja enfeigné , *art.* 699 , *pag.* 249 , la maniere de faire une pointe propre à faire de petits trous , je crois qu'il fera encore utile de dé-crire ici un inftrument qui , quoique affez connu , ne l'eft pas de tous les Facteurs : il y en a plufieurs qui s'en fervent à faire de petits trous , foit dans le bois , foit dans le cuivre , &c. Il eft repréfenté & détaillé dans toute fa gran-

PLANCHE
60.

deur par la fig. 3 , *Pl.* 60. On le nomme *porte-foret* ; il eft compofé du chevalet qu'on fixe ou en le faififfant à l'étau par la tige quarrée *C,* ou le mettant dans un trou fur une planche ou une table ; on l'arrête en deffous par l'écrou à oreilles *D*. La partie *A* du chevalet a fon trou conique pour recevoir l'arbre *E F*, qui eft proprement le porte-foret , puifqu'il porte à fa tête *F* un trou quarré , ou encore mieux triangulaire , dans lequel on arrête le foret *G F*, par la vis de pref-fion *H*. Cet arbre eft garni d'une bobine *I E.* L'autre partie *B* du chevalet porte un trou taraudé pour recevoir la vis *K*, arrêtée par le contre-écrou *B*. Cette vis *K* est pointue, & entre un peu dans la queue *E*, de l'arbre *E F*. On avance plus ou moins cette vis, pour que l'arbre tourne librement sans balotter. On a soin de mettre de temps en temps un peu d'huile à la tête conique de l'arbre, & à sa queue, pour soulager les frottements. On voit assez qu'en se servant d'un archet, dont la corde entoure la bobine, on fait tourner l'arbre avec rapidité, & par conséquent le foret, au-devant duquel on présente la piece qu'on veut percer. *a b*, représente l'arbre géométralement. *d*, est la partie conique, qui roule dans le trou conique du chevalet. *a e*, est la partie quarrée sur laquelle on arrête la bobine *K*. *c*, est la vis de pression pour arrêter le foret. *g i*, est la vis qui porte la queue de l'arbre par sa pointe *i*. Cette vis se fixe en tournant & serrant le contre-écrou *h*, ou *f*. Le foret est représenté par *l*, où il est vu de face, ou selon sa largeur. On voit son épaisseur en *n*. On doit avoir un nombre de ces forets, pour faire des trous de différentes grosseurs. *m*, est une fraise pour ébiseler des trous en cas de besoin.

736. Plusieurs Facteurs aiment mieux employer des tourillons de laiton que de bois. Ils sont effectivement plus propres à faire un bon Abrégé, qui devient même plus facile à exécuter. Je ne crois pas que cette pratique rende un Abrégé beaucoup plus coûteux. On peut voir la forme d'un de ces tourillons en *M*, *fig.*

Planche 46.

4. *Pl.* 46 ; il est à demi-grandeur. Il y a deux manieres de les faire. La premiere est de prendre des plaques de laiton d'une ligne d'épaisseur. On coupera avec des cisailles cette plaque par bandes, de la largeur que doivent avoir les tourillons; & après en avoir fait un pour servir de modele, on tracera tous les autres sur ce modele. On les ébauchera tous avec la cisaille ; ensuite on en limera plusieurs ensemble en les mettant à l'étau avec le modele, & on les percera tout de suite ensemble. La seconde maniere sera plus expéditive. On fera, par exemple, douze tourillons en étain, d'une bonne ligne d'épaisseur. Pour faire ces modeles en étain, on peut faire un moule dans une pierre ou avec du plâtre. On leur donnera de la *dépouille*, c'est-à-dire, qu'ils ne seront pas tout-à-fait à l'équerre sur leur champ. On les donnera à un Fondeur, qui en moulera & en fondra ensemble douze de laiton, & on lui recommandera de n'y en employer que du plus doux. On n'aura ensuite qu'à les ébarber & les percer. On observera que les doubles tourillons étant de bois, doivent avoir 8 lignes d'épaisseur, comme je l'ai dit plus haut ; mais étant en laiton, ils doivent avoir la même épaisseur que les simples, c'est-à-dire, environ une ligne ; la seule différence est (selon la méthode de plusieurs Facteurs) dans la largeur ; les doubles auront une ligne de plus que les simples, & porteront deux trous, comme

Planche 60.

l'on voit dans la fig. 12 de la Pl. 60. Ces deux trous doivent recevoir les deux pivots des deux rouleaux posés sur la même ligne ; mais on fera encore mieux de mettre deux tourillons simples à 6 lignes de distance l'un de l'autre, ce qui fera le même effet qu'un tourillon double de bois, & on aura lieu de mettre des pivots aux rouleaux de 3 à 4 lignes de longueur, comme pour des tourillons doubles en bois ; au lieu qu'en employant les tourillons à deux trous, on ne pourroit mettre des pivots que d'environ une ligne de longueur.

737. Il faut remarquer qu'on doit faire des tourillons plus longs pour les rouleaux relatifs aux Soupapes & au Clavier de la Bombarde. Voyez la fig. 2, de la *Pl.* 60, qui repréfente à demi-grandeur, en profil géométral, un morceau de ce grand Abrégé. *C D*, *A B*, *V X*, font les tourillons plus longs que les autres, & deftinés pour les Soupapes & le Clavier de Bombarde. *Q R*, *S T*, font les tourillons courts. *I* & *H*, font les rouleaux vus par le bout. *K*, *L*, font des fers d'Abrégé. *F G*, & *E C D*, font des tourillons de laiton, dont la queue *F* & *E*, traverfe & dépaffe l'épaiffeur de la Table d'Abrégé *M N*. Les tenons des tourillons de bois font marqués *O* & *P*. On conçoit à l'infpeِction de la figure, comment on difpofe toutes ces pieces.

738. Tous les tourillons étant finis, on fera les trous fur la Table d'Abrégé, & on y collera les tourillons, s'ils font de bois, excepté aux endroits où il y a des affemblages ; on les y frappera feulement. Si les tourillons font de cuivre, on les fichera & on les rivera chacun à leur place ; mais on ne les rivera pas aux endroits où il y aura des affemblages. On coupera les rouleaux de longueur, pour qu'ils aillent chacun en leur place avec une demi-ligne de jeu ; ce qui fera un quart de ligne de balottement à chaque bout felon la longueur. On marquera fur les rouleaux la place de chaque fer d'Abrégé. On en arrondira & on en unira bien les deux bouts avec une lime, pour en diminuer le frottement contre le tourillon. On y marquera le centre par deux traits en croix, au moyen d'un trufquin ou autrement.

PLANCHE
44.

739. Pour faire les fers d'Abrégé, on aura du fil de fer, dont on voit la groffeur, *fig.* 2. *Pl.* 44. On le coupera à morceaux de 3 pouces de longueur, on les fera rougir ; & étant rouges, on en applatira un bout pour l'élargir. On limera à froid ce même bout, pour lui donner la forme ronde, comme on le voit dans la même figure. On y fera le petit trou d'un coup de poinçon, le pofant fur les mâchoires de l'étau entr'ouvertes. On en limera fur le plat la bavochure ; on repaffera le même poinçon dans le trou, en un fens oppofé, afin qu'il foit rond & bien net. Il eft néceffaire que le fil de laiton qui doit paffer dans ce trou, y foit fort libre.

740. Il y a trois manieres de pofer & de fixer les fers d'Abrégé fur les rouleaux de bois. La premiere eft d'en faire les fers pointus comme des clous ; & au moyen d'une petite vrille ou d'une meche de villebrequin, on fait un petit trou dans le bois, & on y frappe le fer fuffifamment pour qu'il y tienne bien. On peut même le faire traverfer de 2 à 3 lignes, & river cet excédent, comme l'on rive la pointe d'un clou. En ce cas, on fera les fers d'Abrégé un peu plus longs. On peut faire cette pointe à chaud à la forge, ou à froid à la lime.

741. La feconde maniere eft de faire à vis en bois avec la lime les bouts des fers d'Abrégé ; & après avoir percé d'un petit trou le rouleau de bois, on y inférera

férera le fer d'Abrégé, en le tournant avec une pincette, jusqu'à ce qu'il soit enfoncé suffisamment, & qu'il tienne bien.

742. La troisieme maniere, qui me paroît la meilleure & la plus expéditive, consiste à ne faire autre chose à un bout du fer d'Abrégé après qu'on l'a coupé, que d'en limer exactement les bavochures. Pour le poser, on choisira une meche de villebrequin ou une vrille, qui fasse dans le rouleau un trou tellement juste que le fer d'Abrégé y entre à force & à petits coups de marteau. On le fait traverser d'une ligne. On saisit ensuite assez fortement dans l'étau, la partie longue du fer d'Abrégé fort près du bois, & l'on rive la partie excédente du fer, en y faisant avec la pane du marteau, comme une tête, qui empêche le fer de sortir de sa place. On disposera les fers d'Abrégé dans le rouleau, en sorte que leurs faces aplaties se regardent mutuellement. On observera dans ces trois manieres, que lorsqu'on fait le trou dans le rouleau de bois, & qu'on y fait entrer le fer d'Abrégé, le bois soit serré dans l'étau ou sous le valet. Sans cette précaution, le bois se fendroit immanquablement. On fera en sorte que tous les fers aient une égale saillie, qui peut être d'environ 2 pouces. Il est bon d'avertir qu'à proportion de ce que les fers d'Abrégé feront plus longs, le frottement sur les pivots sera réduit à une moindre valeur. Cependant s'il y a de l'avantage de ce côté-là à les faire longs, leur trop grande longueur seroit d'un autre côté préjudiciable. Il faudroit les faire plus gros à proportion & par conséquent plus pesants; l'Abrégé en deviendroit plus lent dans son mouvement.

743. Tous les fers d'Abrégé étant posés, on fichera à demeure un des deux pivots dans un bout de chaque rouleau, en sorte qu'il n'ait qu'environ 3 lignes de saillie. Ces pivots sont de deux sortes ; les uns sont plus courts que les autres. Le pivot court se met le premier & à demeure, & celui qui est un peu plus long ne se pose que lorsque le rouleau est dans sa place, en sorte qu'on en laisse sortir un petit morceau hors du tourillon pour pouvoir l'arracher dans le besoin. Avant de poser les pivots, on fera leur trou avec une pointe ou une alêne droite, la tenant ferme d'une main & faisant tourner le rouleau de l'autre, afin que le trou soit fait bien droit. Les pivots doivent avoir environ trois quarts de ligne de grosseur, afin qu'ils ne fléchissent point. Si l'Abrégé n'est pas bien grand & qu'il soit construit avec une table de plusieurs planches jointes ensemble, on pourra poser tous les rouleaux en leur place, avant de mettre l'Abrégé en son véritable lieu. On examinera soigneusement chaque rouleau pour le rendre parfaitement libre, sans qu'il y en ait un seul qui soit gêné le moins du monde dans son mouvement. Si la table d'Abrégé est en plusieurs pieces d'assemblage à jour, comme celui de la Pl. 60, on ne mettra les rouleaux que lorsque toutes les pieces de la table seront assemblées & collées au-dedans du Buffet de l'Orgue. Alors on posera tous les tourillons qu'on n'avoit pas pû mettre en leur place. On les rivera, s'ils sont en cuivre ; ou on les collera, s'ils sont en bois. La table étant fixée en sa place, on posera tous les rouleaux, les garnissant chacun de son long pivot.

ORGUES. II. Part.   Y y y

744. Pour ce qui est de l'Abrégé de fer, décrit art. 365, pag. 114, la meilleure maniere de le construire est de river les petits bras vers les bouts de la trin-
PLANCHE 39. gle de fer. Voyez la fig. 3 de la Pl. 39. Les trous peuvent s'y faire de deux
manieres. La premiere est de les faire à chaud. C'est bien plutôt fait ; mais par
cette opération, on écrase la tringle de fer ; le fer d'Abrégé n'y tient pas solidement, le pivot se fait mal, & l'ouvrage est mal-propre. On fera beaucoup mieux
à tous égards, de percer les tringles au foret, & d'y ajuster & river les petits bras.
On limera les deux bouts en façon de pivots bien arrondis & bien adoucis. Il y
a des ouvriers qui aiment mieux percer au foret les deux bouts de la tringle, &
rapporter dans ces trous les pivots en les y chassant bien justes. Il paroît que cette
pratique est préférable, sur-tout quand les tringles sont grosses. Lorsqu'on mettra ces rouleaux de fer en place, on fera plier suffisamment les deux tourillons
de laiton en les écartant, & le rouleau étant placé on fera revenir les tourillons
en leur premier état. Ces sortes d'Abrégés de fer vont fort bien, lorsqu'ils sont
construits avec le soin convenable. Ils sont d'une grande ressource dans des cas
où la place ne permet pas de loger un Abrégé de bois. On voit dans la fig. 2,
Pl. 39, une autre maniere fort usitée de construire ces Abrégés de fer, qui consiste à ployer à l'équerre les deux bouts de la tringle pour en faire les deux fers
d'Abrégé. On fait tenir dans sa place cette tringle par deux pitons ou deux brides. On sent bien que cette méthode est certainement la moins bonne, attendu qu'il y a nécessairement de grands frottements dans les deux pitons.

745. Quoique tout ce que nous avons dit jusqu'à présent ne regarde que les
Abrégés *tirants*, on doit en faire l'application aux Abrégés foulants. En ceux-
ci les fers d'Abrégé sont disposés en un autre sens que ceux des Abrégés tirants.
Les faces de ces fers doivent être paralleles à la longueur des rouleaux, parce
qu'on attache des vergettes aux Abrégés tirants, & qu'on emploie des pilotes
PLANCHE 76. aux Abrégés foulants. Il est même des Abrégés qui sont tirants & en même-
temps foulants. Voyez la fig. 4, de la Pl. 76. Je l'expliquerai ailleurs plus particuliérement. A ceux-ci on attache une vergette au fer d'un bout du rouleau,
& on met un pilote au fer de l'autre bout. En ce cas les deux fers ne sont point
posés sur la même face du rouleau ; mais l'un est fiché à une face & l'autre à la
face opposée, en sorte que les deux fers sont la bascule ; tandis que l'un baisse par
le tirage de la vergette, l'autre rehausse le pilote qui y est attaché. On voit en la
PLANCHE 42. fig. 2. Pl. 42, un Abrégé foulant propre à faire jouer les Soupapes d'un Sommier de
Positif ordinaire. Je n'ai pas cru nécessaire d'en donner un dessein plus en grand
PLANCHE 60 & 61. & plus détaillé, parce que, quand on aura bien entendu ceux des Pl. 60 & 61,
on aura toutes les facilités convenables pour en construire de toutes les especes.
Lorsque nous en ferons à la description de la maniere de poser toutes les pieces
du méchanisme de l'Orgue, nous expliquerons comment il faut poser un Abrégé,
garnir & poser les vergettes, les pilotes, &c.

SECTION TROISIEME.

Construction des Tirants, des Pilotes tournants & des Balanciers.

746. Les tirants sont des bâtons quarrés en bois de Chêne ou de Noyer, qui ont ordinairement 10 lignes à chaque face; ils sont destinés à faire ouvrir & fermer les Jeux. Ils sont posés au travers de deux planches percées, comme on peut le voir en *F F*, *fig.* 1, *Pl.* 33. On les nomme communément *les Registres*, mais improprement. Ils sont placés aux deux côtés de la fenêtre du Clavier, pour être à la portée de l'Organiste. Ils vont aboutir au plus long bras des grands pilotes tournants, auxquels ils sont accrochés par un enfourchement. On peut en voir un séparément & représenté en perspective en la fig. 13 de la Pl. 47. On y remarquera l'enfourchement fait à un bout & une pomme à l'autre bout. On peut faire cet enfourchement de deux manieres. On le trace d'abord de deux bonnes lignes de large, par un double trait aux deux côtés opposés, & on l'évuide avec un bédâne. L'autre maniere, qui est la plus expéditive, consiste à faire cette entaille avec une scie, qui a plus de passage qu'à l'ordinaire, & on la recale avec le ciseau & quelques coups de bédâne. Mais avant de faire l'enfourchement d'une maniere ou de l'autre, on y fait le trou pour y mettre la pioche; car alors le bois étant plus fort est moins sujet à se fendre. Il faut au reste, choisir une meche ou une vrille qui fasse le trou bien juste à la pioche, afin qu'elle y entre un peu à force.

747. Le trou & l'enfourchement étant faits, on accroche le tirant au bras du pilote tournant, & supposant que tout ce qui y est relatif, est en place & fait sa fonction, on enfonce le tirant autant qu'il peut enfoncer, & on coupe l'excédent à un pouce près hors la planche percée. On ôtera ensuite le tirant de sa place; on fera un trou bien droit & bien au milieu dans le bout qu'on vient de couper, & après qu'on l'aura recalé proprement, on y collera la pomme, *fig.* 12. *Pl.* 47, que l'on arrêtera encore par une petite cheville collée qui en traversera le tourillon. Voilà toute la façon qu'il y a à faire aux tirants.

748. Les grands pilotes tournants sont de deux sortes. Plus communément on les fait en bois, sur-tout lorsqu'on est suffisamment au large; si on est trop à l'étroit, on les fait en fer, parce que ceux-ci tiennent moins de place. L'une & l'autre méthode sont bonnes. Si on les fait en bois, on choisira le Chêne le plus ferme, quoique rude à travailler; on leur donnera une grosseur proportionnée à leur hauteur. S'ils n'ont que 3 à 4 pieds de hauteur, 2 pouces en quarré de grosseur suffiront. On les fera de 2 pouces & demi ou 3 pouces s'ils sont un peu plus grands; & enfin de 3 pouces & demi, s'ils ont 7 à 8 à 10 pieds de hauteur. Il est toujours nécessaire qu'ils soient très-forts, afin qu'ils ne fléchissent ou ne tordent point du tout dans le mouvement que leur fait faire l'Organiste. Du

PLANCHE 33.

PLANCHE 47.

refte, on les fait à huit faces égales, à moins qu'on ne foupçonne qu'ils ne deviennent trop foibles; alors on laiffe les quatre principales faces un peu plus grandes que les quatre autres.

749. Les tournants de bois doivent être garnis de leurs deux bras de fer. On fait ordinairement celui d'en bas où s'accroche le tirant, de 8 pouces de longueur; & celui d'en haut, de la moitié moins long. La fig. 11. de la Pl. 47, repréfente un de ces bras de fer. On le voit accroché à un bout d'un tirant, & arrêté avec une pioche. Le petit bout du bras, où l'on fait deux ou trois trous, ne doit avoir tout au plus qu'une ligne & demie d'épaiffeur, fur un pouce de largeur; mais le gros bout où commence la pointe qui entre dans le bois, doit avoir environ 6 lignes d'épaiffeur fur 15 lignes de largeur, & aller en diminuant jufqu'au petit bout. La pointe doit être forte, & plus longue de 7 à 8 lignes que le diametre du tournant. Pour pofer ce bras, on percera le tournant d'abord avec une petite meche, qui le traverfera. On agrandira le trou jufqu'à moitié bois avec une autre meche un peu plus groffe. On croîtra encore le trou jufqu'au quart du diametre du bois; enfuite on enfoncera le bras de fer dans ce trou ainfi fait, & l'on rivera la pointe excédente en la faifant rentrer dans le bois, comme l'on rive les clous; & afin de pouvoir faire cette rivure avec folidité, on faifira fortement à l'étau le bras de fer affez près du bois, & l'on frappera la rivure avec aifance. Il y en a qui ne paffent qu'une meche affez petite pour faire le trou dans le tournant. Ils font rougir la pointe du bras de fer, & le mettent ainfi dans le trou du bois. Le fer rouge, qu'on n'enfonce pas tout-à-fait autant qu'il conviendroit, fait fa place à l'inftant, & on le retire. Lorfqu'il eft froid, on le remet & on le rive. Cette pratique eft bonne. Il n'eft pas néceffaire que le petit bras du tournant foit tout-à-fait auffi fort que le grand bras, puifqu'il eft plus court de moitié; mais comme il force autant que l'autre, il faut diminuer fort peu fon épaiffeur & fa largeur. On le rivera de même que l'autre, en forte que dans fa fituation, il forme une équerre refpeʧtivement à l'autre bras, dans le fens convenable, comme je l'expliquerai dans la fuite.

750. On garnira le pilote tournant de bois de fes deux pivots ou tourillons de fer, qui doivent avoir environ 3 lignes & demie de diametre. On leur fera à la forge une pointe quarrée, & ils feront tous exaʧtement de la même groffeur. A cet effet, on pourra les faire en gros fil de fer. On en fichera un à demeure dans le bout inférieur de chaque tournant, après avoir fait le trou auparavant un peu plus petit qu'il ne faut. On l'enfoncera d'environ un pouce & demi, & ils auront tous 15 lignes de faillie. On commencera par arrondir un peu les deux bouts du tournant, afin d'en diminuer le frottement. On ne mettra le tourillon fupérieur que lorfqu'on pofera tous les tournants, comme nous le verrons dans la fuite. Ceux qui ont la pratique de ménager une refuite dans la partie fupérieure des tournants, en plaçant la grande traverfe plus haut, font mal; l'effort qu'on fait faire aux tournants par le mouvement qu'on leur imprime tend à ébranler &

à

à arracher le pivot supérieur ; attendu que son extrémité supérieure soutient tout cet effort. Il est donc mieux que la traverse supérieure touche presque le haut des tournants sans leur donner aucune refuite. Lorsqu'on veut les ôter de leur place, on arrache avec une tenaille le pivot supérieur, qui, à cet effet, doit être suffisamment long, pour avoir une saillie convenable au-dessus de la traverse , qui soutient les tournants. On voit un de ces tournants de bois tout garni, *fig.* 4. *Pl.* 47.

PLANCHE
47.

751. Les tournants de fer doivent être construits avec certaines attentions. Sans cela, ils sont fort sujets à casser. Il ne faut pas écouter à cet égard les Serruriers , qui ne manquent pas d'assurer avec la plus grande confiance que leurs pieces sont en état de résister à des efforts immenses. On voit un de ces tournants de fer en la *figure* 5 , *Planche* 47. La tige est une barre de fer , quelquefois d'un pouce en quarré, si le tournant est long ; il peut avoir 9, 10 à 11 lignes en quarré, à proportion qu'il est court. Pour assembler les deux bras , il faut faire les mortaises assez grandes, & laisser renfler le fer aux deux côtés pour ne rien affoiblir. On fera un fort tenon au bras avec une embase, comme on le voit en la fig. 9. On le limera , en sorte que son embase soit bien faite , qu'elle joigne bien dans sa place , & que le tenon remplisse exactement sa mortaise. On le rivera à chaud. Ce tournant de fer , *fig.* 5 , a son bras supérieur en crochet ; c'est ainsi qu'on le fait ordinairement pour les Registres des Pédales, pour ceux du Positif , &c ; mais pour les grands tournants relatifs au grand Sommier , ce bras doit être ordinairement droit , comme ceux qu'on attache aux tournants de bois. Celui qui est représenté par la fig. 10 , est bien un bras destiné pour les tournants de fer ; mais son tenon n'est pas dans le sens qu'il le faut. C'est une faute ; il devroit être représenté comme celui de la fig. 9. Du reste , ces deux bras doivent être de la même mesure , & avoir la même force que ceux qui sont destinés pour les tournants de bois. Il n'y a que l'assemblage qui est différent.

752. Les tourillons des tournants de fer sont faits de la même piece. Le tourillon inférieur ne doit avoir tout au plus qu'un pouce de longueur ; mais le tourillon supérieur aura deux pouces & demi de longueur , & sera un peu plus gros. C'est ici le cas où l'on est obligé de donner une refuite au tournant pour l'ôter de sa place, dans le besoin, en le rehaussant. Ces fortes de tournants , quand ils sont considérablement grands , doivent tourner sur une petite plaque de fer quarrée , percée au milieu & entaillée dans la traverse inférieure qui porte les tournants. Si on n'usoit de cette précaution , le tournant par son poids creuseroit son support de bois. On limera avec soin les deux tourillons , aussi bien que l'embase du tourillon inférieur.

753. La fonction des grands pilotes tournants est de transmettre le mouvement des tirants aux balanciers , & en même-temps ils augmentent la force au double, parce que le bras d'en-bas du tournant , contigu au tirant, est au double plus long, que le bras supérieur. Ainsi si la force de l'Organiste qui tire ou

qui pouffe le tirant eft équivalente à 10 livres, le bout du petit bras équivaut à une force de 20 livres. C'eft le levier du premier genre, dont le point d'appui eft au pivot, la puiffance eft au bout du long bras du tournant, & le fardeau eft au bout du petit bras. Voyez la Section du Chap. I. de la premiere Partie, *pages* 3. & 4.

PLANCHE 47.

754. J'ai dit, *art.* 377 & 378, *pag.* 118, ce que c'eft que les balanciers, & qu'elle eft leur fonction. La partie *L*, *fig.* 2. *Pl.* 47, qui repréfente un balancier, doit avoir au moins 6 lignes d'épaiffeur, fur 2 pouces de largeur, & aller en diminuant dans le bas, jufqu'à n'avoir en *O*, qu'un pouce de largeur, fur une ligne & demie tout au plus d'épaiffeur. La partie fupérieure *L M* conferve à peu près la même épaiffeur, & eft terminée par un tourillon bien cylindrique, d'environ cinq lignes de diametre, qui doit paffer au travers du bout d'un Regiftre du Sommier. De *L* à *M*, il doit y avoir 6 pouces ou un peu plus, & de *L* à *O*, deux pieds. On fera attention que la partie cylindrique de tous les balanciers foit bien égale de groffeur, auffi bien que tous les tourillons *L* & les trous des balanciers, dans lefquels ils doivent aller jufte fans balloter, mais cependant librement. Les pilotes tournants, avec les balanciers, forment deux leviers contigus. Voyez les art. 16 & fuiv. *pag.* 6 & 7; en voici les propriétés. Il eft clair, par les dimenfions que je viens de donner du balancier, qu'il quadruple la force, parce que du point d'appui *L* jufqu'à *O*, il y a quatre fois plus de longueur que de *L* à *M*. C'eft un levier du premier genre; voyez les art. 1, 2, 3, 4, &c. *pag.* 3 & 4. Nous venons de voir art. 753, que le grand pilote tournant, au moyen de fes deux bras, doubloit la force, & que 10 livres de force au tirant devenoient équivalentes à 20 livres. Cette double force de 20 livres étant tranfmife au balancier qui la quadruple, il s'enfuit néceffairement que les dix livres de force qu'emploie l'Organifte fur le tirant, deviennent octuples au Regiftre du Sommier; c'eft-à-dire, que cette force équivaut à quatre-vingt livres. Outre cette augmentation de force, qui vient des leviers, il faut en confidérer une autre propriété; c'eft l'augmentation du mouvement du côté de la puiffance. Le Regiftre, dans fa plus grande courfe, ne parcourt que 10 lignes de chemin; parce qu'il ne faut que 10 lignes pour recouvrir les plus grands trous du Sommier. Le bout inférieur du balancier, qui comme nous l'avons dit, quadruple la force, quadruple de même la longueur de la courfe du Regiftre; il parcourt donc 40 lignes. Ces 40 lignes de courfe parviennent au petit bras du grand tournant, qui double cette courfe au moyen de fon long bras, ainfi le tirant aura 80 lignes de mouvement ou de courfe, ce qui fait 6 pouces 8 lignes.

755. Il eft de conféquence que tous les trous qui doivent recevoir des pioches dans le fer, foient faits au foret, (non à chaud ou avec un poinçon), d'une grandeur bien jufte aux pioches. Les tourillons des pilotes tournants, de quelque efpèce qu'ils foient, doivent aller jufte & librement dans leurs trous fans balloter. C'eft pour faciliter cette bonne exécution que j'ai déja tant recommandé

l'uniformité dans les groſſeurs des tourillons, des pioches, &c; à cet effet, on choiſira la meche qu'on deſtine à tous ces trous. On percera un morceau de plaque de fer, en ſorte que la meche y aille bien. Ce morceau de fer ſervira de calibre au Serrurier pour faire les groſſeurs uniformes de tous les tourillons. On lui donnera auſſi une pioche, afin qu'elle lui ſerve de modele, pour faire les trous juſtes aux bras des tournants & aux bouts inférieurs des balanciers.

CHAPITRE QUATRIEME.

Conſtruction de la Soufflerie &. de tout ce qui en dépend.

D ANS la premiere Section de ce Chapitre., après quelques avis préliminaires, je ferai voir en détail la maniere de conſtruire un Soufflet ; dans la ſeconde, celle de faire les Goſiers ; & dans la troiſieme, je donnerai les regles pour trouver les proportions des groſſeurs des porte-vents, & la maniere de les faire. Le méchaniſme de toutes ces parties eſt décrit *art.* 385 *& ſuiv. pag.* 120 *& ſuiv.*

S ECTION PREMIERE.

Maniere de conſtruire un Soufflet.

756. EN général, les grands Soufflets ſont préférables à de plus petits ; par exemple, des Soufflets de 8 à 9 pieds de longueur, ſur 4 pieds ou 4 pieds & demi de largeur, iront mieux pour un Orgue, que ceux qu'on fait ordinairement de 6 pieds de longueur ſur 3 pieds de largeur. 1°. Les grands Soufflets donnent le vent plus égal, puiſqu'ils ouvrent à un plus petit angle. Un Soufflet de 8 pieds, ouvrant de 3 pieds, forme un angle d'environ 20 dégrés. Un Soufflet de 6 pieds ouvrant également de 3 pieds, comme c'eſt l'ordinaire, fait un angle de ſept à huit dégrés de plus. 2°. Ils ſont plus ſuſceptibles des plus grands plis, qui par leur largeur ſeroient impraticables dans de petits Soufflets. Ces grands plis rendent le Soufflet plus ſolide, en ce qu'il ne faut pas tant de cuir pour ſa conſtruction ; car plus il faut de cuir, plus le Soufflet eſt foible, attendu que le cuir n'eſt pas ſi fort que le bois. 3°. Un grand Soufflet étant ſuſceptible de grands plis, il n'en faut pas un ſi grand nombre ; ce qui eſt un avantage conſidérable. Quand un Soufflet ouvre, toutes les écliſſes, qui forment les plis des côtés, ſe gauchiſſent & ſe tordent juſqu'à certain point. Par leur élaſticité, elles tiraillent en en-bas d'autant plus fortement la Table de deſſus, qu'il y a un plus grand nombre de plis. Il s'enſuit néceſſairement que le vent doit être plus fort quand la Table de deſſus eſt tout-à-fait en haut, que lorſqu'elle eſt plus bas, les plis alors étant moins gauches. 4°. Moins il y a de plis, moins il y faut de cuir pour la conſtruction, comme je l'ai dit ci-deſſus ; & moins il y a

de cuir, moins il se perd de vent ; car l'air passe en plus grande quantité à travers le cuir, quoique double, qu'à travers le bois, sur-tout étant doublé de parchemin. 5°. Un grand Soufflet souffle pendant plus long-temps, ayant plus de capacité ; par conséquent, il donne le vent plus égal. 6°. Enfin, on ne doit pas mépriser une raison d'économie, sur-tout quand elle se rencontre avec d'autres avantages. Il faut un moindre nombre de Soufflets, puisqu'il est certain que trois grands Soufflets de 8 pieds de longueur sur 4 pieds de largeur, équivalent au moins à cinq autres qui n'auroient que 6 pieds de longueur sur 3 de largeur, ou même les surpassent ; or trois Soufflets, quoique plus grands, ne couteront jamais autant que cinq, parce qu'il y a moins de façon. De plus dans l'entretien des Soufflets, & lorsqu'il faut les remonter en cuir neuf, il n'y a pas tant de frais à faire.

757. Je sai qu'il y a des Facteurs fort partisants des petits Soufflets, qui disent que les grands sont des Soufflets à l'Allemande, & qu'ils sont bons pour les Orgues d'Allemagne, & non pour ceux de France. Je réponds que les Orgues d'Allemagne sont traités à *fort vent* ; par conséquent, on a besoin pour les faire bien jouer de meilleures souffleries qu'en France. Or si les souffleries à la Françoise, composées de petits Soufflets, sont insuffisantes ou moins propres pour faire jouer les Orgues d'Allemagne ; il est donc évident que les souffleries Allemandes sont meilleures & préférables.

758. On peut regarder comme un principe, qu'il ne sauroit jamais y avoir trop de vent dans un Orgue, & qu'une très-nombreuse soufflerie, fût-elle composée de cinquante grands Soufflets, n'y feroit d'aucun autre inconvénient, que d'avoir donné lieu à une dépense superflue, mais ne porteroit aucun préjudice à l'Orgue, quand même il seroit petit. Le grand nombre de Soufflets, ne rend pas le vent plus fort ; il ne fait qu'en fournir plus abondamment. Il n'en entre pas davantage dans le grand porte-vent, ni dans les Layes des Sommiers, ni dans les gravures, &c. Un seul Soufflet doit faire jouer l'Orgue dans toute sa force, de même que si toute la soufflerie donnoit ; mais il ne soufflera qu'un moment. On peut en faire l'expérience par l'anémometre. A cet effet, on le posera sur un grand porte-vent. On fera jouer un seul Soufflet ; on remarquera à quel point il fait monter la liqueur. On fera ensuite jouer tous les Soufflets ensemble, & on verra que la liqueur ne montera pas plus haut que lorsqu'un seul Soufflet jouoit.

759. Nous avons vu *art.* 756, *page* 273, l'inconvénient d'un trop grand nombre de plis : on en met ordinairement cinq dans un Soufflet de 6 pieds ; si on n'en met que quatre, il faudra les faire plus larges ; ils diminueront alors trop sensiblement la capacité du Soufflet. Car plus les plis sont larges, plus ils prennent d'espace dans l'intérieur du Soufflet. On voit par-là que les petits Soufflets ne sont pas propres à être construits avec un petit nombre de plis. S'il s'agit d'un grand Soufflet, on peut le faire à trois plis saillants, sans une diminu-

tion

tion sensible de sa capacité, à cause de sa grandeur. Il y en a même qui les font ordinairement à deux plis saillants, & même quelquefois à un pli saillant, si le Soufflet a 9 pieds; mais dans ce dernier cas, on est obligé de le faire si large qu'il faut lui donner une épaisseur considérable, qui le rendroit trop pesant. On doit désapprouver la méthode de ceux qui ne font qu'un seul pli rentrant. Un Soufflet ainsi construit ne peut jamais aller bien. Il faut donc prendre un milieu, & je crois que le mieux pour de grands Soufflets, est de les faire à trois plis saillants, sans pourtant blâmer la méthode de les construire à deux plis saillants, qui est aussi très-bonne, & peut-être préférable, selon le sentiment de certains Facteurs habiles & expérimentés.

760. Si l'on est curieux de connoître la capacité intérieure d'un Soufflet, ou combien de pieds cubes d'air il contient; voici la maniere de le calculer. Un Soufflet ouvert forme à ses côtés un triangle équilatéral. Voyez la fig. 1. *Pl.* 62, qui représente géométralement le côté d'un Soufflet ouvert. *A B*, *C D*, font les Tables de dessus & de dessous. *E F*, représentent les extrémités des plis. Il faut considérer que, le Soufflet étant fermé, les deux Tables ne se touchent point. Il y reste un intervalle d'environ trois pouces qu'il ne faut point compter dans la capacité du Soufflet, à cause que l'air que peut contenir cette partie, ne se vuide point. On tirera donc, où l'on supposera les lignes *a b*, *c d*, paralleles aux deux Tables, & qui en seront éloignées d'environ un pouce & demi. On tirera encore, ou l'on supposera la ligne droite *h g*, vers le milieu des plis au fond du Soufflet. Cette ligne *h g*, rigoureusement parlant, devroit former une courbe dont la charniere à la tête du Soufflet seroit le centre; mais comme cette courbe rendroit notre problême plus composé & plus difficile, & que la différence dans le résultat ne seroit presque pas sensible, il sera plus simple de tirer la ligne *g h* droite, qui partage à peu près la saillie & la rentrée de ces plis. Tout cela ainsi entendu, venons au calcul. Supposons donc qu'il s'agit d'un Soufflet de 8 pieds de longueur ou de 96 pouces, sur 4 pieds ou 48 pouces de largeur. Supposons que la perpendiculaire *e f*, tirée au milieu de la base du triangle *h g f*, ait 85 pouces de longueur, & qu'il y ait 15 pouces de *e* à *g*, il faudra multiplier 85 pouces, qui font la hauteur du triangle, par la moitié de la longueur de sa base, qui est 15 pouces; le produit sera 1275 pouces quarrés. Pour les avoir cubiques, qui exprimeront la capacité du Soufflet, il faut multiplier le nombre 1275, par la largeur du Soufflet. La fig. 2. de la même Pl. 62. représente les plis des côtés & du fond du Soufflet. On tirera les lignes *a b* & *c d*, paralleles au bord de la Table, & qui partagent à peu près la saillie & la rentrée des plis. Supposons donc qu'il y ait de *a* à *c*, ou, ce qui est la même chose, de *b* à *d*, 36 pouces, ce sera par 36 pouces qu'il faudra multiplier le susdit nombre de 1275; le produit sera 45900 pouces cubes, qui seront la capacité intérieure du Soufflet, que nous supposons ouvert de 3 pieds de hauteur. Pour savoir combien de pieds cubes contiennent ces 45900 pouces cubes,

ORGUES. II. Partie.

on le divifera par 1728 pouces cubes, que contient un pied cube. La divifion étant faite, on trouvera que ces 45900 pouces cubes font 26 pieds cubes
& prefque deux tiers de pied cube. On pourroit avec plus de travail trouver plus
précifément la capacité d'un Soufflet ; mais la méthode que je viens de donner
eft fuffifamment jufte pour la pratique.

761. Si l'on veut fe donner la peine de calculer la capacité d'un Soufflet de
6 pieds, ouvrant également de 3 pieds, on trouvera qu'il contient à peu près
14 pieds cubes, & environ un fixieme de pied cube. On n'a qu'à comparer
une Soufflerie compofée de cinq petits Soufflets de 6 pieds, avec une autre compofée de trois Soufflets de 8 pieds, on verra que celle-ci contient près de 80
pieds cubes d'air, tandis que la premiere, quoique compofée de cinq Soufflets,
n'en contient que près de 71 pieds cubes. Donc la Soufflerie de trois grands
Soufflets, furpaffe celle de cinq petits Soufflets. Tout ce que je viens de dire en
faveur des grands Soufflets, fuppofe que le local de la Soufflerie permet de les
bien placer & d'y adapter des bafcules d'une longueur proportionnée à leur
grandeur. Car plus les Soufflets font grands, plus ils font pefants ; & plus ils
font pefants, plus les bafcules doivent être longues, comme nous le verrons dans
la fuite.

762. Les Tables d'un Soufflet fe conftruifent de deux manieres. La premiere, qui eft la plus ufitée, eft de corroyer, c'eft-à-dire, dégauchir, dreffer &
tirer d'épaiffeur plufieurs planches, les joindre fur leur champ l'une contre l'autre au moyen d'une rainure aux deux côtés de chacune, dans laquelle on rapporte
une languette. Outre cela, on fait trois ou quatre clefs à chaque joint. On colle
le tout enfemble, & on cheville les clefs. Sur la Table de deffus, on attache

PLANCHE
48.

avec la colle & des clous, dont la tête fe met en dedans, les deux fortes barres
F E, *fig.* 2. *Pl.* 48, à 10 ou 12 pouces l'une de l'autre. Sur la Table de deffous, on met trois barres *K, K, K, fig.* 3, moins épaiffes, mais plus larges.
On les fixe avec la colle & des clous. Ces barres font deftinées à maintenir la
Table, qui ne fe foutiendroit pas long-temps en bon état, à caufe des grandes
ouvertures deftinées aux Soupapes & aux gofiers. Ces Tables doivent être en
bois de Chêne de deux pouces d'épaiffeur pour des Soufflets de 8 pieds : s'ils
n'ont que 6 pieds, un pouce & demi fuffiront. Dans la Table de deffus, on laiffera la planche du milieu de 6 à 8 pouces plus longue que les autres, comme
l'on voit en *D, fig.* 2. & 3. On y fera une mortaife de 6 lignes de large & d'un
pouce & demi de longueur. On fera un trou de 6 lignes de diametre au travers de l'épaiffeur du bois, vis-à-vis du milieu de la mortaife, pour y inférer un
boulon de fer, qui doit accrocher la tringle de fer du tirage. On obfervera de faire
ce trou, non pas au milieu de l'épaiffeur du bois, mais un peu au-deffous, afin
qu'il refte plus de force de bois en deffus qu'en deffous où elle n'eft pas néceffaire.

763. Outre les barres dont je viens de faire mention, il en faut encore une

autre à chaque Table ; on la voit à l'une & à l'autre par le bout en *m* , *n* , fig. 1.
Pl. 62 , & selon la longueur en *o k* , fig. 2 , où l'on remarquera que les deux
bouts *o* & *k* , sont coupés un peu en biais , pour suivre la forme du petit bout des
plis. Il faut encore observer dans ces deux barres que le côté qui regarde le fond
du Soufflet ne doit pas être si épais que le côté qui regarde le dehors , comme
on peut s'en appercevoir en *m n* , fig. 1. Ces deux barres auront un pouce &
demi d'épaisseur chacune , au côté qui regarde le dehors du Soufflet , & 16 lignes au côté qui regarde le dedans. Elles auront 3 pouces de largeur. On les
collera sur leur place , & on les clouera en même-temps , observant de ne pas
mettre de clous aux endroits où il faudra faire des trous pour les cordes qui doivent servir de charnieres. Ces deux barres doivent affleurer les bouts des Tables
& être parfaitement égales dans leur longueur , afin que les deux bouts , le
Soufflet étant monté , fassent un plan bien uni , sur lequel les petits bouts des
plis doivent appuyer. Du reste , on voit assez par la fig. 2 , que ces deux barres
doivent avoir une longueur telle qu'il reste sur la Table , la place du petit bout
des plis & un bon pouce au-delà de chaque côté.

764. A trois ou quatre pouces du bord intérieur des plis, *l y* , fig. 2 , on sera
l'ouverture pour y poser le chassis *f g* des Soupapes , que quelques-uns appellent *ventaux*. Mais auparavant il faut avoir déterminé la grandeur de ce chassis ,
qui dépend de celle des Soupapes , comme celle des Soupapes dépend de celle
du Soufflet. En voici la regle. *On donnera à l'ouverture que les Soupapes doivent boucher autant de fois 3 pouces quarrés que la grandeur de la Table contient
de pieds quarrés.* Faisons l'application de cette regle à l'exemple présent , ce
qui la fera bien entendre. Le Soufflet dont nous parlons , est supposé avoir 8 pieds
de longueur sur 4 pieds de largeur ; ces deux dimensions étant multipliées l'une
par l'autre , font 32 pieds quarrés de superficie. Nous venons de dire que les
ouvertures dont il s'agit doivent avoir 3 pouces quarrés pour chaque pied quarré de la Table. Or trois fois 32 , font 96. Il faut donc que les ouvertures des
Soupapes contiennent , prises ensemble , 96 pouces quarrés. Comme il est plus
avantageux d'employer quatre Soupapes que deux , parce que n'étant pas
aussi grandes , elles seront moins sujettes à s'envoiler , nous partagerons en quatre ouvertures la somme de 96 pouces quarrés. Ce sera donc 24 pouces quarrés
que devra avoir chaque ouverture. Or chacune ayant 6 pouces de longueur sur
4 de largeur , c'est justement 24 pouces quarrés pour chacune , & 96 pour les
quatre ensemble. On feroit encore mieux de construire le chassis à six Soupapes
au lieu de quatre. Les ouvertures ne devroient avoir alors que 16 pouces quarrés , au lieu de 24. Ainsi il ne faudroit aux ouvertures que 5 pouces de longueur
sur 3 pouces 2 ou 3 lignes de largeur. Ces Soupapes étant plus petites seroient
encore plus sûres. Si l'on vouloit n'employer que deux Soupapes , il faudroit
que chacune des deux ouvertures eût 8 pouces de longueur sur 6 pouces de largeur. Or comme les Soupapes doivent être encore plus grandes pour avoir le re-

couvrement néceffaire , il feroit bien à craindre qu'elles ne fe maintinffent pas long-temps. On voit par l'expérience que les grandes Soupapes des Soufflets s'envoilent toujours.

765. S'il s'agit d'un Soufflet de 6 pieds de longueur fur 3 pieds de largeur, on trouvera également par la précédente regle , la proportion de l'ouverture des Soupapes ; en multipliant 6 pieds par 3 pieds , on a 18 pieds quarrés de fuperficie de la Table. En multipliant encore , conformément à la regle , 18 par 3 , le produit fera 54. Les ouvertures des Soupapes doivent donc avoir 54 pouces quarrés. Deux Soupapes feront convenables , parce que les ouvertures n'auront que 27 pouces quarrés ; c'eft-à-dire , 6 pouces 9 lignes de longueur fur 4 pouces de largeur. Or deux fois 27 pouces quarrés , en font 54. Il faut obferver qu'il ne faut jamais diminuer cette proportion. Il vaudroit mieux l'augmenter de quelque peu. Si l'ouverture des Soupapes n'eft pas affez confidérable , le Soufflet fera fort dur à lever promptement ; mais auffi fi l'on fait les ouvertures plus grandes qu'il ne faut , on tombera à pure perte dans l'inconvénient des grandes Soupapes , qui font toujours plus fujettes à s'envoiler que de petites. On peut avoir remarqué que nous faifons les Soupapes beaucoup plus longues que larges ; parce que le fil du bois eft bien moins fujet à s'envoiler dans fa longueur que dans fa largeur. D'ailleurs , comme on met la charniere de peau à la Soupape felon fa longueur , elle fait fon mouvement en fe levant & en tombant avec plus de légéreté , & c'eft un avantage.

766. Quand on fait la grandeur des ouvertures des Soupapes , il eft facile de donner les dimenfions convenables au chaffis qui doit les porter. On donnera 2 pouces de largeur à chaque battant & au montant du milieu ; ce feront 6 pouces , lefquels ajoutés à deux fois 4 pouces , qui font la largeur des ouvertures , feront en tout 14 pouces de largeur que doit avoir le chaffis. Pour ce qui eft de fa longueur , on donnera 2 pouces de largeur aux deux principales traverfes , un pouce & demi à celle du milieu ; cela fera 5 pouces & demi , qui étant ajoutés à deux fois 6 pouces , (longueur des deux ouvertures) , feront en tout pour toute la longueur du Chaffis 17 pouces & demi. Ce Chaffis doit être enchaffé au deffous de la Table du Soufflet dans une groffe feuillure d'un pouce en quarré ; par conféquent , il faut que la grande ouverture de la Table foit plus petite que le dehors du Chaffis d'un pouce aux quatre côtés. Ainfi elle aura en tout 15 pouces & demi de longueur , fur 12 pouces de largeur. On voit en fg, fig. 2 , l'ouverture avec le Chaffis contenant les quatre petites ouvertures h, i, m, n, des Soupapes. La ligne ponctuée , qui eft aux quatre côtés de la grande ouverture , défigne la grandeur totale du Chaffis , qui paroît au travers du bois comme s'il étoit tranfparent.

767. Il y a vers la tête du Soufflet deux autres ouvertures b & d, fig. 2 , qui font pour les deux gofiers. Nous ne parlons pas encore de leur grandeur ; ce fera quand nous aurons déterminé celle des gofiers. Il faut feulement remarquer,

qu'il

qu'il y a un chanfrein ou un talut qui commence en *r*, ou *s*, & qui se termine dans l'ouverture jusqu'à ne laisser qu'environ trois lignes d'épaisseur au bois dans le dessous. Cette pente peut commencer à 3 ou 4 pouces de distance de l'ouverture. La fig. 3, représente la coupe de cette ouverture avec son talut. *AB* est un morceau de la Table de dessous du Soufflet. *e* est la barre de la tête du Soufflet. *a g* est une barre ou traverse clouée & collée dessous la Table pour maintenir les ouvertures des gosiers. *a b d c* est l'ouverture pour le gosier. On voit le talut *c a*, qui est nécessaire en cet endroit, pour que l'épaisseur de la Table du Soufflet n'offusque point le devant de la Soupape du gosier.

768. La seconde maniere de construire les Tables des grands Soufflets est de les faire d'assemblage. A cet effet, on fera deux battants de toute la longueur de la Table, d'environ 3 pouces d'épaisseur, sur 6 à 7 pouces de largeur. Ces deux battants seront assemblés à tenons & mortaises avec deux traverses, une à chaque bout. On y assemblera de même au milieu & selon la longueur de la Table, un montant de la même dimension, & encore deux traverses; ce qui formera une croix. On remplira les quatre grandes ouvertures de quatre panneaux d'un bon pouce d'épaisseur, arrasés du côté de l'intérieur du Soufflet, & mis *à glace* pour le dehors. Voilà en gros la construction de la Table. Mais il est bon d'observer plusieurs choses qui contribueront à rendre l'ouvrage bien solide.

769. 1°. La traverse de l'extrémité de la Table de dessus du côté de la tête ou charniere du Soufflet, doit être suffisamment épaisse, pour qu'elle puisse porter toute en une piece la barre *o k*, fig. 2, Pl. 61; & comme cette traverse ne doit pas être aussi longue que la barre *o k*, on fera un enfourchement à côté de l'assemblage, afin que cette barre *o k*, se trouve de la longueur convenable, quoique l'arrasement de la traverse soit plus court.

770. 2°. Il faut en dire de même de la traverse de l'autre bout de la Table, vers le fond du Soufflet. Il faut qu'elle soit suffisamment épaisse, pour que la grosse & forte barre *F*, fig. 2. Pl. 48, s'y trouve toute en une piece. On y fera également un enfourchement.

771. On mettra une autre traverse sous l'autre barre *E*, fig. 2, Pl. 48, qui soit assez épaisse, pour que la barre *E* s'y trouve de la même piece. L'entre-deux de ces deux grosses barres sera rempli par un panneau de toute l'épaisseur du bâti, arrasé dessus & dessous. Comme dans cette seconde maniere de construire la Table, on ne peut faire sortir ou dépasser le morceau *D*, pour le tirage; on mettra un gros & fort piton de fer & fourchu au milieu de la traverse & barre *F*, qu'on arrêtera fortement en dessous, soit par un écrou, soit en le rivant sur un morceau de plaque de fer, le tout entaillé dans l'épaisseur du bois, assez profondément, pour qu'on puisse recouvrir l'écrou ou la rivure, par un petit morceau de bois entaillé & collé.

772. A l'égard de la Table de dessous, la premiere observation (769) a lieu,

au sujet de la traverse de la tête du Soufflet. On ne mettra aucune barre en dessous ; mais on fera des assemblages, en mettant des traverses & des montants aux quatre côtés de la grande ouverture des Soupapes, pour munir & fortifier cette partie. On mettra encore une traverse, qui bordera les ouvertures des gosiers, en sorte qu'elles se trouveront entre ces deux traverses, comme celle des Soupapes. Pour mieux entendre cet arrangement des montants & des traverses, on pourra jetter un coup d'œil sur la fig. 2, *Pl.* 62, où l'on verra à peu près cette disposition, par les lignes ponctuées à points ronds qui la désignent. On remplira avec des panneaux arrasés du côté du dedans du Soufflet, tous les vuides que laisseront les montants & les traverses. On n'aura aucun égard à ceslignes à points ronds, si l'on construit les Tables selon la première maniere. On remarquera que l'on fait ordinairement la Table de dessous plus longue de 3 ou 4 pouces que celle de dessus. Si l'on vouloit emboîter les Soufflets pour les garantir des rats, il seroit nécessaire de faire la Table de dessus plus large d'un pouce aux deux côtés & au bout du fond du Soufflet, pour qu'elle fît un recouvrement sur les trois planches qui formeroient la boîte aux deux côtés & au bout inférieur.

PLANCHE
62.

773. Les Tables étant finies & tous leurs assemblages collés, chevillés, & le tout étant replani, on y mettra les charnieres, qui ne sont que de cordes. Elles sont plus solides que de véritables charnieres de fer ou de cuivre, & elles durent plus long-temps. Ces cordes doivent être d'une grosseur proportionnée à la grandeur des Soufflets. Pour un Soufflet de 8 pieds ou environ, il en faut de 5 lignes de grosseur, tissues d'un grand nombre de fines ficelles, & le tout doit être tordu de façon à ne point faire une corde dure & roide ; elle casseroit plutôt. On détordra & on effilochera un bout de la corde, pour l'attacher à un bout de fil de fer d'environ un pied de long, & à peu près d'une ligne de grosseur, au bout duquel, on fera, avec la pincette, comme un petit anneau ; & au moyen de la colle & du fil ordinaire, on y arrêtera la corde. Ce fil de fer servira comme d'une aiguille pour enfiler la corde dans les trous.

774. On fera donc les trous pour mettre les cordes. Voyez la fig. 2, *Pl.* 62, où l'on remarque sur la barre *o k*, quatorze petites échancrures. Il y en a cinq vers les deux bouts & quatre au milieu, éloignées les unes des autres d'environ un pouce. Ces trous doivent être aussi justes qu'il sera possible à la grosseur de la corde, en sorte qu'à peine elle puisse passer. Ces trous seront faits en biais, comme on le voit en la fig. 4, *Pl.* 62, où l'on a représenté un morceau de la Table de dessus en *A*, & en *B* la Table de dessous. *C* & *D*, sont les deux barres intérieures de la tête du Soufflet. On voit en *E F*, & en *E G*, comment les trous sont faits en biais.

775. Avant d'enfiler les cordes, on collera le long & par-dessus les deux barres quelques morceaux, ou bien une bande de peau, afin qu'elles ne se touchent point quand elles seront l'une sur l'autre. C'est une précaution que l'on prend, afin que lorsque le Soufflet jouera, il ne crie pas par le frottement du

bois contre bois. Cette peau étant bien séche, on mettra les deux Tables l'une
fur l'autre dans leur véritable fituation. On enfilera les cordes qu'on laiffera fortir de quelques pouces de plus qu'il ne faut, & on les arrêtera d'un bout, voici
comment. On détordra & on effilochera, par exemple, le bout *F*, *fig.* 4, *Pl.*
62, même un peu avant dans le trou. On imbibera de colle-forte toute cette
partie effilochée, & on y chaffera à force une cheville de bois trempée dans la
colle, faifant en forte que tout l'effort de la cheville fe faffe contre le bois de
bout & non autrement, de peur de fendre le bois. Quand on aura ainfi arrêté les
quatorze bouts de corde fur la Table de deffus & qu'on fera affûré que la colle fera
parfaitement féche & dure, on tournera le Soufflet pour arrêter les autres bouts
des cordes. Après qu'on les aura effilochées & imbibées de colle, un ouvrier en
prendra le bout avec une tenaille, il le tirera avec violence, comme qui arrache un clou ; & alors un autre ouvrier y enfoncera la cheville collée. On fera
la même opération à tous les autres bouts, faifant attention que la colle ne pé-
netre pas à l'endroit *E*, *fig.* 4, de la corde, qui doit fléchir pour faire charniere.
Quand la colle fera bien feche, on coupera proprement les deux bouts des
cordes & leurs chevilles.

776. On ouvrira entiérement & à plat les deux Tables du Soufflet pour les
doubler en parchemin fur toute leur furface intérieure ; on le collera comme je l'ai
dit, *art.* 581 & 582, *pag.* 194 & 195 ; mais auparavant on doit coller fur toutes les jointures de petites bandes de peau, qu'on chanfreinera tout le long des
deux bords (623). On en collera auffi le long des deux barres où font les charnieres du côté du dedans du Soufflet, auffi bien qu'à leurs deux bouts, pour que
leur furface n'écorche point la peau du petit bout des plis des côtés. Lorfqu'on
collera les bandes de peau fur les joints, qui vont jufque dans les ouvertures,
foit des Soupapes, foit des gofiers, on les fera aller fur toute la partie du joint
qui fe trouvera dans l'ouverture, jufqu'entiérement au dehors du Soufflet. Du
refte, quand on collera le parchemin, on ne doit pas tant ôter la colle avec le
couteau de bois. Il fuffira de faire fortir l'air qui s'enferme fous le parchemin.
Celui qui eft neuf eft le meilleur ; car le parchemin ancien, qui a été gratté de
chaque côté, ne bouche pas fi bien les pores du bois. Comme il faut avoir foin
de laiffer un bon pouce aux deux bords & au bout des Tables qui ne foit
point couvert de parchemin, auffi-tôt qu'on l'aura collé on le coupera avec le
couteau le long d'une regle.

777. J'ai déja dit, *art.* 759, *pag.* 274, qu'il falloit garnir ce Soufflet de
trois plis faillants, qui forment quatre plis rentrants. On les fera en bois de
Chêne, de 11 pouces de largeur, & d'une épaiffeur de 3 lignes égale d'un
bout à l'autre pour ceux qu'on deftine au fond du Soufflet. Cette épaiffeur
doit être la même pour les plis des côtés dans la partie qui eft la plus large,
(qui aura également 11 pouces), & aller infenfiblement en diminuant, jufqu'à environ une bonne ligne d'épaiffeur au petit bout, lequel n'aura qu'un

PLANCHE
62.

pouce de largeur. On les sciera dans des planches, auxquelles on donnera auparavant la longueur, la largeur & la forme que les plis doivent avoir, comme

PLANCHE
62.

on la voit en la fig. 2, *Pl. 62. l q 3 t*, désignent les plis du fond d'un Soufflet;
& *a e o*, ou, *c 4 k*, ceux des côtés. Il faut remarquer que la coupe *u e t*, où
les plis des côtés vont se rencontrer avec ceux du fond du Soufflet, ne doit pas
être à l'onglet; mais on retranchera de l'onglet au moins un pouce de chaque
côté, en sorte que les plis étant ensemble à leur place & couchés sur leur plat,
il se trouve au moins deux pouces de distance de *e* à *t*, & autant à l'autre
côté de 3 à 4. Ce vuide est nécessaire pour loger la peau des aînes qui se plisse
lorsque le Soufflet est fermé. Si ce vuide étoit trop étroit, la peau des aînes se
couperoit & se perceroit bientôt. Lorsque les plis seront sciés, on achevera de
les mettre à la susdite épaisseur, & on les unira bien. On arrondira dans toute
leur longueur les vives-arêtes avec une mouchette. Mais il faut faire bien attention de ne pas arrondir les arêtes qui doivent joindre & se toucher ensemble.
On ne fera cette opération qu'à celles qui sont extérieures, tant au-dedans du
Soufflet qu'en dehors. Et afin de ne pas s'y méprendre, on établira tous les
plis.

778. Les plis qui feront au nombre de huit éclisses, pour le fond du Soufflet, & de 16 éclisses pour les côtés, étant tous finis, on en doublera exactement en parchemin la surface qui doit se trouver au-dedans du Soufflet. Si l'on
apperçevoit quelque gerçure ou quelque petite fente, on y colleroit auparavant de la peau chanfreinée, & ensuite le parchemin par-dessus. On observera de
n'en point couvrir environ 9 lignes au bord de chaque éclisse, où l'on a arrondi la vive arête, parce qu'on doit y coller de la peau, qui tiendra mieux sur le
bois que sur le parchemin. A mesure qu'on aura collé le parchemin à une éclisse,
on la mettra de plat sur une planche ou Table, le parchemin en dessus. Lorsqu'on
aura doublé une autre éclisse, on la mettra sur la premiere, & la troisieme sur
la seconde, ainsi de même de toutes les autres de la même espece, en sorte que
le parchemin se trouve toujours en dessus; par ce moyen il ne se rencontrera
jamais parchemin contre parchemin, ce qui ne conviendroit pas. On observera
de mettre toujours une planche sur les éclisses, en sorte qu'elles ne soient jamais à découvert. Quand la pile sera finie, on y laissera la planche, qui ne doit
pas être bien pesante. On empile ainsi les éclisses à mesure qu'on les double de
parchemin, pour qu'elles se conservent planes. Si on les laissoit sécher sans cette
précaution, elles s'envoileroient & l'on ne pourroit que très-difficilement les
assembler. Quelques heures après que la pile sera finie, on la démontera piece
par piece, de peur que quelqu'endroit ne tienne l'un contre l'autre; après on
réempilera comme auparavant. On défera ainsi la pile une fois par jour, & on la
remontera jusqu'à ce que toutes les pieces soient bien seches.

779. On coupera la quantité convenable de bandes de peau. A cet effet, on
aura deux regles de bois, de 6 à 7 lignes d'épaisseur & de 20 lignes de largeur,

sur

sur environ 3 pieds de longueur. On les appliquera toutes les deux l'une contre
l'autre au milieu de la peau selon sa longueur, qu'on coupera avec la pointe d'un
couteau le long de la premiere regle. On l'ôtera de sa place, & on la mettra derriere & contre la seconde regle. On coupera le long de celle-ci, qu'on ôtera de
sa place avec la bande de peau, & on placera cette seconde regle derriere &
contre la premiere. On coupera le long de la seconde regle. On continuera ainsi
tant que l'on voudra couper des bandes. Cette pratique est générale pour couper les bandes de peau & de parchemin. On doit avoir des couples de regles de
plusieurs largeurs, selon celle qu'on veut donner aux bandes. Il y a des ouvriers
qui aiment mieux se servir d'une seule regle quarrée de 20 lignes de largeur à
chaque face. Quand on en fait usage, on l'applique sur la peau, que l'on coupe le
long de la regle. On tourne celle-ci, on coupe encore ; & l'on continue ainsi
en tournant la regle après chaque coupe du couteau. Il paroît que cette méthode est préférable, étant plus expéditive ; mais il faut que la table sur laquelle
on travaille, soit bien droite, attendu que cette grosse regle ne fléchit point.
On observera que comme il faut coller des doubles bandes de peau sur tous les
plis, on aura deux autres regles ou bien une autre regle quarrée pour couper des
bandes de peau un peu plus larges, pour être collées par-dessus les premieres.

780. Il faut remarquer que toutes les parties de la peau ne sont pas propres
à faire des bandes pour joindre les éclisses ensemble ; car on doit choisir pour
cela tout ce qu'il y a de plus fort. On n'en doit guere tirer que quatre bandes au milieu & selon sa longueur où elle est plus forte. Les côtés de la peau
doivent servir pour les aînes, dont nous parlerons bientôt ; & si l'on jugeoit
que ce qui restera aux côtés de la peau, après en avoir tiré quatre bandes, ne
dût pas être assez large pour les aînes, il vaudroit mieux n'en tirer que trois
au milieu. Toutes les bandes étant coupées, on les chanfreinera aux bouts seulement.

781. On accouplera de deux en deux les éclisses de même espece, la dou-
blure de parchemin en dedans. On les fera tenir ensemble au moyen des *cava-*
liers, (art. 119, pag. 34, *fig.* 94, *Pl.* 12), que l'on mettra selon le besoin, tantôt sur le couple des éclisses immédiatement, tantôt sur la peau collée
si le bois tend à s'écarter ; ces cavaliers les ferreront. Ainsi on collera une bande
de peau tout le long & sur le dos des deux éclisses jointes ensemble. On observera de ne pas mettre si abondamment de colle sur la peau, qu'elle risque de
pénétrer entre les deux éclisses, & de les coller ensemble. On n'étirera pas beaucoup la bande de peau selon sa longueur ; mais seulement autant qu'il le faut,
pour que la peau ne soit pas ridée. On l'étirera bien fort & tant qu'on le pourra,
selon sa largeur ; sur-tout après y avoir appliqué le linge mouillé bien chaud &
bien tordu auparavant. La raison pour laquelle il ne faut pas étirer la bande
de peau selon sa longueur, est qu'on la rend beaucoup plus mince, & que par-
là on ouvre ses pores. Il est indispensable de l'étirer selon sa largeur. Sans

ORGUES. II. Part.   C c c c

PLANCHE
12.

cela elle prêteroit confidérablement ; & en s'étendant, quand le Soufflet joue-roit, les plis ne feroient pas liés enfemble, d'une façon ferme & folide. Il eſt bien vrai qu'en étirant la peau felon fa largeur, on élargit fes pores ; mais c'eſt une abfolue néceffité pour la folidité de l'ouvrage ; ce feroit bien pire fi on l'é-tiroit encore felon fa longueur ; car on ne feroit pas pour cela difpenfé de l'é-tirer felon fa largeur. Après tout, de ces deux étirements, où il y a de l'incon-vénient, il faut au moins en éviter un.

782. Quand on aura collé une bande de peau, & qu'on en aura ôté les taches de colle avec le linge chaud, on en collera une autre au bout de celle-là pour parfaire toute la longueur des éclifſes. On obſervera que le bout de la première bande de peau, que la feconde bande doit recouvrir, foit chanfreiné, auffi bien que le bout de celle-ci qui recouvre la première de quelques lignes. Auffi-tôt qu'on aura collé les bandes de peau dans la longueur entière des deux éclifſes, on re-coupera la peau le long d'une regle fuffifamment longue, avec un couteau, pour en ôter celle qui fe trouvera fuperflue. Il fuffira que la peau ait 7 à 8 lignes de largeur de chaque côté du pli. On fera en forte que cette largeur foit égale & uniforme à tous les plis. Pour ne pas s'y tromper & pour faire cette opération avec plus de diligence, on fera une regle de toute la longueur des plis des cô-tés, laquelle portera un rebord dans toute fa longueur. On appliquera cette re-

Planche
62.

gle fur le bord du pli, en forte que le rebord appuie, & on coupera la peau le long de la regle. Voyez cette regle en perfpective, *fig. 5. Pl. 62*, & fon pro-fil vû par le bout, *fig. 6*.

783. Cette première bande de peau collée d'un bout à l'autre fur la couple d'éclifſes, étant bien feche, on en collera une feconde un peu plus large. Mais celle-ci ne tiendra pas abfolument toute la longueur du pli. A ceux des côtés, il fuffira qu'elle aille jufqu'à environ 5 pouces près du petit bout, attendu que les *rabats* qui doivent fe mettre à cette partie, la doubleront fuffifamment. Vers le grand bout, on en laiffera environ un pouce & demi fans le doubler, auffi bien qu'aux deux bouts des plis du fond du Soufflet. Les *coins* qu'on doit y coller, dou-bleront affez ces bouts. A l'égard de la partie des plis qui doit fe trouver au-de-dans du Soufflet, la feconde bande de peau qu'on y collera fur la première, ira entiérement comme celle-ci d'un bout à l'autre.

784. Toutes les éclifſes, tant celles du fond du Soufflet que celles des côtés, étant ainfi liées de deux en deux, & la colle étant bien feche, on les joindra de quatre en quatre ; c'eſt-à-dire, deux couples enfemble que l'on affujettira au moyen des cavaliers, & on y collera de même de doubles bandes de peau avec les mêmes précautions & les mêmes façons que la première fois. La colle étant bien feche, on affemblera une autre couple à cette double couple, ce qu'on pourfuivra jufqu'à ce que toutes les éclifſes qui doivent tenir enfemble, foient affemblées & collées.

785. Tous les plis étant affemblés & la colle étant bien feche, on les éten-

dra sur une table presque à plat, & on collera des bandes de parchemin d'environ 18 lignes de largeur tout le long des angles rentrants, tant dans ceux qui se
trouveront dans l'intérieur du Soufflet, que dans ceux de dehors. On observera
de ne pas retourner sens-dessus-dessous les plis, que le parchemin qu'on aura
collé ne soit bien sec. On collera ce parchemin avec soin; on l'arrangera bien
avec le couteau de bois. Du reste, j'ai expliqué avec quelles précautions on
doit coller le parchemin, *art.* 581 & 582, *pages* 194 & 195.

786. Tous les plis étant amenés à ce point, on les pliera comme s'ils étoient
dans le Soufflet fermé; on les couchera sur l'établi; on les serrera en mettant
une planche par-dessus & deux valets; on égalisera avec la varlope à onglet les
grands bouts, & on les présentera à leur place, comme on le voit en la fig. 2.
On examinera si les plis *l q*, ne sont pas trop longs; s'il y a assez de vuide aux
onglets; si les plis des côtés *a o* & *c k*, sont de la longueur juste; car il faut que
le petit bout *y*, & *x*, de ceux-ci, affleure le dehors de la tête du Soufflet. On
verra encore, si l'ensemble des plis forme dans les coins extérieurs *p*, & *u*, des
onglets, un angle bien à l'équerre de haut en bas, sans quoi toutes les pointes
ne se toucheroient pas.

787. Les plis étant bien ajustés à leur place, on émoussera légérement la
pointe des coins *p* & *u*, aussi bien que les angles extérieurs des petits bouts *y*,
& *x*. Ceux-ci doivent être arrondis un peu considérablement, & on en émoussera
légérement aussi les vives arêtes extérieures; on émoussera ainsi un peu les vives arêtes aux endroits que je viens d'indiquer pour qu'elles ne coupent point la
peau. Tout cela étant fait, il s'agit de garnir les plis de tout ce qu'il leur faut.

788. On les ôtera de leur place, & on commencera de garnir les plis *l q*, du
fond du Soufflet. Il faut avoir du ruban de fil d'environ un pouce ou plus de largeur, du plus fort & le mieux tissu. Si du ruban plus étroit se trouvoit mieux
tissu, de meilleur fil & plus fort, il faudroit le préférer. Il en faut à peu près 18
pieds ou cinq aunes pour un Soufflet. On mettra les plis du fond du Soufflet sur
une table, les faces du dedans du Soufflet tournées en dessus, ou bien sur deux
regles, disposées à peu près comme on le voit *fig.* 7. On les arrêtera par une
pointe à chaque bout, en sorte qu'il y ait 9 pouces d'un pli à l'autre & bien
également espacés. On coupera le ruban de fil en morceaux de 14 à 15 pouces
de longueur. Pour les poser, on en trempera dans la colle les deux bouts, que
l'on collera sur les plis, en sorte que le ruban y soit tendu. On collera tout de
suite sur ces bouts de ruban collés une piece de peau pour les soutenir. On voit
dans la fig. 7, comment toutes ces *brides* sont disposées: car c'est ainsi qu'on
nomme ces rubans de fil par rapport à leur fonction, qui consiste à déterminer
l'étendue de l'ouverture de chaque pli du Soufflet dans son élévation; les quatre
dernieres, savoir, *a, b, c, d*, ne seront collées que d'un bout seulement. Elles sont
destinées à être arrêtées, comme nous le dirons bientôt, aux deux Tables du Soufflet.

789. Il y a plus de façon à faire aux brides des plis des côtés. On coupera six

morceaux de ruban de fil d'environ un pied de longueur. *a b*, *A B*, *fig.* 8, repréfentent les plis d'un des côtés du Soufflet, les faces du dehors tournées en
deffus ; ils font pofés fur une table, & étendus prefque à plat, ou du moins beaucoup plus ouverts qu'ils ne doivent l'être, quand ils joueront dans le Soufflet.
On remarque dans cette fig. 8, que n'y ayant que trois plis faillants, il n'y a
que trois plis qui préfentent un dos en dehors ; par conféquent, il n'y faut que
trois brides. On trempera un bout du ruban de fil de la longueur de 3 pouces dans la colle, & on le collera fur le dos du petit bout *a b*, d'un des plis.
Auffi-tôt qu'on l'aura collé, on collera par-deffus une bande de peau un peu
plus large que le ruban de fil, qui en fera recouvert de trois ou quatre
lignes plus haut. On chanfreinera toute la partie du bout de cette bande de
peau que l'on colle. On obfervera que cette bande de peau (qui doit être à peu
près de la même longueur que le ruban de fil) foit choifie de maniere qu'on
puiffe l'étirer bien fort quand il le faudra, fans qu'elle fe rompe. Dans
toute cette opération, il faut faire attention de ne mettre de la colle précifément
qu'à la partie qu'on applique fur le pli. Si on en mettoit au-delà, cette portion
du ruban & de la bande de peau deviendroit roide, & feroit embarraffante pour
les opérations qu'il faudra faire enfuite. Pour faire mieux entendre tout ceci,
on n'a repréfenté dans la fig. 8, qu'une bride compofée de fon ruban de fil &
de fa bande de peau par-deffus ; un autre pli, où il n'y a que le ruban de fil, &
le troifieme où il n'y a encore rien du tout.

790. On fera enfuite les *rabats*. Ce font des pieces de peau dont *A B C D*,
fig. 9, en repréfente une ; il en faut quatre pour un Soufflet, qui feront de la même largeur, c'eft-à-dire, de 13 à 14 pouces ; pour la longueur, deux en auront 13 à 14 pouces comme leur largeur, & les deux autres auront deux ou 3
pouces de longueur de plus. La fig. 9, n'en peut donner qu'une idée générale.
Mais pour en avoir la véritable grandeur, il faut en prendre la mefure fur la place
avec du papier qu'on appliquera par-deffus les brides & quelques lignes au-delà
pour les couvrir. Voyez la fig. 10. On fera entrer bien exactement le papier
dans toutes les finuofités des plis, obfervant qu'il en refte environ un pouce
au-delà de chaque côté. Ce papier fera le patron du rabat, dont le bout *A B*, *fig.*
9, formera une ligne un peu courbe, qui deviendra droite, quand le rabat fera
collé. Il en faut deux : l'un plus long que l'autre, relativement aux deux longueurs différentes des rabats ci-deffus prefcrites.

791. Les quatre rabats étant coupés de mefure fur le patron de papier, on
les effayera en les appliquant à leur place comme fi on les colloit, & ayant chanfreiné le bord *A B*, on y mettra de la colle du côté du duvet à l'ordinaire, de
la largeur de 3 pouces & demi ou un peu plus. On mettra ce rabat au-deffus des
brides & 6 à 8 lignes au-delà. On l'arrangera exactement avec le couteau de
bois mouillé, faifant en forte que la peau foit intimement bien appliquée dans
le pli. On y paffera le linge chaud bien tordu, en forte qu'il touche bien par-

tout,

tout, & on y repaſſera enſuite le couteau de bois, afin que le rabat ſoit bien
étendu & collé proprement. Lorſque la colle ſera bien ſeche, on collera le ſecond rabat par-deſſus le premier, & avec les mêmes ſoins; mais on le fera avancer au-delà du premier de 6 à 8 lignes. Il faut entendre que le premier rabat
que l'on colle eſt le plus court, & que le plus long ſe colle par-deſſus. Du reſte,
on obſervera toujours de ne mettre de la colle ſur le rabat qu'en la partie qui
doit être collée, pour les raiſons que j'ai dites ci-deſſus *art.* 789, *pag.* 285.

792. Lorſqu'on aura poſé toutes les brides & les rabats, on collera une bande de peau de 2 pouces de largeur ſur le bord extérieur des deux dernieres éclifſes des plis, tant des côtés que du fond du Soufflet, comme en *A a*, & *B b*,
fig. 8; ou *a b*, & *d c*, *fig.* 7. On ne collera cette bande de peau que ſur ſon
bord, en ſorte qu'elle dépaſſera hors de l'écliſſe d'un peu plus que de la moitié
de ſa largeur, obſervant de ne mettre de la colle que dans la partie qui doit être
collée ſur l'écliſſe; & afin de ne pas riſquer d'en mettre plus avant qu'il ne faut
dans la largeur de la bande de peau, on n'en mettra que 4 ou 5 lignes de largeur ſur le bord de la peau, & autant ſur le bord de l'écliſſe. On la collera avec
ſoin, & on la recoupera à la regle. Il ne faut pas encore coller la double bande
de peau.

793. Tous les plis étant ainſi garnis de tout ce qu'il leur faut, & le tout étant
bien ſec, on les mettra au-dedans du Soufflet, comme on voit en la *fig.* 2. On
fera des trous avec le villebrequin, juſtement aux endroits de l'une & de l'autre Table, où l'on voit les brides *a*, *b*, *c*, *d*, *fig.* 7, comme aux points 3 & *t*,
fig. 2. On fermera le Soufflet, & on fera paſſer au travers de ces trous les rubans
de fil, tant en la Table de deſſus qu'à celle de deſſous. On mettra un clou
au travers des quatre bouts de ruban de fil en dehors, afin qu'ils ne riſquent point
de rentrer dans le Soufflet, en attendant qu'on les arrête à demeure.

794. Tous les plis étant bien ſerrés par la peſanteur naturelle de la Table
de deſſus, approchez bien exactement aux coins *p* & *u*, *fig.* 2, toutes les peaux
flottantes étant en dehors, tant les bandes que les rabats avec leurs brides, y
ayant un eſpace égal aux deux côtés & aux bouts, tant en la Table de deſſus
qu'à celle de deſſous, & la tête du Soufflet étant bien affleurée auſſi bien que
les petits bouts des plis. On collera les bandes de peau des côtés & du fond
contre la Table.

795. On obſervera de ſe ſervir du couteau de bois, pour que la peau ren-
tre bien au bord de l'écliſſe contre la Table. On fera attention de ne pas mettre tellement de colle, qu'elle puiſſe pénétrer au-deſſous de l'écliſſe. La colle
étant ſéche, on tournera le Soufflet ſens-deſſus-deſſous, & avec précaution,
pour ne rien déranger. On collera également les bandes des côtés & du fond
contre l'autre Table.

796. La colle étant bien ſeche, on ouvrira un peu le Soufflet, pour mettre
au travers de chaque coin entre chaque pli, *fig.* 2, un morceau de bois *v z*,
d'environ un pied de longueur ſur 7 à 8 lignes en quarré. On met ainſi ce mor-

ORGUES. II. Part.   D d d d

ceau de bois pour féparer fuffifamment les plis, afin de les lier & arrêter enfemble. On mettra un fort petit morceau de peau (mouillé avec la colle de chaque
côté) entre les deux coins de chaque pli, comme en *p*, & en *u*, *fig.* 2 , afin
que le coin des plis des côtés ne frotte point immédiatement bois contre bois contre le coin de ceux du fond du Soufflet. Enfuite on collera à chaque coin un
petit morceau de peau affez forte d'environ 2 pouces de longueur fur 8 à 10
lignes de largeur ; mais avant de la coller, il faut lui faire faire la *poche* ; c'eft-
à-dire, que tenant des deux mains les deux bouts de ce morceau de peau, on
le frottera avec effort dans fon milieu contre l'angle du coin du pli, ce qui lui
produira un creux commode pour le bien appliquer fur ces coins. On y mettra
le linge chaud à l'ordinaire, &c ; alors les plis feront arrêtés & unis enfemble.
Quand la colle fera feche, on ôtera tous les bois qui féparoient les plis.

797. On mettra le Soufflet fur un côté ; on l'ouvrira de telle maniere que les
derniers plis rentrants, tant celui qui touche la Table de deffus que celui qui
touche la Table de deffous, foient exactement du même angle & de la même ouverture que les autres, dont les angles font déja déterminés par les brides intérieures ; on s'en affûrera avec le compas. Alors on arrêtera à demeure, au moyen
de la colle & d'une cheville, les rubans de fil, qui paffent au travers des Tables
du deffus & du deffous. Quand on mettra cette cheville, on tirera un peu le ruban de fil, afin qu'il refte auffi tendu que les autres bandes ; cette cheville ne
doit pas dépaffer en dedans. Alors on collera une feconde bande de peau, fur
celle qui attache les plis aux Tables. On la recoupera à la regle. On fera en
forte, que fur l'écliffe, cette feconde peau dépaffe un peu la premiere, afin
que celle-ci ne paroiffe point.

798. On fera deux tringles de bois de chêne de deux pouces de large fur
un pouce & demi d'épaiffeur. Voyez la *fig.* 1. *Pl.* 63. On y fera une entaille
A & *B*, vers chaque bout & fur le champ, pour recevoir l'épaiffeur de la Table, & affez profondes pour que la tringle touche les deux demi-plis ; c'eft-
à-dire, ceux qui font attachés aux Tables. On arrêtera cette tringle avec
une bonne vis à chaque bout. On attachera une autre tringle femblable de l'autre côté du Soufflet & vis-à-vis de la premiere. Ces deux tringles font néceffaires pour tenir toujours le Soufflet invariablement ouvert au même point, jufqu'à
ce qu'il foit totalement fini. Il faut qu'elles tiennent folidement, afin de pouvoir tourner & retourner le Soufflet lorfqu'il fera néceffaire, fans qu'elles rifquent de fe défaire. Il faut maintenant coller les aînes.

799. Le Soufflet étant ouvert, comme il eft repréfenté par la fig. 1. *Pl.* 63,
forme de grandes ouvertures *g h*, dans les coins rentrants des plis. Ce font ces

ouvertures qu'il s'agit de fermer par des pieces de peau, qu'on appelle les *aines*.
On en voit la forme en la fig. 11. *Pl.* 62. Pour en avoir la véritable dimenfion,
on prendra la mefure de ces ouvertures, avec un papier. La fig. 2, *Pl.* 63,

repréfente géométralement & à plat, un pli *A*, du fond du Soufflet. *B* & *C*,
un morceau des plis des côtés. *a b c*, un côté de l'ouverture de l'aine. *e d c*, la

peau qui ferme cette ouverture & à laquelle on donne proprement le nom d'*aine*. On voit qu'elle est plus large de 4 à 5 lignes que l'ouverture. La longueur de l'aine doit être le double de *a b* à *c*, & d'un pouce en outre à chaque bout. Lorsqu'on aura toute la dimension avec le papier, on fera sur ce patron un calibre de bois de 4 à 6 lignes d'épaisseur qu'on coupera conformément au patron. On en fera un second de la même longueur, mais plus large d'environ 3 lignes de chaque côté d'un bout à l'autre.

800. La peau des aines ne doit pas être aussi forte que celle des bandes destinées à joindre les plis. Celle qui reste aux côtés de la peau après en avoir tiré les bandes dans son milieu, sera très-propre pour cela, comme je l'ai dit ailleurs. On étendra sur une table ces pieces de peau; on appliquera le calibre par-dessus, & le tenant ferme d'une main, on coupera la peau tout à l'entour avec la pointe bien tranchante d'un couteau. Il faut huit aines pour un Soufflet à trois plis saillants. On les chanfreinera toutes proprement tout à l'entour. On les étirera ensuite avec les doigts sur les bords *A B*, fig. 11, *Pl. 62*, à un ou deux pouces de chaque côté jusques vers *E & F*. On n'étirera point en largeur, mais en longueur sur les bords seulement, comme je viens de le dire. On fait cette opération pour les coller plus aisément.

801. Avant de coller les aines, on émoussera légérement avec un ciseau la vive arrête des deux côtés de l'ouverture qu'il s'agit de boucher, afin qu'elle ne coupe point la peau dans la suite. On mettra de la colle sur toute la surface du côté du duvet de l'aine: on l'appliquera sur l'ouverture; & comme elle est plus longue d'environ un pouce à chaque bout, on redoublera cet excédent sur le coin saillant, le faisant venir sur le commencement de l'ouverture du pli suivant. On aura soin de faire entrer la peau avec le couteau de bois dans les angles rentrants sur les endroits que l'on a étirés auparavant. Ensuite on y appliquera le linge chaud bien tordu, & on achevera, avec le couteau de bois, de bien étendre la peau, en sorte qu'elle ne fasse en aucun endroit la moindre ride. On collera l'aine suivante de la même maniere, & on fera aller les deux bouts sur les deux coins saillants & au-delà; ensorte que le premier coin qui avoit été déja recouvert par l'excédent de l'aine précédente, se trouvera recouvert une seconde fois par l'excédent de la seconde aine. Toutes les premieres aines étant collées, & la colle étant bien seche, on collera les petites pieces avant de coller les secondes aines.

802. La fig. 12, *Pl. 62*, montre la forme de ces petites pieces, qui peuvent avoir environ un pouce & demi de longueur, sur un pouce de largeur au bout le plus large. Il faut faire un calibre de bois pour couper toutes ces pieces uniformément. On choisira de la peau plutôt mince qu'épaisse; on la coupera à l'entour du calibre avec la pointe du couteau, & on la chanfreinera en entier. On appliquera ces pieces dans les angles ren-

Planche 63.

Planche 62.

Planche 63.

Planche 62.

trants *a*, *b*, *c*, *fig.* 1, *Pl.* 63, &c. enforte que le bout *G H*, *fig.* 12, *Pl.*
62, foit de 4 ou 5 lignes fur le bord de l'aine, & le bout *K*, vers le
côté oppofé, *fig.* 1, *Pl.* 63. On collera ces pieces avec le même foin que
les aines; on les arrangera bien avec le couteau de bois, pour qu'elles entrent exactement dans les angles rentrants. Toutes les petites pieces étant
mifes en place, & la colle étant bien feche, on collera les fecondes aines
par deffus les premieres, & avec les mêmes façons; comme elles feront un
peu plus larges, elles recouvriront les premieres, en forte que celles-ci ne
paroîtront plus. Les petites pieces auront ainfi leur tête enfermée entre deux
aines, de forte qu'il n'en paroîtra que le petit bout. Toutes ces opérations
étant finies, & la colle étant bien feche, on collera les *coins*.

803. Les *coins* font des pieces de peau coupées en demi cercle *B C D*, *fig.*
13, *Pl.* 62, & fendues au centre *A* de 4 lignes ou environ; de *B* à *D*,
il peut y avoir 30 à 34 lignes. On fera un calibre de bois pour les couper uniformément: on les chanfreinera en entier, même la fente. Il faut deux coins
pour chaque pli faillant, & 8 demi coins comme *A D C*, également chanfreinés; ils ferviront pour les angles *d*, *e*, *f*, *k*, *fig.* 1, *Pl.* 63.

804. Le Soufflet reftant toujours fur un des côtés, on collera les coins; à
cet effet on mettra de la colle fur une des pieces en demi-cercle; on l'appliquera fur le coin faillant d'un pli. Voyez la fig. 2, *Pl.* 63, où l'on voit en *g f*,
comment on met cette piece. On y apperçoit le bout *g* déja pofé, & le bout
f encore en l'air, & prêt à être replié par-deffus pour joindre & même un peu
furmonter ou recouvrir le premier bord déja pofé. On voit à l'autre côté *c*,
cette piece pofée en entier; on fera en forte que les deux bords *A D* & *A B*,
fig. 13, *Pl.* 62, foient mis un peu l'un fur l'autre, & que cette jointure fe
trouve vers la table de deffus. On arrangera auffi l'endroit fendu, le faifant croi-
fer l'un fur l'autre, le tout bien étendu fans faire aucune ride. En un mot,
cette piece de peau doit bien envelopper tout à l'entour le coin faillant du foufflet. Enfin on y appliquera le linge chaud à l'ordinaire, & lorfqu'on l'applique
adroitement, ordinairement il n'y a plus rien à retoucher. Quand on aura ainfi
collé tous les coins, & que la colle fera bien feche, on en collera un fecond fur
le premier, mais dans un fens contraire, c'eft-à-dire, que la jointure doit
fe trouver du côté de la Table de deffous; la raifon en eft, que lorfque le Soufflet eft en place dans la Soufflerie, & qu'on le fait jouer, on ne voit aucune jointure à ces coins, ce qui eft plus propre. On collera enfuite les demi-coins à
leur place; ils doivent auffi être doubles. On tournera le Soufflet pour coller de la même maniere les coins de l'autre côté.

805. Le fond du Soufflet étant totalement fini, on travaillera aux brides &
aux rabats qui font aux deux côtés de la tête du Soufflet, qui reftera pour cela
fur le côté; on fe procurera de petits clous de fer à l'ordinaire, mais étamés,
pour les garantir de la rouille. Les Selliers en ont toujours, parce qu'ils s'en
fervent

ſervent pour leur métier ; mais au cas qu'on n'en trouve point, voici la maniere
de les étamer : On fera recuire les clous, c'eſt-à-dire, qu'on les fera rougir au
feu ; lorſqu'ils feront refroidis, on les mettra dans un ſac fait en forme de manche
dans leqûel on les proménera & on les agitera avec violence, afin que par leur
frottement mutuel l'écaille ſe détache. On les mettra enſuite dans un pot ou mar-
mite de fer, avec à peu-près la moitié autant peſant d'étain commun : on y jettera
de la réſine en poudre & un peu de ſel armoniac bien pulvériſé ; on fera chauffer
le tout juſqu'à ce que l'étain ſoit fondu & qu'il ſoit bien chaud, mais non pas
rouge ; alors on prendra ce pot avec des tenailles de forge ; on l'agitera fortement en tout ſens, juſqu'à ce que l'étain ſoit figé. S'il y a des clous qui ſe tiennent enſemble, ce ſera une marque qu'on aura mis trop d'étain.

806. Avant de commencer à opérer ſur les brides & les rabats *a c b*, *fig.*
3, *Pl.* 63, on couvrira celles qui ſont de l'autre côté *d e* du Soufflet, afin
de les garantir des gouttes de colle de laquelle on va ſe ſervir, & qui y tom-
beroient. On retrouſſera les rabats *c*, en deſſus ; on prendra par ſon extrémité
inférieure, avec une tenaille, une bride de ruban de fil ; on la tirera bien
fort en en bas, la tenant bien appliquée contre le bois de la tête du Soufflet ;
on l'arrêtera avec un clou étamé contre le bois ; & avant de lâcher la tenaille, on en fichera un autre. Il faut ainſi mettre deux clous de ſuite, parce
que ſi le ruban de fil n'étoit retenu que par un clou, il ſe déchireroit plutôt
que de ſe tenir dans la forte tenſion où on l'aura mis ; on fichera enſuite
deux ou trois autres clous. On attachera de même les deux autres brides de
ruban de fil ; enſuite on les barbouillera avec la colle qui pénétrera au travers du ruban & le collera contre le bois.

807. On clouera de même les brides de peau, en les étirant bien fort :
mais on y mettra de la colle auparavant, & on y appliquera le linge chaud. On
prendra enſuite le premier rabat, on le fendra en pluſieurs endroits & en long
avec les ciſeaux, mais non pas juſqu'aux plis du Soufflet. S'il y a quelqu'endroit
de la peau qui ne puiſſe pas bien s'appliquer pour être trop dur, on l'applatira
avec le marteau. On aura l'attention de mettre de la colle par-tout en deſſous :
on y appliquera pluſieurs fois, s'il le faut, le linge chaud, pour ramollir la peau,
afin qu'elle s'applique bien. S'il y a quelqu'endroit qu'on ne puiſſe pas parvenir à bien appliquer pour être bourſoufflé, on y mettra un clou, pourvu
que ce ne ſoit pas en un endroit où il puiſſe paroître ; on ſe ſervira beaucoup du couteau de bois.

808. Pour le ſecond rabat, on le fendra le moins que l'on pourra, ſur-tout
obſervant que ce ſoit un peu loin des plis : on le collera de même. On l'appliquera avec attention & avec propreté, ſoit par le ſecours du linge chaud,
ſoit au moyen du marteau, du couteau de bois, &c. On fera enſorte que
les rabats ne ſoient jamais pliſſés au dedans des plis, dans leſquels ils doivent
être tendus juſqu'au fond, mais ſeulement ſur les bouts, comme on le voit en

ORGUES. II. Partie.　　　　　　　　　　E e e e

A, fig. 4 , *Pl.* 63. Tous ces plis de la peau doivent être proprement arrangés
& bien applatis. Il faut prendre garde de ne pas altérer la peau à force d'appliquer le linge chaud , lequel à cet effet doit avoir été fortement tordu , pour
ne pas faire perdre à la peau sa souplesse ni sa blancheur. Lorsqu'on aura fini
d'arrêter les brides & les rabats d'un côté , on tournera le Soufflet , & on fera
les mêmes opérations de l'autre côté.

809. Le Soufflet étant toujours sur le côté , on collera une forte bande
de peau d'environ deux pouces de largeur , & chanfreinée aux deux bords
& aux deux bouts , sur toute la jointure de la tête du Soufflet où sont les
charnieres. Elle ne tiendra pas absolument toute la largeur du Soufflet , mais
seulement jusqu'à deux ou trois pouces des plis. Par-dessus cette bande de
peau , on en collera une autre assez large pour embrasser toute la tête du Soufflet , & encore environ un pouce & demi par-dessus les Tables. Cette peau
doit être forte & être chanfreinée aux deux bouts seulement. On la fera aller
juste jusqu'aux plis , de façon qu'ils soient totalement à découvert. Voyez
la fig. 5 , où l'on apperçoit le bout *M N* de cette peau. On sent bien
qu'il faut la mettre en plusieurs pieces dans sa longueur ; mais dans sa largeur on la mettra toute en un morceau. On aura un soin particulier de faire
bien appliquer le bout *M N* , au moyen du linge chaud. On recoupera à la
regle la partie de la peau qui se trouvera sur les Tables ; & pour que le Souffleur ne puisse la fouler en prenant la bascule , on la garantira en la couvrant
d'une tringle qu'on fixera avec des pointes ou des clous. On coupera proprement toute la peau qui se trouvera excéder les Tables aux deux côtés du Soufflet.
Toutes ces opérations étant faites , il ne manquera , pour l'avoir entiérement
fini , que d'y mettre les Soupapes. On ne doit fermer le Soufflet que dans quelques jours , pour donner le temps à la colle de bien sécher & de se consolider.

810. Le Chassis des Soupapes est composé , comme je l'ai dit *art.* 766, p. 278 ,
de deux battants , deux traverses , un montant dans le milieu , & deux autres traverses dans le milieu ; on en a vu les dimensions. Tout le bois pourra
avoir 18 lignes d'épaisseur. Il faut en coller tous les assemblages plutôt que
de les cheviller , parce que dans la suite du temps , les chevilles désaffleu-
rent le bâti , comme on le voit dans presque tous les assemblages de menuiserie. On dressera bien toute la surface de dessus avec la varlope & non
au rabot. On fera par-dessous un gros chanfrein d'environ six lignes en dehors aux quatre côtés. On fera un trou vers les quatre coins pour attacher le
Chassis dans sa feuillure au-dessous de la Table. Il semble qu'il seroit mieux
d'employer pour cela quatre vis ; mais comme après un certain temps elles
se rouillent , & qu'on ne peut plus les retirer dans le besoin , on aime mieux
se servir de clous.

811. On choisira du bois de chêne pour les quatre Soupapes , avec le
même soin que pour les Soupapes des Sommiers , & les panneaux des Claviers. Elles doivent être légeres , & avoir à l'endroit le plus épais vers la

charniere, 5 à 6 lignes d'épaisseur tout au plus, & aller en diminuant vers le
bord opposé à la charniere, jusqu'à deux lignes d'épaisseur. On voit la forme
de ces Soupapes aux *fig.* 4, 5 & 7, *Pl.* 48. Il convient, pour couper la
force & le fil du bois, d'y faire quelques trous coniques, qui en dessus
pourront avoir 12 ou 15 lignes de diametre, & en dessous 5 à 6 lignes;
par cet expédient, elles seront moins sujettes à s'envoiler. Les Soupapes seront faites d'une grandeur telle qu'elles puissent avoir 3 ou 4 lignes de recouvrement aux quatre côtés.

812. On prendra de la peau la plus épaisse & la plus molle; on la collera
par-dessus les montants & les traverses du Chassis, comme il a été expliqué *art.*
537, *pag.* 178. On fera ensorte que les jointures de la peau, qui doivent être faites
bien proprement, ne se rencontrent point sur les joints des assemblages du
Chassis. Les Soupapes seront garnies comme je l'ai décrit *art.* 588 & 589, *pages*
196 & 197; mais on n'en coupera les queues qu'en les présentant en place, comme si on vouloit les y coller, faisant aller les queues les unes sur les autres. On
les coupera toutes ensemble d'un coup de couteau le long d'une regle; après
avoir ôté tout le superflu que le couteau aura coupé, on les remettra à leur
place, où on les arrêtera, en y mettant une petite planche mince qui couvrira
toutes les queues sans gêner les Soupapes. On fixera cette tringle par des
pointes. On arrêtera ensuite au moyen de quelques clous, les morceaux de
bois M, M, *fig.* 4 & 5, *Pl.* 48. On pourra faire au-dessus & au milieu de
ces morceaux de bois, une grande échancrure, pour n'être pas obligé d'employer de grands clous.

813. Il y a des Facteurs qui doublent le dessus des Soupapes des Soufflets
d'une peau collée, afin qu'étant ainsi recouvertes d'une peau sur leurs deux surfaces, elles soient moins sujettes à s'envoiler. Je l'ai quelquefois fait ainsi; mais
je n'ai pas eu l'occasion de voir dans la suite si ces Soupapes s'étoient bien
maintenues. Cette méthode peut être bonne; mais il ne faut pas que la peau
de dessus soit plus étirée que celle de dessous. Il en est d'autres qui préferent
d'y coller du parchemin; je ne crois pas que ceux-ci fassent bien, parce que
le parchemin étant préparé bien différemment des peaux, il est à présumer
qu'il doit faire un mouvement différent.

814. Le Chassis étant garni de ses Soupapes, on le mettra dans sa feuillure
dessous la Table du Soufflet, dans laquelle il doit bien porter par-tout. On
l'arrêtera avec quatre clous, & on collera une bonne bande de peau aux quatre
côtés. On les recoupera à la regle. Du reste, il est essentiel que cette peau
soit collée avec une grande exactitude. Le Soufflet dans cet état sera totalement
fini. Si on est curieux de l'éprouver, on mettra le Soufflet à plat par terre, la
Table de dessus en dessous. Pour boucher les ouvertures des gosiers, on mettra sur chacune une double peau avec une planche par-dessus, qu'on arrêtera par
trois ou quatre clous; alors on élevera au plus haut la Table de dessous, & on

PLANCHE
48.

la laiſſera aller bien bruſquement. On remarquera que tant qu'on élevera la Table , les Soupapes ſe tiendront ouvertes ; mais auſſi tôt qu'on laiſſera aller bruſquement la Table , les Soupapes ſe fermeront exactement. Un homme ou même
deux , peuvent monter ſur le Soufflet ainſi élevé , & on ne doit pas appercevoir la Table deſcendre : il doit être parfaitement *étanche*. Pour ce qui regarde la quantité de vent qu'une Soufflerie doit fournir ſelon la qualité de
l'Orgue , ou le nombre de Soufflets qu'il lui faut , leur grandeur étant déterminée , nous en donnerons bientôt la régle.

SECTION SECONDE.

Conſtruction des Goſiers.

815. LE Goſier , dont on a vu la deſcription au long , *art.* 389 &*ſ. p.* 122 ,
eſt compoſé de quatre planches qui tiennent enſemble en languette & rainure. Il faut en doubler en parchemin les faces qui doivent être en dedans
avant de les aſſembler. On fera auſſi auparavant l'ouverture de la Soupape avec une ſcie en façon d'échancrure , & on rapportera à bois de fil
la tringle ſupérieure , qui eſt celle à laquelle on attache la Soupape. Cette
tringle , qui doit être aſſemblée aux deux bouts en languette & rainure ,
comme en enfourchement , doit avoir la même épaiſſeur que les quatre planches & un pouce de largeur. Elle doit être bien affleurée en dehors & en dedans avec la planche à laquelle elle eſt aſſemblée & collée. On fera au bout
ſupérieur des quatre planches , & en-dedans , une feuillure d'environ trois lignes en quarré , pour recevoir le couvercle du Goſier.

816. On attachera la planche *f e* , *fig.* 8 , *Pl.* 48 , contre celle du Goſier en-
dehors , avec de la colle & des pointes. Il ſera encore mieux de la faire aſſez
haute , pour qu'elle puiſſe appuyer dans ſa partie inférieure ſur le grand Porte-
vent. On fera une feuillure de 10 à 12 lignes de hauteur ſur 5 à 6 lignes de
profondeur au bas des quatre planches & en dehors. On attachera la Soupape
o p , *fig.* 11 , au moyen de ſa petite tringle , *fig.* 12 , après avoir auparavant
garni de quatre bandes de peau , (le duvet en deſſus) les quatre bords intérieurs de l'ouverture du Goſier. Cette Soupape doit être encore plus legere que
celles des Soufflets , & être très-libre ; c'eſt à quoi il faut faire une attention
particuliere : elle riſqueroit autrement de faire le Tremblant doux , défaut
qu'il faut abſolument éviter. Tout cela étant fait , on collera les quatre planches enſemble. La colle étant ſeche , on y mettra le couvercle en deſſus , qui
doit être mince comme la profondeur de la feuillure qui le reçoit ; il doit être
doublé de parchemin. On ne le collera point dans ſa place ; mais on collera en
deſſus une petite bande de peau ſur toute la jointure aux quatre côtés. Nous verrons art. 832 & ſuiv. comment on détermine la grandeur des Goſiers.

SECTION

SECTION TROISIEME.

Construction des grands Porte-vents.

817. LES grands Porte-vents font des canaux de bois, construits de quatre planches, dont la fonction est de porter & distribuer le vent des Soufflets
aux Sommiers. On distingue plusieurs parties dans les Porte-vents. Celui qui
est immédiatement dessous les Soufflets ; celui qui va de la Soufflerie au
Tremblant doux ; celui qui du Tremblant doux va au grand Sommier ;
celui qui va aux Pédales, au Positif, &c. Toutes ces différentes parties du
grand Porte-vent doivent avoir des proportions différentes, & qui leur
font propres ; car si on les fait trop petites, l'Orgue altérera; si on les fait
trop grosses, on sera obligé de charger davantage les Soufflets, qui en seront
plutôt usés, & fatigueront le Souffleur. Il faut tâcher d'éviter ces deux inconvéniens. Il s'agit donc de trouver leur véritable proportion. On sent déja que
ces différentes parties doivent être grosses selon la qualité de l'Orgue ; mais avant
de donner des regles là-dessus, il est bon de faire quelques observations sur les
Porte-vents en général, pour répandre plus de lumiere sur cette importante
partie de l'Orgue.

818. La meilleure forme que l'on pût donner aux Porte-vents, seroit la ronde ; parce que le cercle est la figure qui contient le plus de capacité & le moins
de circonférence ; & la raison pour laquelle le plus de capacité & le moins de
circonférence, font les qualités les plus avantageuses pour les Porte-vents, est
qu'en une moindre circonférence il y a moins de superficie dans leurs parois,
par conséquent moins de frottement ; il y a moins de pores, & par conséquent
une moindre perte de vent.

819. Mais la figure ronde dans les Porte-vents seroit d'une difficile exécution
& bien plus coûteuse ; je ne crois pas qu'ils fussent solides. Quand il faudroit
les assembler bout à bout dans les différents détours qu'on est obligé de faire,
il ne seroit pas facile de rendre ces assemblages assez forts & assez stables. C'est
pourquoi on est dans l'usage de faire tous les Porte-vents de bois, quarrés, dont
la figure, après celle du cercle, contient le plus de capacité avec le moins de
superficie possible dans les parois.

820. Il seroit à souhaiter qu'on se défabusât de faire les Porte-vents quarrés
méplats, qui font si fort en usage. Plus on s'écartera de la figure du quarré parfait, plus on aura de superficie dans les parois des Porte-vents. La preuve certaine s'en tire de ce qui a été dit *art.* 48, *pag.* 14. J'y donne l'exemple d'un
quarré qui auroit 6 pouces à chacune de ses faces. On a vu qu'il auroit 36
pouces de superficie. Il faut supposer qu'il est question d'un Porte-vent qui auroit intérieurement 6 pouces à chacune de ses quatre faces. Il contiendroit 36
pouces quarrés de superficie, que nous appellerons toujours, quoiqu'impropre-

ment, *capacité*, parce que c'eſt ce qui en fait la groſſeur. La ſuperficie de ſes parois intérieures ayant chacune 6 pouces de largeur, auroit 24 pouces, parce que 4 fois 6, font 24. Si l'on s'écarte de ce quarré parfait, & qu'on faſſe ce Porte-vent méplat, comme de 9 pouces dans un ſens, ſur 4 pouces de l'autre, il aura alors également 36 pouces de capacité ; parce que 4 fois 9, font auſſi bien 36, que 6 fois 6 ; mais la ſuperficie de ſes parois intérieures ſera augmentées, & elle ſe trouvera de 26 pouces : car 9 & 9 font 18 ; 4 & 4 font 8, qui ajoutés à 18, font 26 pouces. Si l'on s'éloigne encore davantage du quarré parfait, & qu'on faſſe ce Porte-vent de 12 pouces dans un ſens, ſur 3 pouces de l'autre, il aura également 36 pouces de capacité comme s'il étoit de 6 pouces en quarré ; mais la ſuperficie de ſes parois ſera augmentée, puiſqu'elle ſera de 30 pouces : car 12 & 12 font 24 ; 3 & 3 font 6, qui ajoutés à 24, font 30. Cette ſuperficie des parois intérieures du Porte-vent ſera encore augmentée, ſi on le fait plus méplat, comme ſi on lui donne 18 pouces dans un ſens, ſur 2 pouces de l'autre ; car 2 fois 18 font auſſi bien 36 que 6 fois 6 ; par conſéquent, le Porte-vent aura toujours la même capacité ; mais il aura en dedans 40 pouces de ſuperficie dans ſes parois. Il paroît donc clair que la méthode de faire les Porte-vents qui auront dans leur plan la figure d'un quarré parfait, doit être préférée, & que ceux qui font méplats font d'autant moins avantageux, qu'ils s'écarteront davantage du quarré parfait. Ainſi dans les meſures que je donnerai dans la ſuite pour les différents Porte-vents, je ſuppoſerai toujours qu'il ne s'agit que du quarré parfait.

821. Lorſqu'on eſt obligé de dévoyer les Porte-vents, & qu'il faut y faire des coudes, on évitera autant qu'on le pourra de les faire à l'équerre, ou à peu près, comme eſt celui de la fig. 2, Pl. 61. Ces coudes quarrés diminuent ſenſiblement la force du vent. On coupera donc toujours l'angle AB de ces coudes, fig. 3, où l'on voit en DE & CF, les coupes corrigées, & le coin AB retranché. Cette méthode eſt d'autant plus à préférer, qu'on raccourcit encore par là le Porte-vent ; ce qui eſt un avantage conſidérable. Plus la Soufflerie eſt près de l'Orgue, plus le vent a de vivacité, & moins on eſt obligé de charger les Soufflets. Par conſéquent plus les Soufflets font éloignés de l'Orgue, plus le vent eſt mou, & plus on doit charger les Soufflets, pour lui donner la vivacité néceſſaire.

Planche 61.

822. Une Soufflerie étant poſée avec tous les Porte-vents, le vent ſe trouvera par-tout d'une force égale ; c'eſt-à-dire, que le vent ſera au même point de vivacité dans les parties des Porte-vents les plus éloignées de la Soufflerie, que celui qui ſera contenu dans le Porte-vent de deſſous les Soufflets. Cela n'empêche pas que le vent ne ſoit plus mou, lorſque les Porte-vents font longs, que lorſqu'ils font courts. Mais dans quelque point de force qu'il ſoit, il eſt par-tout égal.

823. Le vent ne paroît faire preſque aucun mouvement dans le Porte-vent

pendant le temps que l'Orgue joue, ensorte que si l'on suspendoit dans l'intérieur du Porte-vent un morceau de papier au moyen d'un fil, ce papier ne remueroit presque point ; ce que l'on pourroit voir en faisant une ouverture au Porte-vent vis-à-vis du papier, & bouchée avec un morceau de verre. Si le papier remuoit, sur-tout un peu considérablement, quand l'Orgue joue, il y auroit nécessairement de l'altération : le vent n'auroit plus alors la même force, parce qu'il n'auroit plus le même appui & la même résistance. La quantité de poussiere dont les Porte-vents sont toujours parsemés, prouve que le mouvement du vent est très-peu considérable ; & plus il l'est, plus le vent s'affoiblit, ce qui arrive lorsque l'Orgue dépense beaucoup de vent, & que les Porte-vents sont trop petits pour fournir assez abondamment. Ainsi, pour éviter tous les inconvéniens, je vais donner des regles pour faire les Portevents d'une telle dimension qu'ils ne soient ni trop petits ni trop grands. La Table suivante doit précéder ces Regles.

824. *Table de la grandeur des trous des Sommiers sur le premier C sol ut seulement de certains Jeux, pour servir d'élémens aux Regles des grosseurs des Porte-vents.*

Grand Sommier.

```
32 pieds ouvert à l'F ut fa, a son trou de 144 lig. quar.
Bourdon de 32 pieds à l'F ut fa........144
16 pieds ouvert, au premier C sol ut.....108
Bourdon de 16 pieds, au premier C sol ut.108
8 pieds ouvert, au premier C sol ut.......64
Bourdon de 8 pieds..................64
Flûte ouverte de 8 pieds..............64
Gros Nasard......................49
Prestant.........................30
Grosse-Tierce......................30
Nasard...........................18
Quarte...........................16
Tierce...........................16
```

Somme....855 lig. quar.

Sommier de Pédale.

```
32 pieds ouvert, premier C sol ut.......224 lig. quar.
Bourdon de 32 pieds, premier C sol ut...224
16 pieds ouvert...................144
Bourdon de 16 pieds...............144
Flûte de 8 pieds ouvert..............81
Flûte de 8 pieds ouvert..............81
Gros Nasard.....................81
Flûte de 4 pieds..................50
Flûte de 4 pieds..................50
Grosse-Tierce....................50
Nasard..........................25
Quarte..........................18
Tierce..........................18
Bombarde......................144
Trompette.......................64
Trompette.......................64
Clairon.........................48
Clairon.........................48
```

Sommier du Positif.

Il est supposé avoir ses trous comme ceux des Jeux semblables du grand Sommier.

Pour les Jeux d'Anche du Positif.

```
Trompette.........36 lign. quarrées.
Clairon............25
Cromorne..........25
```

On doit remarquer que je ne donne dans ces Tables que la somme des lignes quarrées pour désigner la grandeur de chaque trou du Sommier. Le trou peut être entiérement quarré ou quarré-long, autrement dit, méplat. Par exemple, 144 lignes désignent un trou, qui peut avoir 12 lignes en quarré ; ou bien 9 lignes dans un sens & 16 dans l'autre ; ou encore 8 lignes sur 18 ; ces différentes dimensions feront également 144 lignes quarrées. On observera encore que quoique bien souvent on ne fasse point réellement les trous des Sommiers aussi grands qu'ils le sont marqués ici, il faut néanmoins faire tous les calculs dont nous allons parler sur les grandeurs telles qu'elles sont désignées dans ces tables, comme si on les faisoit de même aux Sommiers.

825. Voici donc les Regles pour trouver les groffeurs des Porte-vents. J'en donnerai enfuite l'explication.

Premiere Regle. *Pour le Porte-vent qui vient de la Soufflerie au Tremblant doux, fi les vents ne font pas féparés, on additionnera les grandeurs des trous du grand Sommier fur le premier* C *fol ut du grand Jeu de Tierce complet, fur celui du Pofitif & fur celui de tous les Jeux de Pédale. On multipliera la fomme par 6 ; & la racine quarrée du produit fera la quarrure intérieure de ce Porte-vent.*

Seconde Regle. *Si les vents font féparés, pour avoir la mefure du même Porte-vent, on additionnera les grandeurs des trous du Sommier fur le premier* C *fol ut du grand Jeu de Tierce. On multipliera la fomme par* 11 *; & la racine quarrée du produit fera la quarrure intérieure du Porte-vent.*

Troifieme Regle. *Pour le Porte-vent particulier du Pofitif, on additionnera les grandeurs des trous de fon Sommier, fur le premier* C *fol ut de tout le Jeu de Tierce & des Jeux d'Anche. On multipliera la fomme par* 10 *; & la racine quarrée du produit fera la quarrure intérieure du Porte-vent.*

Quatrieme Regle. *Pour le Porte-vent particulier des Pédales, on additionnera les grandeurs des trous de fon Sommier, fur le premier* C *fol ut de tous les Jeux qui en compofent le fond; on en multipliera la fomme par* 10, *& la racine quarrée du produit fera la quarrure intérieure du Porte-vent.*

Cinquieme Regle. *Pour le Porte-vent qui va du Tremblant doux au grand Sommier, on additionnera les grandeurs des trous du grand Sommier, fur le premier* C *fol ut du grand Jeu de Tierce ; on en multipliera la fomme par* 10; *& la racine quarrée du produit donnera la quarrure intérieure du Porte-vent.*

Nous ajouterons une fixieme Regle pour trouver la quantité de la Soufflerie, qui foit proportionnée à la grandeur de l'Orgue.

Sixieme Regle. *On fera ufage de la premiere Regle, par laquelle on trouve la groffeur du Porte-vent principal, laquelle trouvée, on calculera combien de pouces quarrés cette groffeur contient. Il faut que la Soufflerie contienne dans le nombre & la grandeur des Soufflets pris enfemble, autant de fois deux pieds & demi quarrés qu'il y a de pouces quarrés dans la groffeur intérieure du principal Porte-vent.*

826. Faifons l'application de ces fix regles. Je choifirai d'abord pour exemple le grand Orgue dont j'ai décrit le grand Sommier dans le Chapitre fecond, *art.* 488 & fuiv. *pages* 158 & fuiv. Il s'agit de trouver la groffeur du principal Porte-vent, qui eft celui qui va de la Soufflerie au Tremblant doux; (nous fuppofons qu'il ne faut pas féparer les vents). Il faut 1°. felon la premiere regle, additionner les grandeurs des trous du grand Sommier fur le premier C *fol ut* de tous les Jeux qui compofent le grand Jeu de Tierce, voyez la Table, *art.* 824. Cette addition produira la fomme de 855 lignes quarrées. 2°. On additionnera de même les trous du Sommier du Pofitif,

fur

ſur le premier *C ſol ut* de tous les Jeux qui entrent dans la compoſition du
Jeu de tierce, ce qui fera la ſomme de 256 lignes quarrées. 3°. On additionnera les grandeurs des trous du Sommier de Pédale, ſur le premier *C ſol ut*
de tous les Jeux de Pédale, ce qui fera la ſomme de 1558 lignes quarrées.
Ces trois ſommes additionnées enſemble, feront celle de 2669 lignes quarrées.
On multipliera cette ſomme 2669 par 6 : le produit fera 16014 lignes quarrées.
Le premier Porte-vent qui va de la Soufflerie au Tremblant doux, devroit
donc avoir pour ſa groſſeur ou ſa capacité 16014 lignes quarrées. Il s'agit
donc de trouver un quarré dont la longueur & la largeur multipliées l'une
par l'autre, produiſent ce nombre 16014, ce qu'on découvrira au premier
coup, en faiſant l'extraĉtion de la racine quarrée de ce nombre. L'extraĉtion
étant faite, on trouvera qu'un côté du quarré eſt de 126 lignes & demie, ou
10 pouces 6 lignes & demie ; c'eſt-à-dire, que ce premier Porte-vent devroit
avoir intérieurement 10 pouces 6 lignes & demie à chacune de ſes faces, ſi les
vents n'étoient pas ſéparés. (*)

(*) On va donner ici en abrégé la méthode
ordinaire pour extraire la racine quarrée d'un
nombre, en faveur des ouvriers qui ne ſçau-
roient pas faire cette opération.

Si l'on multiplie un nombre une fois par lui-
même, le produit qui en réſulte ſe nomme *quarré*, & le nombre qui a été multiplié par lui-
même s'appelle *racine quarrée*. Par exemple, en
multipliant 6 par 6, on a le quarré 36, dont
le nombre 6, qui a été multiplié par lui-même,
eſt la racine quarrée.

Extraire la racine quarrée d'un nombre, c'eſt
chercher le nombre qui étant multiplié une fois
par lui-même, a produit le nombre quarré dont
on veut avoir la racine. Extraire la racine
quarrée de 25, c'eſt chercher le nombre 5,
qui, étant multiplié par lui-même, a produit le
quarré 25.

L'extraĉtion de la racine quarrée n'eſt qu'une
eſpece de diviſion un peu plus compoſée que
la diviſion ordinaire.

Avant d'expoſer les régles qui concernent
l'extraĉtion de la racine quarrée, il eſt néceſſaire
de donner la Table ſuivante des 9 premiers nombres & de leurs quarrés, qu'il eſt utile de ſavoir
par cœur, ou de l'avoir préſente.

Table des neuf premiers quarrés, & de leurs Racines.

Racines 1, 2, 3, 4, 5, 6, 7, 8, 9, 10
Quarrés 1, 4, 9, 16, 25, 36, 49, 64, 81, 100.

I. Exemple. On veut extraire la racine quarrée
du nombre 1156. On le partagera d'abord, par
des virgules, en tranches de deux chiffres chacune, en commençant par la droite de celui qui
écrit : ſi le nombre des chiffres eſt impair, la premiere tranche à gauche n'en aura qu'un.

Il y aura autant de chiffres à la racine que le
nombre quarré contiendra de tranches ; dans
notre exemple le quarré ayant deux tranches,
il y aura deux chiffres à la racine.

On fera à la droite du nombre quarré un crochet comme pour la diviſion ordinaire, & l'on

tracera vers le milieu de ce crochet
une ligne horiſontale comme on
voit ci à côté. On cherchera dans
la premiere tranche 11, par laquelle
l'opération doit commencer, quel
eſt le plus grand quarré qui y eſt
contenu ; c'eſt 9, dont la racine eſt 3, comme
on voit dans la Table ; on l'écrira au quotient,
& ſon quarré 9 ſera poſé ſous le ſecond chiffre
de la premiere tranche ; ayant ſouſtrait ce quarré
9 de cette tranche 11 il reſte 2 qu'on écrira au-
deſſous du 9, & à côté de ce 2 on abaiſſera la
ſeconde tranche 56, ce qui donnera 256 pour
la ſeconde opération.

$$\begin{array}{r} 11,56 \\ 9 \\ \hline 256 \\ 256 \\ \hline 0 \end{array} \left\lceil \begin{array}{l} 34 \\ 64 \end{array} \right.$$

Le nombre 256 eſt un dividende dans lequel
il ne faut pas encore avoir égard au dernier
chiffre 6 ; ainſi 25 ſera d'abord le dividende.
On doublera le chiffre 3 qu'on a déja trouvé à
la racine, afin d'avoir le diviſeur 6 qu'on écrira
au-deſſous de la racine 3 & de la ligne horiſontale. Diviſant 25 par 6, le quotient 4 eſt le
ſecond chiffre de la racine ; on l'écrira à côté
du premier chiffre trouvé 3, & auſſi à la ſuite
du diviſeur 6 ; après on multipliera le diviſeur
augmenté 64, par le dernier chiffre 4 poſé à la
racine, & l'on ſouſtraira le produit 256 du
dividende entier 256 : comme il ne reſte rien,
c'eſt une marque que la racine du nombre 1156
eſt 34 exaĉtement.

II. Exemple. On veut extraire la racine quarrée du nombre 7879249. On le partagera d'a-
bord en tranches de deux
chiffres chacune, en allant
de droite à gauche : la premiere tranche n'a ici qu'un
ſeul chiffre, & comme il y
a quatre tranches, on au-
ra quatre chiffres à la racine.

$$\begin{array}{r} 7,87,92,49 \\ 4 \\ \hline 3\ 87 \\ 3\ 84 \\ \hline 39249 \\ 39249 \\ \hline 0 \end{array} \left\lceil \begin{array}{l} 2807 \\ 48 \\ 5607 \end{array} \right.$$

Le plus grand quarré contenu dans la premiere tranche 7 eſt 4, dont la racine qui eſt 2
ſera écrite à la ſuite du crochet au-deſſus de la
ligne, & ſon quarré ſera poſé ſous la premiere
tranche pour en être retranché : on abaiſſera à

827. Quoique dans l'exemple préfent cette premiere regle n'ait pas lieu pour ce Porte-vent, attendu que pour un auffi grand Orgue, il eft nécef-

la fuite du refte 3 à la feconde tranche 87,& l'on aura
387 pour le fecond mem-
bre de la divifion. On ne
prendra d'abord que 38
pour dividende, lequel aura pour divifeur le double
4 du premier chiffre trou-
vé 2 de la racine ; on écrira toujours le divifeur à la droite du crochet fous la ligne horifontale. Divifant donc 38 par 4, on trouvera 9 pour le quotient ; en voulant continuer l'opération on trouvera qu'il eft trop grand ; c'eft pourquoi il ne faut jamais écrire à la racine le fecond chiffre ou le troifieme, &c. qu'après avoir éprouvé s'il n'eft pas trop grand, & même le quotient peut convenir pour la divifion ordinaire & être trop grand pour l'extraction de la racine quarrée, parce qu'il faut dans cette extraction retrancher du dividende, non le produit du divifeur fimple par le quotient, mais le produit du divifeur augmenté, multiplié par le quotient. On diminuera donc le quotient 9 d'une unité, & l'épreuve ayant appris que 8 convenoit, on le pofera à la racine après le 2, on écrira auffi ce 8 à la fuite du divifeur 4, puis on multipliera le divifeur augmenté 48, par le dernier chiffre 8, pofé à la racine, & l'on retranchera le produit 384 de tout le dividende 387. On abaiffera toujours après chaque fouftraction, à côté du refte qui eft ici 3, la tranche fuivante qui eft dans ce cas 92, & 392 fera le troifieme membre de la divifion. Abandonnant pour un moment le dernier chiffre 2, on ne prendra pour dividende que 39, lequel aura pour divifeur le double 56 du nombre 28, déja trouvé à la racine : enfuite on dira en 39 combien de fois 56 ? il n'y eft pas une fois : c'eft pourquoi on écrira o à la racine. Mais comme en multipliant par zéro, le produit feroit nul, la fouftraction dans cette circonftance n'aura pas lieu : on abaiffera donc tout de fuite la quatrieme tranche 49, à côté de 392, & l'on aura 39249 pour le quatrieme membre de la divifion. On ne prendra d'abord pour dividende que 3924, laiffant le dernier chiffre 9 : le divifeur, qui eft toujours le double du nombre déja trouvé à la racine, fera ici le double de 280 ou 560, on l'écrira à la fuite du crochet fous la ligne ; puis on dira en 3924, combien de fois 560 ? ou plûtôt en 39 combien de fois 5 ? Il y eft fept fois : on pofera 7 à la fuite du zéro de la racine, on l'écrira auffi à côté du divifeur, & on aura le divifeur augmenté 5607: il fera multiplié par le dernier chiffre 7 de la racine, & le produit 39249, fera ôté du dividende entier 39249, il ne reftera rien ; ainfi la racine quarrée du nombre propofé, eft 2807 précifément. En effet, cette racine multipliée par elle-même, donne 7879249, qui eft le nombre dont on a extrait la racine, & c'eft la preuve de l'opération.

III. *Exemple.* On veut extraire la racine quarrée du nombre 16014. On le coupera en tranches, puis on prendra le plus grand quarré contenu dans la premiere tranche 1. C'eft 1 lui-

7,87,92,49, ⌠ 2807
4   ⌡ 48
‾‾‾   ⌠
387   48
384   5607
‾‾‾
  39249
  39249
‾‾‾‾‾
     0

même, fa racine eft auffi 1, on l'écrira à la droite du crochet, & l'on fouftraira fon quarré 1 de la premiere tranche, il ne reftera rien. On abaiffera la feconde tranche 60, qui fera le fecond membre de la divifion. On ne prendra pour dividende que 6, & pour divifeur le double 2 de la racine trouvée 1. Divifant 6 par 2, le quotient feroit 3 ; mais par l'épreuve on verra qu'il ne faut écrire que 2 à la racine : on pofera auffi de même 2 à la fuite du divifeur, & l'on multipliera le divifeur augmenté 22 par le dernier chiffre 2, pofé à la racine ; puis on retranchera le produit 44 du dividende entier 60 ; on abaiffera la troifieme tranche 14 à côté du refte 16, & l'on aura 1614 pour le troifieme membre de la divifion. On ne prendra d'abord pour dividende que 161, en laiffant pour le moment le dernier chiffre 4. Le divifeur fera le double 24 de la racine trouvée 12. Divifant 161 par 24, on pofera le quotient 6 tant à la racine qu'à côté du divifeur ; puis on multipliera le divifeur augmenté 246 par le dernier chiffre 6 écrit à la racine ; le produit 1476 fera fouftrait du dividende entier 1614, il reftera 138. Comme il n'y a plus de tranche à abbaiffer, la racine cherchée eft 126, & quelque chofe de plus.

1,60,14, ⌠ 126 ¹³⁸⁄₂₅₂
1   ⌡ 22
‾‾‾   ⌠
60   246
44
‾‾‾
 1614
 1476
‾‾‾‾
  138

Il arrive rarement que le nombre dont on veut avoir la racine, foit un quarré parfait, & conféquemment que la racine foit exacte ; mais fi le refte étoit plus grand que le double de la racine trouvée fou un, ce feroit une marque qu'on auroit pris un quotient trop petit, & il faudroit l'augmenter : cette remarque a même lieu pour chaque membre de l'extraction.

Pour favoir à peu près ce que vaut le refte 138, on le prendra pour le quatrieme membre de la divifion lequel doit être divifé par le double 252 de la racine trouvée ; ainfi outre la racine 126, on aura de plus 138 à divifer par 252, ou la fraction ¹³⁸⁄₂₅₂ qui vaut un peu plus d'une demi-unité ; parce que 138 eft plus de la moitié de 252. Afin que cette fraction foit plus exacte, on ajoutera à fon dénominateur 252 une unité toutes les fois que la fraction vaudra plus d'un demi, mais quand la fraction ne vaudra pas un demi, on n'ajoutera pas l'unité à fon dénominateur. Ainfi dans le dernier exemple la racine la plus approchante eft 126 + ¹³⁸⁄₂₅₁.

Il y a des moyens pour approcher davantage de la vraie racine ; il feroit fuperflu de les expofer ici ; celui que nous indiquons étant bien fuffifant pour notre objet ; mais quelque garde de que foit l'approximation, on ne peut atteindre à la vraie racine ; parce qu'un nombre qui n'eft pas quarré, ne peut pas avoir une racine quarrée exacte en nombre.

Pour faire la preuve du dernier exemple, on multipliera 126 par lui-même, & l'on ajoutera au produit le refte 138 ; fi on retrouve le nombre dont on a extrait la racine, l'opération fera jufte.

faire que les vents soient séparés ; cependant il faut s'en servir pour trouver la proportion de la Soufflerie avec l'Orgue , comme il est marqué dans la sixieme regle. Il faut donc voir combien contient de pouces quarrés cette somme ci-dessus , 16014 lignes quarrées. A cet effet on divisera cette somme 16014 par 144 , qui est le nombre de lignes quarrées que contient un pouce quarré. La division étant faite , on trouvera au quotient 111 , qui font 111 pouces quarrés. Or la sixieme regle dit ainsi : *Tous les Soufflets qui composent la Soufflerie , doivent contenir , pris ensemble , autant de fois deux pieds & demi quarrés , que la grosseur ou la capacité du principal Porte-vent contient de pouces quarrés.* Deux fois & demi 111 pouces quarrés font à peu-près 278. Il faut donc que les Soufflets pris ensemble , contiennent 278 pieds quarrés de superficie dans leur Table de dessus. Si ce sont des Soufflets qui ayent 6 pieds de longueur sur 3 pieds de largeur , chacun contiendra 18 pieds quarrés , parce que trois fois 6 font 18. On trouvera qu'il faut 15 Soufflets & près de 16 , attendu que 15 fois 18 ne font que 270. Si ce sont des Soufflets de 8 pieds de longueur sur 4 pieds de largeur , il en faudra environ 9 pour four-nir du vent suffisamment à l'Orgue. Nous ne comptons point ici la quantité de la Soufflerie par le nombre de pieds cubes d'air que contiennent tous les Soufflets ensemble ; cela n'est pas nécessaire au présent objet. Nous ne mesurons que la superficie de la Table de dessus de chaque Soufflet.

828. Quand nous venons de dire qu'il faut 9 grands Soufflets pour faire jouer l'Orgue dont nous parlons , il faut entendre que ce nombre est suffisant pour fournir le vent nécessaire ; mais comme il est indispensable de faire jouer cet Orgue à vents séparés au moins en trois parties , il convient d'employer 10 Souf-flets pour pouvoir arranger cette séparation des vents , parce qu'on ne peut pas mettre , par exemple , deux Soufflets & demi , ou trois Soufflets & demi , &c. On mettra donc quatre Soufflets de 8 pieds de longueur sur 4 pieds de largeur , qui porteront leur vent par le principal Porte-vent au grand Sommier tout seul , pour faire jouer les Jeux appellés du grand Orgue. Deux autres , qui porteront leur vent par un Porte-vent particulier , de la Soufflerie aux Sommiers de Pé-dale seulement. Les quatre autres porteront leur vent par un Porte-vent particulier dans la seconde Laye du grand Sommier , pour faire jouer les Jeux appellés de Bombarde. Enfin les mêmes quatre Soufflets fourniront aussi le vent au Positif , par un Porte-vent particulier venant de la Soufflerie. On pra-tique ainsi ces séparations des vents , afin d'éviter qu'il ne s'affoiblisse en se par-tageant en grosses parties , comme il arriveroit nécessairement aux grandes Or-gues. Du reste , pour ce qui est de la grosseur du Porte-vent qui se met au dessous des Soufflets & qui porte les gosiers , il n'y a pas d'autre regle que de lui don-ner 2 lignes de plus aux quatre faces intérieures , qu'à ceux dans lesquels il dégorge son vent immédiatement. Mais revenons aux grosseurs des Porte-vents.

829. Pour mettre en pratique la seconde regle , qui consiste à trouver la

groffeur du Porte-vent venant de la Soufflerie jufqu'au grand Sommier feulement, fans fournir de vent ailleurs, on additionnera la grandeur des trous du
grand Sommier, fur le premier *C fol ut* du grand Jeu de Tierce, ce qui
fera 855 lignes quarrées. On multipliera ce nombre par 11, le produit fera
9405. La racine quarrée de ce produit, qui fera prefque 97, fera la quarrure
intérieure de ce Porte-vent : or, 97 lignes font 8 pouces & une ligne que ce
Porte-vent doit avoir dans chacune de fes quatre faces en dedans.

830. Pour trouver la groffeur du Porte-vent particulier du Pofitif, il faut
mettre en pratique la troifieme regle, felon laquelle on additionnera la grandeur
des trous du Sommier du Pofitif, fur le premier *C fol ut* de tous les Jeux qui
compofent le Jeu de Tierce. (Voyez quels font ces Jeux, *art.* 630, page 211.)
On y joindra auffi la grandeur des trous des Jeux d'Anche. Le tout fera la
fomme de 402 lignes quarrées. On multipliera cette fomme par 10, le produit
fera 4020 lignes quarrées, dont la racine quarrée eft 63 lignes, ou 5 pouces
3 lignes, ce qui fera la quarrure intérieure de ce Porte-vent.

831. La quatrieme regle eft pour le Porte-vent de la Pédale. Pour en trouver la groffeur, on additionnera la grandeur des trous de fon Sommier, fur le
premier *C fol ut*, de tous les Jeux qui compofent le fond ; fçavoir, les deux
32 pieds, les deux 16 pieds, les deux 8 pieds & les deux 4 pieds, ce qui
produira la fomme de 998 lignes quarrées, qui étant multipliées par 10,
produiront la fomme de 9980, dont la racine quarrée eft prefque 100 lignes
ou 8 pouces & prefque 4 lignes, qui feront la quarrure intérieure de ce Porte-
vent. La cinquiéme regle n'aura lieu que pour les Orgues ordinaires, où il ne
s'agit pas de féparer les vents.

832. Lorfqu'on aura ainfi trouvé les groffeurs des Porte-vents, il fera aifé
de déterminer celle des gofiers ou plutôt celle des ouvertures par lefquelles
les Soufflets doivent dégorger leur vent. Il faut que ces ouvertures foient
auffi grandes que la capacité ou groffeur entiere du Porte-vent qui leur eft relatif. Nous avons vu *art.* 829, que la groffeur du Porte-vent, qui va de la Soufflerie au grand Sommier, devoit être de 9405 lignes quarrées. Comme il
doit y avoir deux gofiers, il faut partager en deux cette fomme de 9405, ce
qui fera 4703 lignes quarrées. On divifera cette fomme de 4703 lignes par 48
lignes, qui font quatre pouces ; & on aura au quotient 98 lignes, ou 8 pouces
2 lignes. Cette ouverture du gofier aura donc 4 pouces de hauteur fur
8 pouces 2 lignes de longueur.

833. La raifon pour laquelle on doit divifer la fomme de 4703 lignes par 48
lignes ou 4 pouces, c'eft qu'on n'eft pas borné pour donner de la grandeur à l'ouverture du gofier dans fa longueur ; mais on l'eft pour fa hauteur, parce que
cette ouverture doit être contenue au dedans du Soufflet, fans que le deffus de
la tête du gofier touche à la Table fupérieure. Nous avons vu, *art.* 760, *page*
275, que la diftance d'une Table à l'autre, étoit de 3 pouces, auxquels il
faut

faut ajouter le talut *r*, ou *s*, *fig.* 2 , *Pl.* 62 , qui descend d'environ deux pouces ou même davantage, selon que la Table est épaisse. Ainsi en donnant 4 pouces de hauteur à cette ouverture, & un pouce en dessus pour attacher la Soupape, cela fait 5 pouces, ce qui est à peu-près toute la place qu'il y a pour loger la tête du gosier.

PLANCHE 62.

834. Nous avons vu *art.* 830 , page 302 , que le Porte-vent particulier du Positif, doit avoir 4020 lignes quarrées ; mais comme les mêmes Soufflets qui donnent le vent au Positif, en fournissent aussi à la seconde Laye du grand Sommier pour les Jeux de Bombarde, il faut joindre aux 4020 lignes quarrées ci-dessus, la grandeur du Porte-vent de Bombarde, qui est 3460 lignes quarrées ; ce sera donc en tout 7480 lignes quarrées. On partagera en deux cette somme pour les deux gosiers. La moitié sera 3740 lignes quarrées d'ouverture que chaque gosier doit avoir : or , 4 pouces de hauteur, sur 6 pouces 6 lignes de longueur, donneront l'ouverture de 3744 lignes quarrées.

835. Les gosiers pour la Soufflerie de Pédale, doivent également être proportionnés à la grandeur de son Porte-vent, lequel doit avoir (*art.* 831 , page 302) 9980 lignes quarrées, dont la moitié (à cause des deux gosiers) sera 4990 lignes quarrées : or , si l'on donne à l'ouverture de chaque gosiers, 4 pouces de hauteur sur 8 pouces 8 lignes de longueur, elle aura 4992 lignes quarrées.

836. Ayant ainsi déterminé les grandeurs des ouvertures des gosiers, il sera aisé de leur donner les autres dimensions. Par exemple , si l'ouverture de la Soupape doit avoir 8 pouces de longueur, on ajoutera en dedans aux deux bouts, environ 9 lignes de chaque côté. Le gosier aura donc intérieurement 9 pouces & demi de largeur. On donnera au bois 10 lignes d'épaisseur ; de sorte que le dehors du gosier aura 11 pouces 2 lignes de largeur. A l'égard de la profondeur, on lui donnera celle du Porte-vent sur lequel il sera assemblé, ensorte qu'il affleure en dehors la largeur extérieure du Porte-vent, y compris l'épaisseur de la planche ou support *f e*, *fig.* 8 , *Pl.* 48 , si on la fait appuyer sur le Porte-vent, ce qui paroît plus solide. On donnera 8 à 10 pouces de hauteur, depuis le dessus de la planche *f e*, jusqu'à la feuillure *b a*.

PLANCHE 48.

837. Les Porte-vents en général, doivent être assemblés en languette & rainure. La languette doit être quarrée , c'est-à-dire , que sa hauteur doit être égale à son épaisseur. Les quatre planches dont le Porte-vent doit être construit , devant avoir environ 10 lignes d'épaisseur ou un peu plus, il faudra donner aux languettes 4 lignes d'épaisseur. Il restera en dehors 4 lignes de joue & deux lignes en dedans. Voyez le plan d'un Porte-vent, en la fig. 4, *Pl.* 61. Il est essentiel que la languette ne soit pas trop juste dans sa rainure, pour ne pas risquer de faire renfler la joue de la rainure. D'ailleurs , on ne parviendroit jamais à faire bien joindre cet assemblage ; car il faut que la colle trouve sa place. En un mot, il faut qu'on puisse assembler les quatre planches à la main, sans être obligé de frapper avec le maillet. Du reste, la languette doit remplir sa rainure jusqu'au

PLANCHE 61.

fond , & le bois doit joindre en dedans comme en dehors. Pour cela on ajuſtera bien le bouvet , & on le tiendra bien droit quand on s'en ſervira, ſans le pencher en dedans ni en dehors.

838. Quand on aura ainſi bien ajuſté les quatre planches, on les doublera en parchemin , comme l'intérieur des Soufflets. On recoupera à la regle le parchemin ſuperflu aux deux bords de la planche, afin qu'il n'empêche pas les joints d'être exaɛts. On aura l'attention de conſerver les rainures & les languettes bien nettes ; ou ſi l'on venoit à les ſalir par la colle , on les nettoieroit ſoigneuſement. A meſure qu'on doublera les planches, on les mettra l'une ſur l'autre , comme on a fait pour les écliſſes des plis des Soufflets, pour qu'elles ne s'envoilent , ce qui empêcheroit de joindre exaɛtement. Quand la colle ſera bien feche, & non plutôt, on aſſemblera les quatre planches, ayant mis aſſez abondamment de colle aux languettes & aux rainures pour qu'elle regorge. On ferrera le tout avec des entailles & des coins, juſqu'à ce que la colle ſoit bien ſeche. On ôtera les entailles, & on replanira proprement tout le dehors du Porte - vent. Il eſt bon , auparavant , de faire couler de la colle le long des quatre angles intérieurs. A cet effet, on tiendra le Porte-vent en pente ſur un de ſes angles. On verſera de la colle bien chaude dans la partie ſupérieure. Cette colle coulera juſqu'en bas, d'où on laiſſera bien égoutter celle qui ſera ſuperflue. On en fera autant aux autres angles.

839. Les ſerres de fer à vis, dont pluſieurs Faɛteurs ſe ſervent, font mieux que les entailles de bois. Ces ſerres ſervent encore pour coller les PLANCHE 62. tuyaux de bois. Voyez-en la forme , *fig.* 14 , *Pl.* 62. Le crochet *B* eſt mobile. On le change ſelon le beſoin , au moyen des différentes mortaiſes qui ſont le long de ſa tige. On l'arrête par la clavette *C.* Ces ſerres peuvent avoir un pied de longueur ou plus ou moins ſelon les groſſeurs des Tuyaux ou Porte - vents que l'on fait le plus ordinairement.

840. L'exemple que je viens de donner pour trouver les proportions des Porte-vents, regarde un très-grand Orgue que l'on conſtruit fort rarement. Il me paroît à propos d'en donner un autre où il s'agiſſe d'un Orgue fort ordinaire, qui ſera un grand 8 pieds tel que celui dont j'ai marqué les Jeux, *art.* 678, pag. 236. Par la premiere regle, *art.* 825 , page 298 , on trouvera la groſſeur du premier Porte-vent, qui va de la Soufflerie au Tremblant doux. On additionnera donc, comme il y eſt dit, les trous du grand Sommier ſur le premier *C ſol ut* du Jeu de Tierce, (Voyez la Table , *art.* 824 , page 297 ,) ce ſera la ſomme de 459 lignes quarrées. On joindra à cette ſomme la grandeur des trous du Sommier du Poſitif, (voyez-en les Jeux , *art.* 682 , page 239 ,) ſur le premier *C ſol ut* du Jeu de Tierce, ce qui fera la ſomme de 208 lignes quarrées. On y ajoutera encore les grandeurs des trous des quatre Jeux ordinaires de Pédale ſur le premier *C ſol ut*, ce qui fera la ſomme de 243 lignes quarrées. Ces trois ſommes additionnées enſemble , feront celle de 910

lignes quarrées, qui étant multipliées par 6, produiront la somme de 5460 lignes quarrées, dont la racine quarrée sera presque 74 lignes, ou 6 pouces 2 lignes. Ce sera la quarrure intérieure de ce Porte-vent. Celui de dessous les Soufflets aura 6 pouces 4 lignes en quarré en dedans.

Nous nous servirons de la même somme de 5460 lignes quarrées, pour trouver la quantité de la Soufflerie proportionnée à la grandeur de cet Orgue. Pour cela nous chercherons, selon qu'il est énoncé dans la sixieme regle, combien de pouces quarrés contiennent 5460 lignes quarrées. Les ayant divisées par 144, (qui sont le nombre de lignes quarrées que contient un pouce quarré,) nous trouverons qu'elles font 38 pouces quarrés. On multipliera 38 par deux & demi ; le produit sera 95. Il faut donc, selon cette sixieme regle, 95 pieds quarrés de superficie aux Soufflets pris ensemble. Si l'on emploie des Soufflets de 8 pieds de longueur sur 4 pieds de largeur, chacun aura sur la Table de dessus 32 pieds quarrés. Or, trois fois 32 font 96 ; il faudra donc trois Soufflets de cette grandeur pour cette espece d'Orgue. Si l'on veut se servir de Soufflets de 6 pieds de longueur sur 3 pieds de largeur, chacun aura 18 pieds quarrés de superficie ; il en faudra au moins cinq pour cet Orgue, puisque cinq fois 18 ne font que 90 pieds quarrés.

841. La grosseur du Porte-vent qui va du Tremblant doux au grand Sommier, sera déterminée par la cinquieme regle, *art.* 825, page 298. Nous venons de voir dans l'article précédent, que les trous du grand Sommier sur le premier *C sol ut* du Jeu de Tierce, faisoient la somme de 459 lignes quarrées, lesquelles étant multipliées par 10, produiront la somme de 4590 lignes quarrées, dont la racine quarrée sera presque 68 lignes, ou cinq pouces 8 lignes. Ce sera la quarrure intérieure de ce Porte-vent.

842. Pour le Porte-vent du Positif, qui prendra sa naissance dans la boîte du Tremblant doux, on additionnera, selon la troisieme regle, les trous du Sommier du Positif, sur le premier *C sol ut* du Jeu de Tierce ; ce sera la somme de 208 lignes quarrées, comme nous venons de le voir en l'article précédent. On y ajoutera la grandeur des trous du Sommier, sur le premier *C sol ut* des Jeux d'Anche, qui seront la Trompette & le Cromorne. Ils seront la somme de 61 lignes quarrées. Ces deux sommes additionnées ensemble feront celle de 269 lignes quarrées, qui étant multipliées par 10, produiront celle de 2690 lignes quarrées, dont la racine quarrée sera presque 52 lignes, ou 4 pouces 4 lignes ; ce sera la quarrure intérieure de ce Porte-vent.

843. Il reste enfin à trouver la grosseur des Porte-vents de Pédale, qui prennent leur naissance aux bouts de la Laye du grand Sommier. On additionnera les trous du Sommier de Pédale, sur le premier *C sol ut* des Pédales de Flûte de 8 & de 4 pieds, qui font des Jeux de fond, ce qui sera la somme de 131 lignes quarrées qu'on multipliera par 10 ; le produit sera 1310 lignes quarrées, dont la racine quarrée sera 36 lignes & un peu plus. Ce sera la quarrure inté-

rieure du Porte-vent des Pédales. A l'égard des Porte-vents particuliers, soit pour le Récit, soit pour l'Echo, on les fera d'une grosseur à discrétion ; cela n'est pas de conséquence. J'expliquerai dans le Chapitre neuvieme, comment il faut poser la Soufflerie, le grand Treteau, les Bascules, &c; comment il faut assembler les Porte-vents bout-à-bout dans les différents dévoyements, &c.

CHAPITRE CINQUIEME.

Construction des Tuyaux de bois.

844. LE bois le plus propre pour les Tuyaux de bois, est le chêne. Il faut le choisir bien sec, bien beau, & sur-tout sans nœuds, ni aubier, ni gerçures, &c. On les construit de quatre planches assemblées en languette & rainure, & également

PLANCHE
63.

larges. Celle de devant A, (Pl. 63, fig. 7, qui représente le plan géométral d'un Tuyau,) où est la bouche, & celle de derriere B, portent les rainures ; & les deux des côtés C & D, portent les languettes. Il s'ensuit de là que les Tuyaux ne sont point quarrés, mais quarrés longs, comme il paroît dans cette fig. 7. On les assemble & on les colle comme les Porte-vents. Voyez les art. 837, & suiv. pag. 303 & suiv. mais on ne les double point de parchemin.

845. Pour donner à un Tuyau de bois la dimension convenable, on aura recours au diapason du Jeu que l'on veut faire. Je suppose qu'il s'agit de construire la basse du Bourdon de 4 pieds ; il faut voir son diapason, Pl. 22. On

PLANCHE
22.

posera une pointe de compas sur le point C, 1, & l'autre pointe sur la même perpendiculaire, au point où commence la ligne oblique intitulée : Le dehors du Bourdon de 4 pieds. Cette ouverture du compas donnera la largeur des quatre planches qui doivent composer le Tuyau appellé Le premier C sol ut du Bourdon de 4 pieds. Sa longueur sera du même point C, 1, jusqu'à l'extrémité inférieure du même diapason. Voyez l'art. 231, page 67. Pour le second Tuyau nommé C♯, on prendra la distance sur la seconde perpendiculaire C♯, 2, à la même ligne oblique intitulée: Le dehors, &c ; & ce sera la largeur des quatre planches qui doivent faire le second Tuyau nommé C♯, ou bien, premier C sol ut ♯. Sa longueur sera du même point C♯, 2, jusqu'à l'extrémité inférieure du diapason : ainsi de toute la suite du même Jeu.

846. Quand on aura mis les quatre planches d'un Tuyau de la largeur conforme au diapason & de la longueur requise, & qu'on les aura bien dressées & bien dégauchies, on les mettra à la moitié de l'épaisseur marquée par les deux lignes, dont l'une est intitulée, Dehors du Bourdon de 4 pieds ; & on lit à l'autre, Le dedans du Bourdon de 4 pieds. La distance entre ces deux lignes désigne l'épaisseur des deux planches ensemble du Tuyau dont il s'agit, la moitié pour chaque planche. On trouvera que cette épaisseur diminue à mesure que les Tuyaux deviennent plus petits.

847.

847. Les quatre planches étant entiérement finies, on choifira la plus belle pour en faire le devant du Tuyau. On commencera par y tracer la levre fupérieure de la bouche. *A h g , fig.* 8 , *Pl.* 63 , repréfentent un morceau de la planche de devant. On tracera avec un trufquin les lignes *b f* & *a e* , diftantes des bords *g* & *h*, d'environ une ligne de plus que l'épaiffeur des planches. On divifera la diftance d'une ligne à l'autre, c'eft-à-dire , de *a* à *b* , en quatre parties fi le Tuyau doit être bouché , ou en cinq parties s'il doit être ouvert ; & on portera une de ces parties, qui fera le quart ou le cinquieme , de *a* à *c* ; & on tracera à l'équerre la ligne *c d* , fur le point *c*. On retranchera ce morceau de bois *a c b d* , jufqu'aux lignes qu'on a tracées. On fera attention que la coupe du dedans du Tuyau foit bien nette ; c'eft pourquoi on fera bien de retourner le trait *c d* , fur le derriere de la planche qui doit fe trouver au dedans du Tuyau , & on commencera la coupe par là. On prendra la largeur de *a* à *b* , ou *c d ;* on la portera de *c d* , à *e f* , où l'on tirera légérement & à l'équerre la ligne *e f*. On fera un talut en droiture, dont la naiffance fera fur la ligne *e f* , & qui finiffe en *c d* , enforte que le bois à l'endroit *c d* , n'ait qu'environ une demi-ligne d'épaiffeur. Si le Tuyau étoit grand , on donneroit à *c d*, une ligne d'épaiffeur ou même un peu plus, fi le Tuyau étoit fort grand. Il faut que ce talut foit coupé bien proprement , bien dreffé & bien dégauchi.

848. Cette planche de devant étant ainfi finie, on affemblera & on collera les quatre planches enfemble, faifant enforte que celle de devant *a b* , *fig.* 9 , où eft la levre fupérieure de la bouche, foit plus haute que les trois autres de la moitié de la largeur de la planche *g h* , *fig.* 8 ; c'eft-à-dire , que de *b* , *fig.* 9 , (qui eft le bout inférieur de la planche de devant,) à *d*, il s'y trouve la moitié de la largeur totale d'une des planches qui compofent le Tuyau. La colle étant bien feche , on retranchera proprement la partie des languettes *d f*, qui fe trouvent fur les bouts des deux planches des côtés. On recalera auffi & on mettra à l'équerre le bout inférieur *d h* , des trois planches qui forment le derriere & les deux côtés du Tuyau.

849. Il s'agit préfentement d'*emboucher* les Tuyaux. Il faut d'abord faire le *bifeau* , qui confifte en une planche *A* , *fig.* 10 , où on la voit en profil. Son épaiffeur eft à volonté, comme de 6, 9 ou 12 lignes. Le devant *b c* doit être coupé en talut en deffous, mais non pas tout à fait jufqu'à vive arrête, comme on le voit dans la figure. On y remarque une petite partie d'environ une ligne de largeur vers *b*, qui eft à l'équerre , le refte vers *C* eft en talut. On le dégauchira & on le dreffera bien en deffus du côté de *A* ; car au-deffous, on n'y fait rien fi l'on veut. Le bois de bout regardera les côtés du Tuyau , & le bois de fil le devant & le derriere. On ajuftera ce bifeau enforte que fa furface fupérieure *A* , affleure exactement le bout inférieur *f b* , *fig.* 9 , de la planche de devant *a b ;* ce que l'on éprouvera en préfentant un morceau de regle fur le

devant , laquelle on appuyera contre ce bout inférieur *a b* , & contre les deux planches des côtés. Ce biseau doit laisser un petit jour ou fente *b* , *fig.* 10 , qui forme la lumiere de la bouche. Elle doit être bien égale d'un bout à l'autre , & d'une largeur à peu-près telle qu'on pût à peine y introduire deux cartes à jouer. Si le Tuyau est grand , cette lumiere doit être un peu plus large , même jusqu'à presque une ligne pour les plus grands Tuyaux. Quand on aura ainsi collé le biseau , on l'arrêtera par quelques pointes mises en dehors , comme on en voit une en *d* , *fig.* 10 , ou bien plus proprement par de petites chevilles de bois collées. La position de ce biseau est représentée en la *fig.* 10 , qui est une coupe d'avant en arriere.

850. On fera ensuite le fond *f g* , du Tuyau , *fig.* 10. C'est une planche dont l'épaisseur est à volonté , & dont le fil du bois se pose comme le biseau. On y fera une feuillure aux trois côtés , mais non au-devant , lequel doit s'affleurer avec le devant des planches des côtés. On voit en *c* , *fig.* 12 , ce fond avec ses feuillures. On y fera un trou quarré vers le milieu pour recevoir le pied *h m* , *fig.* 10 , qui est percé d'un bout à l'autre d'un trou rond , dont la grandeur doit être proportionnée à la grandeur du Tuyau. Pour les plus grands , le diametre de ce trou va jusqu'à un pouce , ou même davantage , si le Tuyau est très-grand. Pour ceux de 2 ou 3 pieds de hauteur , le trou du pied sera convenable à 3 ou 4 lignes ; & à 5 à 6 pour ceux d'environ 4 pieds , &c. Lorsque ce fond sera bien ajusté , & qu'il joindra bien par-tout , on le collera & on l'arrêtera par des pointes ou des chevilles. Le pied sera collé dans son trou quarré.

851. Il reste encore une piece à mettre , pour finir d'emboucher le Tuyau. C'est la levre inférieure *l g k* , *fig.* 10. C'est un morceau de bois qui se met au-devant de la boîte du pied du Tuyau , & qui avec le biseau forme la lumiere. Son épaisseur est dans sa partie supérieure *l* , égale à l'épaisseur de la planche de devant du Tuyau. Cette épaisseur va en augmentant jusqu'au milieu de la largeur , d'une moitié de plus ; & de-là au bas *k* , le dehors est parallele au-dedans. On voit cette forme en *l g k* , *fig.* 10 ; elle est propre à maintenir cette levre pour qu'elle ne s'envoile pas si facilement. Son dedans est ordinairement plan. Cette piece doit être ajustée avec soin : & lorsqu'elle joindra bien , & qu'on verra que la partie supérieure *l* , sera dans le plan du biseau *A b* , on la collera & on l'arrêtera avec des chevilles ou des pointes.

852. Il y a bien des Facteurs qui ne collent point la levre inférieure. Ils collent une petite bande de peau sur les deux planches des côtés *a* & *b* , *fig.* 12 , & encore sur le fond *c* , le côté du duvet en dehors ; ils appliquent par-dessus la levre inférieure , qu'ils arrêtent avec quatre petits clous à chappes. Cette pratique est commode , pour racommoder dans le besoin la bouche du Tuyau , sa lumiere , &c. On sent bien que quand on ajuste le biseau avec la levre inférieure , il faut avoir égard à l'épaisseur de ces bandes de peau , pour donner le jour convenable à la lumiere. Cette méthode a son utilité sur-tout pour les grands Tuyaux.

853. Le bout inférieur du pied *h*, *fig.* 10, doit être tourné & fait en cône. On le voit mieux & plus en grand, en la fig. 11. On voit en la fig. 12, un Tuyau embouché ; c'eſt-à-dire, avec le biſeau poſé, le fond & le pied, mais la levre inférieure ôtée. La fig. 13 repréſente le Tuyau tout embouché vu par le côté. Il faut remarquer que par ces cinq figures 8, 9, 10, 12 & 13 ; on n'a repréſenté que le bas d'un Tuyau. Toute leur longueur auroit occupé inutilement beaucoup de place. Du reſte, on doit recaler les pieces extérieures de la bouche, & les affleurer proprement.

854. Tous les Facteurs ne donnent pas les mêmes proportions, telles que je viens de les décrire aux boîtes des pieds des Tuyaux de bois. Les uns les font beaucoup plus hautes, juſqu'à leur donner pour hauteur toute la largeur du Tuyau ; d'autres ne leur donnent que le quart de la largeur : mais tout cela n'eſt pas eſſentiel. J'ai décrit la proportion la plus ordinaire. De même il y en a qui font le commencement du talut de la levre ſupérieure plus haut, d'autres plus bas. Tout cela n'eſt pas de conſéquence.

855. Il en eſt qui rejettent le petit quarré que j'ai dit, (*art.* 849), qu'on devoit réſerver ſur le bord antérieur du biſeau, & qui veulent que le chanfrein qu'on y fait ſoit juſqu'à vive arête. Il y en a qui creuſent tant ſoit peu avec un ciſeau le devant intérieur de la levre inférieure. On ſait par l'expérience, qu'un Tuyau ouvert demande ordinairement, pour bien parler, que la lame de vent qui ſort de la lumiere, ſoit dirigée un peu moins en dehors qu'un Tuyau bouché, qui parle mieux lorſque ſon vent l'eſt un peu plus en ce ſens. Cela poſé, l'échancrure faite au-dedans de la levre inférieure & le petit quarré réſervé au bord ſupérieur du biſeau, ſont deux diſpoſitions qui paroiſſent propres à diriger la lame de vent plus en dedans qu'en dehors. En ce cas, cette pratique ſeroit plus convenable pour les Tuyaux ouverts. Celle de faire un chanfrein juſqu'à vive arête au bord du devant du biſeau, & de ne point creuſer le devant intérieur de la levre inférieure, paroît plus propre aux Tuyaux bouchés, & même de faire le Chanfrein du biſeau plus profond. Il me paroît que ces deux pratiques ne ſont pas à blâmer. Chacun doit conſulter ſon expérience. C'eſt encore une méthode qu'il ne faut pas déſapprouver, que de couvrir d'un parchemin bien collé, tout le talut de la levre ſupérieure du Tuyau. Il eſt vrai que cela eſt un peu moins propre ; mais il y a un double avantage, l'un que ce talut devient plus fort & plus roide ſans augmenter ſenſiblement ſon épaiſſeur, & l'autre, qu'au cas que cette levre ſupérieure vienne à ſe fendre, comme il arrive quelquefois, cette fente ne porte pas tant de préjudice, outre quecette partie ne ſeroit pas ſi ſujette à fendre, étant plus liée & fortifiée. Il en eſt d'autres qui pour éviter la mal-propreté du parchemin collé en dehors ſur le grand talut de la levre ſupérieure, le collent en dedans, ce qui eſt encore mieux, puiſqu'il fait le même effet.

856. Il reſte à faire les tampons pour les Tuyaux bouchés, qui ſervent ef-

fectivement à les boucher & à les accorder ; & pour les Tuyaux ouverts, il est d'usage, du moins chez bien des Facteurs, d'y faire des coulisses pour les accorder. La maniere ordinaire de faire les tampons pour les Tuyaux bouchés, consiste en une planche d'une épaisseur à volonté, au milieu de laquelle on fixe bien solidement un manche, au moyen de la colle & avec des ferres ou coins de bois. Voyez la forme d'un tampon ainsi construit, *fig.* 4, *Pl.* 60. On ajuste cette planche au-dedans du Tuyau, en sorte qu'on laisse aux quatre côtés un vuide suffisant pour la peau blanche dont on enveloppe la planche. Dans le moment que cette peau est collée, on fait entrer le tampon dans le Tuyau, où on le laisse jusqu'à ce que la colle soit seche. On colle cette peau du côté lisse, le duvet en dehors, mais sans aucune façon. On doit frotter un peu avec du savon l'intérieur du Tuyau à quelques pouces de hauteur, afin que le tampon aille mieux. Il y a des Facteurs qui collent une bonne & forte bande de parchemin en dehors, autour du bord supérieur du Tuyau, pour empêcher que l'effort du tampon ne le fasse fendre. C'est une fort bonne pratique.

857. On fait encore les tampons d'une autre maniere qui paroît préférable, & dont plusieurs Facteurs sont partisans, c'est de choisir un morceau de bois assez gros pour porter toute la quarrure intérieure du Tuyau. Voyez-en la forme *fig.* 5, *Pl.* 60. Le fil du bois de ce tampon étant dans le même sens que celui des quatre planches qui composent le Tuyau, il doit faire le même mouvement que ces planches, pourvu qu'il soit de la même qualité de bois. Ce tampon en cela paroît mieux entendu que le premier. Celui-ci dans le Tuyau est à bois de bout dans un certain sens, & à bois de fil dans un autre ; si le bois des planches du Tuyau se rétrécit contre le bois de bout du tampon, il faut nécessairement que le bois du Tuyau se fende ; aussi cela arrive-t-il quelquefois. Ces tampons faits d'un gros morceau de bois à bois de bout ont l'inconvénient d'être plus dispendieux, & il n'est pas toujours bien facile de trouver du bois qui soit gros & bien sec. Du reste, il est essentiel que les Tuyaux bouchés en général le soient parfaitement, sans quoi ils ne parleroient point du tout, ou parleroient mal ; ainsi on visitera soigneusement tout le Tuyau, pour qu'il n'y ait point la moindre fente ni gerçure, ni aucun autre défaut, qui puisse occasionner la plus petite ouverture.

858. Quoiqu'il y ait bien des Facteurs qui n'accordent pas autrement les Tuyaux de bois ouverts, qu'en y ajustant au bout supérieur, une lame de plomb ou d'étain, inférée dans un coup de scie qu'ils donnent dans l'épaisseur d'une des quatre planches du Tuyau, ou bien par quelque morceau de bois qu'ils avancent ou reculent au-dessus du bout supérieur pour les boucher en partie, & par-là baisser le ton ; cependant, il est plus commode d'y faire une coulisse

avec deux coulisseaux. Voyez la fig. 6, *Pl.* 60, qui représente le bout supérieur d'un Tuyau ouvert. On y voit la grande échancrure, aux deux côtés de laquelle sont cloués & collés deux coulisseaux *A* & *B*. La planche *C*, est la coulisse

coulifie qui porte une feuillure de chaque côté. Par-là cette planche peut monter ou defcendre à volonté, jufqu'à fermer entiérement l'échancrure. On conçoit que cette méthode eft bien commode pour accorder les Tuyaux de bois ouverts. *A*, *fig.* 7, eft un de ces coulifieaux, & *D* eft fon profil. *B*, *fig.* 8, eft
la planche ou coulifie, & *X* eft fon profil. *G H*, *fig.* 9, eft le plan du bout
du Tuyau, où paroît l'échancrure *G*, avec les deux coulifieaux *f*, *g*.

PLANCHE
60.

859. Il y a un inconvénient confidérable dans la façon ordinaire de faire les
bifeaux des Tuyaux de bois. Le fil du bois du bifeau étant mis dans le fens que je
l'ai décrit, c'eft-à-dire, le bois de bout étant mis vers les deux côtés, il arrive
affez fouvent que la levre fupérieure fe fend, comme je l'ai dit plus haut. La
caufe en eft, que les planches de devant & de derriere venant à fe rétrécir,
lorfque le temps eft fort fec, comme dans les chaleurs de l'été, le bois du bifeau ayant fon fil dans un fens contraire, & qui ne fe raccourcit point, il faut
néceffairement que la planche de devant fe fende à la levre fupérieure, qui eft
la partie la plus foible & la plus près du bifeau. Un fecond inconvénient eft que
dans les temps humides, le bifeau s'élargit quelquefois plus que les planches
defcôtés, & il bouche ou rétrécit trop l'ouverture de la lumiere.

860. Si l'on mettoit le bifeau dans un fens différent, en forte que le bois de
bout fût du côté de la lumiere, & le bois de fil vers les côtés du Tuyau, les
inconvénients ne feroient pas les mêmes ; mais il y en auroit encore, en ce que
le bord antérieur du bifeau, qui doit être fi bien coupé, pour que l'ouverture
de la lumiere foit bien nette, feroit, (au moins dans la fuite, comme je l'ai remarqué en des Tuyaux ainfi conftruits,) mal droit, inégal & raboteux. D'ailleurs, fi le bifeau vient à s'élargir plus que la Table de devant dans des temps
humides, la levre fupérieure fe fendra également.

861. Puifqu'il y a à peu-près autant d'inconvénient à pofer le bifeau, enforte
que le fil du bois foit dans un fens ou dans un autre, il me paroît que fi
l'on faifoit le bifeau de cinq pieces, comme il eft repréfenté par la *fig.* 14, *Pl.*
63, il y auroit bien moins d'inconvénient. On voit dans cette figure qu'il faudroit faire un cadre affemblé à bois de fil aux quatre côtés, avec un panneau
très-mince au milieu. En quelque fens que le fil du bois du panneau fût pofé,
il ne pourroit faire aucun effet, à caufe que n'ayant que deux ou trois lignes
d'épaiffeur, il feroit trop foible pour faire aucun effort fur le cadre, dont le
bois feroit quarré, c'eft-à-dire, autant large qu'épais. Il feroit affemblé en enfourchement & à l'onglet aux quatre coins, & le panneau en rainure : le tout
bien collé. On ne conçoit pas qu'un bifeau ainfi conftruit, pût faire aucun mauvais effet. Le feul inconvénient qu'il y auroit, ce feroit une augmentation de
travail. Chacun eft libre d'adopter ou de rejetter l'idée de ce bifeau.

PLANCHE
63.

CHAPITRE SIXIEME.

Maniere de fondre l'Etain & le Plomb, pour en faire des tables
propres à faire tous les Tuyaux de l'Orgue.

POUR fondre l'étain & le plomb en tables, il est nécessaire de fournir la Fonderie de plusieurs utensiles, dont les principaux sont la chaudiere dans son fourneau, la table à fondre avec son *rable*, deux cuilleres de fer, &c. Il faut avoir une quantité d'étain suffisante, aussi bien que de plomb. Tout étain n'est pas propre pour les Orgues; il convient de savoir connoître sa qualité. Pour remplir ces différents objets, je diviserai ce Chapitre en trois Sections. Dans la premiere, j'enseignerai à connoître la qualité de l'étain, par l'essai qu'on peut en faire de trois manieres. Je décrirai dans la seconde la construction du fourneau & de la table à fondre, avec tout ce qui doit l'accompagner. Et dans la troisieme, je décrirai la maniere de fondre & de couler les tables d'étain & de plomb.

SECTION PREMIERE.

Connoître l'Etain, & la maniere d'en faire l'essai.

862. On trouve chez les Marchands différentes sortes d'étain. Le meilleur & le plus propre pour les Tuyaux d'Orgue, est celui qui nous vient de la Province de Cornouaille en Angleterre. Il est ordinairement en gros saumons, qui sont quarrés, longs & épais, & qui pesent depuis 250 jusqu'à 380 livres. On fond aussi cet étain, pour la commodité du débit, en lingots, en chapeaux ou en petites verges. Les lingots pesent depuis 30 jusqu'à 35 livres. Les chapeaux peuvent peser depuis une livre & demie jusqu'à deux livres; & les petites verges environ une demi-livre. Il y a une autre sorte d'étain, qui est encore plus doux, en forme de petit chapeau ou d'écritoire, pesant chacun depuis une demi-livre jusqu'à une livre & demie. Il est le plus estimé par les Potiers-d'étain. On le nomme *Etain de Malac*. Il n'est pas si propre pour les Orgues, parce qu'il n'est pas si ferme ni aussi blanc que celui de Cornouaille. La raison qui le fait pourtant préférer par les Potiers-d'étain, est qu'il peut porter une plus grande quantité d'alliage, étant regardé comme mieux purifié & moins gras, moins sujet aux grumeaux, à la crasse, &c. Ils corrigent sa grande douceur, & en augmentent la blancheur au moyen de leur *aloi*, qui est un mélange de cuivre qu'on incorpore dans l'étain. Pour faire cet aloi, on fait fondre deux livres de cuivre rouge dans un creuset; lorsqu'il est fondu, on y jette peu-à-peu trois ou quatre livres d'étain. Lorsqu'on aura fait fondre 100 livres d'étain, on y jettera cette composition qui est ce qu'on appelle *aloi*. Deux livres de cuivre par cent

d'étain, est la plus grande dose d'aloi. Le plus souvent on en met une livre & demie seulement, & quelquefois on n'en met qu'une livre. Mais cet aloi ne s'emploie guere pour les Tuyaux d'Orgue. On tire des Indes Espagnoles, une autre sorte d'étain fort doux, qui vient en saumons fort plats, du poids d'environ 120 à 130 livres. Il en vient aussi de Siam. Tous ces étains sont bons; mais lorsqu'on a à choisir, il faut préférer celui d'Angleterre. Il ne faut point se servir de celui qui vient d'Allemagne, par la voie de Hambourg & de la Hollande. Il est en saumons du poids de 200 à 250 livres, ou en lingots du poids de 8 à 10 livres, en forme de brique; aussi lui donne-t-on le nom d'*étain en brique.* Cet étain a déja servi, à ce que l'on croit communément, à blanchir le fer en feuille, qu'on appelle *fer-blanc.* Les taches auxquelles les Tuyaux des montres d'Orgues sont si sujets, ne viendroient-elles pas des particules de fer qui se trouvent incorporées dans l'étain après qu'il a servi au fer-blanc? Ces taches qui sont très-dures & fort difficiles à ôter, se couvrent dans la suite du temps d'une véritable rouille telle que celle du fer. Cette rouille enfle & forme comme des verrues, qui enfin crevent & rendent le Tuyau tout percé: c'est par-là que les Tuyaux d'Orgues en étain périssent.

863. L'essai de l'étain se fait de trois manieres. La premiere est par *la touche.* On a un fer à souder suffisamment chaud, bien net & bien étamé, comme si on vouloit souder. Après l'avoir tant soit peu frotté sur un mauvais linge pour en ôter l'étain ou soudure qui pourroit y tenir, on touche un endroit de l'étain qu'on veut essayer, jusqu'à ce qu'il fonde un peu sous le fer. Si tout ce petit endroit fondu reste luisant, uni & blanc lorsqu'il est figé, ce qui est fait à l'instant, c'est un signe que l'étain est doux & neuf, par conséquent il est fin. S'il y a un petit point mat au milieu de la touche, & que tout le reste soit luisant, l'étain n'est pas tout-à-fait si doux; mais il est fin. Plus ce point mat est étendu ou grand, moins l'étain est doux. Si toute la touche est raboteuse & matte, & cependant blanche; l'étain est aigre, & a été refondu plusieurs fois; cependant il est fin. Si la touche est matte & grise, c'est un signe qu'il y a du plomb mêlé.

864. La seconde maniere d'essayer l'étain, est d'en fondre un peu; & lorsqu'il est suffisamment chaud pour couler, & non plus qu'il ne faut, on le jette tout doucement dans le plus petit creux de la pierre d'essai, *fig.* 45, *Pl.* 5. De ce petit creux l'étain coule par la rigole dans le grand, ce qui produit une piece comme *X*, vue en plan, & vue de profil, *fig.* 45 *. Lorsque l'étain est figé, on connoît sa qualité. Si celui qui est contenu dans le grand creux est tout luisant, blanc, se terminant bien réguliérement par un petit point un peu enfoncé au milieu, l'étain sera doux, neuf & fin. Si le point du milieu est un peu gros, l'étain ne sera pas si doux. Si le milieu est raboteux, mat & irrégulier, l'étain sera aigre, & d'autant plus que la partie raboteuse & matte est plus grande. Si toute la surface est matte & comme damassée, & cependant unie, l'étain sera fin, mais non pas doux & neuf, quoiqu'il ne

foit pas abfolument aigre. Si la furface eft toute matte & raboteufe, tirant fur le gris, ce fera de mauvais étain mêlé avec du plomb, & fort aigre. Il eft bon d'être averti qu'il y a un mélange en certaine proportion d'étain & de plomb pour faire la foudure, comme nous le dirons en fon lieu, dont l'apparence, à la pierre d'effai, imite l'étain fin & doux. La feule différence qui fait diftinguer l'un d'avec l'autre, confifte en ce que l'étain fin eft d'un luifant blanc, au lieu que la foudure eft d'un luifant grisâtre.

865. Pour la troifieme maniere d'effayer l'étain, on doit avoir un moule de balle de moufquet, ou bien de toute autre forme. On remplira ce moule du meilleur étain fin, neuf & doux. Cette piece d'étain ainfi moulée, fervira toujours d'étalon. Quand on voudra effayer de l'étain, on en fera fondre un morceau, on le verfera dans le moule. On péfera cette piece moulée, & on la comparera avec le poids de l'étalon. Si elle pefe davantage que l'étalon, c'eft un figne que l'étain eft inférieur à celui de l'étalon, & d'autant plus inférieur, qu'il fe trouvera plus pefant. L'étain eft le plus léger de tous les métaux; s'il contient le moindre mélange de quelque métal que ce foit, on le reconnoîtra au poids comparé à celui de l'étalon. On prétend même que l'étain qui eft devenu aigre à force d'avoir été fondu bien des fois, fe trouvera plus pefant que celui de l'étalon. Toutes ces manieres de connoître l'étain font néceffaires, principalement pour n'être pas trompé quand on l'achete.

866. Ce qu'on appelle *étain commun*, eft celui qui eft allié d'une certaine quantité de plomb, qui varie felon la police de différentes Villes, comme de 15, de 12, de 10 ou 8 livres de plomb par 100 d'étain. Cette efpece d'étain n'eft bon dans les Orgues que pour mêler avec le plomb, pour en compofer l'*étoffe*. On mêle une certaine quantité d'étain commun avec le plomb pour confolider celui-ci. Le pur plomb, fur-tout quand il eft neuf, ne vaut rien pour faire des Tuyaux. On y mêle 15 à 20 livres d'étain commun par cent, ou plus ou moins, felon que le plomb eft doux & que l'étain eft doux ou aigre. Ce mélange va quelquefois jufqu'à 25 à 30 livres d'étain par cent de plomb. Chaque Facteur a fa pratique particuliere à cet égard. Il faut remarquer que tous les métaux, excepté l'or & l'argent, fe détériorent à la fonte. Plus on les fond, plus ils fe gâtent & perdent de leur qualité. Ainfi plus l'étain aura été fouvent fondu, plus il s'aigrira. Il en eft de même du plomb. Quand on a fondu bien des fois l'étoffe, elle devient fi aigre, qu'on eft obligé d'y mêler du plomb neuf pour la rendre plus douce.

867. Pour ce qui regarde le plomb, il n'y en a de bien connu que de deux fortes; celui d'Angleterre, qui eft en faumons en demi-rond applati, & celui d'Allemagne, qui nous vient en faumons quarrés longs & épais. Les uns & les autres pefent de 100 à 150 livres. Le plomb d'Angleterre eft plus ferme, plus folide & mieux purifié que celui d'Allemagne. Celui-ci eft plus doux. On doit préférer pour les Orgues le plomb d'Angleterre. On tire du

plomb

plomb de bien d'autres endroits, même de la France; mais la qualité de ce plomb n'est pas encore bien connue. On peut au reste le distinguer à la pierre d'essai comme l'étain.

SECTION SECONDE.

Construction du Fourneau, de la Table à fondre, & de tout ce qui regarde la Fonderie.

868. Il faut d'abord avoir une chaudiere de fer de fonte à trois pieds. On en voit la forme *fig.* 1, *Pl.* 64. Il est bon qu'elle ait environ deux pieds de diametre & autant de profondeur. On construira un fourneau pour l'y enfoncer. On voit le plan de ce fourneau, *fig.* 2, avec la chaudiere dedans. On remarque *fig.* 1, une forte bande de fer *A B C*, qui embrasse la chaudiere *D*, dans sa partie supérieure. C'est pour l'arrêter solidement dans son fourneau, afin que lorsqu'on sera obligé d'y mettre un gros saumon d'étain de 3 à 400 livres pesant, on ne risque pas de renverser la chaudiere & le fourneau. Les deux bouts *C A* de la bande de fer seront bien scellés dans le mur contre lequel on bâtira le fourneau. On voit au plan, *fig.* 2, un vestige du mur *E F*, dans lequel on scelle les deux bouts *E F* de la bande de fer. *E F G H* représente l'épaisseur du fourneau. *e f* l'ouverture par où on met le bois. *a, b, c, d,* quatre trous pour donner de l'air au feu. *A* est la chaudiere.

On remarque dans la fig. 5, le fourneau entier ou en perspective, & bâti en brique avec la terre grasse. *K* est la porte ou l'ouverture par où l'on met le bois. *I L* représentent une partie du mur contre lequel le fourneau est bâti. *M* est la chaudiere. *g, h, i, l*, les quatre trous pour donner de l'air au feu, & qu'on bouche par les bouchons de terre comme *N*, quand on veut en diminuer l'activité. On voit un de ces trous *g* bouché. On prend ces bouchons avec des pincettes. Ils doivent être un peu coniques.

La fig. 3, représente le même fourneau en perspective à moitié démoli, pour en faire voir le dedans. Il faut remarquer que la maçonnerie ne touche la chaudiere qu'en la partie supérieure. *O P Q R* représentent une partie du mur contre lequel le fourneau est construit, & dans lequel la bande de fer qui embrasse la chaudiere est scellée. *S* est la porte du fourneau.

869. La fig. 4, représente en perspective le fourneau dans sa vraie place sous une cheminée; sa porte est de l'autre côté, & ne peut se voir. Elle a été ainsi placée, afin que le feu n'incommode point les ouvriers. On voit dans toute cette vignette, l'attelier entier de la fonderie. *A B* est la table à fondre, posée en pente, & soutenue sur trois fort tretaux. *a*, est le rable que l'ouvrier *C* tient fortement appliqué contre la table, tandis que l'autre ouvrier *D* y verse l'étain fondu qu'il a puisé dans la chaudiere avec une grande cuillere de fer, que l'on voit séparément en la fig. 6. *N* dans la vignette, est un établi, avec la grosse

Orgues. II. Partie.

batte par-deſſus. *M* ſont quelques outils ſuſpendus à la muraille, comme le petit & le grand couteau à tailler, l'écouene, la ſcie à main. *O P*, la grande table à tailler & à raboter, qui n'eſt autre choſe qu'une grande & forte planche très-unie. *V*, des ciſailles. *E*, une table d'étain roulée. *F*, un balai pour balayer & ramaſſer les gouttes d'étain qui tombent par terre. *G*, la pierre d'eſſai. *K*, des pincettes. *L*, une pelle. *H*, l'écumoir. *I*, quelques ſaumons d'étain. *Q*, l'auge mobile pour recevoir l'étain ſuperflu lorſqu'on a coulé une table. On voit ſéparément cette auge avec ſes deux bras, en la fig. 7 & 8. Ces deux bras *g m*, *fig.* 8, ſervent à faire tenir l'auge dans ſa place au bout de la table, par deux gouſſets, comme la fig. 12, qu'on cloue au-deſſous de la table. Il faut décrire plus particuliérement les différentes pieces qui compoſent la Fonderie.

870. Il y a pluſieurs manieres de conſtruire la table à fondre; chaque Facteur a, pour ainſi dire, la ſienne. Tout conſiſte à la fabriquer d'une façon qu'elle ne s'envoile pas lorſqu'elle s'échauffe par la chaleur de l'étain & du plomb; à ouqi elle eſt fort ſujette. Lorſque cela arrive, elle ne peut plus ſervir en cet état. Il y en a qui l'ont conſtruite en façon de parquet; mais cela n'a pas réuſſi; tous ces aſſemblages ſe ſont tourmentés. D'autres ont aſſemblé deux fortes planches de bois de chêne en languette & rainure; on y a mis des clefs de diſtance en diſtance; mais ces planches ſe ſont envoilées. J'ai cru devoir dire ici les expériences qu'on a faites, & qui n'ont pas réuſſi, afin qu'on n'ait pas le déſagrément de travailler & de faire une dépenſe inutile.

871. Je vais donner quatre manieres de conſtruire une table à fondre qui ont réuſſi. La plus ſimple eſt d'avoir une ancienne poutre de 12 à 14 pouces en quarré & de la longueur que l'on voudra, ſelon qu'on aura beſoin que les tables d'étain ſoient longues, comme de 9, de 12, 18 ou 24 pieds de longueur. On la fera refendre au milieu dans ſa longueur. On aura par-là deux madriers ou groſſes planches de 6 à 7 pouces d'épaiſſeur. On les joindra enſemble ſur leur champ, & on les liera avec des clefs de bois de chêne de deux pouces d'épaiſſeur, miſes d'eſpace en eſpace, à un pied de diſtance l'une de l'autre. Ces clefs, qui doivent avoir 6 pouces de largeur, & un pied de longueur, ſeront très-juſtes dans leurs mortaiſes, & on les chevillera. Au-deſſous de la table, on attachera de groſſes barres de bois de chêne de deux pouces & demi ou 3 pouces d'épaiſſeur ſur 7 à 8 pouces de largeur, & longues preſque comme la largeur de la table. Ces barres ſeront miſes à la diſtance d'un pied de l'une à l'autre, & clouées avec de grands clous ou chevilles de fer d'une longueur ſuffiſante à pouvoir être rivées par-deſſus la table. On enfoncera aſſez ces rivures dans le bois pour que l'on puiſſe bien dreſſer & replanir la table. La poutre, au reſte, peut n'être que de ſapin; mais en bois de chêne elle ſera encore meilleure. Cette maniere de conſtruire la table eſt bonne, même lorſqu'elle doit être fort longue, & elle a bien réuſſi.

872. La ſeconde maniere de conſtruire une table à fondre, eſt de faire

deux battants de bois de chêne de toute la longueur de la table. Ils auront
environ 5 pouces de largeur fur 3 pouces au moins d'épaiffeur. On les mettra
dechamp , & on y affemblera des traverfes plates de deux pouces d'épaiffeur , fur 5 à 6 pouces de largeur , éloignées l'une de l'autre d'environ 10
à 12 pouces ; le tout en bois de chêne. On les fera affleurer à un des deux
bords des battants. On remplira tous les efpaces vuides par des panneaux arra-
fés d'un pouce d'épaiffeur. C'eft pourquoi on fera des rainures aux deux côtés
des traverfes & le long des battants. Après que toutes les pieces feront montées , bien jointes , & les affemblages chevillés , on replanira toute la table , faifant enforte qu'elle foit bien dégauchie & bien droite.

873. La troifieme maniere confifte à joindre enfemble deux fortes planches
de bois de chêne très-fec , de 3 ou 4 pouces d'épaiffeur , de 9 à 10 pouces de
largeur. On les fera tenir enfemble au moyen de gros goujons ou boulons de
fer, de 12 à 14 lignes de diametre. Ils feront affez longs pour faire prefque
toute la largeur de la table à deux pouces près de chaque bord. On fera des
trous fur le champ de ces planches aux côtés qui doivent joindre l'un contre
l'autre , mais enforte qu'ils ne percent point d'outre en outre. Ces trous feront
faits bien droits , vis-à-vis les uns des autres , & à un pied de diftance de l'un à
l'autre. On commencera par enfoncer les goujons dans les trous d'une planche ; enfuite on mettra l'autre planche par-deffus les goujons que l'on fera
entrer dans les trous de celle-ci , à grands coups du gros marteau dont les Forge-
rons fe fervent à deux mains. On frappera ainfi avec violence fur le champ d'une
des deux planches qui n'a pas encore été dreffée , jufqu'à ce que toutes les
deux joignent bien. Alors on dégauchira la table , on la dreffera & on la tirera d'une largeur égale d'un bout à l'autre. On la barrera par-deffous de pied
en pied par de fortes barres bien clouées.

874. La quatrieme maniere de conftruire la table à fondre eft plus compofée. On corroyera deux battants *A B , C D* , *fig*. 2 , *Pl. 65* , de toute la
longueur qu'on veut donner à la table. Ils feront en bois de chêne d'environ
trois pouces d'épaiffeur , & de 7 à 8 pouces de largeur. On affemblera aux deux
bouts *A C & D B* , deux traverfes de même épaiffeur & largeur en queue
d'aronde percée , les quatre pieces étant mifes de champ. Par ces traverfes,
on donnera à la table la largeur que l'on y fouhaite. Ce fera alors un chaffis
qui aura 7 à 8 pouces de profondeur. On affemblera dans ce chaffis un nombre de traverfes également mifes de champ, de la même largeur que le chaffis,
& de deux pouces d'épaiffeur. Ces affemblages feront faits à deux tenons
aux deux bouts de chaque traverfe , lefquels tenons perceront entiérement
dans leurs mortaifes faites aux deux battants du chaffis. Ces traverfes , qui
feront pofées de 4 en 4 pouces de diftance de l'une à l'autre , feront encore
emboîtées dans des entailles de 4 ou 5 lignes de profondeur dans les battants ,
comme on peut le remarquer dans la *fig*. 2. On voit féparément une de ces

PLANCHE
65.

PLANCHE
65.

traverfes en la fig. 4. Tous les tenons feront chevillés fur les battants , mettant une cheville à chacun en particulier , fans faire percer les deux tenons
par la même cheville. Toute la grille étant ainfi montée , comme on la voit
en entier dans la *fig.* 2 , on la dreffera en paffant la varlope fur toutes les
barres pour les bien affleurer avec les battants.

On fera des planches de bois de chêne de toute la longueur de la table : elles auront 6 à 7 lignes d'épaiffeur , fur 4 à 5 pouces de largeur. On
les tirera de largeur & d'épaiffeur , & on les dreffera fur le champ, afin qu'elles
joignent bien l'une contre l'autre. On les clouera fur la grille l'une auprès de
l'autre avec des pointes de fil de fer à tête d'une groffeur & longueur convenables. On en fichera trois ou quatre fur chaque barre ou traverfe , & on repouffera fuffifamment les têtes pour pouvoir achever de bien dreffer & replanir
la table, qui fera ainfi finie. Remarquez fa conftruction en la fig. 1 , *Pl. 65,*
où l'on voit par la déchirure de fon bout toutes les pieces qui la compofent :
le grand chaffis , les barres, les planches clouées par-deffus , &c.

875. Que l'on faffe la table de quelle façon que l'on voudra , il faut l'accompagner d'un chaffis de bois de chêne , *fig.* 3 , dans lequel elle doit entrer
bien librement toute entiere , même avec fa garniture , comme je dirai bientôt.
Le bois de ce chaffis aura un pouce d'épaiffeur fur quatre pouces de largeur ,
& affemblé en queue d'aronde percée aux quatre coins.

876. Il y a deux manieres de couler les tables d'étain & d'étoffe. L'une, en

PLANCHE
64.

difpofant la table à fondre en pente, comme on le voit dans la Vignette,
fig. 14, *Pl. 64* , & c'eft la pratique la plus commune & la plus ordinaire :

PLANCHE
66.

l'autre eft de mettre la table à fondre de niveau , comme en la fig. 1 & 2 ,
Pl. 66. C'eft fans contredit la meilleure maniere, quoiqu'elle ne foit pas fi en
ufage que l'autre. Ces deux manieres de fondre exigent une garniture de la
table différente , & un rable tout autrement fait. Je décrirai d'abord la premiere
maniere de fondre avec tout ce qui l'accompagne , comme étant celle qui
eft la plus en ufage, quoique ce ne foit pas la meilleure.

877. Pour couler l'étain en pente , on commencera par garnir la table à
fondre d'une étoffe de laine qui foit molle & épaiffe, comme du molleton ,
de la flanelle , &c ; on en mettra deux l'une fur l'autre. On tendra cette étoffe
fur toute la furface fupérieure de la table , & on l'arrêtera avec de petits
clous fichés fur le champ de la table , tout le long de deux côtés & aux
deux bouts. Il y en a qui , au lieu de cette double étoffe, y mettent une
vieille couverture de lit, ce qui eft également bon.

PLANCHE
65.

878. On mettra le chaffis , *fig.* 3 , *Pl. 65* , dans fa vraie place , c'eft-à-dire ,
à l'entour de la table , enforte que fon bord fupérieur affleure le deffus de la
table. On le foutiendra dans cette fituation , foit par des appuis , foit par quelques clous ou autrement , & on tendra fur ce chaffis un coutil fin , ou bien
une fimple toile bien unie & ferrée, & on l'arrêtera bien tendue par de

petits

petits clous posés un peu bas sur les côtés du chassis, *fig.* 14, *Pl.* 64, aussi
bien qu'aux deux bouts. Le coutil étant bien tendu & arrêté, on ôtera les
appuis ou le clou qui soutenoient le grand chassis, lequel demeurera comme
suspendu par le coutil, & le tiendra toujours tendu par son poids. Ce chassis
n'est utile qu'à cela ; sans cet expédient, le coutil est fort sujet à s'étendre &
à se relâcher lorsqu'on y a coulé quelques tables d'étain, & l'on seroit obligé
d'arracher plusieurs fois les petits clous pour le retendre.

879. La table étant ainsi garnie, on la mettra en pente sur de forts tré-
taux *S*, *R*, *T*, *fig.* 14, *Pl.* 64, on la placera ensorte que son bout supérieur *A* soit près du fourneau, *fig.* 4, à environ 30 pouces d'élévation, &
son bout inférieur à 7 ou 8 pouces. C'est ce qu'on ne peut pas bien déterminer ; car si la table est fort longue, il peut se faire qu'elle n'aura pas
alors assez de pente ; & si elle est courte, elle en aura trop. Il faut encore
savoir si l'on veut faire des tables minces ; en ce cas il faut plus de pente
que pour les faire fortes. La table doit être exactement de niveau selon sa largeur, ce que l'on pourra éprouver en posant une petite boule au milieu du
bout supérieur ; on la laissera rouler jusqu'à l'autre bout. Si cette boule roule
toujours au milieu de la table d'un bout à l'autre, ce sera une marque que
la table sera de niveau selon sa largeur.

880. On fera tenir au bout inférieur *B* l'auge *Q*, au moyen de deux
goussets, *fig.* 12, que l'on clouera au-dessous de la table, pour recevoir les
deux bras *g*, *m*, *fig.* 8 de l'auge, qui doit être soigneusement assemblée aux
quatre coins en queue d'aronde percée, & dont le fond sera mis en rainure
comme un panneau arrasé en dessous. On clouera dessous ce fond les deux
bras *g*, *m*, qui doivent être assez forts : le tout sera de bois de chêne. Du
reste on en voit la forme dans les figures 7 & 8. Son dessus doit être un peu
plus bas que le dessus de la table à fondre, afin que le rable n'y touche
point. Cette auge doit être très-facile à ôter de sa place. On y passera en dedans deux ou trois couches de blanc à la colle, pour garantir le bois des effets
de la chaleur de l'étain ou du plomb.

881. Le rable, *fig.* 9, *Pl.* 64, est un chassis qui forme une espece de
boîte sans fond. Il est composé de quatre pieces *a*, *b*, *c*, *g*. Les deux *a*, *c*,
qui forment les côtés, ont à leur plus grande largeur environ 4 pouces, &
viennent à un pouce ou 15 lignes à l'autre bout. La traverse de derriere
b, a 4 pouces de largeur, & elle est assemblée avec les deux côtés *a*, *c*, à
queue d'aronde percée. La petite traverse *g*, est assemblée à queue d'aronde
par ses deux extrêmités vers les petits bouts des deux côtés *a*, *c*. Elle ne
doit avoir qu'environ 3 pouces de largeur, sur 7 à 8 lignes d'épaisseur ;
celle des trois autres pieces sera de 14 à 15 lignes. Le bois de chêne n'est
pas propre à faire un rable. La chaleur de la matiere fondue, sur-tout celle
du plomb, le fait gercer & écailler. Les bois de poirier, cormier, pom-

mier, cerifier, prunier, &c, y font les plus propres, pourvu que ces bois
foient très-fecs. Du refte ces affemblages doivent être bien proprement ajuftés
fans qu'il y ait aucun éclat ni fente. La matiere fondue y entreroit & gâteroit bientôt le rable qui ne pourroit plus fervir. On dreffera avec grand foin
tout le deffous. Il eft néceffaire qu'il foit bien dégauchi & uni. Le rable
étant fini, on y attachera à un des côtés la tringle *f d*, avec deux vis de fer,
pour fervir de couliffe & de conduite. Plus elle fera longue, mieux on fera couler le rable. Il faut obferver que cette couliffe doit porter une feuillure de toute

l'épaiffeur du grand chaffis, *fig.* 3, *Pl.* 65, afin que le rable porte entiérement fur la table à fondre, & non fur le grand chaffis. Du refte, on
pofera cette couliffe du côté du rable où fe mettra l'Ouvrier pour le faire
couler. Il y a des Facteurs qui aiment mieux ne point mettre au rable cette
couliffe *f, d*, au lieu de laquelle ils clouent une longue tringle d'un pouce en
quarré fur le bord du chaffis aux deux côtés de la table, de façon que le rable coule entre deux. Mais d'autres eftiment que cette pratique n'eft pas auffi
bonne, à caufe que l'étain, qui s'échappe quelquefois quand on fait mar-
cher le rable, s'engage dans ces tringles d'où on a bien de la peine à le retirer. On met ordinairement deux couches de blanc à la colle dans l'intérieur
du rable pour mieux garantir le bois; & on frotte tout fon deffous auffi
bien que la couliffe avec du favon, pour le faire mieux glffer. La fig. 10,
repréfente féparément les pieces qui compofent le rable, comme *a c*, les deux
côtés; *b*, le derriere du rable; & *g*, la petite traverfe de devant. La *fig.* 11,
repréfente l'écumoire, dont *B* eft le profil. C'eft une planche dont la longueur eft prefqu'égale à la largeur intérieure du rable.

SECTION TROISIEME.

Maniere de fondre & de couler en Tables l'Etain & l'Etoffe.

882. ON mettra l'étain dans la chaudiere; on fera un bon feu dans le fourneau. On étendra une grande feuille de papier fur le bout fupérieur de la
table à fondre; on y placera le rable par-deffus. Lorfque la matiere étant fondue commencera d'être chaude, on y trempera un morceau de papier blanc,
qu'on y laiffera un moment. Si le papier en fort blanc, ce fera une marque
que l'étain n'eft pas affez chaud; fi le papier en fort tant foit peu roufli, ou
qu'il ait feulement un peu changé de couleur, l'étain aura le dégré de chaleur convenable. L'Ouvrier *D*, (dans la Vignette, *Pl.* 64,) en puifera avec
la grande cuillere, que l'on aura fait chauffer auparavant, & le verfera dans
le rable, que l'autre Ouvrier *C* tiendra fortement appliqué contre le bout fupérieur de la table à fondre. L'Ouvrier *D* obfervera de tenir la cuillere bien
baffe en verfant l'étain dans le rable, pour que l'étain fondu ne rejailliffe

point fur les mains de l'autre Ouvrier *C*. Après que l'Ouvrier *D* aura mis deux ou trois ou quatre cuillerées, en un mot la quantité fuffifante d'étain dans le rable pour faire une table, il prendra l'écumoire *H*, & la paffera fur toute la furface de l'étain fondu, commençant par le derriere *A* du rable, & finiffant par le bout oppofé, où il pouffera la craffe de l'étain. On remuera avec un petit bâton l'étain de moments à autres, & lorfqu'on verra que la matiere devient grenée & comme fabloneufe, mais pourtant coulante, on pouffera le rable bien uniment jufqu'au bas de la table, le tenant toujours bien appliqué contre la table, & fa couliffe fortement appuyée contre le côté. On obfervera d'aller un peu plus vîte vers le bas de la table, parce que l'étain ne fera pas alors fi chaud. Lorfque le rable fera arrivé au bas de la table, on l'ôtera, non pas en le levant, mais en lui faifant toujours fuivre la même direction jufqu'à ce qu'il foit hors de la table. La matiere fuperflue tombera dans l'auge *Q*, qu'il faudra vuider à l'inftant, afin que l'étain n'ait pas le temps de s'y figer; autrement, il emporteroit quelque partie du blanc lorfqu'on voudroit l'ôter.

883. Il y a de l'étain qu'il faut couler plus ou moins chaud; le même degré de chaleur ne convient pas à toutes les qualités : on le connoîtra à la premiere table que l'on coulera. En général, plus on coule vîte le rable, & plus la table a de pente, plus les tables d'étain feront minces, de forte que fi l'on veut qu'elles foient fortes, on donnera moins de pente à la table, & on coulera moins vîte le rable. Si l'on voit à la premiere table que l'on tirera, que la matiere ne prend pas une certaine confiftance fur toute la furface de la toile, & fur-tout qu'il y en ait des parties entiérement découvertes, ce fera une marque qu'on aura jetté trop chaud, & qu'on n'aura pas affez attendu l'étain dans le rable.

884. Pour ménager la toile, on fondra tout l'étain de l'Orgue avant de fondre l'étoffe. Celle-ci gâte beaucoup & brûle le coutil qui ne dure guere avec cette matiere; au lieu qu'une feule toile peut fuffire pour tout l'étain d'un grand Orgue. On commencera de fondre l'étain pour le plein Jeu, c'eft-à-dire, que les premieres tables qu'on coulera feront affez minces pour faire les Tuyaux des Fournitures & des Cymbales. Ce font des Jeux où il faut l'étain le plus doux. Or il eft encore dans toute fa qualité quand on commence à fondre. On fondra enfuite plus épais pour la Montre, & en dernier lieu pour les Jeux d'Anche; parce qu'alors l'étain étant devenu plus ferme, il n'en fera que plus propre pour les Trompettes, &c. Si malgré l'ufage ordinaire, on mêloit une livre de cuivre par cent livres d'étain à tout celui qu'on deftine aux pieds des Tuyaux de la Montre & à tous les Jeux d'Anche, on feroit de l'ouvrage plus folide.

885. Il faut remarquer que lorfqu'on tire des Tables d'étain fort longues, comme de 20 à 24 pieds, elles caffent bien fouvent en travers vers le milieu

de leur longueur. Toutes les tables en général fe racourciffent en refroidiffant. Ce retirement n'eft pas fenfible dans des tables qui n'ont que 8 à 12 pieds ; mais lorfqu'elles font fort longues , le raccourciffement devient affez confidérable. Pour empêcher que les tables ne caffent , auffi-tôt qu'elles feront coulées & qu'elles commenceront à fe refroidir, on en détachera tout doucement de deffus la toile les deux bouts , afin de donner lieu au retirement ; ordinairement la table réuffit au moyen de cette petite opération.

886. Pour fondre l'étoffe, on fera tout de même que pour l'étain , à la différence près que pour éprouver la chaleur de l'étoffe dans la chaudiere , on y trempera un morceau de papier blanc qu'on retirera tout de fuite. S'il a rouffi tant foit peu, le plomb aura la chaleur convenable. Si le papier a noirci ou qu'il fe brûle , le plomb fera trop chaud. Si le papier n'a pas rouffi du tout , le plomb ne fera pas encore affez chaud. Quand l'étoffe fe trouvera avoir le degré de chaleur qu'il faut, on en puifera avec la grande cuillere bien chaude , & on la verfera dans le rable à plufieurs grandes cuillerées jufqu'à ce qu'il y en ait la quantité convenable. Tout cela doit fe faire promptement ; on écumera vîte la matiere dans le rable que l'on pouffera tout de fuite jufqu'au bas de la table , comme pour l'étain. Ces tables feront minces ou fortes, felon que la table aura plus ou moins de pente , & qu'on pouffera le rable vîte ou lentement : on aura foin de mettre deux feuilles de papier deffous le rable. Comme ce papier fe brûle , on le changera auffi fouvent qu'il le faudra. Les tables d'étoffe réufliffent plus facilement que celles d'étain.

887. A mefure que l'on fondra foit l'étain foit l'étoffe , on coupera les bouts inutiles , qui fe trouvent trop forts ou trop minces , pour les refondre. On peut réferver tout ce qu'on doit refondre , foit des tables manquées , s'il y en a , foit ce qu'on retire de l'auge , pour remettre dans la chaudiere , lorfqu'on trouve trop chaude la matiere qui y eft déja ; par ce moyen on la fait refroidir plus promptement, & l'on perd moins de temps. On obfervera de ne jamais ôter une table de deffus la toile , qu'elle ne foit bien confolidée ; car fi on la leve trop tôt , on la caffe.

888. Il eft d'ufage d'avoir une table exprès pour fondre l'étoffe. On la fait de 7 à 8 pieds de longueur , fur 12 à 13 pouces de largeur, ou même pas fi large. C'eft une économie confidérable ; comme il faut changer le coutil affez fouvent lorfqu'on fond l'étoffe , il n'en coûte pas de beaucoup autant pour regarnir la petite table que la grande. D'ailleurs on n'a jamais befoin de grandes tables d'étoffe. Cette petite table fert auffi pour couler de l'étain , lorfqu'on n'en a qu'une petite quantité à fondre. On voit par-là qu'il faut auffi un autre rable & une autre auge. Abfolument la même peut fervir fi on la difpofe de façon que le rable ne puiffe pas y toucher.

889. La feconde maniere de fondre , & qui eft la meilleure , eft de mettre la table parfaitement de niveau dans tous les fens, & d'environ 28 pouces de

hauteur ,

hauteur, tout y compris. Elle doit être la même que pour fondre en pente, & encore mieux soutenue & autrement garnie. Pour la soutenir parfaitement bien, on l'enchassera sur un pied, *fig.* 10, *Pl. 66*, où on le voit tout entier en perspective. On voit la table ainsi montée sur son pied en la fig. 1, & en la fig. 2. Elle est encore représentée toute montée en la fig. 1, *Pl. 65*. On y remarque toute sa composition par un bout en partie déchiré, comme je l'ai dit *art.* 874, page 317. Pour garnir cette table, il ne faut aucune étoffe de laine. Une simple toile bien tendue & clouée sur les côtés & les bouts suffira. L'étoffe de laine y porteroit du préjudice. On tendra un coutil sur le chassis, comme je l'ai dit *art.* 878. *page* 318.

PLANCHE 66.

PLANCHE 65.

890. Le rable doit être tout différent. Voyez-en la forme en *A*, *fig.* 1, *Pl.* 66, & en *B*, *fig.* 2. Il a environ 7 à 8 pouces de profondeur sur 5 à 6 de largeur. Sa longueur extérieure aura la largeur de la table. Il est composé de quatre pieces, dont celle de derriere est comme la fig. 3, celles des deux bouts comme la fig. 4, & celle de devant comme la fig. 6. Voyez le plan de ce rable *fig.* 5, où on le voit tout assemblé. *a b*, est la planche de derriere, assemblée en queue d'aronde percée avec les deux bouts *b c* & *a e*. La planche de devant *e f*, n'est pas autrement assemblée avec les deux bouts *b c* & *a e*, que dans des un tailles *e* & *f*. Et comme cette planche *e f* ne tiendroit point ainsi; il y a deux vis *c* & *d*, qui la retiennent bien fixée en sa place. On fait deux mortaises *f*, *g*, *fig.* 6, vers les deux bouts de la planche de devant, dans lesquelles se mettent à force deux écrous de fer pour recevoir les deux vis *h*. Cette planche de devant doit être mobile pour pouvoir la hausser ou la baisser selon le besoin, ce que l'on fait aisément en relâchant les deux vis qu'on serrera ensuite. On mettra une petite plaque de fer entaillée dans le bois aux deux trous *c* & *e* des planches des bouts *b c* & *a e*, *fig.* 5. *g* & *h* sont deux anses de bois, qui servent à tenir & à gouverner le rable, sans que la chaleur de la matiere fondue qu'il contient incommode l'Ouvrier. La raison pour laquelle la planche de devant *f e*, *fig.* 5, ou *f g*, *fig.* 6, doit être mobile, est que c'est de cette planche que dépend la moindre ou plus forte épaisseur des tables d'étain. Elle est un peu plus élevée que les trois autres, & laisse un petit jour en dessous conforme à l'épaisseur qu'on veut donner aux tables. Son dessous se termine en chanfrein fait en dehors. Voyez son profil, *fig.* 7. Ce rable doit être garni d'une coulisse *a d*, *fig.* 5, pour servir de conduite. Cette coulisse portera une feuillure de toute l'épaisseur du grand chassis, & elle sera attachée au rable par deux vis de fer. Le bois du rable sera du cormier ou poirier, ou noyer, &c, & non du chêne. Il aura un pouce d'épaisseur, & sera assemblé avec grand soin.

PLANCHE 66.

891. On fait encore d'une autre maniere le rable pour couler de niveau. La fig. 2 de la Pl. 72 le représente en perspective tout monté. Il est composé de cinq pieces de bois *A B*, *B D*, *A C*, *E F* & *G H*. Outre ces cinq pieces

PLANCHE 72.

de bois, il y en a une de cuivre *E C F D*. Cette piece de cuivre qui eſt une auge, eſt repréſentée féparément en perſpective en la fig. 1. On y remarque deux manches de bois *C* & *D*, auſſi bien que deux pivots de fer *F E*. De *C* à *D*, il y a une petite barre de fer, aux deux bouts de laquelle ſont fichés les manches. *E F* eſt une autre barre de fer terminée aux deux bouts par des pivots. On voit le plan géométral de ce rable en la fig. 6. *A B* eſt la grande planche de derriere. *E F* celle du milieu. *E C F D* eſt l'auge de cuivre. Cette auge peut tourner ſur ſes deux pivots *E F*, ce qui s'apperçoit en la coupe, fig. 9, où la même auge *E C A* eſt renverſée. On voit dans la même fig. 9, la coupe de la planche du milieu *E F*, qui eſt chanfreinée en deſſous, & qui y laiſſe un jour pour régler l'épaiſſeur des tables d'étain. La petite entaille *G* eſt pour recevoir le collet d'un des manches de l'auge. La planche du milieu *F F*, fig. 2, qui n'eſt pas auſſi haute que celles des côtés *B D*, eſt mobile; on peut la hauſſer & la baiſſer ſelon l'épaiſſeur qu'on veut donner aux tables d'étain. On lâche les vis *N* pour la mettre au point que l'on déſire, & enſuite on l'arrête en ferrant les vis. La traverſe *G H* n'eſt que pour aſſujétir les côtés. On en voit un en la fig. 4, avec ſes queues d'aſſemblage, l'entaille *C*, & celle *E M*, dans laquelle on loge le bout de la planche du milieu. *N* eſt une ouverture pour le paſſage de la vis avec laquelle on arrête la planche du milieu. On voit celle-ci en entier en la fig. 7, où l'on apperçoit les deux vis *E F*. La fig. 11 repréſente la grande planche *A B* du derriere du rable. La fig. 10 repréſente géométralement la coupe du rable. On y voit l'auge *E D C*; la planche du milieu *E F*, dont le chanfrein inférieur *F*, s'ajuſte avec une tringle attachée vers le bout de la table à fondre, repréſentée en partie par la ſimple ligne *I B*. Le morceau de ligne *G* déſigne le bout de la table à fondre. Tout cela s'entendra mieux quand nous en ſerons à l'uſage de ce rable.

892. La fig. 8, *Pl. 66*, repréſente en coupe faite en travers, la table à fondre ſur ſon pied, avec le premier rable par-deſſus. *A B* eſt le pied de la table. *a*, *b*, les deux traverſes du pied, vues par le bout coupé. *c*, *d*, les deux côtés du grand chaſſis vus par le bout coupé. *e f* la table à fondre, aſſemblée par un grand & gros goujon de fer mis en travers & qui paroît à découvert. *g*, *h*, le rable vu par devant. On y remarque les deux vis de fer qui tiennent aſſujétie la planche de devant, à laquelle tient une anſe. On voit auſſi ſon chanfrein fait en dehors & ſon jour par-deſſous. On voit auſſi en profil la couliſſe *k* du rable, où l'on remarque ſa feuillure qui embraſſe le grand chaſſis.

893. La fig. 9, repréſente une coupe de la même table ſelon ſa longueur. On n'en a repréſenté qu'un morceau. *A*, eſt le pied de la table. *B C*, la table à fondre, où l'on voit en *B* un boulon de fer. *c*, *b*, ſont les barres clouées au travers du deſſous de la table. *a*, la partie du grand chaſſis qui eſt au bout de

la table, *f g*, le premier rable coupé par le milieu en travers. On y voit la
moitié des deux anses. On remarque la planche du devant *h g*, mobile & son
chanfrein en dessous avec le jour qu'il laisse. Tandis que le rable reste dans
sa place au bout de la table, ce jour est exactement bouché par la tringle
g, fixée sur la table avec quelques pointes. Cette tringle *g*, n'est vue ici que
par le bout; mais on la voit selon sa longueur en *G*, *fig.* 2. Il faut qu'elle soit
bien ajustée sur le rable; on mettra une feuille de papier au bout de la table
pour servir de fond au rable. On observera que j'appelle *premier rable*, celui
que j'ai décrit le premier. J'enseignerai l'usage de l'un & de l'autre.

894. Vis-à-vis du bout de la table tout près du rable, on suspendra un
petit pot de fer de fonte *B*, *fig.* 1, qui puisse contenir à l'aise tout l'é-
tain fondu suffisant pour jetter une table. Tout étant ainsi préparé, & le rable un peu chaud, l'étain étant fondu & un peu moins chaud que pour
jetter en pente, on en mettra avec la grande cuillere, la quantité convenable dans le pot *B*, autour duquel, en dedans, on passera une chandelle
de suif, pour empêcher que l'étain ne se prenne aux bords. L'Ouvrier *D*, remuera continuellement cet étain avec la petite cuillere de fer, jusqu'à ce que
non-seulement il commence à greneler, mais même qu'il devienne presque
en pâte. Alors on renversera le pot dans le rable que l'autre Ouvrier *C*
tiendra bien appliqué contre la table, & toujours appuyé contre la tringle
fixée pour boucher le jour de la planche de devant. Dans l'instant que l'étain
sera dans le rable, on poussera celui-ci, (Voyez la fig. 2), jusqu'à l'autre bout
de la table. On ôtera tout de suite l'auge pour vuider l'étain superflu qui y
sera tombé. La raison pour laquelle on doit remuer continuellement l'étain
fondu dans le pot avant de le jetter dans le rable est, afin qu'il ne s'y
forme point de grumeaux ou gros grains qui empêcheroient de bien couler la
table d'étain. On ne fait point cette opération dans le rable, parce qu'il s'y feroit infailliblement des grumeaux. Dans cette maniere de fondre, il ne faut
qu'un seul grumeau, si petit qu'il soit, pour gâter une table d'étain ; parce
qu'il s'engage dans le jour du rable, & étant traîné d'un bout à l'autre, il
coupe la table dans toute sa longueur. Elle s'y coupe même en plusieurs
bandes s'il s'y trouve plusieurs grumeaux.

895. Le rable que j'ai décrit, *art.* 891, pag. 323, paroît plus commode,
en ce qu'il ne faut point de pot de fer suspendu pour y remuer la matiere fondue. Son auge de cuivre *E C D F*, *fig.* 2, *Pl*, 72, en tient lieu. On y verse la
quantité d'étain suffisante pour faire une table ; on y passe une chandelle de
suif un instant aux quatre côtés intérieurs, & on remue la matiere jusqu'à ce
qu'elle soit devenue en pâte ; alors on renverse promptement l'étain dans
l'autre partie *A E F B* du rable, en prenant l'auge par ses deux manches *C D*,
& on coule le rable comme le premier. La fig. 9, représente en coupe l'auge
E C A ainsi renversée. La marche du rable est de *D* à *B*, *fig.* 9, ou de *G* à *B*,

PLANCHE
66.

PLANCHE
72.

fig. 2, Du reste, si l'on se sert de ce rable, il ne faut pas poser & arrêter la tringle *F*, *fig.* 10, (qui doit boucher le jour inférieur de la planche du milieu) tout-à-fait au bout de la table à fondre, mais à 6 à 8 pouces plus loin ; parce que le poids de l'étain, qui seroit dans l'auge, pourroit le faire tomber. Il y faut également une tringle, comme au premier rable, pour lui servir de conduite.

896. Les tables ainsi jettées sont extrêmement unies & égales. Elles ont la même consistance & la même épaisseur dans toute leur longueur. Cette maniere de couler les tables est propre à faire une Montre & toute sorte de grands Tuyaux. On peut jetter aussi épais & aussi mince que l'on veut, parce qu'on éleve ou l'on baisse la planche de devant du rable comme l'on souhaite, au moyen des deux vis. Si l'on pousse le rable fort vite, les tables seront tant soit peu plus minces ; & si l'on va plus lentement, elles seront tant soit peu plus fortes. On peut couler de même l'étoffe ; les tables en seront plus uniformes dans toute leur étendue. On peut avoir une table à fondre exprès pour l'étoffe, comme je l'ai dit *art.* 888, *page* 322, & pour les mêmes raisons. On mettra l'étoffe un peu plus chaude qu'à l'ordinaire, à plusieurs cuillerées dans le pot *B*, *fig.* 1, jusqu'à ce qu'il y en ait assez, (ou dans l'auge, *fig.* 2, *Pl.* 72, si on se sert de l'autre rable) ; on la versera tout de suite dans le rable, & on partira à l'instant. Si l'on versoit l'étoffe à plusieurs cuillerées dans le rable, la matiere y séjournant un peu de temps, il s'y formeroit des grumeaux, & on auroit bien des tables gâtées. Quoique cette seconde maniere de jetter les tables, d'étain ou d'étoffe, soit si avantageuse, elle n'est pas cependant aussi en usage, même à Paris, qu'elle le mérite ; elle est plus commune dans les Provinces. Si par hasard cet écrit, qui n'est fait que pour les apprentifs, parvient jusqu'aux Maîtres Facteurs d'Orgues de Paris, peut-être préféreront-ils leur propre avantage & le bien de la chose même à leur ancienne pratique.

CHAPITRE SEPTIEME.

Construction des Tuyaux de la Montre d'un Orgue.

POUR construire les Tuyaux d'une Montre, il y a plusieurs opérations à faire que je réduirai à quatre principales. 1°. Faire le plan & la distribution des Tuyaux de la Montre selon les dimensions & la disposition du Buffet que je suppose déja construit. 2°. Préparer les tables pour les rendre prêtes à être rabotées. 3°. Les raboter, les polir & les brunir. 4°. Souder les Tuyaux ; faire les écussons ; emboucher & finir les Tuyaux. Ces quatre principales opérations feront les quatre Sections qui composeront ce Chapitre.

SECTION

SECTION PREMIERE.

Faire le plan & la diftribution des Tuyaux de la Montre.

897. La premiere chofe qu'il faut faire avant de commencer à conftruire les Tuyaux de la Montre, eft d'en tailler les cartons. A cet effet, on aura du carton fur lequel on tracera avec un compas, la groffeur de chaque Tuyau qu'on doit mettre en Montre. Par exemple, je fuppofe que le plus gros Tuyau de la Montre fera le premier *C fol ut* du 8 pieds. On en prendra le demi-diametre fur le diapafon, *Pl.* 21, c'eft-à-dire, qu'on prendra avec un compas la moitié de la diftance du point 1, *C*, jufqu'à la ligne intitulée *Diametre du 8 pieds ouvert.* Avec cette ouverture du compas, on tracera fur le carton un cercle, qui fe trouvera avoir le diametre du premier *C fol ut* du 8 pieds. On coupera avec des cifeaux ce carton bien jufte fur la ligne circulaire que l'on aura tracée, & on écrira fur ce rond de carton *C*, 1, 8, ce qui fignifie premier *C fol ut* du 8 pieds. On taillera ainfi un carton pour chaque Tuyau du Jeu de 8 pieds, excepté pour ceux que l'on croira devoir pofer en dedans fur le fommier, & qui font ordinairement les plus petits, à moins que ce ne fût une petite Montre dans laquelle on dût placer les plus petits Tuyaux de ce Jeu. On taillera auffi des cartons pour les Baffes du Preftant. Si la Montre eft un 32 pieds, ou un 16 pieds, ou un 4 pieds, il faut également tailler des cartons pour tous les Tuyaux qui doivent être en Montre, foit pour le grand Orgue, foit pour le Pofitif. Lorfqu'on aura ainfi taillé tous les cartons, il faudra les conferver comme des modeles, qui ferviront pour toutes fortes de Montres d'Orgue.

898. On préfentera ces cartons fur un plan de toute la Montre, c'eft-à-dire, des Tourelles & des Plattes-faces, qu'on aura tiré dans fa grandeur naturelle; ou bien on les préfentera à leur place même au Buffet de l'Orgue, fi on en a la commodité. On obfervera qu'il faut qu'il y ait un certain efpace d'un Tuyau à l'autre; car ce feroit un défaut s'ils étoient trop près; l'Orgue auroit un fon éloigné comme celui d'un Echo, ce qui feroit défagréable; d'ailleurs ils feroient fort fujets à *frifer* en rendant leur fon, autre défaut à éviter. S'il s'agit de grands Tuyaux comme de 16 pieds, il faut laiffer un efpace d'environ 3 pouces de l'un à l'autre : pour des Tuyaux de 8 pieds, environ 2 pouces; pour ceux de 6 & de 4 pieds, un pouce & demi; enfin un pouce ou 7 à 8 lignes pour les petits. On choifira les cartons qui iront le mieux à leur place, en préférant ceux dont les Tuyaux qu'ils repréfentent font les plus néceffaires pour compléter les Jeux qu'on veut faire jouer en Montre. On peut y mettre les Baffes de tous les Jeux ouverts, nonfeulement des Jeux d'octave qui appartiennent au fond de l'Orgue, mais encore les Baffes du gros Nafard, de la groffe Tierce, de tous les Jeux ouverts à bouche des Pédales.

ORGUES. II. Part.   O o o o

PLANCHE
21.

899. On fera alors fon plan & la diftribution de tous les Tuyaux. On deftinera chacun à parler au ton qui conviendra le plus près qu'il fera poffible à fa taille & à la place qu'il occupera , faifant attention à éloigner tant que l'on pourra les uniffons. On fera un plan en petit de toute la Montre, où fera marquée toute cette diftribution. On y tracera en petit tous les cartons où l'on écrira leur nom tiré du diapafon, le ton & le jeu auquel on le deftine. La *fig.* 1 , de la *Pl.* 67, donnera une idée de ce que je veux dire. C'eft un plan d'un 8 pieds dont le double *A mi la* de 8 pieds, eft en Montre. Ce Buffet d'Orgue , qui a été exécuté , contient le grand Orgue & le Pofitif fur le même grand Sommier, dont on n'a repréfenté qu'une partie. Comme cet Orgue eft placé de côté, dans une Eglife affez petite , on n'a pas jugé convenable de mettre le Pofitif dans un Buffet féparé fur le devant. Le Buffet a la faillie hors du mur, comme il le paroît dans ce plan. Le grand Sommier eft double, contenant les gravures pour les Jeux du grand Orgue, & d'autres gravures pour les Jeux du Pofitif. Les deux rangées de chif-fres qu'on voit fur le Sommier en défignent l'ordre & l'arrangement.

PLANCHE 67.

900. Toute l'écriture qu'on voit au dehors du plan de la Montre vis-à-vis de chaque rond , défigne le nom de chaque carton conforme au diapafon. Toute celle qu'on voit au-dedans des cercles , (ou lorfque leur petiteffe n'a pas permis de la mettre toute en dedans on en a mis une partie en dehors,) défigne le ton & le jeu auxquels on a deftiné chaque Tuyau. Le plus gros Tuyau du milieu marqué en dehors *a*, 10, 16, fignifie que c'eft l'*A mi la*, 10°. Tuyau du 16 pieds. On le fait fervir pour le double *A mi la* du 8 pieds, qui tirera fon vent de la premiere gravure marquée 2 , du Sommier à gauche. C'eft ce qui eft défigné par l'écriture qu'on voit au-dedans du cercle, *d*, *a*, 8 , 2 , *g*. Ce *g*, fignifie *grand Orgue*. Tous les *p*, fignifient, *Pofitif* ; *pr*, fignifie *Preftant* ; *ped*, 8 , fignifie *Pédale de flûte de 8 pieds*; *ped* , 4 , fignifie *Pédale de flûte de 4 pieds* ; *d* , *a* , *n* , *g* , fignifie *double* A mi la *du nafard du grand Orgue* ; *d* , *a* , *pr* , *p* , fignifie *double* A mi la *du Preftant du Pofitif*; *d* , *a* , *pr* , *g* , fignifie *double* A mi la *du Preftant du grand Orgue.* En examinant attentivement ce plan, on y trouvera toutes les Baffes de deux 8 pieds, l'un pour le grand Orgue & l'autre pour le Pofitif : le double *A mi la* du Preftant pour le grand Orgue & un autre pour le Pofitif : une partie des Pédales de Flûte de 8 pieds & de 4 pieds : avec le double *A mi la* du Na-fard ouvert du grand Orgue.

901. On remarquera qu'on fait bien fouvent parler un Tuyau à un ton fort différent du Diapafon, fur-tout, pour les Pédales de Flûte. On en trouvera qui doivent parler d'une tierce plus haut que leur taille ne porte naturellement. On fait déja que les Tuyaux de ces Jeux doivent être de plus groffe taille que les au-tres ; ainfi ce n'eft pas un défaut. D'autres parlent un demi-ton & même un ton plus haut ou plus bas que ne porte la mefure de leur Diapafon. Tout cela n'eft pas fenfible dans l'harmonie, pourvu que l'on faffe parler les Tuyaux comme il convient ; ce que j'expliquerai en fon lieu. On évitera tant que l'on pourra d'être

obligé de couder des Tuyaux ; parce qu'on a peine à les faire bien parler. A cet
effet , quand on fera la diſtribution des Tuyaux de la Montre , on remarquera ſi
ceux qu'on deſtine à faire un tel ton pourront avoir la longueur requiſe pour qu'il
ne faille pas les couder.

902. On trouvera encore au-dedans de ce plan la hauteur des pieds. Il y a
dans la Montre , certains Tuyaux qu'on appelle *principaux* ; tels ſont, le plus
gros ou celui du milieu de chaque tourelle : le plus gros de chaque platte-face.
La hauteur de leur pied ne varie point , parce qu'on prend pour regle générale
de leur donner pour hauteur deux fois & demi leur diametre. Par exemple , le
Tuyau du milieu de la grande tourelle, marqué *a*, 2, 8, doit avoir 6 pouces
10 lignes de diametre. Or deux fois & demi 6 pouces 10 lignes de diametre ,
ſont 17 pouces ; c'eſt la hauteur du pied de ce premier Tuyau. Le premier &
plus gros Tuyau du milieu des 4 autres tourelles , doit avoir 5 pouces 9 lignes
de diametre. Or deux fois & demi cette groſſeur feront 14 pouces 4 lignes ; ce
ſera la hauteur de ſon pied. Les deux premiers Tuyaux de la trefle de la tourelle
du milieu , marqués *e*[b], 4, 8, ſont encore des principaux Tuyaux. Leur diametre eſt de 4 pouces 11 lignes ; deux fois & demi ce diametre fait 12 pouces
4 lignes ; ce ſera la hauteur de leur pied. Toutes ces hauteurs ſont écrites à leur
place ſur le plan. Le plus gros Tuyau des plattes-faces, marqué *g*, 8, 8, a 4
pouces de diametre ; il doit avoir ſon pied de 10 pouces de hauteur. On ne
compte point ici le bout du pied qui doit entrer dans le trou ſur lequel le Tuyau
doit être poſé. On ajoutera ce ſurplus aux hauteurs que j'indique , leſquelles doivent être entiérement apparentes.

903. Lorſqu'on aura ainſi déterminé la hauteur des pieds des principaux
Tuyaux, on trouvera aiſément la hauteur des autres. Les deux premiers Tuyaux
qui ſont aux deux côtés du principal Tuyau de la tourelle du milieu, marqués
C, 1, 8, auront leur pied de 4 pouces & demi plus haut que celui du milieu ,
& les deux ſuivants ſeront de même de 4 pouces & demi plus hauts que les deux
précédents. Celui du milieu , comme nous l'avons vu dans l'Article précédent,
doit avoir 17 pouces de hauteur. Les 2 ſuivants auront donc 21 pouces 6 lignes
de hauteur ; & les deux autres qui ſuivent ceux-ci , auront 26 pouces. Tout cela
eſt écrit à ſa place ſur le plan. Ceux qui ſuivent les deux principaux Tuyaux des
quatre autres tourelles, ſe ſurmonteront de 4 pouces reſpectivement l'un à l'autre.
Ceux qui ſuivent les deux principaux des côtés de la trefle de la tourelle du milieu, ſe ſurmonteront de 3 pouces , comme on le voit écrit ſur le plan.

904. A l'égard des plattes-faces, on fera autrement. On les tracera dans leur
juſte groſſeur contre une muraille unie ou ſur une grande table , à peu près comme on le voit en la *fig*. 1. *Pl*. 68. On marquera le point *A* , ſur le premier
Tuyau *C D* , à 10 pouces de *C* , comme nous avons déterminé la hauteur de ſon
pied dans l'article précédent. On marquera ſur le dernier Tuyau *G H*, le point
B , à 20 pouces de *H*. On tirera une ligne droite du point *A* , au point *B* ; cette

ligne coupera tous les Tuyaux intermédiaires. Chaque point d'interſection déterminera la hauteur du pied de chaque Tuyau de la platte-face.

905. Après avoir déterminé la hauteur des pieds de tous les Tuyaux de la Montre , il faut trouver la groſſeur de leur petit bout. La regle générale ſera de leur
donner le tiers de la groſſeur de leur Tuyau reſpectif. S'il s'agit de la circonférence du corps du Tuyau , par exemple , du premier *C ſol ut* du 8 pieds ,
qui a 18 pouces de circonférence , le bout inférieur de ſon pied aura 6 pouces
de largeur ou de circonférence. Il en ſera de même s'il s'agit du diametre : ce
premier *C ſol ut* a 5 pouces 9 lignes de diametre ; ſon tiers ſera 23 lignes.
Autre exemple : un Tuyau de 4 pouces de diametre doit avoir le bout inférieur
de ſon pied de 16 lignes de diametre , ce qui ſera 50 lignes & un quart de circonférence ; ainſi des autres. Cependant on ne doit pas ſuivre cette regle , s'il y
a à la Montre des Tuyaux aſſez petits , comme le ſont , par exemple , les deſſus
du 8 pieds ou du Preſtant ; on donnera au petit bout de leur pied quelquefois
juſqu'à la moitié du diametre de leur Tuyau ; ils deviendroient trop menus & par
conſéquent trop foibles , ſi l'on y ſuivoit la regle générale.

S E C T I O N   S E C O N D E.

Préparer les Tables d'Etain pour les rendre prêtes à être rabotées.

906. Dans le nombre des Tables déja coulées , on choiſira les plus épaiſſes pour
en faire les plus grands Tuyaux. On écrira quelle hauteur il faut à chacun pour
remplir la place qu'il doit occuper à la Montre. On prendra les largeurs ſur le
diapaſon comme les cartons les indiqueront ; mais on les taillera plus larges qu'il
ne faut. Pour couper l'étain lorſqu'il eſt épais , on ſe ſervira de la grande ſcie à

Planches
3 & 4.

main , *fig.* 4 , *Pl.* 3. Voyez l'Article 61 , *page* 16. Si les Tables ne ſont pas ſi
fortes , on ſe ſervira du grand couteau à tailler à bras , *fig.* 21 , *Pl.* 4. Quand on
en fait uſage , on met ſur l'épaule le bout du manche oppoſé à la lame ; & tenant
fortement la main bien près de la lame , on ſuivra ſur la Table d'étain la ligne
que l'on y aura tracée le long d'une regle. On marquera chaque piece. Enſuite ſi
les Tables ſont belles , unies & d'égale épaiſſeur , on les fera forger. Si elles ne
ſont pas unies , qu'il y ait des grumeaux & des inégalités dans l'épaiſſeur , ce qui
arrive ſouvent quand on fond en pente , on ôtera tout ce qu'il y a de plus raboteux avec une écoüene , *fig.* 6 , *Pl.* 3. Voyez l'Article 63 , *page* 16. On finira
avec la galere ou rabot , (*fig.* 14 , *Pl.* 3 ,) à laquelle on mettra un fer dentelé.
Voyez l'Art. 70 *pag.* 18. Si l'on ne peut pas faire certains Tuyaux d'une ſeule
piece , on en taillera pluſieurs , pour être ſoudées enſemble , comme nous l'expliquerons article 911 & ſuivants. Enfin après avoir ainſi préparé toutes les pieces ,
on les fera forger.

907. Il y a deux manieres de forger les Tables , ſoit d'étain , ſoit d'étoffe.
Voici la maniere la plus en uſage. On peut voir l'enclume repréſentée *fig.* 1 ,
Pl. 3 ,

Pl. 3, & fon marteau, *fig.* 3, qu'on appelle *la maffe à forger*. Voyez la defcription de l'une & de l'autre, *art.* 59 & 60, *pag.* 16. Le Batteur *B*, fe difpofera comme on le voit en la *fig.* 5, *Pl.* 65 ; il roulera la Table d'étain *D*, & la déroulera à mefure qu'il la forgera. On peut remarquer le billot de bois *R*, avec l'enclume par-deffus. L'Ouvrier *B* bat avec la maffe *M*, fur la Table d'étain, dont la partie *T N* eft repréfentée déja forgée. *P* font quelques Tables roulées & deftinées à être forgées, ou qui le font déja. Les Tables ont un *envers* & un *endroit* : l'*envers* eft la face de la Table, où paroît l'empreinte du coutil ou de la toile, qu'elle a prife lorfqu'on l'a coulée ; & l'*endroit* eft la furface oppofée. On fera toucher fur l'enclume l'*endroit* de la Table, & les coups de marteau feront donnés fur l'*envers*. On frappera bien également & fi près-à-près que l'empreinte du coutil difparoiffe entiérement. On prendra bien garde de ne pas donner de faux coups. On tiendra toujours le marteau ferme, foit avec les deux mains, foit avec une main. On fera avancer la Table fur l'enclume dans tous les fens convenables, afin que le marteau ne rifque pas de donner fur le bord ou en dehors, ce qui gâteroit tout. On fera fur-tout attention de ne pas frapper de l'arête du marteau ; mais toujours par le milieu de la tête, afin de forger bien uniment.

908. L'autre maniere de forger les Tables s'exécute au moyen d'une machine repréfentée en perfpective dans la *fig.* 1, *Pl.* 69. On en trouvera toutes les mefures & les proportions, par l'échelle qui eft au bas de la même Planche. *A*, *B*, *C*, *D*, *E*, *F*, font les montans qui compofent une partie de la charpente ou cage de la Machine. *G*, *H*, *I*, *K*, *L*, *M*, *N*, *O*, *P*, font les traverfes qui lient le tout enfemble. *Q R*, eft un arbre de fer, qu'on voit féparément en perfpective, *fig.* 3, avec fes quatre mantonnets auffi de fer *a*, *b*, &c. *c* & *d*, font les deux collets ou pivots fur lefquels cet arbre tourne. *f*, eft la place où l'on arrête quarrément le centre du cercle *S T*, *fig.* 1, que l'on fixe folidement au moyen de la virole *g*, *fig.* 3, & de l'écrou *h*. Les croifées du cercle *S T*, *fig.* 1, font de fer, & le cercle eft de plomb : ce cercle ayant 18 lignes en quarré péfera environ 150 livres. On voit en la fig. 4, le plan & l'élévation des couffinets dans lefquels roulent les deux pivots *c* & *d*, de l'arbre *fig.* 3. La *fig.* 6, repréfente comment font faits les mantonnets, qui fe fichent dans l'arbre, *fig.* 3. On voit à ces mantonnets, *fig.* 6, une entaille à chacun. On emmanche premiérement un mantonnet dans fa mortaife dans l'arbre, où il entre bien jufte. L'autre mortaife où doit entrer l'autre mantonnet eft plus longue. Quand il y eft entré, on le ferre contre l'autre, & on fait entrer fon entaille dans l'entaille de l'autre, en forte qu'ils fe trouvent mutuellement enclavés. On bouche enfuite le refte de la longue mortaife par un morceau de fer qu'on rive de chaque côté. *V X*, *fig.* 1, eft le manche du marteau *a*. Le centre de fon mouvement ou fon effieu eft en *Y*. Voyez cet effieu de fer en la *fig.* 5, avec fa vis & fon écrou à oreilles, pour l'arrêter au manche du marteau dans une entaille. Le bout *V* du manche eft garni de fer, afin que les mantonnets ne l'ufent pas fi vîte. *Æ* eft le billot qui

Planche
65.

Planche
69.

porte l'enclume ou le tas. Il est engagé dans une cage que forme la charpente de
la Machine. Il porte à terre. Voyez, en la fig. 2, ce billot avec son tas, desfi-
nés féparément en perfpective. O P, fig. 1, est un arc, compofé d'un nombre
de tringles minces de bois pliant, ou encore beaucoup mieux, de deux ou trois
lames de fer bien battues à froid, ou d'acier, qui dureront infiniment plus que
des tringles de bois. Cet arc est arrêté au milieu fur une traverfe. La corde de
cet arc est accrochée dans fon milieu à une crémaillere fufpendue au manche du
marteau, qui frappe d'autant plus fort, que cette corde est accrochée plus haut
à la crémaillere. U est la marche, au moyen de laquelle l'Ouvrier J fait tourner le volant S T, dont l'axe fait jouer le marteau avec beaucoup de vîtesse.
L'Ouvrier tient des deux mains, comme on le voit, un morceau de lame d'étain, &
le promene deffous le marteau. On a repréfenté un petit morceau d'étain pour
ne pas couvrir une partie de la machine. On peut remarquer deux rouleaux de
bois aux deux côtés de l'enclume, pour avoir plus de facilité à manier une grande
table fous le marteau.

On comprendra mieux la conftruction de la machine par les autres figures.
La fig. 7, repréfente géométralement la machine, vue par le côté où est la marche pour faire tourner le volant. On y apperçoit la crémaillere. Il faut remarquer en B, trois échancrures, pour changer l'axe du marteau, felon qu'on veut
le faire lever plus haut ou plus bas. C'est ce qu'on diftingue mieux dans la fig. 8,
qui est une coupe de la machine felon fa longueur. La fig. 9, est la même machine, vue géométralement par le bout où est l'arbre du volant : & la fig. 10, est
le plan ; c'est-à-dire ; la machine vue géométralement par-deffus. Cette machine
étant bien exécutée, fait un effet bien fatisfaifant; attendu que l'on forge l'étain
& le plomb avec une grande diligence & beaucoup plus uni. Si l'on veut moins
fatiguer, on peut faire tourner le volant par un enfant. C'est pour cela que la
manivelle est garnie d'une bobine de bois.

909. Toutes les pieces étant forgées, on les dreffera de la maniere fuivante :
on les arrangera les unes fur les autres fur un fort établi & le plus uni. On les
battra bien fort avec la groffe batte à retendre. Voyez l'art. 64, pag. 17, & la
fig. 7, Pl. 3. On frappera ainfi à toute force, faifant appliquer toute la longueur
de la batte fur les tables, & la faifant aller fur tous les endroits; enfuite on mettra les pieces qui étoient deffous, en deffus, & on battra encore à outrance. On
changera ainfi les pieces, on fera venir en-deffus chacune en particulier tour-à-
tour, & on battra à chaque fois. On continuera ces opérations jufqu'à ce que toutes les pieces foient bien dreffées, & qu'aucune ne gode.

910. On aura une grande & belle planche de bois de noyer, s'il fe peut, &
bien unie. Ce fera la table à raboter. On la mettra fur un établi. On étendra fur
cette planche une feule table d'étain, & on la frottera bien fort fur toute fa furface avec le retendoir, fig. 9, Pl. 3. Voyez l'Art. 66, pag. 17. On tiendra ce
retendoir des deux mains fur fon champ, dans la partie creufe, qui est fon deffus,

PLANCHE
3.

en forte que fa longueur foit perpendiculaire à la longueur de la table. On le
proménera fur toute la table d'étain, que l'on frottera fortement avec le champ
convexe. On achevera ainfi de dreffer parfaitement toute la piece. On fera la
même opération à toutes les autres. On fera la même chofe aux tables d'étoffe,
lorfqu'on voudra achever de les dreffer.

911. Si l'on a des tables à ajouter, on coupera bien droit, au moyen d'une
regle, un bout d'une table. On préfentera celle qu'on veut y ajouter, en forte
que fon bout foit mis deffous celui qui fera nouvellement coupé, le long duquel
on fera un trait avec une pointe fur le bout de la feconde table qu'on veut ajouter.
On le coupera. On paffera la varlope-onglet fur les deux bouts qui doivent fe
toucher enfemble. On les préfentera l'un contre l'autre pour voir s'ils fe joignent
bien, & fi les deux tables en forment une feule qui foit droite; alors on préparera ces deux bouts pour les fouder enfemble.

912. On aura du blanc de Troyes ou d'Orléans, qu'on appelle communément *blanc d'Efpagne*. On le concaffera, & on le mettra dans une terrine rem-
plie d'eau. On laiffera ainfi ce blanc pendant 10 à 12 heures. On ne le remuera
point. Enfuite on verfera doucement toute l'eau. On mettra tout ce blanc, qui
fe trouvera en pâte claire, dans le pot au blanc, (*fig.* 31, *Pl.* 4. Voyez l'art. 84,
pag. 21.) On y mettra de la colle forte fondue ; on mêlera bien le tout, & on
mettra le pot fur le feu pour le faire chauffer. Le blanc doit être épais, mais
cependant affez liquide pour couler. Comme il eft effentiel qu'il y ait une certaine quantité jufte de colle, en forte que s'il y en a trop, ou s'il n'y en a pas
affez, il ne vaudra rien ; on en fera l'effai. A cet effet, on prendra un morceau de
lame d'étain ou d'étoffe, par exemple, grand comme la main; avec un pinceau,
on le blanchira avec ce blanc déja préparé & chaud. On frottera ce blanc avec
les doigts jufqu'à ce qu'il devienne grisâtre : enfuite on repaffera de nouveau
blanc avec le pinceau fur le premier, & on le laiffera bien fécher. Si le blanc eft
bien fait, il ne faut pas que l'ongle du doigt puiffe prefque l'entamer, & que
cependant la lame puiffe plier affez confidérablement fans que le blanc fe caffe
ou qu'il fe détache. S'il fe caffe, ce fera une marque qu'on aura mis trop de colle.
Pour y remédier, on fera délayer de nouveau blanc avec de l'eau comme la premiere fois, & on le mêlera avec celui qui fera déja dans le pot ; & après avoir
fait chauffer le tout, on en fera encore l'effai. Si l'ongle peut y mordre un peu
facilement, ce fera une marque qu'il n'y aura pas affez de colle. Il eft effentiel,
je le répete encore, que le blanc foit bien préparé; la beauté & la bonté des
foudures dépend de là.

913. Le blanc étant bien préparé & chaud, on blanchira deffous & deffus les
deux bords qui doivent être foudés enfemble; ce qui fe fera comme quand on a
fait l'effai. C'eft-à-dire, qu'on mettra d'abord du blanc avec le pinceau fur un
bord ; on le frottera jufqu'à ce qu'il devienne gris, & enfuite fans ôter du tout
ce blanc grisâtre, on repaffera le pinceau avec de nouveau blanc fur le premier,

PLANCHE
4.

au bord feulement, de la largeur d'environ 3 lignes, quoique ce que l'on a frotté avec les doigts foit beaucoup plus large. On fera en forte que le blanc foit bien égal d'épaiffeur.

914. Lorfque le blanc fera bien fec, on grattera avec la pointe à gratter, (*fig.* 36, *Pl.* 5, voyez l'*art.* 87, *pag.* 22) d'abord le champ ou l'épaiffeur des bords, enfuite les vives arrêtes de chaque côté, qu'on abattra jufqu'à former un chanfrein de chaque côté, prefque jufqu'à la moitié de l'épaiffeur de la lame. On fera cette opération aux deux bouts qu'on doit fouder enfemble. On frottera légérement avec un bout de chandelle de fuif bien propre, tout ce qu'on aura gratté. On approchera les deux bouts ainfi grattés, enforte qu'il y ait un intervalle à y paffer une carte à jouer. Les deux pieces d'étain feront pofées à plat fur une table unie.

915. Comme je fuppofe qu'on n'aura pas encore des fers à fouder, (*fig.* 32, 33 & 34, *Pl.* 5. Voyez l'*art.* 85, *pag.* 21,) qui foient étamés, & qu'ils ne peuvent pas fervir fans l'être, voici comment on les étame pour la premiere fois. Il faut que tout le deffous du fer qu'on veut étamer foit bien limé à la lime douce; il y en a même qui le paffent fur la pierre à l'huile, afin qu'il foit très-uni. On le fera chauffer, mais non pas jufqu'à rougir. On le paffera un inftant fur un mauvais linge, pour en ôter la cendre; on le frottera affez fort fur du fel armoniac, & on l'appliquera tout de fuite fur de l'étain avec la réfine enfemble, le tout mis fur une brique. On frottera ainfi en repaffant de temps-en-temps fur le fel armoniac. On continuera cette opération jufqu'à ce que le fer foit parfaitement étamé, ou qu'il ne foit plus affez chaud pour fondre l'étain. S'il n'eft pas encore parfaitement bien étamé, on le fera chauffer de nouveau, & on fera la même opération. Enfin lorfqu'il fera bien étamé, on le fera encore chauffer, on le repaffera fur l'étain, dont on prendra une goutte fur la brique, que l'on appliquera fur un bout de la jointure des deux tables d'étain. On prendra une autre goutte d'étain qu'on appliquera fur l'autre bout. On en mettra une autre au milieu, enfuite de pouce en pouce. On appelle cette opération *attacher*. On garnira de foudure toute la jointure avec le fer. Quand le tout fera froid, on y paffera un bout de chandelle de fuif; on prendra un fer bien chaud & bien étamé; on touchera de fon bout un morceau de chandelle, & tout de fuite on le paffera fur tout le joint d'un bout à l'autre & tout d'un trait. Le deffus de la jointure des deux tables étant foudé, on les tournera fens-deffus-deffous; on garnira la jointure de foudure, & on la foudera de même. En fait des Tuyaux de Montre qui doivent être rabotés & polis, il faut néceffairement fouder aux deux faces les jointures des pieces ajoutées enfemble. Ces foudures feront faites avec le même étain dont le Tuyau fera fabriqué, afin que la jointure ne paroiffe point quand le Tuyau fera poli.

916. Il y a plufieurs obfervations à faire quand on foudera. 1°. Il faut y diftinguer 4 opérations. La premiere eft de gratter & de faire le chanfrein aux

deux

deux bords qu'il s'agit de fouder ; la feconde eft d'attacher les deux bords avec des gouttes de foudure ; la troifieme eft de garnir de foudure affez abondamment toute la rigole que forment les deux chanfreins rapprochés ; & la quatrieme de fouder, c'eft-à-dire, de paffer le fer bien chaud & bien étamé, après avoir fait toucher fon bout fur le fuif. La feconde chofe à obferver, eft qu'il ne faut pas que le bout du fer *C B*, *fig.* 34, *Pl.* 5, foit étamé le moins du monde. S'il l'é-toit, il faudroit y donner quelques coups de lime, immédiatement avant de faire la quatrieme opération de la foudure, après avoir bien étamé le fer. La troifieme eft, que plus le fer fera chaud, plus il faut le paffer vite fur la foudure. Et la quatrieme chofe à obferver eft, qu'il faut bien prendre garde de tenir la queue du fer tellement élevée, que toute la furface de deffous ne touche point la foudure, mais feulement le bout, & qu'elle en foit cependant très-près. Voyez la *fig. 6, Pl. 65.* Si toute la furface du deffous du fer, ou même une bonne partie feulement, touchoit la foudure, on fondroit & on perceroit le Tuyau. Si l'on tenoit la queue du fer trop élevée, on ne fondroit que très-diffi-cilement la foudure, laquelle ne feroit jamais folide. J'aurai occafion de revenir encore à parler de la foudure lorfque nous en ferons à décrire la conftruction des Tuyaux.

PLANCHE
5.

PLANCHE
65.

917. Lorfqu'on aura ainfi ajouté toutes les pieces néceffaires pour la conftru-ction des Tuyaux de la Montre, on en taillera les corps dans leurs véritables me-fures, qu'on prendra fur le diapáfon, conformément à l'indication des cartons, & on les coupera à la hauteur écrite fur les mêmes cartons. On aura des regles bien dreffées & de toute la longueur convenable, le long defquelles on tirera des lignes, qui marqueront leur circonférence, également diftantes à chaque bout. On fuivra ces lignes avec le couteau à tailler à bras, ou le long de la re-gle. Si les pieces ne font pas bien fortes, on pourra les couper le long d'une regle avec le couteau à tailler à la main. On le repaffera plufieurs fois fur le même endroit, afin qu'il enfonce davantage. On choifira le bout de la table le plus fort, pour y faire la bouche du Tuyau ; c'eft pourquoi on le coupera exa-ctement à l'équérre à ce bout.

918. Pour tailler un pied de Tuyau de Montre, on tirera une ligne droite indéfinie, *A C*, *fig.* 7, *Pl. 65* ; on y prendra la diftance de *A* à *G*, de la hau-teur qu'on doit donner au pied du Tuyau. On divifera l'efpace *A G*, en deux parties égales, au point *B*. On portera la diftance de *B* à *G* à *G C* ; de forte que l'efpace de *G* à *C*, fera égal à celui de *G* à *B*. Du point *C*, comme centre, on décrira l'arc indéfini *A D*. On aura une regle de bois bien flexible, d'environ un pouce de largeur fur une ligne d'épaiffeur, ou bien une bande d'étain d'une longueur au moins égale à la circonférence du plus grand Tuyau qu'on a à faire. On marquera fur cette regle, ou fur cette bande d'étain, la largeur où la circonférence précife du Tuyau dont on veut faire le pied. On courbera cette regle fur l'arc *A D*, de façon qu'elle le touche dans tous fes points, & qu'une

de ſes extrémités étant en *A*, le point de la largeur du Tuyau ſoit marqué en *D* ; on tirera la ligne droite de *D* à *C*, & de *C*, on tracera l'arc *G O* ; alors on aura *A G O D*, qui ſera le véritable développement du pied du Tuyau dont il s'agit. La courbe *G O*, ſera exactement le tiers de *A D*. On trouvera dans l'art. 971, une autre méthode qui revient à celle-ci ; mais elle eſt plus générale.

919. Il faut remarquer qu'il eſt eſſentiel de faire les pieds d'une épaiſſeur proportionnée à la grandeur des Tuyaux qu'ils doivent ſoutenir, afin qu'ils ſoient aſſez forts. On voit bien ſouvent des Montres d'Orgue qui périſſent par le défaut d'une épaiſſeur ſuffiſante aux pieds des Tuyaux. Il feroit bon que l'étain dont on conſtruit les pieds, ne fût pas auſſi doux que celui des corps des Tuyaux. Je penſe que ſi on aloyoit cet étain d'une livre de cuivre par cent, comme je l'ai dit *art.* 884, *pag.* 321, cet aloi le rendroit plus fort ; & par là, les pieds réſiſteroient mieux au poids des Tuyaux. Voyez l'*art.* 862, *pag.* 312 où j'ai décrit comment ſe fait cet aloi. Mais je ne conſeillerai point d'aloyer l'étain des corps des Tuyaux. Un autre défaut dans lequel on donne aſſez ſouvent, eſt de faire les pieds trop pointus. C'eſt pourquoi j'ai conſeillé de donner au moins, au petit bout des pieds, le tiers de la groſſeur des Tuyaux reſpectifs, & au-delà du tiers lorſque les Tuyaux ſont petits.

SECTION TROISIEME.

Raboter & polir les Tuyaux.

920. LE corps & le pied de chaque Tuyau étant taillés, on rabotera le tout. A cet effet, on mettra ſur la grande table à tailler la planche d'étain que nous appellerons dorénavant *le Tuyau*. On l'arrêtera au moyen de la groſſe entaille de bois, *fig.* 12, *Pl.* 3, & du coin *A*, *fig.* 15. On prendra la galere, *fig.* 14, à laquelle on mettra un fer dentelé ; deux Ouvriers ſe mettront à la pouſſer ſur toute la ſurface du Tuyau, pour en tirer les défauts les plus conſidérables, changeant l'entaille de place quand il le faudra. On pouſſera la galere tantôt en long, tantôt diagonalement, faiſant croiſer ſouvent le ſens dans lequel on la fait aller, pour éviter & couper les ondes qui s'y trouveroient ſans cela. Quand on aura ébauché le Tuyau d'un côté, on le tournera de l'autre, & on y fera la même opération.

921. On examinera laquelle des deux faces aura le plus de diſpoſition à devenir belle ; on la mettra en deſſous, & on finira le revers du Tuyau. On y paſſera d'abord la galere à petit fer non dentelé. On en ôtera ſoigneuſement toutes les ondes & tout le grain qu'aura fait le fer dentelé. On finira avec le rabot à double lumiere, (*fig.* 16, *Pl.* 3. Voyez l'*art.* 71, *pag.* 18,) le faiſant aller tantôt en long, tantôt en travers, en biaiſant, &c. & ſans faire

d'autre opération, on tournera le Tuyau de l'autre côté, fur lequel on fera le même travail. On fera attention que l'épaiffeur foit auffi égale qu'il fe pourra, enforte que le devant du Tuyau ne foit pas plus mince que le derriere. Je fais bien que l'ordinaire eft de faire le devant du Tuyau plus mince que le derriere; mais c'eft mal travailler. Un Tuyau qui a ce défaut ne parle jamais fi bien que lorfque fon épaiffeur eft égale & réguliere. Cependant le haut peut être un peu moins fort que le bas; mais cette diminution d'épaiffeur doit être très-petite.

922. Lorfqu'on aura paffé le rabot à double lumiere fur toute la furface du Tuyau, on le raclera avec le racloir, *fig.* 43, *Pl.* 5; voyez l'*art.* 93, *pag.* 23. On le tiendra des deux mains, enforte que les deux pouces appuyant bien dans le milieu fur le plat, les autres doigts le tirent dans un fens oppofé par les deux bouts. Comme ce racloir eft affez mince, on le fait devenir courbe; & le tenant prefque perpendiculairement fur fon champ, on l'incline tant foit peu fur fon devant. On le pouffe dans cette fituation toujours en avant, tout le long du Tuyau. Lorfqu'on fe fert bien de cet outil, on enleve de longs copeaux, & l'on unit parfaitement la furface du Tuyau. On ne fe fert guere de ce racloir que dans la partie du Tuyau qui doit être apparente; parce qu'il n'y a que celle-là qui doit être brunie. On continuera de racler ainfi jufqu'à ce qu'on ait fait difparoître tous les coups de rabot.

PLANCHE 5.

923. On fera fondre du favon dans de l'eau bien nette, dont on mouillera le Tuyau pour le brunir. On le couchera fur une table très-unie, & qui ne doit fervir qu'à cela. On frottera bien fort avec le bruniffoir, *fig.* 10, *Pl.* 3. Voyez les *art.* 67 & 68, *pag.* 17. Sa fituation fur le Tuyau eft d'être en travers, & le manche parallele à la longueur de la table. On pourra fe mettre deux Ouvriers, & on frottera en allant & venant felon la longueur du Tuyau, fur toute la furface qui doit être apparente. On repolira le bruniffoir de temps-en-temps, afin de l'entretenir toujours bien brillant. Enfuite on lavera le Tuyau, ou feulement on le frottera avec un linge mouillé & tordu, & après avec un autre linge fec. Tout cela fini, on paffera la varlope aux deux côtés de l'épaiffeur du Tuyau. On fera la même chofe aux deux côtés du pied, après qu'on l'aura poli, bruni & lavé. Lorfqu'on ne fe fervira plus du bruniffoir, on le frottera avec du fuif de chandelle pour le garantir de la rouille.

PLANCHE 3.

SECTION QUATRIEME.

Faire les Ecuffons, emboucher & finir les Tuyaux.

924. Tous les Tuyaux étant rabotés, polis & brunis, auffi bien que leurs pieds, on fera leurs bouches en écuffon au bout le plus épais du corps du Tuyau. Voyez d'abord ce que c'eft que ces bouches en écuffons, repréfentées de dif-

Planche
67.

férentes manieres. On voit géométralement en face dans la *fig.* 2 , *Pl.* 67 , un Tuyau en écuſſon. Il eſt vu de côté & géométralement dans la *fig.* 3 , à demi tourné & en perſpective dans la *fig.* 4 , & preſqu'entiérement de côté & en perſpective dans la *fig.* 5. La *fig.* 6 , repréſente géométralement le plan du pied avec ſon biſeau poſé , & vu par-deſſus. Voici comment il faut s'y prendre pour faire ces écuſſons.

Planche
65.

925. *E M N P* , *fig.* 7 , *Pl.* 65 , repréſentent le bout d'une table d'étain, laquelle doit être le Tuyau où il faut faire la bouche en écuſſon. On diviſera en quatre parties égales la ligne *a b* , du bout du Tuyau. On portera le quart de cette longueur au milieu , & on marquera les points *c* & *d.* Sur ces deux points *c* & *d* , on élevera les deux perpendiculaires *c f* & *d g.* De la ligne *a b* , au point *k* , on donnera la diſtance d'une fois & demie la largeur de la bouche *c d.* Ce point *k* doit être placé bien au milieu , entre les deux perpendiculaires *c f* & *d g* ; il ſera le centre du demi-cercle *g h f* , que l'on tracera. La diſtance de *h* , à la ligne *a b* , ſe trouvera de la moitié de la largeur du Tuyau , ou de la ligne *a b.* Il ne reſte plus qu'à couper & ſéparer tout le morceau *c f h g d* ; on coupera de *f* à *c* , & de *g* à *d* , avec le couteau le long d'une regle ; mais pour la partie circulaire , on la coupe avec un compas dont une pointe eſt tranchante. On peut ſe procurer aiſément un compas de cette ſorte qui ne coûtera pas beaucoup. On aura un compas de fer comme ceux des Menuiſiers , mais beaucoup plus fort. On racourcira de moitié les deux jambes , afin qu'il ſoit très-fort ; on fera ſouder de l'acier à l'une des jambes , qu'on aiguiſera en grain d'orge coupant , & l'autre jambe ſe terminera en une forte pointe. Si l'on a un compas à quart de cercle , ce ſera encore mieux , parce qu'il ſera plus ferme , attendu qu'il y a toujours au moins une vis pour l'arrêter bien fixe à l'ouverture dont on a beſoin.

926. Pour tracer l'écuſſon ſur le pied *O D A G* , on prendra la largeur *c d* , de la bouche du corps du Tuyau que l'on marquera au milieu de la courbe *A D* , par les deux points *l* & *m.* On tirera une ligne droite de *l* à *m* , au milieu de laquelle on poſera le centre *e* ; & de ce centre , on tracera le demi-cercle *l n m* , dont on coupera tout le morceau.

927. On attachera par un bout un moule , *fig.* 8 , *Pl.* 65 , (voyez l'*art.* 80 , *pag.* 20 ,) ſur le bout d'un établi avec un ou deux valets , enſorte qu'il ſoit ſaillant hors de l'établi de toute la longueur du Tuyau. Si le Moule eſt fort grand , on en fichera un bout dans un trou fait dans une muraille où on le conſolidera bien. On mettra le Tuyau par-deſſus , & on le roulera peu-à-peu ſur le moule , en le frappant avec une batte proportionnée , *fig.* 8 , *Pl.* 3 , voyez

Planche
3.

l'*art.* 65 , *pag.* 17. Il faut remarquer que le Tuyau doit être roulé avec beaucoup de précaution , afin de ne pas gâter ſon poli , & qu'il ne s'y faſſe aucun dos d'âne , ni rides , ni arêtes , qu'il n'y ait aucun endroit boſſué. Quoique l'on doive repaſſer le Tuyau ſur le moule , après qu'on l'aura ſoudé , il eſt cependant

dant néceſſaire de l'arrondir auparavant le mieux qu'il ſe pourra. Sans cette précaution, il n'eſt pas poſſible de faire une belle ſoudure ; parce que les bords ne
ſeroient jamais droits. On dreſſera ſur-tout, avec une attention particuliere les
deux bords qu'on doit ſouder enſemble. Si le Tuyau eſt grand, on le liera d'eſpace en eſpace, avec des bandes de peau à meſure qu'on le roulera. Cet expédient aide beaucoup à arrondir le Tuyau. Quand il ſera arrondi, les deux bords
ne doivent pas ſe toucher ; il y faut un petit eſpace de l'un à l'autre. Voyez un
Tuyau ainſi roulé en la fig. 9, *Pl.* 65. Il y a des Ouvriers qui ſe ſervent pour
rouler les Tuyaux polis, d'une batte doublée de peau pour mieux ménager le
poli. D'autres ne veulent point de peau à la batte. Ceux-ci prétendent qu'ils
conſervent mieux le poli ; mais il faut que le bois de la batte ſoit bien uni.
Le pied ſe roulera ſur un moule des pieds, *fig.* 28, *Pl.* 4, voyez l'art. 81,
pag. 21 ; on attachera le moule ſur le bout d'un établi.

PLANCHE
65.

PLANCHE
4.

928. Il s'agit de ſouder le Tuyau. On commencera par le blanchir en dedans aux deux bords. A cet effet, on attache ordinairement avec du fil, un petit
morceau de linge au bout d'une tringle de bois aſſez legere & ſuffiſamment
longue. Ce linge ſervira de pinceau. On le trempera dans le blanc qui doit être
chaud, & on en frottera les deux bords intérieurs du Tuyau. On blanchira les
deux bords en dehors, comme je l'ai décrit art. 913, *pag.* 333. On fera les mêmes opérations ſur le pied du Tuyau pour le blanchir. C'eſt une regle générale
que je ne répéterai plus ; lorſqu'il s'agit de ſouder l'étain, on le blanchit dedans
& dehors, & premiérement en dedans.

929. Il eſt temps de parler de la compoſition de la ſoudure dont nous n'avons
encore rien dit. Car lorſqu'il a fallu ajouter des tables d'étain à d'autres, (914,
915, *pag.* 334,) on a dû ſouder avec le même étain dont le Tuyau étoit fabriqué ; mais ce n'étoit pas de la ſoudure. On en compoſe de quatre eſpeces. La
premiere eſt pour ſouder l'étoffe ; la ſeconde, pour ſouder l'étain ; la troiſieme,
pour ſouder enſemble le corps d'un Tuyau avec ſon pied, ce qu'on appelle
ſoudure *à tourner* ; & la quatrieme eſt pour ſouder les noyaux & les bagues
des Jeux d'anche. On fera fondre de l'étain fin & doux dans une cuillere de fer,
ou dans la chaudiere, ſi l'on doit faire une grande quantité de ſoudure. On y
mêlera environ une ſixieme partie de plomb doux & neuf ; lorſque le tout ſera
fondu, on le remuera avec un bâton pour le bien mêler. On en verſera une petite quantité ſur une brique froide & ſeche. S'il paroît dans la ſoudure de grands
yeux tout brillants lorſqu'elle ſera figée, elle ſera bonne pour l'étoffe. Si elle
devient matte & griſe, ce ſera une marque qu'il y aura trop de plomb. Si le
mat eſt blanc, il n'y aura pas aſſez de plomb ; ainſi on remettra ou du plomb ou
de l'étain, juſqu'à ce qu'en ayant fait l'eſſai ſur la brique, on y reconnoiſſe de
grands yeux tout brillants. Alors on en jettera la quantité de lingots dont on
aura beſoin pour ſouder l'étoffe. On remettra un peu plus de plomb dans la
chaudiere pour mêler avec la ſoudure qui y reſte ; on le mêlera bien, & on en

PLANCHE
72.

fera l'effai fur la brique comme la premiere fois : elle fera alors des yeux un peu moins grands ; mais ils doivent cependant être prefque brillants. Cette foudure fera bonne pour fouder l'étain. On en fera le nombre de lingots dont on aura befoin. On remettra encore un peu de plomb dans la chaudiere pour mêler avec la foudure qui y refte, & après l'avoir remuée comme la premiere fois, on en fera l'effai. Elle doit faire des yeux plus petits & un peu mats. Ce fera alors de la foudure à tourner. On en fera les lingots néceffaires. Enfin on remettra encore un peu de plomb dans la chaudiere ; on mêlera bien le tout, & on en fera l'effai. Cette foudure doit faire des yeux encore plus petits, mais tous mats. Elle fera propre pour fouder les noyaux & les bagues des Jeux d'anche.

930. La raifon pour laquelle la foudure pour l'étoffe contient le moins de plomb, eft que quand on s'en fert fur l'étoffe, il s'en détache des particules de plomb qui fe mêlent avec la foudure. Celle pour l'étain contient un peu plus de plomb, parce que lorfqu'on l'emploie il fe détache des particules d'étain qui s'y mêlent & la rendent plus belle. On mêle encore un peu plus de plomb à la foudure à tourner, afin qu'elle foit moins coulante ; ce qui eft néceffaire, parce que fi elle étoit auffi coulante que les deux autres, on ne feroit pas facilement une belle foudure autour du Tuyau lorfqu'il s'agit d'affembler le corps avec le pied. C'eft de celle-là qu'il faut fe fervir lorfqu'on foude les écuffons des Tuyaux de Montre. La foudure pour les noyaux & les bagues doit être encore moins coulante, c'eft-à-dire, qu'il y faut encore plus de plomb, parce qu'il y en faut appliquer une plus grande quantité, qui ne pouroit y tenir, fi elle étoit auffi coulante que les autres foudures. Il y a des Facteurs qui ajoutent à la foudure pour l'étain, environ une vingtieme partie d'étain de glace ou bifmut ; mais alors cette foudure devient plus caffante. A l'égard de la lingotiere dans laquelle on jette la foudure pour en former des lingots, voyez la fig. 37,

PLANCHE
5.

Pl. 5 ; voyez encore l'art. 88. *pag.* 22. On y jettera la matiere le moins chaudement qu'elle pourra couler. Il y en a qui au lieu de faire chaque canal à trois faces, & prefque carré dans la lingotiere, ne les font qu'à deux, enforte qu'il y ait un angle au milieu de chaque canal. Par là les lingots fe trouvent triangulaires dans leur longueur. Je trouve cette pratique meilleure, parce que les lingots fortent plus aifément de la lingotiere.

931. Pour fouder le Tuyau, on le couchera fur l'établi. On grattera d'abord, avec la pointe à gratter, le champ des deux bords, pour en ôter le blanc ; on fera un chanfrein, par-deffus feulement, aux deux bords, non pas jufqu'à vive arête, mais feulement jufqu'à un peu plus de la moitié de l'épaiffeur de la matiere. Ce chanfrein doit être coupé nettement & bien égal d'un bout à l'autre. S'il y avoit quelqu'endroit de la matiere qui fût un peu plus mince que le refte, on augmenteroit le chanfrein en dehors ; & s'il y avoit quelqu'endroit plus épais, on l'augmenteroit dans l'épaiffeur. Si en grattant on enlevoit du blanc,

ou qu'il vînt à s'écailler, il faudroit en remettre un peu à l'endroit où il seroit enlevé mal-à-propos; & quand il seroit sec, on continueroit l'opération. Les deux bords étant grattés comme il faut, on les frottera legérement avec le bout bien propre d'une chandelle de suif. Comme il faut se servir souvent de la chandelle de suif, on en enveloppera une avec du papier, ensorte qu'il n'y ait que le bout du bas de la chandelle qui paroisse; & afin de faire tenir ce papier, on en tordra le bout excédant. On approchera les deux bords, jusqu'à y passer une carte à jouer. Si le Tuyau est fort grand, on le liera en quelques endroits avec une bande de peau. On attachera par une goutte de soudure d'abord le côté où est la bouche, dont on égalisera bien les deux bouts; car il faut toujours commencer par-là. On mettra une autre attache de soudure un peu plus loin, ce que l'on continuera jusqu'à l'autre bout du Tuyau. On observera soigneusement en mettant les attaches, qu'un bord ne soit ni plus ni moins élevé que l'autre; qu'ils soient approchés par-tout également à l'épaisseur d'une carte près, je le répete encore; on garnira de soudure tous les intervalles entre les attaches. A cet effet, si le Tuyau est grand, on fera dégoutter du lingot avec le fer chaud, des gouttes de soudure sur le blanc à côté & bien près de la rigole. (Si on les faisoit dégoutter dans la rigole même, ces gouttes seroient fort sujettes à percer le Tuyau.) Ensuite avec le fer on refondra & on raménera ces gouttes dans la rigole, faisant ensorte qu'elle soit bien pleine d'un bout à l'autre. En cet état, le Tuyau paroît soudé; mais il ne l'est ni proprement ni solidement. Le tout étant froid, on repassera le suif le long de la soudure. On prendra un gros fer (si le Tuyau est grand) bien chaud & bien étamé, mais jamais au bout; on y fera toucher le suif, & on le passera d'un bout à l'autre. Voyez la *fig.* 10, *Pl.* 65, qui repréfente la très-petite pente que doit avoir le Tuyau lorsqu'on le soude, aussibien que la situation du fer, qu'on distingue encore mieux en la *fig.* 6. Plus le fer sera chaud, moins on donnera de pente; & moins il sera chaud, plus on en donnera. Mais la différence entre ce plus ou moins de pente est très peu considérable; elle ne se fait que pour rendre le petit cordon de soudure plus ou moins relevé. On soudera le pied du Tuyau de même. Relisez l'*art.* 916, *pag.* 334, où il s'agit de la soudure.

932. Le Tuyau étant soudé, on lavera le dedans & le dehors avec de l'eau bien chaude. Pour bien nettoyer le dedans, on attachera un gros morceau de linge au bout d'une tringle de bois, & l'ayant trempé dans l'eau chaude, on frottera le blanc du dedans jusqu'à ce qu'il n'y en ait plus du tout. On aura soin d'ôter par la même opération toutes les gouttes de blanc qui pourroient être tombées au-dedans du Tuyau lorsqu'on l'a blanchi. On frottera le dehors avec une petite brosse & l'eau chaude jusqu'à ce qu'il ne reste aucun vestige de blanc, & que la soudure soit bien nette. On lavera le tout avec d'autre eau nette. Le Tuyau étant ainsi bien lavé, on le frottera avec un linge sec; ou bien on le laissera sécher. Ensuite on le remettra sur le moule, on le frappera avec la batte jusqu'à ce

PLANCHE 66.

PLANCHE 65.

PLANCHE 72.

qu'il foit bien rond , & qu'en y paffant la main en tout fens , tout à l'entour &
d'un bout à l'autre , on n'y fente aucune côte , ni aucun autre défaut.

933. Il s'agit de relever l'écuffon tant au corps qu'au pied ; à cet effet, on
mettra le Tuyau fur le moule , en forte que celui-ci ne parvienne en-dedans que
jufqu'auprès de l'écuffon : on prendra un petit moule de Tuyau d'environ un
pouce de diametre , ou bien un morceau de bois cylindrique bien dur & bien
uni , avec lequel on relevera peu-à-peu l'écuffon dans fa partie circulaire , ménageant avec précaution la matiere , de peur qu'elle ne fe fende. On relevera

PLANCHE 68.

d'abord le commencement *a c b* , (*fig.* 2, *Pl.* 68 ,) de ce qui doit être relevé. Si
c'eft un Tuyau de 8 pieds , on prendra un pouce de matiere au milieu *a* , afin que
l'écuffon ait un pouce de faillie. Si c'eft un Tuyau de 16 pieds , on en relevera l'écuffon d'un pouce & demi , &c. Cette opération doit fe faire partie en frappant en-
deffous avec le morceau de bois , partie en frottant avec effort en-dedans. On
relevera l'écuffon d'abord à fa naiffance , & on viendra petit-à-petit à l'extrémité *b* , *fig.* 3 , qui repréfente en perfpective un écuffon déja relevé. Il y a deux
manieres de relever un écuffon , l'une quarrée *fig.* 5 , qui repréfente en profil
géométral la coupe d'un Tuyau. On y voit en *d* & en *f* , comment l'écuffon eft
relevé quarrément. L'autre maniere de relever un écuffon eft en arrondiffant ,
comme au Tuyau *fig.* 7, *Pl.* 67. On voit en *g* & *h* cet arrondiffement. Cha-

PLANCHE 67.

cun choifira la maniere qui fera le plus de fon goût.

934. La piece d'étain qu'on tire de la grande échancrure de la bouche pour
faire l'ouverture de l'écuffon , devroit naturellement fervir à la fermer pour lui
former la levre fupérieure ; mais elle eft ordinairement un peu courte & trop
mince ; ainfi on doit en faire une autre plus forte & un peu plus longue , afin
que le Tuyau ne rifque pas d'être trop égueulé. Il faut prévoir fi le Tuyau qu'on
embouche doit parler en groffe taille , ou en menue ou médiocre taille. Pour
la groffe taille , la bouche doit être plus baffe que le cinquieme de fa largeur , &
d'autant plus baffe que l'on s'écarte davantage du ton naturel de la taille du
Tuyau. S'il doit parler en menue taille , la bouche doit être un peu plus haute.
S'il doit refter dans la taille médiocre & naturelle , la bouche aura le cinquieme
de fa largeur. Car la hauteur de la bouche d'un Tuyau eft plutôt relative à la
hauteur du Tuyau, qu'à la largeur de fa bouche , comme je le dirai ailleurs. Du
refte cette nouvelle piece de l'écuffon doit être parfaitement égale à celle qu'on
a ôtée , & précifément de la même forme , comme on le voit en la fig. 6. On
la ployera à fon extrêmité fupérieure , comme on peut le remarquer en la fig.
7. Cette levre fupérieure fervira de calibre pour l'écuffon. A méfure qu'on le
relevera , on y préfentera cette piece , qui doit lui donner la forme & le contour. On y retouchera jufqu'à ce que la piece y joigne bien par-tout fans rien
couper , ni à la piece ni au Tuyau.

Il y a deux manieres d'ajufter la levre fupérieure fur l'écuffon. L'une confifte
à faire enforte que la jointure fe trouve entiérement fur le derriere de la levre

tout

tout à l'entour; & l'autre eſt que la jointure ſe trouve ſur l'angle, c'eſt-à-dire, que l'on peut en voir la ſoudure ſur le devant autour de la levre. Cette ſeconde méthode eſt plus commode pour ſouder l'écuſſon ; mais elle n'eſt pas tout-à-fait auſſi propre que l'autre, qui eſt plus difficile à pratiquer.

935. L'écuſſon étant relevé & bien ajuſté, on en blanchira l'intérieur, auſſi-bien que le bord extérieur. On blanchira de même les bords intérieur & exté-rieur de la levre ſupérieure. Le blanc étant bien ſec, on grattera toute la partie de l'une & de l'autre piece qui doivent ſe toucher enſemble, & s'appliquer l'une contre l'autre. On grattera encore le champ de toute la partie circulaire, y faiſant un petit chanfrein. Aux côtés de l'écuſſon & de la levre, on fera auſſi un chanfrein à l'ordinaire. On paſſera le ſuif, & on ſoudera la levre contre l'é-cuſſon. On ſoudera facilement les côtés de l'écuſſon ; mais pour la partie circu-laire, on fera tourner le Tuyau en le ſoudant, afin que la partie où ſe trouvera le fer à ſouder ſoit toujours dans une ſituation commode. Si l'on ne réuſſiſſoit pas bien à faire cette ſoudure propre, il faudroit la réparer avec une petite rappe ou lime, & finir avec un petit bruniſſoir, enſorte que la ſoudure faſſe un cordon comme les autres ſoudures ordinaires.

936. On relevera également la partie de l'écuſſon qui ſe trouve ſur le pied. Voyez la fig. 15, *Pl. 65*, qui repréſente un pied de Tuyau dont l'écuſſon n'eſt PLANCHE 65. pas encore relevé. Il paroît relevé dans la fig. 14. On fera exprès la levre infé-rieure (*fig.* 18 & 19,) pour l'y appliquer. Il eſt néceſſaire qu'elle ſoit forte. On fera enſorte, qu'étant appliquée ſur ſa place, étant ployée & bien ajuſtée, elle faſſe un plan droit avec la levre ſupérieure, comme on le voit *fig.* 7, *Pl.* 68; PLANCHE 68. ce qui doit s'entendre de toute la partie de ces deux levres qui n'eſt pas ployée. On ſoudera cette levre inférieure ſur ſa place. Voyez la *fig.* 13, *Pl. 65*, où la PLANCHE 65. levre paroît ſoudée & le biſeau poſé. On lavera enſuite avec l'eau chaude les deux écuſſons en-dedans & en-dehors.

937. On fera le biſeau qui doit être de pur plomb. Voyez la fig. 39. *Pl. 5*, qui repréſente le moule pour faire les biſeaux. La fig. 40, fait voir le profil de PLANCHE 5. ce moule. Voyez l'art. 90, *pag.* 22, où j'ai expliqué la conſtruction de ce moule. On donnera au biſeau que l'on veut faire, pour ſon épaiſſeur, environ le tiers de la hauteur de la bouche. Voyez la fig. 11, *Pl. 65*, qui repréſente le profil d'un biſeau, pour un Tuyau de 5 pouces de diametre. Remarquez le talut *a b*, PLANCHE 65. qui ne va pas tout-à-fait juſqu'à vive-arête en *b*, où il reſte un très-petit quarré. La pente de ce talut doit faire un angle d'environ 60 degrés. Lorſqu'on aura fondu la lame de plomb dans le moule des biſeaux plus épaiſſe qu'il ne faut, on la forgera à l'ordinaire. On la rabotera avec le rabot de fer deſſous & deſſus. Voyez la fig. 20. *Pl. 4*, qui repréſente ce rabot de fer. Voyez l'explication de PLANCHE 4. cette fig. *art.* 72, *pag.* 18. Lorſqu'on aura bien dreſſé & bien uni tout le biſeau, on fera le talut, qui doit être bien droit, bien dégauchi & coupé vivement. On le coupera de la grandeur du pied, enſorte qu'il puiſſe y entrer juſte. On y fera

ORGUES. II. Part.   S s s s

un gros chanfrein en-deſſus tout-à-l'entour juſqu'aux deux bouts du talut. On voit au bout *d* du profil, *fig.* 11. *Pl.* 65, ce chanfrein. Le plan géométral du biſeau eſt repréſenté en la fig. 16, & en perſpeƈtive, *fig.* 17.

938. On blanchira le deſſus du biſeau tout-à-l'entour, auſſi-bien que les deux bouts du talut. On blanchira auſſi le dehors & le dedans du bord ſupérieur du pied tout-à-l'entour juſqu'au commencement de l'écuſſon. Quand le blanc ſera bien ſec. On grattera tout le chanfrein qui ſera deſſus & tout-à-l'entour du biſeau, & après y avoir paſſé du ſuif, on l'étamera. On grattera le deſſus de l'é-paiſſeur du pied. On paſſera du ſuif ſur tout ce qui ſera gratté. On aura une bande de papier, qui ſoit aſſez large pour couvrir une bonne partie de la groſſeur ſu-périeure du pied. On appliquera, *fig.* 12, ce papier *f g*, au-deſſus du pied, en-ſorte qu'il y ſoit bien tendu : on mettra le biſeau ſur le papier, & on l'attachera en quelques endroits par deux ou trois gouttes de ſoudure ; on ôtera le papier, & on ſoudera le biſeau tout-à-l'entour. On prendra garde qu'il n'entre point de ſoudure dans la lumiere. Si le biſeau étoit grand & peſant, au-lieu de papier on pourroit ſe ſervir de parchemin.

Il y a des Ouvriers qui ne ſe ſervent ni de papier ni de parchemin pour po-ſer un biſeau. Après l'avoir étamé, ils le poſent à plat ſur une planche unie, enſorte qu'il y joigne bien. Ils y font tenir 3 ou 4 gouttes de ſoudure en quel-ques endroits ſur le bord. Ces gouttes qui ſont un peu ſaillantes, forment comme de petites oreilles, qui retiennent le biſeau ſur le pied ſans qu'il y enfonce. On emporte ces oreilles lorſqu'on ſoude le biſeau tout-à-l'entour. Cette mé-thode paroît la meilleure pour les grands biſeaux.

939. On obſervera, 1°. Que le biſeau doit être d'une épaiſſeur égale d'un bout à l'autre ſur le devant où eſt le talut ; mais d'avant en arriere il doit aller en di-minuant ; ce qui rend le Tuyau plus facile à monter ; d'ailleurs ce ſeroit une épaiſſeur de matiere & une peſanteur inutile, s'il étoit également épais dans toute ſon étendue. 2°. On étame tout le chanfrein des gros biſeaux, afin de le ſou-der avec plus de facilité. Sans cette précaution, comme il faut une grande cha-leur pour faire prendre la ſoudure ſur une piece de plomb conſidérable par ſa maſſe, on riſqueroit de fondre l'étain en ſoudant le biſeau. 3°. On ſe ſert du pa-pier ou du parchemin, ou enfin de l'expédient énoncé dans l'article précédent, pour ſouder le biſeau ſur le pied, afin de le ſoutenir à la hauteur convenable. Sans cela on ne pourroit pas le tenir à ſa vraie place. Il tomberoit dans le pied. 4°. Lorſqu'on met ce papier ſur le pied, on fait enſorte de ne pas couvrir la lu-miere. 5°. Le deſſous du biſeau doit preſque affleurer le deſſus de la levre infé-rieure. 6°. Avant de mettre le biſeau en place, on paſſera le rabot de fer, ou la varlope-onglet ſur tout le deſſus du pied auſſi-bien que ſur le champ de la levre inférieure, qui doit être bien droite ainſi que le deſſus du pied, bien dreſſé & bien dégauchi, enſorte que ſi on poſoit le deſſus du pied ſur une table bien dreſſée, il touchât par-tout ſans faire le moindre vuide. 7°. On fera ſur-tout

une attention particuliere en posant le biseau, à bien former la lumiere, afin qu'elle soit bien égale d'un bout à l'autre en tout sens, & que le biseau ne soit pas plus enfoncé à un bout qu'à l'autre. 8°. A l'égard de la largeur de la lumiere, on la donne selon la grandeur du Tuyau. Si c'est un Tuyau de 16 pieds, la lumiere aura une ligne de large; pour un 8 pieds, trois quarts de ligne suffiront. Pour de plus petits Tuyaux, une demi-ligne sera convenable. Mais lorsque l'on construit le Tuyau, il est mieux de faire la lumiere plutôt un peu plus large qu'il ne faut, que plus étroite, parce qu'il est plus facile de la rétrécir que de l'élargir.

940. Le biseau étant exactement soudé tout-à-l'entour, on présentera le pied au corps. Il faut que le corps soit exactement de la même grosseur & de la même rondeur que le pied. On passera le rabot de fer au bout du corps du Tuyau, afin que celui-ci joigne bien sur le pied. Lorsqu'on les aura bien ajustés ensemble, on blanchira le bord du bout supérieur du pied tout-à-l'entour & le bout du corps également tout-à-l'entour, en-dedans & en-dehors. Lorsque le blanc sera bien sec, on grattera sur l'arête en dehors du bout supérieur du pied, aussi-bien que la partie où doit porter le corps du Tuyau; on fera un chanfrein tout-à-l'entour jusqu'à la bouche. On grattera le champ du bout du corps, & on fera un chanfrein tout-à-l'entour en dehors; on frottera de suif l'un & l'autre chanfrein. En cet état tout sera prêt pour monter le Tuyau.

941. Pour le faire, on assemblera le pied avec le corps, ensorte que les côtés de la bouche du corps se rencontrent exactement avec les deux bouts de la lumiere, & que les deux portions de l'écusson se regardent bien sans gauchir. Alors tandis qu'un Ouvrier tiendra les deux pieces du Tuyau assemblées, & la bouche tournée un peu de côté, un autre Ouvrier mettra une attache par une goutte de soudure. Le premier Ouvrier tournera un peu la bouche du côté opposé, & l'autre Ouvrier appliquera une autre attache. Enfin le premier Ouvrier tournera le Tuyau, la bouche en dessous & l'autre Ouvrier mettra une autre attache sur le derriere du Tuyau. Le premier Ouvrier alors garnira de soudure tout le pourtour du Tuyau. Lorsqu'il sera refroidi, on passera le suif, & avec un fer assez chaud, on soudera faisant tourner le Tuyau à mesure que le fer fondra la soudure. Pour faire cette soudure aussi propre que les soudures droites, tout consiste à tenir le fer appliqué contre la jointure, en sorte que celle-ci se trouve toujours avoir la même pente que si l'on soudoit droit, & de maintenir cette même pente en tournant le Tuyau à propos; car si l'on tourne plus vîte que le fer ne fond la soudure, on fera celle-ci inégale. Elle sera de même inégale, si l'on tourne le Tuyau plus lentement que la soudure ne fond. Un peu d'expérience & de pratique en enseigneront plus là-dessus que les plus longues explications.

942. Le Tuyau étant fini, on le lavera avec l'eau chaude pour en ôter le blanc. Pour lui redonner tout son lustre, on le remettra sur le moule, on le

frottera avec du blanc d'Espagne en pâte & un linge : on y en passera ensuite en poudre seche, la changeant plusieurs fois. On le fera devenir ainsi fort brillant, & même plus blanc qu'il ne l'étoit lorsqu'on l'a bruni.

943. Comme tous les Facteurs ne font pas tous les Tuyaux d'une Montre à écussons, il faut indiquer ici la maniere de les construire sans écusson ; car le plus ordinairement on fait de cette sorte ceux des plattes-faces. Voyez la forme des Tuyaux de cette espece, *fig. 9*, *Pl. 68.* où on en a représenté un géomé-

PLANCHE 68.

tralement vu de face. La fig. 10, le représente vu de côté. La fig. 11, représente le même Tuyau développé, qui n'est pas dans toute sa hauteur, faute de place. On coupera à l'équerre le bout *C D*, du Tuyau *A B C D*. On marquera à l'ordinaire le quart de la largeur du Tuyau par deux points *a* & *b* au milieu. On tirera une perpendiculaire sur le point *a*, & une autre sur le point *b*. On divisera en 5 parties l'espace *a b*, & on portera cette cinquieme partie de *a* en *h* & de *b* en *g*, sur les deux perpendiculaires. On tirera une ligne de *h* à *g* ; ce sera la hauteur de la bouche. On se servira de l'instrument appellé *calibre des bouches pour*

PLANCHE 5.

les Tuyaux de Montre, *fig. 42*, *Pl. 5.* Voyez l'art. 92, *pag.* 23. Avant de faire tous ces traits, on tournera la face polie du Tuyau en-dessous, qu'on posera sur une piece de peau blanche. On appliquera la base du calibre (le rebord en-

PLANCHE 68.

dessous) contre le bout *C D* (*fig. 11*, *Pl. 68*,) du Tuyau, ensorte que son côté touche le point *h*, & on tirera la ligne *f h*, le long du côté du calibre. On le poussera ensuite, ensorte que son côté opposé touche le point *g*, & on tirera la ligne *f g*, le long du calibre. Les deux lignes *f h* & *f g*, étant marquées, on tracera bien fort avec une espece de lame d'acier qui ne coupe point ces deux mêmes lignes, qui se trouveront relevées sur la face polie du Tuyau. On coupera proprement la bouche sur la ligne *h g*, si le Tuyau doit parler à son ton naturel suivant sa taille, & on séparera entiérement le morceau *a h g b*. Voyez l'art. 934, *pag.* 342 au sujet de la hauteur de la bouche.

944. Pour le pied du Tuyau, on s'y prendra, comme on aura fait pour le Tuyau en écusson, *art. 926, p.* 338. On posera le pied, le côté poli en-dessous, sur un morceau de peau, & on imprimera bien fort le demi-cercle *a m d*, dont on posera le centre en *n*. On aura à cet effet un compas dont une pointe sera émoussée, arrondie & polie. L'autre pointe qui doit être pointue à l'ordinaire, sera posée dans un centre de cuivre ou de fer au bout d'une lame, que l'on affermira, au moyen d'un valet, au milieu de la levre inférieure.

945. On arrondira le Tuyau sur un moule à l'ordinaire ; mais on fera attention de ne pas applatir ou effacer les lignes relevées qu'on a imprimées aux côtés de la levre supérieure & à la levre inférieure. On soudera le corps du Tuyau & le pied aussi ; & après les avoir repassés sur le moule, on applatira. & on rendra bien platte la levre supérieure de la bouche entre les deux lignes. Cette opération se fera aisément au moyen d'un morceau de forte planche de bois bien dressée. On la coupera en un bout aux deux côtés pour qu'elle se

termine

termine en pointe du même angle que celui du calibre des bouches. Cette Planche fe nomme *le moule des bouches.* On l'arrête fur l'établi, en forte que la pointe en eft dehors. On introduira ce moule dans le Tuyau, & c'eft fur lui qu'on applatira la bouche en la frottant par-deffus avec un petit bruniffoir pour ne pas gâter le poli. On ufera du même expédient pour applatir la levre inférieure; mais ce fera fur un moule qui fera coupé en demi-rond. On montera enfuite le Tuyau avec toutes les précautions & les foins que j'ai indiqués dans les Articles précédents.

946. Je crois que je ferai plaifir aux Ouvriers en donnant ici une idée d'une Montre d'Orgue que j'ai vue: c'eft de l'Orgue de la Cathédrale de Beziers en Languedoc dont je parle. Elle fut faite en 1623, par le Sieur Poncher, Facteur d'Orgues Flamand. Les Tuyaux de cette Montre, quoique conftruits depuis 147 ans, fe font confervés en bon état & dans toute leur blancheur. Ils font auffi éclatants que s'ils fortoient actuellement de la main de l'Ouvrier. Les plus grands Tuyaux, qui compofent la baffe du 16 pieds, parlent auffi fort & auffi diftinctement qu'une baffe de 8 pieds ordinaire. Voici ce qu'ils ont de plus remarquable. Ils m'ont paru d'abord extraordinairement étoffés & fi fortement attachés par le haut, qu'on ne les a jamais ôtés de leur place. Les bouts inférieurs de leurs pieds font plus gros qu'on ne les fait communément. Lorfqu'on a conftruit le Tuyau, on a foudé aux deux côtés de la bouche *c*, *fig.* 8, *Pl.* 76, un morceau de plaque d'étain, qui peut avoir environ deux pouces de largeur, fur près de 3 lignes d'épaiffeur. Cette piece eft foudée à plat & ornée d'une moulure aux quatre bords. On a rapporté tout le long du bord fupérieur de la levre inférieure une forte moulure horifontale *g*, ou *h n*, *fig.* 9, en forme de petite corniche; elle a 7 à 8 lignes de largeur fur prefqu'autant d'épaiffeur ou de faillie. On fent bien que cette tringle d'étain étant ainfi bien foudée fortifie extrêmement cette levre. On a foudé également une autre forte moulure horifontale *f d*, *fig.* 8, ou *b d*, *fig.* 9, par-deffus & au travers de la levre fupérieure, à environ 18 lignes de fon bord inférieur. L'écuffon inférieur eft fait à l'ordinaire; mais le fupérieur a beaucoup plus de faillie, & a une forme *a b*, (*fig.* 8, vue en perfpective; ou *a b d fig.* 9, vue de face;) propre à fortifier davantage la bouche. Il eft évident qu'on ne peut exécuter cette efpece d'écuffon, que par des pieces rapportées & foudées. Les deux pieces des côtés & les deux tringles étant fort proprement rapportées & polies, contribuent à l'ornement du Tuyau, à le faire bien parler & à le rendre très-folide. Les plus grands Tuyaux de cette Montre font ainfi travaillés. Quelques-uns des fuivants ont les 4 pieces rapportées; mais leurs écuffons font figurés comme on les fait préfentement. La fig. 11, les repréfente ainfi. Les Tuyaux qui fuivent ceux-ci, *fig.* 10, n'ont que la tringle de la levre inférieure avec les deux pieces des côtés, & n'en ont point à la levre fupérieure.

Ce qui furprend dans tous ces Tuyaux, c'eft leur blancheur & leur brillant

PLANCHE
76.

qui se maintiennent depuis si long-temps sans altération. On prétend que c'est l'effet d'un vernis qu'on y appliqua lorsqu'on les construisit. Ce qui peut donner une espece de certitude à cette opinion est, qu'il y a dans cette Montre plusieurs Tuyaux vernis en couleur d'or, laquelle imite encore assez bien la vraie dorure. Cela fait raisonnablement présumer qu'on appliqua de même un vernis blanc aux autres Tuyaux.

Je ne prétends pas, en décrivant ces beaux Tuyaux, porter les Facteurs à imiter en tout cet Ouvrage, dont le goût, quoique riche, n'est pas en usage aujourd'hui; mais leur faire entendre seulement, combien il est important de bien étoffer les Tuyaux; combien il est nécessaire que les deux levres soient fortes, & enfin que ce seroit une chose avantageuse de vernir les Tuyaux, pour rendre leur blancheur & leur brillant plus durables.

On peut composer ce vernis de la maniere suivante. On pilera bien fin la quantité qu'on voudra de gomme-laque en grain : on la mettra dans une bouteille avec le double pesant de bon esprit-de-vin, dans lequel on la laissera infuser pendant quelques jours, la remuant bien de temps-en-temps. On jettera cette infusion dans un plat presque plein d'eau tiede, dans laquelle on la remuera bien. La gomme déposera alors dans cette eau sa couleur rougeâtre ou brune; car toute cette opération ne se fait que pour blanchir la gomme. On versera tout doucement cette eau, & on fera sécher très-parfaitement la gomme; cela est essentiel. Lorsqu'elle n'aura plus la moindre humidité, on la pilera avec grand soin, & on la passera par un tamis de soie bien fin. On la mettra dans un matras avec trois fois autant pesant du meilleur esprit-de-vin. Il faut que le matras soit deux fois au moins plus grand qu'il ne faut. On le coëffera avec un morceau de vessie bien ramolie dans l'eau; on la liera avec une ficelle, & on y fera un petit trou avec une épingle qu'on y laissera. On agitera bien le matras, afin que la gomme-laque ne reste pas en maniere de gâteau. On laissera infuser la gomme pendant 24 heures, agitant le matras de temps-en-temps, & en ôtant l'épingle chaque fois; on la remettra tout de suite. Après ces 24 heures, on exposera le matras au Soleil, pendant 6 à 8 heures, ou même plus long-temps. Si l'on ne peut avoir du Soleil, ou qu'il fasse froid, on mettra le matras au bain marie ou au bain de sable sur un feu bien doux, pour imiter la chaleur du Soleil. On agitera souvent le matras en ôtant l'épingle à chaque fois. Le vernis étant ainsi assez cuit, on le laissera reposer pendant quelques jours; & lorsqu'il sera devenu bien clair, on le versera doucement dans une bouteille bien seche, qu'on tiendra exactement bouchée.

Pour vernir un Tuyau, il faut qu'il soit bien net & bien poli. On le fera chauffer bien également par-tout d'un bout à l'autre, en le promenant devant un feu suffisamment allongé, & en le faisant tourner sans le toucher avec les mains. On sent bien que lorsqu'un Tuyau est fort grand, il faut user de bien des expédients pour le tenir & le manier sans risquer de le gâter. On en imagi-

nera affez fans qu'il foit néceffaire que je les indique. Lorfque le Tuyau fera
parvenu à un degré de chaleur confidérable, mais cependant qu'on puiffe le
fupporter très-aifément en le touchant avec le deffus de la main, on y paffera le
vernis avec le plus grand pinceau qu'on pourra trouver. On pourroit même fe
fervir de grandes vergettes à vergetter les habits, lefquelles feroient à poil long.
Plus le pinceau fera grand, plus uniment & plus également on pourra appliquer le vernis. Il eft au refte néceffaire que le Tuyau foit chaud lorfqu'on y paffe
le vernis, afin qu'il refte brillant. Sans cela fon luftre feroit terni, & il deviendroit mat.

Si l'on veut vernir quelques Tuyaux en couleur d'or, on préparera le vernis
de la maniere fuivante. Prenez 6 onces de gomme-laque en grain que vous pi-
lerez très-fin, & que vous pafferez au tamis de foie : une once gomme-gutte
concaffée : demi-once fang-de-dragon concaffé : un gros fafran-Gâtinois : demi-
once aloës-hépatique concaffé : demi-once rocourt concaffé : deux gros fandarac :
deux onces terre-mérite rouge bien pilée. On mettra toutes ces drogues avec
une livre & demie du meilleur efprit-de-vin dans un matras au double plus grand
qu'il ne faut. On le coëffera comme ci-deffus. On fera cuire le tout de même
& avec les mêmes circonftances. Quand le vernis fera bien repofé pendant
quelques jours, & qu'il fera bien clair, on le vuidera doucement dans une
bouteille, prenant bien garde de n'y mettre rien de trouble. On appliquera ce
vernis comme l'autre fur le Tuyau bien luftré, bien poli & fuffifamment chaud.
On fera fort prudemment de faire des effais pour l'application de ces deux vernis, pour fe mettre bien au fait avant de vernir les Tuyaux. Lorfque le temps
fera fec & chaud, on réuffira beaucoup mieux à appliquer le vernis. Celui que
je viens de décrire pour vernir en couleur d'or, fera bien plus beau fi l'on blanchit la gomme-laque, comme je l'ai expliqué dans la manipulation du premier
vernis.

947. Comme il eft effentiel de donner l'épaiffeur convenable aux Tuyaux
d'une Montre, & que je ne crois pas qu'on puiffe détailler cette épaiffeur, autrement qu'en indiquant à-peu-près le poids de chaque Tuyau, je donnerai à
cet effet la Table fuivante, qui fera encore utile pour juger de la quantité d'é-
tain néceffaire pour faire une Montre.

C *fol ut* de 32 pieds doit pefer 640 livres		g^x	240 livres
c^x	560	a	220
d	490	b^b	200
e^b	430	b	180
e	380	c de 16 pieds, ...	160
f de 24 pieds.	340	e^x	145
f^x	300	d	130
g	270	e^b	115

e du 16 pieds doit peſer .	100	*a*	14 livres	
f de 12 pieds, ...	85	*b*♭	13	
f♯	75	*b*	12	
g	65	*c* de 4 pieds , . . .	11	
g♯	55	*c*♯	10	
a	45	*d*	9	
b♭	38	*e*♭	8 l. 8 on.	
b	34	*e*	8	
c de 8 pieds , ...	30	*f* de 3 pieds , . . .	7 8 on.	
c♯	27	*f*♯	7	
d	24	*g*	6 8 on.	
e♭	21	*g*♯	6	
e	19	*a*	5 8 on.	
f de 6 pieds.	18	*b*♭	5	
f♯	17	*b*	4 8 on.	
g	16	*c* de 2 pieds , . . .	4	
g♯	15			

Les poids de tous ces Tuyaux ne font que des à-peu-près. Ils varient
felon que leurs pieds font plus ou moins hauts. Il faut augmenter le poids
d'un Tuyau, fi le corps a une plus grande hauteur que le diapafon ne porte ,
comme il arrive fouvent à des Tuyaux de Montre.

CHAPITRE HUITIEME.

Maniere de conſtruire les Tuyaux d'Etain & d'Etoffe de l'intérieur de l'Orgue.

LEs Tuyaux dont il s'agit dans ce Chapitre, font ceux que l'on pofe dans
l'intérieur de l'Orgue , foit Jeux à bouche , ou Jeux d'Anche. Je le diviferai
donc en deux Sections. J'expliquerai dans la premiere comment on fait les
Jeux à bouche ; & dans la feconde , je détaillerai la conſtruction des Jeux
d'Anche.

SECTION PREMIERE.

Conſtruction des Tuyaux à bouche.

948. IL eſt d'ufage en France de faire généralement tous les pieds des
Tuyaux de l'intérieur de l'Orgue en étoffe , auffi-bien que certains Jeux.
Voyez ce qu'il faut penfer de cette coutume , *art.* 157 , *pag.* 43. Je décrirai
cependant

cependant comment on travaille l'étoffe & l'étain. Je commencerai par expliquer comment on s'y prend pour faire une doublette. Lorsqu'on aura entendu la construction de ce Jeu, il sera aisé de faire l'application de toutes les opérations à tous les autres Jeux dont le corps du Tuyau sera cylindrique.

Les corps des Tuyaux de ce Jeu se font toujours en étain. On en choisira donc une table dont l'épaisseur soit convenable. Les plus grands Tuyaux doivent être bien plus épais que les petits. L'étain doit être forgé, bien uni, & égal d'épaisseur. Il faut toujours éviter les inégalités d'épaisseur de la matiere pour tous les Tuyaux de quelqu'espece qu'ils soient ; ils en parleront mieux. On taillera d'abord les plus grands Tuyaux : si la matiere se trouve trop épaisse pour la suite du Jeu & pour les petits Tuyaux, & qu'on n'ait point de tables plus minces, on rabotera avec le rabot à deux lumieres, la piece d'étain qui se trouvera trop forte. On la mettra ainsi à l'épaisseur convenable On observera de raboter la table du côté de l'envers, qu'on mettra toujours au-dedans du Tuyau. J'ai déja expliqué plus d'une fois, comment on prend la mesure de chaque Tuyau sur le diapason ; je ne crois pas devoir y revenir. On coupera l'étain à la regle avec le couteau à tailler à la main, *fig.* 22, *Pl.* 4. Pour couper les deux bouts du corps du Tuyau, on se servira de l'équerre, *fig.* 23. A mesure qu'on taillera les corps des Tuyaux, on les arrangera les uns sur les autres, comme on le voit en la fig. 7, *Pl.* 70.

PLANCHE 4.

PLANCHE 70.

949. Les pieds de tous les Tuyaux qui se posent sur le sommier doivent avoir la même hauteur, afin que le même faux-sommier les soutienne tous. On leur donnera 9 pouces de hauteur, s'il doit y avoir sur leur vent de grands Tuyaux, comme de 4 ou 5 pieds. Si les plus grands ne doivent avoir qu'environ 3 pieds ou un peu plus, on donnera 8 pouces à tous les pieds, ou même 7 pouces, si les plus grands Tuyaux ne sont que d'environ 2 pieds de hauteur. Il est fort ordinaire que les plus grands Tuyaux qu'on pose sur le sommier soient de 3 à 4 pieds ; on pourra donc s'en tenir à la hauteur de 8 pouces pour tous les pieds. Cela n'empêchera pas qu'on ne fasse plus hauts les pieds de ceux qui seront *postés* s'ils sont plus grands. On embouche mieux un grand Tuyau avec un pied plus long que plus court.

950. Pour tailler les pieds des Tuyaux, on coupera une bande d'étoffe *A B D C*, *fig.* 2, *Pl.* 70, dont la largeur *A B* fasse la hauteur qu'on veut donner aux pieds. On la rabotera, s'il le faut, du côté de l'envers, pour la mettre d'une épaisseur égale & convenable. Pour raboter l'étoffe, on se servira du rabot de fer, *fig.* 20, *Pl.* 4, & on tiendra toujours mouillée avec de l'eau toute la table d'étoffe. Sans cela les copeaux s'attacheroient ou contre la table, ou contre le rabot, & on gâteroit tout. On tirera à l'équerre par un bout la ligne *A B*, *fig.* 2, *Pl.* 70. On prendra la largeur du corps du premier Tuyau, qu'on marquera sur le bout de la bande d'étoffe en *a b*. On prendra le milieu *c* de cette largeur *a b*, qu'on portera de *B* en *d*, & on tirera la ligne

PLANCHE 4.

PLANCHE 70.

d c parallele à *A B*. On marquera fur le point *d*, la largeur qu'on veut donner au petit bout du pied. Je fuppofe que ce foit 16 lignes ; on marquera donc à 8 lignes de chaque côté de *d* les deux points *f*, *g*, à égale diftance de *d*. On ti-rera les deux lignes *a g* & *b f*, & on aura tracé le pied du premier Tuyau. Pour tracer le pied du fecond Tuyau, on fera de même que pour le premier , c'eft-à-dire , qu'on prendra fa largeur qu'on portera de *g* à *h*. On prendra la largeur *f g*, on la portera en *a i*, & on tirera la ligne *i h*. On continuera ainfi pour 4 ou 5 Tuyaux ; après lefquels on fera les mêmes opérations qu'au commence-ment , c'eft-à-dire , qu'après avoir pris la largeur du 5ᵉ. Tuyau qu'on aura mar-quée fur les points *D* , *n*, on en prendra le milieu *o*, & on tirera fur ce point *o* , la perpendiculaire *o p*. On marquera à chaque côté de *p* la moitié de la lar-geur du petit bout du pied, qu'on ne fera pas tout-à-fait auffi large que les qua-tre autres, parce que les Tuyaux ne feront pas auffi grands. On continuera ainfi pour 5 à 6 Tuyaux ; après lefquels on tracera une autre perpendiculaire ; à la fuite de laquelle on tracera 8 à 10 pieds , en prenant la mefure de chacun fur leurs corps refpeétifs , jufqu'à ce qu'on ait fini de tracer les pieds du Jeu entier. On les coupera tous , & on les arrangera comme on le voit en la fig. 1. On fera en forte que les pieds des petits Tuyaux foient moins épais que ceux des grands. On rabotera la matiere, s'il le faut.

951. Les corps & les pieds étant tous taillés, on dreffera les corps *F G* , *fig.* 4 , avec le rabot de fer. A cet effet, on les mettra fur une regle à dreffer *A B* d'une telle épaiffeur que le Tuyau étant pofé par-deffus, il fe rencontre au mi-lieu du fer du rabot *C D*. On tiendra d'une main le Tuyau fur la regle , & on fera couler le rabot d'un bout à l'autre étant appuyé fur la table. On dreffera ainfi tous les corps des Tuyaux aux deux bords. On fera de même à un côté des pieds. On mettra enfuite ceux-ci dans le trace-pieds, *fig.* 5. On les avancera, ou on les éloignera du centre *G* , jufqu'à ce que les deux côtés touchent d'un bout à l'autre aux deux regles *F G* & *H G*. Alors avec un compas, dont on po-fera une pointe fur le centre *G* , on tracera avec l'autre la courbe *M N* , auffi-bien que celle du petit bout *f*. Il y a des Faéteurs qui , au lieu d'un trace-pieds , fe fervent de leur pied-de-Roi ordinaire *L P R* , *fig.* 8 , au centre duquel ils ont donné un coup de pointeau ; cela revient au même. On préfentera enfuite cha-que pied à fon corps refpeétif, (*Voyez la fig. 9.*) en faifant rouler la courbe contre le bout du Tuyau, & on retranchera avec le rabot tout ce que le pied aura de plus en largeur. Il eft effentiel que la ligne courbe du pied foit exaéte-ment de la même longueur que la ligne droite du bout du corps.

952. Pour marquer la bouche à chaque Tuyau, on en mettra le corps *P Q S R* , *fig.* 6 , fur le trace-bouches, enforte que le côté *Q S* touche tout le long de la regle *T V*, & on l'avancera jufqu'à ce que l'angle *P* touche à la re-gle *X Z* ; alors on marquera avec une pointe les deux points *t* & *i*, fur les deux lignes tracées au milieu du trace-bouches. On mettra ce corps de Tuyau avec

son pied, *fig. 9*, *Pl.* 70, enforte que l'un corresponde parfaitement avec l'autre. On appliquera fur un des points de la bouche la regle, *fig. 26*, *Pl.* 4, parallélement aux bords du corps du Tuyau, & on tracera fortement fur l'une & l'autre piece la ligne *p q* : on en fera autant fur l'autre point de la bouche. Ces opérations de marquer les bouches & de les tracer fur le pied & fur le corps enfemble, doivent fe faire toujours fur l'envers; afin que ces traits fe trouvent toujours au-dedans du Tuyau.

PLANCHE 70.
PLANCHE 4.

953. Lorfqu'on aura ainfi tracé toutes les bouches, on les coupera (*Voyez la fig. 10,*) foit à coups de cifeau, ou avec le couteau à tailler. J'ai dit ailleurs plufieurs fois, que la hauteur de la bouche devoit être la cinquieme partie de fa largeur pour les Tuyaux ouverts & le quart pour les Tuyaux bouchés. Cette regle eft affez générale lorfque les Tuyaux font d'une taille médiocre, comme le font tous les Jeux de fond. Mais lorfqu'ils font de groffe taille, comme les Nafards, les Tierces, les Cornets, les Jeux de Pédale, ils feroient trop égueulés fi la bouche avoit cette proportion. A ceux-ci, on ne donnera que la fixieme partie de la largeur de la bouche pour fa hauteur. En général, on ne rifquera rien de tailler les bouches un peu baffes; parce qu'on pourra égueuler un peu plus les Tuyaux en les faifant parler, comme nous le dirons dans la fuite. La hauteur des bouches eft plutôt relative à celle du Tuyau, qu'à la largeur de fa bouche.

PLANCHE 70.

954. Toutes les bouches étant coupées, on roulera les Tuyaux auffi-bien que les pieds. Cette opération doit fe faire avec grand foin, fi l'on veut faire de belles foudures, comme je l'ai dit *art.* 927, *pag.* 338. On prendra garde que les deux bords qu'on doit fouder enfemble ne faffent point un *dos-d'âne* quand ils feront joints. Ils ne doivent pas non plus être applatis; mais on leur fera bien fuivre la rondeur du Tuyau. On les laiffera entr'ouverts fuffifamment pour pouvoir les gratter commodément. A mefure qu'on les arrondira, on les arrangera comme on le voit en *M*, *fig.* 3. Remarquez auffi en *N*, comment on arrange les pieds à mefure qu'on les roule. On fe fervira des moules de différente groffeur & d'une petite *batte* proportionnée. Tous les pieds & les corps étant arrondis, on les blanchira comme je l'ai décrit, *art.* 928, *pag.* 339. On doit toujours blanchir l'étain en-dedans & en-dehors : & l'étoffe en-dehors feulement. C'eft une regle générale.

955. Le blanc étant bien fec, on foudera les corps & les pieds, comme je l'ai enfeigné, *art.* 931, *pag.* 340. Quand les Tuyaux font petits, ou qu'ils n'ont que 2 ou 3 pieds, on les tient à la main pour les fouder. *Voyez la fig.* 3. On obfervera de faire aux petits Tuyaux les foudures moins larges qu'aux grands, & de fe fervir pour l'étain de la foudure qui y foit propre, & pour l'étoffe de celle qui lui eft deftinée. Quand tous les corps des Tuyaux feront foudés auffi-bien que leurs pieds, on les lavera avec de l'eau chaude pour en ôter tout le blanc en dedans & en dehors. Lorfqu'ils feront bien fecs, on les repaffera fur le moule pour achever de les bien arrondir.

956. On applatira la levre supérieure & la levre inférieure, en paffant avec une force fuffifante, une lame de couteau en dedans, & appuyant en même-temps un peu en pente le dehors fur un morceau de bois plan & uni. C'eft une opération qui demande de l'attention. La belle forme du Tuyau en dépend. Les deux fortes lignes qui terminent la largeur de la bouche tant au corps qu'au pied, fervent beaucoup pour applatir la bouche comme il faut. On fera enfuite reprendre au Tuyau fa rondeur, à la bouche près, qui doit refter platte. On fera la même opération au pied entre les deux traits. On ajuftera le pied avec le corps pour qu'ils joignent bien, qu'ils conviennent parfaitement enfemble dans leur rondeur, & qu'étant mis l'un fur l'autre, le Tuyau foit bien droit. A cet effet, on paffera fur le rabot de fer les bouts du pied & du corps, pour qu'ils foient bien dreffés & unis. On fera une attention particuliere à bien dreffer le bord de la levre inférieure.

957. On fera le bifeau d'une épaiffeur convenable à la grandeur de chaque Tuyau. Cette épaiffeur doit être à-peu-près le tiers de la hauteur de la bouche lorfque le Tuyau fera égueulé comme il faut. On fondra de pur plomb dans le moule à bifeaux, de l'épaiffeur convenable. On coupera les bifeaux par bandes. On les forgera. On les rabotera deffus & deffous, enforte qu'ils foient minces fur le derriere & épais fur le devant; & après y avoir fait le talut comme il eft dit, *art.* 937, *pag.* 343. on les blanchira en-deffus feulement. Lorfque les Tuyaux font fort petits, les bifeaux fe feront en étoffe; parce qu'il ne feroit pas poffible de faire le talut affez vif fur du plomb auffi mince.

958. On préfentera le gros bout de chaque pied, *fig.* 11, fur la bande de plomb, *fig.* 13, pour déterminer la largeur de chaque bifeau que l'on marquera. On coupera le plomb à morceaux fur chaque trait par un coup de cifaille. Comme cet outil aura un peu tourmenté chaque bifeau, on le redreffera par un petit coup de batte. On blanchira le gros bout de chaque pied en-dedans & en-dehors s'il eft d'étain; on en fera autant au corps. On préfentera le bifeau fur le pied; & s'il doit être un peu grand, on le coupera en rond avec la cifaille; on y fera un chanfrein, comme il a été dit *art.* 938, *pag.* 344. & on le foudera en fa pla-ce, en fe fervant d'une bande de papier, fans étamer auparavant le bifeau, parce que cette opération n'eft néceffaire qu'à ceux qui font grands & forts. Si le bifeau eft petit, comme, par exemple, celui qu'il faut au fecond *C fol ut* de la doublette, on fe contentera de faire en trois endroits une échancrure au chan-frein, *fig.* 12, & on l'attachera par ces trois endroits fur le pied, *fig.* 14. On

coupera enfuite avec le couteau, *fig.* 44, *Pl.* 5, le refte du bifeau en rond & en chanfrein, & on le foudera. A l'égard des bifeaux qui font fort petits, on les laiffera beaucoup plus larges qu'il ne faut fur le derriere, afin de pouvoir les te-nir fans fe brûler, pour les attacher fur leur pied par deux gouttes de foudure; en-fuite on les coupera en rond à l'ordinaire. On fe fert toujours de la foudure d'étoffe pour fouder les bifeaux, même lorfqu'on les foude fur des pieds d'étain. On

ne

ne manquera pas de gratter le deſſus de la matiere du pied. Du reſte on obſervera pour bien placer le biſeau, ce qui eſt dit, *art.* 939, *pag.* 344.

959. Pour monter le Tuyau, on grattera le bout de l'épaiſſeur de la matiere
du corps, & on fera un petit chanfrein en dehórs tout-à-l'entour. On fera un
autre chanfrein en dehors & tout-à-l'entour du bout ſupérieur du pied ; mais
il ne faut pas toucher à la levre inférieure. On paſſera du ſuif aux chanfreins
du corps & du pied. On les mettra l'un ſur l'autre dans leur véritable ſituation,
appuyant le petit bout du pied contre la poitrine. On fera convenir enſemble
les deux lignes qui terminent la largeur de la bouche. On obſervera que le corps
& le pied n'avancent pas ſur le devant l'un plus que l'autre ; dans cet état,
tenant le Tuyau horizontalement, on arrêtera le tout enſemble par une goutte
de ſoudure à chaque côté. On bornoyera pour voir ſi le Tuyau eſt bien droit.
S'il ne l'étoit pas, on refondroit avec le fer une des attaches pour le redreſſer.
Quand on le reconnoîtra bien droit ſur le devant, on l'examinera ſur le derriere, & lorſqu'on l'aura mis bien droit, on l'arrêtera ſur le derriere par une
goutte de ſoudure. Enſuite on le ſoudera tout-à-l'entour avec la ſoudure à tourner, en faiſant tourner le Tuyau ſi à propos que cette ſoudure ſoit bien égale &
unie. On lavera le Tuyau, & il ſera fini. Lorſqu'on lavera les Tuyaux pour la
derniere fois, on les paſſera dans l'eau nette, après en avoir ôté le blanc par l'eau
chaude & lorſqu'ils ſeront ſecs, on les frottera avec un linge.

960. On taillera & on conſtruira de même tous les autres jeux à bouche,
qui ont le corps cylindrique. Il faudra s'y prendre autrement pour ceux dont le
corps eſt conique, comme les Tuyaux à fuſeau, *fig.* 122, *Pl.* 16 ; & pour ceux
qui ont leur corps en cône renverſé, comme ceux de la fig. 123. Il y a deux largeurs à prendre pour les Tuyaux à fuſeau; celle du bas du Tuyau, où l'on fait
la bouche, & celle du bout ſupérieur. Suppoſons qu'on veuille faire un Naſard
à fuſeau de menue taille. On remarquera d'abord les deux largeurs ſur le diapaſon des Naſards à fuſeau, *Pl.* 23. La ligne intitulée *Circonférence du bas des
Tuyaux de menue taille*, eſt celle qui donnera la meſure du bas du Tuyau où
l'on doit faire la bouche. L'autre ligne intitulée *Circonférence du haut des
Tuyaux de la menue taille* donnera les largeurs du bout ſupérieur. Lorſqu'on
aura ainſi tracé & coupé un Tuyau, on taillera ſon pied à l'ordinaire. On remarquera dans ce diapaſon, que la ligne des largeurs du haut des Tuyaux, n'eſt
marquée que par de petits traits qui coupent les perpendiculaires, pour éviter
la confuſion. On marquera & on tracera la bouche à ces Tuyaux ſur le trace-
bouches, & enſuite ſur les pieds comme aux Tuyaux ordinaires. On tracera la
courbe du bas du corps du Tuyau ſur le trace-pieds, s'il ſe peut. Autrement il
faudra en trouver le centre en prolongeant les lignes des deux côtés ſuffiſamment pour qu'elles ſe rencontrent ; leur point d'interſection ſera le centre de
la courbe, qui doit être exacte, afin de monterle Tuyau bien droit. A l'égard
des Tuyaux coniques dont le cône eſt renverſé, comme celui de la *fig.* 123,

ORGUES. II. Part. X x x x

PLANCHE
16.

PLANCHE
23.

Pl. 16, lifez l'art. 260, *pag.* 75. J'y ajoute feulement qu'on tracera fa courbe fupérieure au moyen du trace-pieds s'il peut y aller, auffi-bien que fa courbe inférieure, qu'il eft effentiel de tracer exactement pour monter le Tuyau bien droit. Cette courbe fe trouvera rentrante ou concave. On y marquera la bouche fur le trace-bouches, & on taillera le pied à l'ordinaire.

961. Il y a des Tuyaux à boucher. Pour cela, on choifira une bande de matiere plus épaiffe que celle du Tuyau ; on fera un quarré par quatre traits fur cette bande, qui comprenne la groffeur de chaque bout fupérieur du Tuyau, qu'on y préfentera à cet effet, & on coupera fur ces traits la matiere en quarré. On blanchira les bords du deffus de ce quarré auffi-bien que le bord du bout fupérieur du Tuyau. On attachera ce quarré par quatre gouttes de foudure fur le Tuyau. On coupera en rond & en chanfrein le quarré tout-à-l'entour du Tuyau, & on le foudera exactement. On obfervera que les Tuyaux bouchés doivent être exactement bouchés, fans quoi ils ne parleroient point du-tout, ou ils parleroient très-mal. L'opération de boucher ainfi les Tuyaux ne peut fe faire que lorfqu'on les aura coupés en ton, comme nous le dirons en fon lieu.

962. Si l'on veut les boucher en *calotte*, voyez-en d'abord la forme, *fig.* 120, *Pl.* 16, qui repréfente un bout fupérieur de Tuyau bouché à calotte, & fa calotte vue féparément. On prendra une bande de matiere d'une largeur proportionnée à la grandeur du Tuyau. On en ployera un bout fur un moule, & on l'effayera à l'entour du bout du Tuyau. On verra par-là où il faudra la couper. On prendra garde que les deux bouts foient coupés bien à l'équerre. On blanchira cette virole, on la foudera, & après l'avoir repaffée fur le moule pour l'arrondir exactement, on y foudera par-deffus une plaque un peu plus forte, comme quand on bouche un Tuyau. Il ne faut pas que la calotte foit bien jufte au Tuyau, mais plutôt que celui-ci y entre aifément. Au moyen d'un ou deux tours d'une bande de papier dont on coëffe le bout du Tuyau, la calotte y fera très-jufte. Il y en a qui veulent que la calotte foit bien jufte au Tuyau, afin qu'il ne foit point néceffaire d'y mettre du papier. D'autres font le Tuyau plus long qu'il ne faut ; ils y foudent une plaque pour le boucher, & enfuite ils fcient le Tuyau près du bout, enforte que la calotte fe trouve faite. Ils retréciffent avec un accordoir creux, le bout fupérieur du Tuyau & élargiffent un peu la calotte, & la font ainfi aller fur le Tuyau fans y mettre de papier. De ces quatre manieres de boucher un Tuyau, je choifirois celle de la calotte avec du papier, comme bouchant très-bien, & comme étant la plus commode pour accorder ; attendu que la calotte coule fans que la matiere rifque de gripper.

963. Si on a des cheminées à mettre, après les avoir taillées & foudées dans leur longueur, on les foudera fur le bouchon. A cet effet, avant de fouder ceux-ci fur les Tuyaux ou fur les calottes, on fera un trou au centre, avec une gouge d'une grandeur telle que le bout de la cheminée puiffe y entrer

juſte ; on blanchira l'envers de la plaque & le bout extérieur de la cheminée.
On fera un chanfrein à l'entour du trou du côté de l'envers ; on grattera le
blanc, '& on fera un chanfrein au bout extérieur de la cheminée qu'on introduira dans le trou, enſorte qu'elle affleure en-deſſous, & on la ſoudera du côté
de l'envers ſur la plaque ; prenant garde que la cheminée ſoit bien droite.
Enſuite on ſoudera la plaque ſur le Tuyau ou ſur la calotte, comme je l'ai dit
aux deux articles précédents.

PLANCHE
16.

964. On met des oreilles aux deux côtés de la bouche des Tuyaux bouchés,
de ceux qui ſont à cheminée, & bien ſouvent aux Tuyaux à fuſeau. Ces oreilles ſervent à accorder le Tuyau, & ordinairement elles contribuent à le faire parler plus nettement. Il eſt rare qu'on en mette aux Tuyaux de bois quoique
bouchés. Leur bouche a des côtés dans leſquels elle eſt comme enfoncée. Ces
côtés font la fonction des oreilles, dans le ſens où elles contribuent à faire mieux
parler le Tuyau. Il y en a qui en mettent à quantité de Tuyaux ouverts ; mais
ce n'eſt pas un exemple à ſuivre. Quand les Tuyaux ouverts ſont bien montés, bien embouchés, & qu'on fait les faire bien parler, on n'a pas beſoin de
ce ſecours. Les oreilles ſe font avec de l'étoffe douce, pas trop mince & d'une
grandeur proportionnée à celle du Tuyau. Voyez les fig. 119 & 121, *Pl.* 16.
On les coupe à la meſure qu'il faut. On blanchit les deux côtés de la bouche
du Tuyau auſſi-bien que le dehors des oreilles. On fait un chanfrein le long du
bord extérieur de celle-ci. On gratte une petite traînée d'une ligne de largeur
aux deux côtés de la bouche de haut en bas, & ayant couché le Tuyau ſur
le côté, on préſente l'oreille à ſa vraie place, où on l'attache par une ou
deux gouttes de ſoudure ; enſuite on la ſoude proprement dans toute ſa
longueur.

965. Pour tailler les Tuyaux des fournitures & des cymbales, on ſe ſervira des chiffres que l'on voit au-deſſous de chaque Note, *Pl.* 17, dont je
n'ai pas encore expliqué l'uſage. Le voici. Je ſuppoſe qu'il s'agit de tailler
une Fourniture de 3 Tuyaux ſur marche, & une cymbale de deux Tuyaux ſur
marche ; on prendra les trois dernieres rangées de la Fourniture, qui ſont les
cinquieme, ſixieme & ſeptieme rangées. On voit que le premier Tuyau de la
cinquieme rangée, que nous appellerons ici la premiere de ce petit plein Jeu,
eſt marqué 25. On remarque que le chiffre 25 n'eſt point répété dans toutes
les 3 rangées de la Fourniture, & qu'il ne ſe trouve point dans leſdeux dernieres de la Cymbale. Il ne faudra donc tailler qu'un ſeul Tuyau du n°. 25.
On en prendra la meſure ſur le diapaſon de la Fourniture & de la Cymbale,
Pl. 27, à l'endroit où l'on trouve le même chiffre 25. On ne trouvera auſſi
qu'une fois, les chiffres 26, 27, 28, 29 ; ainſi il ne faudra tailler qu'un ſeul
Tuyau de chacun de ces numéros. Les chiffres 30, 31, ſont répétés 3 fois dans
la même ligne ; donc il faudra tailler trois Tuyaux ſemblables de chacun de
ces deux numéros. On trouvera que les chiffres 32, 33, 34, 35, 36, ſont ré-

PLANCHE
17.

PLANCHE
27.

PLANCHE
17.

pétés quatre fois; il faudra donc tailler quatre Tuyaux femblables de chacun de ces numéros. Ainfi il faudra compter dans ces trois rangées de Fourniture & dans les deux de la Cymbale combien chaque chiffre eft répété; on en fera une table à-peu-près comme celle-ci.

Du N°. 25, il en faut tailler. 1
26.................1
27.................1
28.................1
29.................1
30.................3
31.................3
32.................4
33.................4
34.................4
35.................4
36.................4
37.................7
38.................7
39.................7
40.................7
41.................7
42.................7
43.................7
44.................8
45.................8
46.................8
47.................8
48.................8
49.................13
50.................13
51.................13
52.................12
53.................12
54.................10
55.................10
56.................10
57.................10
58.................10
59.................8
60.................8
61.................2
62.................2
63.................2
_____
255 Tuyaux.

PLANCHE 17.

On voit par cette Table combien de Tuyaux égaux on a à tailler de chaque n°. du Diapafon. Ce petit plein Jeu étant compofé de 5 rangées, & chaque rangée étant de 51 Tuyaux, les cinq rangées doivent faire en tout 255 Tuyaux, ce qui eft la preuve qu'on ne s'eft pas trompé en comptant combien de fois un chiffre eft répété dans les cinq rangées de ce plein Jeu. Si le plein Jeu que l'on veut faire étoit d'un moindre ou d'un plus grand nombre de rangées, ou enfin s'il devoit être tout entier tel qu'il eft marqué dans la planche 17, il faudroit compter également combien de fois chaque chiffre eft répété, on en drefferoit une Table, & on travailleroit là-deffus. A mefure qu'on taillera les Tuyaux, on marquera fur chacun fon numéro particulier. Nous verrons encore dans l'art. 1132, quel autre ufage il faudra faire des chiffres marqués à chaque note de la *Pl.* 17. On y trouvera qu'ils font fort utiles lorfqu'il s'agit d'arranger les rangées du plein Jeu, & de les pofer en leur place. Quand les Tuyaux feront finis, on fera un paquet féparé de chaque numéro; ce qui donnera une grande facilité pour former les rangées.

966. Voici les poids de plufieurs Jeux à bouche, pour fervir à donner une idée de l'épaiffeur qu'il faut donner aux Tuyaux.

Un plein Jeu de 14 Tuyaux, lequel commence au *C fol ut* de 4 pieds, tous les corps des Tuyaux en étain pefent, ... 125 liv.

Et leurs pieds en étoffe, ... 100

Un plein Jeu de Pofitif de 7 Tuyaux, pefe en étain, . . . 12

Et les pieds en étoffe, ... 30

Un deffus de 8 pieds de deux Octaves en étain, pefe, fans les pieds, 10

Un Cornet ordinaire en étoffe, pefe, ... 45

Une doublette, pefe en étain, ... 10

Et les pieds en étoffe, ... 8

Un

Un deſſus de Bourdon de 3 Octaves, tout en étoffe, peſe . .	32 liv.
Les corps en étain d'un Preſtant, peſent	24
Et les pieds en étoffe, peſent	16
Une groſſe Tierce, peſe	45
Un Naſard ouvert, tout en étoffe, peſe	39
Une Quarte de Naſard, toute en étoffe, peſe	22
Une Tierce, toute en étoffe, peſe	20
Un Naſard de Poſitif, peſe	31
Un Larigot, tout en étoffe, peſe	19

On ſuppoſe que tous les Jeux ci-deſſus ſont taillés ſur les diapaſons tels qu'ils ſont marqués dans les Planches de cet Ouvrage.

SECTION SECONDE.

Construction des Jeux d'Anche.

967. On s'applique ordinairement à donner encore plus de propreté aux Jeux d'Anche qu'aux autres. Il y en a qui en poliſſent l'étain preſque avec le même ſoin qu'ils mettent à polir les Tuyaux de la Montre. Au moins on doit en forger l'étain ſur une enclume polie & brillante, afin que les Tuyaux en ſoient plus propres. On ſait déja que les principaux Jeux d'Anche ſont les Jeux coniques, tels que la Bombarde, la Trompette & le Clairon. On en conſtruit ·les Tuyaux de trois manieres, comme on en voit la forme aux trois fig. 136, 137 & 139, *Pl.* 18. Reliſez les art. 188, 189, 190, & 191, *pag.* 54. J'y ai expliqué ce que c'eſt que ces trois conſtructions des Tuyaux coniques. Liſez PLANCHE 18. auſſi les art. 267 & ſuiv. juſqu'à l'art. 280, *pag.* 78 & *ſuiv.* où j'ai détaillé bien des choſes qu'il faut connoître à ce ſujet, & que je ne répéterai point ici. J'expliquerai ſeulement la main-d'œuvre. On trouvera toutes les hauteurs des Bombardes, des Trompettes & des Clairons dans les Tables de la pag. 78 : & toutes les largeurs dans la Pl. 29. PLANCHE 29.

On commencera par tailler les Tuyaux un peu plus larges qu'il ne faut avant de les forger la matiere. Si l'on n'a pas des tables aſſez longues, ou aſſez larges, pour faire les plus grands Tuyaux, on les conſtruira en pluſieurs pieces. Avant de les forger, on mettra à l'épaiſſeur convenable, avec la galere ou le rabot à double lumiere, tous les Tuyaux ainſi taillés; afin de n'être pas obligé d'y retoucher lorſqu'ils ſeront forgés. On les forgera même mieux lorſque les épaiſſeurs ſeront régulieres. On fera attention ſur-tout, que les petits bouts ſoient aſſez forts. Enſuite on forgera tous les Tuyaux, on les dreſſera avec la grande batte à retendre, & on achevera de les dreſſer avec le retendoir. En un mot, on y fera toutes les opérations indiquées aux art. 909 & 910, *pag.* 332. Pour

ORGUES. II. Part. Yyyy

conferver la propreté que le grand poli de l'enclume aura communiqué aux Tuyaux, on ne frappera avec la batte & on ne paffera le retendoir qu'à leur envers.

968. Toutes les pieces étant bien dreffées, on commencera par ajouter & fouder enfemble les pieces qui doivent faire toute la grandeur d'un Tuyau. A cet effet, on coupera d'abord à la regle le bout qui doit joindre avec un autre bout. Il n'eft pas néceffaire que cette coupe foit à l'équerre. Elle peut être oblique fans inconvénient. On pofera fous le bout de celle-ci le bout de la piece fuivante, enforte que les deux pieces faffent un enfemble droit, & que toutes les dimenfions du Tuyau puiffent s'y trouver. On coupera alors ce fecond bout le long de la coupe du premier. On paffera la varlope-onglet le long de ces deux coupes pour les bien dreffer, & on les blanchira des deux côtés. Le blanc étant fec, on grattera le champ de l'épaiffeur de la matiere, & on fera un chanfrein aux deux bords en-dehors feulement, jufqu'à un peu plus de la moitié de l'épaiffeur de la matiere. On y paffera du fuif, & ayant mis les deux pieces fur une table, on les approchera enforte qu'une carte puiffe y paffer. On les foudera à l'ordinaire avec la foudure deftinée à l'étain, fans reffouder du côté de l'envers. Si le Tuyau fe trouve en 3 ou 4 pieces, on les foudera de-même. Il n'y a pas au refte d'inconvénient de faire les grands Tuyaux de plufieurs pieces. On laiffera les foudures entieres, fans les gratter, ni les racler, ni les effacer en aucune maniere ; du moins c'eft l'ordinaire. Si l'on vouloit abfolument faire difparoître les foudures, il faudroit fouder les Tuyaux des deux côtés, comme lorfqu'il s'agit de faire en plufieurs pieces un Tuyau de Montre.

969. Comme les moules des Baffes de Bombarde, fur-tout pour un ravalement, font d'une dépenfe confidérable, qu'on n'eft pas toujours bien-aife de faire lorfqu'on n'a qu'un ou deux Tuyaux à conftruire, comme j'ai vu le cas arriver ; on fait alors le Tuyau en deux ou trois pieces. Lorfqu'on les a bien ajuftées enfemble fur un plancher, & qu'elles font prêtes à être foudées pour les ajouter mutuellement, on trace avec une longue regle une ligne de chaque côté, qui donnent la dimenfion jufte de tout le Tuyau conformément au diapafon. On roule enfuite chaque piece en particulier fur un moule ordinaire de trompette ; on les foude de long, & après avoir repaffé chaque piece fur le moule, on les ajoute enfemble avec la foudure à tourner. Lorfqu'on a opéré comme il faut, ce grand Tuyau fe trouve bien rond & bien droit.

970. On marquera fur une regle de bois fuffifamment longue toutes les hauteurs des Tuyaux telles qu'elles font défignées dans la table de l'art. 267, *pag.* 78. au moyen d'un pied-de-Roi de la jufteffe duquel on foit affûré ; car il y en a beaucoup qui font courts. On tracera fur la regle des perpendiculaires fur tous les points, qu'on numérotera conformément à la Table. On tranfportera également fur une bande d'étain d'environ 18 lignes de largeur, toutes les largeurs comme elles font marquées fur le diapafon des largeurs de la Pl. 29. On choifira

le diapaſon de la taille dont on voudra ſe ſervir. On tracera des perpendiculaires
ſur cette bande d'étain. On les numérotera conformément au diapaſon des largeurs. On fera attention à ce que j'ai dit à la fin de l'art. 279, *pag.* 82, au ſujet du retirement & du raccourciſſement de ce diapaſon. On mettra en pratique le
contenu de l'art. 257, *pag.* 74.

971. Pour tailler un Tuyau, on s'y prendra de la maniere ſuivante. Sur un
bord de la lame d'étain, *fig.* 1, *Pl.* 76, on tirera une ligne droite *A B*, indéfinie vers *B*. On y prendra la diſtance *A D* égale à la longueur du Tuyau. Aux
points *A* & *D*, on élevera les perpendiculaires *A C* & *D H E* en faiſant *A C*
de la largeur du haut, & *D H E* de la largeur du bas ou petit bout du Tuyau.
Par les points *C* & *H*, on tirera la ligne droite *C H B* juſqu'à la rencontre de
la ligne *A B*. Du point *B* comme centre, on décrira par le point *A* un arc indéfini *A G* ; on prendra ſur cet arc la partie *A G* égale à *A C*, ou à la largeur du
Tuyau, en appliquant ſur la courbe *A G* la bande d'étain qui contient les largeurs du haut des Tuyaux, & la courbant de façon qu'elle la touche par-tout ;
de *G* à *R*, on ménera une ligne droite qui coupera en *F* l'arc *D F*, & donnera
la figure *A G F D* pour le développement du Tuyau. Cette maniere de tracer
un Tuyau conique peut ſervir pour les pieds des Tuyaux de Montre. Elle eſt
plus générale que celle que j'ai donnée, *art.* 918, *pag.* 335.

La méthode de tracer les Tuyaux de trompette, telle que je viens de la donner, n'eſt pas généralement ſuivie par tous les Faƈeurs ; les uns s'y prennent
d'une façon, les autres d'une autre. Il arrive de cette variation que pluſieurs
Trompettes taillées par des Ouvriers différents ne ſont jamais bien égales, quoiqu'on ſe ſoit ſervi du même diapaſon. Bien plus, le même Ouvrier ne taillera pas
pluſieurs fois le même Jeu bien ſemblable. Il arrive de-là qu'une Trompette ſe
trouvera un peu trop longue, parce qu'on aura un peu diminué le diametre de
ſes Tuyaux ; l'autre ſe trouvera trop courte, parce qu'on en aura augmenté le
diametre. Si l'on veut ſuivre exaƈement ce que je viens de marquer à cet égard,
on ſera aſſuré de conſtruire les Trompettes, Bombardes & Clairons bien conformes au diapaſon, & par conſéquent égales entr'elles.

972. Tous les Tuyaux étant taillés, on paſſera la varlope ſur les deux champs de chacun ; on les roulera ſur un moule des Trompettes, *fig.* 29, *Pl.* 4.
voyez l'art. 82, *pag.* 21. On les blanchira, on les ſoudera, on les lavera. Les
Tuyaux étant repaſſés ſur le moule, on fera les bagues pour ceux qui doivent
en avoir. Pour cela, on fondra du plomb pur dans le moule à biſeaux, on le
coupera par bandes d'environ un pouce de largeur, on le forgera & on le rabotera. On en roulera un bout ſur un moule de Trompette, on l'eſſayera ſur ſa
place & on le coupera, enſorte que les deux bouts laiſſent un intervalle ſuffiſant
pour contenir la *raſette*. Du reſte la bague doit être bien ajuſtée ſur le Tuyau,
afin qu'elle y joigne bien & qu'elle y aille bien droit. Voyez la fig. 138, *Pl.*
18. Voyez l'art. 190, *pag.* 54. Comme la bague eſt deſtinée à empêcher que le

PLANCHE
76.

PLANCHE
4.

PLANCHE
18.

Tuyau n'enfonce trop dans fon pied , il faut la placer le plus haut qu'il fe pourra, pour que le Tuyau en foit plus folidement établi ; mais cependant en forte que le bout inférieur de l'anche ne puiffe point defcendre jufque dans la partie co-nique du fond de fon pied. Lorfque la bague fera finie , on marquera fa place fur le Tuyau par un petit trait tout-à-l'entour en-deffus & en-deffous , & on la blanchira à fon extérieur. On blanchira de même cette partie du Tuyau , où l'on aura tracé la place de la bague au-deffus du trait fupérieur & au-deffous du trait inférieur. Le blanc étant fec , on grattera le champ du haut & du bas de la ba-gue auffi-bien que ceux de l'intervalle. On grattera environ une ligne de large fur le Tuyau , au-deffus du trait fupérieur , & autant au-deffous du trait inférieur; on mettra la bague dans fa place , enforte que l'intervalle foit directement op-pofé à la foudure du Tuyau , & après y avoir paffé du fuif , on la foudera deffus & deffous avec la foudure à noyaux & à bague. Pendant cette opération , il faut que la rafette foit dans l'intervalle , enforte que fon bout fupérieur ne déborde point le haut de la bague. On remplira de foudure cet intervalle , & lorfqu'on paffera le fer à fouder au-deffus de la bague , & que la foudure fondra au-deffus de la rafette , on pouffera celle-ci afin qu'elle forme fon trou. On fera de même en foudant la partie inférieure de la bague. Il y en a qui blanchiffent le dedans du Tuyau à la partie qui répond à la bague , pour ne pas rifquer de le percer. On ne peut pas blâmer cette pratique. Cette foudure doit être faite bien pro-prement & d'une largeur égale tout-à-l'entour ; ce qui dépend beaucoup de la façon dont on aura gratté autour du Tuyau. La bague doit être toujours un peu plus groffe que le noyau qu'on doit fouder au Tuyau.

973. Pour fouder le noyau , on coupera bien droit le petit bout du Tuyau , afin qu'il joigne bien fur le noyau. On blanchira celui-ci tout-à-l'entour vers fa partie fupérieure , & on bouchera le deffus du petit trou de la rafette avec le blanc. On ne blanchira point ni en-dedans ni en-dehors le petit bout du Tuyau ; mais on le frottera bien avec un linge pour qu'il foit bien net. On grattera toute la partie fupérieure du noyau , & on l'étamera. On paffera du fuif fur la partie étamée auffi-bien que fur le petit bout du Tuyau , que l'on appliquera fur le noyau après y avoir introduit une cheville de bois , ou un moule de pied de

Tuyau ; & tenant appuyée cette cheville contre la poitrine , on attachera le noyau au Tuyau par une goutte de foudure. Voyez la fig. 15 , *Pl.* 70. Après s'être affuré que le noyau foit pofé bien droit au Tuyau , on y mettra une autre attache. On garnira le tout de foudure tout-à-l'entour. Après qu'elle fera refroi-die , on repaffera le fuif , & on foudera le noyau avec le corps en faifant tourner le tout. On fe fervira de la foudure à noyaux. Cette foudure doit être bien unie & bien égale par-tout à l'entour. On fera une grande attention dans toute cette opération , que le fer à fouder ne touche jamais le Tuyau. On gâteroit tout. La fimple chaleur de la foudure la fera bien mordre contre l'étain. Du refte le trou de la rafette doit être exactement vis-à-vis de celui de la bague.

La

La fig. 16, *Pl.* 70, repréſente la coupe d'un Tuyau de Trompette avec la cheville dans le noyau. La fig. 17, repréſente géométralement un noyau d'anche
à talon. La fig. 18, repréſente le même noyau en perſpective, & la fig. 19, en
eſt une coupe géométrale. Il y a bien des Facteurs qui ſont fort partiſans de ces
eſpeces de noyaux. Ils paroiſſent avoir l'avantage de mieux ſoutenir le devers de
l'anche. Ils ont encore un autre avantage, qui eſt qu'au moyen du mamelon
qu'on voit dans leur partie ſupérieure, on les ſoude plus aiſément au Tuyau.
Mais ces noyaux doivent être d'étain, ou au moins de forte étoffe, pour être
bons & bien faire leur effet. Autrement le mamelon fléchit aiſément auſſi bien
que le talon, & par-là ils ſont moins ſolides que les autres, à moins qu'on ne
retranche abſolument le mamelon.

974. Les pieds des Jeux d'anche ſe font, ou en deux pieces ou en *mitre.* On
voit un pied en deux pieces dans la fig. 20, *Pl.* 70, où il eſt repréſenté développé ; & en la fig. 126, *Pl.* 18, où il eſt repréſenté ſoudé & fini. Celui en
mitre eſt repréſenté développé dans la fig. 21, *Pl.* 70, & fini en la fig. 22.
L'ordinaire eſt de les faire en étoffe ; mais il ſeroit mieux de les conſtruire en
étain. On leur donne la même hauteur qu'à ceux des autres Jeux, & on les fait
forts à proportion de la grandeur des Tuyaux qu'ils doivent porter. Leur groſſeur ſe détermine ſur celle des noyaux ; on fait des pieds d'autant de différentes
groſſeurs, qu'on a de noyaux de groſſeurs différentes. On doit avoir des patrons
de bois, qui étant une fois bien ajuſtés aux noyaux reſpectifs, ſervent toujours
à tailler les pieds. Pour faire le patron de celui de la fig. 20, *Pl.* 70. on prendra une petite bande d'étoffe, dont on entourera le noyau. On la coupera de
longueur, enſorte qu'elle embraſſe bien juſte le noyau à ſa plus grande groſſeur.
On déploiera cette bande d'étoffe, on l'appliquera en travers & vers le milieu
du patron ; ce qui donnera la meſure juſte de cet endroit du pied. On tirera de
chaque côté une ligne qui paſſe ſur les deux points qu'on aura marqués, enſorte
que ces deux lignes ſoient un peu plus diſtantes entr'elles au haut du pied que
dans le bas, & on coupera le patron ſur ces deux lignes. La partie conique du
pied ſe fera comme je l'ai décrit *art.* 918, *pag.* 335, pour les pieds des Tuyaux
de Montre, ou encore mieux, *art.* 971, *pag.* 361. On prendra la meſure de
même, pour faire le patron des pieds en mitre. On en voit la forme à demi-
grandeur naturelle, en la fig. 21. Pour faire les patrons des pieds des noyaux
quarrés, on en prendra la meſure ſur le noyau même, comme j'ai dit ci-deſſus ;
& on préſentera cette meſure déployée ſur l'extrêmité ſupérieure du patron, qui
ſera fait auſſi tant ſoit peu en diminuant dans le bas comme les autres.

975. Pour tailler les pieds, on en appliquera le patron de bois ſur la matiere, que l'on coupera avec le couteau à tailler à la main à l'entour du patron,
ſoit en mitre, ſoit en deux pieces. On paſſera le rabot de fer ſur le champ aux
deux côtés, & on les roulera ſur les moules faits exprès pour les pieds des Jeux
d'anche, comme celui de la fig. 30, *Pl.* 4. Voyez l'art. 83, *pag.* 21. Lorſqu'on

aura roulé le corps du pied, (je parle de ceux qui font en deux pieces,) on roulera de même la partie conique ; & après les avoir blanchis, on les foudera à l'ordinaire. On repaffera le tout fur le moule, & on blanchira les bords des deux parties qu'on doit fouder enfemble. On les foudera, faifant toujours rencontrer les deux premieres foudures, l'une vis-à-vis de l'autre. Si le pied eft en mitre, on le roulera fur un moule, & on le foudera d'un bout-à-l'autre. On le remettra fur le moule, & on fera joindre l'autre échancrure. On la blanchira, & on la foudera ; enfin on repaffera le pied fur le moule. La maniere de faire les pieds en mitre n'eft pas tant en ufage que l'autre. Elle paroît pourtant plus avantageufe, étant plus expéditive & auffi propre & folide que l'autre.

976. Il faut remarquer que quoique j'aie dit qu'il doit y avoir autant de dif-férentes groffeurs des pieds que de noyaux différens, il eft cependant un cas où il eft néceffaire d'avoir deux différentes groffeurs des pieds pour le même noyau. C'eft lorfque le noyau n'enfonce pas beaucoup dans le pied, comme il arrive aux derniers Tuyaux des deffus des Trompettes, des Clairons & du Cromorne. Pour tous ces Tuyaux, on eft obligé de faire les pieds un peu moins gros. Ainfi lorfqu'on en fera le patron, au-lieu d'appliquer la mefure de la groffeur du noyau vers le milieu du patron, on la préfentera vers fon extrêmité fupérieure. Il eft effentiel pour un Jeu d'anche, que les noyaux foient bien juftes dans leur pied ; il faut qu'à peine ils puiffent y entrer, mais non pas avec une force telle que le noyau faffe renfler le pied. Et afin que la matiere ne rifque pas de *gripper*, on doit paffer légérement un peu de fuif autour de la partie la plus groffe du noyau. Si l'on trouve qu'un noyau ne puiffe pas entrer dans fon pied, ce qui arrive lorfque la matiere de celui-ci eft plus épaiffe que celle des autres, on rapera proprement le noyau en lui confervant toujours fa véritable forme. On y paffera enfuite légérement une lime pour en ôter les gros traits que la rape aura faits ; on y paffe même un bruniffoir pour le rendre plus uni & plus propre.

977. On conftruit quelquefois en bois les baffes de Bombarde & même les Tuyaux de ravalement de Pédale de Trompette. Il y a de bons & habiles Fa-cteurs qui préferent cette méthode à celle de les faire en étain. Ces Tuyaux ont effectivement une harmonie plus douce, plus tendre, plus moëlleufe ; mais ils ont moins d'éclat, & un peu moins de tranchant. Il paroît que lorfque l'Or-gue n'eft pas affez confidérable pour foutenir & appuyer l'éclat d'une Bombarde toute en étain, il fera mieux d'y faire les baffes en bois. Pour que ce Jeu tout en étain faffe un bon effet dans un Orgue, il convient que fon plein Jeu foit très-fourni : qu'il y ait deux bonnes Trompettes & un Clairon au grand Orgue : deux Cornets au moins : une autre Trompette avec un Clairon au Pofitif : deux fortes Trompettes & deux Clairons à la Pédale : fans tous ces Jeux, qui doivent accompagner & contrebalancer la Bombarde, elle rend l'harmonie dure & dif-proportionnée ; elle abforbe tout ; on n'entend que croacer. Ce Jeu tout en étain conviendra encore moins à la Pédale, fi l'Orgue n'eft pas fourni comme

on vient de le dire. Il fera donc bien plus avantageux de faire les baffes en bois
aux Bombardes, tant au pied qu'à la main, lorfque l'Orgue ne fera que médiocrement fourni. Cela conviendra également mieux fi l'Eglife n'eft pas grande.
On les conftruit de deux manieres ; l'une eft de faire en bois non-feulement
le corps du Tuyau , mais encore fon noyau & fon pied. Selon l'autre méthode , il n'y a que le corps du Tuyau qui eft en bois ; mais le noyau , la boîte
& le pied fe font à l'ordinaire, comme fi le Tuyau devoit être d'étain. (Il eft
bon d'être averti que les Tuyaux de bois en ce genre font beaucoup plus difficiles à traiter & à égalifer que ceux d'étain.)

978. La *fig.* 12 , *Pl.* 68 , repréfente un noyau de bois pour le premier *C fol
ut* de 16 pieds d'une Bombarde en bois. On peut en voir les véritables dimenfions par la petite échelle qui eft au bas de la Planche. On fait ce noyau de bois
dur. La partie *M* , entre quarrément dans le bout inférieur du corps du Tuyau ,
qui n'a point de boîte. Ce bout de Tuyau appuie & joint exactement (car cela
eft effentiel) fur la portée *N*. L'autre portée *K O* , eft appuyée fur le pied , *fig.*
13, dans lequel toute la partie *K G C* du noyau , *fig.* 12 , entre jufte. *G B* eft
l'Anche, *D* la languette, *A C* eft la rafette. Lorfque le noyau eft dans fon pied,
on affleure le tout enfemble aux quatre côtés; mais le bout inférieur du Tuyau ,
eft plus petit que l'extérieur du noyau, comme on peut le remarquer au plan ,
fig. 14 , du deffus du noyau. La *fig.* 15 , eft le plan du deffous du même noyau.
La *fig.* 17 , repréfente géométralement le même noyau du côté de la languette ,
& la *fig.* 18, eft une coupe par le côté du même noyau. On peut y remarquer
comment le talon *G* , *fig.* 18, ou 12 ou 15 , eft creufé en façon de canal pour y
loger l'Anche. La *fig.* 16, eft le plan du pied, où l'on voit que la planche *E F* ,
eft collée fur le corps *Q* du pied, lequel n'eft qu'un morceau de bois, maffif
d'abord , & qu'on creufe quarrément avec un cifeau. On y rapporte une petite
planche dans toute fa hauteur. Le bout inférieur *P* , *fig.* 13 , eft percé d'un trou
rond d'environ 8 à 9 lignes de diametre ; l'extérieur de ce bout eft tourné au
Tour, afin qu'étant parfaitement rond, il joigne bien fur le trou de la chape où
il doit être pofé. On voit au-deffus du noyau, *fig.* 12 , un grand morceau du
haut du corps du Tuyau. Le bois de chêne eft le plus propre pour ces Tuyaux.
On leur donne environ 7 lignes d'épaiffeur. Ce premier *C fol ut* de la Bombarde
a intérieurement en quarré 5 pouces 6 lignes dans un fens , 5 pouces 11 lignes
dans l'autre, & de hauteur 14 pieds 7 pouces. On auroit pu faire ce Tuyau de
6 pouces en quarré dans le haut pour qu'il pût porter 16 pieds de hauteur y
compris l'Anche.

979. Lorfque l'on conftruira en bois les Tuyaux des baffes de Bombarde , &c.
Il fera toujours mieux de faire à l'ordinaire le noyau , les pieds & la boîte en
étain. Les bons Facteurs, qui fe piquent de donner à leurs Ouvrages la plus
grande folidité , font les boîtes des plus grands Tuyaux en cuivre, un peu évafé
par le bout fupérieur, pour mieux recevoir le petit bout du corps des Tuyaux ,

PLANCHE
68.

que l'on arrondit à l'extérieur en cet endroit, afin qu'il y joigne bien. Ils font les pieds en bois, ronds & maffifs d'abord ; on les creufe au Tour, & on les cercle dans leur partie fupérieure d'une virole de fer ou de cuivre, proprement entaillée dans le bois. Pour fouder la boîte de cuivre fur le noyau, on grattera le dehors du bout inférieur de la boîte ; & après l'avoir frotté de réfine, on l'étamera ; enfuite on le foudera aifément fur le noyau. Cette maniere de conftruire les baffes d'une Bombarde en bois, ne fera pas tout-à-fait auffi difficile à traiter que fi le noyau étoit en bois.

PLANCHE 29.

980. Pour conftruire un Cromorne, on taillera les corps cylindriques fur le Diapafon qu'on aura choifi. La fig. 164, *Pl.* 29, en contient toutes les hauteurs. Les fig. 165, 166, 167, & 168, en font les largeurs ou circonférences felon la taille à laquelle on fe fera déterminé. Voyez les art. 280, 281, 282 & 283, *pag.* 83, auxquels j'ajoute feulement qu'on fe fert de la fig. 169, *Pl.* 29, pour tailler la partie conique du Cromorne. Elle fournit la mefure de la largeur du petit bout & de la hauteur de ces cônes ; ce qui fuffit, puifque la largeur du gros bout fe prend fur le Tuyau même. Pour tailler ces cônes, on s'y prendra comme je l'ai dit, art. 971, *pag.* 361, pour les deffus des Trompettes. Du refte, il faut que le Cromorne, pour être bon, pefe, fans les noyaux, ni les pieds, environ 40 livres, poids de marc, s'il eft de la feconde taille, comme elle eft marquée, *fig.* 166.

FLANCHE 20.

981. On trouvera le diapafon de la voix humaine dans la Pl. 20. La fig. 172, contient les hauteurs de la partie cylindrique ; la fig. 173, en contient les largeurs, où l'on voit qu'on doit en tailler 8 de la plus grande largeur, 8 de la feconde largeur, 6 de la troifieme, 6 de la quatrieme, 6 de la cinquieme, 6 de la fixieme, & 11 de la feptieme largeur. La fig. 174, contient les hauteurs des cônes auffi-bien que la largeur de leur petit bout. Voyez *l'art.* 286, *pag.* 84. Comme ce Jeu a fes Tuyaux courts, & que par conféquent il eft deftitué d'harmonie, il eft bon d'en boucher les Tuyaux à demi, pour que le fon n'en foit pas fi fec ni fi criard. C'eft la pratique ordinaire des meilleurs Facteurs, qui par-là réuffiffent ordinairement mieux à imiter la voix naturelle de l'homme. La voix humaine exécutée fur ce diapafon doit pefer au moins 10 livres, fans les noyaux ni les pieds.

982. Pour tailler le Haut-bois, voyez les art. 284 & 285, *pag.* 83 & 84. Relifez la feconde Section du 4º. Chapitre, *pag.* 51. & fuiv. Le Haut-bois doit pefer 12 livres au moins, fans les noyaux ni les pieds. Je ne dis rien de la Mufette, ni de la Régale. La defcription de la main-d'œuvre des autres Jeux d'Anche que j'ai donnée dans les articles précédents fera plus que fuffifante pour faire connoître à fond la conftruction de ceux-ci.

983. Il ne fuffit pas de bien conftruire les Tuyaux des Jeux d'Anche, il eft encore effentiel de les ancher comme il faut. Il eft donc à propos de décrire premiérement comment on fait une Anche. On trouvera le diapafon des grandeurs
deurs

deurs de toutes les Anches dans la fig. 1. de la Planche 71. Il y en a de 23
grandeurs différentes & marquées chacune d'un numéro. Elles font propres à PLANCHE 71.
ancher tous les Tuyaux de tous les Jeux d'Anche, depuis le premier *C fol ut*
de 32 pieds de la Bombarde, jufqu'au plus petit Tuyau du Clairon. Les largeurs intérieures en font prifes des diametres des 21 cercles de la fig. 55, *Pl.* PLANCHE 7.
7, qui repréfentent dans toute leur grandeur les diametres des broches de fer,
fur lefquelles on arrondit les Anches quand on les fabrique. On ne trouvera
point parmi ces cercles, *fig.* 55, *Pl.* 7, les largeurs des deux plus grandes
Anches marquées *A* & *B*, *fig.* 1, *Pl.* 71 ; on s'en fert fi rarement, que je n'ai PLANCHE 71.
pas cru devoir les faire entrer dans les numéros des autres.

984. Pour faire une Anche, il faut d'abord en faire le patron, pour ne pas
s'expofer à une augmentation de travail confidérable fi l'on prenoit trop de
matiere, ou à manquer l'Anche fi l'on n'en prenoit pas affez. Pour faire le modele d'un patron, on coupera un morceau de lame d'étoffe, à-peu-près de la largeur & de la longueur qu'on croira la plus commode pour l'Anche qu'on voudra
faire. On l'étampera, & voici comment : on la mettra à plat fur un des creux
en canal de l'étampe, *fig.* 53, *Pl.* 7, enforte que le canal en foit par-tout
également couvert, & un peu plus à la tête qu'aux côtés. On pofera par-deffus
le morceau d'étoffe, de champ & du côté arrondi, l'étampoir (*fig.* 54, *Pl.* 7. PLANCHE 7.
Voyez l'art. 100, *pag.* 27,) qui convienne au creux dont on fe fert : on difpofera cet étampoir de maniere que fon bout arrondi, qui eft le fupérieur, foit
un peu éloigné de la tête du creux. Il faut qu'il foit bien au milieu & tout le
long du morceau d'étoffe. L'étampoir étant ainfi couché & difpofé, on le tiendra par fon bout inférieur (que nous appellerons fa queue) de la main gauche,
on le frappera avec un maillet de bois, jufqu'à ce qu'il ait enfoncé le morceau
d'étoffe jufqu'au fond du creux. On levera l'étampoir, & on le remettra dans
la même fituation, mais plus avancé vers la tête du creux ; enfuite fans le lever,
on le frappera horifontalement fur le bout de la queue, tandis qu'avec un gros
morceau de fer, qui pourra être un valet de Menuifier, fi l'Anche eft grande,
ou avec un marteau fi l'Anche eft petite, on appuyera fortement fur la tête de
l'étampoir. On frappera ainfi contre le bout de la queue de l'étampoir, jufqu'à
ce que le morceau d'étoffe ait bien pris toute la forme du creux de l'étampe.
On verra alors ; fi l'on a pris trop grand ou trop petit le morceau d'étoffe ; ce qui
donnera le moyen de faire le patron d'une grandeur convenable. On fera ainfi
de fauffes Anches de toutes les efpeces, pour en former les patrons, qui enfuite
doivent être de cuivre, & qu'on garde toujours. Voyez la fig. 19, *Pl.* 68, PLANCHE 68.
où l'on peut remarquer la forme que l'on donne à ces patrons. On y en voit 8
de différentes grandeurs, qui peuvent fervir pour toutes les Anches d'une
Trompette ; car un même patron, ou une même grandeur peut fervir pour
deux numéros d'Anches, lorfqu'elles font petites, attendu qu'elles ne font

pas affez fenfiblement différentes. Ces 8 patrons font repréfentés arrangés les uns fur les autres.

985. Le patron étant fait , on coupera avec des cifailles toute la quantité des morceaux de laiton qu'il faut fur cette forme & cette mefure. On fera recuire ces morceaux ; c'eft-à-dire , qu'on les mettra dans le feu , qui ne foit pas trop ardent , jufqu'à ce que le laiton foit devenu un peu rouge ; on le tirera alors tout doucement du feu ; car le laiton étant rouge caffe très-facilement , & on le laiffera bien refroidir. On l'étampera , comme j'ai dit dans l'art. précédent du morceau d'étoffe ; mais lorfqu'il fera à demi étampé , on le fera recuire une fe-conde fois , & enfuite on finira de l'étamper. Si l'Anche eft fort grande , on le fera recuire 3 ou 4 fois , pour l'étamper à 3 ou 4 reprifes. Cette précaution eft néceffaire pour ne pas crever les Anches à la tête ; & s'il en creve quelqu'une , ce fera une marque qu'on aura trop avancé l'action de l'étamper fans recuire.

986. L'Anche étant étampée , on l'arrondira fur la broche. La fig. 56 , *Pl.*
PLANCHE
7.
7, repréfente deux de ces broches, une affez grande , & l'autre une des plus petites. Voyez l'art. 101 , *pag.* 27. On choifira la broche du numéro convenable à l'Anche qu'on veut faire. On inférera la broche dans l'Anche , & ap-puyant le tout fur l'enclume , on frappera fur l'Anche, tantôt fur la tête , tantôt fur les côtés & tout-à-l'entour , jufqu'à ce que l'Anche touche bien la broche dans toutes fes parties. Alors on arrachera la broche de l'Anche , & l'on verra fi celle-ci eft bien droite fur fon dos & aux côtés. Si elle ne l'eft pas , on la redreffera & on la remettra fur la broche s'il eft néceffaire.

987. Pour finir l'Anche , il faut la dreffer fur les champs de fa face ouverte. On appliquera donc la partie ouverte de l'Anche fur la face de la grande lime à dreffer les Anches , *fig.* 58 , *Pl.* 8. Voyez l'art. 102 , *pag.* 28. On la tiendra
PLANCHE
8.
avec les doigts , & on la frottera fortement fur cette lime , jufqu'à ce qu'on ait atteint tous les défauts. En faifant cette opération , on regardera de temps-en-temps , fi on ne lime pas trop d'un bout ou de l'autre, fi on ne baiffe pas plus un côté que l'autre. On appuyera plus fort fur l'endroit de l'Anche où il y aura le plus de matiere à retrancher , afin que l'Anche fe trouve également profonde d'un bout à l'autre. Lorfqu'on aura atteint tous les défauts , & qu'on aura ôté toute la matiere fuperflue , on paffera l'Anche fur la face douce de la grande lime , jufqu'à ce qu'on ait fait difparoître les traits que l'autre côté de la lime aura faits. Enfuite on ôtera du dedans & du dehors de l'Anche , toutes les ba-vochures avec une lime douce *à main* , & on repaffera un moment l'Anche fur la lime douce , pour ôter un refte des bavochures que la lime à main aura pu occafionner.

988. Pour ôter le noir que le recuit aura donné aux Anches , on les met-tra dans un poêlon , qu'on remplira de lie de vin toute liquide : fi elle étoit épaiffe on y mettroit un peu d'eau. On fera bouillir le tout pendant une demi-heure. On ôtera les Anches , on les fablonnera avec du fablon fin , mouillé avec

la même lie de vin chaude. On les lavera bien avec de l'eau, & on les fera sécher auprès du feu.

989. Il faut remarquer que plus les Anches sont grandes, plus leur matiere
doit être épaisse. Il faut qu'elles soient assez fermes pour qu'on ne puisse point
les faire fléchir, ou les faire gauchir avec un effort considérable. On leur donne
ordinairement tant soit peu plus de profondeur intérieure, que de largeur intérieure. Cependant celles qui n'ont pas tout-à-fait cette proportion peuvent
servir. Lorsqu'on les étampera, s'il se trouve qu'un bout de la lame de laiton
soit un peu plus épais que l'autre, il faudra mettre le plus épais à la tête de
l'Anche. Le diapason des Anches Pl. 71, peut donner une idée de l'épaisseur
qu'elles doivent avoir. Le laiton gratté est toujours préférable à celui qui ne
l'est pas, & qu'on appelle laiton noir. Celui qui est gratté est ordinairement plus
net, moins pailleux & plus propre. Cependant si on a de grandes Anches à faire,
il seroit difficile de trouver du laiton gratté assez épais ; il faudra alors se servir de
laiton noir. Le cuivre rouge n'est point propre à faire les Anches. Outre qu'il
est plus sujet au verd-de-gris que le laiton, il est beaucoup plus difficile à travailler & à limer. S'il se trouve quelque Anche qui ait quelque petite crevasse
derriere la tête, on la bouchera aisément avec la soudure d'étain. On grattera
cet endroit, on le frottera un peu fort avec de la résine, & on le soudera.

990. On va voir dans les Tables suivantes combien il faut faire d'Anches du
même numéro, & combien & quels numéros conviennent à chaque Jeu d'Anche.

PLANCHE 71.

Bombarde.

Numéros des Anches.	Nombre des Anches de chaque N°.	Noms de chaque Tuyau.
4	2	c, c✗,
5	2	d, ✗b,
6	2	e, f,
7	2	f✗, g,
8	3	g✗, a, bb,
9	4	b, c, c✗, d,
10	4	✗b, e, f, f✗,
11	4	g, g✗, a, bb,
12	4	b, c, c✗, d,
13	4	✗b, e, f, f✗,
14	5	g, g✗, a, bb, b,
15	5	c, c✗, d, ✗b, e,
16	5	f, f✗, g, g✗, a,
17	5	bb, b, c, c✗, d.

Noyaux.

G, 5 : F, 4 : A, 5 : B, 8 : D, 15 : E, 14.

Grosse Trompette.

Numéros des Anches.	Nomb. des Anches de chaq. N°.	Noms de chaque Tuyau.
9	3	c, c✗, d,
10	3	✗b, e, f,
11	3	f✗, g, g✗, a,
12	4	bb, b, c, c✗,
13	4	✗b, e, f, f✗,
14	5	g, g✗, a, bb, b,
15	5	c, c✗, d, ✗b, e,
16	5	f, f✗, g, g✗, a,
17	5	bb, b, c. c✗, d,
18	5	✗b, e, f, f✗,
19	4	g, g✗, a, bb,
20	4	b, c, c✗, d.

Noyaux.

A, 5 : B, 5 : D, 15 : E, 26.

Trompette ordinaire & grand Cromorne.

Numéros des Anches.	Nbr. des Anch. de chaque n°.	Noms des Tuyaux.
10	3	c, c✗, d,
11	3	✗b, e, f,
12	4	f✗, g, g✗, a,
13	5	bb, b, c, c✗, d,
14	5	✗b, e, f, f✗, g,
15	5	g✗, a, bb, b, c,
16	5	c✗, d, ✗b, e, f,
17	5	f✗, g, g✗, a, bb,
18	5	b, c, c✗, d, ✗b,
19	5	e, f, f✗, g, g✗,
20	6	a, bb, b, c, c✗, d.

Noyaux.

Tromp. A, 5 : B, 5 : D, 15 : E, 26.
Gr. Crom. C, 11 : D, 20 : E, 20.

Clairon.

Numéros des Anches.	Nbr. des Anch de chaqu n°.	Noms des Tuyaux.
12	4	c, c✗, d, ✗b,
13	4	e, f, f✗, g,
14	4	g✗, a, bb, b,
15	5	c, c✗, d, ✗b, e,
16	5	f, f✗, g, g✗, a,
17	5	bb, b, c, c✗, d,
18	5	✗b, e, f, f✗, g,
19	4	g✗, a, bb, b,
20	4	c, c✗, d, ✗b,
21	4	e, f, f✗, g,
19	3	g✗, a, bb,
20	4	b, c, c✗, d.

Noyaux.

D, 13 : E, 38.

Cromorne ordinaire, & Musette.

Numéros des Anches.	Nomb. des Anches de chaq. n°.	Noms des Tuyaux.
11	4	c, c✕, d, eᵇ,
12	5	e, f, f✕, g, g✕,
13	6	a, bᵇ, b, c, c✕, d,
14	6	eᵇ, e, f, f✕, g, g✕,
15	5	a, bᵇ, b, c, c✕,
16	5	d, eᵇ, e, f, f✕,
17	5	g, g✕, a, bᵇ, b,
18	5	c, c✕, d, eᵇ, e,
19	5	f, f✕, g, g✕, a,
20	5	bᵇ, b, c, c✕, d.

Noyaux.

C, 11 : D, 20 : E, 20.

Voix Humaine.

Numéros des Anches.	Nbr. des Anches de cha. n°.	Noms des Tuyaux.
12	4	c, c✕, d, eᵇ,
13	4	e, f, f✕, g,
14	5	g✕, a, bᵇ, b, c,
15	5	c✕, d, eᵇ, e, f, f✕,
16	6	g, g✕, a, bᵇ, b, c,
17	6	c✕, d, eᵇ, e, f, f✕,
18	6	g, g✕, a, bᵇ, b, c,
19	7	c✕, d, eᵇ, e, f, f✕, g,
20	7	g✕, a, bᵇ, b, c, c✕, d.

Noyaux.

C, 6 : D, 6 : E, 39.

Pédale de Bombarde.

Numéros des Anches.	Nombr. des Anches de chaque n°.	Noms des Tuyaux.
1	2	f, f✕,
2	2	g, g✕,
3	3	a, bᵇ, b,
4	3	c, c✕, d,
5	3	eᵇ, e, f,
6	3	f✕, g, g✕,
7	4	a, bᵇ, b, c,
8	4	c✕, d, eᵇ, e,
9	4	f, f✕, g, g✕,
10	4	a, bᵇ, b, c,
11	4	c✕, d, eᵇ, e,

Noyaux.

H, 8 : G, 5 : F, 4 : A, 5 : B, 8 : D, 6.

Pédale de Trompette.

Numéros des Anches.	Nbr. des Anches de cha. n°.	Noms des Tuyaux.
6	2	f, f✕,
7	2	g, g✕,
8	4	a, bᵇ, b, c,
9	4	c✕, d, eᵇ, e,
10	5	f, f✕, g, g✕, a,
11	5	bᵇ, b, c, c✕, d,
12	5	eᵇ, e, f, f✕, g,
13	5	g✕, a, bᵇ, b, c,
14	4	c✕, d, eᵇ, e.

Noyaux.

G, 4 : F, 4 : A, 4 : B, 5 : D, 14 : E, 5.

Pédale de Clairon.

Numéros des Anches.	Nbr. des Anch. de ch. n°.	Noms des Tuyaux.
10	2	f, f✕,
11	3	g, g✕, a,
12	4	bᵇ, b, c, c✕,
13	5	d, eᵇ, e, f, f✕,
14	6	g, g✕, a, bᵇ, b, c,
15	6	c✕, d, eᵇ, e, f, f✕,
16	5	g, g✕, a, bᵇ, b,
17	5	c, c✕, d, eᵇ, e.

Noyaux.

B, 5 : D, 10 : E, 21.

Trompette de Recit.

Numéros des Anches.	Nbr. des Anch. de ch. n°.	Noms des Tuyaux.
13	2	f, f✕,
14	5	g, g✕, a, bᵇ, b,
15	5	e, c✕, d, eᵇ, e,
16	5	f, f✕, g, g✕, a,
17	5	bᵇ, b, c, c✕, d,
18	4	eᵇ, e, f, f✕,
19	4	g, g✕, a, bᵇ,
20	4	b, c, c✕, d.

Noyaux.

D, 7 : E, 27.

Haut-Bois.

N°. des Anches.	Nbr. des Anch. de chaq. n°.	Noms des Tuy.
14	4	f, f✕, g, g✕,
15	5	a, bᵇ, b, c, c✕,
16	5	d, eᵇ, e, f, f✕,
17	5	g, g✕, a, bᵇ, b,
18	5	c, c✕, d, eᵇ, e,
19	5	f, f✕, g, g✕, a,
20	5	bᵇ, b, c, c✕, d,

Noyaux.

D, 5 : E, 29.

On observera qu'il y a plusieurs systêmes parmi les Facteurs d'Orgues au sujet des numéros des Anches du Haut-bois. Les uns prétendent qu'il faut l'ancher gros pour qu'il imite mieux le Haut-bois naturel. Les autres croient qu'il réussit mieux si on l'anche plus menu. Ceux-ci donnent même un peu de recuit aux languettes, en les mettant sur de l'étain fondu bien chaud, jusqu'à ce qu'elles aient changé de couleur. Ils ne font cette derniere opération qu'après que les languettes ont été coupées, ajustées & mises en place. Ils les ôtent alors & ils leur donnent ce petit recuit.

991. La premiere colonne des chiffres de chaque Table , indique les numéros des Anches, lesquels numéros se rapportent à ceux de la fig. 1 , de la *Pl.*
71. La seconde indique combien il en faut de chaque numéro , & la troisieme
colonne , quels sont les Tuyaux auxquels on doit mettre les Anches du numéro
dont il s'agit. On peut remarquer qu'un même numéro d'Anches sert à plusieurs Tuyaux différents. Quand on aura fait toutes les Anches pour un Jeu , on
choisira dans chaque numéro les plus profondes & les plus épaisses , pour les
destiner aux plus grands Tuyaux , & les autres aux plus petits.

992. Les lettres & les chiffres que l'on voit au bas de chaque Table intitu-
lées *Noyaux* , indiquent le numéro & le nombre des noyaux propres au Jeu
dont il s'y agit. Par exemple , on lit au bas de la Table pour la Pédale de Bombarde , *H* , 8 : *G* , 5 : *F* , 4 : *A* , 5 : *B* , 8 : *D* , 6 ; ce qu'il faut entendre ainsi :
le plus gros Noyau représenté dans la Pl. 6 , est marqué *H* ; il en faut 8 de cette
espece ; c'est ce que signifie *H* , 8. Le Noyau suivant est un peu plus petit , &
est coté *G* ; il en faut 5 de cette espece ; c'est ce que signifie *G* , 5. Il faut 4
Noyaux comme celui qui est coté *F*. Il en faut 5 , comme celui qui est coté *A*.
Il en faut 8 , comme celui qui est coté *B* , & 6 comme celui qui est coté *D*.
Tous ces Noyaux *Pl.* 6 , tous différents , sont cotés *H* , *G* , *F* , *A* , *B* , *C* , *D*
& *E*. La distribution de tous ces noyaux est encore exposée *Pl.* 29 , aux fig.
150 & suivantes jusqu'à 156 , comme je l'ai expliqué aux articles 276 & 277 ,
pag. 80 & 81.

993. J'ai donné dans la Pl. 71 , la mesure de la saillie des Anches hors du
noyau pour tous les Jeux. Il y a plusieurs systêmes parmi les plus habiles Facteurs au sujet de cette saillie ; les uns sont fort partisans d'une harmonie délicate, fine , & qui plaît à bien du monde. Ceux-ci à cet effet voulant langueyer
foible , ne donnent pas une si grande saillie aux Anches. Les autres préfèrent
une harmonie plus pleine , fiere , éclatante & cependant moëlleuse ; en conséquence ils donnent une plus grande saillie aux Anches pour langueyer plus
fort. Pour contenter les uns & les autres , je donne plusieurs mesures des sail-
lies des Anches. Celle de la fig. 2 , *Pl.* 71 , est la plus grande saillie que pratiquent plusieurs habiles Facteurs accoutumés à langueyer fort ; mais cette
grande saillie n'est en usage que pour les Pédales. La longueur de *o* à *s* , est la
de l'Anche saillie hors du noyau , pour un premier *C sol ut* de Bombarde de
32 pieds. La longueur de *o* au point *f*, 24 *pi.* est pour l'*F ut fa* suivant de 24
pieds. La longueur de *o* à *c* , 16 *pi.* est pour un *C sol ut* de 16 pieds, ce qui
fait le premier *C sol ut* d'une Bombarde. Depuis *o* , jusqu'à *f*, 12 *pi.* est pour
l'*F ut fa* suivant de 12 pieds. Il sert aussi au premier *F ut fa* du ravalement de
la Pédale de Trompette. De *o* à *c* , 8 *pi.* est pour la suite de la Bombarde au *C*
sol ut de 8 pieds. On s'en sert aussi pour le premier *C sol ut* de la Pédale de
Trompette. De *o* à *c* , 4 *pi.* est pour le quatrieme *C sol ut* de la Bombarde , pour
la suite de la Trompette de Pédale , & pour le premier *C sol ut* de la Pédale de

ORGUES. II. Part. B b b b b

PLANCHE
71.

PLANCHE
6.

PLANCHE
29.

PLANCHE
71.

Clairon. Les trois autres points font pour les trois autres *C fol ut* qui font la fuite de ces Jeux, en forte que de *o* à la premiere divifion, c'eft la plus petite Anche pour le dernier *C fol ut*, fi l'on y faifoit monter la Pédale, ce qui n'ar-, rive pas.

994. La faillie des Anches marquée dans la troifieme figure eft la plus grande pour les Bombardes, Trompettes & Clairons à la main, le tout de groffe Taille. Elles peuvent fervir auffi pour des Pédales ordinaires de Trompette & de Clairon. Les mêmes marques y font écrites comme à la feconde figure & fignifient la même chofe.

La quatrieme figure contient la plus petite faillie des Anches pour les Bombardes, Trompettes & Clairons à la main. Elle eft bonne pour langueyer plus foible & pour produire une petite harmonie fine & gracieufe.

995. La figure cinquieme contient la faillie des Anches pour une Trompette ordinaire & Clairon, lorfqu'ils ne font pas de groffe taille. Elle revient au même que celles de la quatrieme figure. Elle eft bonne auffi pour un gros Cromorne.

La fixieme figure contient la faillie des Anches pour un Cromorne ordinaire, auffi-bien que pour la Mufette. On peut bien fe fervir de celle de la cinquieme figure; mais ce Jeu fera un peu plus difficile à traiter.

996. La feptieme figure contient la faillie des Anches pour une voix humaine ordinaire, qui doit être langueyée plus foible que tous les autres Jeux.

997. On trouvera les cinq *C fol ut* feulement dans les fig. 5, 6 & 7; fi toutes les faillies intermédiaires des Anches étoient marquées, il y auroit de la confufion. On y fuppléera aifément en fuppofant tous les *F ut fa* au milieu entre deux *C fol ut*; on divifera tout le refte à vue d'œil, à mefure qu'on pofera les Anches dans les noyaux. Ce qui fera fuffifamment jufte. Les fig. 1, 2, & 3, contiennent tous les *C fol ut* & les principaux *F ut fa*. On divifera également toutes les faillies intermédiaires à vue d'œil. On marquera fur une petite tringle de fer ou de cuivre, les faillies dont on aura befoin & qu'on aura choifi. Ce petit inftrument s'appelle *le calibre de la faillie des Anches*.

998. Il eft remarquable que toutes ces différentes faillies des Anches ont toutes pour partifans les plus habiles Facteurs d'Orgues, & ils font bien parler les Tuyaux par leur moyen. Elles produifent néceffairement des harmonies différentes & cependant bonnes. Sans prétendre décider quelle eft la meilleure pratique, je penfe que les petites faillies conviennent mieux dans les petites Eglifes, à caufe qu'on eft obligé de langueyer foible. Les grandes faillies exigent qu'on langueye fort; ce qui fera un plus bel effet dans les grandes Eglifes. Chacun fuivra fon goût. Du refte, je ne fuis point l'auteur de toutes ces différentes faillies des Anches, je les ai recueillies des plus habiles Facteurs, qui ont excellé chacun dans leur genre à bien faire les Jeux d'Anche.

999. Il y a deux manieres de pofer les Anches dans les noyaux. Les uns les

y posent avant de souder le noyau aux Tuyaux ; les autres, après que les noyaux sont soudés aux Tuyaux. La raison qui fait préférer la premiere mé-thode est, 1°. qu'en agrandissant le trou des noyaux avec la meche dont on est obligé de se servir, on risque beaucoup d'éreinter les Tuyaux par l'effort con-sidérable qu'il faut faire. 2°. S'il arrive qu'on perce le noyau de travers, il n'y a pas d'autre ressource que de dessouder le noyau & d'en souder un autre ; ce qui est un inconvénient. Lorsqu'on perce les noyaux avant de les souder aux Tuyaux, 1°. on ne risque point d'éreinter un Tuyau. 2°. Si l'on perce de tra-vers un noyau, il est facile d'en substituer un autre. Les partisans de la se-conde méthode répondent à ces raisons, 1°. qu'on se met à l'abri d'éreinter un Tuyau, quelqu'effort qu'il faille faire, si l'on met le noyau sous le valet entre deux morceaux de bois échancrés lorsqu'on le perce. 2°. Il faudroit être assez mal-adroit & avoir l'œil bien faux si l'on perçoit de travers, tandis que le Tuyau même sert de guide pour diriger bien droit le vilebrequin. Chacun choisira la méthode qu'il trouvera la meilleure. Je préférerois la seconde maniere, d'au-tant mieux qu'il paroît assez difficile de percer bien droit un noyau isolé. Rien ne conduit l'œil pour tenir le vilebrequin comme il faut.

1000. Avant de mettre les Anches dans les noyaux, on passera dans le pe-tit trou du noyau une vrille qui ne soit pas plus grosse que la rasette qu'on doit y mettre ; c'est pourquoi il est nécessaire de bien choisir cette vrille. Il faut des meches ordinaires de vilebrequin bien assorties, de toutes les grosseurs. Les noyaux étant moulés tout percés, il ne s'agit que d'agrandir le trou. On y pas-sera d'abord une meche qui croisse un peu le trou. Ensuite on y en passera une autre un peu plus grosse, enfin jusqu'à ce que l'Anche y entre avec un ef-fort proportionné à sa force, & qu'il faille même le frapper sur le dos de la tête avec une petite batte de bois, prenant bien garde de ne pas éreinter l'Anche. On présentera à côté de l'Anche le calibre de la saillie des Anches, afin de l'en-foncer au point convenable. Il faut du moins pour les grandes Anches, qu'elles enfoncent dans le noyau de toute la hauteur de celui-ci ; & pour celles qui ne sont pas grandes, c'est-à-dire, les médiocres, ou celles qui sont petites, elles doivent enfoncer assez considérablement pour qu'on ne puisse les arracher avec les doigts qu'avec beaucoup de peine. S'il s'en trouve qui soient trop lon-gues, on les coupera avec une lime. S'il arrive qu'on n'ait aucune meche qui agrandisse le trou au point qu'il faut pour que l'Anche aille juste, il vaudra mieux croître un peu le trou du noyau avec une rape ronde, ou comme l'on dit, en *queue de rat.* On prendra garde que les Anches ne se renversent point sur leur dos. Elles doivent aller droit en tout sens, afin qu'elles ne touchent point dans l'intérieur du pied du Tuyau. Si l'on avoit fait un trou un peu trop grand, ou qu'il se trouvât tel au sortir du moule, il faudroit souder une virole dans le trou. A cet effet, on agrandira encore davantage le trou, s'il le faut ; on roulera sur un moule, un morceau de la même matiere du noyau, on soudera en long cette virole, on la mettra à force dans le trou du noyau, & on foudera le bout inférieur fur le noyau tout-à-l'entour. Si le trou eft devenu trop petit, on le croîtra un peu avec la rape. Si l'on avoit gauchi ou autrement éreinté une Anche , il faudroit l'ôter de fa place , la repaffer, s'il eft néceffaire , fur la broche & fur la grande lime. Il eft effentiel , pour pouvoir faire bien parler un Tuyau, que l'Anche foit bien dreffée & bien dégauchie.

1001. Toutes les Anches étant pofées il faut les garnir de leur languettes. On les fait toujours en laiton mince qu'on achete roulé & gratté. On en choifira de plufieurs épaiffeurs. On n'en trouvera pas dans celui qui eft roulé, d'affez épais pour les plus fortes languettes , comme pour les baffes d'une Bombarde , &c. On fera donc obligé d'en prendre qui ne foit pas roulé. On coupera avec des cifailles le laiton par bandes bien droites, d'une largeur convenable aux Anches auxquelles on les deftinera. Ces bandes pourront avoir 18 à 20 pouces de longueur. On les forgera fur une enclume bien unie, enforte que tous les coups de marteau fe touchent. Ce marteau doit être petit. On fera attention à battre fi également & fi uni, que lorfqu'une bande fera ainfi forgée, elle fe trouve bien dreffée en tout fens. Il y a des Facteurs qui les ayant forgées d'un côté les forgent encore de l'autre, afin qu'elles foient parfaitement & fortement écrouïes. Je crois qu'il eft mieux de ne pas les écrouir fi fort , & qu'il fuffit de les forger feulement d'un côté; on en eft plus facilement le maître. Lorfqu'elles font fortement écrouies, on a peine à leur donner la tournure convenable , & cette tournure ne dure pas fi long-temps. Leur grande élafticité fait que dans la fuite elles fe remettent d'elles-mêmes dans leur premier état; par-là un Jeu d'Anche fe dégrade bientôt. Les Facteurs les plus expérimentés prétendent que le grand écrouiffement des languettes, ôte le moëlleux d'un Jeu d'Anche. Je crois qu'ils ont raifon. Il en eft d'autres qui ne les écrouiffent pas du tout. Il eft vrai qu'alors on les gouverne bien aifément; mais auffi elles fe dérangent avec la même facilité. Il paroît donc mieux de ne les écrouir que médiocrement, c'eft-à-dire, de ne les forger que d'un côté avec un petit marteau bien uni.

1002. Les languettes étant forgées, on doit les blanchir, ce fe fait de plufieurs manieres. 1°. On en mettra une fur un morceau de groffe regle de bois dur & uni. On l'arrêtera d'un bout par un valet, & on la rabotera d'un bout à l'autre avec le rabot à double lumiere jufqu'à ce qu'il n'y paroiffe aucun coup de marteau. On la changera bout pour bout, & on rabotera de même le bout qui étoit fous le valet. On fera la même opération de l'autre côté. Il faut qu'une bande de languette étant finie, foit exactement dégauchie, bien dreffée & bien unie. 2°. Au lieu du rabot on fe fervira d'abord d'une lime d'Allemagne, & on finira avec une lime douce. On applique la lime obliquement fur la languette, tantôt dans un fens, tantôt dans un autre. 3°. On faifira avec un étau à main, un bout de la bande de languette, & la tenant couchée fur une table unie, & appliquant la lime obliquement par-deffus, tantôt dans un fens, tantôt dans un autre,

on

on tirera la bande de languette tenant toujours la lime immobile. On continuera à limer la languette jusqu'à ce qu'il ne paroisse plus aucun coup de marteau. On fera cette opération de chaque côté. On changera de bout quand il le faudra. Après avoir limé avec la lime rude , on finira avec la lime douce. Voilà trois manieres de blanchir les languettes. Chacun choisira la méthode qui lui conviendra le mieux. On fera de ces languettes de toutes les largeurs & de toutes les épaisseurs dont on pourra avoir besoin.

1003. On aura de petites tringles de bois de noyer dur & de fil bien droit, d'une longueur à volonté pour faire les coins. Elles seront planes d'un côté & demi rondes de l'autre. Il y en aura de toutes les largeurs des Anches , & d'une épaisseur commode ; afin de n'être pas obligé de les diminuer beaucoup pour faire les coins. Il y en a qui préférent le cormier, le buis , &c. au noyer. J'ai trouvé que ces bois durs se relâchent plutôt que le noyer ; parce que la matiere du noyau vient à céder dans la suite. D'autres sont dans l'usage de faire les coins en étain. Cette pratique est bonne pour les grandes Anches, mais elle ne convient pas aux petites , selon le sentiment de certains Facteurs.

1004. Pour poser une languette, on la choisira d'une force proportionnée à la grandeur de l'Anche. On en coupera un morceau un peu plus long qu'il ne faut. On en retrécira un bout avec la cisaille , suffisamment pour qu'elle puisse entrer juste , bien droit, & assez avant dans le noyau. Voyez la fig. 129 , *Pl.* 18.

PLANCHE 18.

On l'enfoncera autant qu'il se pourra ; on la frappera même par le bout avec un morceau de bois, ou avec le manche du couteau, tenant pendant cette opération la languette bien appliquée contre l'Anche ; sans cette précaution elle plieroit. Lorsqu'on aura ainsi placé la languette, on tracera un trait par-dessus avec une pointe fine d'acier , ou avec la pointe du couteau, aux deux côtés de l'Anche, pour marquer ce qu'il en faut retrancher. On l'arrachera , soit avec les doigts , si on le peut , ou avec la pincette , prenant bien garde de ne pas lui donner une fausse tournure. On coupera proprement tout le superflu avec la cisaille le long des traits. On achevera de bien dresser le champ de chaque côté sur la grande lime. On ôtera toutes les bavochures avec le grattoir , *fig.* 73 , *Pl.* 8. Voyez l'art. 111 , *pag.* 30. Ensuite on mettra cette languette sur un morceau

PLANCHE 8.

de bois bien uni. On passera le dos du couteau par-dessus. Cette opération de passer le dos du couteau par-dessus la languette , se fait pour la dresser parfaitement , la bien dégauchir & lui donner la tournure un peu courbe , comme elle est représentée en la fig. 130 , *Pl.* 18. Cette courbure doit être plus ou moins sensible ou considérable , selon la grandeur & la force de la languette. On la remettra en place, on l'y frappera , afin qu'elle y tienne aussi fortement qu'il sera possible. Il y a d'habiles Facteurs qui , après avoir coupé le morceau de languette, y font une autre opération avant de la poser en sa place. Ils la reforgent légérement avec un petit marteau poli , sur un tas également poli ; ils la font aller dans sa place , comme je viens de l'expliquer , & après l'avoir ôtée &

PLANCHE 18.

recoupée , ils la dreſſent , la dégauchiſſent & lui donnent la tournure avec un bruniſſoir aſſez petit pour cela. Ils prétendent , par l'expérience qu'ils en ont , que le Tuyau garde mieux l'accord & ſe maintient davantage dans ſon harmonie après ces façons. L'ouvrage en eſt d'ailleurs plus propre. Avant de couper l'excédent de la longueur , on fera & on poſera le coin.

1005. Les uns ſe ſervent d'un couteau , les autres d'un ciſeau de Menuiſier pour faire le coin. A meſure qu'on coupera le bois , au bout de la tringle faite exprès pour les coins , on le préſentera dans ſa place , & on verra par-là où il en faudra couper. On y retouchera juſqu'à ce que le coin entre aſſez avant & qu'il rempliſſe exaɛtement ſa place. On obſervera qu'il ne faut pas que le coin force au milieu de ſon dos ; parce que ſa partie plane , qui s'applique ſur la languette , riſqueroit , comme il arrive quelquefois , de devenir convexe , ce qui feroit aller mal la languette. Lorſqu'on reconnoîtra le coin bien fait , on l'enfoncera & on le frappera avec un petit marteau juſqu'à ce qu'il refuſe d'entrer davantage. On le coupera à une , deux , ou trois lignes du noyau , ſelon la grandeur de celui-ci. Les uns coupent le coin avec le couteau , les autres avec une petite ſciè. On obſervera en coupant le coin , de ne pas toucher la languette , ſoit avec le couteau , ſoit avec la ſcie. On coupera enſuite l'excédent de la longueur de la languette , enforte qu'elle affleure bien le bout de l'Anche. On ne coupera pas ce ſuperflu de la languette au premier coup , parce que la ciſaille en gauchiroit le bout , mais on le retranchera petit-à-petit.

1006. On a déja vu la forme d'une raſette , *fig.* 133 & 134 , *Pl.* 18. Voyez l'art. 186 , *pag.* 53. On les fait ordinairement en fil de fer non recuit. On le dreſſera ſur l'*Engin*. Voyez l'art. 614 , *pag.* 204. Il doit être ſi bien dreſſé qu'il n'y ait aucun endroit *jarreté*. On trouve dans le fil de fer de diſtance en diſtance de fortes impreſſions , qui ſont les repriſes de la tenaille qui mord le fil quand on le tire dans la tréfilerie. On unira ces endroits avec une lime douce pour en ôter les aſpérités. Le fil de fer le plus eſtimé ſe fabrique en Normandie. Il ne caſſe pas aiſément lorſqu'on le contourne , & qu'on le ploye ſans être recuit. On coupera ce fil de fer à morceaux d'une longueur , telle que ſi l'on fait un crochet au bout ſupérieur de la raſette , comme à celle de la fig. 134 , *Pl.* 18 , on puiſſe la faire deſcendre ſuffiſamment , pour que ſon pli inférieur ſe trouve entiérement hors de l'Anche. Les Tuyaux des Jeux ſont quelquefois ſi ſerrés les uns près des autres , ou ils ſe trouvent tellement diſpoſés , qu'il deviendroit fort embarraſſant pour les accorder , ſi les raſettes étoient courtes à l'ordinaire ; alors on les fait beaucoup plus longues & quelquefois autant que les Tuyaux. Leur pli inférieur doit être fait de façon que ſa longueur horiſontale n'outrepaſſe point la groſſeur du noyau , afin qu'aucune de ces deux parties ne puiſſe point toucher dans l'intérieur du pied du Tuyau ; cependant il doit être aſſez long pour tenir toute la largeur de la languette. Il doit être d'ailleurs très-droit & ſe préſenter bien à l'équerre ſur la languette. Celle-ci doit être médiocre-

Planche 18.

ment comprimée par cette partie de la rafette, mais non pas avec violence. On passera un peu de suif sur toute la longueur de la rafette. Il y en a qui passent sur la lime tout son coude horisontal, afin qu'il soit bien dressé ; ce qui est bon. Plusieurs font les rafettes en fil de laiton non recuit. Il seroit à souhaiter que cette pratique fût la seule en usage. Le fil de fer venant à rouiller, lime & agrandit le trou du noyau. Du reste on emploie du fil menu pour les petites Anches, du médiocre pour les médiocres, & du gros pour les grandes Anches. Celles-ci doivent être comprimées plus fortement par la rafette que les petites Anches.

1007. Les commençants & ceux qui n'ont pas une grande pratique pour choisir les languettes d'une force convenable à l'Anche qu'on garnit, pourront éprouver ainsi si la languette posée est trop forte ou trop foible. On essayera de faire parler le Tuyau, soit sur le sommier, si on en a la commodité, soit sur un soufflet. Mais il ne faut jamais y souffler avec la bouche. Le souffle de la bouche étant accompagné de beaucoup d'humidité, mouille l'Anche & la languette ; cela produit dans la suite du verd de gris & une grande saleté, qui empêche le Tuyau de parler, ou du moins lui porte un grand préjudice pour son harmonie, sur-tout aux petits Tuyaux. On mettra le Tuyau à son ton au moyen de la rafette. On verra à quel point de la languette elle se trouve. Si la rafette se trouve considérablement éloignée du coin, ce sera une marque que la languette est trop mince. On l'ôtera, & on en mettra une autre un peu plus forte, qu'on posera avec toutes les précautions indiquées *art.* 1004, *pag.* 375. On essayera encore le Tuyau ; & si la rafette vient à toucher le coin, sans que le Tuyau puisse parler à son ton, ce sera une marque que la languette sera trop forte. On la changera encore jusqu'à ce qu'ayant mis le Tuyau à son vrai ton, selon sa longueur, la rafette se trouve auprès du coin. Pour que cette épreuve soit bonne, il faut que la languette soit si bien disposée que le Tuyau parle bien. Si elle est trop fermée, le Tuyau sera trop prompt ; alors l'épreuve dont il s'agit seroit fausse. Si la languette est trop ouverte, le Tuyau sera tardif à parler. L'épreuve dans ce cas peut être bonne, pourvu que d'ailleurs le Tuyau ne râle point, & qu'il n'ait point d'autre défaut dans son harmonie. Je ne vois que ce moyen de faire connoître à ceux qui n'ont pas une grande pratique, quelle force il faut aux languettes, proportionellement aux Anches & aux Tuyaux. Il n'est pas possible d'en déterminer l'épaisseur autrement, car cela dépend beaucoup du degré d'écrouissement des languettes. Si elles sont fortement écrouies, il les faut plus minces que si elles ne le sont que médiocrement, ou point du tout. Je conseille donc à ceux qui n'ont point d'expérience, d'être exacts à la saillie des Anches ; cette exactitude leur étant nécessaire pour trouver la force convenable aux languettes. Ceux qui ont une grande pratique ne s'y méprennent jamais. Ils connoissent par le seul tact l'épaisseur convenable aux languettes. Nous verrons dans la suite comment il faut manier les languettes, & comment on doit traiter les Jeux d'Anche.

1008. On doit se souvenir que j'ai recommandé plusieurs fois d'étoffer suffisamment les Jeux. Il ne suffit pas de les faire solides, il faut encore qu'ils soient fournis de matiere assez considérablement, pour qu'ils aient la qualité d'harmonie qui leur convient. Cela est général pour tous les Jeux. J'ai donné en conséquence, *art. 966, pag.* 358, le poids d'un nombre de Jeux à bouche, pour faire connoître à-peu-près l'épaisseur qu'il est nécessaire de donner aux Tuyaux, & la quantité de matiere qu'il leur faut. Cet avis n'est pas moins essentiel pour les Jeux d'Anche. On n'en tireroit jamais ce fond, cette harmonie pleine, mâle & veloutée, qui doit faire leur caractere le plus estimable, s'ils n'étoient suffisamment étoffés. Comme ils sont une des parties de l'Orgue les plus remarquables, & que leur fonction est des plus apparentes, il convient de les étoffer avec un soin tout particulier. On va voir à cet effet dans les Tables suivantes, le poids de chaque Tuyau pour les Jeux principaux, tels que les Bombardes & les Trompettes. On jugera bien aisément du poids de chaque Tuyau du Clairon par ceux des Trompettes, puisque les Tuyaux d'un Clairon sont tous contenus dans la Trompette.

Poids des Jeux d'Anches Coniques.

Nº des Tuyaux	Nom de chaq. Tuy.	Poids de chaque Tuyau d'une Bombarde de grosse Taille. liv. onc. gros.				Suite de la Table précédente.					Nº des Tuyaux	Nom de chaq. Tuy.	Poids de chaq. Tuyau d'une Bombarde ordinaire. liv. onc. gros.				Suite de la Table précédente.			
						27	*d*	2	12	.							27	*d*	2	4	.
						28	*eb*	2	8	.							28	*eb*	2	.	.
						29	*e*	2	4	.							29	*e*	1	14	.
1	*c*	45	.	.		30	*f*	2	.	.	1	*c*	40	.	.		30	*f*	1	12	.
2	*c✗*	39	.	.		31	*f✗*	1	14	.	2	*c✗*	34	.	.		31	*f✗*	1	10	.
3	*d*	34	.	.		32	*g*	1	12	.	3	*d*	29	.	.		32	*g*	1	8	.
4	*eb*	30	.	.		33	*g✗*	1	10	.	4	*eb*	25	.	.		33	*g✗*	1	6	.
5	*e*	27	.	.		34	*a*	1	8	.	5	*e*	22	.	.		34	*a*	1	4	.
6	*f*	24	.	.		35	*bb*	1	6	.	6	*f*	20	.	.		35	*bb*	1	3	.
7	*f✗*	22	.	.		36	*b*	1	4	.	7	*f✗*	18	.	.		36	*b*	1	2	.
8	*g*	20	.	.		37	*c*	1	2	.	8	*g*	16	.	.		37	*c*	1	1	.
9	*g✗*	18	.	.		38	*c✗*	1	.	.	9	*g✗*	14	.	.		38	*c✗*	1	.	.
10	*a*	16	.	.		39	*d*	0	15	.	10	*a*	12	.	.		39	*d*	0	15	.
11	*bb*	14	.	.		40	*eb*	0	14	.	11	*bb*	11	.	.		40	*eb*	0	14	.
12	*b*	13	.	.		41	*e*	0	13	.	12	*b*	10	.	.		41	*e*	0	13	.
13	*c*	11	.	.		42	*f*	0	12	.	13	*c*	9	.	.		42	*f*	0	12	.
14	*c✗*	10	.	.		43	*f✗*	0	11	.	14	*c✗*	8	.	.		43	*f✗*	0	11	.
15	*d*	9	.	.		44	*g*	0	10	4	15	*d*	7	.	.		44	*g*	0	10	4
16	*eb*	8	.	.		45	*g✗*	0	10	.	16	*eb*	6	.	.		45	*g✗*	0	10	.
17	*e*	7	.	.		46	*a*	0	9	4	17	*e*	5	8	.		46	*a*	0	9	4
18	*f*	6	8	.		47	*bb*	0	9	.	18	*f*	5	.	.		47	*bb*	0	9	.
19	*fb*	6	.	.		48	*b*	0	8	4	19	*f✗*	4	8	.		48	*b*	0	8	4
20	*g*	5	8	.		49	*c*	0	8	.	20	*g*	4	.	.		49	*c*	0	8	.
21	*g✗*	5	.	.		50	*c✗*	0	7	4	21	*g✗*	3	12	.		50	*c✗*	0	7	4
22	*a*	4	8	.		51	*d*	0	7	.	22	*a*	3	8	.		51	*d*	0	7	.
23	*bb*	4	.	.							23	*bb*	3	4	.						
24	*b*	3	8	.							24	*b*	3	.	.						
25	*c*	3	4	.		Total du poids de la grosse Bombarde, 418 *liv.* 1 *onc.*					25	*c*	2	12	.		Total du poids de la Bombarde ordinaire, 344 *liv.* 3 *onc.*				
26	*c✗*	3	.	.							26	*c✗*	2	8	.						

Poids de chaque Tuyau d'une Trompette de grosse Taille. (suivi de la *Suite de la Table précédente*)

N°. des chaq. Tuyau	Nom de chaq. Tuy.	liv.	onc.	gros.
1	c	11	.	.
2	c♯	10	.	.
3	d	9	.	.
4	e♭	8	.	.
5	e	7	.	.
6	f	6	8	.
7	f♯	6	.	.
8	g	5	8	.
9	g♯	5	.	.
10	a	4	8	.
11	b♭	4	.	.
12	b	3	8	.
13	c	3	4	.
14	c♯	3	.	.
15	d	2	12	.
16	e♭	2	8	.
17	e	2	4	.
18	f	2	.	.
19	f♯	1	14	.
20	g	1	12	.
21	g♯	1	10	.
22	a	1	8	.
23	b♭	1	6	.
24	b	1	4	.
25	c	1	2	.
26	c♯	1	.	.
27	d	0	15	.
28	e♭	0	14	.
29	e	0	13	.
30	f	0	12	.
31	f♯	0	11	.
32	g	0	10	4
33	g♯	0	10	.
34	a	0	9	4
35	b♭	0	9	.
36	b	0	8	4
37	c	0	8	.
38	c♯	0	7	4
39	d	0	7	.
40	e♭	0	6	4
41	e	0	6	.
42	f	0	5	4
43	f♯	0	5	.
44	g	0	4	6
45	g♯	0	4	4
46	a	0	4	2
47	b♭	0	4	.
48	b	0	3	6
49	c	0	3	4
50	c♯	0	3	2
51	d	0	3	.

Total du poids d'une grosse Trompette, 118 liv. 13 onc.

Poids de chaque Tuyau d'une Trompette ordinaire. (suivi de la *Suite de la Table précédente*)

N°. des Tuyaux	Nom de chaq. Tuy.	liv.	onc.	gros.
1	c	9	.	.
2	c♯	8	.	.
3	d	7	.	.
4	e♭	6	.	.
5	e	5	8	.
6	f	5	.	.
7	f♯	4	8	.
8	g	4	.	.
9	g♯	3	12	.
10	a	3	8	.
11	b♭	3	4	.
12	b	3	.	.
13	c	2	12	.
14	c♯	2	8	.
15	d	2	4	.
16	e♭	2	.	.
17	e	1	14	.
18	f	1	12	.
19	f♯	1	10	.
20	g	1	8	.
21	g♯	1	6	.
22	a	1	4	.
23	b♭	1	3	.
24	b	1	2	.
25	c	1	1	.
26	c♯	1	.	.
27	d	0	15	.
28	e♭	0	14	.
29	e	0	13	.
30	f	0	12	.
31	f♯	0	11	.
32	g	0	10	4
33	g♯	0	10	.
34	a	0	9	4
35	b♭	0	9	.
36	b	0	8	4
37	c	0	8	.
38	c♯	0	7	4
39	d	0	7	.
40	e♭	0	6	4
41	e	0	6	.
42	f	0	5	4
43	f♯	0	5	.
44	g	0	4	4
45	g♯	0	4	.
46	a	0	3	6
47	b♭	0	3	4
48	b	0	3	2
49	c	0	3	.
50	c♯	0	2	6
51	d	0	2	4

Total du poids d'une Trompette ordinaire, 55 liv. 5 onc. 2 gros.

On ne comprend point ici dans les poids des Tuyaux les Noyaux, ni les boîtes, ni les pieds. J'ai déja donné le poids d'un Cromorne, art. 980, pag. 336. Il faut feulement obferver ici qu'on peut couder en différentes manieres le Cromorne & les Jeux Coniques, s'il eft néceffaire, fans intéreffer leur harmonie.

Une voix humaine ordinaire pefe environ 9 livres, fans y comprendre les Noyaux ni les pieds.

CHAPITRE NEUVIEME.

Maniere de pofer toutes les Machines & les Tuyaux de l'Orgue.

COMME il s'agit de décrire dans ce Chapitre comment il faut monter l'inftrument entier, il convient, pour éviter la confufion, d'en réduire les différentes defcriptions à certains chefs. Je le diviferai donc en fept Sections. Dans la premiere, nous verrons comment il faut pofer la Soufflerie avec tout ce qui l'accompagne. Dans la feconde, je décrirai comment il faut pofer le grand Sommier d'abord, & enfuite tous les autres Sommiers. Dans la troifieme, comment on doit faire la diftribution du vent de la Soufflerie à tous les Sommiers. Dans la quatrieme, comment il faut pofer les Abrégés, les Claviers, avec le moyen

de faire bien jouer le tout. Dans la cinquieme, comment il faut pofer toutes les
pieces pour faire jouer tous les Regiftres. Dans la fixieme, je décrirai la maniere de pofer la Montre, d'y amener le vent & de pofter tous les Tuyaux qui
ne doivent pas jouer fur leur vent : & dans la feptieme, j'expliquerai la maniere
de pofer tous les autres Tuyaux dans l'intérieur de l'Orgue.

Section Première.

Comment il faut pofer la Soufflerie, avec tout ce qui l'accompagne.

1009. Pour rendre le local de la Soufflerie d'un Orgue impénétrable au
froid exceffif, aux grandes chaleurs & à l'humidité exceffive, il ne faut pas qu'il
y ait de grandes fenêtres. Une feule affez médiocre & bien vitrée peut fuffire.
Si l'endroit peut être voûté deffus & deffous, ce fera le mieux. On ne doit jamais fouffrir un fimple toît par-deffus pour couverture. Il eft néceffaire de faire
un plancher de bois par-deffous le toît, ou un plafond en plâtre, qu'on placera
à quelque diftance du couvert. On garnira le deffus de ce plancher ou plafond,
de 4 à 6 pouces d'épaiffeur de terre glaife bien pêtrie, & liée avec du foin ou
autre chofe. Sur-tout, on prendra toutes les précautions poffibles pour garantir la Soufflerie des rats & des fouris, qui y font ordinairement un grand dégât
lorfqu'ils peuvent y pénétrer. Le fol doit être pavé en carreaux de terre bien
cuite, afin que les fouliers, & quelquefois les fabots du Souffleur n'en détachent
point de pouffiere. Les foufflets l'afpirent avec l'air & en rempliffent l'intérieur
des porte-vents & des layes des Sommiers; delà la pouffiere va dans les Tuyaux.
Si le pavé de la Soufflerie n'eft pas de terre cuite de bonne qualité, il faut plan-
chéier en bois toute l'allée où fe promene le Souffleur lorfqu'il eft en exercice.
Les planches par elles-mêmes ne produifent pas la pouffiere.

1010. Pour placer les foufflets, il faut les difpofer, fi le local le permet, en
forte que leurs têtes (où font les charnieres) foient le plus près de l'Orgue,
& le fond des foufflets au côté oppofé, c'eft-à-dire, plus éloigné de l'Orgue. Il
fuffira de laiffer un efpace d'environ 4 à 5 pieds de largeur entre les têtes des
foufflets & le derriere de l'Orgue, ou le mur de féparation. On trouve des
lieux deftinés pour une Soufflerie de tant de différentes fituations, qu'on ne peut
donner que des regles bien générales à cet égard. S'il faut féparer les vents, ou
que tous les foufflets ne puiffent pas être placés dans un même local, on placera
toujours le plus près poffible de leur fommier refpectif les foufflets deftinés à y
fournir le vent, foit pour la hauteur, foit pour la diftance. Du refte, il eft indifférent de faire aller le vent aux Sommiers en montant ou en defcendant, mais
il ne l'eft pas que les foufflets foient loin ou près de leurs Sommiers refpectifs.

Ce qu'il y a de plus remarquable pour pofer une Soufflerie ordinaire, c'eft
de donner la pente convenable aux foufflets, & de placer, comme il faut, le

grand *tretéau* qui doit porter les bafcules. L'égalité du vent dépend beaucoup de ces deux difpofitions. Il faut d'abord placer le grand porte-vent *BX*, (*fig.* 1.
Pl. 48) qui porte les gofiers, en le difpofant de façon que les ouvertures des gofiers *R*, *R*, *fig.* 2, regardent le fond des foufflets ou le côté oppofé à l'Orgue ; & afin que le porte-vent ne fe gâte point s'il touchoit à terre, on l'élevera au-deffus du fol de deux ou trois pouces, au moyen des entailles *O*, *O*, *fig.* 1, qu'on mettra par-deffous, & qu'on placera vis à-vis de chaque gofier : on obfervera que le porte-vent porte bien fur toutes les entailles. Comme il y a toujours quelque peu de haut & de bas au pavé du fol, on fera ces entailles plus épaiffes les unes que les autres, felon que la place de chacune le demandera. Au-deffus du porte-vent *Q Q*, *fig.* 2, feront pofés les gofiers dans des ouvertures où ils entrent en feuillure, enforte que le devant & le derriere affleure le devant & le derriere du porte-vent, afin qu'ils foient appuyés folidement & qu'ils ne portent point à faux. Ces gofiers fe poferont fur leur porte-vent plus commodément à l'attelier. Ils doivent être tellement efpacés entre-eux, que les foufflets étant à leur place, ceux-ci aient une diftance d'un pouce au moins de l'un à l'autre ; ainfi on prendra bien fes mefures pour cela. Ce qui n'empêchera pas qu'on ne puiffe donner un plus grand éloignement de l'un à l'autre, fi le local le permet.

1011. On poferaun grand & fort foliveau ou demi-poutre deffous les bouts des tables du fond des foufflets, & on pofera enfuite les foufflets en leur place. On élevera fur des cales ce grand foliveau, plus ou moins, felon que le demandera l'épreuve qu'on fera pour l'égalité de la force du vent. A cet effet, on mettra un foufflet en expérience. On appliquera l'anémometre fur le porte-vent. On chargera le foufflet, à peu près comme on fait ordinairement. On l'ouvrira entiérement & on examinera à l'anémometre fi le vent eft égal, ou de la même force lorfque le foufflet eft entiérement levé, que lorfqu'il eft bas & prêt à fe repofer. S'il fouffle plus fort lorfqu'il eft tout-à-fait levé, il faudra diminuer la pente, en élevant le gros foliveau. S'il fouffle moins fort, il faudra augmenter la pente en baiffant le foliveau. Il n'eft pas poffible de donner là-deffus une regle générale. Le nombre des plis plus ou moins grand, leur épaiffeur plus ou moins confidérable, la grandeur des foufflets, la pefanteur & la difpofition des bafcules & d'autres circonftances, font qu'il faut donner plus ou moins de pente pour rendre le vent égal. On doit entendre que pour faire cette épreuve, il faut que le grand treteau & les bafcules foient pofées.

1012. Il s'agit de pofer à propos le grand treteau *D E fig.* 1. *Pl.* 48. qui doit porter les bafcules *F F*. On tracera fur la muraille ou ailleurs la ligne *a b*, *fig.* 3, *Pl.* 72, qui repréfentera le deffus du foufflet baiffé, ayant la pente qu'il doit avoir. La diftance *u a* fera la longueur du foufflet, & *r* fa charniere. Du point *r* comme centre, on tracera l'arc *b q c* fur le point *b*, qui fera celui de la queue du foufflet, où l'on place la tringle de fer pour lever le foufflet. Je fuppofe que le foufflet a 8 pieds de longueur, & qu'il doit ouvrir de 3 pieds. On prendra donc 3 pieds en ligne droite de *b* à *c*, & on marquera le point *c* fur l'arc *b q c*. On tirera la ligne *c a*, qui repréfentera la table du deffus du foufflet lorfqu'il eft ouvert. On tirera la ligne indéfinie *g f*, parallele à la table élevée du deffus du foufflet, & à 14 pouces de diftance de la ligne *c a*. Cette diftance fera fuffifante pour placer le treteau avec les fupports des bafcules, fans que rien touche à la table élevée du deffus du foufflet. On placera fur cette ligne le centre *k* de mouvement de la bafcule, qui doit lever le foufflet. Je fuppofe que la bafcule aura 12 pieds de longueur; que du centre *k* de mouvement au petit bout *d*, il y aura 9 pieds, & qu'il y aura 3 pieds du même centre *k*, au gros bout *m*. On tirera à plomb la ligne *b h*, qui tombe fur le point *b* du tirage fur la queue du foufflet. Sur la ligne *g f*, on placera le centre *k* à 3 pieds de diftance de la ligne à plomb *b h*. On tirera la ligne *a x*, qui touche à l'angle *a* du foufflet, & qui paffe à un bon pouce au-deffous du point *k*. On en tirera une autre *d m*, qui paffe à deux pouces de l'angle *a* du foufflet, & à 4 pouces au-deffus du centre *k*, ce qui déterminera la largeur du bois de la bafcule. On marquera le point *m* fur la bafcule, à 3 pieds de diftance du centre *k*, & on placera ce point *m* un peu au-deffus du milieu de la largeur de la bafcule, afin de laiffer la plus grande force du bois en deffous, & on tirera la ligne *m k*. On tirera une autre ligne de *m* à *c*, qui eft le point de la queue du foufflet où fe trouve le tirage lorfque le foufflet eft élevé. Du centre *k* on tirera l'arc indéfini *m p n*, qui aura 3 pieds de rayon & qui paffera, par conféquent, fur le point *m*. On prendra la diftance de *m* à *c*, on la portera de *b* à *n* fur l'arc *m p n*. On tirera la ligne *k n*. A 3 pouces au-deffous de *n*, on tirera la ligne *n t*, qui paffe à un bon pouce au-deffous du centre *k*. On tirera une autre ligne à un pouce au-deffus du point *n*, & qui aille aboutir au point *s*, à 2 pouces de *t*.

On voit dans cette figure la fituation du foufflet avec celle de fa bafcule lorfqu'il eft fermé. Les lettres *a b* repréfentent le deffus du foufflet fermé, & *q n s t*, la fituation de fa bafcule. *c* & *a*, repréfentent le deffus du foufflet ouvert, & *x m d*, la fituation de fa bafcule. Il s'agit préfentement d'examiner fi le centre *k* de mouvement de la bafcule eft placé de façon que le foufflet étant près d'être fermé, ait le même avantage pour attirer la bafcule, que lorfqu'il commence à l'entraîner étant entiérement ouvert; ce qui eft néceffaire, afin que le poids de la bafcule n'affoibliffe pas plus le vent en une circonftance qu'en l'autre.

1013. Lorfque le foufflet eft entiérement ouvert, la direction du tirage *c m*, fait un angle aigu *k m c*, avec la bafcule *k m*; par conféquent il ne faut pas prendre tout le rayon *k m*, pour la longueur du levier; mais feulement la partie *k* 2 qu'on trouvera ainfi. On menera par le point *c* deux lignes *c y* & *c* ɀ; la premiere *c y* perpendiculaire à *k m*, & la feconde *c* ɀ perpendiculaire à *c a*: enfuite on divifera la ligne *y* ɀ en deux parties égales au point 2, & *k* 2 fera la véritable longueur du levier. Pour voir fi le levier eft le même lorfque le foufflet eft pref

que

que fermé, on prolongera la ligne du tirage *b n* jusqu'à *o* ; de *k* on abaissera une
perpendiculaire *b o* ; on comparera cette perpendiculaire avec *k* 2 ; si elle lui est Planche 72.
égale, ce sera une preuve que le centre du mouvement *k* sera bien placé, pour
que le poids de celle-ci ne rende pas le vent inégal. Si le vent n'étoit pas égal
dans ces deux situations, on approchera ou on éloignera de la ligne à-plomb
h b, le centre de mouvement *k*, qu'on posera toujours sur la ligne *g f*. Si malgré l'égalité des leviers, le vent est plus ou moins fort lorsque le soufflet est entiérement levé, que lorsqu'il est près d'être fermé, on haussera ou l'on baissera
le grand soliveau qui est dessous le fond des soufflets.

1014. Toutes ces mesures étant prises & vérifiées, ainsi que je viens de le décrire, il sera aisé de placer comme il faut le grand treteau. On voit dans la fig. 8, la
soufflerie représentée en profil géométral, avec son treteau. On y remarque la
disposition des bascules lorsque les soufflets sont ouverts, & lorsqu'ils sont fermés, le tout arrangé selon les principes expliqués dans les deux articles précédents. On arrêtera les pieds du grand treteau sur le sol avec des pattes de fer,
afin qu'il soit inébranlable. On l'appuyera entre les soufflets par un ou deux supports ; c'est pourquoi on donnera une distance suffisante entre les deux soufflets
où l'on voudra placer ces supports, lesquels doivent avoir la même figure, & être
composés des mêmes pieces que les deux principaux, mais beaucoup plus minces pour ne pas occuper tant de place. Les soufflets étant en place, on arrêtera le
bout de la table de dessous sur le gros soliveau. On collera de la peau autour des
gosiers à leur partie supérieure, car pour l'inférieure on a dû le coller dans l'attelier. On la collera en 4 bandes dont on chanfreinera seulement les bouts. On
y appliquera le linge chaud à l'ordinaire, & on recoupera à la regle cette peau
avant que la colle soit seche.

1015. Afin que les bascules ne soient pas sujettes à se déranger par l'impéri-
tie d'un Souffleur, on y mettra des conduites, comme elles sont représentées en
S G G G, *P Q I*, *fig.* 1, *Pl.* 48, avec les arrêts *V* & *X*. Voyez la Section 4 du
Chapitre **VI**, *pag.* 120 & *suiv.* Si on ne met qu'un seul gosier à chaque soufflet, Planche 48.
on posera des supports aux deux côtés de la tête de chaque soufflet, afin qu'ils
tiennent bien ferme, sans faire le moindre mouvement quand ils jouent.

1016. On est quelquefois si fort à l'étroit pour placer une soufflerie, qu'on est
obligé de mettre les soufflets les uns sur les autres. On construira alors une forte
charpente, *fig.* 1, *Pl.* 75, assez solidement assemblée pour être inébranlable. On Planche 75.
disposera tellement les soufflets que les bascules *B*, *D*, *C*, se trouvent toujours
en même ligne & à la même hauteur, pour être également à la portée du souffleur. Le grand porte-vent *E F G H*, sera conduit de l'un à l'autre soufflet par
le plus court chemin. Les bascules, au lieu de lever les soufflets par dessus, les
leveront par dessous. A cet effet on ajustera de fortes barres de fer d'un pouce
en quarré, ou davantage s'il le faut, au gros bout des bascules par leur extrêmité
inférieure, & aux queues des soufflets par leur extrêmité supérieure. Elles se-

ront applaties & percées à chaque bout pour être commodément emmanchées. On leur donnera une tournure convenable pour qu'elles faſſent leur fonction ſans embarras. Comme il n'eſt pas poſſible de poſer toutes les baſcules au milieu, & que par conſéquent elles ne peuvent pas lever leurs fouffllets reſpectifs en droiture par leur queue, on ſe ſervira de la piece de fer à deux bras, *fig.* 2, pour tranſporter le mouvement. La baſcule *C , fig.* 1, par exemple, portera à ſon gros bout la tringle *K*, qui ſera emmanchée par ſon bout ſupérieur au bras *L*; l'autre bras *M* ſera accroché à une tringle *M N*, dont le bout ſupérieur ſera emmanché à la queue du foufflet. L'axe *O P*, ſera ſolidement poſé dans d'autres pieces qu'on ajoutera à la charpente, & qu'on n'a pas repréſenté dans cette figure pour éviter la confuſion. L'autre piece à deux bras *R*, fait la même fonction que la précédente. Elle tranſporte le mouvement de la baſcule *B* au troiſieme foufflet. On apperçoit aſſez à l'inſpection de la fig. 1, comment les foufflets dégorgent leur vent par leurs deux goſiers dans le grand porte-vent *F H*, au moyen des bras *E , G , V*, du grand porte-vent. La partie *F S* eſt ſuppoſée porter le vent au grand Sommier & celle *V T* au Poſitif. On remarque encore dans cette fig. les groſſes traverſes qui portent chaque foufflet dans la pente qu'il doit avoir. Si le local ne permet pas d'arrêter bien fortement toute cette char-pente par le haut, on y aſſemblera des croix de ſaint-André par-tout où il en faudra pour la rendre inébranlable. On peut diſpoſer deux machines ſemblables pour placer ſix foufflets, mais en telle maniere, s'il ſe peut, que le Souffleur ſe place entre-deux, afin qu'il puiſſe lever les ſix foufflets ſans preſque changer de place. Du reſte, ceci n'eſt qu'une idée d'une machine propre à poſer des fouf-flets les uns ſur les autres. On peut faire beaucoup mieux en ſe ſervant de tou-tes les reſſources que la ſituation d'un local peut fournir. Lorſque le tout ſera conſtruit avec intelligence, une Soufflerie ira auſſi-bien que ſi elle étoit montée & arrangée à l'ordinaire.

1017. Si le local de la Soufflerie eſt encore ſi petit qu'on ne puiſſe ſe ſervir de baſcules pour faire jouer les foufflets, on aura recours aux poulies avec un cor-dage. C'eſt ſans contredit la moins avantageuſe de toutes les manieres de faire jouer une Soufflerie. Voyez à ce ſujet les art. 28 & ſuiv. *pag. 9 & ſuiv.* On fera en ſorte que toutes les cordes ſoient également à portée du Souffleur. Il faut remarquer que les cordes ordinaires faites avec du chanvre, ſe roidiſſent beaucoup lorſque le temps eſt humide. Cette roideur eſt extrêmement préjudiciable au jeu de la machine, & il s'enſuivra que le vent ſera plus fort lorſque le temps ſera ſec, que lorſqu'il ſera humide. Le ſeul moyen que je connoiſſe pour parer à cet inconvénient, eſt d'employer des cordes de ſoie qui ne ſoient pas d'une tiſſure trop ſerrée.

1018. On ne peut point déterminer par une regle générale la quantité de poids dont il faut charger les foufflets. Cela dépend de pluſieurs circonſtances. Plus les foufflets ſont éloignés de l'Orgue, plus il faut les charger. Plus ils

font grands, de-même. Plus les tables font pefantes, moins il faut les charger.
On peut mettre 80 livres ou environ fur des foufflets de 8 pieds. S'ils n'en ont
que 6 , 70 livres fuffiront. Cependant il ne faut pas tellement compter là deffus,
que les différentes circonftances n'exigent quelquefois plus ou moins de
poids. Si on charge trop les foufflets , on ufera bientôt une Soufflerie, & les
Claviers deviendront plus durs. Si on ne les charge pas affez, l'Orgue fera plus
lent à parler, & on ne pourra point tirer un bon parti des Jeux d'Anche. Pour
ne pas fe tromper fur ce point, on fera bien d'appliquer l'anémometre fur un
porte-vent d'un autre Orgue que l'on faura aller bien ; on verra jufqu'à quel
degré le vent fait monter la liqueur. Quand on chargera les nouveaux foufflets,
on y mettra la quantité de poids convenable pour que la liqueur de l'anémometre monte au même degré, ce qu'on éprouvera en faifant fouffler féparément
chaque foufflet, afin que l'un ne fouffle pas plus fort que l'autre.

SECTION SECONDE.

Pofer le grand Sommier & enfuite les autres Sommiers.

1019. Tous les Sommiers doivent être pofés bien de niveau, & fi folidement
qu'ils ne puiffent faire le moindre mouvement. Tous les ajuftages des Claviers, des Abrégés, de tous les mouvements, &c. auffi-bien que la confervation
des Tuyaux & la durée de l'accord dépendent de la parfaite ftabilité des Sommiers. Pour pofer le principal, qu'on appelle le grand Sommier, on fera tenir
de champ de fortes traverfes de 2 à 3 pouces d'épaiffeur, fur 6 à 8 pouces de
largeur, felon la grandeur du Sommier, affemblées en queue d'aronde fur des
gouffets à bois debout de 15 à 18 pouces de hauteur, collés & cloués contre les
principaux montants du devant & du derriere de l'intérieur du grand Buffet. Ces
traverfes porteront de groffes feuillures dans lefquelles chaque partie du grand
Sommier s'enchâffera. Si les principaux montants du Buffet ne fe rencontrent
point aux endroits commodes pour pofer ces gouffets, on fera tenir à plat & de
champ de fortes & larges traverfes d'un montant à l'autre, affemblées à tenon &
mortaife à chaque bout fur deux gouffets, tels que je viens de les défigner. On
mettra des traverfes ainfi attachées également fur le derriere de l'intérieur du
Buffet. On affemblera en queue fur ces traverfes celles fur lefquelles on doit pofer
le grand Sommier. Lorfque celles-ci feront pofées on mettra une grande regle
par-deffus, pour voir fi elles font toutes à la même hauteur, fi elles fe répondent bien & fi leur enfemble eft dégauchi. Lorfqu'elles feront bien arrêtées, on y
mettra le grand Sommier, qui eft ordinairement divifé en plufieurs parties ;
mais on aura foin en même temps d'emmancher les morceaux du grand porte-
vent, pour communiquer le vent de l'une à l'autre partie. Ces morceaux de porte-
vent doivent avoir à chaque bout une feuillure de 5 à 6 lignes en quarré. C'eft

par la feuillure qu'ils entrent & se fixent dans les ouvertures des bouts des Layes.

1020. Si les parties qui composent le grand Sommier sont assez longues pour faire craindre qu'elles ne fléchissent vers le milieu, on mettra par-dessous & derriere la Laye une planche de champ, soutenue sur une forte barre de fer, bien affermie par les deux bouts sur des supports. Et afin que cette planche ne varie point, on y mettra quelques petits goujons de fer en-dessus & qui entrent dans une barre du Sommier. Le dessous de cette planche pourra aussi être arrêté par quelques clous qui traverseront la barre de fer, à laquelle on aura fait quelques trous. Si ces parties du grand Sommier se trouvent fort grandes, & surtout si elles doivent être chargées de Jeux fort pesants, comme Bombardes, &c. il convient de les appuyer encore mieux. On assemblera à cet effet de fortes planches de champ, en queue d'aronde percée, aux deux extrêmités des deux supports des deux bouts du Sommier. Ces planches soutiendront très-bien les battants de derriere, au-dessous desquels elles se trouveront posées. On en assemblera une autre à doubles tenons, mortaises & entailles vers le milieu du dessous du Sommier, & contre les mêmes supports des côtés. Cette planche qui sera unie contre les barres, empêchera qu'elles ne fléchissent vers leur milieu sur leur champ. Quand chaque partie du grand Sommier sera ainsi appuyée par ces deux traverses, elles se maintiendront bien quoiqu'on les charge beaucoup.

1021. Il faut que la Laye se présente bien aux frises extérieures du Buffet. On fera avancer le Sommier aussi près de la Montre qu'il se pourra, & on l'arrêtera sur ses traverses. On prendra garde qu'il porte bien dans le fond des feuillures, ensorte qu'il soit inébranlable en tout sens. On collera une bande de peau en 4 pieces autour de chaque jointure entre les morceaux du porte-vent & la Laye du Sommier. On ne négligera rien pour que cette opération soit bien faite, afin qu'il ne s'échappe point de vent par-là. Ce seroit un travail très-difficile s'il falloit y revenir lorsque les autres machines seront posées.

1022. On brossera tout le dessus des Sommiers pour en ôter la poussiere ou les autres ordures. On frottera bien légérement avec un morceau de savon sec tous les Registres dessus & dessous; on les frottera avec un morceau d'étoffe de laine & on les mettra chacun en leur place. Si on ne leur a pas donné du Jeu auparavant, on le fera alors; c'est-à-dire, qu'on doit les diminuer un peu de largeur de chaque côté, afin qu'ils ne soient point du tout gênés dans leur mouvement. A mesure qu'on mettra les Registres en leur place on les garnira de leurs enfourchements, *fig.* 8, *B*, *Pl.* 35.

PLANCHE
35.

1023. Chaque bout de l'enfourchement doit être bien juste au Registre. On coupera l'enfourchement de longueur, s'il ne l'est déja : on y emmanchera les bouts des deux Registres correspondants, qui doivent y être plus ou moins enfoncés, ensorte que leurs *reperes* touchent tout à la fois leur cheville. Tandis qu'un Ouvrier tiendra deux Registres bien arrêtés contre leur reperes, un autre percera avec le vilebrequin un bout de l'enfourchement & le Registre ensemble, d'un

trou

trou de 3 ou 4 lignes de groffeur. On y mettra une cheville, qui doit y aller bien jufte. On regardera encore fi les deux Regiftres font bien arrêtés à leurs reperes, & on percera l'autre bout de l'enfourchement, dans le trou duquel on mettra encore une cheville. Enfuite on fera un autre trou à une petite diftance du premier, mais non pas en droite ligne, & on y mettra une autre cheville; enforte qu'il y aura à chaque bout de l'enfourchement, au moins deux chevilles. On en met ordinairement une en fer, faite en forme de cheville de violon, & l'autre en bois. On pofera de même les autres enfourchements & avec les mêmes précautions, afin que les 4 parties du même Regiftre, s'il y en a 4, frappent toutes à la fois leurs reperes & y appuyent bien également, cela eft effentiel. Les bouts des enfourchements ne doivent jamais toucher au Sommier, il faut au moins une ligne de diftance entre les deux.

1024. Tous les Regiftres étant en leur place & liés par leurs enfourchements, on mettra les chapes. Avant de les pofer on collera une bande de parchemin, ou feulement de papier tout le long & par-deffus tous les faux-Regiftres. Cela empêchera que les chapes ne ferrent trop les Regiftres. Il y en a qui fe contentent de coller de petits morceaux de parchemin, ou de papier de diftance en diftance, aux endroits feulement où l'on met les clous à chapes; mais fort mal-à-propos, parce qu'il arrive que les chapes portant à faux, fléchiffent fous la charge des Tuyaux, & qu'elles ferrent trop les Regiftres. Enfin on pofera les chapes qu'on clouera très-légérement. On ôtera la tringle rainée qu'on avoit attachée au-deffous de la Laye pour en garantir les ofiers. On comprend bien, au refte, que fi le grand Sommier n'eft divifé qu'en deux parties, on doit le pofer de la même maniere.

1025. On pofe ordinairement les deux Sommiers de Pédale au même niveau, ou à la même hauteur du grand Sommier; ce qui eft plus commode pour la communication du vent, que l'on prend du grand Sommier, pour les Orgues médiocres & les petites, où il n'eft queftion d'aucune féparation des vents. Si on n'a pas affez de hauteur dans les endroits du grand Buffet, où l'on pofe les Sommiers de Pédale, pour placer les grands Tuyaux de Pédale, on pofera alors leurs Sommiers plus bas. On les difpofera de façon que les baffes des Jeux, ou les plus grands Tuyaux fe trouvent fur le derriere de l'Orgue & les plus petits Tuyaux vers la Montre. Cette difpofition eft la plus avantageufe & la plus commode; attendu que les deffus étant plus près de la Montre, fe feront mieux entendre. D'ailleurs, quand on voudra manier un grand Tuyau, on trouvera bien plus d'aifance vers le derriere de l'Orgue.

1026. Pour pofer les Sommiers de Pédale, on fera tenir les bouts de deux fortes traverfes contre le devant & le derriere de l'intérieur du Buffet, de la même maniere que nous l'avons décrit pour le grand Sommier, fur lefquelles & dans des feuillures faites au cifeau, on enchâffera ceux de Pédales, un à chaque extrêmité de l'Orgue. Voyez *Pl.* 30 fur le plan, aux nombres 13 & 14;

Planche
30.

ou *Pl.* 32, fur le plan. On laiſſera un eſpace fuffifant entre les bouts de ces Sommiers & le derriere du Buffet, pour placer & faire jouer les tournants de fer, qui doivent tirer & enfoncer les Regiſtres. On arrêtera ces Sommiers ſur leurs ſupports par des pattes de fer. On ne met pas toujours ces Sommiers dans cette fituation. On les diſpoſe quelquefois enforte que leur bout regarde le grand Sommier. Cet arrangement n'eſt pas fi commode pour faire jouer les machines qui ont relation à ces Sommiers : cependant certaines circonſtances peuvent déterminer à les diſpoſer de la ſeconde maniere. On ne mettra point encore les Regiſtres ni les chapes.

1027. Si l'on doit placer un Sommier de Récit, on le mettra contre le derriere de la Montre. On attachera contre les montants de la tourelle du milieu deux fortes conſoles, ou deux potences faites d'aſſemblage, ſur leſquelles on poſera ce Sommier, qu'on enchâſſera dans des feuillures, & qu'on arrêtera par des pattes de fer ou des clous. On le mettra bien de niveau en tout ſens. On l'élevera le plus haut qu'on pourra ; mais pourtant enforte qu'on puiſſe aiſément y atteindre, afin d'avoir la facilité d'en accorder les Jeux. On ne poſera point encore les Regiſtres ni les chapes.

1028. On poſera de même les deux pieces gravées du grand Cornet le plus vis-à-vis, ou le plus à plomb qu'il ſera poſſible, des trous du grand Sommier qui leur doivent fournir le vent. On les mettra à une telle hauteur que les plus grands Tuyaux qu'on doit poſer deſſous, puiſſent s'y placer commodément, ſe retirer de même, & s'accorder ſans qu'on touche à ces pieces gravées. Si l'on ne poſoit pas aſſez haut les pieces gravées, on feroit obligé de couder pluſieurs de ces Tuyaux, ce qui feroit un inconvénient, vu qu'on auroit de la peine à les faire bien parler. On évitera toujours autant que les circonſtances le permettront de couder des Tuyaux à bouche & ouverts.

1029. On placera le Sommier de l'Echo ſur des traverſes poſées de champ du devant du Buffet en arriere comme les autres. On le mettra auſſi bas qu'il ſe pourra, pour ne pas couvrir le grand Abrégé dont on l'éloignera fuffifamment, pour avoir la facilité de l'entretenir avec aiſance. Sa place la plus commode ſera toujours immédiatement au-deſſus de la fenêtre du Clavier, c'eſt-à-dire, qu'il convient que le deſſus des groſſes traverſes qui le portent, ſoient à-peu-près au même niveau du deſſous de la traverſe du haut de la fenêtre du Clavier. On ne poſera point le Sommier de l'Echo qu'on n'ait mis le grand Abrégé en place, qu'on ne l'ait fait jouer & qu'il ne ſoit entiérement fini ; parce que le Sommier d'Echo embarraſſeroit beaucoup s'il étoit poſé.

1030. On peut poſer le Sommier du Poſitif de deux manieres ; ou ſur des traverſes attachées au-deſſous du Sommier, comme on le voit en *H I H*, *fig.* 2,

Pl. 38, leſquelles ſoutiennent le Sommier ſur le ſol, à l'élévation d'environ 4 pouces ; ou bien ſur un chaſſis d'aſſemblage, qui conſiſte en un battant à chaque bout, dont la longueur ſera égale à toute la largeur du Sommier. Ces deux battants seront assemblés aux bouts de deux traverses, l'un derriere le dessous de l'extrêmité du Sommier, & l'autre sur le devant, à un pouce du derriere des bourfettes. Il y aura une autre traverse semblable vers le milieu du chassis, disposée selon la longueur du Sommier dans un sens contraire aux bartes. On mettra deux clefs sur chaque traverse des bouts du chassis, qui entreront dans des mortaises faites dans le chassis du Sommier. Cette seconde maniere de poser le Sommier du Positif paroît préférable à l'autre, parce qu'elle ferme absolument toute issue aux rats, qui sans cette précaution rongent bien souvent la peau ou le parchemin collé au-dessous du Sommier.

1031. On posera ce Sommier bien au milieu du Buffet du Positif, & tellement sur le derriere, c'est-à-dire, vers les Claviers, que la rangée des trous, qui est la plus près de la Laye se trouve à deux, ou encore mieux à trois pouces des portes du derriere du Buffet lorsqu'elles sont fermées. Quand le dernier Jeu se trouve trop près de ces portes, il n'est plus d'accord lorsqu'elles sont fermées; parce qu'elles en offusquent les Tuyaux. Si le Sommier du Positif est en 2 ou 3 parties, on fera le chassis en conséquence, de sorte qu'il tienne tout ensemble & que chacune des deux ou trois parties du Sommier trouve sa place particuliere sur le chassis. Il sera plus commode de mettre les entourchements pour lier les Registres, dans l'Attelier; ce qui s'exécutera avec toutes les précautions que j'ai décrites pour le grand Sommier, *art.* 1022 *& suiv. pag.* 386. Du reste, on y mettra les Registres & les chapes dont on enfoncera légérement les clous.

Faire la distribution du vent de la Soufflerie aux Layes des Sommiers.

1032. Pour faire la distribution du vent dans un Orgue ordinaire, où l'on ne doit faire aucune féparation des vents, on emmanchera le premier porte-vent dans celui qui sera au-dessous des soufflets, soit au-milieu, soit vers un bout, soit enfin bout-à-bout, selon la disposition du local. Le bout de ce premier porte-vent doit être fait en feuillure jusqu'à moitié bois aux quatre côtés, afin qu'il entre dans l'ouverture de l'autre porte-vent, & qu'il affleure en-dedans. L'autre bout sera assemblé de la même maniere dans la boîte du Tremblant-doux. Il arrive assez souvent que pour aller jusques-là, il est nécessaire de faire plusieurs détours, mais on les fera toujours par le plus court chemin autant que les circonstances pourront le permettre. On évitera, autant qu'il sera possible, de faire des coudes à l'équerre, comme je l'ai dit ailleurs. Les assemblages qui se feront pour joindre plusieurs pieces de porte-vent, feront en rainure & en languette rapportée. Voyez la fig. 5, de la Pl. 61. Après qu'on aura fait la coupe & qu'on l'aura bien ajustée, on fera une rainure assez profonde aux deux côtés *a b* &

PLANCHE 61.

c d du bout du porte-vent : on en fera autant aux deux côtés *g f*, & *h k*, du bout de l'autre morceau qu'on doit y joindre, & on rapportera les languettes *a b* & *c d*, qu'on collera d'un côté feulement. Ces languettes pour être fortes, feront faites à bois de bout. On affemblera le tout fans pourtant le coller, afin que dans la fuite on puiffe le démonter dans le befoin. Le premier porte-vent fera prolongé, comme je l'ai dit, jufqu'à la boîte du Tremblant-doux, qu'on place ordinairement à l'endroit où tombe à plomb l'ouverture de la Laye du grand Sommier. Mais pour fuivre le principe de porter le vent au Sommier par le chemin le plus court, on fera mieux de pofer ladite boîte *G*, *fig.* 4, *Pl.* 74,

PLANCHE
74.

fur le derriere de l'intérieur du Buffet, & de placer le porte-vent en droiture de la boîte au Sommier, comme on le voit par la figure. La ligne *A B* repré-fente une petite portion du derriere du Buffet : *B C*, fera la boîte du Trem-blant-doux ; *C D* le fecond porte-vent ; *E F*, le grand Sommier. On peut re-marquer qu'en prolongeant le porte-vent *B*, jufqu'à la boîte *G* du Tremblant-doux, & pofant par-deffus verticalement le fecond porte-vent *G D*, le chemin eft plus long qu'en les faifant aller en droiture de *C* à *D* ; outre qu'on ne tombe point dans l'inconvénient d'avoir un plus long chemin à faire, on évite encore par-là l'équerre *B G D*. On fuppofe dans tout ceci que le local de la Soufflerie fera fitué derriere l'Orgue. Si la difpofition de la Soufflerie eft autrement, on fera venir les porte-vents fuivant le local, en mettant toujours en pratique les principes ci-deffus énoncés.

1033. Pour porter le vent au Sommier du Récit, on le fera venir d'un des porte-vents intermédiaires qui tranfmettent le vent d'une partie du grand Sommier à l'autre partie. On en choifira l'endroit le plus près du Sommier de Récit. On per-cera fur le côté vers la Montre le porte-vent intermédiaire, & non par-deffus, parce qu'il doit être couvert par les enfourchements ; & on y mettra en feuil-lure le petit porte-vent du Récit, qui fera coudé en cet endroit. On emmanchera également l'autre bout en feuillure dans l'ouverture qu'on aura faite exprès au-deffous ou derriere la Laye du Sommier de Récit.

1034. Pour porter le vent à l'Echo, il y a une efpece de boîte à faire. On conftruira d'abord le porte-vent d'environ deux pouces & demi en quarré en de-dans. On prendra le vent du grand porte-vent qui fe trouvera paffer le plus près du Sommier de l'Echo. On conftruira fur ce porte-vent de l'Echo, une boîte, comme fi on vouloit y faire un Tremblant-doux ; elle fera d'une grandeur telle qu'on puiffe y loger un chaffis, dont l'intérieur foit auffi grand que le porte-vent. Le bois de ce chaffis pourra avoir 6 à 7 lignes de large. On lui donnera fort-peu de pente, & on le difpofera à rebours de celui du Tremblant-doux, c'eft-à-dire, que fa foupape étant abattue, le vent tende à la faire mieux fermer. On fe fervira d'un fer en façon de faux, pour gouverner cette foupape. On pla-cera cette boîte tout près du Sommier de l'Echo. Lorfqu'on voudra y donner le vent pour jouer fur l'Echo, on tirera un tirant, qui, au moyen d'une machine,

fera

fera lever la foupape, & le vent fe trouvera dans la Laye du Sommier de l'Echo. Lorfqu'on voudra le fermer, on laiffera tomber la foupape en pouffant le tirant qui y fera relatif. Je fuppofe en tout ceci que l'Echo ne fera compofé que d'un feul Jeu ; mais s'il y en a deux ou davantage, comme quelques grands Orga-niftes le demandent, cette boîte n'aura pas lieu, parce qu'on fera obligé de conf-truire le Sommier avec des Regiftres & des chapes à l'ordinaire, comme on fait à un Sommier de Pofitif. Les bouts des Layes des Sommiers de Pédale du côté de la Montre feront percés pour recevoir le porte-vent, qui viendra du bout de la Laye du grand Sommier. Ces petits porte-vents porteront une feuillure à chaque bout.

1035. Le porte-vent du Pofitif fera conduit de la boîte du Tremblant-doux à fon Sommier en droiture. On l'emmanchera au bout de la Laye *D B*, *fig.* 1, *Pl. 73*, par un coude méplat *a g f D*, lequel fera affemblé par-deffus celui *g k l m*, qui viendra du Tremblant-doux. Ce coude *a g f D*, doit être auffi long que le lo-cal pourra le permettre, afin qu'il y ait un efpace fuffifant par-deffous pour faire paffer les mouvements du tirage des Regiftres. J'ai dit que ce coude doit être mé-plat, parce que s'il étoit quarré, comme je fuppofe que l'eft le porte-vent *g k l m*, on ne pourroit point l'emmancher au bout de la Laye du Sommier qui ne feroit pas affez haute pour cela.

PLANCHE 73.

1036. Tous les porte-vents étant en place fans y être collés, mais y tenant bien par leurs feuillures, leurs languettes, &c. & étant bien ajuftés, on étan-chera le vent en collant une bande de peau fur toutes les jointures des affem-blages, & on la recoupera à la regle dans toutes les parties qui pourront être vifibles. On fera cette opération avec beaucoup de foin & d'attention, afin que le vent ne puiffe s'échapper par aucun endroit, & qu'il ne faille pas y re-venir. On y appliquera le linge chaud, &c.

1037. On pofera le Tremblant-fort fur le fecond porte-vent, à l'endroit le plus commode pour le faire jouer & pour l'arrêter. Il y a des Facteurs qui font une ouverture au porte-vent à côté du Tremblant, avec une fermeture fembla-ble & qui s'arrête de même que les tampons des Layes des Sommiers. Leur rai-fon eft que fi le Tremblant fe dérange, on peut le raccommoder par cette ou-verture, fans être obligé de l'ôter de fa place. Cette ouverture doit être affez grande pour pouvoir y paffer les mains commodément.

1038. S'il faut féparer les vents, on arrangera également la Soufflerie comme ci-deffus ; mais le grand porte-vent, qui fera par-deffous les foufflets, fera de plufieurs pieces. Il y aura autant de pieces féparées qu'il y aura de féparations des vents. Si, par exemple, trois foufflets doivent fournir leur vent à quelque Laye particuliere d'un Sommier, le porte-vent qui fera deffous ces 3 foufflets, ne con-tiendra précifément que les gofiers néceffaires à ces trois foufflets, & rien au-delà. Si quatre foufflets doivent fournir leur vent à une autre partie particu-liere de l'Orgue, le porte-vent qui fera deffous n'aura que la longueur convenable pour porter les gofiers néceffaires à ces 4 foufflets, & rien au-delà ; parce qu'il ne faut pas laiffer des vuides inutiles, qui augmenteroient mal-à-propos les furfaces, les pores, &c.

1039. Pour porter le vent au feul grand Sommier, on emmanchera le premier porte-vent avec celui qui porte les foufflets à ce deftinés. Il fera affemblé par l'autre bout dans la boîte du Tremblant-doux, & de là dans la Laye du grand Sommier. Pour porter le vent aux Pédales & au Pofitif, on emmanchera le premier porte-vent propre à cela, à celui qui fera deffous les foufflets à ce deftinés, & on l'affemblera par l'autre bout dans une autre boîte de Tremblant-doux : de là on menera le vent au Pofitif, & par un autre porte-vent également emmanché dans la même boîte, on le portera aux deux Sommiers de Pédale. Il faut autant de Tremblants-doux & de Tremblants-forts qu'il y a de féparations des vents. Dans l'exemple que je propofe ici, il n'y a que deux féparations des vents ; ainfi il ne faut que deux Tremblants-doux & deux Tremblants-forts. S'il y avoit trois ou quatre féparations des vents, comme dans un très-grand Orgue, il faudroit trois ou quatre Tremblants-doux, & trois ou quatre Tremblants-forts. Quand je dis qu'il faut autant de Tremblants-doux & de Tremblants-forts, qu'il y a de féparations de vents, on doit entendre qu'il faut autant de Tremblants, qu'il y a de morceaux féparés du grand porte-vent deffous les foufflets. Si, par exemple, on emmanchoit féparément le porte-vent du Pofitif, & celui des Pédales (qui font deux porte-vents entiers) au même porte-vent du deffous des foufflets, deftinés à fournir le vent à ces deux parties de l'Orgue, il ne faudroit point mettre les deux Tremblants à chaque porte-vent ; il fuffiroit de les appliquer feulement à l'un ou à l'autre de ces deux porte-vents ; parce qu'étant emmanchés tous les deux au même porte-vent de deffous les foufflets, ceux-ci en feroient également affectés, & par conféquent tout le vent qu'ils donneroient aux deux porte-vents.

SECTION QUATRIEME.

Pofer les Claviers & les Abrégés.

1040. Pour pofer les Claviers il faut d'abord faire un chaffis pour les porter. Il eft compofé de trois barres d'environ 15 à 18 lignes en quarré. Voyez la fig.

PLANCHE 72.

5, *Pl.* 72. Les deux côtés *a A* & *b B*, portent deux mortaifes chacun, pour recevoir les 4 tenons qui paffent au deffous du premier Clavier. Les bouts antérieurs de ces deux bras font terminés en queue d'aronde. Le battant *C D*, porte deux mortaifes pour recevoir les tenons des deux pieds *C E* & *D F*, qui vont verticalement jufqu'à terre. Pour mettre ce chaffis en place, on fera deux entailles *A* & *B*, fur la traverfe *H G* du bas de la fenêtre du Clavier, pour recevoir bien jufte les deux queues d'aronde *A* & *B*, enforte qu'elles affleurent

avec le deſſus de cette traverſe. Ce chaſſis étant poſé , ſera arrêté par un clou
ſur chaque queue d'aronde : ſes pieds *C E & D F* porteront à terre , où on les
arrêtera par des pattes de fer. Ce chaſſis doit être bien de niveau en tout ſens ,
bien uni & bien dégauchi.

1041. On prendra ſi bien ſes meſures que les Claviers étant en place , &
leurs tenons dans les mortaiſes des côtés du chaſſis , le tirage ou les demoiſelles
du ſecond Clavier ſe trouvent à plomb des oſiers du grand Sommier , tant que
faire ſe pourra. On eſt quelquefois obligé de s'éloigner tant ſoit peu de cet à
plomb à cauſe du Clavier du Poſitif , mais il ne faut pas que ce défaut d'à
plomb ſoit conſidérable. On chevillera les quatre tenons du deſſous des Claviers , qui traverſeront les quatre mortaiſes *A , a , B , b* ; mais ces chevilles ne
doivent pas être frappées ; il ſuffira de les mettre aſſez fortement à la main. On
n'en coupera point l'excédent , ni en dedans ni en dehors , afin de pouvoir les
ôter aiſément dans le beſoin.

1042. Pour poſer le grand Abrégé , il convient d'y obſerver l'à plomb entre les bouts des fers d'Abrégé & les oſiers , quoique les Claviers ne ſe trouvaſ-
ſent peut-être pas bien d'à plomb. S'il y avoit du défaut dans cet à plomb de l'A-
brégé , il s'enſuivroit neceſſairement que les oſiers frotteroient contre les côtés
de leurs trous , & d'autant plus fort que le défaut de l'à plomb ſeroit plus conſidérable. On ne viendroit jamais à bout de rendre le Clavier vif & délicat. Si
l'épaiſſeur des principaux montants dans l'intérieur du devant du Buffet , empê-
choit par leur trop grande ſaillie , de placer l'Abrégé dans ſon véritable
à plomb , il faudroit entailler les pieces de la table d'Abrégé dans leſdits montants ; s'ils ne ſont pas aſſez épais , enſorte que l'Abrégé ſe trouve trop reculé ,
on clouera des planches de bois ſur ces montants , afin d'y faire porter l'Abrégé
comme j'ai dit. On fera enſorte que les rouleaux ſoient bien de niveau. Sans
cela ils ſe jetteroient vers le bout , où ſeroit la pente , & cauſeroient des frottements proportionnés à leur pente & à leur peſanteur. Enfin lorſqu'on aura
trouvé la vraie place de l'Abrégé , on l'arrêtera par des clous qu'on mettra à tous
les endroits convenables. On poſera tous les rouleaux qu'on rendra parfaitement
libres , comme je l'ai dit ailleurs.

1043. Il s'agit de garnir l'Abrégé de toutes ſes vergettes. A cet effet , on
garnira un bout d'un nombre de vergettes en fil de laiton recuit , comme on le
voit dans toute ſa grandeur en la fig. 7 , *Pl.* 44. On fera un trou à 6 lignes ou
environ , du bout de la vergette. Pour ne pas riſquer de la fendre , on ſe ſervira
d'une pointe emmanchée , dont le bout ſera applati & aiguiſé en demi-rond tranchant. On appliquera cette pointe ſur le bois , enſorte que ſa plus large face
regarde la longueur de la vergette. On tournera & retournera cette pointe d'un
quart de tour tout au plus , en la forçant ſur le bois ; elle traverſera dans l'inſtant. Si on faiſoit le trou en tenant la pointe de façon que ſon épaiſſeur regar-
dât la longueur de la vergette , on la fendroit infailliblement , & il faudroit

PLANCHE
44.

couper & rejetter toute la partie fendue. Le trou étant fait, on y enfilera un morceau de fil de laiton recuit, le plus gros qu'on pourra le manier fans rifquer de fendre ou de caffer la vergette ; & après l'avoir plié en deux fur les deux larges faces de la vergette, & l'y avoir fait bien appliquer avec la pincette, on tiendra fortement cette partie avec les doigts, tandis qu'avec la pincette, on tordra le fil de laiton de la longueur d'environ 4 à 5 lignes. On coupera bien ras le bout le plus court fuperflu, & on laiffera fubfifter le bout le plus long, qui pourra avoir environ 15 lignes de longueur. On obfervera, lorfque l'on tordra le fil de laiton, de tenir avec les deux doigts de la main gauche, les deux brins de fil de laiton qui font appliqués contre les deux faces de la vergette, en faifant effort contre l'action de la pincette ; car fi l'on tenoit feulement la vergette contre cet effort, on la fendroit. La pratique fera encore mieux entendre ce que je veux dire.

1044. Lorfqu'on aura ainfi garni un bout d'un nombre fuffifant de vergettes, on les accrochera (fans fermer entiérement les crochets) à tous les ofiers. On tiendra l'un après l'autre chaque fer d'Abrégé horifontalement, pour prendre la mefure de chaque vergette refpective, & on la coupera avec la cifaille, chacune à la longueur qu'elle doit avoir ; mais on la coupera plus courte de toute la garniture de fil de laiton. On aura cette mefure fur un compas. On ôtera une de ces vergettes ainfi coupée de longueur. On garnira le bout nouvellement coupé & on la remettra dans fa place, accrochant à demeure l'ofier & le fer d'Abrégé correfpondant. On fermera alors les crochets. On en prendra une autre, on y fera les mêmes opérations & ainfi de toutes les autres. Si l'on ne rifque pas de mêler les vergettes, on peut en prendre plufieurs enfemble, les garnir & les remettre en place. Si l'Abrégé eft en deux parties, après qu'on aura mis les premieres vergettes, comme je viens de le dire, on en garnira d'autres d'un bout feulement, & on les accrochera aux fers des rouleaux qui correfpondent à d'autres rouleaux ; & après avoir pris la mefure de la longueur de chacune, comme j'ai dit ci-deffus, on les garnira & on les remettra en place, fermant les crochets. Alors tous les fers d'Abrégé feront dans la fituation horifontale. On remarquera que toutes les vergettes d'un Abrégé, fans en excepter aucune, doivent être mifes de champ, c'eft-à-dire, que les faces larges doivent fe regarder mutuellement. Lorfqu'il faudra faire autrement, j'en avertirai.

1045. On garnira encore par un bout d'autres vergettes, qu'on accrochera aux fers d'Abrégé, qui répondent aux touches. On les préfentera aux demoifelles correfpondantes, & les ayant prifes un peu plus courtes que la mefure de leur garniture, parce qu'il faudra relever les touches, on les coupera, on les garnira, on les remettra en place & on les accrochera aux fers d'Abrégé ; on fermera les crochets, & avec la pincette à bec, on maniera la garniture inférieure pour relever les touches du Clavier à la hauteur qu'elles doivent avoir.

Toutes

Toutes les vergettes étant posées, on égalisera le Clavier de hauteur, c'est-à-dire qu'au moyen de la pince à bec, on mettra toutes les touches du Clavier à une hauteur égale. On l'égalisera encore de force, pour qu'une touche ne soit pas plus dure à baisser que l'autre; c'est pourquoi on retouchera aux ressorts des soupapes: on bandera davantage ceux qui ne seront pas assez bandés, & on débandera ceux qui le seront trop. Au reste on ne fera qu'ébaucher ces opérations, attendu qu'on ne peut entiérement les finir que quand un jeu parlera.

1046. Si l'on est obligé d'ajouter quelque vergette, on l'ajoutera en *peigne*; cela veut dire, qu'on amincira d'un peu loin, comme d'un pouce & demi ou de deux pouces, le bout de la vergette, & on le fera venir en tranchant à son extrêmité. On en fera autant à l'autre vergette qu'on doit y ajouter. On collera ces deux bouts l'un sur l'autre, & on liera fortement le tout avec du fil, qu'on ôtera quand la colle sera seche.

1047. On posera l'Abrégé du Récit au moyen des gousses, ou consoles ou arcboutants. On fera en sorte qu'il tienne ferme, & que les bouts de ses fers étant mis horifontalement, se trouvent bien à plomb avec les osiers. Après avoir garni de vergettes les osiers avec leurs fers correspondants, on accrochera de longues vergettes aux autres fers relatifs aux touches; on les coupera de mesure, on garnira les bouts inférieurs & on les mettra en place. Comme ces vergettes doivent être quelquefois fort longues, on est souvent obligé de les ajouter; ce que l'on fera en peigne, comme je l'ai dit à l'art. précédent.

1048. Il arrive souvent que l'Abrégé du Récit se trouve assez éloigné de l'à plomb de son Clavier respectif; il convient alors de faire usage de quelqu'un des expédients suivants. On a la ressource d'un Abrégé tirant & foulant, comme j'en ai représenté un en profil avec un seul rouleau, *fig.* 4, *Pl.* 76. *a*, est une vergette qui est accrochée à son osier par son bout supérieur, & au fer du rouleau *b*, par son bout inférieur. L'autre fer *d*, du même rouleau passe au travers de la table *O P* de l'Abrégé. Le pilote *d g*, y est enfilé par son bout supérieur, & sur la bascule *g h* par son bout inférieur. Cette bascule est appuyée dessous son milieu sur le chevalet *k*. La vergette *h i*, est accrochée à l'autre bout de la bascule *g h*, & descend jusqu'au Clavier. La bascule peut être posée dans un autre sens *l m*, selon qu'il paroîtra plus commode, eu égard à la disposition du local. On peut faire la bascule *g h*, ou *l m*, de la longueur convenable, selon que l'exigera l'à plomb du Clavier. Il y a une autre disposition de la même machine; la fig. 5, la représente. *a b*, est une bascule appuyée par son milieu sur le chevalet *c*. Il y a une vergette *b d*, à un bout de cette bascule, elle descend jusqu'au Clavier. *a f*, est un pilote enfilé par le bas à l'autre bout de la bascule *a b*, & par le haut à une autre bascule *f g*, soutenue au milieu du dessus par le chevalet *h*. La vergette *g i*, est accrochée par son bout supérieur à l'osier, & par son bout inférieur à l'autre bout de la bascule *f g*. On peut donner à ces bascules la longueur que l'on jugera convenable pour trouver

Orgues. II. Part.   H h h h h

l'à plomb du Clavier; mais on obfervera toujours tant pour la fig. 4, que pour la fig. 5, de pofer les chevalets au milieu des bafcules.

1049. A l'égard de l'Abrégé du Pofitif, on doit le pofer enfemble avec ce-lui des Pédales; mais il faut auparavant pofer le petit Abrégé particulier, qui fe met immédiatement au-deffous de chaque Sommier de Pédale, comme on le voit *Pl.* 50, en 68 à droite, & en 69 à gauche. Il faut remarquer 1°. que

quoiqu'on ait mis dans cette Planche 50, les plus longs rouleaux au bas de l'A-brégé & les plus petits au-deffus, il eft mieux & plus commode de faire le contraire, c'eft-à-dire, de placer les plus longs rouleaux au haut de l'Abrégé, & les petits au-deffous. On remarquera 2°. que les fers d'Abrégé qu'on fiche à un bout des rouleaux, vers 66 ou 65, ne doivent pas être fur la même ligne; mais alternativement fur deux rangs, à 7 à 8 lignes l'un de l'autre, pour évi-ter que les vergettes ne s'embarraffent les unes contre les autres. 3°. Enfin, comme les vergettes 64, 66, ou 63, 65, tirent obliquement, il eft néceffaire de ficher les fers d'Abrégé 66 ou 65, de forte qu'ils faffent un angle droit avec le tirage, ou avec les vergettes qui doivent s'y accrocher; ainfi il faut que ces fers regardent obliquement en haut, & ne foient point pofés ho-rifontalement. Voyez la Section V°. du Chapitre I. *pag.* 7, où il s'agit de la direction des forces. Il eft effentiel de bien concevoir tout ce qui y eft ex-pliqué.

1050. Avant d'aller plus loin, il eft bon de faire obferver, comme je l'ai promis *art.* 367, *pag.* 114, qu'il y a deux manieres de compofer le tirage, pour faire la communication du Clavier de Pédale aux foupapes du Sommier de Pé-dale. L'une fe fait par des rouleaux d'Abrégé & l'autre par des vergettes. Selon la premiere maniere, on conftruit un Abrégé en forme, compofé de rouleaux & de vergettes. Comme il y a ordinairement loin du Clavier de Pédale à fon Sommier, il eft néceffaire que ces rouleaux foient fort longs; on eft par conféquent obligé de les conftruire en deux brifures au moins, & de les faire gros à proportion. Plus ils feront gros, plus leur mouvement fera lent. Si on ne les fait pas affez gros, ils fe tordront, & par là une partie de leur mouve-ment fera perdu. Tout ceci doit s'entendre des grandes Orgues, où il y a un éloignement fort confidérable du Clavier de Pédale aux Sommiers de Pédale. Cette diftance va quelquefois jufqu'à 15, 18, ou 20 pieds. Dans ce dernier cas il faudroit trois brifures. Un Abrégé ainfi conftruit, eft 3 ou 4 fois plus coûteux & ne va jamais fi bien.

1051. Selon la feconde maniere, on conftruit ce tirage tout entier avec des vergettes & des équerres. Les vergettes ne dépenfent pas beaucoup de bois, & on les fait avec affez de diligence. Le bois ne s'allonge ni ne fe raccourcit pas, du moins fenfiblement, pris dans le fens de la longueur de fes fibres; c'eft pourquoi on le préfere au fil de fer ou de laiton pour les tirages de tous les Abrégés. Les vergettes étant fort légeres ne forment aucun obftacle à la vîtesse du mouvement. Ce tirage tient moins de place, est plus solide & ne coûte pas à beaucoup près autant que celui à rouleaux. Il est propre à porter le mouvement aussi loin que l'on voudra, sans qu'on soit obligé d'y faire aucune brisure ; cependant pour les petites Orgues, le tirage à rouleaux sera fort bon, mais il sera toujours beaucoup plus dispendieux que l'autre. Je ne parlerai point de la maniere de construire le tirage à rouleaux ; on le concevra aisément, par tout ce que j'ai dit en expliquant la construction du grand Abrégé. Reprenons la suite de l'art. 1049.

1052. On placera une simple échelle, 62, 64 & 63, 60, *Pl.* 50, aussi haut que l'on pourra, & on fera en sorte que les vergettes qui y seront accrochées, puissent tomber à plomb sur l'autre échelle simple, 58, 61 à droite, & 59, 57 à gauche, qu'on doit poser en bas ; mais il faut bien examiner la pente qu'on pourra lui donner, pour qu'elle soit dans la situation la plus avantageuse. Si on lui en donne trop, ou si on lui donne une situation plus approchante d'une ligne verticale, le bras vertical des échelles n'aura pas assez de mouvement ; il touchera à l'équerre supérieure. Si on ne lui donne pas assez de pente, le bras horisontal touchera à l'équerre supérieure, & il n'aura pas non plus assez de mouvement. On prendra donc un juste milieu pour avoir le plus de mouvement qu'il se pourra. Il faut que lorsqu'on baissera une touche du Clavier de Pédale, son mouvement puisse se faire en entier, sans qu'aucun bras d'équerre touche à l'équerre suivante ; & lorsque la touche est relevée, il ne faut pas qu'aucun bras d'équerre touche à rien, qu'il y ait même un peu de mouvement de reste, soit qu'on baisse la touche, soit que la soupape soit fermée. Lorsqu'on aura trouvé la situation d'une échelle simple, on en prendra la pente au moyen de la *sauterelle* & d'un perpendicule ou fil à plomb.

1053. On placera avec la même attention les échelles simples d'en bas, 58, 61 & 59, 57, en sorte qu'elles soient bien à plomb, comme je l'ai dit des échelles supérieures ; ce qu'on vérifiera en mettant un perpendicule au bout du bras horisontal d'une équerre supérieure, lequel plomb doit tomber sur le bout du bras horisontal de l'équerre correspondante, posée dans l'échelle inférieure. Outre cela il faut encore mettre cette échelle inférieure au même niveau de l'équerre double, dont nous allons parler : & après s'être assuré qu'on lui aura donné la pente convenable, on l'arrêtera. On trouvera la construction de toutes ces échelles simples dans la fig. 5, *Pl.* 44, où il faut remarquer que les unes doivent être faites à droite, & les autres à gauche.

1054. On voit l'arrangement de la double échelle dans la fig. 3, *Pl.* 44. Voyez les art. 368 & suiv. *pag.* 115 & suiv. On posera la double échelle au milieu du dessous de la fenêtre du clavier, reculée ou enfoncée en dedans du Buffet, en sorte que les vergettes horisontales puissent passer sans toucher les principaux montants du Buffet : 5 à 6 lignes d'espace suffiront. On disposera tellement les équerres de la double échelle, que les bras relatifs aux touches du

PLANCHE 50.

PLANCHE 44.

clavier de Pédale, foient placés fur le bout du bois de l'équerre le plus avancé vers le Clavier de Pédale; & les bras relatifs aux vergettes horifontales les plus en-dedans du Buffet : on en verra bientôt la raifon. On fera la même attention pour la pente de cette double échelle que pour les échelles fimples : on y aura égard quand on la conftruira; parce qu'il faut obferver la diftance d'une marche à l'autre, afin que celles-ci tirent à plomb toutes les équerres. Toutes les mefures étant bien prifes, on arrêtera cette double échelle, foit fur deux petits montants qu'on attachera exprès, foit fur les montants du Buffet.

1055. S'il y a un Abrégé confidérable pour faire jouer le Pofitif, il fera conftruit fur une Table par-deffus la face qui regardera l'intérieur du Buffet. Alors on conftruira la double échelle immédiatement fur l'autre face de la même table d'Abrégé. On retranchera dans ce cas la planche du fond de la double échelle, en forte qu'il n'en reftera qu'une pour enfiler les pivots du bout antérieur des équerres, & les pivots de l'autre bout rouleront immédiatement dans des petits trous faits à la table d'Abrégé. Par-là, on ménagera de la place pour reculer le moins qu'il fe pourra l'Abrégé du Pofitif, afin que fon foulage fe trouve à l'endroit du deffous de fon Clavier, où l'on a réfolu de le placer.

1056. Tous les Facteurs ne difpofent pas ainfi cette partie de la Méchanique de l'Orgue. Il y en a qui pofent l'Abrégé du Pofitif fur le devant, c'eft-à-dire, le plus près du Clavier de Pédale, & l'Abrégé de Pédale de l'autre côté de la Table. Il arrive de-là qu'il faut que les marches du Clavier de Pédale paffent au travers des pilotes du Pofitif pour aller chercher leur Abrégé derriere la Table : cette difpofition eft fujette à de grands inconvéniens; car quelque mefure qu'on prenne, (quand même on rapporteroit aux bouts des marches des tringles de fer mince), ces marches touchent très-fouvent quelques pilotes, & caufent des arrêts aux touches du Clavier du Pofitif. D'ailleurs l'entretien de toute cette Méchanique devient difficile, on ne peut y travailler, pour ainfi dire, qu'à tâtons. Il y en a qui font encore plus mal; ils mettent du même côté en devant les pilotes du Clavier du Pofitif, & l'Abrégé des Pédales. C'eft alors une confufion de pieces, c'eft une forêt où tout fe touche, fe froiffe; il n'y a rien de fi difficile que d'entretenir cette Méchanique, qui fe dérange fouvent. La meilleure maniere eft donc de féparer le tout, & de mettre la Méchanique des Pédales au devant, & celle du Pofitif derriere. Voyez en 55 & 56, *Pl. 50*, la

PLANCHE 50.

double échelle ainfi difpofée, & en 42 les pilotes du Clavier du Pofitif. Par cet arrangement une Méchanique n'a aucune communication avec l'autre, & le tout eft d'un entretien très-facile; mais, comme je l'ai déja dit, il faut ménager la place de toutes ces pieces pour les loger à propos. Le but principal eft de rendre fi bien fes mefures que les pilotes du Clavier du Pofitif fe trouvent au milieu de la longueur des touches de fon Clavier, & que cependant l'Abrégé des Pédales foit fi bien difpofé, que fes vergettes ne foient point gênées.

1057.

1057. La double échelle étant pofée & arrêtée, auffi-bien que les fimples échelles, on les garnira de leurs vergettes. On mettra d'abord celles des petits Abrégés qui feront fous les Sommiers de Pédale. On obfervera foigneufement, s'il y a doubles foupapes, que les deux vergettes qui y font accrochées foient bien également tendues, en forte qu'une foupape ne foit pas plus chargée que l'autre, & qu'elles s'ouvrent toutes deux en même temps. Il faut y regarder de bien près; car fi cet ajuftement n'eft pas bien fait, il y aura toujours des cornements. Ceci a lieu également pour le grand Sommier, qui a ordinairement de doubles foupapes dans les baffes.

1058. Les vergettes étant toutes pofées aux ofiers & aux rouleaux des petits Abrégés, qui font fous les Sommiers de Pédales, on pofera les fuivantes, qui d'un bout feront accrochées au fecond fer de l'Abrégé, & de l'autre à un des bras de la première échelle fimple. En mettant ces vergettes, on en prendra fi bien la longueur, que les bras des équerres puiffent tirer un peu plus qu'il ne faut fans toucher à l'équerre voifine, que cependant les foupapes puiffent fermer, & qu'il y ait encore un peu de jeu de refte. En un mot il eft néceffaire que les bras des équerres ne touchent à aucune équerre voifine, lorfque les foupapes feront fermées.

1059. On pofera enfuite les vergettes verticales. On les accrochera d'abord à l'échelle fupérieure, & lorfqu'on les coupera de longueur, on obfervera tout ce qui eft dit dans l'article précédent, afin que les équerres ayent tout le jeu convenable. Enfuite on pofera les vergettes horifontales, qui doivent être mifes de champ, de façon que leurs champs fe regardent mutuellement. On y obfervera pareillement le contenu de l'article précédent; & afin que ces vergettes horifontales ne fléchiffent point par leur poids, ce qui cauferoit un tiraillement préjudiciable & une perte d'une partie du mouvement, on établira une échelle vers le milieu de leur chemin, au travers de laquelle on les enfilera. Par ce moyen elles feront foutenues & ne pourront fe toucher les unes les autres. Voyez une échelle pareille en 74, *Pl.* 50. Elle confifte en deux tringles ou petites planches qu'on fait tenir à un pouce de diftance de l'une à l'autre, & l'on y met des échelons de fil de laiton dans des petits trous faits aux deux tringles verticales. Il y en a qui mettent tous les échelons doubles, pour que les efpaces par où paffent les vergettes foient plus petits, ce qui contient encore mieux les vergettes: il fera encore plus avantageux de mettre deux ou trois échelles; par ce moyen les vergettes étant bien affujetties fe maintiendront toujours droites. On prendra foigneufement fes mefures pour qu'elles ne foient pas du tout gênées; à quoi l'on parviendra aifément par un fil tendu horifontalement d'une équerre à l'autre; ce qui fera voir où l'on doit placer les échelons. On les tracera ainfi tous, en changeant fucceffivement à toutes les équerres correfpondantes, le fil tendu horifontalement.

1060. Pour faire jouer le Clavier du Pofitif, on commencera par tirer le

ORGUES. II. Part. Iiiii

PLANCHE
50.

PLANCHE
50.

plan de *l'éventail* fur un plancher. La fig. 1, de la *Pl.* 73, le repréfente. On marquera fur une regle fuffifamment longue, les points *C D* de tous les pilotins, qui font dans les bourfettes au-deffous de la Laye du Sommier du Pofitif *A B C D*. On prendra la diftance, depuis la ligne *C D*, qui eft celle des pilotins, jufqu'à l'à plomb des trous du guide des pilotes attachés au-deffous du Clavier du Pofitif. Je fuppofe que cet à plomb fe trouve fur la ligne *E F*. On prendra encore l'à plomb des premiers & derniers trous du guide des pilotes, qui fe trouveront, je fuppofe, aux points *E*, *F*. On marquera, au moyen de la Regle du Clavier les points intermédiaires des touches du Clavier. On tirera des lignes droites de tous ces points à leurs points correfpondants des pilotins du deffous du Sommier. On prendra le milieu jufte entre les lignes *C D* & *E F*, qui fe trouvera en *G H*, où l'on tracera une ligne *G H*. Ce fera la place du chevalet. On tirera une perpendiculaire fur le dernier point *F*, qui aille fur la ligne *C D*, & qui la rencontrera au point *L*. Au moyen de la diftance de ce point *L*, au point *D*, on marquera fur le plan la vraie place de la ligne *E F*, à l'égard du Sommier. Sans cette précaution, on rifqueroit fort de prendre de fauffes mefures.

1061. Au moyen de cette figure & de ces mefures, il fera facile de conftruire l'éventail. On fera les bafcules felon les mefures qu'on trouvera fur le plan; car elles fe trouveront de différentes longueurs. Voyez la forme de ces bafcules en la fig. 3, *Pl.* 73. On voit leur épaiffeur en *b f*, & leur largeur en *B D*. *B* eft le bout qui fe met deffous la bourfette, & qu'on appelle la tête de la bafcule; *D* en eft la queue, qui ne doit avoir qu'environ 3 lignes d'épaiffeur, tandis que la tête *B*, doit en avoir 6 à 7 lignes. Le milieu *a c*, aura 18 lignes de largeur; la tête *B* 7 à 8 lignes, & la queue *D* 13 à 14 lignes. Les largeurs de la tête & de la queue fe détermineront par l'équilibre, l'épaiffeur étant réglée comme je viens de le dire. Il ne faut pas qu'un bout pefe plus que l'autre; ainfi on tirera de la largeur, ou d'un bout ou de l'autre, jufqu'à ce que la bafcule foit en équilibre. Elles doivent être les plus légeres qu'il eft poffible, mais cependant inflexibles au petit effort qu'elles doivent foutenir. Remarquez que je dis qu'elles doivent être légeres; parce que fi elles étoient pefantes, le Clavier feroit fort fujet à fautiller ou à rebattre; ce qui feroit un défaut confidérable qu'il faut éviter. Il y en a qui font ces bafcules en fapin pour qu'elles foient plus légeres. Si on en a dont le fil foit ferré, droit & de la meilleure qualité, il y fera propre. L'ordinaire eft pourtant de les faire en bois de chêne, choifi avec le même foin que pour les panneaux des Claviers, afin qu'il ne travaille point, ce qui eft effentiel.

1062. Lorfqu'on aura corroyé toutes les bafcules, & qu'on les aura mifes d'une épaiffeur & d'une largeur égales d'un bout à l'autre, on les préfentera chacune à fa place fur le plan *fig.* 1, pour les couper à-peu-près de longueur. On les numérotera pour retrouver leur place refpective. Chacune étant coupée de longueur, on laiſſera toute l'épaiſſeur aux têtes, mais on diminuera celle de leurs queues, comme je l'ai dit dans l'article précédent. Enſuite on les arrangera ſur le plan, chacune à ſa vraie place. On préſentera encore ſur leurs têtes le long de la ligne *C D*, la regle où l'on aura marqué les pilotins. On préſentera auſſi la Regle du Clavier ſur la ligne *E F ;* & après qu'on aura fait convenir les bouts des bascules aux points de l'une & de l'autre Regle, on tirera par-deſſus les lignes *C D, E F & G H.*

1063. Avant de déranger les bascules, on prendra la meſure pour faire le rateau & le chevalet. On fera une barre de deux pouces ou environ de largeur, ſur 12 à 15 lignes d'épaiſſeur & de toute la longueur intérieure du Sommier. On appliquera cette barre ſur la ligne *C D*, au-deſſus des bascules, dont on marquera l'épaiſſeur & la diſtance de chacune ſur ladite barre. Ces points indiqueront la vraie place des pointes ou guides, qu'on fichera ſur le long du champ de la barre. Ces pointes ſeront ſans tête, & d'une longueur ſuffiſante pour toucher preſque juſqu'aux bourſettes. Elles ſeront mieux en fil de laiton qu'en fil de fer.

1064. Pour conſtruire le chevalet, on fera une barre d'environ un pouce & demi d'épaiſſeur, & d'une largeur telle, qu'étant poſée à terre ſur ſon champ & ayant mis une bascule par-deſſus, celle-ci ſoit de niveau & touche en même-temps par le deſſus de ſa tête le deſſous des bourſettes. On mettra en dos-d'âne le deſſus du champ de cette barre. On la couchera par-deſſus les bascules ſur la ligne *G H*, & l'on marquera ſur la barre le milieu de l'épaiſſeur de chaque bascule. On fichera ſur tous ces points une pointe à chacun, qui ait un pouce ou environ de ſaillie ; & le chevalet ſera fait.

1065. On ôtera toutes les bascules numérotées, & on les finira. On fera un trou ſur les points qu'on aura marqué ſur leur champ, au milieu de la longueur & de l'épaiſſeur ; il aura environ 14 à 15 lignes de profondeur, mais il ne traverſera point. On s'appliquera à le faire bien droit en tout ſens. On fera un autre trou, mais plus petit, vers le bout de la queue. Ce trou doit percer entiérement. On recoupera exactement les deux bouts de toutes les bascules ; on achevera de leur donner la forme & de les mettre en équilibre.

1066. Tout étant prêt à être monté, on poſera le chevalet à ſa vraie place, conformément aux meſures que l'on aura déterminées ſur le plan, & on l'arrêtera bien fixe au moyen de pluſieurs petites pattes de fer. On poſera le rateau, en ſorte que ſes pointes ſe trouvent préciſément au-deſſous de la ligne *C D* des pilotins & on l'arrêtera, mais non pas ſi fort que le chevalet ; afin qu'au cas que dans la ſuite quelques pointes viennent à caſſer, on puiſſe ôter le rateau de ſa place pour les remettre. On poſera en leur place toutes les bascules dans l'ordre du numéro de chacune. On les examinera ſoigneuſement l'une après l'autre, pour voir ſi elles ſont parfaitement libres, tant entre leurs guides du rateau que ſur les pointes du chevalet. On les ôtera, s'il eſt beſoin, pluſieurs fois, foit pour couper un peu de bois aux côtés de leur tête, fi elles font trop juftes entre les guides, foit pour incliner tant foit peu dans un fens convenable quelques pointes du chevalet, fi l'on s'apperçoit qu'elles tiraillent de quelque côté, ou qu'elles aillent de travers, foit enfin pour achever de les mettre en équilibre.

1067. Lorfqu'on fera affuré que toutes les bafcules feront bien ajuftées, on mettra les pilotes, qui feront plus convenables étant quarrés qu'étant ronds comme une baguette de fufil, quoique cette derniere forme foit la plus en ufage. Lorfqu'un pilote eft rond & qu'il vient dans la fuite à prendre quelque courbure, il touche le pilote voifin fi la courbure fe trouve par le côté. Cela caufe des lenteurs dans la touche, & la rend même fujette à s'arrêter. On y remédie en faifant tourner un peu le pilote; par ce moyen la courbure ne porte plus de préjudice, parce qu'on la fait trouver en devant ou en derriere: mais le pilote étant rond fe remet bientôt de lui-même comme auparavant; alors on n'en eft pas plus avancé. Il n'en eft pas de-même quand il eft quarré. S'il vient à fe déjetter, on le tourne dans un fens différent & on eft affuré qu'il ne changera jamais fa nouvelle fituation; parce que les trous du guide, qui eft fous le Clavier font tous quarrés. Il faut que ces trous foient faits proprement, & le bois coupé bien net. On fera un chanfrein au bord de chaque trou en-deffous, pour en diminuer la furface intérieure & par conféquent le frottement. Les pilotes doivent être légers. Si l'on a du fapin de bonne qualité, dont les veines foient ferrées & de fil droit, il y fera très propre; autrement il faudra les faire en bois de chêne bien choifi.

1068. Pour pofer les pilotes, on en introduira un bout dans le trou du guide au-deffous du Clavier. On le pouffera en enhaut pour relever la touche au point où elle doit l'être. On baiffera en même-temps la queue de la bafcule correfpondante, jufqu'à ce que fa tête touche le deffous du pilotin. Par cette opération on prendra la mefure de la longueur qu'il faut donner au pilote. On le coupera à la marque qu'on aura faite. On le préfentera encore, mettant fon bout inférieur fur la queue de la bafcule, & fon bout fupérieur dans le trou du guide. On examinera alors fi la touche eft relevée au point qu'il faut. Si elle l'eft trop, on coupera encore un peu de la hauteur du pilote. Enfin lorfqu'on fera affuré de fa jufte longueur, on fichera dans fon bout inférieur une épingle ordinaire, qui y tienne fort. On coupera avec la cifaille le bout fuperflu. Cette pointe doit avoir 6 lignes au moins de faillie. On ajuftera de même tous les autres pilotes. Si le bout inférieur d'un pilote fe trouve plus épais que le bout de la queue de la bafcule où il eft emmanché, on le diminuera, afin qu'il y foit bien affleuré. Cela eft néceffaire, parce que fi dans la fuite quelque bafcule vient à fe déjetter, & qu'elle fe trouve fort près de fa voifine, le pilote dont l'épaiffeur inférieure excéderoit la bafcule, pourroit faire baiffer la voi-

fine,

fine, ce feroit deux foupapes qui ouvriroient en baiffant une feule touche. C'eft un défaut à éviter.

1069. A l'égard de la maniere de garnir les pilotes pour les rouleaux d'Abrégé, on commencera par couper de mefure, & par pofer le morceau qui doit être entre la queue de la bafcule, & le deffous du fer d'Abrégé correfpondant. Sa hauteur doit être propre à tenir le fer d'Abrégé dans une fituation horifontale. Enfuite on pofera le morceau fupérieur fur le fer de l'autre bout du même rouleau & dans le guide. Ces deux morceaux de pilote étant placés doivent tenir la touche élevée au même point que les autres.

1070. Comme nous fuppofons que les pilotes font tous quarrés, il s'agit de faire tenir dans une fituation permanente le morceau qui fera pofé entre la queue de la bafcule & le fer d'Abrégé, quoique ce morceau ne foit point maintenu par le trou quarré du guide, auquel il ne communique point. En voici le moyen : le fer d'Abrégé, au lieu d'être percé d'un trou rond à l'ordinaire, le fera avec un poinçon quarré fort menu. On fichera dans le bout fupérieur du morceau de pilote inférieur une pointe quarrée, dont la quarrure foit bien parallele à celle du pilote. Cette pointe étant enfilée dans le trou quarré du fer d'Abrégé, empêchera que le pilote ne tourne fur lui-même, il reftera toujours dans la même fituation où on l'aura mis. Le bout inférieur du pilote fera garni d'une épingle à l'ordinaire comme tous les autres, auffi-bien que le bout inférieur du morceau fupérieur. On doit mettre les pointes des morceaux des pilotes qui s'enfilent dans les trous des fers d'Abrégé, de 6 lignes au moins de faillie comme à tous les autres. On voit, par l'expérience, que lorfque les pointes font courtes, elles fortent affez fouvent de leur trou, le pilote fe démanche de fa place & il tombe.

1071. Il y a des Ouvriers qui mettent une petite rondelle de peau par-deffus le chevalet, deffous le milieu de chaque bafcule. Je ne vois pas d'inconvénient dans cette pratique, quoique je n'en fente pas l'utilité. On fe fert de petits morceaux de peau pour égalifer de hauteur le Clavier du Pofitif. On coupe de très-petits quarrés de peau, on y fait un trou au milieu & on les enfile à la pointe du bout inférieur du pilote, fi l'on reconnoît que la touche eft trop baffe. On prendra garde que ces petits morceaux de peau n'excédent l'épaiffeur de la bafcule. On égalifera le Clavier de force, en bandant ou débandant les refforts des foupapes.

SECTION CINQUIEME.

Pofer toutes les pieces pour faire jouer les Regiftres.

1072. On commencera par faire jouer ceux du grand Sommier. On pofera d'abord les balanciers, & on fera la groffe planche qui doit les porter. S'il doit y

ORGUES. II. Part.   K k k k k avoir beaucoup de balanciers, comme 12 ou 15, on fera cette planche d'environ 7 pouces de largeur fur 3 pouces d'épaiffeur. On y fera les mortaifes, dont la fituation des Regiftres de deux en deux, donnera la diftance de l'une à l'autre. On fera en forte que les balanciers y foient affez juftes, mais cependant libres. On les y arrêtera par des boulons, qu'on entaillera de toute leur épaiffeur dans le bois chacun à fa place. On fixera ces boulons par deux petits crampons. Voyez la fig. 1, *Pl.* 47. Voyez auffi la fig. 8. Lifez les art. 377, 378, *pag.* 118. Voyez auffi 13, 14, *Pl.* 50, & lifez les art. 422 & 423, *pag.* 133 & 134. On prendra fi bien fes mefures pour faire à propos les trous où s'emmanchent les bouts fupérieurs des balanciers, foit dans des enfourchements, foit dans les bouts doublés des Regiftres, que le Regiftre étant fermé, le bout inférieur du balancier fe trouve autant éloigné, ou faffe le même angle avec la ligne à-plomb, que lorfque le Regiftre fera ouvert. Il faut avoir grand foin que ces trous foient bien juftes, fans aucun balottement, & que cependant il n'y ait rien de gêné dans le mouvement du balancier. On arrêtera cette planche fi fortement qu'elle foit inébranlable ; car il faut qu'elle réfifte à de grands efforts. On la placera en forte que fon deffus foit de 6 pouces plus bas que les bouts des Regiftres du Sommier.

PLANCHE 47.

PLANCHE 50.

1073. Lorfque le Buffet eft tellement difpofé qu'on ne peut pas ouvrir les frifes du devant, & que par conféquent les Layes du grand Sommier ne peuvent s'ouvrir que par derriere au-dedans du Buffet, il eft alors convenable de placer les balanciers au-deffous des enfourchements qui font au milieu de l'Orgue, foit entre les quatre Sommiers, foit entre les deux, fi le grand Sommier n'eft divifé qu'en deux parties. Par cet expédient on aura l'aifance de vifiter les Layes fans embarras : on peut du moins y mettre une partie des balanciers & non les autres. Tout cela dépendra du génie & de l'intelligence du Facteur. Je ne fais qu'indiquer cette idée, que chacun pourra étendre felon le befoin.

1074. On fera les deux planches percées, qui fe mettent aux deux côtés des Claviers. On les percera d'autant de trous quarrés que l'on veut mettre de tirants, du moins c'eft l'ordinaire pour les médiocres & les petites Orgues ; mais pour les grandes on fera bien de placer ceux du Pofitif féparément, & à côté des deux planches dont il s'agit, afin d'éviter la confufion d'une multiplicité de tirants. Il feroit à fouhaiter qu'on convînt d'un arrangement uniforme dans toutes les Orgues pour l'ordre des tirants. Il eft fi différent, qu'un Organifte ne peut guere toucher une premiere fois, fans avoir auparavant bien étudié l'arrangement des Regiftres. En voici un que je propofe pour un 16 pieds ordinaire dans les fig. 6 & 5, *Pl.* 74. On y voit les deux planches percées, qui doivent être pofées dans la fenêtre du Clavier, l'une à droite & l'autre à gauche. On n'y trouve pas les noms des Jeux du Pofitif, parce que je fuppofe qu'on les mettra dans un panneau féparé & également à portée de l'Organifte.

PLANCHE 74.

1075. Pour percer cette planche, on tirera au trufquin les lignes *a b* & *c d, fig.* 6, *Pl.* 74, paralleles & à un pouce & demi des deux bords. A 10 lignes de diftance de ces deux lignes, on en tracera deux autres *e f*, *g h*. A un pouce & demi du bout fupérieur, on tirera fur les deux paralleles *a b* & *e f*, les deux perpendiculaires *i* & *k* à 10 lignes de diftance de l'une à l'autre. A 4 lignes de *k*, on tirera deux autres perpendiculaires à 10 lignes de diftance de l'une à l'autre, qui coûperont les deux paralleles *c d* & *g h*. On continuera de même jufqu'au bout inférieur de la planche, laiffant un intervalle où il le faudra, pour féparer les tirants appartenants à des Claviers différents, & donner une place fuffifante pour mettre la grande étiquette qui défignera cette féparation, à-peu-près comme l'on voit dans la figure. On peut écarter ou ferrer davantage les trous quarrés les uns des autres, felon le local ou la place que l'on a. S'il s'agiffoit d'un très-grand Orgue, l'on pourroit ne mettre fur ces deux planches que les Regiftres du grand Orgue, & placer les autres avec ceux du Pofitif à part, pour éviter la confufion. Il feroit encore à fouhaiter qu'on ne pofât point ces planches percées dans un enfoncement, comme l'on fait prefque toujours ; parce que n'étant point fuffifamment éclairées, on a beaucoup de peine à lire les étiquettes. Il feroit donc mieux, ce me femble, de les placer à fleur du nu du Buffet. Je n'ignore point le motif qui engage à les enfoncer ainfi, c'eft fans doute afin de pouvoir fermer à clef la fenêtre du Clavier avec les Regiftres ; mais outre que cela n'eft point néceffaire dans la plupart des Orgues où leur tribune n'eft pas publique, il vaudroit bien mieux lorfqu'elle l'eft, mettre des portes à grille, fermant à clef aux deux bouts du plancher entre les deux Buffets : alors il ne faudroit que deux rideaux pour couvrir les Claviers & les garantir de la pouffiere. Les étiquettes doivent fe coller avec la colle forte.

1076. On pofera les grands fupports des tournants. Ce font de fortes planches de deux pouces d'épaiffeur, fur 6 à 7 de largeur. Le fupport fupérieur pourra avoir moins d'épaiffeur. On tracera fur le fupport inférieur le plan des tournants pour trouver la place de chacun. Si l'on doit en placer beaucoup, on fera obligé de les faire en fer. S'il n'y en a qu'un petit nombre, on les fera en bois. La fig. 1, *Pl.* 74, repréfente la difpofition des tournants en bois, & la fig. 2, celle des tournants en fer. *a* eft un tournant de bois ; *c d* eft une perpendiculaire, qui paffe fur le centre du tournant *a*. *c b* eft le grand bras de fer inférieur ; il eft dans cette fituation lorfque le Regiftre eft pouffé ou fermé. *c f* eft le même bras repréfenté dans la fituation où il eft lorfque le Regiftre eft ouvert. Il faut remarquer que la diftance de *d à b*, lorfque le Regiftre eft pouffé, eft égale à celle de *d à f*, qui eft la fituation du même bras lorfque le Regiftre eft tiré. *g* & *h* eft le petit bras fupérieur, qui eft coudé, afin d'avoir un efpace fuffifant pour fon mouvement, lequel feroit arrêté, ou du moins gêné par le voifinage de l'autre tournant *k*. Le petit bras fupérieur de ce tournant *k* n'a pas befoin d'être coudé, parce que l'autre tournant *m* eft affez éloigné pour lui laiffer tout fon mouvement libre. Il ne faut pas non plus couder le petit bras du tournant *m* ; on voit qu'il n'y a rien qui limite fon mouvement. On voit en *p n o*, fig. 3 , un de ces petits bras coudés. La pointe *n o* doit être bien forte.

1077. On voit dans la fig. 2 , la même démonftration du mouvement que les tournants de fer doivent faire. On peut remarquer qu'ils font beaucoup plus ferrés que ceux de la première figure. Au refte on prendra fes mefures pour l'arrangement de ces tournants felon la place qu'on aura, & felon qu'on voudra diriger le mouvement, foit vers les extrémités de l'Orgue fi les balanciers y font pofés, foit vers le milieu, fi on a jugé à propos d'y placer les balanciers. Je n'ai fait qu'indiquer à-peu-près les principes fur lefquels on doit travailler, & comment il faut s'y prendre.

1078. Le plan & les trous pour pofer les tournants étant faits, on percera fur les planches inférieures les planches fupérieures. On mettra en place les deux grands fupports ou planches inférieures, en obfervant ce qui fuit : on placera la planche inférieure de niveau, & on fera en forte que la ligne parallele *n f*, fig. 1 , enfile droit la rangée verticale des trous la plus éloignée du Clavier. L'autre parallele *r s*, fe trouvera par conféquent vis-à-vis de l'autre rangée des trous quarrés de la même planche ; car la diftance de la ligne *n f*, à celle *r s*, ou bien la diftance perpendiculaire du centre d'une rangée des tournants à l'autre rangée fur la même planche, doit être égale à celle des deux rangées verticales des trous quarrés. A l'égard de la hauteur, on placera les fupports inférieurs, en forte que leur deffus fe trouve deux pouces plus bas que le plus bas trou quarré dans lequel on doit faire paffer le tirant le plus bas accroché à un de ces tournants. Il ne faut pas compter fur les trous quarrés deftinés pour les Jeux du Pofitif, s'ils fe trouvent fur la même planche percée ; ni fur ceux par lefquels on fait jouer les Tremblants, &c. On fera tenir bien fortement ces fupports en queue d'aronde à chaque bout, affemblés fur de forts gouffets, collés & cloués contre le devant & le derriere de l'intérieur du Buffet.

1079. La planche fupérieure, qui doit foutenir les tournants, fera placée à une telle hauteur, que les mouvements qu'on doit accrocher au bout inférieur des balanciers & au bras fupérieur des grands tournants, fe trouvent de niveau. Cette regle doit fervir auffi à déterminer la hauteur des grands tournants. On attachera cette planche fupérieure avec le même foin que l'inférieure. Il eft bon qu'on puiffe l'ôter de fa place dans le befoin.

1080. On mettra les tournants en place pour marquer fur chacun l'endroit où il faut ficher le grand bras. Pour cela, on prendra un tirant *a b* (*fig.* 11 , *Pl.* 74,) dont on introduira un bout *a*, dans le plus bas trou quarré, que l'on voudra être relatif au dernier tournant *b*, le plus près du derriere du Buffet ; & le tenant bien horifontalement ou de niveau, on l'appliquera contre ce dernier tournant *b c*, qu'on marquera à cet endroit *b*. On ôtera du trou *a* le tirant *a b*, & on l'enfilera dans le trou quarré fuivant *d*, un peu plus haut, & tenant ce

tirant

tirant de niveau, on marquera le second tournant *f g*. On changera encore le tirant *a b*, on le mettra au troisieme trou quarré *h*, & on marquera le troisieme tournant *m n*; ainsi des autres.

1081. On mettra les grands bras sur les marques que l'on aura faites. Les petits bras se mettent ordinairement à 2 pouces & demi, ou à 3 pouces du bout supérieur. Ensuite on mettra en place les tirants que l'on arrêtera avec leurs pioches, comme je l'ai décrit ailleurs dans la fig. 11, où tout cet arrangement est représenté ; l'on y remarque la planche percée, les tirants accrochés aux grands tournants, lesquels sont maintenus entre les deux grands supports *A B* & *C D*. On fera des tringles d'un pouce en quarré avec un enfourchement à chaque bout, pour transmettre le mouvement des tournants à la queue des balanciers : sur-tout, on prendra si bien ses mesures pour leur longueur, que lorsque le tirant sera entiérement poussé, son bras inférieur soit autant éloigné de la perpendiculaire que lorsqu'il sera entiérement tiré. On voit assez que cela dépend de la juste longueur des tringles, (qu'on appelle des mouvements,) qui vont des tournants aux balanciers. Voyez ces balanciers représentés en la fig. 4, *Pl.* 74, & les mouvements qui s'y tiennent. Voyez encore cette méchanique représentée dans la Pl. 47, *fig.* 1.

1082. On rencontre quelquefois des embarras entre les tournants & les balanciers, pour placer le mouvement. C'est ordinairement le grand porte-vent qu'on trouve sur son chemin. On fait alors un double coude au mouvement. Voyez en la forme, *fig.* 9, *Pl.* 74. On y remarquera que le coude *A B* est un morceau de planche échancrée, de la même épaisseur que le mouvement. On colle & on cloue avec des pointes aux deux extrémités *A* & *B* les deux morceaux du mouvement. Si ce coude *A B*, *fig.* 10, doit être un peu long, on fera à son milieu un renflement, afin qu'il ne risque point de fléchir. On coupera de longueur les tirants & on y mettra les pommes.

1083. Quand on aura posé & arrêté toutes les pieces pour faire jouer les Registres, & qu'on sera assuré qu'ils iront bien, on serrera les chapes du grand Sommier. A cet effet un Ouvrier se mettra devant le Clavier. Il prendra le tirant qui répondra au premier Registre, le tirera & repoussera continuellement, tandis qu'un autre Ouvrier enfoncera à coups de marteau les clous de la chape l'un après l'autre, mais légérement ou à petits coups. Après qu'il les aura enfoncés sur les quatre Sommiers, il recommencera & les enfoncera un peu plus. On frappe ainsi les clous peu-à-peu & à plusieurs reprises, afin d'être plus assuré que les chapes seront également serrées. On continuera ces opérations jusqu'à ce que celui qui est au Clavier avertisse que le Registre est assez serré. Il doit l'être de façon qu'on puisse le tirer & repousser sans beaucoup d'effort ; mais aussi il ne doit pas être trop doux à remuer. Il arrive quelquefois qu'un clou qu'on enfonce rend tout-à-coup un Registre trop dur à remuer. Celui qui est au Clavier en avertira sur le champ, alors on frappera sur la chape aux environs &

près du clou , ce qui pour l'ordinaire le fait lâcher un peu. Si cela ne produisoit rien , on y appliqueroit la tenaille. Quand tous les clous seront enfoncés, si le Regiſtre devenoit trop dur à remuer, on frapperoit ſur la chape aux quatre Sommiers. Cette opération rendra le Regiſtre plus doux , parce qu'elle égaliſe la compreſſion des chapes ſur les Regiſtres. Lorſqu'on aura ainſi ſerré toutes les chapes , on couvrira tout le Sommier avec un gros linceul double , ou encore mieux quadruple , pour le garantir de la pouſſiere, copeaux , &c. Car il le faut tenir bien net, ſur-tout la partie où ſont les ſoupapes , de peur que quelqu'ordure paſſant au travers des trous des chapes & des Regiſtres , ne tombe ſur les ſoupapes & ne cauſe enſuite des cornements.

Faire jouer les Regiſtres des Pédales.

·

1084. Pour faire jouer les Regiſtres des Pédales , on placera d'abord les tournants de fer , dont le crochet ſupérieur traverſera les bouts des Regiſtres qui ſont ſaillants hors de leur Sommier. La Planche 50 , à l'endroit marqué 71 , 73 d'un côté, & 70, 72 de l'autre , pourra donner une idée pour faire tenir les tournants. On obſervera ce que j'ai dit *art.* 1076 , *pag.* 405, pour percer à propos le bout ſaillant du Regiſtre , afin que leurs bras ſe trouvent également éloignés de la perpendiculaire, ſoit que le Regiſtre ſoit tiré ou repouſſé : ce qui eſt une regle générale , pour avoir tout l'avantage poſſible dans le mouvement. Sans cela , on perdroit d'autant plus de force , qu'on s'éloigneroit davantage de cette regle. Vers le milieu du derriere de l'intérieur du Buffet , aux deux côtés de la porte de derriere , on placera les tournants, dont la hauteur ſera telle que leurs petits bras ſupérieurs ſoient à la hauteur , ou au même niveau des grands bras des tournants de fer correſpondants , & que leurs grands bras inférieurs ſe trouvent au niveau , ou vis-à-vis des trous quarrés reſpectifs de la planche percée, qui eſt aux côtés des Claviers. On fera des mouvements aſſez longs pour aller d'un Sommier de Pédale à l'autre. On les fera de pluſieurs pieces, que l'on ajoutera bien ſolidement. Les petits bras des tournants de bois entreront dans le mouvement par une mortaiſe où ils ſeront accrochés avec une pioche. C'eſt ici où il faut bien prendre ſes meſures , pour que le mouvement ſoit d'une longueur telle que lorſqu'on tirera le tirant , le Regiſtre ſe trouve parfaitement ouvert aux deux Sommiers enſemble , & bien fermé lorſqu'on pouſſera le même tirant. On donnera toute ſon attention à bien placer les trous des pioches aux enfourchements, qui accrochent les grands bras des tournants de fer aux deux bouts du mouvement. On ne peut bien en faire l'épreuve que lorſque les Regiſtres ſeront ſerrés par les chapes. On poſera de diſtance en diſtance des échelles pour maintenir ces longs mouvements , dans leſquelles ils paſſeront aſſez à l'étroit , mais cependant ſans être gênés. Ces échelles les empêcheront de fléchir lorſqu'on les fera jouer. On donne à ces mouvements juſqu'à 15 lignes en quarré s'ils ſont fort longs. On a repréfenté cette méchanique en la figure 3, *Planche* 47.

1085. Lorfqu'on aura fini de pofer toutes les pieces pour faire jouer les Regiftres des Pédales, on ferrera les chapes de leurs Sommiers avec les mêmes for-
malités que j'ai expliquées pour le grand Sommier, *art.* 1083. C'eft alors qu'on
examinera, comme je l'ai dit dans l'article précédent, fi les Regiftres ferment &
ouvrent bien également aux deux Sommiers. Si l'on y apperçoit du défaut, on
y remédiera, en faifant un autre trou un peu plus loin ou un peu plus près, fur
le bout du mouvement pour changer la pioche; ou bien, on accrochera le bout
du mouvement à un autre trou du bras inférieur du tournant de fer.

1086. S'il y a de la difficulté à placer les grands tournants à l'endroit ordinaire, faute de place par rapport à leur nombre, on y mettra horifontalement
de fimples & fortes équerres de fer dans un morceau de bois maffif, *fig.* 7, *Pl.*
74, dans lequel on fera des entailles pour loger les angles de ces équerres, qui
y tiendront par une broche de fer verticale qui les enfilera tous. Le long bras
de ces équerres accrochera le tirant, & on accrochera au petit bras un mouvement, qui ira chercher le long bras des grands tournants qu'on aura placé dans
un endroit commode & affez au large. On voit en la fig. 8, une de ces équerres.

1087. Tous les Facteurs ne font pas jouer les Regiftres des Pédales de la
même façon. Les uns y ajuftent des balanciers; mais ce font des pieces de plus,
& la machine n'eft pas auffi fimple, quoiqu'elle puiffe bien jouer. Les autres ne
font pas jouer enfemble les Regiftres des deux Sommiers; en ce cas il faut deux
tirants pour un feul Regiftre; ce qui rend la machine plus compofée & plus
incommode.

Faire jouer les Registres du Récit.

1088. Il y a prefque toujours de l'embarras pour la pofition & la compofition
des pieces convenables, pour faire jouer les Regiftres du Sommier du Récit; auffi
voit-on prefqu'autant de manieres différentes qu'il y a d'Orgues. Chaque Fa-
éteur a la fienne. La difpofition du local doit déterminer celle des machines.
Une des meilleures manieres de la compofer eft celle qu'on entrevoit dans la
Pl. 50. Quoiqu'elle ne paroiffe pas entiérement diftinéte, on apperçoit affez le
jeu de fes pieces. Il y a d'abord deux tournants de fer qui font verticaux, qui par
leurs petits bras fupérieurs & un mouvement horifontal, qui eft accroché à
chacun, font tourner deux autres tournants verticaux par leurs grands bras inférieurs. Ceux-ci paffant au travers des enfourchements des Regiftres du grand
Sommier, font jouer par leurs petits bras fupérieurs, au moyen d'un petit mouvement horifontal, deux balanciers & par leur moyen deux Regiftres: cette
machine eft bien entendue. On difpofera tellement ces fortes de machines,
qu'il ne s'y trouve aucun mouvement vertical; parce que les machines acquié-
rent bien fouvent avec le temps une fi grande facilité à jouer, que les poids de
ces mouvements verticaux entraînent les autres pieces & les font jouer d'elles-

PLANCHE
47.

PLANCHE
74.

mêmes, contre le gré de l'Organiste, ce que j'ai vu arriver plusieurs fois.

1089. Comme il n'est pas facile de faire jouer un certain nombre de Registres de la façon que je viens de le décrire, & comme on le voit en la Pl. 50,
à cause du grand embarras des autres pieces qui se trouvent dans cette partie de
l'Orgue, on peut, par un transport de mouvement, placer les pieces sur le derriere
de l'intérieur du Buffet : par exemple, on peut poser verticalement des tournants de
fer, qui portent leur grand bras inférieur vis-à-vis des trous de la planche percée, & leur petit bras par-dessus les enfourchements des Registres du grand
Sommier. On accrochera à ce petit bras un mouvement horisontal, qui ira
prendre le grand bras inférieur d'un autre tournant de fer vertical placé au bout
du Sommier de Récit. Le petit bras supérieur de ce second tournant, étant à
crochet, sera accroché dans un trou fait au bout du Registre. On peut disposer
cette machine de bien d'autres manieres ; le tout dépend de l'inspection seule
du local. Ce que j'en ai dit est plus que suffisant pour faire connoître de quelle
façon on peut s'y prendre.

Faire jouer les Regiſtres du Sommier du Poſitif.

1090. Pour l'ordinaire l'on pose verticalement de grands tournants de bois
au-dessous de ceux du grand Sommier. Le grand bras se met en haut & le petit en bas. On accroche aux petits bras des mouvements, qui passant par-dessous
le plancher, dont nous parlerons bientôt, vont s'accrocher par l'autre bout à
de petits tournants de fer. Ceux-ci sont à crochet, lequel entre dans le bout
d'un enfourchement de bois, lié par une cheville au bout saillant du Registre
du Sommier du Positif. Voyez ces grands tournants de bois, (*Pl.* 50,) marqués 43 & 44. On apperçoit à 45 & 46 les bouts des mouvements accrochés
aux petits bras. Les tirants sont accrochés aux grands bras supérieurs des grands
tournants. Ceux-ci sont posés sur une planche bien arrêtée sur le sol, & tiennent par le haut au même support qui soutient les grands tournants du grand
Sommier. Voyez en *R* & *Q*, *Pl.* 51, ces mêmes mouvements. Remarquez les
planches ou supports *c* & *d*, qui soutiennent les petits tournants de fer. On
verra cette méchanique représentée dans la Pl. 47, *fig.* 7.

1091. Il est bon d'être averti qu'on ne doit pas manquer de donner un levier
suffisant aux tournants. Nous avons vu *art.* 753 & 754, *pag.* 271 & 272,
qu'on a dû octupler la force pour tirer les Registres du grand Sommier, à cause
de leur longueur, dont il a fallu vaincre la résistance provenant du frottement.
Ceux du Positif, étant beaucoup plus courts, il suffira de quadrupler la force.
A cet effet, on fera les grands bras des grands tournants où s'accrochent les tirants, plus longs de moitié que les petits auxquels s'accrochent les mouvements. On fera de même les grands bras (qui sont les inférieurs) des petits
tournants, auxquels on accroche l'autre bout des mouvements, au double plus
longs

PLANCHE
50.

PLANCHE
50.

PLANCHE
51.

PLANCHE
47.

longs que les petits, qui font à crochet. Toute cette difpofition quadruplera la force. On conftruira ces tournants de fer, en forte que leur crochet regarde en bas & jamais en haut, afin d'avoir la facilité de les ôter dans le befoin. On fera attention que la planche ou fupport fupérieur, deftiné à maintenir les tournants, puiffe fe lever, pour pouvoir les ôter au befoin. Quand tous les Regiftres du Pofitif joueront bien, on ferrera les chapes, comme il a été dit *art.* 1083, *pag.* 407, & on couvrira le Sommier avec des toiles.

1092. On conftruira le plancher qui fe met entre les deux Buffets. Il fera compofé de trois planches feulement; favoir celle fur laquelle fera pofé le Clavier de Pédale; celle qui couvrira la Laye du Sommier, & celle qui remplira l'entredeux de la premiere & de la derniere planche. Celle du Clavier de Pédale en aura toute la largeur & quelques pouces au-delà. Ce plancher fera foutenu par les deux bouts fur deux groffes planches *M* & *N*, *fig.* 1, *Pl.* 73, qui feront folidement arrêtées contre terre. On foutiendra encore ce plancher par deux autres planches *P* & *O*, mifes de champ & arrêtées de-même. Outre ces quatre fupports, on en mettra encore un autre *R*, vers le milieu entre les bafcules. Comme celui-ci doit être mince pour ne pas toucher aucune bafcule, on le fait le plus fouvent en fer, dont les pieds feront à pointe fi le fol eft en bois, ou bien on le fcellera en plâtre s'il eft pavé. Voyez en la forme en la *fig.* 2, où il eft repréfenté féparément en perfpective. On le fera de la même hauteur que les autres fupports, & d'une longueur fuffifante pour aller prefque toucher le Clavier de Pédale d'un bout, & à environ 2 pouces près du Sommier par l'autre bout. La hauteur du deffus de la Laye doit déterminer celle du plancher; il doit la couvrir entiérement. Il faut que les deux planches, qui feront le plus près du Buffet du Pofitif, puiffent s'ôter facilement. Elles feront à feuillure & non à rainure. Celle qui couvrira la Laye du Sommier, portera le batrement inférieur des portes du derriere du Buffet du Pofitif.

1093. Il y a deux manieres de pofer le Clavier de Pédale. L'une confifte à le pofer fimplement fur le plancher, & à l'y arrêter par des goujons & des crochets. L'autre eft de faire une ouverture, ou une échancrure dans ce plancher, dans laquelle l'on enfonce le Clavier de Pédale tout entier, n'étant retenu audeffus du plancher que par la table qu'on arrête avec quatre pioches. Cette feconde maniere eft préférable à l'autre, en ce qu'elle eft plus commode pour l'Organifte, & qu'elle laiffe le moyen de pofer plus bas la barrre de fer fur laquelle il appuie fes pieds.

1094. Le Clavier de Pédale étant préfenté & ajufté dans fa vraie place, on coupera les marches d'une longueur jufte & précife, pour que le piton qu'on fichera au bout de chacune fe trouve à l'à plomb des bouts des bras des équerres. On remettra à demeure le Clavier & on le garnira de vergettes. Elles ne doivent pas être entiérement tendues; il faut qu'elles ayent une demi-ligne de jeu: autrement il y auroit des tiraillements & de là des cornements.

PLANCHE
73.

1695. On ajuſtera le grand panneau mobile, qui couvrira tout l'Abrégé de Pédale. On poſera la barre de fer à 6 pouces ou environ au-deſſus du Clavier de Pédale, & on lui donnera une ſaillie convenable pour que l'Organiſte étant aſſis ſur ſon ſiege, puiſſe voir la barre de fer entre les feintes & les touches du Clavier de Pédale. Au reſte le panneau & la barre de fer doivent être poſés de maniere qu'on puiſſe les ôter facilement.

Faire jouer le Tremblant-fort & le Tremblant-doux.

1096. On fait jouer le Tremblant-fort, ſoit en tendant ſon reſſort, ſoit en ôtant un obſtacle qui empêche le mouvement de ſa ſoupape extérieure. Si c'eſt de la premiere maniere, on fait une machine qui, au moyen d'un tirant accroché à quelque baſcule, ou à un tournant avec quelques mouvemens, on tend le reſſort lorſqu'on en tire le tirant, & afin qu'il reſte tendu pendant tout le temps qu'on veut qu'il joue, on accroche à la planche percée le tirant, au moyen d'une entaille que l'on y fait. Quand on veut le faire ceſſer de jouer, on rehauſſe un peu le tirant qui ſe déſaccroche & ceſſe de tendre le reſſort. Si l'on fait jouer le Tremblant-fort de cette maniere, il eſt néceſſaire que toutes les pieces qui compoſeront la machine ſoient fortes, afin qu'elles ne faſſent pas reſſort, qui ſeroit ajouté à celui du Tremblant. Il faut remarquer que ſi l'on tiroit trop le tirant on gâteroit le Tremblant; c'eſt pourquoi on mettra une petite cheville ou une pioche, qui traverſe le tirant à 6 à 8 lignes derriere la planche percée. Cette diſtance de la pioche eſt ſuffiſante pour tout le mouvement que doit avoir ce tirant.

1097. Si l'on veut uſer de la ſeconde maniere de faire jouer le Tremblant-fort, il faut que ſon reſſort ſoit toujours tendu. On fera une machine propre à faire mouvoir une lame de fer qui faſſe reſſort, laquelle lame va s'appliquer contre la ſoupape extérieure du Tremblant, lorſqu'on enfonce le tirant. Celui-ci doit avoir une entaille par laquelle on l'accroche à la planche percée, & par-là le Tremblant eſt arrêté. Lorſqu'on veut le faire jouer, on rehauſſe un peu le tirant pour le décrocher; on le tire, & la lame de fer s'éloignant ſuffiſamment de la ſoupape extérieure, le Tremblant joue auſſi-tôt. Il n'eſt pas poſſible de décrire ces petites machines. La ſituation du local & des autres parties de l'Orgue, avec la diſpoſition des porte-vents, où le Tremblant ſera appliqué, indiqueront toujours aſſez comment il faudra compoſer cette méchanique. Lorſqu'il y aura pluſieurs Tremblants-forts, les vents étant ſéparés, on les fera jouer enſemble par un ſeul & même tirant.

1098. Pour le Tremblant-doux on fera une machine, qui leve ſa ſoupape en enfonçant un tirant, qui doit s'accrocher à la planche percée, afin que le poids de cette ſoupape ne le faſſe point ſortir: alors il ne joue point. Lorſqu'on veut le faire jouer, on déſaccroche le tirant; on le tire, & alors la ſoupape tombant fur fon chaffis, le Tremblant fait fon effet. S'il y a plufieurs Tremblants-doux, les vents étant féparés, on les fera jouer enfemble par un feul tirant.

1099. Il fe rencontre fouvent des difficultés & des embarras pour imaginer, placer & faire jouer bien des pieces dans le méchanifme de l'intérieur de l'Orgue; mais un peu de génie avec les principes de Méchanique leveront tous les obftacles. Il faut toujours éviter d'enfermer certaines machines derriere d'autres, parce qu'on ne pourroit entretenir celles-là fans démonter celles-ci. On connoît qu'un Artifte a de l'intelligence, lorfque tout eft dans un fi bel ordre qu'on peut apporter du remede là où il eft néceffaire, fans rien démonter. Toutes les compofitions doivent être les plus fimples qu'il eft poffible. On donnera à toutes les pieces des dimenfions convenables, en forte qu'elles ayent la force néceffaire pour bien remplir les fonctions, faire les effets felon leur deftination, fans pourtant aucune fuperfluité.

SECTION SIXIEME.

Pofer la Montre, y amener le vent & pofter les Tuyaux qui ne doivent pas jouer fur leur vent.

1100. Avant de pofer les Tuyaux de la Montre, on y fera les ouvertures par derriere, ce qu'on exécutera avec la fcie, ou avec un couteau fur lequel on frappera avec un marteau. Je crois devoir avertir que pour faire cette opération avec facilité lorfqu'on fe fert du couteau & du marteau, comme c'eft le plus ordinaire, il ne faut pas diriger le bout de la lame du couteau vers l'axe, ou le centre du Tuyau, ce qui rendroit la coupe fort dure; mais à côté & affez loin du centre ou de l'axe du Tuyau. Alors on coupera l'étain avec beaucoup d'aifance. Comme chaque Tuyau qui doit parler, eft deftiné à faire un certain ton, on verra fur le Diapafon du jeu dont il s'agira, à quelle hauteur il faudra faire la plus baffe ouverture, à laquelle on laiffera toujours une langue de la même matiere pour fervir d'*accordoir*. On fera enfuite d'efpace en efpace quelques autres ouvertures au-deffus de la plus baffe, mais cependant fans affoiblir le Tuyau: c'eft pour cette raifon qu'on les fera un peu plus courtes que la premiere.

1101. Pour pofer les Tuyaux des tourelles, on fera la planche *A, fig. 5, Pl.* 73, fur laquelle on arrangera les cartons ronds, deftinés dès le commencement à repréfenter la véritable groffeur des Tuyaux, qui doivent être pofés à la tourelle dont il s'agit. On les mettra dans la même difpofition où l'on veut que fe trouvent les cinq Tuyaux. Au moyen de ces cinq cartons, on tracera les croiffants *a, b, c, d, e.* On coupera le bois fuperflu, & on donnera à cette planche la forme telle qu'on la voit en la fig. 7. On clouera cette planche fur une des traverfes, qu'on a dû affembler de diftance en diftance entre les deux battans de la tourelle. On obfervera de la mettre à une telle hauteur, qu'elle

PLANCHE 73.

ne fe rencontre point vis-à-vis d'aucune des ouvertures qu'on aura faites derriere les Tuyaux , fur-tout vis-à-vis de celle où fera l'accordoir.

1102. On s'y prendra de la même maniere pour les plattes-faces. On arrangera les cartons fur la planche *B C , fig.* 5 , deftinée à faire les croiffants, foit qu'elle foit droite , foit qu'elle foit cintrée. Au moyen de ces cartons , on tracera la place de chaque Tuyau autour du carton. On coupera le bois fur la trace qu'on aura faite ; ce qui produira une piece conforme à celle de la fig. 6. On la fera tenir à fa place à la hauteur convenable , foit par des clous contre les montants , foit en attachant aux montants deux gouffets fur lefquels on clouera la planche des croiffants. Au refte , on y obfervera ce que j'ai dit à l'article précédent , touchant la hauteur à laquelle il faudra la placer.

1103. Les croiffants étant bien arrêtés chacun en leur place , on pofera premiérement les Tuyaux des tourelles. Si ce font de grands Tuyaux on les pofera fur des *ponts.* Si ce ne font que des Tuyaux de 8 pieds & au-deffous , on les pofera immédiatement fur les *plinthes.* Mais il faut expliquer ici ce qu'on entend par *ponts* & par *plinthes.* Voici d'abord ce qui regarde les ponts & leur ufage. Un pont eft un cube de bois de 3 pouces & demi , jufqu'à 4 pouces & demi, & même de 5 pouces en quarré en tout fens, *fig.* 8 , *Pl.* 73. On laiffe une

PLANCHE
73.

oreille à chaque côté de la bafe pour l'arrêter par deux ou quatre clous. On fait un trou en-deffus pour recevoir le bout inférieur du pied du Tuyau ; on en fait un fecond à côté , qui communique avec le premier. On fait une mortaife pour recevoir une clef capable de boucher le trou du côté , entiérement s'il le falloit. Ce trou du côté eft deftiné à recevoir le porte-vent. On voit le plan de ce pont en la fig. 9 , & fa coupe *fig.* 10 , par laquelle l'on voit comment les deux trous fe communiquent , & l'effet de la clef pour boucher le trou du côté. Lorfque les Tuyaux font fort grands , on met de gros ponts , comme de 5 pouces en quarré , & lorfqu'ils ne font pas fi grands , on en met de plus petits.

1104. Quand on aura fait tous les ponts néceffaires , on mettra le plus grand Tuyau en place , avec toutes les précautions convenables pour ne pas le gâter. Si le Tuyau eft fort grand & fort pefant , on attachera à l'entour & par-deffous le pied , des linges dont les extrêmités fe réuniront à une corde , qu'on liera encore à d'autres linges , qui entoureront le corps du Tuyau vers fon milieu & vers fon bout fupérieur. On montera ainfi le Tuyau dans fa place , prenant garde de ne pas le manier avec les mains nues, pour ne point le tacher. Lorfqu'il fera dans la tourelle , on mettra fous fon pied le pont , qu'on pouffera d'un côté ou de l'autre , jufqu'à ce que le Tuyau foit parfaitement à plomb en tout fens. On arrêtera alors le pont avec des clous.

1105. Si le Tuyau eft grand , il ne fuffit pas de l'avoir ainfi mis en place : dans la fuite fon poids le feroit affaiffer & il chargeroit trop le bas de la tourelle , il eft donc néceffaire de l'attacher. Il y a plufieurs manieres de le faire. Je n'en propoferai que deux ou trois. La premiere qui eft pour les plus grands Tuyaux, confifte (voyez la fig. 18 , qui repréfente le bout fupérieur d'un grand Tuyau)

en

en une traverfe de fer *a*, inférée horifontalement dans le milieu du bout du
Tuyau & qui le perce à chaque bout, où l'on foude aux deux côtés en dehors
une forte bande d'étain *p*, de 3 lignes d'épaiffeur, pour fortifier cette partie.
Au milieu de cette traverfe il y a un trou quarré, dans lequel on fait paffer un
boulon de fer à tête, & quarré dans cette partie. Son extrêmité fupérieure eft
en vis, & entre dans le trou d'un étrier de fer *c b*. Celui-ci eft introduit dans
deux trous par fa partie fupérieure dans la corniche, au-deffus de laquelle il
eft arrêté par la clef de fer *d*. Au-deffus du fond de l'étrier eft un écrou à oreilles *f*, au moyen duquel on tire le Tuyau en enhaut, jufqu'à ce qu'il commence
à ne plus appuyer fur fon pont. Il ne faut pourtant pas le relever fi fort, qu'il y
remue.

1106. Une autre maniere d'arrêter le Tuyau confifte, (*fig.* 17,) à y fouder
par derriere une forte bande d'étain affez doux *g h*, à la hauteur du croiffant.
Lorfque le Tuyau eft en place, on ploie la bande d'étain fur le croiffant, & on
l'arrête par plufieurs clous. On ne manquera pas de mettre au-deffous du croiffant un appui qui tienne par fon bout inférieur fur une autre traverfe de la
tourelle. Cette maniere d'attacher les Tuyaux eft fuffifante pour ceux qui ne
font pas exceffivement grands.

1107. Il y a encore une autre maniere d'attacher les Tuyaux, qui n'eft pas
fi propre à foulager leur poids, mais qui fert beaucoup à les retenir & à les garantir d'une chûte, c'eft d'y fouder un feul crochet par derriere. Ce crochet,
fig. 24, *Pl.* 75, n'eft qu'une petite lame d'étain ou d'étoffe, ployée de façon
qu'elle forme un trou. Voyez le plan de ce crochet *fig.* 25. On fiche une forte
pointe fans tête fur le bord du croiffant. On y enfile le crochet en pofant le
Tuyau dans fa place. On pourra fe fervir de ces trois manieres pour arrêter les
Tuyaux, & on aura égard à leurs grandeurs refpectives pour en faire l'application. Lorfque le plus grand Tuyau fera pofé & arrêté, on pofera de-même tous
les autres. On prendra garde que les Tuyaux tiennent ferme dans leur place
fans remuer, & fur-tout, qu'ils ne puiffent fe toucher les uns les autres, pour
éviter qu'ils ne *frifent*.

1108. La plinthe d'une tourelle eft une planche *fig.* 19, *Pl.* 73, d'environ
deux pouces d'épaiffeur ; on la *gravera*, c'eft-à-dire, qu'on y fera 5 trous par-
deffus *a*, *b*, *c*, *d*, *e*, qu'on placera comme je l'expliquerai dans un moment. On fera
d'autres trous dans l'épaiffeur du bois *f*, *g*, *h*, *i*, *k*, qui communiquent avec
les premiers. On fera des mortaifes pour y mettre des clefs propres à boucher
les trous dans le befoin. Comme dans certaines difpofitions du méchanifme de
l'Orgue, il n'eft pas toujours commode de mettre les porte-vents dans les trous
f, *g*, *h*, *i*, *k*, parce qu'il fe trouveroit quelque piece, ou quelqu'autre embarras au-devant, alors il fera mieux de faire d'autres trous par-deffus la plinthe,
qui communiqueront avec ceux qui feront faits dans l'épaiffeur du bois. On bouchera l'entrée de ceux-ci *f*, *g*, *h*, *i*, *k*. On mettra en ce cas les porte-vents

ORGUES. II. Part.   N n n n n

à crochet. Voilà donc ce que c'eſt que ces plinthes, dont on ne manquera pas de fraiſer les trous deſtinés à recevoir les bouts inférieurs des pieds des Tuyaux, afin qu'ils y joignent ſi bien qu'ils ne perdent pas le vent.

1109. Avant de faire aucun trou à la plinthe, on la mettra en place, où on l'arrêtera par quelque clou à demi enfoncé. On poſera les Tuyaux dont on fera aller le pied d'un côté ou de l'autre, juſqu'à ce qu'ils ſoient parfaitement à plomb en tout ſens, & bien également eſpacés d'un bout à l'autre; ils y tiendront aiſément au moyen des croiſſants que nous ſuppoſons déja poſés. Alors on marquera la place de chacun par un trait de crayon fait autour du pied. On ôtera les Tuyaux & la plinthe, & après y avoir commencé les trous *a, b, c, d, e,* avec la gouge, on les finira avec les meches de vilebrequin. Tous les trous & les mortaiſes étant finies, on fixera à demeure la plinthe & on mettra les Tuyaux en place.

1110. On s'y prendra à-peu-près de même pour les Tuyaux des plattes-faces. Leurs plinthes ſont des barres d'environ 2 pouces en quarré, plus ou moins ſelon la grandeur des Tuyaux qu'on doit y mettre. On poſera une plinthe en place où on l'arrêtera médiocrement. On y mettra les Tuyaux, & après qu'on les aura bien arrangés & qu'ils ſeront à plomb dans tous les ſens, & également eſpacés d'un bout à l'autre, on marquera au crayon leur place ſur la plinthe. On ôtera les Tuyaux & la plinthe, on fera les trous comme j'ai dit dans l'art. 1108. Si les Tuyaux ſont d'une certaine grandeur, on y fera des mortaiſes pour y mettre des clefs. On fraiſera tous les trous deſtinés à recevoir les pieds des Tuyaux, afin qu'ils ne perdent point le vent par leur pied. On remettra le tout en place. S'il y a des Tuyaux d'une grandeur conſidérable, on y ſoudera par derriere des crochets, qu'on accrochera ſur des pointes fichées au-deſſus de la planche des croiſſants.

1111. La raiſon pour laquelle on emploie des ponts pour poſer les grands Tuyaux de la Montre eſt, 1°. que ſans cela on ſeroit obligé de faire les plinthes d'une trop grande épaiſſeur, par rapport aux gravures, qui néceſſairement devroient être grandes. 2°. Il faudroit poſer les Tuyaux deux fois, comme lorſqu'on grave les plinthes; ce qui cauſeroit un trop grand embarras; d'ailleurs on riſqueroit beaucoup d'endommager les Tuyaux, qui, à cauſe de leur grandeur, ſont fort difficiles à manier.

Amener le vent aux Tuyaux de la Montre.

1112. On fait toujours les porte-vents en étoffe, parce que c'eſt la matiere la plus commode & qui coûte le moins. Elle eſt cependant ſujette à de grands inconvéniens. 1°. On voit fort ſouvent les porte-vents mangés & percés par les rats. Ils rongent auſſi les Tuyaux d'étoffe; mais ils ne touchent guere à l'étain. 2°. La peſanteur de cette matiere rend les porte-vents fort ſujets à s'affaiffer, ce qui les fait bien fouvent décoller. Il feroit donc mieux de faire les porte-vents en étain. Pourvu qu'on choisît le plus doux, on auroit la même facilité pour les ployer felon le befoin. Cette matiere étant toujours plus folide que l'étoffe, ne travailleroit pas, & étant beaucoup plus légere, elle ne feroit pas fujette à s'affaiffer ni à fe décoller. Il eft vrai qu'il en coûteroit d'avantage, tant à caufe du prix de la matiere, (qui eft ordinairement un peu plus que quadruple) que pour la façon, qui feroit bien plus difpendieufe.

1113. Les porte-vents doivent avoir une groffeur proportionnée aux Tuyaux auxquels ils tranfmettent le vent. Voici une Table qui donnera une idée des différents diametres qui peuvent convenir aux différentes grandeurs des Tuyaux.

Pour les trois ou quatre premiers Tuyaux du 32 pieds, 14 lignes de diametre.

Pour les premiers, &c.	24 pieds, 12 lignes.
Pour les, &c.	16 pieds, 10 lignes.
Pour les, &c.	12 pieds, 9 lignes.
Pour les, &c.	8 pieds, 8 lignes.
Pour les, &c.	6 pieds, 7 lignes.
Pour les, &c.	4 pieds, 6 lignes.
Pour les, &c.	3 pieds, 5 lignes.
Pour les, &c.	2 pieds, 4 lignes.
Pour les, &c.	1 pied, 3 lignes & demie.

Pour le Cornet, on donnera aux 12 premiers 9 à 10 lignes de diametre, & 6 à 7 aux autres.

1114. Les porte-vents font des Tuyaux ronds, également gros d'un bout à l'autre. On en taillera le nombre convenable & de la groffeur proportionnée aux Tuyaux. Après les avoir rabotés fur le champ, on les roulera fur des cilindres, on les blanchira, on les foudera & on les lavera à l'ordinaire. Il faut remarquer que s'ils ne font pas foudés affez chaud, ils fe deffoudent lorfqu'il faut les ployer. Ils doivent être affez étoffés, car lorfqu'ils font trop minces, ils fe boffuent en les ployant.

1115. Si le grand Cornet eft fur le premier Regiftre, il convient d'y amener le vent avant de le donner à la Montre. On prendra la mefure de leur longueur, & on fera un crochet quarré à un bout de chacun. Pour faire ce crochet, on coupera *à l'onglet* un petit bout du porte-vent : en retournant ce bout coupé fur le bout du Tuyau, la coupe fe trouvera faite. On fe fervira pour couper ainfi les porte-vents de la petite fcie à main, *fig. 5, Pl. 3.* Voyez l'art. 62, *pag.* 16. On ôtera les bavochures avec la pointe à gratter, on fera un petit chanfrein fur l'arête extérieure des deux coupes, & fans y faire autre chofe que d'y paffer le fuif, on foudera les deux morceaux enfemble fans rien blanchir. Voyez ce crochet en *a*, ou *b*, ou *c*, *fig. 11, Pl. 73.* Lorfqu'on a un peu d'ufage de la foudure, on ne laiffe pas de fouder proprement les crochets, les

Planche 3.

Planche 73.

coudes & autres ajuſtages des porte-vents ſans les blanchir. Je ſuppoſe que les porte-vents ſeront faits en étoffe; s'ils étoient en étain, il faudroit les blanchir.

1116. Pour fixer un porte-vent à ſa place, ce qui s'appelle *le coller*, on aura de la filaſſe peignée. On en aſſemblera pluſieurs petits brins, en ſorte qu'il y en ait gros comme une plume à écrire, plus ou moins ſelon qu'elle ſera longue & ſelon la groſſeur du porte-vent. On en trempera un bout dans la colle chaude; on en entourera le bout du porte-vent, & on y mettra ainſi tout le reſte de la filaſſe. On enduira de colle toute cette garniture & on prendra garde qu'il n'en entre point dans le porte-vent, dont le bout doit reſter bien net & bien ouvert. On fera la même opération à l'autre bout du porte-vent; & l'on introduira promptement les deux bouts, l'un dans le trou convenable du Sommier, & le crochet dans la piece gravée du Cornet. Auſſi-tôt après, on fera bien appliquer la filaſſe avec les doigts à l'entour du trou. On aura l'attention qu'il ne coule aucune goutte de colle dans le trou du Sommier, & qu'il n'y ait aucun brin de filaſſe par-deſſus les bouts ouverts du porte-vent. On donnera toujours à celui-ci une telle tournure, qu'il ne tende point à ſortir de ſa place, mais qu'il puiſſe même y tenir ſans y être collé, s'il étoit néceſſaire. Voyez la fig. 21, en *B*, pluſieurs porte-vents ainſi collés. La fig. 22, qui eſt une coupe par bout de la piece gravée du Cornet, repréſente auſſi en *D*, la coupe d'un porte-vent collé.

1117. A meſure qu'on collera les porte-vents du Cornet, on les ſerrera les uns contre les autres de 3 en 3, ou de 4 en 4, pour ménager entre-eux des eſpaces à pouvoir paſſer la main, afin d'avoir la facilité de coller les porte-vents de la Montre, qui ſe trouveront derriere ceux du Cornet. Il faut de plus remarquer que la piece gravée du Cornet fig. 21, doit avoir ſon côté *B* tourné vers la Montre; par conſéquent tous ſes porte-vents ſeront collés du même côté: il y a cependant des Facteurs qui font autrement; mais cela n'eſt pas auſſi propre. Ils placent au 3ᵉ. ou 4ᵉ. rang le Regiſtre du Cornet; ce qui cauſe beaucoup d'embarras pour accorder les deſſus des fonds d'Orgue derriere les porte-vents du Cornet.

1118. Lorſque les porte-vents deſtinés à porter le vent aux Tuyaux de la Montre ſeront faits, & qu'on aura reconnu ſur le plan en petit la deſtination de chaque Tuyau, on choiſira les porte-vents d'une groſſeur convenable. On les coupera ſur la place, on les ajoutera, on les coudera, ou enfin on les ployera ſelon le beſoin. On leur donnera la tournure que le local demandera. Voyez la fig. 11, où l'on peut remarquer pluſieurs de ces porte-vents avec différentes tournures. Lorſqu'on en aura ainſi ajuſté & poſé un petit nombre, on les collera; enſuite on en ajuſtera d'autres & on les collera de même. C'eſt ainſi qu'on continuera juſqu'à ce que tous les Tuyaux du premier Jeu, qui eſt en Montre, ſoient garnis de porte-vents. Après cela, on garnira le Jeu ſuivant & tous les Tuyaux parlants qui ſeront en Montre, appartenants ou relatifs au grand

Sommier.

Sommier. On travaillera enfin à porter le vent à ceux qui peuvent être relatifs aux Sommiers de Pédale.

1119. Il y a pluſieurs choſes à obſerver en ajuſtant, poſant & collant les
porte-vents. 1°. S'il y en a qui ſoient fort longs, il faut deux Ouvriers pour
les ajuſter, les poſer & les coller. 2°. On les doit appuyer de diſtance en diſtance par quelque morceau de bois ou quelque clou ; afin que leur poids ne
les faſſe pas décoller. 3°. En ajuſtant les premiers porte-vents, on les diſpoſera
de façon qu'on puiſſe trouver de la place pour les ſuivants ; c'eſt ce qu'il faudra
prévoir. 4°. On obſervera que les porte-vents ne recouvrent aucun trou des
chapes, où l'on doit poſer quelque Tuyau ſur ſon vent, pour ne pas trouver
d'embarras lorſqu'on mettra les Jeux en place. 5°. Quand on poſera ou qu'on
collera des porte-vents, on ſe donnera bien de garde de forcer ou d'ébranler
aucun de ceux qui ſeront déja collés ; c'eſt pourquoi, ſi l'on prévoit qu'il y ait
du riſque à cet égard, on les laiſſera bien ſécher ; car ſi quelque porte-vent ſe
décolloit, il ſeroit quelquefois fort difficile de le recoller, ſur-tout, s'il étoit
recouvert par pluſieurs autres. 6°. On ne manquera pas de faire agir les Regiſtres ſur leſquels il y aura des porte-vents auſſi-tôt qu'ils ſeront collés, & encore
derechef quelque-temps après, afin de couper la colle, ſuppoſé qu'il en fût
tombé quelque peu ; ce qu'il faut éviter avec beaucoup de ſoin, particuliérement là où ſeront les ſoupapes.

1120. Tous les porte-vents des Jeux de la Montre étant poſés & collés, on
travaillera à amener le vent aux Tuyaux poſtés, tels que ſont tous les Tuyaux
de bois, & quelquefois un nombre d'autres, qu'on ne peut faire jouer ſur
leur vent, ſoit à cauſe de leur grandeur, ſoit pour éloigner des uniſſons, ou
enfin pour cauſe d'un arrangement que la ſingularité d'un local, ou d'autres
circonſtances peuvent rendre néceſſaire. Il ſera ſouvent plus commode pour
ne pas embarraſſer certains paſſages ou d'autres endroits, ou même pour la ſolidité, de ſe ſervir de *pieces gravées*, qui contribuent beaucoup à bien arranger
l'intérieur de l'Orgue. La fig. 15, *Pl.* 73, en repréſente une. C'eſt une planche
A B C, qui doit avoir une épaiſſeur proportionnée à la profondeur des gravures qu'on doit y faire, & à la grandeur des Tuyaux qu'on doit poſer par-deſſus.
a, b, c, d, e, f, g, h, repréſentent les trous ſur leſquels on poſe les Tuyaux.
A B, eſt une planche collée & clouée ſur le bout de la piece gravée. Elle
porte les trous 1, 2, 3, 4, 5, 6, 7, 8, pour recevoir les porte-vents qui
viennent du Sommier. On voit les gravures qui communiquent depuis les trous
1, 2, 3, &c. juſqu'à ceux *a, b, c*, &c. On peut remarquer les mortaiſes qui
ſont faites auprès des trous *a, b, c*, &c. pour y mettre des clefs. On collera
un parchemin au-deſſus de toutes ces gravures. Pour mieux entendre la conſtruction de cette piece gravée, l'on peut en remarquer la coupe faite ſur l'endroit
2, 4, 6, 8, en *E, fig.* 16. La coupe marquée *G*, de la même fig. 16, eſt faite
ſur le premier trou *a, fig.* 15. Il y a des pieces gravées qui ont des gravures aux

ORGUES. II. Part. O o o o o

PLANCHE
73.

deux faces. On en fait de toutes façons. La maniere de les poser varie suivant le besoin & les circonstances. On en pose quelquefois verticalement, d'autres horisontalement : les unes à plat, les autres de champ : celles-ci sont les plus ordinaires.

1121. Pour faire une piece gravée, il faut déterminer quels Tuyaux on veut y faire jouer. Si ce sont des Tuyaux de bois, on les arrangera sur une table ou sur un plancher qui soit droit, en sorte qu'ils se touchent tous, qu'ils ayent la bouche tournée en dessus & les pieds bien égalisés. On présentera contre ces pieds le champ de la planche dont on doit faire la piece gravée, & on y tracera un trait à l'entour de chaque pied. On fera les trous sur ces marques, & on fera les gravures au ciseau. Plus on fera de ces pieces gravées, plus on débarrassera l'Orgue, & plus on travaillera solidement ; elles ne sont pourtant pas d'un assez fréquent usage ; parce qu'on a plutôt fait de faire & de poser des porte-vents que des pieces gravées; mais l'Ouvrage n'en est pas aussi bon. Il y en a qui font jouer toute la Montre par des pieces gravées, comme on le voit encore dans d'anciennes Orgues. Elles débarrassent cette partie de l'Orgue d'une forêt de porte-vents ; ce qui est beaucoup mieux, mais il en coûte davantage. Quoi qu'il en soit, on posera les pieces gravées très-solidement, en sorte qu'elles soient inébranlables & qu'elles puissent bien porter les Tuyaux, qui quelquefois font un grand fardeau.

1122. Il n'est pas possible de désigner tous les endroits où l'on peut poster des Tuyaux. Cela dépend de la situation du local, selon qu'on est au large ou à l'étroit, selon le nombre & la grandeur des Tuyaux, &c. On en poste dans les tourelles, derriere les plattes-faces, aux bouts du grand Sommier, pourvu que ces Tuyaux postés n'empêchent pas d'atteindre avec la main, à ceux qui seront sur les Sommiers, & qu'ils n'embarrassent pas les passages. Quand tous ces endroits ne suffisent point, on en peut poster en l'air à 5 à 6 pieds de hauteur, & les disposer de façon que les grands Tuyaux des Jeux d'Anche puissent se placer commodément. C'est-là où les pieces gravées, même verticales, sont indispensables, pour ne pas faire de l'Orgue une forêt de porte-vents.

SECTION SEPTIEME.

Poser tous les autres Tuyaux dans l'intérieur de l'Orgue.

1123. On commencera par poser tous les Tuyaux postés, parce que ce sont les plus embarrassants, & qu'il faut plus d'espace pour les manier. Les Tuyaux de bois seront posés sur leurs pieces gravées, soutenus & arrêtés par des crochets de bois; voyez la forme de ces crochets, *fig.* 12, *Pl.* 74, où l'on en remarque un en perspective, & en la fig. 13, où il est représenté en profil géométral. On les collera & on les clouera le plus ordinairement derriere le Tuyau,

PLANCHE 74.

& quelquefois au-devant ou à côté, selon la difposition du local. Voici la maniere de pofer & d'affujettir les Tuyaux de bois en leur place. On fera tenir
une traverfe horifontale & mife de champ derriere les Tuyaux. On marquera
fa hauteur fur chaque Tuyau, & on pofera le crochet à 6 ou 8 lignes plus bas
que cette marque. On mettra les Tuyaux en place, & on les accrochera par
leur crochet à la traverfe, en forte qu'ils fe touchent mutuellement. Leur pied
ne touchera point alors à leur piece gravée, parce qu'ils fe trouveront un peu
trop élevés. On marquera fur la traverfe de derriere la place de chaque crochet;
on ôtera les Tuyaux, & on fera une entaille fur la traverfe à chaque marque
qu'on aura faite, pour former la place dans laquelle le crochet doit enfoncer.
On les fera un peu plus profondes qu'il ne faut, afin que le crochet ne rifque
point de toucher au fond, que le pied du Tuyau appuie bien fur fon trou de
la piece gravée, & qu'il ne perde point de vent par fon pied. C'eft à quoi il faut
toujours faire une attention particuliere à l'égard des pieds de tous les Tuyaux
poftés, foit à ceux de la Montre, foit à tous les autres.

1124. On fera les faux-Sommiers. Voyez la fig. 1. de la Pl. 37. Lifez l'art.
327, *pag.* 99. *P*, *P*, *P*, font de faux-Sommiers. On fixera fur le Sommier PLANCHE 37.
une traverfe *S S*, aux deux bouts du faux-Sommier, pour le foutenir à 6 pouces ou un peu plus de hauteur. Ces traverfes font repréfentées trop étroites
dans cette figure. Il faut qu'elles aient environ 4 pouces de largeur fi le Sommier eft fort large, & environ 15 lignes d'épaiffeur. Elles porteront une feuillure pour recevoir les bouts des faux-Sommiers. Ces traverfes feront foutenues
& affemblées en enfourchement chevillé fur des fupports *S* & *R*, cloués fur le
côté du Sommier par leur queue. Le bout du fupport ne doit pas porter fur la
chape, comme on l'a repréfenté dans cette figure, mais fur le faux-Regiftre;
c'eft pourquoi il faudra échancrer la chape en cet endroit. Si le Sommier eft
fort large, on mettra 4 ou 5 de ces fupports diftribués à égale diftance d'efpace
en efpace, qui porteront toujours fur les faux-Regiftres. Si le Sommier eft médiocrement large, on n'en mettra que 3 ou 4, en un mot, felon fa largeur;
mais ils feront toujours affemblés avec la traverfe, comme les quatre principaux
pofés aux quatre coins du Sommier.

1125. On peut faire les pieces de faux-Sommier affez larges pour contenir plufieurs Jeux; il n'en fera que plus folide. On prendra exactement les mefures fur les chapes pour le percer, & au moyen de la Regle du Sommier. On
y fera d'abord de petits trous. On aura devant foi les Tuyaux qui doivent aller
fur la rangée des trous qu'on travaille; on marquera la hauteur du faux-Sommier fur le pied des Tuyaux; ce qui fe fait au moyen d'un fil de fer dont on
peut voir la tournure en la fig. 26, *Pl.* 75. On fait entrer le crochet inférieur PLANCHE 75.
A, dans le trou du bas du pied du Tuyau, & avec la pointe du crochet fupérieur *B*, l'on fait un trait vers le haut du pied. Cette marque défignera jufqu'où
le pied du Tuyau doit entrer dans le faux-Sommier. On fera tenir de champ

le faux-Sommier, fous un ou deux valets & on agrandira les trous avec les tarieres pointues, (*fig*. 96, *Pl*. 12; voyez l'art. 122, *pag*. 34,) en forte que
le pied du Tuyau y entre jufqu'à la marque qu'on aura faite. Si les trous doivent être fort grands, on fe fervira du compas tranchant, *fig*. 95, *Pl*. 12.
Voyez l'art. 121, *pag*. 34. Au refte on aura grand foin, en perçant le faux-
Sommier, de bien ménager le bois pour ne pas le fendre; c'eft pourquoi on
mettra un valet vis-à-vis des trous qu'on agrandira, & où il y auroit du rifque.
Tous les trous étant finis, on paffera le rabot deffus & deffous le faux-Sommier
pour en ôter les bavochures.

1126. Il arrive fort ordinairement que certains Tuyaux ne peuvent pas aller
précifément à leur place naturelle. On eft obligé de les écarter un peu d'un
côté ou d'un autre; c'eft à quoi on fera attention en agrandiffant les trous du
faux-Sommier. On éloignera le grand trou de 3 ou 4 lignes; quelquefois d'un
pouce ou davantage felon le befoin. Dans ce cas on obfervera que le Tuyau
ainfi écarté, ne doit pas enfoncer dans le trou du faux-Sommier, jufqu'à la marque faite fur le pied, parce que devant être pofé fur un petit pont, qui néceffairement doit avoir une certaine épaiffeur, le pied du Tuyau fera d'autant plus
relevé. Il y en a qui ne fe fervent prefque pas de ces petits ponts, dont ils
ont l'attention de prévoir la néceffité lorfqu'ils conftruifent le Sommier. Pour
fuppléer aux petits ponts d'une maniere plus avantageufe, ils gravent la chape
aux endroits où il doit y avoir quelque Tuyau à écarter : mais il eft des cas où
les petits ponts font fi néceffaires, que rien ne peut y fuppléer : par exemple,
lorfqu'on eft obligé de difpofer le Tuyau déplacé fur une autre chape que celle
qui lui donne le vent, ou qu'il fe rencontre fur le joint entre deux chapes, &c.

1127. On fraifera le bout des pieds des Tuyaux avec le Tour à fraifer, *fig*.

65, *Pl*. 8. Voyez fa defcription art. 110, *pag*. 29. L'effet du Tour à fraifer eft
de refferrer les bouts inférieurs des pieds des Tuyaux, de les bien arrondir & de les
rendre coniques. Par-là les pieds joignent très-bien fur leurs trous des chapes.
On prendra garde d'éreinter les Tuyaux en les fraifant, fur-tout les petits,
qu'on tiendra de bien court pendant que le Tour jouera.

1128. On préfentera le faux-Sommier dans fa vraie place; on y mettra deux
ou 3 Tuyaux vers chaque bout. On fera aller & venir le faux-Sommier,
jufqu'à ce que les deux ou trois Tuyaux fe trouvent bien à plomb. Alors on
marquera exactement fa longueur à chaque bout, afin qu'il puiffe entrer dans
la feuillure des traverfes. On le coupera quarrément fur ces traits & on le remettra en place. On mettra en même-temps plufieurs pieds ou fupports d'efpace en
efpace, pour l'empêcher de fléchir; & après avoir frappé fur le faux-Sommier
aux endroits où il y aura des pieds pour faire entrer leurs pointes, on le clouera
fur les deux traverfes. Ces pieds ont été décrits art. 327, *pag*. 99. Remar-

quez ces pieds, *fig*. 1, *Pl*. 37, en *Q, Q, Q, Q*. Les faux-Sommiers les plus
difficiles à pofer font les premiers, qui ne font que des morceaux de faux-Sommier.

mier. Ils ne contiennent bien fouvent que quelques Tuyaux des deffus de la
Montre, du Bourdon, &c. Comme il y a toujours dans ces endroits beaucoup de
porte-vents les uns fur les autres, on trouve difficilement le moyen de faire
bien tenir ces morceaux de faux-Sommier. On les affurera le mieux que l'on
pourra, foit par des pieds, foit par des gouffets, &c.

1129. A mefure qu'on aura arrêté une piece de faux-Sommier, on y pofera
les Tuyaux, afin d'avoir la facilité de mettre de petits ponts où il en faudra.
Ces ponts font de petits morceaux de bois, *fig.* 12, 13, 14, *Pl.* 73. Le pont
marqué *H*, eft vu en perfpective : *K*, eft fa coupe géométrale, & *I*, *fig.* 13,
en fait voir le deffous. *L*, *fig.* 14, en repréfente un d'une autre efpece. Il eft
percé dans fa longueur jufqu'au trou fupérieur *M*, qui doit recevoir le bout du
pied d'un Tuyau lorfqu'on le pofte un peu loin. On emmanche un petit porte-
vent depuis le trou de la chape jufqu'au trou *L* du petit pont. A l'égard de l'autre *H*, *K*, *I*, *fig.* 12 & 13, il fe pofe avec de la colle par-deffous, en forte
que le bout *N*, *fig.* 12, ou *I*, *fig.* 13, foit appliqué précifément fur le trou
de la chape. On voit par-là que le Tuyau fe trouve tranfpofé à la diftance de
fa vraie place telle qu'on le defire, felon la longueur donnée au petit pont.
On colle auffi fur la chape l'autre efpece de petit pont, *fig.* 14, quand il eft néceffaire.

1130. Tous les Tuyaux doivent être pofés dans leurs faux-Sommiers fans y
balloter. Si en les pofant dans leur place, on voit qu'il y en ait quelqu'un qui
foit trop jufte dans fon trou du faux-Sommier, on ne le forcera point; mais on
mettra un papier fur le trou de la chape, & on rapera le trou pour l'agrandir
fuffifamment. On ôtera le papier avec précaution, afin de ne pas laiffer tomber
la rapure dans quelque trou. Il faut que les Tuyaux foient bien à plomb, car
s'ils panchent un peu, fur-tout quand ils font d'une certaine grandeur, ils pé-
riffent bientôt. Ils doivent bien appuyer fur les trous des chapes, afin qu'ils ne
perdent pas le vent par le pied. On les tournera de façon que leur bouche regarde toujours le plus grand vuide voifin, obfervant cependant qu'une bouche
ne foit pas tournée vers la bouche d'un autre Tuyau voifin. On aura foin d'attacher avec du fil de laiton, ceux dont la hauteur feroit craindre un renverfe-
ment; ce qui n'a guere lieu pour les Tuyaux à bouche pofés fur les Sommiers.

1131. On pofera enfuite les faux-Sommiers des Jeux d'Anche avec les mêmes foins que ceux des autres Jeux. On les arrêtera avec encore plus de folidité
en y mettant un plus grand nombre de pieds. Il y a des Facteurs qui les font
même un peu plus épais; cette pratique eft fort bonne. On pofera d'abord
tous les Tuyaux du premier Jeu, qui fera ordinairement une Trompette ou une
Bombarde. Ce font des Tuyaux qu'il faut foigneufement foutenir & arrêter,
foit en les faifant paffer dans des planches percées de grands trous, foit en les
liant avec du fil de laiton, fur-tout les Tuyaux à boîte. A cet effet, on attachera folidement par des clous, ou mieux encore par des affemblages, des

ORGUES. II. Part.

barres , des tringles , des traverfes , felon la difpofition du local , pour confo-lider tous les Tuyaux. Le tout étant bien conditionné , on pofera également & felon les regles précédentes les Tuyaux de Pédale , du Récit , de l'Echo & du Pofitif.

1132. Il faut une attention particuliere pour l'arrangement des Fournitures & des Cymbales , afin de ne rien embrouiller. Nous avons vu à la fin de l'art. 965 , *pag.* 357, qu'on a dû avoir fait un paquet féparé de chaque numéro des Tuyaux du plein-Jeu. On aura devant foi la Planche 17 , où tout le plein-Jeu eft noté & numéroté. Suppofons qu'il s'agiffe d'arranger un plein-Jeu de cinq Tuyaux fur marche , qui eft l'exemple propofé dans l'art. 965. On difpofera dans leur ordre naturel tous les paquets de fuite felon leur numéros. On verra dans la premiere rangée de la Fourniture , (qui eft la cinquieme de la Pl. 17.) les nombres de la premiere reprife qui font 25 , 26 , 27 , 28 , & les autres de fuite , jufqu'à 41 inclufivement ; on tirera donc des paquets les Tuyaux ainfi numérotés , qu'on arrangera dans le même ordre fur une table. On verra dans la Pl. 17 , la feconde reprife qui commence à 30 , 31 , &c. jufqu'à 41 ; on prendra les Tuyaux ainfi numérotés dans les paquets , & on les mettra à la fuite des autres fur la table. On verra à la troifieme reprife dans la Planche 17 , les nombres 30 , 31 , &c. jufqu'à 51 inclufivement. On prendra dans les paquets les Tuyaux ainfi numérotés , & on les arrangera dans le même ordre à la fuite des deux autres reprifes fur la table. Voilà donc une rangée de Fourniture dans fon ordre naturel. On viendra à la feconde rangée , qui dans la Pl. 17 , com-mence à 32 , 33 , &c. jufqu'à 48 inclufivement. On prendra dans les paquets les Tuyaux ainfi numérotés , & on les mettra dans le même ordre fur une table au-deffous de la premiere rangée. On fera de même pour les feconde & troi-fieme reprifes , dont on mettra les Tuyaux fur la table à la fuite de la premiere. On voit dans la Planche 17 , que la troifieme rangée commence à 37 , 38 , &c , jufqu'à 53 ; on les arrangera comme les deux autres.

Pour la Cymbale , l'on voit dans la Planche que fa premiere rangée , (qui eft la feptieme de la Planche) commence à 37 & finit fa premiere reprife à 48. On prendra dans les paquets les Tuyaux ainfi numérotés , & on les mettra de fuite dans leur ordre fur une table. La feconde reprife commence à 37 , & finit à 41. On en prendra les Tuyaux qu'on mettra à la fuite des autres. La troifieme reprife commence à 37 & finit à 43. La quatrieme reprife commence à 37 & finit à 41. La cinquieme reprife commence à 37 & finit à 43. La fixie-me reprife commence à 37 & finit à 41. Et enfin la feptieme commence à 37 & finit à 51. On prendra dans les paquets les Tuyaux numérotés de-même , qu'on arrangera fur la table ; ce fera la premiere rangée de la Cymbale. Pour la feconde , on voit dans la planche qu'elle commence à 44. On y trouvera les 7 reprifes que les chiffres indiqueront , on en prendra les Tuyaux dont on fera la feconde rangée de la Cymbale , & la cinquieme de ce petit plein-Jeu.

PLANCHE
17.

Lorfqu'il fera ainfi en ordre , on en numérotera chaque rangée comme tous les autres Jeux, en plaçant les chiffres en un autre endroit du Tuyau différent du premier numéro. Enfuite il n'y aura pas plus de difficulté à les pofer, qu'il y en a aux Jeux fimples.

CHAPITRE DIXIEME.

Faire parler les Tuyaux , faire la Partition , couper les Tuyaux en Ton , & maniere d'accorder l'Orgue.

C'EST ici le Chapitre le plus important , puifqu'il s'y agit du Son de l'Orgue. Tout l'Inftrument peut être très-bien conftruit , les Tuyaux parfaitement bien faits & bien conditionnés , & cependant faire un fort mauvais Orgue. Cet Inf-trument n'étant fait que pour être entendu , il eft effentiel de lui donner une bonne & agréable harmonie. Les opérations néceffaires pour cela fe divifent naturellement en trois parties , qui compoferont les trois Sections fuivantes. Nous verrons dans la premiere comment il faut faire parler les Tuyaux à bou-che , les couper en ton , & conféquemment nous y joindrons la maniere de faire la partition & égalifer le fon des Tuyaux. Je décrirai dans la feconde les mêmes opérations fur les Jeux d'Anche ; & j'enfeignerai dans la troifieme com-ment il faut accorder l'Orgue.

SECTION PREMIERE.

Faire parler les Tuyaux à bouche , les couper en Ton , faire la Partition , & égalifer les Tuyaux.

1133. Le Preftant eft le premier Jeu qu'il faut faire parler , puifqu'on doit s'en fervir pour faire parler tous les autres. La raifon en eft , que pour avoir plus de facilité à faire parler les Tuyaux & pour moins rifquer de s'y tromper , il faut les couper en ton en même-temps. Or , pour couper en ton , il eft néceffaire d'avoir un Jeu qui foit accordé , fur lequel on puiffe fe régler. Le Preftant eft le plus commode pour cela ; j'en ai dit la raifon *art.* 142 , *pag.* 39. Il faut donc accorder le Preftant. Il eft évident qu'on ne peut point l'accorder qu'il ne parle auparavant. Je donnerai en conféquence ici la maniere de faire parler les Tuyaux : j'enfeignerai toutes les reffources & les expédients qu'on peut mettre en ufage pour cela. On commencera par faire parler les Tuyaux à la bouche. 1°. Si en y foufflant le Tuyau ne parle pas du tout , ce qui eft rare lorfqu'il eft bien monté , cela viendra de ce que la lame du

vent qui fort de la lumiere, eft dirigée trop en-dehors ou trop en-dedans, &
qu'elle ne touche point la levre fupérieure. On effayera de faire fortir un peu
la levre fupérieure ou de la faire rentrer. Si le Tuyau alors commence à
donner du fon, on reconnoîtra fi la lame de vent eft dirigée trop en-dedans
ou trop en-dehors. Si la levre fupérieure ne peut pas refter autant en-dehors ou
en-dedans, comme on vient de la mettre, fans que le Tuyau ne perde de fa
grace, on baiffera ou on relevera le bifeau. En le baiffant, on dirige le vent
en-dedans, & en le rehauffant on le dirige en-dehors. Cette opération doit fe
faire avec propreté, avec beaucoup de difcrétion, & peu-à-peu. On apportera
tous fes foins pour rendre la lumiere bien égale, tant pour la hauteur que pour la
largeur. Si l'on a trop baiffé le bifeau, le Tuyau octaviera; alors on le rehauffera tant foit peu, ou l'on enfoncera un peu la levre fupérieure. S'il eft tardif
à parler, ce fera une marque que la levre fupérieure fera trop en dedans; on la
fera fortir tant foit peu.

2°. Lorfque la lumiere eft trop étroite, ou autrement dit, trop fine, le
Tuyau ne peut pas prendre d'harmonie; il aura toujours le fon fec & maigre.
Si on l'élargit trop, le Tuyau foufflera, il ne parlera pas net; ainfi il faut un jufte
milieu. On effayera donc de retrécir ou d'élargir la lumiere, pour éprouver
fi le Tuyau rendra un fon qui ait du corps & qui parle nettement. En général
la lumiere étroite, pourvu qu'elle ne le foit pas exceffivement, fait parler le
Tuyau plus nettement; mais il ne donne pas une harmonie auffi moëlleufe,
que lorfqu'elle eft un peu plus large.

3°. Si le Tuyau ne peut rendre affez de fon fans octavier, quoiqu'on ait bien
difpofé fa levre fupérieure, & qu'elle ne foit ni trop en-dedans ni trop en-dehors,
cela viendra de ce qu'il ne fera pas affez égueulé. C'eft ici où il faut de la difcrétion pour égueuler à propos, fans quoi on gâte un Tuyau. On ne peut
couper précifément la quantité convenable de la levre fupérieure, que le Tuyau
ne foit au ton. Si l'on égueule le Tuyau au point qu'il faut lorfqu'il eft trop
long, on le fera bien parler, on lui donnera bien fa véritable harmonie, mais
lorfqu'il fera raccourci & qu'il fera au ton, il fe trouvera trop égueulé & il ne
vaudra plus rien. Or un Tuyau qui a ce défaut, n'a plus de tranchant, plus de
moëlleux, il crie, il eft fec, il a le fon groffier & défagréable. Alors il n'y a
pas d'autre remede que de reffouder un petit morceau à la levre fupérieure, ou
bien fi le Tuyau eft encore affez long, on lui coupera la tête; c'eft-à-dire, qu'on
le fciera par-deffus le bifeau & on le remontera. Pour connoître fi un Tuyau eft
trop égueulé, on foufflera dedans très-légérement. S'il rend tout autre fon &
tout autre ton qu'il ne doit fonner lorfqu'il a fon plein vent, ce fera une marque qu'il fera trop égueulé. Tout ce que j'ai dit ici regarde les Tuyaux de la Montre comme les autres. Ils font fujets de plus à *frifer*; cela vient de ce qu'ils ne
font pas fermes en leur place, ou qu'ils touchent contre un autre Tuyau
voifin.

4°.

4°. Comme on ne peut pas couper en ton le Prestant, à mesure qu'on le fait parler, pour l'égueuler à propos, il faudra en tenir les bouches un peu basses : on achevera de l'égueuler à son véritable point à mesure qu'on ébauchera son accord.

5°. Les défauts auxquels un Tuyau peut être sujet sont les suivants : il peut être tardif à parler ; cela vient de ce que la lame de vent ne touche pas assez la levre supérieure, ou de ce que la lumiere est trop fine. Il peut octavier ; cela peut venir de ce que la levre supérieure est trop basse, ou de ce qu'elle est trop en dehors, ou de ce que le Tuyau a trop de vent. Il peut pioller ; cela peut venir de ce qu'il a trop de vent, ou de ce qu'il est trop égueulé, ou de ce qu'il ne l'est pas assez. Il peut trembler ; cela peut venir de ce que le Tuyau n'est pas ferme dans sa place, ou de ce que la levre supérieure est trop en dehors, ou de ce que le Tuyau n'est pas assez étoffé. Il peut être foible de son ; cela peut venir de ce qu'il n'a pas assez de vent, ou de ce que sa lumiere est trop fine. Il peut souffler ; cela peut venir de ce que la lumiere n'est pas bien égale d'un bout à l'autre, ou de ce qu'elle est trop large. Il peut varier ; cela peut venir de ce qu'il a trop de son, ou que sa bouche n'est pas bien réguliere, ou de ce que le Tuyau est trop mince, ou qu'il a de l'irrégularité dans son épaisseur. Un Tuyau peut n'avoir aucun de tous ces défauts, & avoir le son sec, maigre, sans fond, ni harmonie. Il faudra alors tâtonner toutes les ressources indiquées ci-dessus ; j'ai toujours supposé qu'un Tuyau n'avoit pas de défaut grossier dans sa construction, comme d'être mal-monté, mal-embouché, d'avoir des crevasses, des trous, une grande irrégularité dans l'épaisseur de la matiere : que le Tuyau n'étoit pas trop mince, que les soudures étoient exactes & solides. Avec un seul de ces défauts grossiers, on ne tireroit jamais aucun parti d'un Tuyau ; il seroit inutile de s'y exercer. On trouvera en général qu'un Tuyau bien fait, bien embouché & suffisamment étoffé, ne sera pas sujet à la plûpart des défauts ci-dessus mentionnés, & qu'on le met bien facilement au point qu'il faut.

6°. En général si l'on tire trop de son d'un Tuyau, il sera criard, dur, & n'aura point d'harmonie. Si on n'en tire pas assez, il sera foible, sec, & n'aura point de fond. Il n'est pas possible d'exprimer par paroles la qualité du bon son : c'est une chose que l'on sent mieux, qu'on ne peut le rendre par le discours.

7°. A l'égard des Tuyaux bouchés, ils sont sujets à presque tous les défauts mentionnés dans l'article précédent, & sur-tout à pioller, à quinter & à nasarder ; trois défauts auxquels il n'est pas toujours bien facile de remédier. Un Tuyau piolle, quinte ou nasarde lorsqu'il a trop de vent, ou qu'il n'est pas assez égueulé, & quelquefois lorsqu'il l'est trop. On tentera tous les expédients dont j'ai parlé, jusqu'à ce que ces défauts n'existent plus. Je suppose que les Tuyaux seront exactement bouchés, & que toute leur matiere sera bien saine. Les Tuyaux de bois bouchés ou ouverts ne sont pas sujets à tant de défauts,

lorsqu'ils ont été bien-faits & bien-embouchés. On n'a que les quatre ressources suivantes à employer pour les faire bien parler : 1°. de leur ôter ou donner
du vent plus ou moins : 2°. de les égueuler plus ou moins : 3°. d'ôter la levre
inférieure pour agrandir ou diminuer la lumiere : 4°. enfin , de retoucher au
chanfrein du biseau , pour diriger la lame du vent de la lumiere plus en-dedans
ou plus en-dehors. On trouve quelquefois un peu plus de difficulté aux grands
Tuyaux de bois , sur-tout lorsqu'ils sont bouchés.

1134. Après qu'on aura fait parler tous les Tuyaux du Prestant le mieux
qu'on aura pu , on le mettra en place. Il sera temps alors de finir de régler le
Clavier , parce que dès qu'il y a un Jeu en place en état de parler, on découvrira les cornements. On travaillera à les guérir tous, en nettoyant les soupapes
bien exactement. Lorsqu'il n'y en aura plus , on achevera d'égaliser le Clavier
de force & de hauteur. On retouchera , s'il le faut , aux ressorts des soupapes;
après cela on examinera le Prestant sur son vent. S'il y a des Tuyaux qui
octavient pour avoir trop de vent, on serrera un peu leur embouchure ; enfin
on remédiera à tous les défauts qu'on reconnoîtra. Ensuite on commencera à
ébaucher son accord , & à faire la Partition , comme je vais l'expliquer.

Maniere de faire la Partition.

1135. La Gamme est la progression des sons intermédiaires d'un ton à son
octave. Il y en a de deux especes , la *Diatonique* & la *Chromatique.* (Nous ne
parlerons point ici d'une troisieme , qu'on appelle l'*Enharmonique*, dont il ne
s'agit pas dans l'Orgue.) La Diatonique est la Gamme ordinaire , *ut , re , mi ,
fa , sol , la , si , ut ,* qui est composée de cinq tons & de deux demi-tons. La
Gamme Chromatique est divisée en 12 demi-tons, qui sont *ut, ut*✕*, re , mi*♭*,
mi , fa , fa*✕*, sol , sol*✕*, la , si*♭*, si , ut.* Il n'est pas possible de diviser l'octave
en 12 demi-tons justes ; car si on l'accorde de façon que tout y soit juste , on
se trouvera outre-passer l'octave d'une quantité très-sensible, & jusqu'à choquer l'oreille, qui ne peut souffrir la moindre altération dans l'octave. On ne
peut accorder l'octave de demi-ton en demi-ton ; ces intervalles ne pouvant
s'apprécier assez sensiblement par leur harmonie. On a imaginé d'accorder par
quintes, qui sont des intervalles très-sensibles, & par conséquent bien appré-
ciables. Comme l'octave Chromatique contient 12 demi-tons, elle contient
aussi 12 tierces, 12 quartes, 12 quintes, &c. Si l'on ne peut diviser l'octave
en 12 demi-tons justes, il s'ensuit nécessairement que les 12 tierces, les 12
quartes, les 12 quintes, &c, ne peuvent pas non plus être justes. On est donc
obligé de rendre un peu plus petits, ou d'affoiblir d'une certaine quantité ces
intervalles, pour parvenir à l'octave juste. C'est cette altération qu'on appelle le
Tempérament, ou en termes de Facteurs d'Orgues, la *Partition*. La difficulté
de la Partition consiste à trouver le juste point de cette altération , & s'il con-

vient mieux de tempérer également ou inégalement les quintes ; ou, si l'on se détermine à préférer cette inégalité, sur qu'elles quintes on la fera tomber. Les Savants, je veux dire, les Mathématiciens & les Harmonistes ont fait beaucoup de
recherches là-dessus : ils ont bien calculé & bien différté. Ils ont imaginé plusieurs systêmes de Tempérament ; chacun a prétendu avoir trouvé le moins
défectueux, (car ils le font tous nécessairement.) Dans le nombre des systêmes qu'on a inventés, il y en a deux qui sont les plus remarquables. L'un
qu'on appelle l'ancien systême, qui consiste à tempérer inégalement les quintes ; & le nouveau, selon lequel on affoiblit moins les quintes, mais toutes également. Les Mathématiciens ne se sont pas trouvés d'accord avec les Harmonistes. Ceux-ci, ne consultant que la nature & l'oreille, n'ont pu goûter cette nouvelle Partition, qui leur a paru dure & moins harmonieuse que l'ancienne.
En effet, les quintes n'y sont affoiblies que d'un douzieme de *comma*, (nous
verrons bientôt ce que c'est,) & toutes le sont de même ; mais aussi il n'y a
aucune tierce majeure qui ne soit outrée, ce qui rend l'effet de cette Partition dur
à l'oreille. Selon l'ancienne Partition, on affoiblit environ 11 quintes d'un quart
de comma. Cette altération est bien plus considérable qu'un douzieme de
comma, ce qui se fait ainsi pour sauver, ou rendre justes 8 tierces majeures ;
& comme en altérant ces quintes d'un quart de comma, on ne parviendroit
pas à l'octave juste, on fait tomber tout ce qui manque sur une seule quinte
que l'on sacrifie, pour ainsi dire, & devient outrée : elle se trouve sur un
ton le moins usité. Les Facteurs appellent cette quinte, la quinte *du loup*.
Quelque respectable que soit l'autorité des Savants qui ont imaginé la nouvelle Partition, on n'a pas laissé de l'abandonner, quoique, selon la théorie,
elle paroisse moins imparfaite que l'autre. La raison que donnent les Harmonistes de leur choix, est que les quintes peuvent souffrir une altération, ou un
affoiblissement d'un quart de comma & même un peu plus, sans perdre leur
harmonie. En ce sens leur Partition n'est pas inférieure à la nouvelle, dont
les Tierces toutes outrées choquent nécessairement l'oreille. Leur fonction
de distinguer essentiellement les modes, est trop importante dans l'harmonie,
pour ne pas préférer un systême, où il s'en trouve le plus grand nombre possible de justes. Le Compositeur au reste met à profit les défauts inévitables de
cette Partition : il y trouve des avantages pour mieux caractériser l'esprit de ses
pieces. Veut-il composer du gai, du triste, du grand, du majestueux, &c ? il
choisit le ton le plus propre à aider sa modulation, & pour donner plus d'expression à son idée. Il n'a pas cette ressource dans la nouvelle Partition. Tous les
tons y étant égaux, ils expriment tous également, sans que rien balance la
rudesse des Tierces.*

* Au reste quoique nous nommions *nouvelle* la
Partition où l'on affoiblit également les quintes d'un douzieme de comma, elle est peut-être
plus ancienne que l'autre, puisque le P. Mer-
senne dans sa seconde partie de l'Harmonie uni-
verselle, imprimée en 1637, la décrit & ensei-
gne à la faire. Mais je l'ai appellée nouvelle,
parce qu'on la renouvellée de notre temps, &
que plusieurs Savants ont voulu la faire adopter.
Nous nous en tiendrons à ce que nous appellons
l'ancienne Partition dont nous allons donner la
pratique, après quelqu'explication préliminaire.

Premier Tableau des 12 quintes de la Gamme Chromatique, avec les Semi-tons , Maximes, Majeures & Mineures qui les composent.

Tierces majeures.		Tierces mineures.		Somme des semi-tons de chaque quinte.			Nombre des comma dont chaque quinte est composée.
				max.	maj.	min.	
min. maj. max. min.	maj. min. max.			2	2	3	34
ut │ ut ✕ │ ut ✕, re │ re, mi♭ │ mi♭, mi │ mi , fa │ fa, fa ✕ │ fa ✕ │ sol │							
min. maj. max. min.	maj. min. maj.			1	3	3	33
sol, sol ✕ │ sol ✕, la │ la , fi♭ │ fi♭ , fi │ fi │ ut , ut ✕ │ ut ✕ , re │							
max. min. maj. min.	max. min. maj.			2	2	3	34
re , mi♭ │ mi♭, mi │ mi , fa │ fa, fa ✕ │ fa ✕, sol │ sol, sol ✕ │ sol ✕, la │							
max. min. maj. min.	maj. min. min.			2	2	3	34
la , fi♭ │ fi♭ , fi │ fi , ut │ ut, ut ✕ │ ut ✕ , re │ re, mi♭ │ mi♭, mi │							
maj. min. max. min.	maj. max. min.			2	2	3	34
mi , fa │ fa, fa ✕ │ fa ✕, sol │ sol, sol ✕ │ sol ✕, la │ la , fi♭ │ fi♭ , fi │							
maj. min. maj. min.	maj. min. min.			1	3	3	33
fi , ut │ ut, ut ✕ │ ut ✕ , re │ re, mi♭ │ mi♭, mi │ mi , fa │ fa, fa ✕ │							
max. min. maj. min.	max. min. maj.			2	2	3	34
fa ✕, sol │ sol, sol ✕ │ sol ✕, la │ la , fi♭ │ fi♭ , fi │ fi , ut │ ut, ut ✕ │							
maj. max. min. maj.	min. maj. max.			2	2	3	34
ut ✕ , re │ re, mi♭ │ mi♭, mi │ mi , fa │ fa, fa ✕ │ fa ✕, sol │ sol, sol ✕ │							
maj. max. min. maj.	min. maj. max.			2	3	2	35
sol ✕, la │ la , fi♭ │ fi♭ , fi │ fi , ut │ ut, ut ✕ │ ut ✕ , re │ re, mi♭ │							
min. maj. min. max.	min. maj. max.			2	2	3	34
mi♭, mi │ mi , fa │ fa, fa ✕ │ fa ✕, sol │ sol, sol ✕ │ sol ✕, la │ la , fi♭ │							
min. maj. min. maj.	max. min. maj.			1	3	3	33
fi♭ , fi │ fi , ut │ ut, ut ✕ │ ut ✕ , re │ re, mi♭ │ mi♭, mi │ mi , fa │							
min. max. min. maj.	min. maj. max.			2	2	3	34
fa, fa ✕ │ fa ✕, sol │ sol, sol ✕ │ sol ✕, la │ la , fi♭ │ fi♭ , fi │ fi , ut │							

Second Tableau des 12 tierces majeures comprises dans la Gamme Chromatique.		
Tierces.	Somme des semi-tons de chaque tierce.	Nombre des comma de chaque tierce.
ut , mi	1 1	2 19
sol , fi	1 1	2 19
re , fa ✕	1 1	2 19
la , ut ✕	1 1	2 19
mi , sol ✕	1 1	2 19
fi , mi♭	1 2	1 20
fa ✕, fi♭	2 1	1 21
ut ✕, fa	1 2	1 20
sol ✕, ut	1 2	1 20
mi♭, sol	1 1	2 19
fi♭ , re	0 2	2 18
fa , la	1 1	2 19

1136. Pour bien entendre ces Tableaux , il faut savoir que chaque quinte est composée de sept demi-tons, qui ne sont pas égaux entre-eux ; car il y en a de Maximes, de Majeurs & de Mineurs. Les Maximes sont d'un intervalle un peu plus grand que les Majeurs. On peut diviser le demi-ton Mineur en 4 comma, le demi-ton Majeur en 5 , & le demi-ton Maxime en 6. On appelle comma la 9e. partie d'un ton. On distingue le ton en Majeur & en Mineur. Celui-ci est supposé composé de 9 comma, & l'autre de 10. Ces comma ne sont pas égaux entre-eux : il en est de quatre especes, les Mineurs, les Moyens, les Majeurs & les Maximes. Tout cela est d'une profonde théorie, qui n'est nécessaire qu'au Mathématicien, mais bien inutile à notre objet ; puisqu'il n'est pas question ici de chercher de nouveaux systêmes, mais de pratiquer

tiquer celui qui eſt univerſellement adopté, & en uſage parmi tous les Facteurs d'Orgue. Il ſuffira de ſavoir qu'il y a une différence réelle entre les quintes, dont on verra bientôt les trois eſpeces. Il y a auſſi des tierces majeures
de 4 eſpeces. Il y a des quintes de 33, de 34 & de 35 comma. Il y a des
tierces de 18, de 19, de 20 & de 21 comma. Il ne s'agit pas ici d'apprécier
à l'oreille les comma, ni un quart de comma, dont il faut altérer les quintes
dans la Partition, cela ſeroit preſqu'impoſſible dans la pratique; mais il y a des
expédients pour exécuter le tout ſans entrer dans ce détail, un peu trop abſ-
-trait pour des Ouvriers ordinaires, que nous avons toujours principalement
en vue dans cet Ouvrage. Les Savants pourront conſulter le Traité de l'Harmonie de M. Rameau, les Ouvrages de M. d'Alembert, & quelques autres profonds Théoriciens de ce genre.

1137. On trouvera dans le premier Tableau, en liſant les lignes de droite
à gauche, toutes les quintes avec les ſemi-tons qui les compoſent. On y remarquera la qualité de chaque demi ton. On lira ainſi : de *ut* à *ut*✹, il y a un
demi-ton mineur; de *ut*✹ à *re*, un demi-ton majeur; de *re* à *mi*♭, demi-ton
maxime; de *mi*♭ à *mi*, demi-ton mineur, ainſi des autres. On trouvera ſur la
même ligne le nombre des demi-tons maximes, majeurs, & mineurs, qui compoſent cette quinte *ut ſol*; enſuite ſur la même ligne, on trouvera le nombre
des comma compris dans la même quinte *ut ſol*. Il y en a 34. On voit par-là
bien ſenſiblement, combien & quelles quintes ſont de la même eſpece ou égales entre-elles. On trouvera qu'il y a 8 quintes de 34 comma, qui ſont par
conſéquent égales entre-elles. Ce ſont *ut*, *ſol*; *re*, *la*; *la*, *mi*; *mi*, *ſi*; *fa*✹,
ut✹; *ut*✹, *ſol*✹; *mi*♭, *ſi*♭; *fa*, *ut*. Il y en a trois de 33 comma, qui doivent être
un peu plus affoiblies que les 8 précédentes; ce ſont *ſol*, *re*; *ſi*, *fa*✹; *ſi*♭, *fa*.
Il en reſte une dont l'intervalle eſt plus grand qu'il ne faut, qui eſt de 35
comma; c'eſt *ſol*✹, *mi*♭. Les Ouvriers appellent cette quinte, *la quinte du loup*.

1138. Les tierces majeures, au nombre de 12, ſont contenues dans le ſecond
Tableau. On y voit celles qui appartiennent à une claſſe, & celles qui appartiennent à une autre par le nombre des ſemi-tons, & ſur-tout des comma qui les
compoſent. On trouvera qu'il y en a 7 de 19 comma; celles-ci ſont parfaite-
ment juſtes, qui ſont, *ut*, *mi*; *ſol*, *ſi*; *re*, *fa*✹; *la*, *ut*✹; *mi*, *ſol*✹; *mi*♭, *ſol*;
fa, *la*. Il y en a une de 18 comma; celle-ci eſt un peu foible, mais cependant
encore harmonieuſe; c'eſt *ſi*♭, *re*. Il y en a 3 de 20 comma qui ſont, *ſi*, *mi*♭;
ut✹, *fa*; *ſol*✹, *ut*; celles-ci ſont outrées. Il en reſte une qui l'eſt encore davantage, c'eſt *fa*✹, *ſi*♭, qui eſt de 21 comma.

1139. Il faut remarquer que de 12 quintes dont l'octave eſt compoſée,
on n'en accorde que 11 : la douzieme, qui eſt la quinte du loup, ſe trouve
d'elle-même au point où elle doit être. On n'accorde aucune tierce, elles ſe
trouvent toutes juſtes, ou outrées au point qui leur convient. Les 8 bonnes
ſervent de preuve à la juſte altération qu'on doit avoir donné aux quintes. Les

4 autres feront d'elles-mêmes outrées, autant qu'elles doivent l'être. Voici en notes la pratique de la Partition.

1140. Beaucoup de Facteurs commencent la partition par *ut* , d'autres par *fa* ; qui revient au même, comme on le voit dans ces deux lignes de mufique*. J'expliquerai la première ; on entendra par-là la feconde. Mais avant d'aller plus loin, il faut avertir qu'il eft important de mettre l'Orgue bien *au ton*. Il y a le *ton de Chapelle* , & le *ton de l'Opéra* : celui-ci n'eft pas un ton fixe ; on le hauffe ou on le baiffe d'un quart de ton, ou même plus, felon la portée des voix. Le ton de Chapelle eft fixe en France ; c'eft le plus à la portée des voix, & de tous les inftrumens de mufique : il faut donc monter le Tuyau de ton fur celui-là. On l'ajuftera fur un Orgue qu'on faura être parfaitement au ton de Chapelle. *Voyez fig.* 101 , & 102, *Pl.* 12 ; lifez *l'art.* 126, *pag.* 35.

PLANCHE
12.

Les notes noires repréfentent le Tuyau fur lequel on en accorde un autre ; les notes blanches défignent le Tuyau qu'on accorde. Toutes les notes qui font fur la ligne où eft la clef de *C fol ut* , repréfentent celui du milieu du Clavier. On commencera par mettre le quatrieme *C fol ut* du Preftant, au ton du *C fol ut* du Tuyau de ton ; mais comme nous fuppofons que le Jeu de Preftant ne fera pas encore dans fa perfection pour fon harmonie, on mettra d'abord ce quatrieme *C fol ut* un peu plus bas que celui du Tuyau de ton. A mefure qu'on mettra au ton l'*ut* en queftion du Preftant, & que vraifemblablement on en raccourcira un peu le Tuyau, on travaillera à le faire bien parler dans fa véritable harmonie, & on le mettra bien juste au ton. On accordera ensuite son octave plus bas, qui se trouvera être l'*ut* au milieu du Clavier, comme on le voit noté.

1141. Pour comprendre si deux Tuyaux font ou ne font point d'accord, foit qu'ils foient à l'uniffon, ou à la tierce, à la quinte, ou à l'octave, &c, il faut écouter fi l'on entend un battement ou balancement dans leur fon. Tant qu'on entendra ce battement, les Tuyaux ne feront point d'accord. Lorfqu'il ceffe entiérement, les Tuyaux font ordinairement d'accord. Je dis *ordinairement*, parce qu'il peut fe faire qu'on n'entende plus de battement, & que cependant les deux Tuyaux ne foient pas exactement & finement d'accord, puifque lorfque le battement a ceffé, on peut hauffer ou baiffer de quelque partie le ton d'un des deux Tuyaux, fans qu'il recommence à battre, fur-tout fi les Tuyaux font grands. Ce battement, au refte, ne fe fait entendre que lorfque le Tuyau eft affez près de fon accord ; quand il en eft bien éloigné, on ne l'entend plus.

1142. Les deux *ut*, tels qu'ils font notés, étant bien d'accord, on accordera fur l'*ut* en bas, noté par une note noire, la quinte au-deffus qui eft *fol*, noté par une note blanche. On fera d'abord cette quinte jufte, en forte qu'elle ne batte point du tout ; enfuite on baiffera un peu le *fol*, de façon qu'il faffe à-peu-près 4 ou 5 battements par feconde, (la durée d'une feconde eft à-peu-près comme chaque pulfation ou battement du pouls.) A cet effet, on retranchera fuffifamment de la longueur du Tuyau, & en même-temps on le fera bien parler ; ce que l'on fera à tous les autres Tuyaux à mefure qu'on les mettra au ton. On doit couper du Tuyau à plufieurs reprifes, pour ne pas rifquer de le raccourcir trop. Lorfqu'on aura tempéré comme il faut la quinte *ut fol*, on accordera la quinte fuivante *fol re*, comme on le voit noté. Cette quinte *fol re*, doit être un peu plus affoiblie que *ut fol* ; il faut qu'elle faffe 5 ou 6 battements par feconde ; elle eft du nombre des trois qui doivent être un peu plus foibles que les huit autres. Cette quinte *fol re* étant mife à fon point, on fera la quinte *re la* ; mais comme il ne faut pas s'éloigner du milieu du Preftant, qui eft la partie la plus fenfible à l'oreille, & qu'on rifqueroit de ne pas accorder fi jufte, fi l'on montoit trop, on accordera l'octave en bas de ce *re*, felon qu'on le voit noté, & on fera la quinte *re la* qu'on mettra au même point que *ut fol* : on fera enfuite la quinte fuivante *la mi*, qu'on tempérera au même point que *ut fol*.

1143. Pour connoître fi l'on a bien tempéré les quatre quintes déja accordées, on confrontera ce dernier *mi* déja accordé, avec l'*ut* le plus près qui aura été accordé au commencement ; ce *mi* doit faire une tierce majeure jufte & fans battement avec l'*ut*. Si on entend un battement, ce fera une marque qu'il fera trop bas ou trop haut. Pour le reconnoître, on approchera le doigt du bout fupérieur du Tuyau qui fonne *ut*, fans le toucher ; fon ton baiffera un peu.

Si le battement alors cesse ou qu'il diminue, c'est-à-dire, qu'il devienne plus lent, ce sera un signe certain que le *mi* est un peu bas. Si, en approchant le doigt du haut du Tuyau, le battement devient plus vîte ou plus accéléré, ce sera une marque que le *mi* sera trop haut. Dans le premier cas, puisque le *mi* se trouve un peu bas, on aura donc trop affoibli les quatre quintes; on les repassera & on les rehaussera un peu, pour qu'elles battent tant soit peu plus lentement. On comparera encore le *mi* en question avec le premier *ut* le plus voisin, pour voir si cette tierce est bien juste. Dans le second cas, on affoiblira un peu plus les quatre quintes, & on comparera ensemble le *mi* & l'*ut*. Si la tierce se trouve bien juste sans battement, que les trois quintes soient également tempérées, & que la quinte *sol re* soit tant soit peu plus affoiblie que les trois autres, on sera assuré que le plus difficile de la Partition est bien fait.

1144. On continuera la Partition, & on fera *mi si* quinte un peu foible, comme *ut sol.* Si l'on a tempéré au point qu'il faut cette quinte *mi si*, ce *si* doit faire une tierce majeure juste, avec le *sol* le plus voisin déja accordé, ce qui s'appelle la preuve, comme on le voit écrit au-dessous de ces deux notes *si sol.* Si on y entend du battement, on agira comme je viens de le dire dans l'article précédent; c'est-à-dire, qu'on reconnoîtra en approchant le doigt, si le *si* est trop haut ou trop bas. S'il est trop haut, on n'aura donc pas assez affoibli la quinte *mi si*; on l'affoiblira un peu plus. S'il est trop bas, on l'aura trop affoiblie; on la rehaussera un peu. Lorsque cette tierce se trouvera juste, on fera l'octave en bas du *si*, pour ne pas monter trop haut; & on fera la quinte *si fa*x un peu plus foible que les autres, c'est-à-dire, comme *sol re.* On comparera ce *fa*x avec le *re* le plus voisin, qui doit être à la tierce majeure juste avec le *fa*x; c'est la *preuve.* On fera ensuite *fa*x *ut*x, quinte un peu foible, comme *ut sol.* On fera la preuve, c'est-à-dire, qu'on comparera cet *ut*x avec le *la* le plus voisin, qui doivent faire ensemble une tierce majeure juste. On fera l'octave en bas de *ut*x, & on fera la quinte *ut*x *sol*x : on fera la preuve comme les autres. Ce *sol*x doit faire une tierce majeure juste avec le *mi* le plus voisin.

1145. En poursuivant la Partition dans le même sens que nous avons opéré jusqu'à présent, il faudroit faire la quinte *sol*x *mi*^{b}; mais comme c'est la quinte du loup, selon le langage des Ouvriers, & qu'on n'accorde point cette quinte, qui doit se trouver d'elle-même à son point particulier & qui lui est propre, l'on est obligé de faire les trois autres quintes qui restent, en descendant; ainsi l'on accordera sur le quatrieme *ut* du Clavier, comme on le voit noté, le *fa* suivant, en descendant. On fera d'abord cette quinte juste; ensuite on rehaussera un peu le *fa* pour affoiblir la quinte, & la mettre au même point que *sol ut.* On fera la preuve, qui est de comparer ce *fa* avec le *la* le plus voisin. Si cette tierce majeure se trouve juste, on poursuivra la Partition & on fera la
quinte

quinte en defcendant *fa fi♭*. Cette quinte doit être tant foit peu plus foible que
fol ut; elle doit être comme *re fol*. On fera la preuve, en comparant ce *fi♭*
avec le *re* le plus voifin; cette tierce doit-être un peu foible & battre lentement. On fera l'octave au-deffus de *fi♭*, & enfuite la quinte en defcendant *fi♭*
mi♭ un peu foible, comme *fol ut*. On fera la preuve en comparant ce *mi♭* avec
le *fol* voifin; cette tierce doit fe trouver jufte, & la partition fera finie. Il faut
remarquer qu'en faifant la Partition, on ne paffera point à une feconde opération, qu'on ne foit bien affuré de la juftthis de la précédente; ce qui a lieu
principalement lorfqu'on la fait fur un Preftant neuf, qu'on eft obligé de manier pour le mettre en harmonie, à mefure qu'on fait la Partition. Ainfi on reviendra, on examinera & on repaffera ce que l'on aura fait précédemment, avant
de paffer outre. Lorfqu'on aura fini, examiné & reconnu la Partition bien jufte,
on accordera par octaves tout le refte du Preftant, qui font les baffes & les deffus; prenant bien garde de toucher aux Tuyaux de la Partition, à moins qu'on
n'y fente quelque difcord.

1146. Pour accorder les Tuyaux, on fe fervira d'*accordoirs doubles* ou
fimples. Les doubles font repréfentés dans toute leur grandeur, *Pl.* 14, &
l'on voit les fimples également repréfentés dans toute leur grandeur dans la
Pl. 13. Voyez les art. 127 & 128, *pag.* 36. La maniere de fe fervir des accordoirs eft de les tenir verticalement au-deffus des Tuyaux. On les fera tourner un peu en appuyant deffus. On prendra bien garde que l'effort que l'on
fera avec l'accordoir fur le Tuyau, ne foit jamais dirigé d'une façon à le faire
pencher; on le gâteroit infailliblement. Avec le bout pointu, on évafera le bout
du Tuyau & on rehauffera par-là le ton. On retrécira le bout du Tuyau par
le bout creux de l'accordoir, ce qui fera baiffer le ton; mais l'effet des accor-
doirs n'eft pas grand: on ne peut faire hauffer ou baiffer le ton par leur moyen
que de peu de chofe. Si l'on vouloit baiffer le ton bien fenfiblement, il faudroit ôter le Tuyau de fa place, & opérer deffus avec l'accordoir en tenant le
Tuyau à la main. Si l'on vouloit rehauffer le ton confidérablement, il vaudroit
mieux en retrancher un peu avec la cifaille.

1147. On accordera toujours proprement les Tuyaux, les confervant bien
ronds & coupés fi juftes, qu'ils ne foient pas trop évafés ni trop refferrés. On
fe gardera bien d'en fendre le bout avec le couteau, comme font les mauvais
Ouvriers, pour ne pas prendre la peine de les raccourcir avec la cifaille. On ne
les pincera point avec les doigts pour baiffer le ton. S'il arrivoit qu'il fallût
trop refferrer un Tuyau, il vaudroit mieux l'ajouter proprement. On reconnoît
un Facteur habile, lorfqu'on voit fes Tuyaux accordés proprement & coupés
juftes; c'eft une marque qu'il ne tâtonne point, & qu'il fait bien faire parler &
accorder les Tuyaux.

1148. Dans tout ce que j'ai dit ci-deffus pour accorder le Preftant, j'ai toujours fuppofé qu'il parloit bien, & qu'il étoit par-là en état d'être accordé. J'ai

ORGUES. II. Part.   Sssss

donné la méthode entiere de l'accorder, pour ne pas y revenir & ne pas le dire à différentes reprifes. Je n'ai interrompu ma defcription que lorfque je l'ai cru indifpenfable. Voici encore quelques obfervations à faire : 1°. On ne peut parfaitement accorder un Tuyau qu'il ne parle bien ; ainfi tout Tuyau qui n'eft pas dans fa véritable harmonie, n'eft pas fufceptible d'un bon & véritable accord. Si le Tuyau parle trop fort, s'il a trop de vent ou s'il n'en a pas affez, s'il piolle, s'il octavie, s'il tarde à parler, s'il eft trop égueulé, ou s'il ne l'eft pas affez, s'il varie, s'il frife, s'il eft offufqué, &c, tous ces défauts font un obftacle à un accord bon & folide. 2°. On ne peut jamais faire bien parler un Tuyau qu'il ne foit à fon véritable ton, comme je l'ai déja dit ; je m'explique : on peut abfolument faire bien parler un Tuyau quoiqu'il foit, par exemple, trop long pour faire le ton auquel il fera deftiné ; mais lorfqu'on l'aura raccourci pour le mettre à fon ton, alors il parlera mal, parce qu'il fe trouvera trop égueulé ; c'eft pourquoi, 3°. on obfervera de ne retrancher de fa levre fupérieure qu'à mefure qu'on le mettra au ton, ou qu'on le raccourcira, attendu que la hauteur de fa bouche a une connexion néceffaire à la hauteur du Tuyau. On tiendra donc les bouches un peu baffes, & on ne les mettra au point qu'il faut, que lorfque le Tuyau fera prefque entiérement au ton : je dis prefque entiérement, parce qu'il arrive fouvent que quand il faut égalifer l'harmonie d'un Tuyau avec celle des autres, on eft obligé d'y donner un peu plus de vent ; alors le ton du Tuyau étant un peu rehauffé, il fe trouvera affez court. 4°. Il eft néceffaire, fur-tout à ceux qui n'ont pas une grande expérience, de tenir le Preftant un peu bas, tandis qu'on ébauchera fon accord & qu'on le fera parler, jufqu'à ce qu'il parle bien & qu'il foit égalifé ; alors on le mettra parfaitement au ton, & on lui donnera entiérement fon accord. 5°. Tout Tuyau, de quelque efpece qu'il foit, peut bien être accordé fur le champ après qu'on l'a manié, ou qu'on y a travaillé ; mais fon accord ne dure point, il baiffe fon ton à mefure qu'il refroidit. Il s'enfuit de là qu'on ne peut donner le dernier accord au Preftant, ni à tout autre Jeu, que lorfqu'il ne faut plus toucher aucun Tuyau avec les mains pour l'ôter de fa place, ou y faire quelque opération. Si l'on eft obligé de lever un Tuyau & de le manier, on doit le laiffer bien repofer après l'avoir remis à fa place. On différera de l'accorder d'autant plus long-temps, qu'on l'aura manié davantage. Le même cas a lieu lorfqu'on tourmente beaucoup un Tuyau avec l'accordoir, quoiqu'on ne le touche point avec les mains ; parce que cette opération réitérée de fuite échauffe le Tuyau.

1149. Le Preftant étant bien accordé, on entreprendra de faire parler la Montre. On commencera par le premier Tuyau du 8 pieds : on ouvrira bien fon accordoir ; il faut toujours commencer par-là. On fera fouffler continuellement, & un homme tiendra baffe la touche relative au Tuyau, & fon Regiftre ouvert ; alors fi le Tuyau ne parle pas du tout, cela viendra vraifemblablement de ce que le bifeau eft un peu trop élevé : la lame de vent qui fort par

la lumiere, eſt dirigée trop en-dehors & ne touche point la levre ſupérieure :
il faut donc baiſſer un peu le biſeau ; cette opération ſe fera aiſément en appliquant horiſontalement le bout d'un *bédane* de Menuiſier , ſur un bout du bord
du biſeau , & en donnant un coup de marteau ſur le bédane tout près de la bouche. Quand on aura ainſi baiſſé le biſeau par un bout , on le baiſſera par l'autre ;
afin que ſon élévation ſoit bien égale d'un bout à l'autre. Si après cela le Tuyau
ne parle point, on baiſſera encore un peu le biſeau , & par cette opération le
Tuyau commencera ſûrement à parler. S'il octavie, c'eſt qu'il aura trop de vent:
on baiſſera un peu la clef de la plinthe ou du pont, pour lui en ôter ; s'il octavie encore, on baiſſera davantage la clef ; ſi alors il devient trop foible de ſon,
ce ſera une marque que ſa levre ſupérieure ſera trop baſſe. On meſurera avec
le compas ſi elle eſt à l'élévation de la levre inférieure , de la cinquieme partie
de la longueur de la bouche ; ſi elle y eſt, il ne faudra en retrancher qu'à la
derniere extrêmité; & même, comme je l'ai dit ailleurs, il ne faut pas que la levre ſupérieure ſoit ſi haute, lorſque le Tuyau ſe trouve de groſſe taille pour le
ton qu'il doit faire.

1150. Pendant qu'on opérera ſur le Tuyau, la touche reſtera baiſſée , mais
on la levera auſſi-tôt après ; & quand on aura un peu laiſſé repoſer le Tuyau,
pour que les vibrations de ſa matiere ceſſent entiérement, on baiſſera la touche,
& on verra ſi le Tuyau prend bien ſon ton & ſon harmonie ; car il faut qu'il ait
ces deux qualités. Si le Tuyau eſt trop bas, il faudra l'approcher de ſon ton en
fendant un peu plus bas ſon accordoir , ce qu'on exécutera avec le couteau ſur
lequel on frappera avec un petit marteau. Enſuite on le perfectionnera un peu
plus. On fera les mêmes opérations ſur toute la partie de ce Jeu qui ſera en
Montre. On tirera autant de ſon que l'on pourra des Tuyaux , pourvu qu'ils
ne piollent point, qu'ils n'octavient point, qu'ils ſoient prompts à parler,
qu'ils ne ſoient pas plus égueulés que je n'ai dit , & qu'ils ſoient égaux de
force & d'harmonie. On y reviendra pluſieurs fois & à différentes repriſes ,
pour perfectionner toujours les Tuyaux les plus imparfaits. *Egaliſer de force* ,
c'eſt opérer de façon que tous les Tuyaux ſe faſſent également entendre , &
que l'un ne ſoit pas plus fort que l'autre. *Egaliſer d'harmonie* , c'eſt donner à
tous les Tuyaux la même qualité de ſon & d'harmonie ; car ſi l'un avoit le ſon
ſec & maigre, l'autre moëlleux , &ç, ils ne ſeroient pas égaliſés d'harmonie.
Enſuite on les accordera touche par touche ſur le Preſtant , lorſqu'ils parleront
aſſez bien pour être ſuſceptibles d'accord.

1151. On fera les mêmes opérations ſur le Jeu de 16 pieds. On le fera bien
parler, on l'approchera du ton peu-à-peu au moyen du 8 pieds ; & après l'avoir
bien égaliſé de force & d'harmonie , on l'accordera ſur le 8 pieds & le Preſtant
enſemble. S'il y a en Montre un 3²₂ pieds, on opérera ſur ce Jeu , comme ſur
le 16 pieds & le 8 pieds , & on l'accordera de même. S'il y a des Pédales de
Flûte en Montre ou quelqu'autre Jeu , on le traitera de même. On comprend
bien que tout cela ne peut être qu'un accord ébauché & imparfait.

1152. A l'égard de tous les autres Jeux qui feront fur le Sommier, on les ôtera de leur place l'un après l'autre, pour les ébaucher à côté du Clavier. On prendra d'abord les deffus du 16 pieds, fi c'eft le premier Jeu; on les apportera fur un banc ou une table auprès du Clavier; là on les fera parler à la bouche, & on les coupera en ton en même-temps. On remettra cette partie de Jeu en place, & on prendra le fuivant qu'on apportera auprès du Clavier; on le fera parler, on le coupera en ton, & on le remettra en place. On fera de même pour tous les autres Jeux, même pour le plein-Jeu, les Cornets, &c. On fera parler auffi les Tuyaux des Bourdons foit bouchés ou à cheminée, on les coupera en ton en les effayant, bouchés avec la main ou avec un morceau de planche où l'on aura collé une ou deux peaux, & lorfqu'ils parleront bien & qu'ils feront coupés en ton, on les coëffera avec du papier & on les remettra en leur place. Pour les Tuyaux de bois bouchés ou ouverts, on y opérera à leur place même, avant tous ceux qui doivent parler fur leur vent.

1053. Tous les Tuyaux à bouche étant coupés en ton & remis en place, on les perfectionnera fur leur vent. On les égalifera de force & d'harmonie. Pour faire cette égalifation comme il faut, il eft néceffaire qu'un Ouvrier foit au Clavier, d'où il avertira que tel Tuyau, (en baiffant fa touche) eft trop fort ou trop foible. Celui qui fera en haut ôtera du vent à ceux qui feront trop forts, & l'augmentera à ceux qui feront trop foibles, au moyen de la pointe, *fig.* 107, *Pl.* 13. Voyez l'art. *131. pag.* 36. Il corrigera tous les défauts, & mettra en même-temps tous les Tuyaux au ton, en recoupant ceux qui en auront befoin; c'eft à quoi le Preftant fervira toujours. En un mot, on mettra tous les Jeux en état de recevoir le dernier accord; à cet effet, on les rendra affez parfaits pour qu'il ne faille plus les toucher avec la main.

PLANCHE 13.

SECTION SECONDE.

Maniere de faire parler, égalifer & accorder les Jeux d'Anche.

1154. La Trompette étant languéyée & mife en place, comme je l'ai décrit art. 1001, & *fuivants, pag.* 374, on la fera parler fur fon vent. Pour qu'un Tuyau d'Anche parle bien, 1°. fa languette ne doit être ni trop ouverte ni trop fermée. 2°. Il faut qu'elle foit bien dégauchie & qu'elle ait fa tournure réguliere. Si elle eft trop ouverte, le Tuyau fera tardif à parler. Si elle eft trop fermée, il fera trop prompt; il n'aura jamais affez de fon; il aura toujours une mauvaife harmonie. Si la languette eft gauche, ou que fa tournure foit irréguliere, le Tuyau *râlera* & parlera mal. On connoîtra qu'une languette eft dégauchie, fi, en la regardant par fon bout, on s'apperçoit que fa diftance de l'Anche eft exactement égale de chaque côté. Nous aurons bientôt occafion d'expliquer encore tout ceci un peu plus amplement. Revenons au Jeu de la Trompette

pette. On commencera à opérer par le plus petit Tuyau, qu'on fera parler avec le Prestant. Si lorsque l'on baisse la touche, le Prestant parle plutôt que le Tuyau d'Anche, celui-ci sera regardé comme tardif à parler. Il faut alors prendre le Tuyau, tenir appliqué contre l'Anche le bout de la languette avec le doigt, & frotter la languette avec le dos de la lame du couteau contre l'Anche. Cette opération fera fermer un peu la languette; on essayera le Tuyau sur son vent: si on l'a trop fermée, le Tuyau sera trop prompt; en ce cas on l'ouvrira un peu. Pour ouvrir une languette, ce qu'on appelle lui *donner plus de ressort*, on passera le couteau entre l'Anche & la languette, & tenant le gros doigt (de la même main que le couteau,) contre la languette appuyée ou portant sur la lame du couteau, on fera glisser & sortir celui-ci en le tournant un peu en-dehors.

1155. Il n'en est pas des Jeux d'Anche comme des Jeux à bouche. On ne peut faire parler comme il faut ceux-ci, que lorsqu'on les a coupés à leur véritable ton; on en a vu la raison, *art.* 1148, *pag.* 435. Mais on ne peut couper en ton un Tuyau d'Anche, que lorsqu'il parle bien; autrement il se trouveroit presque toujours trop court. Tant que le Tuyau aura quelque défaut, comme d'être trop prompt, d'être tardif, de râler, en un mot, tant qu'il ne parlera pas bien, on se gardera de le couper ou de le raccourcir.

1156. Il faut distinguer entre le ton propre d'un Tuyau d'Anche, & celui du Prestant qui lui répond. Lorsqu'on fait parler le Tuyau d'Anche, il est ordinairement un peu plus long qu'il ne faut, par conséquent son ton propre doit être un peu plus bas que celui du Prestant qui lui répond. Il faut d'abord le faire bien parler à son ton propre, avant de le couper pour le mettre au vrai ton du Prestant. On doit remarquer que lorsqu'on veut mettre un Tuyau d'Anche au ton qui lui est propre selon la longueur où il se trouve, on le fait monter en baissant la rasette, (je suppose que celle-ci touchoit le coin,) le son devient mâle, harmonieux. Si l'on baisse un peu plus la rasette, le son devient plus doux, plus tendre, mais moins mâle & moins éclatant. Si l'on baisse encore la rasette, le son diminue, il s'éteint & devient sourd; si l'on baisse encore la rasette, le son double, c'est-à-dire, qu'il monte tout-à-coup d'un ton ou d'une tierce & quelquefois davantage; il change d'harmonie, & ce son ne vaut rien. On le fait redescendre en rehaussant la rasette, jusqu'à ce qu'il revienne à son vrai ton, qui doit-être mâle, éclatant & harmonieux, jusqu'à faire sentir un Bourdon qui parleroit ensemble avec le Tuyau d'Anche.

1157. Pour reconnoître si un Tuyau d'Anche parle bien, il faut le mettre à son propre ton; comme c'est l'unique moyen d'en bien juger, on les y mettra tous. On retouchera toujours à ceux qui paroîtront les plus imparfaits, jusqu'à ce que tous parlent bien sans aucun défaut. Il sera temps alors de les couper en ton, pour les accorder avec le Prestant. On les coupera peu-à-peu, une ligne à l'un, deux lignes à l'autre, trois lignes à celui-ci, quatre à celui-là, selon

leur grandeur & felon qu'ils feront éloignés du ton du Preftant; mais fur-tout,
on les coupera avec tant de précifion, que leur harmonie foit auffi belle qu'auparavant. Lorfqu'on les aura un peu coupés, on examinera s'il y en a quelqu'un qui ait nouvellement acquis quelque défaut. Si on le reconnoît, on
retouchera à fa languette jufqu'à ce qu'il parle bien, & on achevera de le couper petit-à-petit, jufqu'à ce qu'il foit bien au ton. Il arrive quelquefois qu'un
Tuyau vient facilement au ton du Preftant, après qu'on a retouché à fa languette, quoiqu'avant cette petite opération il ne pût y monter, paroiffant un peu
trop long; ce qui prouve combien il faut être réfervé à ne le raccourcir, que
lorfqu'il parle bien & fans défaut. Lorfqu'un Tuyau parle bien, il fupporte une
plus grande longueur fans doubler, (quand il eft d'accord avec le Preftant,) que
s'il ne parloit pas fi bien. Et plus un Tuyau eft long, plus il eft harmonieux,
pourvu qu'il ne foit ni fourd ni trop doux. Un habile Facteur qui maniera bien
un Jeu d'Anche, le tiendra toujours plus long qu'un autre, qui ne fera pas fi
expert.

1158. On coupera les Tuyaux fuffifamment, pour qu'ils foutiennent ferme
leur ton d'accord avec le Preftant fans doubler. Pour les éprouver, on mettra
la main deffus un inftant tandis qu'ils parlent, comme fi on vouloit les boucher:
alors le Tuyau commencera à doubler; mais il fe remettra de lui-même au ton,
auffi-tôt qu'on aura ôté la main. S'il ne fe remet pas de lui-même, ce fera une
marque qu'il fera un peu trop long, pourvu d'ailleurs qu'il ne foit pas trop
prompt & qu'il parle bien. En ce cas, on en coupera un peu, comme, par
exemple, une ligne ou une ligne & demie fi le Tuyau eft médiocre, ou deux
lignes s'il eft grand.

1159. On obfervera que pour éprouver fi un Tuyau eft affez prompt, il
faut le laiffer repofer un moment, comme une demi-minute, l'ayant fait ceffer
de parler. On baiffera enfuite la touche; il doit partir ou parler auffi promptement que le Preftant. En général il eft plus difficile d'allier enfemble la
promptitude à parler avec la belle harmonie, que de féparer l'un de l'autre. Il
eft plus aifé de faire rendre à un Tuyau une belle harmonie, fi l'on veut fouffrir qu'il tarde un peu à parler: mais comme l'on touche les Orgues aujourd'hui
avec une volubilité étonnante, il eft néceffaire de rendre les Jeux d'Anche très-
prompts à parler; parce qu'on en fait ufage dans la plus grande exécution.

1160. S'il y a quelque Tuyau qui râle, c'eft-à-dire, qui ne parle pas net,
ce fera une marque que la languette fera gauche, ou qu'elle n'a pas une tournure réguliere, ou que fa courbe commence trop haut ou trop bas. On y remédiera, foit en paffant le dos du couteau par-deffus la languette fur l'endroit
où elle releve trop, foit en le paffant en-deffous pour relever l'endroit qui en a
befoin. Il eft affez rare que ces opérations réuffiffent bien, lorfque la languette
a une tournure qui a quelque irrégularité. Il fera mieux de l'ôter & de la redreffer fur un bois avec le couteau; on lui fera prendre la tournure qu'il faut,
& on la remettra dans fa place.

1161. Plus on raccourcit les Tuyaux, plus ils ont d'éclat ; mais ils font moins moëlleux, le son en eft moins tendre, on ne fent pas fi bien leur bourdon. Si on les laiffe trop longs, ils perdent leur tranchant, ils ont le son trop rond, ils font fourds & ils ont moins d'éclat. L'une & l'autre extrêmité font défagréables, & font que des Jeux d'Anche ne feront jamais eftimés par les connoiffeurs en harmonie : il faut donc prendre un jufte milieu, qui eft de ne les tenir ni trop longs ni trop courts. Or, pour chercher cette bonne & véritable harmonie, on les laiffera d'abord auffi longs, qu'ils pourront foutenir ferme leur ton d'accord, fans doubler : enfuite on fera defcendre tant foit peu le ton, en rehauffant la rafette. Si en augmentant fon éclat, il conferve ou acquiert une plus belle harmonie, qui foit tendre, moëlleufe, qu'on fente toujours fon bourdon & que le fon en foit plus mâle, qu'il ait plus de corps, il ne faut pas faire difficulté de raccourcir un peu le Tuyau ; ce qui étant fait, on le remettra au ton. On le fera encore defcendre ; s'il devient meilleur, on en coupera un peu plus : c'eft-là où il faut être connoiffeur en harmonie, où il convient d'avoir le bon goût ; c'eft ce qui fait l'habile Facteur. Un petit nombre acquiert cette connoiffance par une longue expérience. Il faut de la pratique pour faire un Jeu d'Anche, qui ait toutes les qualités qui paroiffent contraires, en forte qu'il foit éclatant, brillant, tranchant, fier, mâle, prompt, & cependant moëlleux.

1162. Ce n'eft pas en donnant plus ou moins de vent qu'on rend un Tuyau d'Anche prompt, ou d'une différente harmonie, ou plus ou moins éclatant : par conféquent, ce n'eft pas par-là qu'on égalifera le Jeu. Les embouchures des pieds fe font à-peu-près de la grandeur des trous refpectifs du Sommier, & on n'y touche plus, du moins cela eft fort rare. La maniere d'égalifer de force & d'harmonie un Jeu d'Anche, s'exécute toujours par la languette & la longueur du Tuyau. Si l'un eft fourd & l'autre criard, cela viendra de ce que le premier Tuyau fera trop long, & le fecond trop court. La même caufe rendra l'un doux & l'autre aigre ; fi l'un a un fon mâle, plein, & l'autre maigre & fec, cela viendra de ce que l'un a fa jufte longueur, & l'autre ne fera pas affez long. Ainfi pour égalifer un Jeu d'Anche, on obfervera exactement l'égalité & la jufteffe des longueurs refpectives, & on fera en forte qu'un Tuyau ne foit pas plus *prefte*, ni plus lent que l'autre. Il eft encore néceffaire qu'un Tuyau ne foit pas langueyé fort, & l'autre foible ; c'eft ce qu'on reconnoîtra, comme je l'ai dit ailleurs, par l'endroit où reftera la rafette fur la languette, lorfque le Tuyau fera d'accord.

1163. S'il arrive qu'on ait trop raccourci un Tuyau, il ne faut pas faire difficulté de l'ajouter ; mais on fe gardera bien de fuivre la mauvaife pratique de certains Facteurs, qui allongent le Tuyau par l'Anche ; ils la font fortir davantage hors du Noyau ; alors on a un peu rallongé le Tuyau, mais il n'eft plus anché folidement, & fon accord ne durera point ; il fera fujet à fe déranger, à

changer d'harmonie. Pour ajouter proprement un Tuyau conique , on le mettra sur un moule qui y aille juste, on fera un patron de papier , qu'on ployera
autour du moule contre le bout du Tuyau. Lorsqu'on verra que ce papier ira
affez bien , on taillera un morceau de la même matiere & de la même épaiffeur que celle du Tuyau : on la coupera jufqu'à ce qu'elle joigne bien, &
qu'elle fuive exactement l'angle du Tuyau, ou fa figure conique ; on blanchira
le tout & on le foudera avec de la foudure à *tourner*. On lavera tout le blanc,
& on le repaffera fur le moule. On mettra le Tuyau en place , on le raccourcira au point qu'il faut. Je fuppofe qu'on en aura ajouté un peu plus qu'il n'eft
néceffaire , comme cela convient. Il y en a qui font tenir une goutte de cire
au bout extérieur des languettes , lorfque les Tuyaux font grands. On prétend que cet expédient rend les Tuyaux plus prompts à parler , ou qu'ils parlent mieux. J'ai peine à croire que cela foit d'aucune utilité, & que cette cire
puiffe produire aucun bon effet. Un Ouvrier qui eft au fait de bien manier
les languettes , n'a jamais befoin d'un auffi mince fecours, pour faire bien &
promptement parler un Tuyau.

1164. On fait qu'une Bombarde eft comme une Trompette , par conféquent il faut la traiter de même. Toute la difficulté confifte dans les Baffes,
fur-tout , lorfqu'il y a un ravalement qui defcend plus bas que le premier *C fol
ut* de 16 pieds. Ces tons fi bas font fort difficiles à apprécier ; c'eft ce qui fait
la principale difficulté de traiter une Bombarde. On s'affurera d'abord de la force
des languettes. Voyez ce que j'en ai dit , *art*. 1007 , *pag*. 377. On commencera à faire parler ce Jeu par les deffus , & l'on mettra bien en regle les trois
dernieres octaves , parce qu'elles ferviront à apprécier le ton des Tuyaux des
Baffes. Après le *C fol ut* de 8 pieds, on fera parler le *B fa fi* en defcendant & les
fuivans, jufqu'à *F ut fa* de 12 pieds. Jufques-là , il n'y a pas un grand embarras ; mais la difficulté commence à l'*E fi mi* , & plus on defcend , plus la
difficulté augmente, fur-tout pour ceux qui n'ont pas une grande pratique. Pour
s'affurer du ton du Tuyau, il faudra fe fervir de fon *doublement*. Je fuppofe
qu'on travaille fur le *C fol ut* de 16 pieds ; on fera monter peu-à-peu & bien
lentement le ton du Tuyau en l'écoutant avec une grande attention, jufqu'à ce
qu'il double : on le fera alors redefcendre , jufqu'à ce qu'il revienne à fon ton
naturel. Si le Tuyau parle bien , ce doublement fera plus fenfible : mais il faut
être averti qu'on ne doit pas s'attendre qu'il foit auffi fenfible ou auffi frappant,
que dans un Tuyau médiocre de Trompette. Lorfque le Tuyau fera revenu à
fon ton naturel, on le confrontera avec fon octave : on examinera fi on en eft
ou plus ou moins éloigné. Pour l'éprouver, on baiffera ou l'on rehauffera un peu
le ton de fon octave, & on verra par-là, fi le Tuyau dont il s'agit eft trop
bas ou trop haut. Il n'eft pas encore bien facile de le reconnoître ; car un *C fol
ut* de 16 pieds de Bombarde , faifant entendre même affez fenfiblement la tierce
dans fon harmonie, on peut bien prendre la tierce pour l'*ut*. Ce n'eft pas l'affaire

faire d'un moment pour s'assurer du vrai ton de ce Tuyau; il faut y mettre un temps suffisant pour le discerner. C'est encore bien autre chose quand il s'agit d'un ravalement de Bombarde ; sur-tout s'il descend jusqu'en *F ut fa* de 24 pieds; & plus difficile encore, s'il descend jusqu'au *C sol ut* de 32 pieds. Lorsqu'on traite des Tuyaux si difficiles, & qui demandent l'expérience la plus longue & la plus consommée, il faut interrompre l'Ouvrage, après s'y être exercé pendant quelques heures, & travailler à autre chose; on y reviendra une autre fois. A force de s'y remettre à différentes reprises, & de répéter les épreuves dont je viens de faire mention, on viendra à bout de s'assurer du ton de ces Tuyaux, pourvu que d'ailleurs on ait une grande pratique. Ce n'est pas encore une petite difficulté de les faire bien parler & promptement : je ne conseillerois pas à un Commençant de faire une telle entreprise. Du reste, lorsqu'on sera bien assuré du véritable ton de ces Tuyaux, on tâtonnera leur harmonie en les faisant un peu descendre, pour voir s'il faut les raccourcir ou non. Voyez là-dessus l'art. 1161.

1165. Pour le Clairon, il est d'usage de faire parler les dessus une octave plus haut que ne porte la longueur de ses Tuyaux, pour donner plus de corps à leur son. Quoiqu'ils sonnent une octave plus haut que leur taille ne porte, ils sont également sujets à un second doublement comme les autres Tuyaux; car il faut remarquer qu'un Tuyau de Trompette quel qu'il soit, même les Tuyaux des Basses de Bombarde, qui a doublé lorsqu'on l'a fait monter plus haut qu'il ne faut, doublera encore si on le fait monter une octave plus haut : ce second doublement des Tuyaux du dessus du Clairon servira également pour les mettre en harmonie. Il est des Facteurs qui font monter le Clairon d'un bout à l'autre, & tout entier à l'unisson du Prestant; mais c'est une chose difficile. Après tout, ce n'est pas la peine de s'exercer beaucoup à un Ouvrage si délicat, pour ne produire presque rien; car les 4 ou 5 derniers Tuyaux ne font quasi aucun effet, ils se discordent très-souvent, & sont fort sujets à ne point parler. Ceux qui les font parler à l'unisson de la Trompette, sont à imiter.

1166. Le Cromorne se traitera à-peu-près comme la Trompette; mais ce Jeu est plus délicat pour la juste longueur des Tuyaux : une ligne de plus ou de moins y est bien sensible, pour la qualité de l'harmonie. Le Cromorne, surtout dans les Basses, est difficile à bien traiter & à faire bien parler. La courbe des languettes doit être un peu plus basse que pour la Trompette ; mais c'est de très-peu. Plus le Cromorne est anché grand, plus il est difficile à bien traiter. On en vient plus aisément à bout, lorsqu'il est anché un peu plus petit ; mais son son a moins de corps. Il ne s'agit pas de chercher un grand éclat dans ce Jeu, mais beaucoup de tendre, & de moëlleux. Il est essentiel qu'il parle bien promptement & bien nettement.

1167. Le Haut-bois doit être langueyé un peu plus fort que les autres

ORGUES. II. Part. V v v v v

Jeux, felon la pratique de certains bons Facteurs; mais d'autres préférent de le langueyer plus foible : il y en a même qui donnent un peu de recuit aux languettes. Ce Jeu doit avoir beaucoup de brillant & d'éclat, fans négliger le moëlleux.

1168. Il faut traiter la Trompette de Récit un peu plus délicatement que les autres Trompettes, c'eft-à-dire, qu'il faut la tenir tant foit peu plus longue, fans pourtant qu'elle ait rien de fourd. On doit l'égalifer de force & d'harmonie avec beaucoup de foin.

1169. La Trompette du Pofitif doit aufli fe traiter délicatement, & prefqu'autant que celle de Récit. Il faut la travailler avec beaucoup d'attention.

1170. Les Trompettes & Clairons de Pédale doivent avoir le fon mâle, fier, plein, éclatant & harmonieux. Leur fon doit être un peu plus fort que celui des autres Trompettes; aufli on les fait de plus groffe taille, on les anche & on les langueye plus fort. Cependant on prendra bien garde de ne pas les raccourcir trop, pour leur donner plus d'éclat; on leur ôteroit leur moëlleux & leur bourdon, qui doit toujours fe faire fentir dans tous les Jeux d'Anche.

1171. La Voix-humaine eft un Jeu d'une nature différente de tous les autres Jeux d'Anche. Il n'eft pas queftion d'harmonie dans ce Jeu; tous les Tuyaux y font courts. Il faut feulement s'appliquer à faire bien parler les Tuyaux & à les égalifer par les languettes. Comme on touche le plus fouvent ce Jeu avec le Tremblant-doux, il faut effayer chaque Tuyau avec cette modification de vent. On a quelquefois beaucoup de peine a empêcher qu'ils ne faffent bien des grimaces, qu'ils ne varient avec le Tremblant-doux, & qu'ils ne foient lents à parler. Si le Tremblant-doux fe trouve bon, ce dont on n'eft pas toujours le maître, la Voix-humaine imitera bien la voix naturelle de l'homme: mais s'il n'eft pas bon, ce fera un Jeu de peu de conféquence, & dont on ne fera pas grand ufage.

1172. Lorfque plufieurs Jeux d'Anche jouent enfemble, ils doivent partir en même-temps, fur-tout les Pédales. Il feroit fort défagréable d'entendre plutôt la Trompette, que le Clairon; ou le Clairon plutôt que la Trompette; ce qui arrive lorfque les Tuyaux ne font pas également prompts.

SECTION TROISIEME.

Maniere d'accorder l'Orgue.

1173. Lorfque tous les Tuyaux à bouche parleront bien, & qu'ils feront bien ébauchés pour l'accord, on procédera au dernier accord, en commençant par le Pofitif. On accordera d'abord le Preftant, dont on vérifiera foigneufement le premier Tuyan de la Partition, pour qu'il foit bien au ton de Chapelle.

On fera enfuite la Partition avec tous les foins indiqués *art.* 1142, & *fuiv.*
pag. 433. Si le Preftant du grand Orgue étoit bien d'accord, on pourroit accorder celui du Pofitif fur l'autre touche par touche; mais comme on ne l'entend pas
affez bien, on accordera celui du Pofitif féparément, après qu'on aura pris,
avec une grande précifion, le ton de Chapelle, comme nous venons de le
dire. On obfervera toujours le milieu de l'accord, mais fur les Baffes on fe tiendra au haut de l'accord, fans pourtant entendre aucun battement.

1174. On accordera le 8 pieds fur le Preftant, en commençant par le deffus,
touche par touche, & on finira par les Baffes, en les tenant toujours fur le
haut de l'accord, ce qui eft une regle générale. Enfuite on accordera le 16 pieds,
s'il y en a, fur le 8 pieds & le Preftant enfemble: après, le petit Bourdon
avec le feul Preftant. On accordera les feconde & troifieme octaves du Nafard
fur le feul Preftant; lefquelles étant bien d'accord à la quinte, on fermera le
Preftant, & on accordera les premiere & quatrieme octaves du même Jeu par
octaves. Comme on a quelquefois de la peine à reconnoître dans les plus petits Tuyaux, s'ils font trop hauts ou trop bas, on approchera, pour le bien diftinguer, le doigt ou l'accordoir du bout du petit Tuyau, ou de fon octave fur
laquelle on l'accorde: on verra par-là fi le petit Tuyau eft trop haut ou trop
bas. C'eft une méthode affez générale, qu'avant de toucher à un Tuyau pour
le baiffer ou le hauffer, il faut connoître s'il eft haut ou bas, afin de ne pas
le tourmenter inutilement. Si en approchant l'accordoir fon battement augmente, c'eft une marque qu'il eft trop bas; s'il diminue, il eft trop haut.
Si l'on approche le doigt ou l'accordoir du Tuyau fur lequel on accorde, &
que par-là le battement diminue, le petit Tuyau fera trop bas: fi le battement
augmente, il fera trop haut. Comme dans les grands Tuyaux, qui fonnent
fort bas, on a la même peine à diftinguer fi leur ton eft trop haut ou trop bas,
on approchera la main de leur bouche ou de leur accordoir; fi le battement
alors diminue, le Tuyau fera trop haut; s'il augmente, il fera trop bas.

1175. Pour accorder la Tierce, on accordera premiérement la Doublette fur
le Preftant, & lorfqu'elle fera bien d'accord, on accordera à la tierce majeure
de la Doublette la feconde octave de la Tierce, le Preftant étant ouvert. On
fera bien attention de ne pas prendre la tierce mineure, ou la quarte, pour la
tierce majeure; les Commençants s'y trompent quelquefois. Afin de ne rien rifquer, on fermera la Tierce & le Preftant, & on touchera la tierce majeure
fur la Doublette, pour en mettre bien le ton à l'oreille: il faudra fe fervir de
cet expédient, quand on coupera en ton la Tierce auprès du Clavier. Quand
elle fera ainfi ébauchée, on ne rifquera plus de s'y méprendre, lorfqu'il faudra
l'accorder fur le Sommier. Quand on aura accordé exactement la feconde octave, on accordera tout le refte du Jeu par octaves, la Doublette & le Preftant
étant fermés. On accordera enfin le Larigot fur le Nafard, touche par touche.
Les 7 à 8 derniers Tuyaux font les plus difficiles de tout l'Orgue à accorder,

attendu qu'ils font extrêmement aigus. On aura recours aux expédients indiqués dans l'article précédent, pour reconnoître leur ton, & s'ils font trop hauts ou trop bas. Il ne faut pas fe preffer beaucoup pour accorder ces Tuyaux ; on y mettra le temps néceffaire.

1176. Lorfqu'on aura accordé tous ces Jeux féparément, on les accordera enfemble. Le Preftant fera toujours ouvert, & on tiendra la première touche baiffée. On ouvrira le 8 pieds, & on écoutera s'il eft bien d'accord avec le Preftant : fi on entend quelque battement, on y retouchera. On ouvrira enfuite le petit Bourdon, enfuite les 16 pieds, s'il y en a ; enfuite le Nafard, enfuite la Doublette, enfuite la Quarte, enfuite la Tierce & enfin le Larigot. On écoutera le Tuyau de chaque Jeu à mefure qu'on l'ouvrira, & on l'accordera s'il en a befoin. On fermera tous les Jeux, excepté le Preftant ; on baiffera la touche fuivante, on ouvrira tous ces Jeux les uns après les autres ; on retouchera aux Tuyaux qui ne feront pas bien d'accord, & on les refermera. On pourfuivra cette manœuvre fur toutes les touches du Clavier ; enfuite, pour éprouver encore mieux la jufteffe de l'accord, on ouvrira tous ces Jeux, & on examinera les octaves enfemble. Si l'on trouve de la défectuofité dans l'accord, on y remédiera.

1177. Tous ces Jeux une fois bien d'accord, on accordera le Cornet fur le feul Preftant ; mais auparavant il faut s'affurer fi tous les Tuyaux du Cornet parlent bien, & s'ils font égalifés de force & d'harmonie. A cet effet, on bouchera (voyez l'art. 1181, ci-après) les 4 derniers Tuyaux du Cornet fur la première marche, & on battra fur la touche (le Preftant étant fermé,) pour voir fi le Bourdon du Cornet parle bien, felon la force & l'harmonie qu'il doit avoir. On bouchera le Bourdon du Cornet, ce qui fe fait en mettant un morceau de papier dans fa bouche ; on débouchera le Preftant du Cornet, on battra fur la touche. On bouchera celui-ci, & on débouchera le Nafard du Cornet ; on battra encore la touche. On bouchera celui-ci, on débouchera la Quarte, & on battra fur la touche. On bouchera la Quarte, on débouchera la Tierce, & on battra fur la touche. On fera la même manœuvre fur toutes les marches du Cornet, pour éprouver s'il n'y a pas quelque Tuyau qui parle mal, & qui ait befoin d'être retouché.

1178. On ouvrira le Preftant, on bouchera les 4 derniers Tuyaux de la première marche du Cornet ; & la touche du Clavier relative à cette première marche étant baiffée, on accordera le premier Tuyau, qui eft le Bourdon du Cornet. On bouchera ce Tuyau, on débouchera le fuivant, qui eft le Preftant du Cornet, & on l'accordera. On le bouchera & on débouchera le fuivant, qui eft le Nafard du Cornet. Lorfqu'il fera accordé, on ouvrira le Nafard du Sommier, pour voir s'ils font bien d'accord enfemble. S'ils ne le font pas, on retouchera à l'un ou à l'autre felon le befoin. On fermera le Nafard du Sommier ; on bouchera celui du Cornet, & on débouchera le quatrieme Tuyau

du

du Cornet , qui eſt la Quarte de Naſard ; on l'accordera, & on ouvrira la Quarte de Naſard du Sommier , pour entendre s'ils vont bien enſemble. On fermera celui-ci : on bouchera ce quatrieme Tuyau du Cornet : on débouchera le cin-quieme, qui eſt la Tierce ; on l'accordera & on ouvrira la Tierce du Sommier. Si elles vont bien enſemble, on fermera la Tierce du Sommier: on procédera de même à l'accord de la ſeconde marche , & enſuite à celui de toutes les autres.

1179. Lorſqu'on aura ainſi accordé ſéparément tous les Tuyaux du Cornet, on les accordera enſemble. A cet effet le Preſtant étant ouvert , on débouchera le Bourdon du Cornet, puis le Preſtant du Cornet, puis le Naſard du Cornet, enſuite le Naſard du Sommier : enſuite la Quarte du Cornet, & après la Quarte du Sommier ; enfin la Tierce du Cornet, puis la Tierce du Sommier. A meſure qu'on débouchera chaque Tuyau , on verra s'il eſt d'accord & s'il va avec le Jeu ſemblable du Sommier. Si l'on entend quelque battement , on retouchera à l'accord du Tuyau qui le cauſe, ſoit à celui du Cornet , ſoit à celui du Sommier.

1180. Il faut remarquer que lorſqu'on accorde les Jeux , dont les Tuyaux ſont poſés alternativement d'un côté & d'autre ſur le Sommier , comme ils le ſont preſque tous , il faut baiſſer les touches alternativement en en omettant toujours une ; on reviendra enſuite à toutes celles qu'on aura omiſes. On le pratique ainſi pour la commodité de celui qui accorde ; afin de ne pas le faire courir continuellement d'un côté de l'Orgue à l'autre , ce qui à la longue ſeroit bien fatiguant : d'ailleurs il perdroit de vue la ſuite des Tuyaux , qu'il faudroit chercher chaque fois qu'il changeroit de place : cela ſeroit perdre bien du temps , & cauſeroit du dégoût & de l'ennui.

1181. Pour accorder le plein-Jeu , c'eſt-à-dire , la Fourniture & la Cym-bale , on ouvrira ces deux Jeux enſemble. On mettra un plomb ſur le ſecond *C ſol ut* du Clavier , car c'eſt par-là qu'il faut commencer ; & les Tuyaux par-lant , on bouchera tous ceux qui ſeront ſur cette marche. Pour boucher ces Tuyaux , on ſe ſervira de bouchons de ſoye, *fig.* 106 , *Pl.* 13. Voyez l'art. PLANCHE 13. 130 , *pag.* 36. On choiſira les bouchons proportionnés à la grandeur des Tuyaux. On ôtera le bouchon du premier Tuyau de la marche , c'eſt-à-dire , le plus grand : on battra ſur la touche pour voir s'il parle bien ; s'il a quelque défaut , on le corrigera. Quand on ſera aſſuré qu'il parlera ſelon la force & l'har-monie qu'il doit avoir , on le bouchera, & on débouchera le ſuivant , ſur lequel on fera la même opération. Ce ſecond Tuyau étant perfectionné , on le bou-chera , & on débouchera le troiſieme , ainſi de tous les autres qui ſeront ſur la même marche.

1182. Tous les Tuyaux de la même marche parlant bien , on ouvrira tous les Jeux de fond qui doivent être mêlés avec le plein-Jeu, comme les 8 pieds , 16 pieds , Preſtant & Doublette. On les écoutera un moment pour voir ſi l'on n'entendra point quelque battement. On y retouchera s'il y a lieu; car avant d'accorder une touche de plein-Jeu, on commencera toujours par s'assurer du parfait accord du fond, les Fournitures & Cymbales étant bouchées, & cependant leurs Regiftres étant toujours ouverts. On débouchera le premier, on l'accordera, on le recoupera s'il le faut: on le bouchera enfuite, & on débouchera le fecond, qu'on accordera de même fur le fond. On le bouchera, & on accordera le troifieme, & ainfi des autres qui feront fur la même marche. Comme il s'y trouvera de doubles & de triples octaves, de doubles & de triples quintes, on pourroit avoir quelque peine à accorder ces Tuyaux fi aigus & fi éloignés du fond; alors on débouchera celui qu'on jugera convenable dans la marche fur laquelle on travaille, lequel étant déja accordé, pourra fervir d'octave ou de quinte intermédiaires, pour accorder les Tuyaux fuivants, fur la même marche.

1183. On aura été vraifemblablement obligé de toucher & de manier quelques-uns des Tuyaux dejà accordés, foit pour les guérir de quelque défaut qu'on y aura encore trouvé, foit pour les raccourcir quelque peu, foit enfin pour y paffer à la main l'un ou l'autre bout de l'accordoir; il faudra donc recommencer à accorder féparément chaque Tuyau en particulier, comme la premiere fois.

1184. Lorfqu'on aura ainfi accordé tous les Tuyaux de cette marche féparément, il faudra les accorder enfemble. A cet effet, on les débouchera les uns après les autres & on retouchera à l'accord, s'il eft befoin, à mefure qu'on les débouchera. Ce font les Tuyaux à l'uniffon qui font les plus fujets à n'être pas d'accord enfemble, quoiqu'ils le foient féparément. On tâtonnera avec le bout de l'accordoir, lequel des deux uniffons il faudra baiffer ou rehauffer, & l'on opérera en conféquence.

1185. Il faut remarquer qu'il eft facile d'accorder la Fourniture & la Cymbale, (c'eft-à-dire le plein-Jeu,) lorfque les Tuyaux parlent bien, & qu'il eft très-difficile de l'accorder quand il y a quelque Tuyau qui parle mal, foit qu'il crie, qu'il octavie, ou qu'il piolle, &c. Il arrive fouvent que, quoiqu'on ait bien fait la premiere opération qui confifte à faire bien parler les Tuyaux, il s'en trouve pourtant quelqu'un qui acquiert quelque défaut en l'accordant, parce qu'on l'aura éreinté avec l'accordoir fans s'en appercevoir. Dans ce cas, on aura plutôt fait de revenir à la premiere opération, de boucher les Tuyaux & de faire battre la touche fur chacun féparément, tout le fond étant fermé. On découvrira par ce moyen quel Tuyau fe trouvera défectueux. On y remédiera, & on le repaffera à l'accord avec les autres, après qu'on l'aura laiffé affez repofer. Lorfqu'on aura accordé tous les Tuyaux fur une marche, en forte qu'on n'y entende plus le moindre battement, on fera les mêmes opérations fur toutes les autres jufqu'au haut du Clavier.

1186. Après cela, on entreprendra la premiere octave, & à mefure qu'on

en aura accordé une touche, on la confrontera avec fon octave en deffus. Quoiqu'on ait bien accordé fur le fond, par exemple, le premier *C fol ut*, il fe trouve
quelquefois un peu bas étant comparé avec le fecond *C fol ut*, fon octave : en
ce cas, on recommencera à accorder le premier *C fol ut* pour le rehauffer un
peu. Tout cet accord dépend principalement de la Doublette, qui aura baiffé
tant foit peu ; il faudra la rehauffer jufqu'à ce qu'elle foit prête à battre, & on
raccordera la Fourniture & la Cymbale.

1187. Tout le plein-Jeu étant accordé, on le vérifiera en comparant toutes
fes octaves ; car fouvent on en trouve qui ne font pas juftes. On raccordera celles qui en auront befoin.

1188. Comme on ne peut accorder un Orgue dans un jour, l'on ne manquera pas au commencement de chaque journée de vifiter l'accord du Preftant,
& de le repaffer s'il le faut. Il eft effentiel que fon accord foit parfait : autrement on ne parviendroit jamais à accorder, comme il faut, tout l'Orgue.

1189. Le Pofitif étant fini d'accorder, on accordera le grand Orgue. On
commencera par le Preftant, qu'on mettra parfaitement d'accord avec celui du
Pofitif. On les confrontera enfemble, touche par touche & par octaves. Il ne
faut pas qu'il y ait un feul Tuyau qui batte. Je ne faurois affez répéter qu'il eft
important que les deux Preftants foient bien accordés enfemble ; la réuffite de
l'accord de tout l'Orgue dépend de-là.

1190. On accordera le premier 8 pieds fur le Preftant, lorfqu'on fera bien affuré
de la jufteffe de fon accord. Enfuite on accordera fur le même Jeu le fecond & le
troifieme 8 pieds, chacun féparément. On accordera enfuite le 16 pieds ouvert,
fur le premier 8 pieds & le Preftant enfemble. On fermera ce 16 pieds, & on
accordera le Bourdon de 16 pieds fur le premier 8 pieds & le Preftant. On accordera le 32 pieds, s'il y en a, fur le 16 pieds ouvert avec le premier 8 pieds.
On fermera ces Jeux : on ouvrira le Preftant avec le petit Nafard à la quinte du
Preftant : on s'y prendra comme je l'ai dit *art.* 1174. *pag.* 445. Le Nafard
étant d'accord, on accordera le gros Nafard à l'octave en bas du petit Nafard
touche par touche, fans Preftant. On accordera la Doublette à l'octave du Preftant : enfuite la petite Tierce à la tierce de la doublette ; on s'y prendra comme
je l'ai décrit *art.* 1175, *pag.* 445. Cette Tierce étant accordée toute entiere,
on accordera à l'octave en bas de celle-ci la groffe Tierce, touche par touche
& fans Preftant. On accordera la Quarte fur le Preftant. Tous ces Jeux étant
accordés féparément, on les accordera tous enfemble, comme je l'ai décrit
pour le Pofitif, *art.* 1176. *pag.* 446. On accordera les Cornets quels qu'ils
foient, comme je l'ai expliqué *art.* 1177, *& les deux fuiv. pag.* 446.

1191. On accordera le plein-Jeu de la même maniere que je l'ai décrit pour
le Pofitif, *art.* 1181, *pag.* 447. *& fuiv.* On ouvrira tous les Jeux de fond,
même le 32 pieds, pendant qu'on accordera le plein-Jeu. Lorfqu'il fera tout
d'accord, & que toutes les octaves, ayant été comparées entre-elles, auront

été trouvées juftes, on le confrontera encore avec celui du Pofitif; & s'il y a quelque chofe à rectifier, on le fera. On comparera de même tous les fonds du grand Orgue avec ceux du Pofitif : il faut que tout aille parfaitement enfemble. On accordera tous les Jeux à bouche de Pédale, d'abord féparément, enfuite enfemble ; & on les comparera avec les Jeux femblables du grand Orgue, afin que tout s'ajufte enfemble.

1192. Comme on aura été obligé de tracaffer beaucoup pour accorder tout l'Orgue, & qu'il aura été néceffaire d'ôter de leur place une partie des Jeux d'Anche, ceux-ci auront befoin d'être repaffés. On remettra en place tous les Tuyaux qu'on avoit déplacés, & on les repaffera Tuyau par Tuyau, jufqu'à ce qu'ils foient bien en état. On accordera la premiere Trompette fur le Preftant feul ; on accordera, chacune féparément, fur le Preftant feul la premiere & la feconde Trompette, & le Clairon auffi. S'il y a une Bombarde, on l'accordera fur la premiere Trompette : on verra enfuite fi tous ces Jeux vont bien enfemble. Si l'on y remarque quelque battement, on retouchera à l'accord des Tuyaux qui en auront befoin. A l'égard des Pédales, on accordera fur le grand plein-Jeu entier, chaque Trompette en particulier, s'il y en a plufieurs. On accordera le Clairon fur une Trompette; & la Bombarde fur le plein-Jeu. On examinera fi tous ces Jeux vont bien enfemble, & fi leur fon eft bien uni. Si l'on entendoit quelque battement, on retoucheroit aux Tuyaux défectueux dans leur accord. Les Jeux d'Anche du Récit s'accorderont fur le Preftant.

CHAPITRE ONZIEME.

Maniere de relever un Orgue, d'y faire des augmentations, & de l'entretenir.

JE diviferai ce Chapitre en trois Sections. Dans la premiere, j'expliquerai ce que c'eft que de relever un Orgue, & la maniere d'y faire les réparations néceffaires. Dans la feconde, je décrirai comment, & par quels expédients on peut faire des augmentations à un Orgue déja fait, fi on le defire. Je traiterai dans la troifieme, de l'entretien des Orgues. Je donnerai enfuite le prix à-peu-près, des différentes Pieces, Machines & Jeux de l'Orgue. Enfin je terminerai cette feconde Partie par la lifte des Jeux de l'Orgue de Weingarthen.

SECTION PREMIERE.

Maniere de relever ou de réparer un Orgue.

1193. Toutes les Orgues, même celles qui font entretenues, ont befoin,

après

après un certain nombre d'années, d'être relevées. Celles qui ne font point entretenues, comme il est affez ordinaire dans la plupart des Provinces, doivent être relevées plus fouvent que les autres. On ne peut déterminer précifément le temps où cette réparation devient néceffaire; cela dépend de plufieurs circonstances. Il y a des Eglifes où il s'éleve une plus grande quantité de pouffiere, étant plus fréquentées que d'autres : un Orgue peut être plus ou moins folidement conftruit, plus ou moins folidement placé, &c; tout cela accélere ou retarde le temps où il fera befoin de le remettre en état. Je vais parcourir ici quelles réparations on y fait ordinairement, & comment il faut s'y prendre.

1194. On vifitera d'abord la Soufflerie; & s'il ne s'y trouve que quelques trous par où le vent fe perd, on y collera proprement des pieces de peau, chanfreinées là où il faut. S'il y a quelque trou confidérable, on arrachera l'ancienne peau & on en remettra de nouvelle, obfervant de la mettre double ou triple, &c, fi l'endroit du Soufflet le demande, comme aux coins des plis, &c. S'il y a beaucoup d'ouvrage, on ôtera les Soufflets de leur place pour les réparer plus commodément. S'il faut coller de la peau en-dedans, on ôtera le chaffis des foupapes; on entrera au-dedans du Soufflet, & on y fera les réparations néceffaires.

1195. Si après avoir examiné les Soufflets, l'on y voit des brides ou des charnieres caffées, & que la peau en général foit fi vieille, qu'on juge qu'un rapiécetage ne pourra être folide, *on remontera les Soufflets en cuir neuf.* Pour cet effet, on démontera tout le Soufflet en coupant la peau avec le couteau : on féparera ainfi toutes les écliffes : on coupera les charnieres des tables : on fera tremper dans l'eau toutes les écliffes, jufqu'à ce que la peau & le parchemin puiffent fe tirer aifément fans fe déchirer. On ne fera point tremper les tables dans l'eau, ce qui les gâteroit; mais on appliquera des linges doubles bien mouillés fur toute la furface couverte de parchemin collé. On les y laiffera, (les entretenant toujours bien mouillés,) jufqu'à ce qu'on puiffe décoller aifément le parchemin fans le déchirer. Lorfque la colle fera ramollie, on l'ôtera de deffus la table & des écliffes, en la raclant avec un couteau. On lavera bien le parchemin, pour qu'il n'y refte plus de colle; & on fera fécher les écliffes en les mettant les unes fur les autres, pour qu'elles ne s'envoilent point. Le bois des tables & des écliffes étant bien fec, on recollera tout le parchemin, comme on l'a vu décrit *art.* 778, *pag.* 282. On repaffera la meche du vilebrequin dans les trous des charnieres pour en ôter les anciennes cordes, & enfin on remontera les Soufflets comme il eft fpécifié *art.* 779, *& fuiv. pag.* 282, *& fuiv.*

1196. Il pourra paroître extraordinaire que j'aie dit qu'il faut recoller le parchemin du dedans des Soufflets, quoiqu'on n'y voie rien d'endommagé; mais il y a une bonne raifon pour cela. Le bois, quoique très-fec & même ancien, fait un mouvement continuel : ſes fibres s'élargiſſent & ſe retréciſſent toujours, ſelon l'humidité ou la chaleur de l'air. Comme le parchemin ſuit néceſſairement ce mouvement du bois, ſes pores s'ouvrent; la colle, qui en bouchoit les interſtices ſe caſſe : il s'enſuit de là que le doublage de parchemin ne fait plus ſon effet, il ne bouche plus les pores du bois, puiſqu'il devient lui-même poreux ; il y eſt par conſéquent inutile ; ainſi il convient de le remettre dans ſon premier état, en le recollant de nouveau. On voit des Souffleries qui vont vîte, quoiqu'on ne puiſſe appercevoir aucune perte de vent. Ce défaut a lieu plus particulierement, lorſque le local où ſont les Soufflets eſt acceſſible au chaud exceſſif & à l'humidité. On remarque qu'en Hyver les Soufflets ne vont pas ſi vîte que dans les grandes chaleurs de l'Eté. Cela vient de ce que l'humidité, qui accompagne preſque toujours la ſaiſon de l'Hyver, remplit de particules d'eau tous les pores du bois avec un tel effort, que ſon volume en eſt augmenté, puiſqu'il devient & plus épais & plus large ; d'où il s'enſuit que le vent ne pouvant plus paſſer au travers, les Soufflets vont lentement. Pendant l'Eté l'air eſt ordinairement fort ſec : il attire par cette qualité & par ſa chaleur, les particules d'eau qui ſe trouvent dans les pores du bois, leſquels reſtant ouverts, laiſſent une iſſue libre & conſidérable au vent, qui filtre au travers d'une infinité de pores ; de-là vient que les Soufflets doivent aller vîte.

1197. Les mêmes raiſons qui obligent à renouveller le collage du parchemin au-dedans des Soufflets, ont lieu pour l'intérieur des porte-vents. Si l'on peut trouver le moyen de décoller une des quatre planches ſans gâter le bois, on détachera le parchemin avec des linges mouillés, comme je l'ai dit plus haut ; on ôtera la colle, on lavera le parchemin, &c, & on le recollera. Si on ne peut décoller une des quatre planches, je n'y vois d'autre reſſource que de coller de nouveau parchemin ſur tout l'extérieur du porte-vent.

1198. On ôtera tous les Tuyaux de leur place : on les arrangera ſi bien qu'on ne s'expoſe point à les confondre, ſur-tout ceux des Fournitures & des Cymbales. Il eſt d'uſage pour ceux-ci, d'avoir une longue ficelle : on ôtera d'abord tous les Tuyaux de la première marche, en commençant, par exemple, à la gauche du Sommier. Suppoſons que chaque marche ſoit compoſée de 9 Tuyaux ; on ôtera ces 9 Tuyaux, on les liera enſemble par un ou deux tours d'un bout de ficelle : on ôtera la marche ſuivante, on la liera avec la même ficelle tout près des 9 autres Tuyaux. On ôtera la troiſieme marche, qu'on liera encore tout près de la ſeconde ; l'on continuera ainſi en liant chaque paquet de 9 Tuyaux, juſqu'à ce qu'ils ſoient ainſi tous liés par paquets ſéparés de 9 Tuyaux chacun, & tenant pourtant à la même ficelle ſans la couper. On roulera enſuite tous ces paquets les uns ſur les autres, & on en fera un ſeul gros paquet. Il faut obſerver qu'on doit bien ménager les Tuyaux pour ne pas les boſſuer, ni en gâter les bouches ; on les maniera & on les liera toujours bien legérement.

1199. On ôtera de même tous les Tuyaux de la Montre, pour y faire les ré-

parations convenables , & pour les repolir. S'il y a des Tuyaux boſſués , s'il y a
quelque ſoudure à faire , ou enfin s'il leur eſt arrivé quelqu'autre dommage, on
réparera le tout. Si un Tuyau eſt boſſué , on fera tenir un moule horizontalement au bout d'un Etabli ; on l'introduira dans le Tuyau , qu'on redreſſera , ſoit
en le promenant ſur le moule , ſoit en le frappant avec une *batte* ſelon le beſoin. S'il faut le repolir , on le frottera avec un linge & du blanc d'Eſpagne
mouillé , & enſuite ſec , juſqu'à ce que le Tuyau ſoit bien blanc & luſtré. S'il
eſt affaiſſé à la bouche , il n'y a pas d'autre expédient à prendre que de le ſcier ;
alors on le redreſſera bien ; on rajuſtera le corps avec le pied , & on remontera
le Tuyau. Si le pied eſt affaiſſé , on le ſciera à l'endroit gâté , on le redreſſera &
on le reſſoudera proprement. S'il y a quelque Tuyau qui ſoit mal embouché , on
le ſciera , on le rembouchera , & on le remontera. Si les Tuyaux de la Montre
ſont ſi vieux qu'il y ait des verrues , & qu'ils ſoient couverts en pluſieurs endroits de certaines croûtes qui reſſemblent à de la rouille , on ne pourra mieux
faire , que de les laiſſer en place ſans y toucher ; parce qu'on s'expoſeroit à y
faire une quantité de trous , ſi on eſſayoit de les repolir ; ce dont ils n e ſeroient
certainement pas ſuſceptibles. Ces ſortes de Tuyaux peuvent encore ſervir un
ſiecle , ſi l'on n'y touche point. Je ſuppoſe qu'ils parlent bien , ou qu'on ne
veuille pas faire la dépenſe d'en conſtruire de neufs. On ſe contentera d'en ôter
exactement la pouſſiere avec un houſſoir de plumes , & ſur-tout de bien nettoyer la bouche avec une plume ou un bouchon de ſoie.

1200. On viſitera tous les Tuyaux : on réparera ceux qui en auront beſoin :
on en ôtera toute la pouſſiere , particuliérement à la bouche , avec une plume
ou un bouchon de ſoie. On chaſſera avec beaucoup de ſoin les petits flocons
de peau qui ſeront dans les pieds ; & ſi leur embouchure eſt trop petite , on
l'aggrandira , afin qu'il ne reſte rien dans le pied. On les repaſſera au moule ,
s'ils ſont boſſués. Si le pied ſe trouve boſſué , on le ſciera , on le redreſſera &
on le reſſoudera. S'il y a des Tuyaux tellement endommagés par les rats ou autrement , qu'on ne puiſſe les raccommoder proprement , il ſera mieux & plutôt fait d'en conſtruire d'autres , que de penſer à les réparer : on ne feroit que
de mauvais ouvrage.

1201. On *coupera la tête* aux Tuyaux qui ſeront trop égueulés. Comme par
cette opération on les raccourcit , on repouſſera le Jeu d'un Tuyau , ſuppoſé
qu'on ait coupé la tête à un nombre conſidérable , & que le Jeu d'ailleurs ne
ſoit pas de trop groſſe taille.

1202. Il faut remarquer que lorſqu'on repouſſe un Jeu , il devient ordinairement trop égueulé ; en ſuppoſant qu'on eſt obligé d'en raccourcir les Tuyaux.
Or , comme la hauteur de la bouche eſt relative à celle du Tuyau , celui-ci
étant devenu plus court , la bouche ſe trouvera trop haute. Lorſqu'il ſe rencontre un Jeu de trop menue taille , & qu'on veut pour cette raiſon le repouſſer

d'un, de deux ou trois Tuyaux , il faut néceſſairement remonter tous les Tuyaux du Jeu, pour en baiſſer les bouches.

1203. Si le ton de l'Orgue eſt trop haut , & qu'on veuille le remettre au vrai ton , cela ne peut ſe faire qu'en repouſſant tous les Jeux d'un Tuyau. On eſt alors obligé de couper la tête au plus grand nombre des Tuyaux , ou peut-être à tous , ſelon qu'ils ont été traités dans le commencement. Il y a des Faćteurs qui font parler les Tuyaux à bouche baſſe , autant qu'il eſt poſſible ; dans ce cas , on ne ſera pas obligé de couper la tête au plus grand nombre. Si l'on ſe contente de repouſſer les Tuyaux , ſans s'embarraſſer ſi les bouches deviennent trop hautes , on détériorera l'Orgue ; parce qu'il aura une mauvaiſe harmonie. S'il ſe trouve trop haut d'un demi-ton ou à-peu-près , alors le repouſſement des Tuyaux pourra avoir lieu , ſans y faire aucune autre opération.

1204. C'eſt un travail conſidérable que de repouſſer les Fournitures & les Cymbales : on ſera obligé de faire à neuf le premier Tuyau de chaque repriſe ſur toutes les rangées ; il en faudra faire trois pour chaque rangée de Fourni-ture , parce qu'il y a trois repriſes à chacune ; il en faudra faire ſept pour chaque rangée de la Cymbale , parce qu'elle a ſept repriſes à chaque rangée. Tout ce repouſſement ne doit avoir lieu que lorſque le plein-Jeu eſt d'aſſez menue taille pour pouvoir être repouſſé ; car ſi par ce repouſſement il devenoit de trop groſſe taille , on gâteroit tout ; attendu qu'il eſt eſſentiel qu'il ſoit de menue taille , pour avoir le caraćtere qui lui eſt propre. Si l'on ne peut repouſſer le plein-Jeu , parce qu'il ſeroit peut-être déja un peu gros , je n'y vois pas d'autre reſ-ſource que d'ajouter tous les Tuyaux ; ce qui eſt preſqu'un auſſi grand travail que de les faire tous à neuf. Du reſte , s'il eſt d'aſſez menue taille pour être re-pouſſé , & qu'il ſoit un peu éguculé , on ſera obligé de couper la tête au plus grand nombre des Tuyaux , pour leur baiſſer la bouche. Je ſuppoſe toujours en tout ceci , qu'il s'agit de baiſſer le ton de l'Orgue d'environ un quart de ton.

1205. Pour ce qui eſt de la Montre , il faudra reſſouder les accordoirs plus haut : alors les bouches ne ſeront plus aſſez hautes : on ſera obligé de les égueu-ler un peu plus. Je ſuppoſe que les Tuyaux étoient auparavant égueulés au point juſte & convenable. S'il s'en trouvoit quelqu'un qui fût auparavant un peu trop égueulé , il reviendroit au point qu'il faut , lorſqu'on aura reſſoudé les accor-doirs. La Montre par cette opération deviendra d'une plus menue taille.

1206. Les Jeux les plus embarraſſants à repouſſer ſont les Trompettes & les Clairons , lorſqu'il ne faut baiſſer le ton de l'Orgue que d'un quart de ton , ou un peu plus ; (car s'il falloit le baiſſer d'un demi-ton , il n'y auroit aucune difficulté.) Après avoir repouſſé la Trompette , on eſt obligé de raccourcir tous ſes Tuyaux d'un quart de ton ; alors ce Jeu devenant de fort menue taille , ſera entiérement gâté. Il ne convient donc point du tout de repouſſer ces ſortes de Jeux dans ces circonſtances. Je ne vois rien de mieux à faire , que de ne jamais repouſſer une Trompette ni un Clairon , dans le cas où il en faudroit couper

conſidérablement ;

confidérablement ; on ralongera tous les Tuyaux pour faire baiffer le ton. La Trompette deviendra par-là de plus groffe taille ; ce qui dans le fond ne fera pas un inconvénient. J'ai décrit comment il faut faire, pour ajouter proprement ces fortes de Tuyaux, *art.* 1163 , *pag.* 441. L'on voit par tout ce que je viens de dire fur le repouffement des Jeux, que ceux qui font cylindriques, foit Jeux à bouche, foit Jeux d'Anche, deviennent par-là de plus groffe taille, & les Jeux coniques deviennent de plus menue taille.

1207. On réparera foigneufement les Jeux d'Anche ; on en ôtera la pouf-fiere : fi un Tuyau eft boffué, on le repaffera au moule ; on démontera avec pré-caution les languettes : s'il y a du verd-de-gris, on le raclera legérement : on nettoyera de même l'Anche, & s'il y a du verd-de-gris, on l'ôtera. S'il y en avoit quelqu'une qu'on reconnût fauffée, on la redreffera, & on la repaffera fur la lime : on affurera celles qui ne feront pas fermes dans leurs Noyaux. S'il y en a qui fe tiennent penchées fur leur dos, on les remettra droites, en faifant revenir le plomb dans fon premier état, à petits coups d'un petit marteau. On remettra la languette & on changera le coin, s'il eft devenu trop lâche. On dérouillera la rafette, fi elle eft rouillée. Si le Noyau fe trouve dégradé, & que les trous de l'Anche & de la rafette foient devenus trop grands, on changera ce Noyau & on en foudera un autre. Si le pied eft boffué, on le repaffera fur fon moule ; s'il eft trop foible, on en fera un autre. Si fon bout s'eft élargi, ce qui a lieu fur-tout pour ceux qui foutiennent des Noyaux quarrés, on le rétre-cira à petits coups, en le frappant en-dehors tout-à-l'entour, avec la lame du couteau. S'il fe trouve quelque languette défectueufe, on la changera : s'il y en a qui ayent de faux plis, on les redreffera avec le dos du couteau, fur le fer à retendre les languettes. On trouve quelquefois des Tuyaux pliés en deux & redoublés, étant tombés pour n'avoir pas été affez bien foutenus ou attachés : lorfqu'on veut redreffer ces Tuyaux, il s'y forme des ouvertures, des crevaf-fes ; on les coupera à cet endroit : on redreffera bien les deux morceaux, & on les foudera. Si en redreffant ces Tuyaux il ne s'y faifoit qu'un petit trou, on le boucheroit avec la foudure.

1208. A l'égard des Sommiers, ils peuvent être dégradés en bien des manie-res. Il peut y avoir des *emprunts*, des échappements de vent aux Chapes & aux Regiftres : il peut y avoir des reperes gâtés : quelque Regiftre caffé, ou la peau dont il fera doublé, ufée : quelque Soupape décollée ou éreintée : des bourfettes déchirées ou décollées : des ofiers caffés ; quelque guide des Soupapes qui man-que ; quelque partie du parchemin fur lequel les Soupapes battent, décollée ; des Chapes déjettées, &c. Dans tous ces cas on arrachera les porte-vents, qui donnent le vent à la Montre & ailleurs, auffi-bien que ceux du Cornet ; on ôtera les Balanciers, les Enfourchements, les Chapes, les Regiftres, faux-Sommiers, &c : on enlevera le Sommier, & on le tranfportera à l'attelier, pour remédier, s'il eft poffible, à tous fes défauts.

1209. S'il y a des emprunts, cela dénote, le plus ordinairement, que le Sommier a été mal conftruit. Il n'eft pas poffible d'y remédier folidement & d'une façon durable, fi les emprunts proviennent de quelque féparation entre la table & les barres, ou entre les bouts des barres & le chaffis; fur-tout, fi le même défaut paroît en plufieus endroits. Quoique l'on faffe, on ne pourra jamais arrêter le mouvement du bois; le feul parti qu'il y ait à prendre, eft de faire un autre Sommier. S'il n'y a qu'un ou deux emprunts, ce ne fera pas toujours la marque d'une vicieufe conftruction. Il faudra introduire de la colle dans l'ouverture, & coller une bande de peau par-deffus avec toute l'attention poffible, en forte qu'on foit affuré d'en avoir exactement bouché l'ouverture : on fera la même opération de l'autre côté. Si l'emprunt vient de ce qu'une barre, ou même plufieurs font fendues, il y aura plus de facilité à y remédier; on y collera de la peau, après avoir rempli la fente de colle.

1210. S'il y a des échappements de vent fous les Chapes, on les repaffera à la varlope pour les bien dreffer. Si c'eft aux Regiftres, (pourvu qu'ils ne foient pas doublés de peau,) on les repaffera à la filiere. S'ils font doublés de peau, & que cette peau foit ufée, on l'ôtera auffi-bien que toute la colle, au moyen de l'eau chaude; & lorfque le bois fera fec, on y collera de la peau neuve, comme il a été dit *art.* 537 & 538, *pag.* 178. S'il y a des reperes gâtés, on les rétablira dans le même goût où ils auront été faits. Si l'on voit que leur conftruction foit mal entendue, on en fera d'autres qui foient plus folides. S'il y a quelque Regiftre caffé, la meilleure maniere de l'ajoûter eft celle qu'on appelle *en peigne.* Si le Regiftre eft caffé vers le milieu *a*, *fig.* 2, *Pl.* 76, on rabottera à 4 ou 5 pouces loin, comme depuis *b* jufqu'à *a*; & depuis *a* fur l'autre morceau jufqu'à *d*. On fera un morceau de tringle *d c a b*, raboté également par chaque bout de *d* en *a*, & de *b* en *a*. On collera ces trois pieces difpofées comme l'on voit dans la figure, & on les tiendra fous le valet jufqu'à ce que la colle foit feche. On paffera enfuite la varlope-onglet, pour affleurer le deffus du Regiftre. S'il eft caffé vers un bout, comme en *f*, *fig.* 3, on rabotera le deffus de fon bout *f g* : on rabotera également le morceau *h g*, & on collera l'un fur l'autre les deux morceaux, difpofés comme on le voit dans la figure.

PLANCHE
76.

1211. S'il y a quelque Soupape décollée ou éreintée, on l'ôtera de fa place & on la recollera. Si l'on trouve du défaut dans fa garniture de peau, on la changera. S'il y a quelque bourfette déchirée, on l'ôtera proprement pour ne pas gâter les voifines; on en fera une autre dans un creux fait exprès fur un morceau de bois, & on la collera fur la place où elle manque. S'il y a quelque ofier caffé, on l'ôtera & on en mettra un autre. S'il manque quelque guide aux Soupapes, on en remettra. Si quelque partie de parchemin eft décollée fur les barres où battent les Soupapes, on la recollera.

1212. Il eft néceffaire d'examiner fi la furface des barres, qui eft dans la Laye, eft bien plane & bien affleurée avec le chaffis. Lorfqu'un Sommier eft ancien, il arrive quelquefois que les barres avec le chaſſis ne ſe ſont pas bien maintenus dans le même état, ſur-tout ſi le Sommier a été conſtruit à *flipots*, poſés à bois de bout, comme c'étoit anciennement l'uſage parmi bien des Facteurs. Il faudra dans ce cas démonter entiérement la Laye & les Soupapes, replanir toute cette ſurface, y coller de nouveau parchemin, le raboter, recoller les Soupapes, remettre leurs guides, &c.

1213. La table du Sommier peut quelquefois s'être dérangée, & avoir fait du mouvement, ſans pourtant que les barres en ſoient ſéparées : elle ne ſera plus plane. Dans ce cas, on ôtera tous les faux-Regiſtres, on redreſſera la table avec tous les ſoins indiqués *art.* 522, *pag.* 173 : on remettra les faux-Regiſtres, &c. Il y en a qui au lieu de remettre de la peau aux Regiſtres, lorſqu'il eſt néceſſaire de la changer, ôtent entiérement l'ancienne ; ils repaſſent les Regiſtres à la filiere, & les replacent ſans peau, conformément à ce que j'en ai dit *art.* 529, *pag.* 175, où j'ai prouvé que c'étoit la meilleure pratique ; il faut alors rajuſter les faux-Regiſtres en conſéquence.

1214. S'il eſt tombé de l'eau ſur le Sommier, par la pluie ou autrement, on examinera le dégât qu'elle pourra avoir fait, qui ſera plus ou moins conſidérable, ſelon que la quantité d'eau aura été plus ou moins grande, & qu'elle aura ſéjourné plus ou moins de temps. Lorſque les Regiſtres ſont doublés de peau, l'eau qui y aura pénétré les aura collés contre la table. Les Soupapes ſe trouveront peut-être collées contre les barres. Si l'eau eſt deſcendue juſqu'aux bourſettes, elles auront été décollées, elles ſe ſeront défigurées, ſe ſeront retirées & ſeront devenues roides. La peau ou le parchemin qui couvre les gravures au-deſſous du Sommier, ſe trouvera décollée en pluſieurs endroits. Je ſuppoſe en tout ceci, que la quantité d'eau aura été grande, & qu'elle y aura demeuré long-temps. Pour remédier à tout ce dégât, on ôtera le Sommier de place, & on le mettra ſur l'Etabli : on démontera la Laye, on changera la peau des Soupapes, auſſi-bien que le parchemin ſur lequel elles battent : on refera les bourſettes : on regarnira les Regiſtres de peau neuve : on changera la peau ou le parchemin du deſſous du Sommier. Pour toutes ces opérations je renvoie aux articles où je les ai décrites.

1215. Lorſqu'on aura remonté la Laye du Sommier, on examinera ſi les *tampons* des Layes ſont bien juſtes. S'ils ſont lâches & qu'ils entrent trop facilement, on collera une autre peau par-deſſus l'ancienne, ou encore mieux, on en collera une bande entre le bois & l'ancienne peau, qu'on décollera à cet effet ſuffiſamment. On fera cette opération aux quatre côtés, s'il le faut, ou à 3 ſeulement, ou à deux, ou même à un ſeul côté, ſelon qu'il conviendra.

1216. Le Sommier étant en bon état, on le remettra en place. Avant de remettre les porte-vents pour faire jouer la Montre, on leur fera toutes les réparations néceſſaires. On refera, en tout ou en partie, ceux qui ſeront endommagés par les rats, ou qui ſeront écraſés. On remettra en état ceux qui ſeront caſſés, applatis , boſſués , &c. Comme on ne peut paſſer un moule dans les porte-vents , à cauſe de leurs ſinuoſités , on les coupera s'il le faut , pour y repaſſer le moule , & on les reſſoudera , obſervant qu'ils ayent toujours la même tournure. Quand ils feront en bon état , on les recollera chacun en leur place , ſans ôter l'ancienne filaſſe , ſi on n'en a pas dérangé la figure en les arrachant de leurs trous ; autrement on la coupera , on l'ôtera entiérement & on en remettra de nouvelle. Pour arracher les porte-vents , on ſe ſervira d'un ciſeau de Menuiſier ; on pincera entre la filaſſe & le bois , & on levera ainſi le porte-vent. On les ménagera tant que l'on pourra , pour avoir moins de travail lorſqu'il faudra les replacer.

1217. Il eſt rare de trouver un ſi grand délabrement dans un Sommier : le plus ſouvent il n'y a que quelques menues réparations à faire , comme de rapporter quelques bourſettes , changer quelque oſier , redreſſer quelque Chape , recoller quelque Soupape , &c. Dans tous ces cas , on n'eſt pas obligé d'ôter un Sommier de ſa place. Ce qu'il y a de plus difficile , eſt de recoller une Soupape éreintée ; voici la façon de le faire : on ôtera entiérement la Soupape , avec précaution , pour ne pas décoller le parchemin ſur lequel elle étoit collée , & pour ne pas riſquer d'endommager les voiſines : on changera la peau de cette Soupape : on fera un morceau de bois *b d f g n , fig. 6 , Pl. 76 ,* qui ſoit bien à la meſure de la Soupape. Le plan *d b c a ,* doit être élevé au-deſſus de l'autre plan *i l k h ,* de toute la hauteur de la Soupape , y compris la profondeur de la rainure *m n.* Le deſſous *g f* de ce morceau de bois ſera tout droit & parallele aux deux autres plans. Pour coller la Soupape , on la mettra d'abord ſur le morceau de bois *D F G , fig. 7.* On mettra de la colle de *A* à *B* ſur la queue de la Soupape , & on l'appliquera à ſa vraie place au moyen du morceau de bois , qu'on fera tenir ferme contre la Soupape , avec deux petites étaies qu'on aura ajuſtées auparavant ; on en placera une en *F ,* qui eſt celle qui doit forcer le plus , & l'autre en *G.* Lorſque la colle ſera bien ſeche , on ôtera les étaies avec le morceau de bois. Cet expédient pour recoller une Soupape réuſſit très-bien. C'eſt ainſi qu'avec un peu d'induſtrie , on levera bien d'autres difficultés. La néceſſité rend l'eſprit inventif.

1218. On viſitera tout l'Abrégé , qui peut être dégradé à pluſieurs égards. S'il y a des fers qui ne ſoient pas bien aſſurés , on y remédiera. S'il y a des rouleaux qui ſoient déjettés , on les changera , ſuppoſé qu'il le ſoient conſidérablement. S'il y en a quelqu'un qui ne le ſoit pas beaucoup , & qu'on juge qu'il ſoit d'une groſſeur à ne pas faire craindre qu'il ne torde , on donnera un coup de ſcie à l'endroit le plus concave ; ce coup de ſcie entrera d'un tiers du diamètre du rouleau : on mettra de la colle dans cette entaille , dans laquelle on enfoncera à coups de marteau , un coin de bois bien fait , & qui y aille bien ; la force de ce coin fera redreſſer le rouleau : on coupera le ſuperflu du coin lorſque la colle ſera ſeche,

1219.

1219. S'il y a des rouleaux gênés dans leur mouvement, on les rendra libres. S'il y a des pivots qui foient trop au large, & qui ballottent dans les trous des tourillons, on les changera pour en mettre d'autres un peu plus gros. S'il y a des tourillons qui ne tiennent pas bien, on les recollera & on les affurera. S'il y a des garnitures de vergettes qui foient ufées ou caffées, on les ôtera & on en mettra d'autres ; ce font fur-tout celles du bout inférieur des vergettes accrochées aux *demoifelles*, qui font les plus fujettes à caffer, parce qu'on y retouche de temps-en-temps pour égalifer les Claviers. On renouvellera les garnitures qui ne paroîtront pas en bon état. S'il y a des vergettes caffées, ou on les ajoutera en peigne, ou on en mettra d'autres, fi en les ajoutant elles devenoient trop courtes.

1220. On examinera les Claviers pour voir s'il n'y auroit pas de touches déjettées. Si elles font bombées par le côté, en forte que la partie convexe frotte contre la touche voifine, on placera un peu à côté le trou de la queue de la touche où entre la goupille. On ne négligera rien pour que les guides faffent bien leur fonction, ainfi que les talons. S'il y en a quelqu'un qui foit décollé, on le recollera, auffi-bien que les feintes, s'il y en avoit quelqu'une qui fût déplacée. On ôtera la poufliere dans toutes les parties où il pourra y en avoir ; on changera les lifieres de drap, fi elles avoient tellement durci qu'elles ne fiffent plus leur fonction, qui eft d'empêcher le cliquetis des touches.

1221. On vifitera le Clavier de Pédale, qu'il faut toujours lever pour ôter une quantité de poufliere qui fe ramaffe par deffous. On examinera tous les refforts, les guides, les marches, les touches, afin de remédier à tout ce qui pourroit être défectueux. On regardera auffi tout ce qui a relation à ce Clavier, pour voir fi tout eft en bon état. On vifitera les bafcules du Pofitif, & tout ce qui y eft relatif.

1222. On examinera toutes les pieces qui compofent les mouvements deftinés à faire jouer les Regiftres de tous les Sommiers. On verra fi les bras de tous les pilotes tournants font bien affurés ; fi les fers font fains & entiers ; fi leurs pivots tiennent fortement ; fi les grands fupports font bien affermis ; fi les mouvements, les enfourchements, les tirants font entiers ; s'il n'y a rien de fendu ; fi toutes les pioches tiennent ferme ; fi les balanciers jouent bien, & fi leurs pivots ainfi que leurs fupports font inébranlables. Si l'on trouve du défaut dans toutes ces différentes pieces, on y remédiera.

1223. On parcourra tous les grands porte-vents, tous les Soufflets & les Layes des Sommiers, pour voir s'il n'y auroit pas de perte de vent ; quelque petite qu'elle foit, on la bouchera. Il y en a qui préfentent une petite bougie allumée à toutes les jointures, & aux endroits où l'on foupçonne que le vent peut s'échapper ; cette recherche doit être fort exacte.

1224. On recollera fur les chapes tous les petits ponts, s'il doit y en avoir, & fi l'on avoit été obligé de les défaire : on pofera les faux-Sommiers avec leurs

ORGUES. II. Part.   A a a a a a

fupports & leurs pieds. On pofera bien à plomb les Tuyaux, chacun à leur place, en forte qu'ils ne ballottent point, & que cependant ils ne foient pas fi juftes dans leur faux-Sommier, qu'on foit obligé de défigurer leurs pieds, pour les faire bien appuyer fur les trous des chapes. S'il y a quelque Tuyau qui ballotte dans fon trou, on l'ôtera; on collera un morceau de peau fur le trou, comme pour le boucher; la peau étant féche, on la fendra en croix par un coup de couteau, & on remettra le Tuyau.

1225. Tout l'Orgue étant ainfi bien en état dans toutes fes parties, on en fera parler les Tuyaux; on les mettra en harmonie : on les égalifera & on les accordera, comme il a été décrit affez au long dans tout le Chapitre précédent.

1226. Les Orgues que l'on a foin d'entretenir en état, & qui ont été bien faites, n'ont pas befoin d'un relevement auffi confidérable que celui que je viens de détailler. Il eft rare qu'il faille ôter les Sommiers de place; qu'il foit befoin de mettre la Soufflerie en cuir neuf, que les Tuyaux foient fort dégradés; qu'il faille repouffer des Jeux, & changer le ton, &c. On ne fait ordinairement que reblanchir la Montre; ôter tous les Tuyaux de leur place; les nettoyer; y faire quelques menues réparations; chaffer la pouffiere de deffus les Sommiers; étancher le vent, &c. On remet enfuite les Tuyaux en leur place, on les fait parler, & on les accorde.

SECTION SECONDE.

Maniere de faire des augmentations à un Orgue.

1227. Anciennement on ne rempliffoit pas autant les Orgues qu'on les remplit aujourd'hui; on les compofoit même différemment, foit pour la difpofition ou le choix des Jeux, foit pour leur étendue. De là vient qu'on demande fouvent quelque Jeu d'augmentation, ou une plus grande étendue dans ceux qui y font déja. Les nouvelles Orgues ne font pas à l'abri de certains changements qu'on y defire après coup : c'eft ordinairement quelque Jeu d'Anche, dont on veut augmenter l'inftrument. Il n'y a point de difficulté à cet égard, s'il fe trouve fur le Sommier un Jeu qui ne foit plus de mode, qu'on veuille fupprimer pour y fubftituer le Jeu d'augmentation dont il s'agit. Dans ce cas, on agrandira, s'il le faut, avec le vilebrequin, les trous du Sommier du Jeu retranché; & afin d'empêcher autant qu'il fera poffible, que les copeaux ne tombent dans les gravures, on fera fouffler continuellement pendant toute l'opération, & on mettra un plomb fur la touche relative au trou auquel on travaillera. Si le local ne permet pas de faire tourner le vilebrequin, on fe fervira d'un fer rouge, en faifant fouffler toujours.

1228. Si l'on ne peut retrancher aucun Jeu, on fera obligé d'augmenter le Sommier d'une place de plus pour le nouveau Jeu; ce qu'on peut exécuter de deux manieres : la premiere, qui eſt la plus ſimple, conſiſte à faire des trous horizontalement ſur le battant de derriere du chaſſis du Sommier, en ſorte qu'ils percent dans les bouts de chaque gravure. On fera une barre de toute la longueur du Sommier, de la hauteur ou profondeur des gravures, & de l'épaiſſeur de la table du Sommier. On fera autant de trous à cette barre, & parfaitement vis-à-vis de ceux qu'on aura faits au chaſſis, comme ſi ces deux pieces avoient été percées enſemble ; mais ceux de la barre ne traverſeront point. On donnera à cette barre une largeur ſuffiſante, pour pouvoir attacher par-deſſus deux faux-Regiſtres & un Regiſtre entre-deux. On clouera une chape ſur ces deux faux-Regiſtres, & on percera le tout aſſez profondément, c'eſt-à-dire, juſqu'aux autres trous déja faits. Tout cela étant exécuté avec les mêmes ſoins que ſi l'on conſtruiſoit un Sommier, on collera une bande de peau contre le chaſſis déja percé du Sommier. On ouvrira cette peau à tous les trous, & on y appliquera bien juſte la nouvelle augmentation, qu'on arrêtera ſolidement avec des clous ou des vis en bois ; on peut même la coller. Il ſera aiſé d'ajuſter en deſſus un faux-Sommier, & de faire jouer le nouveau Regiſtre comme les autres.

1229. Cette maniere d'ajoûter à un Sommier la place d'un Jeu d'Anche, a ſes inconvénients. Si les gravures ſe trouvoient fort près les unes des autres, on riſqueroit de fendre le chaſſis, en y faiſant des trous ſi près-à-près : on l'affoibliroit beaucoup ; ce qui rendroit le Sommier moins propre à ſupporter la charge des Tuyaux. Cet expédient n'eſt bon, que lorſque les gravures ſont aſſez écartées les unes des autres. En voici un autre, qui, quoiqu'un peu plus compoſé, eſt propre à augmenter un Sommier dans tous les cas.

1230. On appliquera au-deſſous du Sommier, tout près du chaſſis de derriere, une planche de 4 ou 5 pouces de largeur, ſur 6 à 7 lignes d'épaiſſeur, & de la longueur du Sommier. On l'arrêtera bien ſolidement ſur les barres, au moyen de la colle & des pointes, avec le même ſoin & les mêmes précautions, que ſi l'on colloit la table d'un Sommier ſur les barres. Les pointes étant repouſſées, & la colle étant bien ſéche, on dreſſera cette planche au moyen de la varlope, avec la même attention qu'on apporte à une table de Sommier. On y appliquera deux faux-Regiſtres, & un Regiſtre, & on y clouera à l'ordinaire une chape. On percera le tout juſques dans les gravures. On poſera & on arrêtera fortement une groſſe barre, contre le derriere du Sommier, au niveau des chapes. Cette barre ſera percée en-deſſus d'autant de trous, que les autres chapes du Sommier, de façon qu'ils traverſent tous. On collera des porte-vents de plomb, qui ſeront emmanchés d'un bout dans la chape au-deſſous du Sommier, & de l'autre au-deſſous de la barre. Si l'on augmente le Sommier de deux Jeux, il faudra mettre deux Regiſtres au-deſſous du Sommier, deux rangées de porte-vents, & faire deux rangées de trous à la barre, qui doit-être aſſez large pour contenir deux Jeux. On mettra le faux-Sommier convenable, & on fera jouer

les Regiſtres fort aiſément. Selon cette ſeconde maniere d'exécuter l'augmentation dont il s'agit, l'Ouvrage étant bien fait, ſera ſolide & durable.

1231. Si l'on veut augmenter de deux ou trois marches l'étendue de tous
les Jeux dans les deſſus d'un Sommier, on pourra s'y prendre de la maniere
ſuivante.

On fera une grille compoſée de barres & d'un chaſſis, comme ſi l'on vouloit conſtruire un Sommier. Cette grille n'aura que deux ou trois gravures,
qui auront la même profondeur, & la même longueur que celles du Sommier
qu'on veut alonger. On collera & on clouera à l'ordinaire ſur cette grille une
table, dont le fil du bois ſoit dans le même ſens, & de la même épaiſſeur que
celle du Sommier. On y fixera de faux-Regiſtres également eſpacés & de la
même dimenſion que ceux du Sommier : on y mettra des Regiſtres & des chapes parfaitement ſemblables. On fera tous les trous néceſſaires, & tellement
convenables, qu'ils ſoient une ſuite naturelle de ceux du Sommier. On fera
tous ces petits Regiſtres d'une longueur ſuffiſante, pour les accrocher à ceux du
Sommier.

Tout le deſſus de ce ralongement étant fini, on y fera une Laye en deſſous,
qu'on garnira de Soupapes, de reſſorts, de bourſettes, &c, avec une grande
ouverture à un, ou aux deux bouts, ſelon les circonſtances. On poſera ce ralongement près du bout du Sommier, en ſorte que tous les Regiſtres de l'un
& de l'autre ſe correſpondent exactement ; on les accrochera enſemble, & on
fera tenir par deſſus un faux-Sommier. On peut ralonger ainſi tous les Sommiers de l'Orgue : cela demande d'être bien fait, & avec intelligence.

1232. S'il s'agit d'ajouter à un Sommier de Pédale un ravalement entier de
ſept marches dans les baſſes, on pourra ſuivre l'idée ſuivante : comme le Sommier de Pédale eſt preſque toujours diviſé en deux parties, on augmentera l'une
de quatre marches, & l'autre de trois. Nous ne parlerons que d'une partie, attendu que toutes les opérations à faire ſur l'une, feront ſemblables à celles de
l'autre.

On fera la table de ce ralongement de la même épaiſſeur, & de la même
largeur que celle du Sommier. On lui donnera une longueur telle, que les 3
ou 4 gravures puiſſent y être ſuffiſamment eſpacées, pour contenir les Tuyaux
qu'on doit y faire jouer. On fera tenir au-deſſous de cette table un chaſſis, qui
ne fera que de trois pieces ; attendu que la derniere barre tiendra lieu de la quatrieme. On y attachera avec des pointes & de la colle les barres, qui ſeront
de la même largeur que celles de l'ancien Sommier. On conſtruira par deſſous
une Laye à l'ordinaire. La table de deſſus ſera aſſemblée par une feuillure à
moitié bois avec le bout de l'ancienne table, & on l'arrêtera bien avec des pointes & de la colle. On aſſemblera & on arrêtera de même la planche des bourſettes, avec le bout de celle du Sommier.

On ajoutera en peigne les anciens Regiſtres, afin qu'ils ſoient aſſez longs
pour

pour couvrir le ralongement du Sommier. Les faux-Regiſtres & les Chapes joindront bout-à-bout contre les anciennes : on fera une ouverture affez grande au bout de la Laye de l'ancien Sommier, pour fournir le vent à celle de l'augmentation. La porte de la nouvelle Laye fera d'une piece particuliere, & féparée de celle de l'ancienne. Cette augmentation ou ralongement étant bien exécuté, avec toute la juſteſſe & les foins que demande un pareil ouvrage, rendra le Sommier auſſi folide, que s'il n'y avoit rien d'ajouté après coup ; mais il faut de la précifion & de l'intelligence. Je ne fais, au reſte, que donner une fimple idée de ces expédients ; je fuppofe en ceci, que je parle à un Ouvrier, qui connoît ce genre de travail. J'ai cru qu'il n'étoit pas néceſſaire de le détailler davantage.

S E C T I O N   T R O I S I E M E.

Entretien des Orgues.

1233. Tout le monde fait qu'un Orgue eſt un inſtrument d'un prix toujours fort confidérable ; c'eſt ordinairement le meuble le plus précieux qu'on ait dans une Eglife ; il mérite donc qu'on apporte une attention finguliere à fa confervation. Un Orgue peut durer plus de deux fiecles, s'il a été bien fait, & fi l'on en a un foin convenable. Il n'eſt rien dans le monde qui ne demande de l'entretien, jufqu'aux Edifices les plus folides ; à plus forte raifon un Orgue, qui eſt compofé d'un fi grand nombre de pieces, la plûpart foibles, fragiles, de peu de confiſtance, & fujettes à être altérées par mille accidents. L'eau, le feu, les rats, la pouſſiere, le mouvement naturel des bois, le fimple ébranlement, &c, font des caufes fuffifantes, ou pour le faire périr entiérement, ou du moins pour le dégrader notablement. Lorfqu'on néglige d'y donner les foins convenables, les réparations s'accumulent peu-à-peu : le dépériſſement augmente jufqu'à un tel point, qu'on eſt obligé, ou d'y faire de grandes dépenfes pour le remettre en état, ou de l'abandonner entiérement. Il eſt donc important de veiller à fon entretien, ce qui contribuera à le faire durer long-temps. Pour le faire avec fuccès, le meilleur de tous les moyens eſt de donner ce foin à un bon Faĉteur d'Orgues. Je dis à un *bon Faĉteur*, attendu qu'un mauvais ou un ignorant, en touchant & retouchant aux Tuyaux, lorfqu'il eſt néceſſaire, foit des Jeux à bouche, foit des Jeux d'Anche, en changera l'harmonie. On voit quelquefois de bonnes Orgues devenir fort médiocres, pour avoir été entretenues par de mauvais Faĉteurs. Il eſt très-rare, & même plus qu'on ne penfe, de trouver des Organiſtes, qui foient en état de s'acquitter comme il faut de cette fonĉtion, quoique le plus grand nombre croie en être très-capable, fur-tout les petits Organiſtes, qui ont le don particulier de dégrader bientôt un Orgue, en voulant fe mêler de l'entretenir.

1234. On n'eſt point embarraſſé de faire entretenir les Orgues dans les grandes Villes, où il y a des Facteurs d'Orgues ; mais il n'en est pas de même dans les Provinces, sur-tout dans les petits endroits, où l'on voit presque toujours les Orgues dans le plus mauvais état ; on les laisse dépérir totalement. Il seroit pourtant aisé de pourvoir à l'entretien nécessaire : il y a toujours quelques Facteurs, même habiles, qui sont répandus dans un Royaume. Un nombre d'Eglises voisines, pourroient, moyennant chacune une certaine somme annuelle, convenir avec le Facteur d'Orgues le plus à portée, pour venir une, deux ou trois fois l'année, selon l'éloignement, repasser leurs Orgues respectives, & y réparer tout ce qui s'y trouveroit dégradé. Chaque Eglise pourroit prendre ses arrangements avec le Facteur, & choisir le temps convenable, pour que son Orgue entier fut repassé à l'accord, & se trouvât parfaitement en état pour sa plus grande Fête. Il est certain qu'au moyen de cette cotisation, le Facteur faisant sa tournée selon qu'on seroit convenu, on auroit l'agrément d'avoir des Orgues entretenues à peu de frais. Cela joint avec le petit entretien de l'Organiste, qui ne consisteroit qu'à tenir les Jeux d'Anche d'accord, à guérir quelques cornements en cas de besoin, &c, les Orgues se maintiendroient long-temps, & n'auroient pas besoin de ces grandes & ruineuses réparations, dont nous avons parlé ci-dessus.

1235. Dans les grandes Villes, on fait entretenir les Orgues par des Facteurs qui y habitent, mais cet entretien est trop borné. Les Facteurs prétendent n'être tenus qu'à de très-menues réparations, comme d'accorder les Jeux d'Anche quand il le faut ; d'en faire parler les Tuyaux défectueux, guérir les cornements s'il en survient, remédier aux arrêts des touches, remettre quelque garniture de vergette lorsqu'il s'en casse, raccrocher des mouvements s'il s'en décroche quelqu'un ; mais ils laissent entièrement dépérir la Soufflerie, & ne bouchent point les pertes de vent, qui peuvent survenir aux grands porte-vents. Si quelque petit porte-vent se décolle, ils le laissent ainsi : si quelque Tuyau tombe, ils ne le relevent point, &c. Cependant ceux à qui les Orgues appartiennent, sont persuadés que les Facteurs ne négligent absolument rien.

1236. Il seroit important de réformer un peu cette maniere d'entretenir les Orgues, & d'obliger les Facteurs, en augmentant de quelque chose leur honoraire, s'il le falloit, à ne pas laisser dégrader la Soufflerie, & à tenir le vent étanché par-tout, ce qu'on appelle réparer les pertes de vent : recoller aussi les porte-vents de plomb, qui conduisent le vent aux Tuyaux de la Montre, & aux Tuyaux postés, si le cas y échet, supposé qu'il ne fût pas nécessaire d'ôter beaucoup de Tuyaux de leur place : raccommoder ceux auxquels il seroit arrivé quelque dommage : relever & redresser ceux qui pourroient être tombés, si le dégât n'est pas considérable. Il est évident qu'en entretenant ainsi un Orgue au-delà de ce à quoi les Facteurs prétendent être obligés, il ne faudroit le relever que rarement, & ce relevement ne coûteroit pas de beaucoup autant. Les Soufflets dureroient bien plus long-temps, & n'auroient pas besoin d'être sitôt remontés en cuir neuf. A tout bien examiner, on gagneroit beaucoup dans la suite à cette petite augmentation d'honoraire ; vu que les grandes réparations en feroient bien plus rares.

1237. Il faut fuppofer dans tout ce que je viens de dire, que le Facteur qui fe charge de l'entretien d'un Orgue, le reçoit en bon état. S'il y avoit des réparations à faire, elles devroient être payées féparément, & en fus de fon honoraire annuel. De même, fi tandis qu'il tient l'Orgue en bon état, il y furvenoit quelqu'accident extraordinaire, comme la foudre, la pluie, la chûte de quelque poutre, quelqu'ouragan qui y fit du dégât : des Maçons, des Vitriers, Charpentiers, ou autres Ouvriers qui endommageaffent l'Orgue, en travaillant de leur métier dans l'Eglife, &c, les réparations qu'il y faudroit faire, dans quelques de ces cas extraordinaires, devroient fe faire par un marché particulier, & indépendamment du prix de l'entretien ordinaire.

A l'égard du détail de tout ce qu'il faut faire à un Orgue pour l'entretenir & le conferver, avec la maniere d'exécuter le tout, nous le renvoyons au troifieme Chapitre de la troifieme Partie de cet Ouvrage, où l'on trouvera cette defcription.

Eftimation des différentes Machines, Pieces & Jeux de l'Orgue.

1238. Un grand Sommier de 30 Regiftres, partagé en deux, & divifé en quatre parties à l'ordinaire, qui fera deftiné à faire jouer des 32 pieds, Bombarde, &c, lequel fera accompagné de fes Abrégés, Mouvements, Pilotes, Claviers, faux-Sommier, &c, peut valoir à-peu-près,   . .   3800 liv.

Un grand Abrégé double & à reprifes, garni de fes vergettes, &c, & jouant, vaut, eftimé féparément,   ,   .   . .   400 liv.

Tous les mouvements néceffaires pour faire jouer les Regiftres dudit grand Sommier de 30 Regiftres valent, eftimés en particulier,   .   800 liv.

L'on voit par les deux articles, que nous venons d'apprécier féparément, que l'eftimation totale du grand Sommier, doit être réduite à la fomme de 2600 liv. dont il faut encore ôter la valeur des deux Claviers correfpondants : c'eft ainfi qu'il faudra toujours l'entendre dans toutes les eftimations fuivantes.

Le Sommier d'un Pofitif (proportionné au fufdit grand Sommier,) fur lequel on fera jouer un 16 pieds, &c, & qui fera accompagné de fon Abrégé, Mouvements, Clavier, Bafcules, Pilotes, &c, peut valoir,   .   1730 liv.

L'Abrégé complet dudit Pofitif, avec fes Bafcules, Pilotes, &c, eftimés féparément, ...   250 liv.

Tous les Mouvements néceffaires pour faire jouer les Regiftres dudit Sommier du Pofitif, ...   250 liv.

1239. Un grand Sommier d'environ 20 Regiftres, pour un grand 16 pieds

avec Bombarde , accompagné de tous fes Mouvements , faux-Sommier , Abrégé , Clavier , &c. . . . 3000 liv.

Un grand Abrégé double & à reprifes , tout garni de fes rouleaux , vergettes , &c. . . . . . 350 liv.

Tous les Mouvements néceffaires pour faire jouer les·Regiftres dudit grand
Sommier de 20 Regiftres , ... 600 liv.

Le Sommier d'un Pofitif proportionné.au fufdit grand Sommier , accompagné de tous fes Mouvements , Abrégé , Clavier , &c. . . 1490 liv.

L'Abrégé dudit Pofitif , avec fes Pilotes , Bafcules , &c. . 230 liv.

Tous les Mouvements néceffaires pour faire jouer les Regiftres dudit Sommier du Pofitif , ... 180 liv.

1240. Un grand Sommier pour un grand 8 pieds ordinaire , avec tous fes
Mouvements néceffaires , fon Abrégé , Clavier , &c. . . 2400 liv.

Un grand Abrégé fimple & à reprifes , garni de toutes fes vergettes , 220 liv.

Tous les Mouvements néceffaires pour faire jouer les Regiftres dudit grand
Sommier , ... 400 liv.

Le Sommier du Pofitif proportionné au fufdit grand Sommier , & accompagné de tous fes Mouvements , Abrégé , Clavier , Bafcules , &c. 1100 liv.

L'Abrégé dudit Pofitif , avec fes Pilotes , Bafcules , &c. . 200 liv.

Tous les Mouvements néceffaires pour faire jouer les Regiftres dudit Sommier du Pofitif , ... 160 liv.

1241. Un grand Sommier pour un petit 8 pieds , avec tous fes mouvements ,
Abrégé , Clavier , &c. . . . 1680 liv.

Un Abrégé fimple & fans reprifes , garni de toutes fes vergettes , &c. 160 liv.

Tous les Mouvements néceffaires pour faire jouer les Regiftres dudit grand
Sommier , ... 100 liv.

Le Sommier du Pofitif proportionné au fufdit grand Sommier , avec tous fes
Mouvements , Abrégé , Clavier , Bafcules , Pilotes , &c. . 900 liv.

L'Abrégé pour ledit Pofitif , avec toutes fes Bafcules , Pilotes , &c. 100 liv.

Tous les Mouvements néceffaires pour faire jouer les Regiftres dudit Pofitif ,
comme Pilotes , &c. . . . . 100 liv.

1242. Un Sommier de Pédale de 15 Regiftres , fur lequel on doit faire jouer
des 32 pieds , &c , & qui fera accompagné de tous fes Mouvements , Abrégés ,
Clavier de Pédale de trois Octaves , &c. . . 2600 liv.

Un Abrégé de Pédale de trois octaves , garni de toutes fes vergettes ,
Équerres , Échelles , &c. . . . . 550 liv.

Tous les Mouvements néceffaires pour faire jouer les Regiftres dudit Sommier de Pédale de 15 Jeux , . . . 700 liv.

1243. Un Sommier de Pédale d'environ 9 Regiftres , où il y aura des 16
pieds , &c , jouant avec tous fes Mouvements , Abrégés , Clavier de Pédale de
trois octaves , &c. . . . . 1700 liv.

Un

Un Abrégé de Pédale de trois octaves, avec toutes ſes vergettes, ſes équerres, &c. . . . . . 400 liv.

Tous les Mouvements néceſſaires pour faire jouer les 9 Regiſtres dudit Sommier de Pédale, ... 240 liv.

1244. Un Sommier de Pédale de 4 Regiſtres à l'ordinaire & de trois octaves, avec tous ſes Mouvements, Clavier, Abrégé, &c. . . 900 liv.

Un Abrégé de Pédale de trois octaves, garni de toutes ſes vergettes, équerres, &c. . . . . 200 liv.

Tous les Mouvements néceſſaires pour faire jouer leſdits 4 Regiſtres dudit Sommier de Pédale, ... 140 liv.

Un Abrégé de Pédale de deux octaves, garni de toutes ſes vergettes, équerres, &c. . . . . 150 liv.

Mais ſi cet Abrégé n'eſt que de deux octaves, le Sommier ne ſera également que de deux octaves; dans ce cas ledit Sommier de Pédale, n'étant pas auſſi grand, ne vaudra que, ... 850 liv.

1245. Un Sommier de Récit propre à faire jouer à l'ordinaire un Cornet & une Trompette, & de 34 gravures, avec ſon Clavier & tous ſes Mouvements, vaut, non compris les Jeux, . . . 380 liv.

1246. Un Sommier d'Echo, deſtiné à faire jouer un ſeul Cornet de 3 octaves, lequel Sommier ſera fait ſans Regiſtres, ni Chapes, mais pourtant accompagné de tous ſes Mouvements, Clavier, &c. . . 300 liv.

Si ledit Sommier d'Echo eſt à pluſieurs Jeux; comme alors il doit être conſtruit avec des Regiſtres & des Chapes, il vaudra avec ſon Clavier, &c. 390 liv.

1247. Un Clavier à la main tout ſeul plaqué en os, vaut, . 80 liv.

Lorſqu'il y en a pluſieurs enſemble, ils augmentent de prix à proportion de leur nombre. S'il y en a 4 ou 5, ils valent chacun, . . 100 liv.

S'ils ſont plaqués en ébene, ils vaudront un peu moins.

Un Clavier de Pédale de 3 octaves, peut valoir, . . 72 liv.

Un Clavier de Pédale de 2 octaves, . . . 60 liv.

1248. Chaque Soufflet de 10 pieds de longueur ſur 5 à 6 de largeur, peut valoir, ... 550 liv.

Un Soufflet de 8 pieds de longueur ſur 4 pieds de largeur, . 400 liv.

Un Soufflet de 6 pieds, . . . 300 liv.

On comprend dans ce prix tout ce qui accompagne la Soufflerie, comme le Treteau, Baſcules, Ferrements, &c.

1249. Pour remonter en cuir neuf chaque Soufflet de dix pieds, avec toutes les autres opérations qu'on eſt obligé d'y faire, . . 250 liv.

Pour remonter en cuir neuf chaque Soufflet de 8 pieds, avec toutes les autres opérations, &c. . . . . 200 liv.

Pour remonter de même chaque Soufflet de 6 pieds, . . 180 liv.

1250. Une garniture de porte-vents pour la Montre, & tous les Tuyaux poſtés d'un grand 32 pieds, y compris le prix de la matiere en étoffe, mais non les porte-vents néceſſaires au Poſitif, . . . 1000 liv.

Pour un grand 16 pieds, . . . 700 liv.

Pour un grand 8 pieds, . . . 500 liv.

Pour un petit 8 pieds, . . . 200 liv.

Pour un grand Poſitif, . . . 200 liv.

Pour un Poſitif ordinaire, . . . 150 liv.

1251. Les Tuyaux d'une Montre de 32 pieds, mis en place & parlant, peuvent valoir environ . . . 12000 liv.

Au reſte ils vaudront plus ou moins, ſelon que la Montre ſera plus ou moins grande.

Les Tuyaux d'une Montre de 16 pieds, . . . 5000 liv.

Si la Montre eſt fort grande, elle vaudra davantage; ſi elle eſt plus petite, elle vaudra moins.

Une Montre de 8 pieds, . . . 2000 liv. plus ou moins, ſelon ſa grandeur.

Une Montre de 4 pieds, . . . 400 liv. plus ou moins ſelon qu'elle ſera grande. Le marché ſe fait ordinairement à 3 liv. la livre peſant.

1252. Un Bourdon de 32 pieds, ou 16 pieds bouché, qui commencera au premier *G re ſol*, . . . 600 liv.

Un 32 pieds ouvert en bois, commençant au premier *C ſol ut*, pour la Pédale compoſée de 29 Tuyaux, . . . 1000 liv.

Un Bourdon de 16 pieds, les baſſes en bois, . . . 450 liv.

Un 16 pieds ouvert, les baſſes en bois, pour la Pédale compoſée de 29 Tuyaux, . . . 700 liv.

Une Pédale de Flûte de 8 pieds, en bois, de 29 Tuyaux, . 360 liv.

Une Pédale de Flûte de 4 pieds de 29 Tuyaux, en étoffe, . 90 liv.

Un Bourdon de 8 pieds, ou 4 pieds bouché, les baſſes en bois, . 200 liv.

Un Preſtant entier, les corps d'étain, . . . 120 liv.

Un gros Naſard, . . . 100 liv.

Une groſſe Tierce, . . . 90 liv.

Un Naſard, . . . 50 liv.

Une Doublette, les corps d'étain, . . . 50 liv.

Une Quarte, une Tierce, un Larigot, chacun de ces Jeux, . 45 liv.

Un grand Cornet ordinaire, avec ſes pieces gravées, ſes ſupports & ſes porte-vents, . . . 150 liv.

Un Cornet de Récit de 34 marches, avec ſes pieces gravées & ſes porte-vents; en ſuppoſant qu'il ne ſera pas poſé ſur un Sommier ſéparé, mais qu'il tirera ſon vent du grand Sommier, . . . 160 liv.

Chaque rangée du plein-Jeu, à pieds d'étain, . . . 50 liv.

Si les Tuyaux ſont à pieds d'étoffe, . . . 40 liv.

S'il y a des rangées plus grandes que la Doublette, elles vaudront davantage à proportion.

1253. Une Bombarde en étain, . . . 1500 liv.

Une Bombarde dont les baſſes ſeront en bois, . . 800 liv.

Une Trompette de groſſe taille, . . . 400 liv.

Une Trompette ordinaire, . . . 330 liv.

Un Clairon, ... 160 liv.

Un Cromorne, ... 240 liv.

Une Voix-humaine ordinaire, . . . 180 liv.

Une Trompette de Récit, ... 80 liv.

1254. Une Pédale de Trompette avec ravalement, & de 3 octaves, 700 liv.

Une Pédale de Clairon de la même étendue, . . 200 liv.

Une Pédale de Trompette ſans ravalement, & de deux octaves d'étendue ſeulement, ... 260 liv.

Une Pédale de Clairon ſans ravalement, & de deux octaves d'étendue ſeulement, ... 90 liv.

1255. Une Pédale de Bombarde ſans ravalement, & de 29 Tuyaux, 1350 liv.

S'il y a un ravalement, chaque Tuyau a un prix particulier, comme s'enſuit :

Pour le double *B fa ſi*, . . . 300 liv.

Pour le double *B fa ſi♭*, . . . 400 liv.

Pour le double *A mi la*, . . . 500 liv.

Pour le double *G re ſol*✕, . . . 650 liv.

Pour le double *G re ſol*, . . . 860 liv.

Pour le double *F ut fa*✕, . . . 1060 liv.

Pour le double *F ut fa*, . . . 1280 liv.

1256. Lorſqu'il s'agit de repaſſer un Orgue entier à l'accord, on paie cette opération ſelon que l'Orgue eſt conſidérable. Voici à-peu-près le prix convenable à chaque eſpece :

Pour accorder en entier un 32 pieds, y compris le Poſitif, car il faut l'entendre toujours ainſi, ... 500 liv.

Pour un grand 16 pieds, ... 400 liv.

Pour un petit 16 pieds, ... 350 liv.

Pour un grand 8 pieds, ... 300 liv.

Pour un petit 8 pieds, ... 200 liv.

1257. A l'égard des Buffets d'Orgue, il n'eſt pas poſſible d'en faire des eſtimations générales ; cela dépend de leur grandeur & de leur richeſſe. Il y a une prodigieuſe variété dans ces ſortes de prix ; car on en fait depuis 300 liv. & encore au-deſſous juſqu'à 60000 liv. Celui qui eſt repréſenté dans les Planches 77 & 78, pourroit bien coûter peut-être quelque choſe d'approchant de cette derniere ſomme, ſi on l'exécutoit à Paris.

1258. Il eſt bon d'être averti que tous les prix ci-deſſus mentionnés peuvent changer , ſelon que les matieres qui entrent dans la compoſition de l'Orgue,
ſont plus ou moins cheres , & ſelon la cherté des vivres. Ces eſtimations ſeront
trop fortes pour certains Pays , attendu que le bois, l'étain , &c , avec les vivres
n'y ſeront pas auſſi chers que dans d'autres. Il faut avoir égard aux années , &
aux circonſtances , qui peuvent augmenter ou diminuer , même notablement,
toutes ou au moins pluſieurs de ces eſtimations. Nous avons au reſte tout éva-
lué , après avoir conſulté là-deſſus des Maîtres de l'Art , entendant toujours ,
que toutes les Pieces, Machines & Jeux , ſeront poſés & jouant , ſans qu'il y
reſte rien à faire. Il faudroit eſtimer bien moins chaque choſe , ſi on ne ſe char-
geoit pas de la poſer & de la faire jouer. Nous ne faiſons point l'eſtimation de
bien d'autres articles qui regardent l'Orgue ; on pourra la faire aiſément au
moyen de tout ce qui eſt dit ci-deſſus.

Noms des Jeux qui rempliſſent l'Orgue de l'Abbaye de Weingar-
then en Suabe , dont la décoration extérieure
eſt repréſentée dans la Planche 77.*

PLANCHE
77.

1259. Cet Orgue eſt à 4 Claviers tous entiers , dont les touches ſont toutes
mobiles. Les Jeux qui répondent au quatrieme Clavier, qui eſt le plus haut, ſont
les ſuivants :

	Hauteur du 1er Tuyau des Jeux.	Nomb. des Tuy. dont les Jeux ſont comp.	Matiere dont les Jeux ſont compoſés.
1. Principal que nous appellons Montre.	8 pieds	49 Tuyaux.	Etain.
2. Cornet de 4 octaves.	2.	425.	Etain.
3. Piffaro.	4.	96.	Etain.
4. Violon chel , autrement dit Gambe.	8.	49.	Etain.
5. Flut travers.	4.	147.	Etain.
6. Quint à ton.	8.	49.	Etain.
7. Haut-bois.	4.	49.	Etain.
8. Voix-humaine.	8.	49.	Etain.
9. Flageolet.	2.	49.	Etain.
10. Roſr. flot , ou Flûte à cheminée.	4.	49.	Etain.
11. Quer Flut , ou Flûte traverſiere.	4.	49.	Bois.
12. Flûte douce.	8.	49.	Bois.

Total du nombre des Tuyaux qui répondent au quatrieme Clavier,   **IIII.**

---

* Lorſque j'ai vu cet Orgue en 1751 , je n'ai pu en examiner les Jeux dans l'intérieur des Buffets. M'. Gabler , qui en
avoit ſeul les clefs , étant alors abſent & éloigné de l'Abbaye
d'environ 30 lieues. La plupart de ces Jeux me ſont incon-
nus. Le Facteur m'en a depuis envoyé la liſte , mais en Allemand , qui eſt une Langue que je n'entends pas. J'ai prié M.
Riepp M'. Facteur d'Orgue , Allemand de Nation , qui parle
bien ſa langue , de me donner en François les noms de tous ces

Jeux : il m'a répondu que s'étant uniquement & toujours appliqué à conſtruire ſes Orgues à la Françoiſe , (car il eſt établi
en France ,) il n'a jamais donné ſon attention , & n'a fait aucune étude des Jeux Allemands ; & qu'il y en a nombre qu'il
ne connoît point. Il m'a donné en François les noms de ceux
qu'il a pu entendre. J'ai ſuivi mot à mot la liſte telle qu'il me
l'a envoyée.

Jeux

Jeux qui répondent au troisieme Clavier.

	Hauteur du Tuyau des Jeux.	Nomb. des Tuy. dont les Jeux sont composés.	Matiere dont les Jeux sont composés.
1. Montre	8 pieds.	49 Tuyaux.	Etain.
2. Preſtant	4.	49.	Etain,
3. Doublette	2.	49.	Etain.
4. Cornet	1.	196.	Etain.
5. Fourniture	2.	476.	Etain.
6. Piffaro	4.	98.	Etain.
7. Violon chel	8.	49.	Etain.
8. Quint à ton	8.	49.	Etain.
9. Haut-bois	8.	49.	Etain.
10. Hohl Flott	4.	49.	Etain.
11. Flûte	8.	49.	Bois.
12. Bourdon	16.	49.	Bois.

Total du nombre des Tuyaux qui répondent au troiſieme Clavier,   1111.

Les Jeux qui répondent au ſecond Clavier, ſont les ſuivants.

1. Montre	8.	49.	Etain.
2. Preſtant	4.	49.	Etain.
3. Fourniture	3.	1038.	Etain.
4. Cymbale	2.	98.	Etain.
5. Nafard	2.	49.	Etain.
6. Viola	4.	98.	Etain.
7. Violon chel	8.	49.	Etain.
8. Solicional	8.	49.	Etain.
9. Bourdon	8.	49.	Etain.
10. Flut creux	8.	49.	Bois.
11. Unda maris	8.	49.	Bois.
12. Bourdon bouché	16.	49.	Bois.

Total du nombre des Tuyaux qui répondent au fecond Clavier,   1666.

Les Jeux qui répondent au premier Clavier, ſont les ſuivants.

1. Montre de 16 pieds	16.	49.	Etain.
2. Montre de 8 pieds	8.	49.	Etain.
3. Preſtant	4.	49.	Etain.
4. Fourniture	2.	600.	Etain.
5. Doublette	2.	49.	Etain.
6. Sextquialter	1½.	483.	Etain.
7. Cymbale	1.	600.	Etain.
8. Piffaro	8.	196.	Etain.
9. Trompette	8.	49.	Eatin.
10. Hol fiut, ou groſſe taille	2.	49.	Eatin.
11. Roſr. Flot, ou Flûte en cheminée	8.	49.	Etain.
12. Carillon de cloches	2.		Métal de cloches.

Total du nombre des Tuyaux qui répondent au premier Clavier,   2222.

ORGUES. II. Part.   Ddddd

Pédales de 20 marches.

1. Contre-baffe en Montre	32.	40.	Etain.
2. Fourniture	8.	100.	Etain.
3. Violon baffe, ou groffe Gambe	16.	40.	Etain.
4. Bombarde	16.	20.	Etain.
5. Bombarde baffe	16.	20.	Bois.
6. Octave baffe, ou Flûte	16.	20.	Bois.
7. Soubbaffe ou Flûte	32.	20.	Bois.
8. Carillon en Cloches	4.		Métal de cloches.
9. Timpano			
10. Cuculus, qui veut dire le Coucou			
11. Cymbale			
12. La Force	4.		Etain.
Total du nombre des Tuyaux de la Pédale,		260.	

Seconde Pédale qui s'accroche avec la premiere, & même avec le premier Clavier.

1. Super octave en Montre	8.	20.	Etain.
2. Cornet	4.	100.	Etain.
3. Sextquialer	3.	56.	Etain.
4. Violon cell; c'eft une Gambe	8.	20.	Etain.
5. Trompette	8.	20.	Etain.
6. Flut creux, ou groffe Flûte	4.	20.	Etain.
7. Flut douce	8.	20.	Etain.
8. Fagot, ou efpece de Cromorne	8.	20.	Etain.
9. Quint-a-ton	16.	20.	Etain.
10. Roffignol			
11. Tremblant			
Total du nombre des Tuyaux de la feconde Pédale,		296.	
Total de tous les Regiftres,		66.	
Total de tous les Tuyaux,		6666.	

M. Gabler, Maître Facteur d'Orgues de la Ville de Ravenfpurg, ou Ravensbourg dans la Suabe en Allemagne, a fait cet Orgue, & l'a fini le 24 Juin 1750.

Remarques fur certains Jeux de cet Orgue.

1260. Quoique je ne connoiffe point un grand nombre de ces Jeux, qu'il me foit permis d'y faire remarquer plufieurs chofes qui peuvent nous paroître fingulieres, & affez éloignées des manieres ufitées en ce genre dans notre Royaume. Le Cornet, par exemple, eft de 4 octaves, dont le plus grand Tuyau n'eft que de deux pieds. Ce Jeu eft compofé dans fon total de 425 Tuyaux; ce qui doit faire 8 Tuyaux fur marche, & il en refte encore 33, qui font vrai-femblablement diftribués dans les baffes, en forte qu'elles doivent être de 9 Tuyaux fur marche. On ne concevra pas aifément comment ce Cornet peut être de 4 octaves, de 8 à 9 rangées de Tuyaux, dont le premier n'eft que de deux pieds. Il paroît qu'il faut néceffairement qu'il y ait des reprifes à la maniere de notre Plein-Jeu ordinaire ; mais ce qui en doit faire la différence, eſt qu'apparemment ce Cornet a des tierces, & qu'il n'y en a jamais dans notre Plein-Jeu.

On voit dans cet Orgue un autre Cornet différent du précédent : il n'eſt compoſé dans ſon total que de 196 Tuyaux ; ce qui doit faire 4 Tuyaux ſur marche : le plus grand n'eſt que d'un pied. Je penſe que ce Cornet doit aller comme le précédent.

La Fourniture, qui répond au ſecond Clavier, eſt compoſée dans ſon total de 1038 Tuyaux ; ce qui doit faire 21 Tuyaux ſur marche, & il reſte 9 Tuyaux, qui ſont apparemment diſtribués dans les baſſes, en ſorte qu'elles doivent être de 22 Tuyaux. Le premier Tuyau de ce Jeu n'eſt que de 3 pieds, & il a ſans doute quelque choſe de moins, pour faire la quinte au-deſſus du Preſtant. Puiſque cette Fourniture eſt compoſée d'un ſi grand nombre de rangées de Tuyaux, & que cependant elle ne commence qu'au 3 pieds, il eſt vraiſemblable qu'on aura plus que doublé chaque rangée. Selon notre maniere de compoſer le Plein-Jeu, en le commençant au 4 pieds, nous ne pouvons le faire que de 16 Tuyaux ſur marche, en faiſant toujours toutes les rangées différentes ; nous y comprenons la Fourniture & la Cymbale enſemble : il faut donc répéter pluſieurs fois chaque rangée pour parvenir à faire une Fourniture ſeule de 21 Tuyaux.

La Cymbale, qui accompagne cette Fourniture, n'eſt que de deux Tuyaux ſur marche : elle commence aux deux pieds. Tout ce Plein-Jeu ſur le ſecond Clavier eſt donc de 23 Tuyaux ſur marche, & de 24 dans les baſſes.

Une autre Fourniture, qui répond au premier Clavier eſt de deux pieds : elle eſt compoſée en total de 600 Tuyaux ; ce qui fait 12 Tuyaux ſur marche. Je préſume que ce Jeu eſt arrangé dans le goût de la Fourniture du ſecond Clavier.

Il y a encore une autre Fourniture qui répond au troiſieme Clavier : elle eſt de deux pieds, & compoſée en total de 476 Tuyaux ; ce qui fait 9 Tuyaux ſur marche, avec 35 de plus, qui ſont apparemment diſtribués dans les baſſes.

Voilà un Plein-Jeu, en tout de 44 Tuyaux ſur marche qui peuvent jouer enſemble, ſans y comprendre la Fourniture de la Pédale, qui eſt de 8 pieds, & qui eſt compoſée de 5 Tuyaux ſur marche ; ainſi le Plein-Jeu entier eſt de 49 Tuyaux ſur marche.

Les fonds pour nourrir cet immenſe Plein-Jeu, (y compris les fonds de Pédale,) conſiſtent en deux 32 pieds : cinq 16 pieds : ſeize 8 pieds : neuf 4 pieds, & cinq 2 pieds : tous ces fonds enſemble font en tout 37 Tuyaux ſur marche, leſquels étant ajoutés aux 49 de Fourniture & de Cymbale, font en tout un Plein-Jeu de 86 Tuyaux ſur marche. Je n'ai compté qu'à-peu-près ; parce que ne connoiſſant point la plûpart des Jeux que je fais entrer dans le Plein-Jeu, j'en ai peut-être omis pluſieurs que j'aurois dû y mettre.

Tous les Jeux d'Anche conſiſtent en deux Bombardes, deux Trompettes, deux Haut-bois, qui ſervent apparemment de Clairons, un Fagot & une Voix-humaine. Il n'y a pas un feul Jeu d'étoffe ou en plomb dans tout cet Orgue, les pieds mêmes de tous les Jeux font en étain.

Il y a un Jeu de Clochettes ou de Timbres, qu'on touche avec les autres Jeux fi l'on veut. Les marteaux frappent fur les Timbres en baiffant les touches à l'ordinaire, & ils fe relevent auffi-tôt, quoiqu'on tienne les touches baiffées. La Baffe de ce Jeu, c'eft-à-dire les 20 plus gros Timbres, jouent par le Clavier de Pédale.

Réflexion fur les Orgues fans Tuyaux apparents.

1261. Il y a beaucoup de perfonnes qui fe laffent, pour ainfi dire, de voir toujours les Orgues à Buffets compofés de tourelles & de plattes-faces. Les uns fouhaiteroient feulement changer cette forme ordinaire ; car il faut avouer qu'elle a de grands défauts, qu'on eft obligé de tolérer jufqu'à ce qu'on trouve une meilleure idée, & plus conforme aux regles de la bonne Architecture. Une tourelle, par exemple, eft garnie de plufieurs Tuyaux qui paroiffent porter & foutenir un grand entablement, furmonté d'une grande figure, ou de grands ornements. On ne trouve pas raifonnable que des Tuyaux d'étain fi minces & fi frêles, foient propres à foutenir tout cet entablement. Il eft, dit-on, contre les regles que l'efpece de corniche, qui fert de pied ou de bafe à toutes les tourelles, foit par-tout égale, tant pour les grandes & les petites, que pour les plattes-faces, ce qui, difent-ils, fait néceffairement une difformité, & une difproportion frappantes, &c. On ne peut donc que louer ceux qui chercheront une forme mieux raifonnée. Mais d'autres vont plus loin ; ils voudroient qu'il ne parût aucun Tuyau en-dehors. Quelque fingulier que foit le goût de ceux-ci, il s'eft trouvé des Architectes qui ont donné des projets à cet égard. Ils fe réduifent à la conftruction d'une immenfe colonnade, terminée par un grand entablement. Cette idée toute magnifique & majeftueufe qu'elle eft, paroît à beaucoup d'habiles gens contre la raifon & la vraifemblance, par conféquent contre le vrai bon goût. Ce grand Edifice, qui naturellement doit être cenfé de marbre, ou au moins de pierre de taille & d'un poids énorme, eft pofé fur une Tribune en voûte ou autrement. N'eft-il pas choquant, difent-ils, de voir un porte-à-faux fi formel ? Quelle gêne dans la conftruction de l'Orgue derriere cette colonnade, pour éviter qu'aucun Tuyau ne paroiffe aux entre-colonnes, fur-tout, s'il doit y en avoir de fort grands ? Après-tout, ajoutent-ils, qu'y a-t-il dans tout cet Edifice d'analogue à l'Orgue ? Comment peut-on trouver bien admirable de laiffer au Public à deviner fi c'eft un Orgue, ou un fimple ornement pour une Eglife ? En général tous ceux que j'ai confulté, gens affurément pleins de lumiere & de goût, n'ont pu approuver qu'on défigure un Orgue, en lui ôtant les marques les plus diftinctives pour le faire reconnoître. Ils trouvent cette idée auffi bizarre, que fi l'on

s'avifoit

s'avifoit de vouloir changer la forme d'un violon , & d'en faire difparoître les cordes. C'eft ainfi que s'expriment tout ce qu'il y a de plus habile.

Cependant pour fatisfaire ceux qui demandent quelque penfée d'un Orgue fans tuyaux apparents , & fans prétendre approuver ce goût , je propofe dans la Planche 79 , un Buffet d'Orgue felon leur intention. Il vient d'être imaginé par M. Caffieri, célebre Artifte, dont le vrai bon goût & les talents fupérieurs en fon genre font connus dans Paris & dans l'Europe. J'ai eu bien de la peine à le réfoudre à s'exercer à me donner quelque idée là deffus ; attendu qu'il défap-prouve , comme tous les autres habiles gens , qu'on faffe un Orgue fans tuyaux apparents. M. Roubo , auteur de l'Art du Menuifier, en a deffiné & mis la Me-nuiferie dans un ordre régulier. Cette idée pourra fervir à en faire naître d'au-tres. Chacun aura lieu de s'exercer à en trouver felon fon goût & fon génie. Ce Buffet confifte en un grand corps de menuiferie, décoré d'un nombre de figures & d'ornements , relatifs & analogues à l'Inftrument. Il fera commode pour la conftruction intérieure de l'Orgue ; comme il eft tout à jour, le fon fe fera bien entendre. L'avant-corps , qui eft au milieu fur le devant , eft fait pour cacher l'Organifte , ou bien , pour y placer le pofitif , fi on ne veut pas le met-tre dans le grand Buffet. En ce cas, on lui donnera une profondeur convenable. Le tout peut être pofé fans aucun inconvénient fur une tribune de quelque efpece qu'elle foit, pourvu , comme nous l'avons recommandé ailleurs , qu'elle foit ferme & inébranlable.

F I N D E L A S E C O N D E P A R T I E.

Supplément aux Corrections & Additions de la première Partie.

Depuis que la première Partie de cet Ouvrage a été publiée, plusieurs Amateurs ont bien voulu avoir la bonté de m'avertir des fautes qu'ils y ont trouvées. Je profite avec bien de la reconnoissance des avis que j'en ai reçus, pour ajouter ici un supplément aux Corrections & aux Additions qui y sont déja. Je ne mets que les fautes les plus essentielles.

Pag. 29 , *lign.* 16 , la poupée B ; *lisez* , la poupée D.

Pag. 33 , *lig.* 13 , *son* écrou ; *lisez* , la clavette fourchue.

Pag. 39 , *lig.* 15 , raisone ; *lisez* , resonne.

Pag. 71 , *art.* 250. Ce *Diapason manque sur la* Pl. 24. *Mais les principales mesures sont contenues en ce même art, aussi-bien qu'à la Table de la pag.* 77.

Pag. 77 , *dans la Table* , *lig.* 18 , à la pénultième colonne de chiffres ; 3 1 , *lisez* , 2.

Ibid. après la ligne 9 , *en remontant, il manque dans la Table, aussi-bien qu'au Diapason du Plein-Jeu, la menue taille du même Plein-Jeu ; ainsi on y ajoutera* :

Le 13ᵉ. C *sol ut aura* 1 *pouce* 6 *lignes de diametre,* & 2 *pouces une ligne & demie de circonférence. Le* 61ᵉ. C *fol ut aura* 6 *lignes & demie de diamettre,* & 7 *lignes* 3 *quarts de circonférence.*

Pag. 78 , à la Table des longueurs de la Trompette , lig. 8 , *en remontant,* G. 8. 4. 10. 11. 3. *lisez,* G. 8. 4. 10. 1. 3.

Pag. 83 , *lign. Amateurs.* Il s'y agit du Diapason du Haut-bois. On m'a averti que celui de la Pl. 29 croit défectueux. C'est effectivement le seul que je n'eusse pas éprouvé. Un Maître Facteur d'Orgues de Paris m'en a communiqué un autre , qu'il a exécuté lui-même , & qui se trouve juste. Je me fais un plaisir d'en profiter, pour en faire part aux Ama-

teurs & aux Ouvriers qui voudront s'en servir , il est plus simple & plus facile à exécuter que celui de la Pl. 29. La ligne *A B*, Pl. 76 , fig. 12 , contient la hauteur des tiges, qu'on prend , à l'ordinaire , depuis chaque perpendiculaire jusqu'au bout inférieur B du Diapason. Les largeurs des gros bouts des mêmes tiges , sont contenues dans la longueur de chaque perpendiculaire , terminée par la ligne C D. La largeur du petit bout de chaque tige , se prend comme celles des dessus des Trompettes ; on les trouvera dans la Pl. 29 , comme il a été expliqué , art. 285 , pag. 84. Ce nouveau Diapason ne s'est point raccourci ; parce que les mesures ont été prises sur l'original en papier mouillé. On trouvera dans la fig. 14 , Pl. 76 , les largeurs du haut de tous les cônes ; & dans la fig. 13 , leurs hauteurs. Il faut remarquer que le haut des tiges, ne devant pas former une ligne aussi courbe que le bas des cônes , ceux-ci se trouveront toujours un peu plus larges que le haut des tiges. On élargira suffisamment avec un accordoir le gros bout de celles-ci, pour les faire convenir ensemble : ainsi on fera égales les largeurs du bas des cônes & du haut des tiges. Effacez les 13 dernieres lignes de l'art. 284. pag. 83.

Pag. 95 , *lig.* 19 ; 3 3 , *lisez*, 5.

Pag. 115 , *lign.* 3 , *en remontant, a g b h c i k l e d f m ; lisez , a g , b , h, c , i , d , k , e , l , f , m.

Pag. 116 , *lign.* 10 i c l e f ; *lisez*, c, d, e, f.

Ibid. lign. 22 ; a b c l e f ; *lisez*, a , b, c , d , e , f.

Ibid. lign. 23 ; g h i k d m ; *lisez*, g , h , i , k, l , m.

Ibid. lign. 29 ; i k d m ; *lisez*, i , h , l , m.

Corrections & Additions de la seconde Partie.

Aux quatre premieres pages , il y a au folio, 1 , 2 , 3 , 4 ; *lisez* 143 , 144 , 145 , 146. & à la signature il y a A ; *lisez*, N n. *Les quatre Parties de cet Ouvrage étant destinées à être reliées en un seul volume , on a préféré de continuer la suite des signatures des folios.*

Pag. 146 , à laquelle on sub-stituera au folio 146 , *comme on vient de le voir,*) ligne 14 , il y a 73 & 80 ; effacez & 80.

Pag. 149 , *lign.* 21 , nœud , *lisez*, nu. *Corrigez ainsi ce mot en plusieurs autres endroits où il est employé dans le même sens.*

Pag. 151 , première ligne de la Table des dimensions des sommelles , 35 pieds de hauteur , *lisez* 36 pieds 9 pouces de hauteur.

Ibid. seconde ligne , 35 pieds de hauteur , *lisez* 36 pieds 9 pouces de hauteur.

Ibid. troisième ligne , 27 pieds , *lisez*, 28 pieds 2 pouces.

Ibid. quatrième ligne , 27 pieds , *lisez*, 28 pieds 2 pouces.

Ibid. cinquième ligne , 24 pieds , *lisez*, 25 pieds.

Ibid. sixième ligne , 24 pieds , *lisez* 25 pieds.

Pag. 164 , *art.* 500 , *lig.* 5 & 6 , les ii , *lisez*, les b.

Pag. 191 , *art.* 570 , *lign.* 7 , affez souvent ; *lisez* , affez souvent , que.

Pag. 193 , à la marge en haut , Pl. 54 , *lisez* , 34.

Ibid. un peu plus bas à la marge , Pl. 34 , *lisez* , 54.

Ibid. plus bas à la marge , Pl. 54 , *lisez* , 34.

Pag. 211 , *en tête* , Sect. II. *lisez*, Sect. III.

Pag. 213 , *en tête* , Sect. II. *lisez*, Sect. III.

Pag. 235 , *lign.* 6 ; à vingt-sept , *lisez* , à vingt-sept.

Page 243 , *en tête* ; Réflexions sur les Sommiers précédents , *lisez* , Regles pour trouver les largeurs des Registres & faux Registres.

Ibid. après la dernière ligne , ajoutez , alinéa.

Il y a deux manieres de faire les Pieces gravées du cornet ; l'une consiste à faire des trous avec des tarieres au travers du champ d'une planche, d'environ 2 pouces d'épaisseur , comme je l'ai dit art. 416 , pag. 131. On fait une moitié de ces trous de 5 à 6 lignes de diametre , & l'autre moitié de 7 à 8 lignes. On les bouche tous d'un bout avec une tringle de bois bien collée & clouée avec des pointes ; ou bien avec

une bande de parchemin. Ces trous formeront les gravures de ces pieces gravées. On ne manquera pas de les encoller, comme celles d'un Sommier.

L'autre maniere de faire les Pieces gravées, consiste à former les gravures avec la Scie, comme on le voit en la Fig. 10 , Pl. 73. La planche de bois peut n'avoir qu'un pouce & demi d'épaisseur. On donnera un pouce de profondeur aux gravures , au-dessous desquelles on collera & on clouera avec des pointes une planche d'environ 4 à 5 lignes d'épaisseur. On bouchera d'un bout toutes les gravures au moyen d'une tringle de bois , à moulures si l'on veut ; on l'arrêtera avec de la colle & des pointes. On attachera également une autre tringle unie , mais percée d'autant de trous ronds qu'il y a de gravures & qui y correspondent exactement ; on encollera toutes les gravures à l'ordinaire. On fixera aux deux bouts de la piece gravée deux autres tringles à moulures , pour profiler avec la premiere. Voy. la Fig. 21 , qui représente une Piece gravée ainsi construite. Cette seconde maniere est plus propre que l'autre.

Après la page 301 , au folio , il y a à la page suivante 307 ; *lisez* 303.

Pag. 307 , *art.* 849. *lig.* 6 ; C, *lisez* c.

Pag. 320 , *vis-à-vis de la ligne* 12 , *mettez à la marge* Pl. 64.

Pag. 325 , *art.* 894 , *ligne* 8 , de fer , *ajoutez*, Fig. 13 , Pl. 64.

Pag. 341 , *effacez au haut de la marge* , Pl. 66. & de même en bas, Pl. 72.

Pag. 342 , *art.* 934 , *vis-à-vis de la ligne* 10 , *mettez à la marge* , Pl. 68.

Pag. 355 , à la pénultieme ligne , monterle , *lisez* , monter le.

Pag. 371 , *art.* 993 , *lig.* 12 , de l'Anche saillie , *lisez* , la saillie de l'Anche.

Pag. 383 , *lig.* 2. perpendiculaire *b o*, *lisez* , perpendiculaire sur *b o*.

Pag. 401 , *art.* 1066 , *ligne* 3 , on posera le rateau , en sorte *lisez* , on polera le rateau , Fig. 4 , en sorte.

Pag. 422 , Comme il s'est glissé quelques fautes aux deux lignes de Musique , on les redonne ici entieres toutes corrigées.

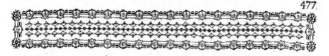

L'ART
DU
FACTEUR D'ORGUES.

Par D. François Bedos de Celles, Bénédictin de la Congrégation de Saint-Maur, dans l'Abbaye de S. Denys en France ; de l'Académie Royale des Sciences de Bordeaux , & Correspondant de celle de Paris.

TROISIEME PARTIE.

AVANT-PROPOS.

1262. Ceux qui se proposent de faire construire un Orgue sont assez généralement dans l'usage de s'adresser pour l'exécution aux Organistes , & de les charger de tout le détail de l'entreprise. Cette confiance ne seroit pas sans doute déplacée , si l'on avoit le bonheur de trouver aisément des Calvieres , des Fouquets , des Couperins , des Balbatres , &c. Mais qu'on est à plaindre , quand à la place de ces grands hommes , on se livre aveuglément à la discrétion du premier venu , & qu'on se confie sans choix & sans discernement à tout Organiste ! Il n'en est aucun , sur-tout des plus minces , qui ne croie de bonne-foi être en état de diriger la facture de ce grand Instrument ; & dès qu'il en est chargé , on le voit trancher & décider à son gré sur tout l'Ouvrage. C'est lui qui fait le Devis , qui choisit le Facteur , qui traite avec lui , qui dispose , en un mot , qui arrange le tout selon son goût particulier , ou sa maniere favorite de toucher l'Orgue. Quelle méprise de la part de ceux qui font faire l'Orgue , ou plutôt quelle présomption dans cet Organiste !

Le croira-t-on ? j'en ai connu de ces Organistes médiocres , dont les uns rejettoient les Pédales , parce qu'ils n'étoient point dans l'habitude de s'en servir : les autres n'y admettoient qu'une octave , ou une octave & demie , parce qu'ils n'auroient su faire usage des deux pieds , si elles eussent eu une plus grande étendue. Celui-ci n'y veut point de ravalement , parce qu'il ne s'en sert jamais :

Orgues. III. Part.   Ffffff

celui-là fait main-baffe fur certains Jeux qui ne font pas de fon goût, & les exclut entiérement. Un Organifte qui fera de haute taille, voudra que les Claviers foient placés plus haut qu'à l'ordinaire ; un autre les fera pofer plus bas, par la raifon contraire. Certains, pour être plus à leur aife, exigeront un efpace beaucoup plus grand qu'il ne faut, entre les deux Buffets ; il faudra en conféquence faire des bafcules plus longues, qui vont toujours plus mal que les courtes. Le dirai-je ? j'en ai vu, quoique rarement, qui pouffoient la bizarrerie jufqu'au point de demander des Claviers durs à manier ; tandis que d'autres, donnant dans un excès contraire, exigeoient dans les touches une legéreté, & une délicateffe fi exceffives, que tout l'art des plus habiles Facteurs ne fauroit y atteindre.

Je ne finirois point fi je voulois rapporter toutes les différentes idées que j'ai eu occafion d'appercevoir à ce fujet. A voir un pareil Organifte préfider à la facture d'un Orgue, on diroit que, fe croyant plus habile que le Facteur lui-même, il eft en droit de le diriger dans la compofition de fon Inftrument ; que c'eft à lui à donner au Facteur des leçons & des avis tels que fon imagination ou fon goût particulier peuvent le lui infpirer ; que l'Ouvrage & l'Artifte dépendent entiérement de lui ; comme fi le Particulier qui en fait la dépenfe n'avoit d'autres vues, & d'autre intérêt que de chercher uniquement à le contenter. Il eft furprenant qu'un tel Organifte s'aveugle jufqu'au point de croire que fon goût doive fervir de regle & de modele aux autres ; & qu'il ne penfe pas que fes arrangements, très-fouvent plus que finguliers, pourroient bien déplaire à des fucceffeurs plus habiles que lui.

Du refte il ne faut pas croire que ces abus, dont je ne fais que donner une legere efquiffe, foient rares ; je n'en parle qu'après en avoir vu une quantité d'exemples ; c'eft même ce qui m'a engagé à entrer dans ce détail. Je ne parlerai pas des menaces d'exclufion que font certains Organiftes aux Facteurs, quand ils témoignent quelque peine de fuivre leurs idées. Tous ces abus viennent moins des Organiftes, que de ceux qui les choififfent ; & ce n'eft que pour deffiller les yeux du public, s'il eft poffible, que j'ai entrepris de lui faire connoître jufqu'à quel point il peut être abufé.

Pour en donner des preuves plus palpables, j'ajouterai que la fcience de toucher l'Orgue, qui regarde précifément l'Organifte, ne donne point par elle-même la connoiffance de la Facture ; ce font deux Arts bien différents & bien féparés. Il n'en faut pas raifonner, comme de la Médecine, par exemple, où le Médecin exerce une efpece d'autorité, & a une certaine infpection théorique fur le Chirurgien & fur l'Apothicaire. Ils font les uns & les autres les Artiftes, qui exercent la profeffion de guérir ; ils tendent au même but par différentes routes, mais avec cette différence, que les deux derniers dépendent du premier, en ce que la fcience du Chirurgien & de l'Apothicaire eft renfermée dans celle du Médecin, qui en a fait effentiellement l'objet de fon étude. De-là vient que c'est à lui à ordonner, & aux autres à opérer dépendamment de son avis.

L'Organiste au contraire, n'ayant fait aucune étude de la Facture, n'est pas obligé de la connoître : son objet est tout différent, & il peut être très-habile Organiste sans cette connoissance ; il doit donc être censé hors d'état de conduire le Facteur, & d'avoir aucune inspection sur lui. Si cependant à la science de toucher l'Orgue, il joint encore celle de la Facture, il n'y aura alors aucun inconvénient à lui en confier la direction : ce sera même un avantage d'autant plus grand, qu'il est plus rare de trouver dans un même homme la réunion de ces deux sciences. Mais à ces talents près, qui sont plus rares qu'on ne pense, le Facteur habile doit être préféré. Accoutumé à voir & à entendre beaucoup d'Organistes, il en connoît mieux le goût général ; & quand on le laissera le maître du Devis & de l'exécution, il s'accommodera mieux & avec moins de préjugé, à des dispositions commodes & favorables aux manieres de toucher du plus grand nombre, & sur-tout des plus habiles, qui naturellement doivent servir de modele aux autres en ce genre. Un Organiste qui par une longue étude & un grand exercice, s'est rendu habile en son art, & qui le pratique avec génie, fait sans contredit un homme à talent, cher à la société, & bien estimable. Il en est de même du Facteur d'Orgues ; il ne mérite pas moins de considération, quand il est devenu par un long travail fort expert dans son art, qui demande bien autant de génie, d'étude, de connoissances, de goût & d'exercice.

Je ne doute point que ce qu'il y a de plus habile, de plus judicieux & de plus éclairé parmi les Organistes, ne dépose en faveur des principes que je viens d'établir; mais je sais aussi qu'il sera bien difficile, pour ne pas dire impossible de les faire recevoir au grand nombre, qui s'étant volontiers accoutumés à regarder les Facteurs, tout au plus comme de minces & simples manœuvres, feront toujours croire à ceux dont ils ont su captiver la confiance, qu'un Facteur leur est subordonné, & qu'il n'est fait que pour obéir aveuglément à leurs décisions; aussi n'entreprendrai-je point de réformer ce préjugé. Je sens combien il y auroit à faire ; mais cependant, pour le rendre moins abusif & moins préjudiciable au Public, que l'Organiste me permette de lui expliquer tout ce qui peut le mettre en état de répondre avec succès à la confiance qu'on aura en lui, dans tout ce qui sera de la compétence de la facture de l'Orgue, sur laquelle il pourra être consulté.

1°. Pour parvenir à mon objet, je donnerai d'abord douze différents Devis d'Orgue, parmi lesquels je choisirai le quatrieme pour commencer: je le mettrai dans une forme juridique, afin qu'il puisse servir de modele. J'y ajouterai de suite encore un modele de marché & d'engagement de la part du Facteur pour l'exécution d'un Devis : ce sera un avantage pour ceux qui feront construire un Orgue. Ils auront par-là le moyen de prendre des précautions pour

ne pas tomber dans des difcuſſions , qui ne ſont que trop ſouvent la ſuite naturelle des Devis mal énoncés & des marchés mal minutés.

2°. Les Organiſtes étant bien ſouvent chargés , ſur-tout dans les Provinces ,
de faire la vérification d'un Orgue neuf ou nouvellement réparé , trouveront
ici les inſtruſtions convenables à cet objet ; la maniere d'y procéder , & le modele d'un procès-verbal , ou rapport de vérification.

3°. Comme dans les Provinces ces mêmes Organiſtes , au défaut des Faſteurs ,
ſont obligés aſſez ordinairement d'entretenir eux-mêmes leurs Orgues reſpeſti-
ves , en ce qui regarde les menues réparations , je leur indiquerai la maniere la
plus facile pour le faire avec ſuccès.

4°. Je donnerai les principaux mêlanges des Jeux , afin que le petit nombre
d'Organiſtes qui l'ignore , puiſſe les apprendre , & tirer par-là le meilleur parti
poſſible de l'harmonie des Jeux de leur Orgue. Ces quatre objets ſeront ſéparément traités dans les quatre Chapitres , qui vont faire tout le ſujet de la troiſieme
partie de cet Ouvrage.

CHAPITRE PREMIER.

Plufieurs Devis d'Orgue.

1263. Pour faire un Devis d'Orgue avec ſageſſe , il convient qu'il ſoit concerté
entre le Faſteur , l'Organiſte & l'Architeſte , attendu que chacun de ces trois
Artiſtes y a ſa partie. Il ne faut pas s'adreſſer aux premiers venus , mais on doit
choiſir le Faſteur le plus habile , l'Organiſte le plus éclairé & l'Architeſte le
plus intelligent , & qui ait le plus de goût. Nous avons déja parlé au commencement de la ſeconde Partie , *pag.* 144 , de la fonſtion de l'Architeſte dans une
affaire de cette nature , qui eſt de grande conſéquence ; puiſqu'il s'y agit de la
conſtruſtion d'un Inſtrument toujours fort diſpendieux. Il eſt donc raiſonnable
de prendre toutes les précautions poſſibles pour faire ce Devis avec intelligence. L'Organiſte ne doit y être que pour le choix des Jeux , & la détermination
de leur étendue : c'eſt ſur ce point ſeul , qui peut être de ſa compétence lorſqu'il eſt éclairé , qu'il doit ſe concerter avec le Faſteur. Tout le reſte eſt uniquement du reſſort de ce dernier. Lorſqu'on n'eſt point borné pour la dépenſe , il
n'y a pas tant de difficulté à faire un Devis ; mais lorſqu'on détermine d'avance ,
comme il arrive bien ſouvent , la ſomme qu'on veut employer à la conſtruſtion
de l'Orgue , on eſt quelquefois embarraſſé pour faire un juſte choix des Jeux
les plus convenables & les plus néceſſaires. Les 12 Devis que je donnerai pourront être de quelque ſecours dans les différents cas où l'on pourra ſe trouver.
Je ſuppoſerai dans le Devis qui va ſuivre , que le Faſteur ſera chargé de faire
exécuter

exécuter les Buffets de l'Orgue, comme c'est l'ordinaire dans les Provinces. Au reste, j'ai préféré de mettre en forme le quatrieme Devis ; parce qu'étant fait pour un Orgue assez considérable & assez ordinaire, j'ai jugé qu'il seroit plus propre que tout autre à servir de modele.

Modele d'un Devis, & d'un Marché pour la construction d'un 16 pieds ordinaire.

1264. Il a été convenu entre Messieurs N. N. Chanoines Commissaires, députés du Chapitre de l'Eglise Cathédrale N. d'une part, & le Sieur N. N. Maître Facteur d'Orgues de la Ville N. d'autre part, savoir : que ledit Sieur N. N. Maître Facteur d'Orgues, promet & s'engage envers lesdits Messieurs N. N. Chanoines Commissaires députés, d'exécuter de point en point & littéralement tout le contenu du Devis suivant d'un Orgue appellé de 16 pieds, pour être placé sur une Tribune dans le fond de ladite Eglise Cathédrale.

Les Buffets.

1°. Sera construit un grand Buffet d'Orgue de 28 pieds de largeur, sur 32 pieds de hauteur, non compris les ornements qui seront posés sur les grandes tourelles. Ce Buffet sera à cinq tourelles & quatre plates-faces. Les deux plus grandes tourelles seront aux extrêmités, les deux moyennes de suite, & la plus petite au milieu. Il aura six pieds de profondeur hors d'œuvre ; le tout conformément au dessein du plan & de l'élévation du susdit Buffet, signé & paraphé par les susdites parties.

Les deux grands panneaux du corps d'en bas, ou du soubassement du grand Buffet, seront assemblés dans des cadres embrevés. Ils seront d'une épaisseur suffisante, pour qu'après y avoir sculpté les ornements marqués dans le susdit dessein, il leur reste encore un pouce d'épaisseur. Tous les autres cadres, qui entoureront les panneaux des côtés, seront ravalés. Toute la Menuiserie en général sera faite proprement & solidement, en bons assemblages, sans qu'il y ait rien de cloué ou de rapporté. Les quatre principaux battants du soubassement ou du massif auront cinq pouces sur six d'équarrissage. Tous les autres montants du bâti auront quatre pouces d'épaisseur. Toutes les traverses de devant, de derriere & des côtés du bâti, auront au moins deux pouces d'épaisseur. Les battants des grandes tourelles auront quatre pouces & demi d'épaisseur ; & ceux des autres tourelles auront quatre pouces. On n'emploiera point de panneaux qu'ils n'ayent un pouce d'épaisseur.

2°. Sera construit un autre Buffet séparé pour le Positif, qui sera à trois tourelles & deux plates-faces ; la plus grande au milieu, & les deux petites aux extrêmités. Ledit Buffet aura douze pieds de largeur hors d'œuvre, & trois pieds

de profondeur en-dedans. Toutes les autres dimenfions feront conformes au fufdit deffein, figné & paraphé par les fufdites parties.

3°. Toute la conftruction defdits deux Buffets fera faite en beau bois de
chêne de la meilleure qualité, bien fec, fans nœuds ni aubier. Si cependant,
à caufe de la rareté du bois de chêne, on avoit de beau fapin de Hollande fans
nœuds, & de la plus belle qualité, on pourroit en faire les panneaux du derriere du grand Buffet, auffi-bien que les planchers defdits deux Buffets, & ils
auront au moins un pouce ou 15 lignes d'épaiffeur; mais le fapin de France fera
entiérement exclus de toutes les parties des Buffets.

4°. Toutes les portes defdits deux Buffets feront proprement & folidement
ferrées, avec des fiches à vafe & autres ferrures de Maître, d'une maniere commode; en forte qu'une feule clef les ouvre toutes, auffi-bien que celles du Pofitif: celles-ci feront fort légeres, & feront faites à fix brifures, en forte qu'elles puiffent fe plier les unes fur les autres. Elles feront ferrées avec intelligence
& avec un foin tout particulier, pour qu'elles ne puiffent s'affaiffer, ni s'envoiler. On ne fera aucune porte à couliffe; mais toutes feront tournantes fur leurs
fiches ou charnieres. Sans entrer dans un plus grand détail, on fe conformera en
tout au fufdit deffein, foit pour toutes les dimenfions, foit pour les ornemens
qui y font deffinés.

5°. Les deux Buffets feront folidement pofés, arrêtés & bien affujettis en leur
place, employant à cet effet tous les ferremens convenables, & d'une force
fuffifante, afin que le tout foit inébranlable.

Facture de l'Orgue.

1°. Seront conftruits quatre grands Soufflets de neuf pieds de longueur fur
quatre pieds & demi de largeur, à deux plis faillants, ou trois tout au plus. Ils
feront faits entiérement en beau bois de chêne bien fec, fans nœuds, ni aubier,
ni gerçure: les tables de deffus & de deffous auront deux pouces d'épaiffeur.
Ils feront exactement doublés de parchemin neuf bien collé avec de la colle forte
dans tout leur intérieur, tant les tables que les plis: ils feront à deux gofiers
chacun. Les aines des Soufflets feront à peau double, comme toute celle qui fera
employée à la conftruction defdits Soufflets. Toute la peau dont on fe fervira
fera de la meilleure qualité & bien choifie. Du refte lefdits Soufflets feront conftruits dans toutes les regles de l'Art.

Le grand chevalet ou treteau qui portera les bafcules fera fait, ainfi que les
bafcules mêmes, en bois de chêne d'une telle dimenfion ou groffeur qu'il ne
puiffe fléchir: il fera pofé & arrêté d'une façon inébranlable. On conftruira des
jumelles ou conduites verticales pour guider les bafcules, afin qu'elles ne puiffent pas fe déranger. Le tout fera foigneufement difpofé felon les regles
de l'Art.

2°. Tous les porte-vents de bois feront faits en beau chêne, bien fec, fans gerçures, ni nœuds, ni aubier. Ils feront affemblés en languette & rainure, & feront exactement doublés dans tout leur intérieur en parchemin neuf, bien collé avec la colle forte.

3°. Seront conftruits quatre Claviers de 51 touches chacun : ils monteront en *D la re* en haut. Les touches feront plaquées en os bien blanchis, & les feintes feront entiérement en ébene noire mâle. Les chaffis des Claviers feront faits en bois de noyer de la meilleure qualité, & les panneaux du plus beau chêne de Hollande bien choifi. Le premier Clavier aura toutes fes touches mobiles, & fera jouer le Pofitif ; il pourra avancer & reculer. Le fecond fera fixe ; il aura toutes fes touches mobiles, & fera jouer les Jeux du grand Orgue : il communiquera avec le premier Clavier par des talons. Le troifieme Clavier, qui fera fixe, n'aura que 34 touches mobiles, commençant à la clef d'*F ut fa*, & finiffant au *D la re* en haut. Les touches de la baffe ne ferviront que d'ornement. Ce Clavier fervira pour les Jeux du Récit. Le quatrieme Clavier, qui fera fixe, aura trente-neuf touches mobiles : il commencera au fecond *C fol ut*, & finira comme les autres au *D la re* en haut. Il fera jouer l'Echo : les touches de la baffe ne ferviront que d'ornement. Tous les guides, les goupilles & les demoifelles de ces Claviers, feront en fil de laiton bien écroui.

4°. Sera conftruit un Clavier de Pédale de 36 marches, en bois de chêne ou de noyer. Il commencera au *Fa* du ravalement en bas, & finira au *Mi*, au-deffus de la clef de *C fol ut*. Tous fes refforts, fes guides & fes pioches feront en fil de laiton bien écroui.

5°. Sera conftruit un grand Sommier divifé en quatre parties, en bon bois de chêne de Hollande bien choifi, très-fec, fans gerçures, ni nœuds, ni aubier ; lequel Sommier fera d'une grandeur & d'une proportion propres à contenir, nourrir & faire duement jouer les Jeux fuivants :

1. Un grand Cornet de bonne taille, à cinq Tuyaux fur marche, de vingt-fept marches, commençant à la clef de *C fol ut*, au milieu du Clavier, & finiffant au *D la re* en haut.

2. Un Jeu de 16 pieds ouvert en étain fin & neuf, qui fera mis en Montre. Les Tuyaux en feront polis & brunis, bien étoffés, chacun du poids qui leur fera refpectivement convenable : ceux qui rempliront les tourelles auront leurs bouches en *Ecuffon*. Tous ceux qui feront grands, feront folidement attachés & arrêtés en leur place, pour qu'ils ne puiffent point s'affaiffer. Ceux des plates-faces auront leurs bouches plus fimples pour diverfifier, & les diftinguer des autres. Les deffus dudit Jeu de 16 pieds feront pofés en-dedans fur leur vent.

3. Un Jeu de 8 pieds ouvert, dont une grande partie fera en Montre, & conditionnée comme le Jeu de 16 pieds. Les deffus feront pofés fur leur vent.

4. Un Bourdon de 16 pieds, ou 8 pieds bouché, dont les 27 premiers Tuyaux

de la Baſſe feront faits en beau bois de chêne de Hollande bien conditionné ,
& le reſte dudit Jeu en étain fin.

5. Un Bourdon de 8 pieds ou quatre pieds bouché , dont les 15 premiers
Tuyaux feront faits en beau bois de chêne de Hollande bien conditionné. Le
reſte dudit Jeu fera fait en étain fin.

6. Un gros Nafard ouvert , à la quinte du 8 pieds , de groſſe taille.

7. Un fecond 8 pieds ouvert , dont les baſſes pourront être en Montre , & le
reſte dudit Jeu fera pofé fur fon vent , ou quelques Tuyaux poſtés , s'il eſt
néceſſaire.

8. Un Preſtant.

9. Une groſſe Tierce ouverte , de groſſe taille , à la tierce du Preſtant.

10. Une Flûte à l'uniſſon du Preſtant. Les deux premieres octaves en cheminée ,
& les deux autres en fufeau.

11. Un Nafard ouvert de groſſe taille , à la quinte du Preſtant.

12. Une Doublette.

13. Une Tierce ouverte , de groſſe taille , à la tierce de la Doublette.

14. Une Quarte ouverte , de groſſe taille.

15. Une Fourniture de cinq Tuyaux fur marche , en étain fin le plus doux , &
à trois repriſes : le plus grand Tuyau fera de 2 pieds.

16. Une Cymbale de cinq Tuyaux fur marche , d'étain le plus doux : elle fera à
fept repriſes : le plus grand Tuyau fera d'un pied.

17. Une Trompette de bonne taille , réfonnant 8 pieds , aſſez étoffée pour
avoir le poids d'environ 85 livres au moins , fans y comprendre les boîtes ,
les noyaux & les pieds. Ces trois pieces feront d'étain fin , comme tous les
Tuyaux dudit Jeu. Les Anches , les Languettes & les Rafettes feront en
laiton.

18. Une feconde Trompette , de même que la précédente.

19. Un Clairon proportionné , conditionné comme les fufdites Trompettes &
de même matiere.

20. Une voix-humaine , avec fes Anches , fes Languettes & fes Rafettes en
laiton.

6°. Sur le même grand Sommier feront réſervées 34 gravures particulieres
avec trois Regiſtres , pour faire jouer , par un Abrégé particulier , les Jeux fuivants pour le Récit relatif au troifieme Clavier , favoir :

1. Un Cornet à cinq Tuyaux fur marche , de 34 marches , commençant à la
clef d'*F ut fa* , & finiſſant au *D la re* en haut.

2. Une Trompette de même étendue que le fufdit Cornet : elle fera de même
taille que les Trompettes du grand Orgue , mais traitée plus délicatement.

3. Un Haut-bois de même étendue. Ces trois Jeux feront faits en étain fin ,
même leurs pieds. Ceux des Jeux d'Anche & leurs noyaux feront en
étain fin.

7°.

7°. Sera conftruit un grand Abrégé à reprifes, pour tranfmettre le mouvement des touches du fecond Clavier aux Soupapes du grand Sommier : ledit Abrégé fera tout en bois de chêne de Hollande de la meilleure qualité. Tous fes pivots feront en fil de laiton bien écroui, & les fers d'Abrégé, ou petits bras, en gros fil de fer. Les vergettes feront garnies en fil de laiton recuit, le plus gros qui fe pourra employer à cet ufage : les tourillons feront en laiton : l'Abrégé du Récit fera également conditionné. Du refte, ces deux Abrégés feront conftruits en rouleaux d'une groffeur fuffifante, pour qu'aucun ne torde, ni ne fléchiffe dans fon mouvement.

8°. Sera conftruit un Sommier de Pédale d'une proportion, & d'une grandeur propres à contenir, nourrir & faire duement jouer les Jeux fuivants, relatifs au Clavier de Pédale, favoir :

1. Une Flûte ouverte de 8 pieds, de groffe taille, en beau bois de chêne de Hollande. Les deffus feront faits en étain fin, auffi-bien que leurs pieds.

2. Une Flûte ouverte de 4 pieds, de groffe taille & toute en étain fin.

3. Une autre Flûte ouverte de 8 pieds, de groffe taille & toute en étain fin.

4. Un Nafard ouvert de groffe taille, à la quinte du 4 pieds ; tout en étain fin.

5. Une Quarte de Nafard de groffe taille, toute en étain fin.

6. Une Tierce de groffe taille, à la tierce de la Quarte précédente, toute en étain fin.

Ces fix Jeux de Pédale n'auront que 29 Tuyaux chacun, qui commenceront au premier *C fol ut* en bas, & n'auront point de ravalement.

7. Une première Trompette de groffe taille, compofée de 36 Tuyaux, commençant au *Fa* du ravalement en bas. Elle fera en étain fin, auffi-bien que fes noyaux, fes boîtes & fes pieds ; les Anches, les Languettes & les Rafettes en laiton. Le plus grand Tuyau doit pefer, fans la boîte, le noyau & le pied, 24 à 25 livres ; le premier *C fol ut*, 11 à 12 livres, & tous les autres à proportion ; en forte que les 36 Tuyaux peferont en tout environ 236 livres, fans les boîtes, les noyaux & les pieds.

8. Une feconde Trompette entiérement femblable & conditionnée comme la précédente.

9. Un Clairon de groffe taille, proportionné aux fufdites Trompettes, également conditionné, du poids d'environ 71 livres, fans les pieds, les noyaux & les boîtes.

9°. Sera conftruit un Sommier d'une grandeur & d'une proportion propres à contenir, nourrir & faire duement jouer les Jeux fuivants pour le Pofitif, relatif au premier Clavier, favoir :

1. Un Cornet de 27 marches, à cinq Tuyaux fur marche, commençant à la clef de *C fol ut* : il fera tout en étain, auffi-bien que fes pieds.

2. Un Jeu de 8 pieds ouvert, en étain fin poli & bruni, dont les baffes feront

ORGUES. III. Part.   Hhhhhh

en Montre , & rempliront les tourelles & les plates-faces du Buffet dudit Pofitif. Les Tuyaux qui feront pofés aux tourelles , auront leurs bouches en écuffon. Les deffus dudit Jeu feront en étain fin , auffi-bien que leurs pieds , & feront pofés fur leur vent : au refte , ce Jeu fera de la même taille que celui du grand Orgue.

3. Un Preftant dont quelques baffes pourront être en Montre , & les deffus feront pofés fur leur vent ; leurs corps & leurs pieds feront en étain fin.

4. Un Bourdon de 8 pieds , entiérement femblable & de même matiere que celui du grand Orgue.

5. Une Flûte à l'uniffon du Preftant , femblable & de même matiere que celle du grand Orgue.

6. Un Nafard à la quinte du Preftant : la baffe fera en cheminée , & le deffus en fufeau. Ce Jeu fera en étain fin , auffi-bien que fes pieds.

7. Un deffus de 8 pieds ouvert de trois octaves , tout en étain fin , auffi-bien que fes pieds. Ce Jeu fera de la même taille que celui de la Montre : fa premiere octave fera un deux pieds bouché , ou à cheminée.

8. Une Doublette comme celle du grand Orgue , & de même matiere.

9. Une Tierce à la tierce de la Doublette ; fes corps & fes pieds feront en étain fin.

10. Une Quarte de Nafard ; fes corps & fes pieds feront en étain fin.

11. Un Larigot tout en étain fin , auffi-bien que fes pieds.

12. Une Fourniture de 4 Tuyaux fur marche ; les corps & les pieds des Tuyaux en étain fin le plus doux. Le premier Tuyau aura environ 16 pouces.

13. Une Cymbale de 3 Tuyaux fur marche , du meilleur étain fin : fon premier Tuyau aura 6 pouces.

14. Une Trompette toute en étain fin , auffi-bien que fes boîtes , noyaux & pieds ; fes Anches , fes Languettes & fes Rafettes en laiton. Elle fera d'une taille un peu plus menue que celle du grand Orgue , & elle pefera environ 80 livres , fans les boîtes , pieds & noyaux : elle fera traitée un peu plus dé-licatement que celle du grand Orgue.

15. Un Cromorne tout en étain fin , auffi-bien que fes noyaux & fes pieds. Les Anches , les Languettes & les Rafettes feront en laiton. Il pefera de 38 à 40 livres , fans les noyaux & les pieds.

16. Un Clairon proportionné à la fufdite Trompette , de la même matiere , & également conditionné.

10°. Sera conftruit un Sommier d'une grandeur & d'une proportion propres à faire duement jouer les Jeux fuivants pour l'Echo , favoir :

1. Un Cornet de trois octaves , commençant au fecond *C fol ut* , & finiffant au *D la re* en haut. Il fera à 5 Tuyaux fur marche , & tout en étain fin , auffi-bien que fes pieds.

2. Un Cromorne de la même étendue , tout en étain fin , auffi-bien que fes

noyaux & ses pieds : les Anches, les Languettes & les Rasettes en laiton.

11°. Seront construits deux Tremblants ; l'un doux & l'autre fort, ou à vent perdu.

12°. Tous les Mouvements, Pilotes tournants, Rouleaux, Tirants, Vergettes, faux-Sommiers, Enfourchements, Supports, &c. qui se feront en bois, feront en chêne de la meilleure qualité, sans nœuds, ni aubier, ni gerçures, ni échauffements, &c. le tout de grosseur & de force requise, & proportionnée aux fonctions que chaque piece doit faire.

13°. Tout ce qui se sera en fer, soit les Pilotes tournants, les bras des Pilotes tournants de bois, les Balanciers & tous les autres ferrements, feront faits du fer le plus doux, de la construction la mieux entendue, & de la force convenable, pour que rien ne puisse casser ni fléchir.

14°. Tout l'étain qui sera employé dans ledit Orgue, sera neuf & doux, de la meilleure qualité, à l'exclusion de tout autre étain commun ou mélangé, de quelqu'espece qu'il puisse être. On pourra seulement *aloyer* d'une livre de cuivre par 100 livres d'étain, tout celui qui s'employera à la Montre, aux Jeux d'Anche & aux pieds de tous les autres Jeux, pour rendre l'ouvrage plus solide.

15°. Tous les porte-vents, qui seront destinés à porter le vent aux Tuyaux de la Montre, & à tous les Tuyaux postés, feront faits en étain fin le plus doux.

16°. Tout ce que dessus étant ainsi déterminé, promet & s'engage le susdit Sieur N. N. Maître Facteur d'Orgues, de faire bien & duement les susdits Ouvrages, de la maniere qu'ils font mentionnés dans le présent Devis : de faire bien parler les Tuyaux & les Jeux dans leur propre caractere, & dans leur véritable, bonne, juste, douce, & brillante harmonie : de les faire bien étoffés & bien diapasonnés chacun dans sa proportion, & de les poser solidement en leur place : de les accorder exactement, tant séparés que dans le mélange, sans aucune altération, & rendre les dessus proportionnés aux basses : de construire tous les Sommiers dans toutes leurs véritables proportions, selon toutes les regles de l'Art, sans aucun cornement, ni emprunt, ni échappement de vent : de faire bien jouer la Soufflerie, & lui faire rendre le vent égal : de rendre tous les Registres faciles à tirer & à repousser, garnis de leurs pommettes & de leurs étiquettes bien propres, les Claviers doux, prompts, vifs & hors d'arrêt ; tout l'Orgue bien étanche dans toutes ses parties, le tout bien proprement & solidement exécuté. En un mot, promet d'exécuter fidellement & littéralement tout le présent Devis selon sa forme & teneur, sans que rien y manque ; & enfin de rendre tout l'Orgue dans l'état le plus solide, le plus propre, le mieux entendu pour la commodité de l'entretien, le mieux conditionné & le plus parfait, au dire & jugement d'Expert, choisi & appellé par le susdit Chapitre & à ses frais, du consentement du susdit N. N. Facteur d'Orgues; promettant de plus de commencer tous les fufdits Ouvrages dans le mois de Mars prochain, & d'avoir fini deux ans après.

17°. Et mefdits Sieurs N. N. Chanoines Commiffaires députés du fufdit Chapitre de N. promettent audit Sieur N. Maître Facteur d'Orgues, au nom du fufdit Chapitre, de lui donner pour fon entier payement la fomme de trente mille livres, payables en plufieurs termes, favoir : 1°. A la fignature du préfent marché, huit mille livres, pour qu'il puiffe faire les achats des matériaux qu'il doit employer au fufdit ouvrage. 2°. Au mois de Mars prochain, quatre mille livres. 3°. Au mois de Septembre prochain, quatre mille livres. 4°. Au mois de Mars de l'année fuivante, quatre mille livres. 5°. Au mois de Septembre fuivant, quatre mille livres. 6°. Au mois de Mars de l'année d'après, c'eft-à-dire, à la réception de l'Orgue totalement fini, après que l'Expert l'aura trouvé bien conditionné, on lui donnera encore quatre mille livres. Les deux mille livres qui reftent, demeureront entre les mains defdits Meffieurs les Commiffaires dudit Chapitre, pour être livrées au fufdit Facteur un an après la vifite & la réception de l'Orgue, que le fufdit Sieur Facteur s'oblige expreffément de venir repaffer à l'accord en entier, & d'y faire toutes les réparations qui fe trouveront alors néceffaires & convenables, le tout à fes frais. La fufdite vérification de l'Orgue fe fera immédiatement après qu'il fera fini, ou tout au plus tard un mois après; lequel temps expiré, le Chapitre ne pourra plus faire faire la fufdite vérification, & il fera obligé de recevoir l'Orgue, & de faire le fufdit dernier payement de quatre mille livres, comme fi l'Orgue avoit été reçu par l'Expert. Ledit Sieur N. Facteur d'Orgues fera tenu d'avertir les fufdits Meffieurs les Commiffaires, trois mois avant que l'Orgue foit fini. Lefdits Meffieurs les Commiffaires déclarent expreffément ne devoir abfolument rien fournir au fufdit N. Facteur d'Orgues, que la Tribune bien complette avec fa baluftrade, pour pofer le fufdit Orgue, & un local commode pour la Soufflerie, faifant à leurs frais, efcaliers, planchers, voûtes, fenêtres, vitres, portes fermantes, &c. En un mot, tout ce qui conviendra pour completter ledit local, même des ouvertures aux murailles, s'il eft néceffaire, pour pofer les porte-vents; mais non pour arrêter les ouvrages. Ils fourniront au furplus un local pour travailler au fufdit Orgue & rien autre chofe; ledit Facteur étant expreffément obligé à tout fournir généralement fans en rien excepter, même tous les ferrements néceffaires & convenables pour pofer & affujettir tout ledit Orgue dans fa place. Et pour l'exécution de tout ce que deffus, ledit Sieur N. Facteur d'Orgues engage tous fes biens préfens & à venir, & les foumet à rigueur de Juftice. Ainfi convenu, fait & arrêté. Fait double à N. le.... du mois de.... de l'année....

N. Chanoine Commiffaire député. N. Chanoine Commiffaire député.

N. Facteur d'Orgues.

Réflexions

Réflexions fur ce Devis.

1265. On a dû remarquer que tous les Jeux énoncés dans ce Devis, doivent être faits en étain fin, auſſi-bien que leurs pieds. On a vu ailleurs qu'il eſt beaucoup mieux pour l'harmonie, pour la folidité & la durée de l'accord, de les faire tous en étain plutôt qu'en étoffe ; mais cela rend l'Orgue plus cher. Si l'on veut diminuer la dépenſe, on peut fpécifier dans le Devis, que tels & tels Jeux feront faits en étoffe ; d'autres, comme tous ceux de l'intérieur de l'Orgue, dont les corps fe font toujours d'étain, auront néanmoins leurs pieds d'étoffe, même ceux des Jeux d'Anche. On peut faire, comme il eſt ordinaire, tous les porte-vents de la Montre, & tous ceux des Tuyaux poftés, en étoffe, &c. Le tout uniquement pour raiſon d'œconomie ; car on a vu ailleurs pourquoi l'on doit préférer l'étain à l'étoffe.

1266. On peut arranger tout autrement les payements ; comme, par exemple, de ne payer que la moitié, ou une moindre partie de la fomme en plufieurs payements pendant qu'on fait l'ouvrage ; & pour le reſte, on donnera au Faĉteur une certaine partie tous les ans, pendant le nombre d'années dont on conviendra juſqu'au final & entier payement. Il y a plufieurs autres manieres de s'arranger qu'il faut bien fpécifier. Il eſt toujours très-utile de faire fes conventions, en forte que le Faĉteur foit obligé de venir repaffer l'Orgue un an après qu'il aura été conſtruit. On voit alors tout le dérangement que peut avoir cauſé l'effort des bois ; les ferrements ayant été éprouvés, on connoîtra s'il y en a quelqu'un de mauvaiſe qualité, & dont les affemblages foient peu folides ; fi les bois des touches des Claviers, des Soupapes, des rouleaux d'Abrégé, des vergettes ont été affez bien choifis, s'ils étoient bien fecs, &c. On répare le tout ; ce qui contribue bien efficacement à confolider l'Inſtrument, & à le rendre plus parfait.

1267. Il ne faut pas compter fur le prix que j'ai déterminé dans ce Devis : il peut être trop fort en certains Pays, & trop modique dans d'autres. Il y a des années où les matériaux fons plus chers, d'autres où ils font à meilleur marché ; on doit avoir égard aux circonſtances où l'on fe trouve. On peut, au reſte, augmenter ou diminuer le nombre des Jeux de cet Orgue, felon qu'on voudra faire plus ou moins de dépenſe.

Premier Devis.

Pour un grand 32 pieds.

1268. Je ne répéterai plus la formule d'un Devis & d'un marché, pour être plus court : on peut ajuſter la précédente à tous les autres Devis. Je marquerai feulement l'effentiel, qu'il fera facile de mettre en forme quand on le voudra.

Cet Orgue doit être à cinq Claviers de 51 touches. Le premier aura toutes fes touches mobiles, & fera jouer les Jeux du Poſitif : ce Clavier pourra avancer & reculer. Le fecond aura également toutes fes touches mobiles, & fera jouer les Jeux du grand Orgue. Le troiſieme aura auſſi toutes fes touches mobiles, & fera jouer les Jeux dits *de Bombarde* ; il pourra avancer & reculer. Le quatrieme n'aura que 34 touches mobiles dans les deſſus,

Orgues. III. Part.

& fera deſtiné à faire jouer les Jeux du Récit. Le cinquieme aura 39 touches mobiles dans les deſſus : il fera deſtiné à faire jouer les Jeux de l'Echo. Le ſurplus des touches de ces deux derniers Claviers n'y feront que pour l'ornement.

Jeux du grand Orgue relatifs au ſecond Clavier, & poſés ſur un grand Sommier particulier.

1. Grand Cornet de 6 Tuyaux ſur marche, tout en étain. Il aura 27 marches d'étendue.
2. Montre de 32 pieds, commençant à l'*F ut fa* de 24 pieds. Les cinq premiers Tuyaux feront à la quinte du 16 pieds, & feront pris dans la Montre.
3. Montre de 16 pieds.
4. Montre de 8 pieds.
5. Bourdon de 16 pieds.
6. Bourdon de 8 pieds.
7. Gros Nafard à la quinte du 8 pieds.
8. Flûte ouverte de 8 pieds.
9. Preſtant.
10. Nafard à la quinte du Preſtant.
11. Flûte de 4 pieds.
12. Doublette.
13. Tierce.
14. Quarte.
15. Groſſe Fourniture de 3 Tuyaux, commençant au 4 pieds.
16. Fourniture de 4 Tuyaux, commençant à la quinte du deux pieds.
17. Groſſe Cymbale de 3 Tuyaux, commençant au 4 pieds.
18. Cymbale de 6 Tuyaux, commençant par un Tuyau de 16 pouces.
19. Premiere Trompette.
20. Seconde Trompette.
21. Premier Clairon.
22. Second Clairon.
23. Voix-humaine.
24. Muſette.

Jeux dits de Bombarde, relatifs au troiſieme Clavier, & poſés ſur un autre grand Sommier particulier.

1. Grand Cornet, comme le précédent.
2. Bourdon de 32 pieds, commençant à l'*F ut fa* de 24 pieds. Les cinq premiers Tuyaux feront à la quinte du 16 pieds, le tout bouché.
3. Bourdon de 16 pieds.
4. 8 pieds ouvert, en étain.
5. Preſtant.
6. Bourdon de 8 pieds.
7. Doublette.
8. Flûte ouverte, de 8 pieds.
9. Groſſe Fourniture, de 4 Tuyaux, commençant au 4 pieds.
10. Bombarde.

11. Trompette.
12. Clairon.
Les Pédales feront de 36 marches : leurs Jeux feront poſés ſur des Sommiers particuliers.

Jeux des Pédales.

1. Flûte ouverte de 32 pieds.
2. Flûte ouverte de 16 pieds.
3. Bourdon de 32 pieds.
4. Bourdon de 16 pieds.
5. Flûte ouverte de 8 pieds en étain.
6. Gros Nafard à la quinte du 8 pieds.
7. Flûte ouverte, de 8 pieds en bois.
8. Flûte ouverte, de 4 pieds en étain.
9. Groſſe Tierce.
10. Flûte ouverte, de 4 pieds en bois.
11. Nafard.
12. Quarte.
13. Tierce.
14. Groſſe Fourniture de 5 Tuyaux, commençant au 4 pieds.
15. Groſſe Cymbale de 5 Tuyaux, commençant au 4 pieds.
Les 15 Jeux ci-deſſus feront de 29 marches, qui commenceront au premier *C ſol ut*, & n'auront point de ravalement, y étant inutile.
16. Bombarde.
17. Premiere Trompette.
18. Seconde Trompette.
19. Premier Clairon.
20. Second Clairon.
21. Cromorne.
Les 6 Jeux ci deſſus auront toute l'étendue du Clavier de Pédale; ils commenceront au premier *F ut fa* du ravalement.
Les Jeux du Récit auront 34 marches d'étendue. Ils feront poſés ſur un Sommier particulier & joueront par le quatrieme Clavier.

Jeux du Récit.

1. Un 8 pieds ouvert, en étain; il fera conique.
2. Un Bourdon de 8 pieds.
3. Un Cornet de 6 Tuyaux ſur marche, tout en étain.
4. Une premiere Trompette.
5. Une feconde Trompette.
6. Un Haut-bois.
7. Un Cromorne.
Les Jeux de l'Echo relatifs au cinquieme Clavier, auront 34 marches d'étendue, & feront poſés ſur un Sommier particulier.

Jeux de l'Echo.

1. Un 8 pieds ouvert.
2. Un Cornet.
3. Un Bourdon de 8 pieds.
4. Une Trompette.

5. Un Cromorne.

Jeux qui joueront dans le Positif.

1. Un Cornet de cinq Tuyaux & de 27 marches.
2. Montre de 16 pieds.
3. Montre de 8 pieds.
4. Prestant.
5. Bourdon de 8 pieds.
6. Flûte de 4 pieds.
7. 8 pieds ouvert.
8. Nafard.
9. Doublette.
10. Tierce.
11. Quarte.
12. Larigot.
13. Fourniture de 5 Tuyaux, dont le plus grand aura 2 pieds.
14. Cymbale de 4 Tuyaux, dont le plus grand aura environ 8 pouces.
15. Trompette.
16. Clairon.
17. Cromorne.

Les deux Tremblants ordinaires.

La Soufflerie de cet Orgue sera composée de 12 Soufflets de 9 pieds de longueur, sur 4 pieds & demi de largeur. Elle sera à quatre séparations des vents.

Voilà l'idée du plus grand Orgue qu'on puisse faire : ce n'est pas qu'on ne puisse encore l'augmenter de quelques Jeux de fantaisie. Le plus grand obstacle à l'exécution d'un Orgue de cette conséquence, seroit le défaut d'un local suffisant pour le placer ; la dépense d'ailleurs en seroit fort considérable. J'ai donné ce Devis pour faire entendre toutes les manieres de placer les Jeux, & quel usage l'on peut en faire. Du reste, l'on trouve dans la seconde Partie de cet Ouvrage, comment on peut exécuter un si grand Orgue.

SECOND DEVIS.

Pour un 32 pieds ordinaire.

1269. Cet Orgue doit être à 5 Claviers, de même qu'au précédent Devis, & dans la même disposition.

Jeux du grand Orgue & de Bombarde, relatifs aux second & troisieme Claviers, & posés sur le même grand Sommier.

1. Grand Cornet.
2. Grand Cornet de Bombarde.
3. Montre de 32 pieds, commençant au 24 pieds.
4. Montre de 16 pieds.
5. Montre de 8 pieds.
6. Bourdon de 16 pieds.
7. Bourdon de 8 pieds.

8. Gros Nafard.
9. Second 8 pieds ouvert.
10. Prestant.
11. Grosse Tierce.
12. Nafard.
13. Flûte de 4 pieds.
14. Doublette.
15. Tierce.
16. Quarte.
17. Grosse Fourniture de trois Tuyaux de 4 pieds.
18. Fourniture de 4 Tuyaux.
19. Cymbale de 7 Tuyaux.
20. Bombarde.
21. Trompette de Bombarde.
22. Clairon de Bombarde.
23. Premiere Trompette.
24. Seconde Trompette.
25. Clairon.

Jeux des Pédales de 36 marches.

1. Flûte ouverte de 16 pieds.
2. Flûte ouverte de 8 pieds.
3. Bourdon de 16 pieds.
4. Seconde Flûte ouverte de 8 pieds.
5. Flûte ouverte de 4 pieds.
6. Gros Nafard.
7. Grosse Tierce.
8. Nafard.
9. Quarte.
10. Tierce.
11. Bombarde.
12. Premiere Trompette.
13. Seconde Trompette.
14. Clairon.
15. Cromorne.

Tous les Jeux à bouche de la Pédale commenceront au premier *C sol ut*, & les Jeux d'Anche commenceront au premier *F ut fa* du ravalement.

Les Jeux du Récit auront 34 marches d'étendue, & feront posés fur un Sommier particulier, relatif au quatrieme Clavier.

Jeux du Récit.

1. Un Cornet de cinq Tuyaux fur marche, tout en étain.
2. Trompette.
3. Haut-bois.
4. Cromorne.

L'Echo aura 39 marches d'étendue, & fera posé fur un Sommier particulier, relatif au cinquieme Clavier.

Jeux de l'Echo.

1. Cornet.
2. Trompette.

Jeux pour le Positif.

1. Cornet de cinq tuyaux fur marche.

2. Montre de 16 pieds.
3. Montre de 8 pieds.
4. Preftant.
5. Bourdon de 8 pieds.
6. Flûte de 4 pieds.
7. Deffus de 8 pieds ouvert , de 3 octaves.
8. Nafard.
9. Doublette.
10. Tierce.
11. Quarte.
12. Larigot.
13. Fourniture de 4 Tuyaux.
14. Cymbale de 4 Tuyaux.
15. Trompette.
16. Clairon.
17. Cromorne.
18. Voix-humaine.

   Les deux Tremblants ordinaires.

   La Soufflerie fera compofée de 9 Soufflets de 9 pieds au moins , à 3 féparations des vents , ou encore mieux à quatre. On trouve affez au long dans la feconde Partie de cet Ouvrage , la maniere d'exécuter un Orgue de cette efpece.

TROISIÈME DEVIS.

Pour un grand 16 pieds.

   1270. Cet Orgue fera à cinq Claviers, de même qu'aux deux précédents Devis, & dans la même difpofition.

Jeux du grand Orgue , pofès fur le grand Som- mier , relatif aux fecond & troifieme Claviers.

1. Grand Cornet.
2. Montre de 16 pieds.
3. Montre de 8 pieds.
4. Bourdon de 16 pieds.
5. Bourdon de 8 pieds.
6. Preftant.
7. Second 8 pieds.
8. Gros Nafard.
9. Flûte de 4 pieds.
10. Groffe Tierce.
11. Nafard.
12. Quarte.
13. Tierce.
14. Fourniture de 5 Tuyaux.
15. Cymbale de 5 Tuyaux.
16. Bombarde.
17. Premiere Trompette.
18. Seconde Trompette.
19. Clairon.
20. Voix-humaine.

Jeux des Pédales de 36 marches.

1. Flûte de 8 pieds en étain.
2. Flûte de 4 pieds.

3. Flûte de 8 pieds en bois.
4. Nafard , à la quinte du 4 pieds.
5. Quarte.
6. Tierce , à la tierce de la Quarte.
7. Premiere Trompette.
8. Seconde Trompette.
9. Clairon.
10. Cromorne.

Jeux du Récit de 34 marches.

1. Cornet.
2. Trompette.

Echo de 39 marches.

1. Cornet.
2. Trompette.

Jeux du Pofitif.

1. Cornet.
2. Montre de 8 pieds.
3. Preftant.
4. Bourdon de 8 pieds.
5. Flûte de 4 pieds.
6. Nafard.
7. Doublette.
8. Tierce.
9. Larigot.
10. Fourniture de 4 Tuyaux.
11. Cymbale de 3 Tuyaux.
12. Trompette.
13. Clairon.
14. Cromorne.

   Les deux Tremblants ordinaires.

   La Soufflerie de cet Orgue fera compofée de 7 Soufflets de 8 pieds , à deux féparations des vents, ou encore mieux à trois.

QUATRIEME DEVIS.

Pour un 16 pieds ordinaire.

   C'eft celui qui a été mis en forme ; *pag.* 481. Voyez-y fa defcription.

CINQUIEME DEVIS.

Pour un grand 8 pieds.

   1271. Un grand 8 pieds peut être prefqu'autant fourni qu'un 16 pieds , comme on va le voir. Cet Orgue fera à quatre Claviers de 51 touches. Toutes celles des deux premiers feront mobiles. Le troifieme n'en aura que 34 , & le quatrieme que 39. Le furplus dans l'un & dans l'autre n'y fera que pour l'ornement.

Jeux

Jeux du grand Orgue, posés sur le grand Sommier, relatif au second Clavier.

1. Grand Cornet.
2. Montre de 8 pieds.
3. Bourdon de 16 pieds.
4. Bourdon de 8 pieds.
5. Gros Nafard à la quinte du 8 pieds.
6. Preftant.
7. Groffe Tierce.
8. Nafard.
9. Doublette.
10. Tierce.
11. Quarte.
12. Fourniture de 4 Tuyaux.
13. Cymbale de 4 Tuyaux.
14. Premiere Trompette.
15. Seconde Trompette.
16. Clairon.
17. Voix-humaine.

On fera jouer fur le même grand Sommier, par des gravures particulieres, les Jeux du Récit, relatifs au troifieme Clavier.

Jeux du Récit.

1. Cornet de cinq Tuyaux.
2. Trompette.
3. Haut-bois.

Les Pédales auront 36 marches d'étendue, commençant à l'*F ut fa* du ravalement en bas.

Jeux des Pédales.

1. Flûte de 8 pieds en étain.
2. Flûte de 4 pieds.
3. Flûte de 8 pieds en bois.
4. Nafard à la quinte du 4 pieds.
5. Quarte.
6. Tierce.

Ces fix Jeux commenceront au premier *C fol ut*, & n'auront que 29 Tuyaux.
7. Trompette.
8. Clairon.

Ces deux Jeux d'Anche auront toute l'étendue du Clavier de Pédale.

L'Echo fera compofé des deux Jeux fuivants, & de 39 marches.

1. Cornet.
2. Cromorne.

Jeux du Pofitif.

1. Cornet.
2. Un Jeu de 8 pieds ouvert, dont le premier *F ut fo* fera en Montre; les cinq premiers Tuyaux feront en bois, & pofés en dedans.
3. Preftant.
4. Bourdon de 8 pieds.

ORGUES. III. Part.

5. Flûte de 4 pieds.
6. Un deffus de 8 pieds ouvert de trois octaves, en étain.
7. Nafard à cheminée & à fufeau.
8. Doublette.
9. Tierce.
10. Quarte.
11. Larigot.
12. Fourniture de 3 Tuyaux.
13. Cymbale de 3 Tuyaux.
14. Trompette.
15. Cromorne.
16. Clairon.

Les deux Tremblants ordinaires.
La Soufflerie fera compofée de 4 Soufflets de 8 pieds.

SIXIEME DEVIS.

Pour un 8 pieds ordinaire.

1272. Cet Orgue aura les mêmes Claviers à la main, & le même Clavier de Pédale, le tout de la même étendue que dans le Devis précédent.

Jeux du grand Orgue.

1. Grand Cornet.
2. Montre de 8 pieds.
3. Bourdon de 16 pieds.
4. Bourdon de 8 pieds.
5. Preftant.
6. Groffe Tierce.
7. Nafard.
8. Doublette.
9. Tierce.
10. Quarte.
11. Fourniture de 4 Tuyaux.
12. Cymbale de 3 Tuyaux.
13. Trompette.
14. Clairon.
15. Voix-humaine.

Jeux du Récit fur le même grand Sommier.

1. Cornet de 34 marches.
2. Trompette de la même étendue.

Jeux des Pédales de 36 marches.

1. Flûte de 8 pieds de 29 Tuyaux.
2. Flûte de 4 pieds de la même étendue.
3. Trompette de 16 Tuyaux.
4. Clairon de la même étendue.

1. Cornet pour l'Echo, de 39 marches.

Jeux du Pofitif.

1. Un deffus de 8 pieds, de 3 octaves au moins, & la baffe en Flûte de 4 pieds. Une

Kkkkkk

partie de ce Jeu sera en Montre.

2. Prestant, dont une partie sera en Montre.

3. Bourdon de 8 pieds.

4. Flûte de 4 pieds.

5. Nasard.

6. Doublette.

7. Tierce.

8. Quarte.

9. Larigot.

10. Fourniture de 3 Tuyaux.

11. Cymbale de 2 Tuyaux.

12. Trompette.

13. Cromorne.

Les deux Tremblants ordinaires.

La Soufflerie comme dans le Devis précédent.

SEPTIEME DEVIS.

Pour un petit 8 pieds.

1273. Cet Orgue sera à trois Claviers, celui de l'Echo en étant retranché. Il est fort ordinaire de supprimer plutôt celui du Récit, mais mal à-propos ; d'autant que celui-ci est bien plus nécessaire.

Jeux du grand Orgue.

1. Grand Cornet.

2. Montre de 8 pieds.

3. Prestant.

4. Bourdon de 8 pieds.

5. Nasard.

6. Doublette.

7. Tierce.

8. Fourniture de 3 Tuyaux.

9. Cymbale de 3 Tuyaux.

10. Trompette.

11. Clairon.

12. Voix-humaine.

Jeux des Pédales.

1. Flûte de 8 pieds, dont les basses en bois. Elle sera de 25 Tuyaux.

2. Trompette de 28 Tuyaux, commençant au double A mi la.

Le Récit sera composé d'un Cornet de 30 marches.

Jeux du Positif.

1. Prestant, dont les basses seront en Montre.

2. Bourdon.

3. Nasard.

4. Doublette.

5. Tierce.

6. Larigot.

7. Fourniture de 3 Tuyaux.

8. Cymbale de 2 Tuyaux.

9. Cromorne.

Les deux Tremblants ordinaires.

La Soufflerie de cet Orgue sera composée de 3 Soufflets de 7 pieds de longueur.

HUITIEME DEVIS.

Pour un 8 pieds à 4 Claviers, dont le Positif ne sera point dans un corps séparé, mais mis ensemble dans le grand Buffet.

1274. On posera sur le grand Sommier les 15 Jeux énoncés dans le sixieme Devis. On y posera encore les 13 Jeux mentionnés pour le Positif ; mais non ceux du Récit, pour lesquels on fera un Sommier séparé. Pour ne pas faire le grand Sommier si large, on mettra ensemble, sur la même chape, la Fourniture & la Cymbale du grand Orgue. On en fera de même pour le plein-Jeu du Positif. On pourra diminuer un peu au grand Sommier, la profondeur des gravures sur le derriere.

Tous les autres Jeux, soit des Pédales, soit de l'Echo, joueront sur leurs Sommiers particuliers à l'ordinaire. On peut faire cet Orgue moins considérable, si on le juge à propos, par exemple, comme celui du septieme Devis. Si l'on vouloit qu'il fût plus fourni de Jeux, il faudroit faire deux Sommiers, qu'on poseroit l'un derriere l'autre, & au même niveau, comme je l'ai expliqué, art. 656, & suiv. pag. 224, & suiv. Voyez l'art. 681, pag. 238, où il s'agit de la maniere de poser les Jeux pour éviter la proximité des unissons. Si l'on n'a pas assez de profondeur, & qu'on ait de la longueur, on posera le Sommier du Positif au milieu, & le grand Sommier partagé en deux parties, aux deux bouts de celui du Positif ; en laissant les passages suffisants. La situation du local doit décider de la disposition de ces Sommiers. La raison pour laquelle il faut, dans le cas de l'augmentation du nombre des Jeux, mettre le Positif & le grand Orgue sur des Sommiers séparés, est que les gravures seroient trop longues, si l'on faisoit le Sommier assez grand pour contenir ensemble les Jeux du grand Orgue & du Positif. Cela a été expliqué dans la Sect. 6 du Chap. 2, pag. 224, & suiv.

NEUVIEME DEVIS.

*Pour un petit 8 pieds à 3 Claviers,
dont le Pofitif fera mis enfemble
fur le même grand Sommier.*

1275. Jeux deftinés au grand Orgue, relatifs
au fecond Clavier.

1. Grand Cornet.
2. Montre de 8 pieds.
3. Preftant.
4. Bourdon de 8 pieds.
5. Doublette.
6. Trompette.
7. Voix-humaine.

Jeux du Pofitif, relatifs au premier Clavier.

1. Bourdon de 8 pieds.
2. Preftant.
3. Nafard.
4. Doublette.
5. Tierce.
6. Larigot.
7. Fourniture de 4 Tuyaux.
8. Cymbale de 3 Tuyaux.
9. Cromorne.

Jeux des Pédales.

1. Flûte de 8 pieds de 18 Tuyaux, commençant au premier *C fol ut.*
2. Trompette de la même étendue.
  On mettra fur un Sommier féparé le Récit, qui confiftera en un Cornet de deux octaves.
  Les deux Tremblants ordinaires.
  La Soufflerie fera compofée de trois Soufflets de 6 pieds.
  On peut, fi on le defire, faire cet Orgue
un peu plus confidérable; ou bien on peut
le faire moindre, en retranchant les Pédales.
Dans ce fecond cas, on y fait un Clavier de
Pédale, dont les marches tirent, & font baiffer les touches des baffes du premier Clavier
ou du fecond, ou de tous les deux enfemble,
quand on le defire. A cet effet, on doit conftruire un petit Abrégé, parce que le Clavier
de Pédale a fon octave & demie plus longue, que la même octave & demie du Clavier
à la main. La Pédale ainfi entendue s'appelle
une Tiraffe. Le tout doit être exécuté de façon, que les Claviers à la main jouent avec
la même liberté que s'il n'y avoit point de
Tiraffe, ce qui demande du foin & de l'attention. Je n'entre point dans le détail de
cette machine : on pourra l'imaginer aifément, après toutes les defcriptions que j'ai
données dans la feconde Partie, où l'on en
trouvera les Principes.

DIXIEME DEVIS.

Pour un 4 pieds en Montre.

1276. Cet Orgue fera à 3 Claviers, dont
le premier fera jouer le Pofitif, le fecond le
grand Orgue, & le troifieme le Récit.

Jeux du grand Orgue.

1. Grand Cornet.
2. Montre de 4 pieds, qui fera le Preftant.
3. Deffus de 8 pieds, de 3 octaves.
4. Nafard.
5. Bourdon de 8 pieds.
6. Doublette.
7. Tierce.
8. Fourniture de 3 Tuyaux.
9. Cymbale de 2 Tuyaux.
10. Trompette.
11. Voix-humaine.
  Le Récit fera compofé d'un Cornet de
deux octaves; on le mettra fur un Sommier
féparé, ou bien on le fera jouer par des gravures particulieres, qu'on pratiquera dans le
grand Sommier, fi le local le permet.

Pédales.

1. Flûte de 8 pieds, de 18 Tuyaux, commençant au premier *C fol ut.*
2. Trompette de la même étendue.

Jeux du Pofitif.

1. Preftant en Montre.
2. Bourdon.
3. Nafard.
4. Doublette.
5. Tierce.
6. Larigot.
7. Cymbale de 4 Tuyaux.
8. Cromorne.
  Les deux Tremblants ordinaires.
  La Soufflerie fera compofée de 3 Soufflets
de 5 pieds.
  Les Jeux du grand Orgue & du Pofitif
peuvent fe mettre fur le même Sommier;
ou bien, on peut mettre les Jeux du grand
Orgue fur le grand Sommier à l'ordinaire, &
ceux du Pofitif dans le pied du Buffet. Il faut
alors ouvrir des panneaux fur le devant du
Buffet, qu'on garnira de Tuyaux en Montre.
On pourra y employer les baffes du Preftant.

ONZIEME DEVIS.

Pour un petit 4 pieds en Montre.

1277. Cet Orgue fera à 2 Claviers, dont
le premier fera jouer les Jeux du Pofitif, &
le fecond ceux du grand Orgue.

Jeux du grand Orgue, relatifs au second Clavier.

1. Grand Cornet.
2. Montre de 4 pieds, ou Preftant.
3. Bourdon de 8 pieds.
4. Doublette.
5. Cymbale de 4 Tuyaux.
6. Trompette.

Jeux du Pofitif, relatifs au premier Clavier.

1. Preftant, dont une partie fera en Montre.
2. Bourdon de 8 pieds.
3. Nafard.
4. Doublette.
5. Tierce.
6. Larigot.
7. Cymbale de 3 Tuyaux.
8. Cromorne.

Tous ces Jeux peuvent fe mettre, fi l'on veut, fur le même Sommier.

La Pédale fera en Tiraffe, comme il a été expliqué au neuvieme Devis.

DOUZIEME DEVIS.

Pour un petit Orgue fans Pofitif.

1278. Cet Orgue ne fera qu'à un feul Clavier & un feul Sommier, fur lequel on fera jouer les Jeux fuivants.

1. Bourdon.
2. Preftant.
3. Nafard.
4. Doublette.
5. Tierce.
6. Cymbale de 3 Tuyaux.
7. Cromorne.

Les Nafard, Doublette, Tierce, & Cromorne feront brifés, de forte qu'en tirant les Regiftres à droite, on ouvrira feulement les deffus de ces Jeux, depuis le *C fol ut* du milieu du Clavier inclufivement, jufqu'en haut ; & en tirant les Regiftres à gauche, on ouvrira tout le refte de ces mêmes Jeux. On formera un petit Cornet en ouvrant le Bourdon, le Preftant, les deffus du Nafard, de la Doublette & de la Tierce. On pourra y ajouter une Tiraffe.

On pourra y faire, fi l'on veut, les deux Tremblants ordinaires. Deux Soufflets de cinq pieds de longueur fourniront du vent plus qu'il n'en faudra pour un fi petit Orgue.

1279. On peut encore imaginer beaucoup d'autres Devis d'Orgue. J'en ai donné fuffifamment pour fournir des idées à cet égard. Au refte, on augmentera ou l'on diminuera dans les précédents felon les circonftances, felon les avis d'un Organifte de goût, & felon la dépenfe qu'on voudra faire. Je n'ai point parlé de plufieurs Jeux de fantaifie, comme la Baffe de viole, Baffon, Mufette, &c. On pourra les placer aifément fur tel Sommier qu'indiquera un habile Organifte.

CHAPITRE SECOND.

Maniere de faire la vérification d'un Orgue.

1280. AVANT de traiter de la vérification de l'Orgue, qu'il me foit permis d'expofer ce que je penfe fur le choix qu'on doit faire du Vérificateur. L'ufage de le choifir dans la claffe des Organiftes eft tellement établi, au moins dans les Provinces, qu'on ne penfe pas même à le prendre parmi les Faĉteurs ; & fi dans Paris on affocie le plus fouvent un Faĉteur à un Organifte, ce n'eft prefque que comme témoin, ou tout au plus comme en fecond, & toujours fubordonné à l'Organifte. Je crois cependant que dans cette partie, l'on doit préférer le Faĉteur à l'Organifte. On jugera par les réflexions fuivantes, fi le préjugé eft de mon côté ou de celui du Public.

Il eft conftant, & perfonne ne peut le révoquer en doute, que pour être Vérificateur d'un ouvrage quelconque, il faut connoître à fond non-feulement les principes & les regles de l'Art auquel il appartient, mais encore l'efpece & la

qualité

qualité des différentes matieres qui entrent dans fa compofition ; la conftruction propre, tant intérieure qu'extérieure de chacune de fes parties : fon affemblage, fes proportions d'étendue, d'épaiffeur : la place & la pofition qui lui conviennent, relativement aux autres; en un mot, tous les détails qui doivent rendre l'ouvrage le plus régulier, folide, durable, commode pour l'ufage, & d'un entretien tout à la fois le plus facile & le moins difpendieux. Il n'eft pas moins conftant que pour acquérir cette connoiffance, qui conftitue proprement *l'Expert*, il faut avoir long-temps exercé cet Art, & en avoir mis les regles en pratique dans toutes fes parties.

Or à qui, du Facteur ou de l'Organifte, pourra-t-on faire une plus jufte application de ce principe, certainement inconteftable ? Lequel des deux doit avoir cette connoiffance de l'Orgue, fi néceffaire pour en faire la vérification ? La réponfe fe fait affez fentir d'elle-même ; auffi tout le monde convient aifément qu'un Organifte ne fauroit être autant connoiffeur que le Facteur, dans tout ce qui concerne la conftruction intérieure de l'Orgue. Peut-on en effet concevoir que l'Organifte, qui n'a jamais touché à l'Orgue que pour en jouer, qui ne connoît la Facture que pour y avoir peut-être vu quelquefois travailler, foit en état de juger fainement fi une Soufflerie eft bien faite & folide, fi les Soufflets font bien pofés, &c : (car ce feul article feroit d'un grand détail,) fi les Tuyaux font bien diapafonnés, s'ils font de la taille & de la matiere convenables, s'ils font proportionnellement étoffés, bien pofés felon les regles, &c ; fi les Sommiers font dans toutes leurs proportions, s'ils font folidement conftruits & affemblés, &c ; fi les Abrégés & toutes les autres machines qui entrent dans la compofition de l'Orgue, font dans leurs juftes rapports, felon les regles de la Méchanique : fi toutes les pieces font d'une force proportionnée refpectivement à la fonction qu'elles doivent faire : fi l'exécution du tout répond bien aux principes, & s'il eft difpofé pour un facile entretien, &c. Tout cela eft d'un détail confidérable. On fent affez que la fcience de toucher l'Orgue ne donne aucune lumiere à ce fujet ; & que par conféquent, l'Organifte ne peut en être le juge compétent. On eft affez généralement d'accord là-deffus ; auffi ce n'eft pas là où eft la difficulté.

On foutient qu'il eft certaines parties dans l'Orgue, dont l'Organifte doit être le juge plûtôt que le Facteur ; car, 1°. il doit mieux connoître la bonté des Claviers que le Facteur ; on ne fauroit, dit-on, lui contefter ce point, puifque c'eft fa partie principale ; il s'en fert journellement.

2°. Il doit mieux connoître la bonté de l'harmonie ; juger fi les Jeux font bien égalifés de force & d'harmonie, & s'ils font d'accord. Voilà les connoiffances qu'on attribue à l'Organifte, préférablement au Facteur ; & ce font les raifons fur lefquelles on fe fonde, pour prouver la fupériorité de la compétence de l'Organifte fur le Facteur pour la vérification d'un Orgue. Il s'agit d'y répondre, pour faire fentir qu'il n'y a là que du faux & du préjugé.

1°. A l'égard des Claviers en particulier, je conviens que l'Organiste, par l'habitude où il est de toucher l'Orgue, peut avoir acquis une assez grande connoissance des Claviers, & être par conséquent compétent jusqu'à un certain point, pour juger de leur bonté; mais la connoissance qu'en a le Facteur, est tout autrement profonde & bien plus étendue. Si le Clavier est bon, c'est l'art du Facteur qui l'a rendu tel: il connoît parfaitement toutes les qualités qu'il doit avoir, puisqu'il les lui donne. De plus, il jugera sans contredit mieux que l'Organiste, si les touches ont la longueur & l'épaisseur requises; si elles sont réguliérement divisées; si le point de suspension, d'où dépend nécessairement la juste proportion de l'ouverture des Soupapes avec la profondeur des gravures, est bien placé; si les châssis sont solides, bien assemblés, bien posés, &c. Je conclus donc que quelque compétent que soit l'Organiste pour juger de la bonté des Claviers, le Facteur l'est encore à plus juste titre.

2°. L'autre difficulté paroît plus forte, ou pour mieux dire, est plus séduisante contre mon sentiment. L'Organiste, dit-on, par l'habitude où il est de toucher les Orgues, doit en connoître mieux l'harmonie, l'égalité des sons, l'accord, &c. que le Facteur. Il en est de lui comme de l'Artiste, qui joue du Violon, de la Basse, de la Flûte, &c; celui qui joue habituellement de ces instruments, en connoîtra certainement mieux la bonté, que le Luthier qui les aura faits.

J'observe d'abord que la seule force de l'objection consiste dans une équivoque qu'il faut lever. L'*harmonie* peut être prise dans deux sens différents. Dans le premier, c'est la combinaison & la progression des accords dans la modulation, selon les regles de la composition & de la Musique; ou bien, c'est la science de la modulation même, &c. Qu'il me soit permis pour le moment de l'appeler l'*harmonie musicale*: prise en ce sens, je dis qu'elle est sans contredit du ressort des Organistes, qu'ils en sont seuls juges compétents, lorsqu'il s'agit, par exemple, de donner dans un concours la préférence à l'un d'entre-eux; mais il est question ici d'examiner un Orgue, & non un Organiste.

Dans le second sens, l'*harmonie* est une qualité de son particuliere, convénable à chacun des Tuyaux d'un Jeu, & à chacun des différents Jeux de l'Orgue. Appellons-la, pour un moment, l'*harmonie instrumentale*, pour la distinguer de l'autre: prise en ce second sens, je dis qu'elle est tellement du ressort des Facteurs, qu'ils doivent en être pris pour juges compétents dans la réception d'un Orgue, par préférence aux Organistes. C'est uniquement de l'harmonie *instrumentale* qu'il s'agira dans ma réponse. Revenons à l'objection.

On y fait une comparaison du Luthier avec le Facteur d'Orgues; mais la parité n'est point égale. Pour le démontrer, il suffira de faire connoître en quoi consistent la fonction du Luthier, & celle du Facteur d'Orgues.

L'Ouvrage du Luthier se réduit uniquement à construire ses Instruments selon les regles de son Art; à bien choisir son bois, à lui donner les dimensions, l'épaiſſeur, la tournure, la grace & la propreté qui lui conviennent. Après toutes ſes opérations & tous ſes ſoins, que réſultera-t-il de ſon ouvrage lorſqu'il ſera fini ? Il n'en ſait certainement rien lui-même. Il eſt ſi peu le maître de leur donner une bonne harmonie, que parmi un certain nombre, par exemple, de Violons de ſa façon, il s'en trouvera pluſieurs excellents, de médiocres, & peut-être quelques-uns mauvais, ſans qu'il lui reſte aucune reſſource pour les rendre meilleurs. Tout ſon travail conſiſte dans l'opération purement méchanique de la conſtruction de ſes Inſtruments ; & il peut être très-habile dans ſon métier ſans connoître l'harmonie, attendu qu'il ne ſauroit la faire ni la donner. Il n'eſt donc pas ſurprenant que celui qui joue habituellement de ces Inſtruments, juge mieux de leur bonté que celui qui les fait.

Mais il n'en eſt pas ainſi du Facteur. Sa propre & principale fonction eſt de former, de créer, pour ainſi dire, & enfin de donner aux Tuyaux déja faits la qualité du ſon ou de l'harmonie : c'eſt-là préciſément ſa véritable fin, ſon but eſſentiel, & ſa fonction. Que ſes Ouvriers ou ſes Compagnons s'attachent avec la derniere exactitude à la conſtruction méchanique de l'Inſtrument ; qu'ils faſſent de beaux Tuyaux, qu'ils ſuivent en tout les regles de l'Art, c'eſt aſſez pour eux, c'eſt tout ce qu'on leur demande ; mais ce n'eſt pas aſſez pour le Facteur. Cette opération méchanique, quoique devant être toujours dirigée par lui, n'eſt pas le premier objet de ſa ſcience ; il lui faut encore la connoiſſance de l'harmonie *inſtrumentale*, puiſque c'eſt à lui à la donner ; ce que je prétends être ſon principal objet : tout le reſte lui eſt ſubordonné. Voilà pourquoi tout habile Facteur s'attache à ce point unique ; qu'il touche & retouche à un Tuyau, juſqu'à ce qu'il lui ait communiqué le vrai caractere, & la qualité de ſon qui lui convient : ſa marche même dans ſes opérations eſt ſi infaillible, qu'il eſt toujours ſûr d'y réuſſir ; au lieu que s'il ne connoiſſoit pas bien l'harmonie, & s'il n'avoit pas le goût bien décidé à cet égard, il ne feroit un bon Orgue que par haſard, & en cela ſa condition ne feroit pas différente de celle du Luthier, puiſqu'il lui feroit impoſſible de produire tel ou tel ſon, telle ou telle harmonie, qu'il ne ſentiroit pas. C'eſt à ces marques qu'on diſtingue le bon du mauvais Facteur.

J'ai vu un Orgue qu'on pouvoit regarder comme un modele accompli : on ne pouvoit rien voir de plus parfait, pour la beauté des Tuyaux, la bonne intelligence & la propreté de toute ſa méchanique, avec la diſpoſition de toutes ſes parties la mieux entendue ; c'étoit cependant un fort mauvais Inſtrument pour le ſon. La raiſon en eſt que le Facteur ne connoiſſoit pas l'harmonie ; il faiſoit parler ſes Tuyaux au haſard ; il ne faiſoit pas plus que le Luthier ; c'étoit en un mot, un mauvais Facteur. Ainſi l'eſſentiel pour un Artiſte en ce genre, eſt d'avoir le goût parfaitement décidé pour l'harmonie inſtrumentale, d'en diſcerner la vérité, l'étendue, les rapports ; d'égaliſer, d'accorder, de rapprocher les différents ſons, les analiſer, pour en former un tout agréable &

harmonieux. Sans ce goût, sans cette connoissance, il ne sera jamais qu'un simple Ouvrier, il n'aura rien au-dessus du Luthier. Je n'insiste tant sur ce point, qu'afin qu'on saisisse mieux la différence qu'il y a entre le Luthier & le Facteur d'Orgues.

L'Organiste par cette seule qualité différe en tout point du Facteur; sa fonction est totalement distincte: ce n'est pas lui qui donne à l'Orgue l'harmonie, que nous appellons ici *instrumentale*; elle est indépendante de son art. Il ne fait parler, il n'accorde, ni n'égalise jamais les Jeux: sa fonction consiste seulement à se servir des sons déja faits, à les mettre en jeu, à les faire valoir selon les regles de son Art. C'est à lui à les choisir, à les combiner en mille manieres agréables. Plus il aura de génie & de talent, mieux il y réussira. Il ne peut tirer d'autre son ou d'autre harmonie que celle que le Facteur y a produite, & telle qu'il l'a disposée. C'est à lui à faire valoir celle qu'il y trouve. L'Orgue manque-t-il d'harmonie? l'Organiste pourra déployer tout son génie, étaler une science profonde, une connoissance étendue des différents accords, faire admirer la légéreté de sa main, & la plus grande exécution; mais il ne fera jamais rendre à ses Tuyaux des sons harmonieux, si le Facteur ne les leur à donnés. Bien plus, il peut être très-expert & très-savant dans son genre, sans connoître la bonne qualité de l'harmonie *instrumentale*; & s'il la connoît, ce n'est pas simplement comme Organiste, mais accidentellement, comme en ayant fait une étude particuliere, distincte de celle de toucher l'Orgue. On ne doit donc pas présumer que l'Organiste puisse porter une décision aussi infailliblement juste, quoique connoissant accidentellement l'harmonie instrumentale, son égalité & son accord, que le Facteur, dont le jugement est d'autant plus appréciable, qu'en le donnant, il ne fait qu'exercer la science essentiellement inhérente à sa profession. Son oreille d'ailleurs accoutumée, par une longue habitude & une expérience journaliere, au vrai caractère de l'harmonie, aussi-bien qu'à la justesse de l'accord & de l'égalité des sons, ne sauroit s'y méprendre: au lieu que celle de l'Organiste, gâtée quelquefois par le son des Orgues mal entretenues, mal accordées, ou de mauvaise harmonie, ne sauroit ni en saisir la précision, ni en connoître la bonté. Nous l'éprouvons principalement dans les Provinces, où les talents supérieurs en ce genre sont plus rares.

Quelques grands Organistes connoissent l'harmonie *instrumentale*; mais ce n'est pas comme Organistes; leur science ne leur donne aucun enseignement à ce sujet. C'est ainsi qu'on voit des connoisseurs en peinture, qui ne sont pas Peintres. Mais les Peintres, ayant fait une grande étude de leur art, seront toujours plus infailliblement connoisseurs que les autres. La science du clair-obscur, de la perspective, de la correction du dessein, de la dégradation des couleurs, de leur harmonie, du vrai ton du coloris, &c, sera tout autrement connue du Peintre que de l'Amateur; il en jugera bien plus sûrement. De-même le Facteur s'étant formé le goût pour la bonne harmonie, fruit heureux

de

de ſes recherches, de la théorie & d'une longue pratique également cultivées & ſoutenues, ſera bien autrement connoiſſeur que tout autre. Une grande facilité, acquiſe par des ſoins ſi ſouvent répétés pour la juſteſſe de l'accord & l'égalité des ſons, lui en ſera bien plus ſûrement ſentir le moindre défaut de préciſion.

Il eſt remarquable que chaque Facteur ſe forme un goût particulier ſelon la tournure de ſon génie : l'un excellera pour une harmonie mâle, fiere, vigoureuſe, brillante; l'autre aura pour ſon goût dominant une harmonie plus douce, plus tendre, plus fine, plus veloutée. Auſſi un Facteur qui entendra un Orgue, connoîtra ſans peine au caractere de l'harmonie, quel en eſt le Facteur. Il en ſera comme d'un Peintre, ou d'un véritable connoiſſeur; il reconnoîtra le Peintre en voyant ſon ouvrage; car chacun à ſa *maniere*. L'un a la correction du deſſein pour goût dominant, l'autre l'intelligence du clair-obſcur; celui-là a le ton plus vigoureux dans le coloris, &c. Un Organiſte, en entendant toucher un Orgue, reconnoîtra quel eſt l'Organiſte qui le touche : il connoîtra ſon goût, ſon caractere, ſon génie, ſa main, &c. Il en jugera plus infailliblement que perſonne, auſſi-bien que de ſon habileté. Pourquoi cela? parce qu'il a fait une longue & profonde étude de cet Art, & qu'il en connoît toutes les regles; mais pour juger de la qualité de l'harmonie de l'Orgue, de ſon égalité, de ſon accord, ce ſera toujours le Facteur qui en jugera le mieux; parce que, je le répete encore, il a fait de cette connoiſſance le principal objet de ſon étude.

Si l'on prétendoit former encore une difficulté ſur la partialité, dont on voudroit peut-être ſoupçonner un Facteur vérificateur comme confrere, j'avoue ingénument que je ne croirois pas devoir y répondre. Je me contenterai de rapporter ici les faits ſuivants.

Deux Orgues conſidérables, que je ne nomme point par diſcrétion, furent faites en différents temps par le même Facteur. L'Ouvrage étant fini, on aſſemble 10 à 12 Organiſtes pour l'examiner : cet examen ſe fait avec beaucoup de pompe & de ſolemnité; chaque Organiſte tour-à-tour eſſaie les Orgues, &c. On décide enfin unanimement & favorablement, & on les reçoit. Mais quelques années après on eſt obligé de les refaire, tant elles étoient mauvaiſes. Il en eſt un troiſieme encore, qui ayant été reçu dans le temps avec la même ſolemnité, a éprouvé le même ſort. C'eſt à quoi l'on eſt expoſé, quand on décide ſur une matiere dont on ne connoît point tous les reſſorts & les dépendances.

Que ces exemples nous rendent donc plus ſages & plus aviſés, quand il ſera queſtion de faire un choix pour porter un jugement ſolide ſur l'Orgue : les mépriſes en ce genre ſont d'une trop grande conſéquence, comme on a pu s'en convaincre par tout ce que nous venons de dire. Nous croyons cependant qu'il peut-être utile que l'Organiſte eſſaie les Jeux, non pas comme juge, mais afin que le Facteur vérificateur puiffe entendre l'Orgue de loin, & difcerner fi les Jeux font proportionnés les uns aux autres, de maniere à produire l'effet qu'on doit en attendre.

Mais comme le Public eft fouvent, comme malgré lui, l'efclave des préjugés, & qu'il pourroit fe faire que nonobftant les folides raifons que je viens de déduire, on confiera encore aux Organiftes la vérification des Orgues, je vais leur donner quelques avis, afin qu'ils s'acquittent le moins mal qu'il fe pourra de cette importante fonction.

Détail de la vérification d'un Orgue.

1281. Le Vérificateur étant appellé pour examiner un Orgue, doit commencer par lire attentivement le contenu du Devis & du Marché par écrit, convenu entre celui qui a fait faire l'Orgue, & le Facteur qui l'a conftruit. Il examinera d'abord fi tout eft exécuté conformément au Devis : fi tous les Jeux énoncés font réellement pofés, s'ils font de la matiere convenue : fi les Claviers font au nombre, & de l'étendue dont il eft fait mention; fi celui des Pédales eft de l'étendue & de la maniere convenue : fi le nombre des Soufflets & leur grandeur, fe trouvent conformes au Devis; fi tous les bois font de la qualité & de l'épaiffeur convenues, &c. Après avoir ainfi reconnu en gros fi tout l'Orgue eft conforme au Devis, il examinera fi toutes les parties de l'Inftrument font d'une bonne conftruction, s'il a l'harmonie, l'accord & l'égalité convenables; ce qui fe fera dans le détail fuivant.

1°. Il entrera dans la Soufflerie, il fera fouffler en fa préfence, & regardera fi les Soufflets jouent bien, s'ils ne baiffent pas trop vîte; s'ils font bien pofés & bien affujettis; s'ils ne font aucun mouvement irrégulier quand on les leve; fi le vent en eft exactement étanché, & s'ils font également chargés, pour qu'ils tombent également : s'ils ne crient point dans leur mouvement; fi la peau eft proprement & folidement collée, & fi elle eft de bonne qualité; fi les aînes font à double peau; fi les Soufflets font bien bridés, c'eft-à-dire, fi les plis font folidement attachés du côté des charnieres; fi les charnieres font bien affermies ou tendues; fi, lorfqu'on fouffle, elles ne lâchent point du tout, non plus que les plis; c'eft ce qu'il examinera avec beaucoup d'attention. Il remarquera encore fi les Soufflets empruntent le vent les uns des autres; ce qu'il reconnoîtra ainfi. 1°. Si un Soufflet étant actuellement élevé & fon voifin baiffé, celui-ci fe leve un peu de lui-même. 2°. Si le Soufflet élevé baiffe plus promptement quand on en éleve un autre : ces deux épreuves, ou une feule, feront voir que les Soupapes des gofiers ne font pas bien leur fonction, & qu'elles ne bouchent pas exactement quand il le faut. Il obfervera de plus fi quelque Soufflet ne fait pas le Tremblant-doux pendant le temps qu'il baiffe. Il examinera fi les tables des Soufflets ne font pas trop minces; ce qu'il reconnoîtra fi elles fléchiffent, ou fi elles font une courbe quand le Soufflet fouffle. Il examinera fi les bafcules font affez fortes, fi leurs tourillons font arrêtés bien folidement, auffi-bien que les poupées fur lefquelles ils jouent; fi le centre de mouvement eft bien placé, en forte que les Soufflets ne foient pas trop durs à lever : fi tous les ferremens font affez forts : fi le grand treteau eft bien arrêté, & bien appuyé par-tout où il le faut; s'il ne fait aucun mouvement quand on fouffle; s'il eft affez fort : s'il ne fe fait aucun tiraillement préjudiciable & irrégulier, quand on leve les Soufflets; ce qui feroit bientôt périr toute la machine. S'il y a des jumelles de conduite pour les bafcules, il examinera fi elles font bien faites, bien arrêtées, & fi elles font pofées de façon à ne point gêner le mouvement des bafcules. Il fera toucher tout le Plein-Jeu avec les Pédales, & il examinera fi la Soufflerie eft fuffifante, ce qu'il reconnoîtra en voyant fi les Soufflets baiffent lentement; car s'ils vont vîte, ce fera une marque que la Soufflerie ne fera pas affez abondante.

2°. Il fera continuer de fouffler, & étant aux Claviers, il en baiffera toutes les touches, en en touchant plufieurs enfemble, tous les Jeux étant fermés. Il verra par cette épreuve, fi tous les Regiftres ferment exactement tous les Jeux; ce qu'on appelle alors un *Sommier bien étanche.*

3°. Il tirera & repouffera chaque tirant en particulier, pour voir fi cette opération fe fait avec affez de facilité; fi les reperes des Regiftres fe font bien fentir à la main; car fi on ne les fent pas, c'eft un défaut confidérable, qui eft caufe qu'un Organifte tire toujours, même avec violence, & repouffe de même, n'étant point averti par l'arrêt que le Jeu eft bien ouvert ou bien fermé. Il examinera fi les tirants ne fortent pas trop; s'il ne fent point fléchir leurs machines quand il les met en mouvement : fi les tirants n'ont pas trop de jeu, c'eft-à-dire, s'il ne les tire ou repouffe pas un peu, fans qu'ils faffent mouvoir leur Regiftre refpectif du Sommier : c'eft un défaut qui prouve que les mouvemens font mal ajuftés; que les pioches & les tourillons ou pivots ballottent dans leurs trous, ou qu'ils y font trop au large.

4°. Il examinera les Claviers, & remarquera s'ils font de mefure & bien divifés : fi les touches ne fe frottent point mutuellement, ayant trop de ballottement entre leurs guides, ce qui eft un grand défaut : fi elles peuvent tourner un peu fur leur plat, autre défaut confidérable; fi elles font du bruit, faute d'être bien drapées en deffous : fi elles n'enfoncent pas trop, ou fi elles enfoncent affez : fi les feintes font d'une hauteur convenable, de façon que lorfqu'on en baiffe une, le doigt ne rifque pas de toucher aux touches : fi tout le Clavier eft égalifé de force, en forte que les touches ne foient pas plus dures à baiffer les unes que les autres : fi elles font bien vives & bien promptes à fe relever, fans qu'on fente aucun frottement ni tiraillement, ce qu'on appelle des *touches coriaces.* Les touches doivent être très-douces, ou très-faciles à baiffer fans prefque fentir la réfiftance du vent. Il examinera dans un grand mêlange comme celui du Plein-Jeu, fi les Tuyaux parlent, pour peu qu'on baiffe les touches ; car s'il falloit baiffer une touche jufqu'à moitié avant que l'Orgue parlât, ce feroit un grand défaut, qui proviendroit de ce que les rouleaux d'Abrégé feroient trop foibles ou mal ajuftés. Il regardera les talons de communication d'un Clavier à l'autre, pour voir s'ils font bien ajuftés ; s'ils ne rifquent point de s'accrocher enfemble, en cas d'inégalité de hauteur dans les touches : s'il n'y a point à craindre que quelque talon fupérieur faffe baiffer deux touches à la fois dans le Clavier inférieur : s'il n'en mànque aucun. Il verra s'il y a des touches qui refrappent ; c'eft un défaut auquel font fujettes les touches qui jouent par des bafcules, comme le Clavier du Pofitif.

Il examinera encore fi les chaffis font bien faits, bien ajuftés ; fi leurs affemblages font folides, s'ils ne peuvent faire aucun mouvement ni biaifer. Si les Claviers qui doivent être mobiles, font leur mouvement avec régularité & avec affez de facilité, & fi dans ce mouvement les demoifelles ou les tirages ne font gênés en aucune maniere : fi les Claviers font affez élevés les uns au-deffus des autres, pour qu'en baiffant une touche, elle ne puiffe toucher •aucune feinte du Clavier inférieur ; mais auffi ils ne doivent être élevés que le moins poffible, pourvu que cet inconvénient n'ait pas lieu : fi, lorfque les Claviers font féparés, quelque touche n'a pas la moindre communication avec l'inférieure correfpondante : fi toutes les touches fe répondent bien exactement dans tous les Claviers, les unes vis-à-vis des autres : fi le point de fufpenfion eft placé felon les regles, comme on le comprendra mieux bientôt : fi les touches ne font point trop longues, & fi elles ont une épaiffeur fuffifante ; fi elles font coupées bien quarrément & uniformément ; & fi enfin les Claviers en général ont le poli, la grace, & la propreté qui leur conviennent.

5°. Pour reconnoître s'il y a des emprunts aux Sommiers, il ouvrira un petit Jeu, comme par exemple, la Doublette ; & touchant lentement touche par touche, il écoutera s'il n'entend point parler deux Tuyaux enfemble, quoiqu'il ne baiffe qu'une touche. Cette épreuve ne fuffit pas ; il faut encore faire des accords, principalement des tierces enfemble fur toutes les touches de chaque Clavier : s'il entend que quelque tierce foit barbouillée, que les deux Tuyaux ne parlent pas nettement, il remarquera fur quelles touches cette défectuofité fe fait entendre ; & ayant fermé la Doublette, il ouvrira par exemple, la Quarte, & ayant touché la même tierce, il écoutera fi elle barbouille encore : fi cela eft, il fermera la Quarte, & il ouvrira par exemple, le Nafard, ou le Preftant ; il touchera la même tierce. S'il entend la même chofe fur ces Jeux & fur plufieurs autres, il peut s'affurer qu'il y a un vrai emprunt dans le Sommier : c'eft un fi grand défaut, que s'il eft fenfible au moindre mêlange, un Orgue n'eft pas recevable : cela prouve toujours que le Sommier eft mal conftruit. Mais s'il n'entend point fur plufieurs Jeux les deux Tuyaux qui parlent enfemble, ayant baiffé les mêmes touches, & que ce ne foit que fur quelques

Jeux

Jeux & en des endroits différents, ou ayant baissé d'autres touches, ce ne sera
pas alors un emprunt, mais un échappement de vent, qui proviendra de ce
qu'un Regiftre ne plaque pas bien contre la table du Sommier, ou contre la
chape. Si cet échappement de vent eft fenfible au moindre mêlange, c'eft un
grand défaut; mais plus facile à corriger qu'un emprunt. Il faut néceffairement
y faire remédier avant de recevoir l'Orgue.

6°. Il examinera s'il n'y a pas des altérations dans l'Orgue. Il en eft de deux
efpeces; l'altération des gravures du Sommier, & l'altération des porte-vents.
Voici la maniere de les reconnoître. Il ouvrira, par exemple, le Preftant, &
il baiffera une touche dans la premiere octave de la baffe. Après avoir bien écouté
ce Tuyau, il y joindra le 8 pieds, & remarquera fi le Tuyau du Preftant s'affoiblit, ou s'il baiffe. Il y joindra les 16 pieds, enfuite le petit Bourdon, le Nafard, la Quarte, & enfin la Tierce : fi le Preftant fe foutient toujours bien, ce
fera une marque qu'il n'y a point d'altération dans la gravure du Sommier. Il
faut obferver que cette épreuve ne doit fe faire que fur des mêlanges ordinaires
& réguliers; car fi, par exemple, on ouvroit la Trompette, & qu'on y joignît les
Jeux mentionnés ci-deffus les uns après les autres, on s'appercevroit infailliblement que le fon de la Trompette s'affoibliroit, & que le Tuyau deviendroit
tardif à parler; auffi on ne doit jamais faire un pareil mêlange. On peut faire
cette épreuve également fur le Plein-Jeu. Pour favoir fi les Soupapes ouvrent
proportionnellement avec la profondeur des gravures, on ouvrira le Plein-Jeu
entier; on baiffera une des premieres touches de la baffe, & on écoutera un
moment le fon de ce Plein-Jeu; on tirera enfuite un peu avec les doigts la
même vergette, pour faire baiffer la Soupape d'une ou de deux lignes de plus.
Si le fon augmente alors fenfiblement, ce fera une marque que les Soupapes
n'ouvrent pas affez à proportion de la profondeur des gravures.

Pour reconnoître l'altération provenant des porte-vents, on fera le mêlange
entier du grand Jeu de Tierce ou du Plein-Jeu, le tout avec la même régularité qu'on le fait ordinairement : on mettra les Claviers enfemble ; on tiendra
un accord de 3 touches vers le haut de la quatrieme octave; on écoutera bien
cet accord : enfuite on touchera de moment à autre un femblable accord de 4
touches fur la premiere octave d'en bas. Si les deffus ne s'affoibliffent, ni ne
baiffent point, & qu'ils demeurent toujours d'accord, il n'y aura point d'altération; ce fera une marque que les porte-vents font d'une groffeur convenable;
mais on connoîtra qu'il n'y a pas affez de vent, fi les Soufflets vont trop vîte. Il
n'en eft pas de même fi le vent fe perd : les pertes de vent caufent d'autant plus
d'affoibliffement dans le fon, qu'elles font plus confidérables & en plus grand
nombre : elles peuvent occafionner des altérations.

Il examinera fi la Pédale ne fait point altérer le Plein-Jeu, ou fi celui-ci ne
fait point altérer la Pédale; ce qu'il reconnoîtra en tenant une touche de Pédale de Trompette & de Clairon, & frappant de moment à autre, avec les

ORGUES. III. Part. Nnnnnn

deux mains un grand accord fur le Plein-Jeu, les Claviers enfemble. Si le fon
de la Pédale ne baiffe, ni ne s'affoiblit point, il n'y aura point d'altération. De
même tenant un grand accord fur le Plein-Jeu, les Claviers enfemble , il touchera la Pédale de moment à autre ; fi alors le Plein-Jeu ne baiffe ni ne s'affoiblit point, il n'y aura point d'altération. Il remarquera encore fi le grand Orgue ne fait point altérer le Pofitif, ou fi celui-ci ne fait point altérer le grand Orgue. Il fera la même épreuve avec les Pédales de Flûte, fur-tout à l'égard du
Pofitif, pour voir fi elles ne caufent pas des *houppements* ou des fecouffes dans fon
fon ; ce cas arrive affez fouvent. Les différentes épreuves pour découvrir les altérations , ont lieu à l'égard des autres Sommiers ; mais lorfque l'Orgue eft
conftruit à vents féparés , il n'eft pas fujet à la plupart de ces altérations.

7°. Il ouvrira chaque Jeu en particulier ; il baiffera les touches l'une après
l'autre , pour voir fi tous les Tuyaux parlent bien ; s'il n'y en a point qui octavient, qui piollent, qui frifent, qui tardent : s'ils parlent chacun dans leur
véritable harmonie & dans leur propre caractere ; s'ils font bien égalifés de
force & d'harmonie , ou s'il n'y en a point de trop forts ou de trop foibles.
Il examinera plus particuliérement les fonds & les Jeux d'Anche ; fi les reprifes du Plein-Jeu, tant de la Fourniture que de la Cymbale , font bien faites ;
fi tous leurs Tuyaux parlent bien , fi on n'y entend point quelques fifflements :
fi tous les Jeux font chacun leur effet ; fi les deffus font proportionnés aux baffes , & fi l'harmonie eft bien fuivie , fur-tout aux Jeux d'Anche , qui doivent
être traités avec beaucoup de foin, pour qu'ils aient une harmonie pleine,
tranchante , fonore , éclatante ; mais cependant douce , moëlleufe , tendre , &
faifant fentir leur fond par eux-mêmes, quoiqu'on les touche fans aucun fond.
Il examinera fi le fond de l'Orgue fe fait fentir dans le Plein-Jeu, dans le Jeu
de Tierce, dans les accompagnements ; fi les deffus ne font pas trop forts , jufqu'à être criards, & auffi s'ils ne font pas trop foibles. Il verra fi les Jeux compofés, comme les Cornets, les Fournitures & les Cymbales font bien égalifés,
& fi tous leurs Tuyaux parlent bien. Il examinera encore fi les Bourdons ou
autres Jeux bouchés ne piollent point, s'ils ne nafardent point, fi les baffes
parlent affez diftinctement & affez promptement , fi leur fond fe fait bien fentir : fi tous les Jeux de Pédale de Flûte font d'une force bien proportionnée,
c'eft-à-dire, s'ils ne font pas trop foibles par rapport à leur fonction. Il faut
connoître à fond l'harmonie pour bien juger de tout cela.

8°. Il examinera la partition fur le Preftant, & l'ayant reconnue bonne ,
(fi elle l'eft effectivement,) il verra fi ce Jeu eft exactement d'accord. Il examinera de même chaque Jeu en particulier fur tous les Claviers, pour favoir s'il
eft bien d'accord, en touchant les quatre octaves enfemble fur toutes les touches : il fera tous les principaux mélanges ordinaires, pour voir s'ils font d'accord ; il confrontera l'accord du grand Orgue avec celui du Pofitif, celui des
Pédales &c , pour voir fi tout eft également bien d'accord , tant féparément

que dans les mélanges. Enfin il essayera ou fera essayer l'Orgue par quelques pieces de différents goûts, pour éprouver si tout parle promptement, si aucune touche ne s'arrête, si le vent fournit bien, &c.

9°. Après que le Vérificateur aura ainsi examiné tout ce dont nous venons de faire mention, étant toujours à l'extérieur de l'Orgue, il entrera dans le bas du grand Orgue, pour en voir tout le méchanisme, qu'il aura déja fait jouer par toutes les opérations précédentes. Il examinera le grand Abrégé, pour voir s'il est posé solidement, si tous les à-plombs sont observés; si les rouleaux sont de bon bois & de la grosseur convenable, s'ils ne sont pas trop près les uns des autres, s'ils sont bien droits; si les pivots (qui doivent être en fil de laiton) & les tourillons tiennent bien; si les fers d'Abrégé sont effectivement en fer & non en bois, comme on en voit quelquefois; si les vergettes sont bien droites & si bien arrangées, qu'il n'y ait aucun frottement, ni risque d'accrochement mutuel entre leurs garnitures de fil de laiton : ces accrochements peuvent avoir lieu le plus souvent à l'égard de celles qui tiennent immédiatement les demoiselles.

Il visitera de même tous les autres Abrégés. Si celui des Pédales est construit en rouleaux, il examinera s'ils sont de la grosseur convenable, pour qu'ils ne tordent point : s'il est en vergettes, il verra si elles sont bien droites & bien assujetties par des échelles suffisantes. Il examinera si le Clavier de Pédale est bien construit; s'il est solidement posé; si les ressorts sont égalisés de force, si les touches se relevent promptement, si elles ne font pas de bruit : si tout leur mouvement est transmis en entier jusqu'aux Soupapes, s'il ne s'en perd point une partie en chemin, soit par le tortillement des rouleaux, s'il y en a, soit par le redressement des vergettes, ou par le ballottement des pivots.

Il visitera l'Abrégé, les pilotes & les bascules du Positif, pour voir si le tout est bien disposé, en sorte que rien ne s'embarrasse, ni ne se frotte mutuellement, & si l'entretien en est facile : si les rouleaux sont d'une grosseur convenable, n'étant ni trop foibles ni trop forts : si les pilotes sont bien droits; si les bascules sont bien libres & bien droites, si elles ne sont pas trop fortes ni trop foibles : si le plancher qui couvre toute cette méchanique, est solidement appuyé par un nombre suffisant de supports, en sorte qu'il soit inflexible ; & si ces supports tiennent bien & ne peuvent toucher ni embarrasser aucune piece.

10°. Il examinera si les grands pilotes tournants, & tous les autres mouvements sont d'une grosseur proportionnée, & de bon bois : si leurs supports sont solidement arrêtés & soutenus; s'il y a des tournants de fer, il visitera avec attention leurs assemblages, pour voir s'ils sont assez forts, c'est-à-dire, si leurs tenons sont assez gros, & s'ils sont bien rivés. Il verra si tous les pivots en général des tournants, & les pioches sont justes dans leurs trous sans ballotter, en sorte pourtant, que ceux qui doivent être libres le soient effectivement : s'il y a des pieces qui jouent de travers & contre le regles : s'il y a des machines, qui par leur propre poids, tendent à faire fermer ou ouvrir quelque Jeu, lorfque dans la fuite elles deviennent plus faciles à jouer : fi toutes les machines font bien entendues, bien difpofées & dirigées felon les principes de la méchanique, & d'un entretien facile. Il examinera fi les grands & longs bâtons quarrés des Regiftres des Pédales font bien affujettis, en forte qu'ils puiffent jouer fans fléchir, &c.

Il examinera fi tous les Sommiers font bien arrêtés, & foutenus à proportion de leur grandeur & de leur charge ; s'il n'apperçoit aucun trou au-deffous des Sommiers ; car s'il y en avoit, ce feroit une marque que les Sommiers feroient mal conftruits. Il fera fouffler, & il écoutera attentivement s'il n'y a aucune perte de vent en quelqu'endroit.

Il vifitera les Layes des Sommiers, pour voir fi leurs portes ou tampons font bien juftes, & cependant affez faciles à ouvrir : fi leurs ferrures font commodes & bien entendues ; fi les bourfettes font bien faites, bien fouples, affez amples, point tendues, & proprement exécutées : fi les ofiers & leurs chaperons font bien faits, bien collés, libres dans leurs trous, & s'ils correfpondent exacte-ment à l'à plomb des Soupapes ; fi celles-ci ont leurs véritables proportions, & fi elles ont la forme convenable : fi elles font garnies proprement & d'une dou-ble peau à leur queue : fi les barres fur lefquelles elles battent, font garnies d'un parchemin bien collé & raboté ; fi les effes font bien ajuftées : fi les refforts font pofés de façon qu'ils tiennent bien, & qu'ils ne gênent point le mouve-ment de la Soupape ; fi celles-ci ne frottent point contre leurs guides ; fi le che-valet contient & affujettit bien les refforts, en forte qu'ils ne puiffent fe tou-cher les uns les autres. Il verra s'il n'y en a aucun qui touche quelque bour-fette, qui fe tienne de travers, ou qui faffe biaifer quelque Soupape. Il fera baiffer les touches qui répondent aux doubles Soupapes, pour voir fi elles ou-vrent & ferment bien enfemble, en forte que l'une ne commence pas à ouvrir plûtôt que l'autre. Il tâtonnera légérement avec le doigt les deux effes, pour voir fi elles font également tendues, ce qui doit être ainfi. Il verra fi les Layes font exactement doublées en parchemin.

Il examinera fi la profondeur des gravures eft proportionnée, non-feulement au nombre & à la qualité des Jeux qui font pofés fur le Sommier, mais encore fi elle l'eft à la longueur & à l'ouverture des Soupapes. Il examinera fi les Som-miers en général font bien divifés, & s'ils font d'une bonne conftruction ; fi les bois en font d'une bonne qualité ; fi les affemblages en font juftes & bien faits. Il regardera fi les enfourchements font folidement liés ; fi les faux-Som-miers font de bon bois, d'une épaiffeur convenable, bien arrêtés & foutenus par un nombre fuffifant de pieds ou autres fupports.

11°. Il examinera fi les Jeux font difpofés & arrangés comme il faut, & dans l'ordre convenable, en forte que les Jeux uniffons ne foient pas pofés immédiatement les uns auprès des autres ; car pour qu'ils puiffent produire tout

leur

leur effet, ils doivent être séparés. Il verra si les Tuyaux sont bien posés, s'ils sont à-plomb, s'ils ne ballottent point dans leurs faux-Sommiers : si les Tuyaux qui sont longs sont bien appuyés, particuliérement les basses des Jeux d'Anche coniques, à quoi il fera une attention particuliere. Il examinera si les Tuyaux sont bien étoffés, & s'ils sont de la matiere convenue ; s'ils sont bien arrondis, bien soudés & accordés proprement ; s'ils sont de la taille convenable & bien diapasonnés. Il examinera la Montre en particulier, pour voir si tous les Tuyaux tiennent bien dans leur place ; si les plus grands sont bien arrêtés, & posés bien à-plomb en tout sens : s'il n'y en a point qui se touchent ou qui ballottent en leur place. Il verra encore s'ils sont bien travaillés, en sorte qu'on n'y voie point d'ondes ; s'ils sont bien arrondis, bien polis & bien soudés. Il examinera les porte-vents, tant de la Montre que des Tuyaux postés, pour voir s'ils sont d'une grosseur convenable, s'ils sont soutenus & appuyés aux endroits où il le faut.

Il visitera tous les Tuyaux de bois, pour voir s'ils sont bien faits, bien assemblés & d'une bonne qualité de bois ; s'ils sont posés solidement en leur place, bien soutenus & bien arrangés ; s'ils sont de la taille requise & propre à la fonction qu'ils doivent faire.

1282. Le Vérificateur ayant ainsi examiné tout l'Orgue dans le détail, fera remarquer au Facteur qui l'a construit, tout ce qu'il y aura trouvé de défectueux, (supposé qu'il y en trouve,) & y fera remédier tout de suite. Il y a un grand nombre de défauts qu'on peut corriger en fort peu de temps ; comme si, par exemple, il y a des touches qui s'arrêtent, qui soient trop dures, inégales de force & de hauteur ; s'il se trouve des pertes de vent ; s'il y a des Tuyaux qui aient besoin d'être attachés ou appuyés ; s'il y a des cornements ; s'il y a des Tuyaux tardifs à parler, trop forts ou trop foibles, qui frisent, qui piollent, qui doublent, ou qui ne soient pas d'accord ; & bien d'autres défectuosités auxquelles on peut remédier facilement. Il n'en est pas de même des altérations, des emprunts, des échappements de vent aux Sommiers, des Tuyaux mal étoffés, mal diapasonnés, trop éguculés : il peut y avoir dans les Jeux d'Anche des Tuyaux trop courts, ce qui se connoît à leur mauvaise harmonie. Ce sont là autant de défauts essentiels qui se corrigent plus difficilement, & qui doivent toujours empêcher de recevoir un Orgue, tant qu'ils subsistent. Il convient dans tous ces cas de différer cette réception, jusqu'à ce que le tout soit remis en bon état. Si le Facteur veut tout raccommoder, & qu'on connoisse qu'il est en état de le faire, il faut lui en donner le temps ; après lequel le Vérificateur examinera de nouveau si tous les défauts sont corrigés.

1283. Si le Facteur refuse de corriger ce qu'on lui aura fait connoître en avoir besoin, même ce qu'il y a de plus facile & de la moindre conséquence, le Vérificateur dressera un Procès-verbal, où après avoir fait mention de la maniere dont il aura agi dans cette vérification, il décrira dans le détail en quoi consistent tous les défauts qu'il aura trouvés dans l'Orgue, & conclura à le déclarer non recevable. Alors ce sera à ceux qui ont fait faire l'Orgue, à obliger le Facteur à le mettre en état d'être reçu, ou à y faire travailler par un autre, si son incapacité est suffisamment prouvée.

1284. L'Orgue n'est pas recevable, si le Devis n'a pas été exactement observé & exécuté selon sa forme & teneur, à moins que le Facteur n'eut mieux fait que l'énoncé du Devis, ce qui doit être bien prouvé; ou bien qu'il n'y eut eu des conventions ultérieures; ce dont le Vérificateur doit être instruit. L'Orgue n'est pas encore recevable, si tous les matériaux, soit bois, étain, plomb, fer, peaux, parchemin &c, n'ont pas la qualité requise par le Devis, & ne sont pas employés ou distribués selon sa teneur; à moins que le Devis n'eut été mal entendu, comme on vient de le dire; mais il est toujours essentiel qu'un Vérificateur soit entendu, & bon connoisseur en harmonie; qu'il possède parfaitement & à fond l'Instrument, pour ne pas faire de mauvaises difficultés, & faire gâter ce qui est bon, au lieu de faire perfectionner ce qui est imparfait. Cet inconvénient arrive moins rarement qu'on ne pense: on en voit des exemples.

1285. Supposé que le Vérificateur ait trouvé l'Orgue sans défauts, ou qu'y en ayant trouvé il les ait fait corriger, il doit dresser un Procès-verbal de l'état ou sera actuellement l'Orgue, comment il aura procédé à sa vérification, & il conclura à déclarer l'Orgue recevable. Voici à-peu-près la forme d'un pareil Procès-verbal, auquel on pourra se conformer en tout ou en partie, selon les circonstances.

Modele du Procès-verbal, que doit faire un Vérificateur après la vérification d'un Orgue.

1286. Nous N. N. soussignés Facteur *ou* Organiste de l'Eglise de N. à la requisition de Messieurs les Chanoines du Chapitre de l'Eglise de N. N. d'une part; & du Sieur N. N. Maître Facteur d'Orgues de la Ville de N. d'autre: en vertu de la Commission expresse, & du pouvoir par eux à nous respectivement donnés, pour faire la vérification de l'Orgue construit dans le fond de ladite Eglise, par ledit Sieur N. N. Maître Facteur d'Orgues, aurions procédé à ladite vérification, ainsi que s'ensuit.

Nous aurions commencé par la visite de la Soufflerie, où nous étant rendus; ayant fait souffler & fait toutes les épreuves nécessaires, aurions trouvé les Soufflets au nombre, de la grandeur, de la qualité de bois, & conformes en tout au Devis dont nous aurions déja fait lecture; lesdits Soufflets jouant bien, sans aucun défaut, bien posés, solides dans leur construction, & sans aucune perte de vent: leurs bascules avec leur chevalet bien conditionnés; le tout bien entendu & de la qualité de matériaux convenue.

Nous aurions visité les Claviers, que nous aurions trouvé au nombre, de l'étendue & de la qualité de bois convenue : du reste construits proprement & solidement selon les regles de l'Art, jouant avec la douceur & la vivacité requises.

Nous aurions examiné les tirants, que nous aurions trouvé faciles à tirer & repousser, sans y sentir aucune défectuosité : du reste bien disposés & construits selon l'énoncé du Devis.

Nous aurions fait souffler; & tous les Jeux étant fermés, nous aurions mis les mains sur les Claviers, & n'ayant rien entendu, nous aurions jugé les Sommiers bien étanches, ou les Registres fermant bien tous les Jeux. Nous aurions ensuite fait toutes les diverses épreuves nécessaires, nous n'aurions trouvé dans ledit Sommier ni cornements, ni emprunts, ni échappements de vent, ni aucune espece d'altération dans tout l'Orgue.

Nous aurions ouvert chaque Jeu l'un après l'autre, que nous aurions examiné Tuyau par Tuyau; lesquels nous aurions trouvé tous bien parler, chacun dans son propre caractere, sa véritable harmonie, & bien égalisés.

Nous aurions vérifié l'accord; & après avoir particuliérement examiné la Partition sur le Prestant, l'aurions trouvée juste, réguliere, & tout ledit Jeu parfaitement d'accord; nous aurions de même examiné l'accord de tous les autres Jeux, nous les aurions trouvé d'accord chacun en particulier, & dans leurs différents mélanges.

Nous serions entrés dans l'intérieur de l'Orgue où sont toutes les machines, où nous aurions remarqué tous les mouvemens, savoir les pilotes tournants, les Abrégés, les vergettes, les rouleaux, les enfourchements, les tirants, les balanciers, les bascules, les supports avec tous les ferremens, &c, nous aurions trouvé le tout de grosseur convenable, bien raisonné, solidement construit, bien arrêté, dans une disposition commode & facile à entretenir; construit d'ailleurs avec la qualité de matériaux convenue dans le Devis.

Nous serions montés au haut de l'Orgue où sont les Tuyaux. Après les avoir bien examinés, nous les aurions trouvé bien étoffés, bien diapasonnés & chacun de la matiere convenue dans le Devis. Nous aurions aussi trouvé que tous les Jeux énoncés dans le Devis, étoient réellement posés, & jouant à leur place respective, & de l'étendue convenue. Nous aurions remarqué tous lesdits Jeux bien posés, bien assujettis & bien disposés : les Tuyaux de la Montre bien à-plomb, posés à égale distance entre eux, & les grands Tuyaux bien assujettis, aussi-bien que ceux des autres Jeux. Nous aurions trouvé les Tuyaux de bois, les Sommiers, les faux-Sommiers, & toutes les autres pieces qui sont en bois, de la qualité énoncée dans le Devis.

Nous aurions examiné l'intérieur des Layes de tous les Sommiers, aussi-bien que leurs fermetures. Nous y aurions remarqué les boursettes bien faites, les

Soupapes dans leurs juftes proportions, les refforts bien difpofés; le tout proprement & folidement conftruit felon les regles de l'Art.

Nous aurions de même examiné l'intérieur du Pofitif, où nous aurions remarqué les Tuyaux. Nous les aurions trouvés bien difpofés, bien pofés, bien
diapafonnés & étoffés; conftruits d'ailleurs aux termes du Devis, comme auffi
ceux de l'Echo, que nous aurions vifité de même.

Nous aurions examiné le Sommier dudit Pofitif avec tous fes mouvements,
qui fervent à en gouverner les différentes parties. Nous aurions trouvé le tout
bien entendu, folide & bien difpofé avec tous les matériaux énoncés dans le
Devis.

Nous aurions enfin examiné les deux Buffets de l'Orgue dans toutes leurs
parties, foit en dedans foit en-dehors, avec toutes les portes & les ferrements
de toute efpece; nous aurions trouvé toutes les dimenfions conformes à la teneur du Devis, & au deffein figné par les fufdites parties. Nous aurions auffi
trouvé le tout bien affemblé, bien affujetti & conftruit avec les matériaux de la
qualité convenue.

Ayant ainfi procédé dans la fufdite vérification felon Dieu & notre confcien-
ce; ayant trouvé tout l'Orgue bien conftruit & folide dans toutes fes parties;
conforme en tout à la teneur du Devis; le tout duement exécuté, nous aurions
déclaré que le fufdit Orgue eft recevable. En foi de quoi nous aurions dreffé le
préfent Procès-verbal pour fervir, & valoir en temps & lieu ce que de raifon,
lequel nous aurions figné; à N. le .... du mois de N. de l'année. ...

N. N. Facteur, ou Organifte.

1287. Si l'Orgue ne fe trouve pas recevable, foit parce que le Facteur aura
refufé d'en corriger les défauts, quoique peu confidérables, foit parce qu'il fe
trouvera hors d'état de le faire par fon incapacité, le Vérificateur dreffera un
Procès-verbal dans la même forme à-peu-près que le précédent; mais au lieu
d'inférer dans chaque article qu'il aura trouvé tout bien, il y marquera, chacun
dans fon ordre, tous les défauts qu'il aura trouvés, auffi-bien que tous les
manquements à la teneur du Devis, faifant remarquer & prouvant que ce font
de vrais défauts. Il ne laiffera pas de faire connoître dans fon rapport tout ce
qu'il aura trouvé de bon. Voici un exemple de la maniere dont on peut s'expliquer.

1288. Nous aurions commencé par la vifite de la Soufflerie, où nous étant
rendus, nous aurions trouvé les Soufflets au nombre & de la qualité de bois,
mais non de la grandeur convenue dans le Devis, qui marque que les Soufflets
auront 8 pieds de longueur fur 4 pieds de largeur. Cependant ceux-ci n'ont que
7 pieds de longueur fur 3 pieds 6 pouces de largeur; cela porte un vrai préjudice à l'Orgue, attendu que toute la grandeur des Soufflets, telle qu'elle eft
énoncée dans le Devis, y étoit fort néceffaire pour fournir du vent fuffifamment.

ment. Du reste nous aurions trouvé lesdits Soufflets jouant bien, sans aucun défaut, bien faits, bien posés & solides.

Nous aurions ouvert chaque Jeu l'un après l'autre, nous les aurions examiné Tuyau par Tuyau. Nous en aurions trouvé le plus grand nombre parlant bien, chacun dans sa véritable harmonie, excepté ceux que nous allons spécifier.

Le premier *D la re* de la Montre de 16 pieds parle à l'octave; le premier *E si mi* est si foible, qu'on a peine à l'entendre; le second *G re sol*✕ piolle très-sensiblement dans le mêlange de plusieurs autres Jeux.

Le premier *C sol ut* du Bourdon de 16 pieds ne parle presque point : le second *F ut fa* octavie : le second *B fa si*♭ piolle très-sensiblement dans le mêlange : le troisieme *B fa si* est fort tardif ; le quatrieme *D la re* est trop fort, & le quatrieme *F ut fa* trop foible.

Le premier *G re sol*✕ de la Trompette, double; le premier *B fa si* tarde à parler; le troisieme *F ut fa*✕ est fort foible : le troisieme *A mi la* est court, & a par conséquent une harmonie seche, maigre & criarde.

Le premier *G re sol* du Cromorne, double; le premier *B fa si*♭ est court, aussi-bien que le second *C sol ut*; le cinquieme *C sol ut* tarde à parler, & est fort foible.

Le premier *E si mi* de la Pédale de Trompette râle; le second *B fa si* double & râle : le troisieme *D la re* est sourd.

Nous aurions vérifié l'accord, & après avoir particuliérement examiné la partition sur le Prestant, nous l'aurions trouvée fausse, en ce que la quinte du *G re sol*✕ à *E si mi*♭ se trouve juste ; ce qui ne peut se faire sans que toute la division de l'Octave se trouve fausse. Comme c'est un défaut essentiel, nous n'aurions pas passé outre dans la vérification de l'accord ; ladite partition ayant besoin d'être refaite, il est absolument nécessaire de raccorder tout l'Orgue. Cette opération doit entraîner nécessairement celle de remettre tous les Jeux d'Anche en harmonie.

Nous serions montés au haut de l'Orgue où sont les Tuyaux, & après les avoir bien examinés, nous les aurions trouvés bien faits, bien diapasonnés, & de la matiere convenue dans le Devis, excepté la Trompette & le Clairon, qui se trouvent en étain commun, tandis qu'ils devoient être faits en étain fin, selon la teneur du Devis ; de-là vient que le son n'en est pas aussi harmonieux ni si brillant, que si ces Jeux eussent été en étain fin. Du reste nous aurions trouvé que tous les Jeux mentionnés dans le Devis étoient réellement posés, & jouant sur leur place, & de l'étendue convenue, &c.

Ayant ainsi procédé dans la susdite vérification, selon Dieu & notre conscience, ayant trouvé tous les défauts mentionnés ci-dessus, que le Sieur N. N. Maître Facteur d'Orgues auroit refusé de corriger, quoique tout le reste de l'Orgue joue parfaitement bien, à l'accord près, nous aurions déclaré que

ORGUES. III. Part.   Pppppp

le fufdit Orgue ne doit pas être reçu jufqu'à ce que lefdits défauts foient corrigés , & qu'on ait réparé les inexécutions de la teneur du Devis. En foi de quoi , &c.

CHAPITRE TROISIEME.

Avis à l'Organifte pour l'entretien & la confervation de l'Orgue.

I.

1289. L'Organiste doit être averti que l'accord , & même l'harmonie de l'Orgue font extrêmement dépendants de l'exact étanchement du vent dans la Soufflerie , aux grands porte-vents & aux fermetures des Layes des Sommiers. Les pertes de vent caufent bien fouvent des altérations fenfibles : il eft donc effentiel d'entretenir toujours tout ce qui tient le vent renfermé ; c'eft pour-quoi l'Organifte vifitera de temps-en-temps la Soufflerie , les grands porte-vents & les fermetures des Layes des Sommiers. S'il y trouve des pertes de vent , il les fermera , en collant de la peau blanche fur les ouvertures. Comme tous les Organiftes n'ont pas vu travailler à la facture , & qu'il peut y en avoir quel-ques-uns qui ne favent pas coller la peau comme il faut , je crois qu'il ne fera pas hors de propos de leur faire entendre comment on la colle proprement & folidement.

On aura de la colle-forte dont fe fervent les Menuifiers : la plus claire & la plus tranfparente eft toujours la meilleure. On la fondra comme le font les Me-nuifiers pour coller le bois l'un contre l'autre. On coupera une piece de peau d'une grandeur & d'une forme convenables pour couvrir l'ouverture par où le vent fe perd. On la chanfreinera tout-à-l'entour , c'eft-à-dire , qu'avec un cou-teau qui coupe très-bien , ou un rafoir , on amincira les bords du côté velu , les rendant très-minces , & comme tranchants à toutes les extrêmités ; ce qui fe fait facilement , en mettant la piece de peau fur un bois dur & uni , ou fur du marbre. On barbouillera de colle toute chaude , la piece de peau du côté velu , avec un pinceau , & on l'appliquera bien étendue fur l'endroit deftiné. On prendra un linge ou ferviette pliée en quatre , qu'on trempera dans l'eau bien chaude : on la retirera & on la tordra promptement , on l'étendra bien chaudement fur la piece de peau , preffant fortement avec les mains dans tous les fens convenables. Un moment après , on retirera ce linge ; & fi la piece de peau n'eft pas encore parfaitement bien appliquée , on achevera de la bien étendre , partie avec les doigts mouillés avec l'eau chaude , & partie avec un couteau de bois , s'il eft néceffaire ; ce qui étant fini , on effuiera tout l'endroit avec le même linge humide ; frottant bien légérement , pour en ôter l'eau , la colle fuperflue , & les taches qu'il pourroit y avoir.

S'il eft néceffaire de coller une piece de peau, le côté velu en deffus, on raclera le côté liffe avec un couteau ou un cifeau de Menuifier : on mettra la colle fur ce même côté raclé, & on appliquera proprement la peau fur l'endroit deftiné, qui eft ordinairement quelque Soupape ou quelque fermeture de Sommier, &c, & au lieu d'un linge trempé dans l'eau chaude, on fe fervira d'un fer à repaffer le linge, qui fera un peu moins chaud que pour cet ufage : on mettra un papier fur la peau, & on paffera le fer par-deffus.

2.

Quoique ce ne foit plus l'ufage de mettre des volets aux Orgues, pour en couvrir la Montre, on en trouve encore quelques-unes où il y en a. On fait par l'expérience qu'ils portent un grand préjudice à l'Orgue par l'ébranlement qu'ils caufent : on fera donc bien de les laiffer toujours ouverts, & de ne les remuer jamais ; les rideaux non plus n'y font pas utiles : s'il y en a, on fera mieux de ne les tirer jamais pour les fermer.

3.

Il ne faut jamais augmenter ni diminuer le poids ou la charge qui eft fur les Soufflets : le moindre changement à cet égard cauferoit une détérioration dans toute l'harmonie & l'accord de l'Orgue. Les Tuyaux ayant été ajuftés fur le degré de force de vent, déterminée au commencement par le Facteur, au moyen des poids des Soufflets, ne pourroient que mal parler. S'il arrivoit qu'une bafcule vint à fe rompre, il faudroit en faire une autre, qui fût fort approchante du même poids que l'ancienne, afin qu'il n'arrive aucun changement au dégré de force du vent.

4.

L'Organifte tiendra toujours les Claviers bien couverts, foit par un rideau, foit par des portes, pour les conferver propres, & il doit avoir grand foin de les entretenir en bon état. Il n'attendra pas qu'ils ne puiffent plus jouer, mais à mefure qu'il y furviendra quelque défaut il y remédiera.

Si une touche s'arrête, cela peut venir de plufieurs caufes: 1°. Si la touche eft trop jufte entre fes guides: 2°. fi quelque vergette s'accroche quelque part, en haut ou en bas, par fa garniture de fil de fer ou de laiton : 3°. fi un rouleau d'Abrégé eft trop jufte dans fa longueur, ou s'il frotte contre un autre rouleau pour s'être déjetté, ou fi les pivots du rouleau font trop juftes dans leurs trous : 4°. fi une vergette frotte avec un peu de force contre quelque fer d'Abrégé, ou contre une autre vergette : 5°. fi un reffort eft déplacé ou caffé, ou qu'il gêne le jeu de la Soupape : 6°. fi une Soupape eft trop jufte entre fes guides. Il peut arriver quelques autres caufes de l'arrêt des touches d'un Clavier, auxquelles il eft plus difficile de remédier ; je ne ferai mention ici que de ce qu'un Organifte peut faire facilement dans les fix cas ci-deffus.

1°. Si une touche eft trop jufte entre fes guides, on en écartera un, ou tous les deux, felon le befoin, jufqu'à ce que la touche foit libre.

2°. Si une vergetre s'accroche par sa garniture, il n'y a qu'à ployer un peu de côté le repli de cette garniture, afin qu'aucun accrochement n'ait lieu.

3°. Si un rouleau d'Abrégé est trop juste dans sa longueur, on arrachera un de ses pivots, on ôtera le rouleau de sa place & ses vergettes, on le raccourcira un peu avec une lime & on le remettra en place : on aura soin d'enfoncer le pivot bien droit avec un petit marteau. Si le rouleau est déjetté, on l'ôtera également de sa place, & on en changera le centre vers le côté convenable, pour qu'il ne touche plus contre son voisin. Pour changer le centre du rouleau, on y fera par le bout un autre trou assez profond & bien droit, plus haut ou plus bas que l'ancien, selon le besoin. Si les pivots se trouvent trop justes dans les trous des tourillons, on y passera une pointe d'acier quarrée, en la faisant tourner, pour agrandir un peu le trou.

4°. Si une vergette frotte contre un fer d'Abrégé, on ploiera un peu le fer d'Abrégé où elle est suspendue, ou celui contre lequel la vergette frotte ; ou si le frottement se fait contre une autre vergette, on chassera également à côté l'un ou l'autre fer d'Abrégé.

5°. Si un ressort est déplacé, on le remettra en place ; prenant garde qu'il ne touche la Soupape que de sa pointe, qu'il la tienne fermée bien droit, & bien au milieu de ses guides sans y frotter. Si le ressort est cassé, on en fera un autre.

6°. Si une Soupape est trop juste entre ses guides, on les écartera un peu.

5.

Le méchanisme d'un Positif dans un corps séparé à l'ordinaire étant différent de celui du grand Orgue, peut aussi causer des arrêts aux touches de son Clavier en différentes manieres, qu'il est bon de faire connoître : 1°. si le Pilote n'est pas bien libre dans le trou de son guide, au-dessous du Clavier : 2°. si une bascule frotte contre sa voisine, pour s'être envoilée ou déjettée : 3°. si une pointe du chevalet est trop inclinée à contre sens : 4°. si une bascule est trop juste & gênée entre les guides du râteau.

1°. Si le pilote n'est pas bien libre dans son trou, soit qu'il soit trop gros, ou qu'il y ait quelque aspérité qui l'empêche de bien jouer, il faudra ou le diminuer tant soit peu, ou en ôter les aspérités ; ce qui se fera facilement avec un couteau ou une lime, qu'on conduira suivant le fil du bois, & non en travers.

2°. Si une bascule frotte contre sa voisine, on pourra y remédier, soit en changeant de place la pointe du chevalet, soit en ployant un peu du côté opposé quelque pointe du râteau, soit en diminuant un peu la bascule à l'endroit de son frottement. Si malgré tout cela elle frotte toujours, on en fera une autre bien semblable à l'ancienne.

3°. Si la pointe du Chevalet se trouve inclinée mal-à-propos, & que cela gêne le mouvement de la bascule, on la ploiera un peu dans un sens contraire.

4°.

4°. Si la bafcule eft trop jufte entre les pointes ou guides du râteau, on les écartera un peu, ou l'on diminuera l'épaiffeur de la tête de la bafcule.

6.

Il aura foin d'entretenir toujours les touches des Claviers dans leur jufte élévation, afin qu'elles n'enfoncent pas trop ; mais auffi qu'elles enfoncent affez. Cette opération d'égalifer les touches eft facile à faire, au moyen d'une pincette. Il eft bon de remarquer qu'un Orgue ne parle jamais bien, quand les touches n'enfoncent pas affez ; & il parlera toujours bien, quoiqu'elles enfoncent trop. Il y a des Orgues qui demandent que les Claviers enfoncent beaucoup, fans quoi elles vont néceffairement mal : il en eft d'autres qui peuvent bien parler, fans que les Claviers enfoncent tant. On aura toujours l'attention de ne pas élever les touches jufqu'à toucher la traverfe d'appui du Clavier fupérieur ; ce qui pourroit tenir quelque Soupape entr'ouverte.

7.

S'il furvient quelque cornement, ce fera toujours une preuve qu'il y a quelque Soupape entr'ouverte ; ce qui arrive 1°. quand il y a quelqu'ordure à la Soupape : 2°. quand un reffort eft trop foible : 3°. quand une bourfette s'eft rétrecie, & qu'elle tiraille la Soupape.

1°. S'il y a quelqu'ordure à une Soupape, qui l'empêche de fermer exactement, on l'ôtera en ouvrant un peu la Soupape d'une main, & faifant tomber de l'autre cette ordure, au moyen d'une plume ou d'un morceau de vergette bien amincie par le bout. On obfervera de ne pas trop ouvrir la Soupape & de la bien ménager, pour ne pas rifquer de l'éreinter.

2°. Si le reffort eft trop foible, on l'ôtera & on le rebandera. On aura l'attention en remettant le reffort, de le pofer de façon qu'il ne touche la Soupape que par fa pointe, & qu'il la pouffe bien droit, afin qu'elle ferme exactement & également de chaque côté ; elle doit être au milieu entre fes guides fans y frotter.

3°. Si une bourfette s'eft rétrecie & qu'elle tiraille fa Soupape, ce qui peut arriver fur-tout dans les Orgues neuves, on alongera un peu l'effe qui va de la bourfette à la Soupape. Le même cas peut arriver au Pofitif : fi une bourfette s'eft rétrecie, & que par conféquent elle ait diminué de fa profondeur, le pilotin qu'elle renferme fe trouvant rehauffé, fera trop long & tiendra ainfi la Soupape entr'ouverte : on raccourcira dans ce cas le pilotin d'environ un quart de ligne, & on le coupera bien quarrément.

8.

Il aura foin de tenir toujours le Clavier de Pédale bien net, & d'en ôter la boue qui fe détache des fouliers ; ce qui caufe fouvent des arrêts aux touches. Au cas qu'il furvienne quelque cornement, il examinera s'il n'y auroit pas quelque vergette trop tendue, adhérente au Clavier de Pédale. On trouvera aifément les caufes des cornements & des arrêts des touches des autres Claviers , par tout ce que nous venons de dire.

9.

Il examinera de temps-en-temps toutes les autres machines , pour voir fi rien ne fe relâche , & s'il y a des pieces qui fortent de leur place ; s'il y a des clous qui s'arrachent , s'il y a des pivots , goupilles , clavettes , pioches qui fe déplacent , il y remédiera. Toutes ces chofes font faciles à raccommoder , quand on s'y prend de bonne heure. S'il y a quelque porte-vent de plomb qui fe décolle , il le recollera , fuppofé qu'il puiffe le faire facilement , fans rien démonter : s'il y a quelque piece de fer ou de bois qui vienne à caffer , à gauchir , ou à s'envoiler fi fort qu'elle ne puiffe plus jouer , il en fera faire une autre bien femblable à l'ancienne.

10.

Si le Tremblant-fort fe dérange , on le remettra à fon point , en tendant ou détendant plus ou moins le fil d'archal qui aboutit à fon reffort.

11.

Si quelque Tuyau , de quelqu'efpece qu'il foit , penche & menace de tomber , on aura foin de le relever , & de l'attacher avec une bande de peau , ou ruban de fil , ou avec du fil d'archal. C'eft ainfi que toute la méchanique de l'Orgue fe maintiendra en bon état. Cet Inftrument , quoique très-bien conftruit , peut être fujet à quelque dérangement , étant compofé d'un grand nombre de machines , dont l'entretien eft pourtant facile , comme on le voit par tout ce que nous avons dit jufqu'ici.

12.

Il refte enfin à trouver des expédients pour éviter le dégât que les rats ou les fouris font bien fouvent dans un Orgue. Le meilleur de tous eft de leur en bien fermer toutes les iffues ; en forte qu'ils ne puiffent y pénétrer en aucune maniere : il eft rare qu'on ne puiffe en venir à bout. S'il eft abfolument impoffible d'empêcher que ces animaux n'entrent dans l'Orgue , il faut y mettre en plufieurs endroits quelques plats avec de l'eau dedans. On prétend que tant qu'ils trouvent de l'eau à boire , ils ne rongent jamais le plomb : mais cela ne fuffit pas ; il faut encore les détruire au moyen des pieges , des ratieres & des appâts empoifonnés.

13.

Il ne touchera jamais aux Tuyaux à bouche , foit pour les faire parler ou pour les accorder. Il entretiendra feulement les Jeux d'Anche ; ce qui demande beaucoup de prudence & quelques obfervations ; de peur qu'au lieu de les entretenir & les conferver , il ne les détruife totalement ; ou au moins qu'il ne les dégrade , ou qu'il ne les change d'harmonie ; ce que j'ai vu arriver plufieurs fois. Quelqu'inftruit que foit un Organifte au fujet des Jeux d'Anche , il les gâte peu-à-peu & infailliblement , s'il y travaille fans une néceffité indifpenfa-

ble, ou s'il y opére autrement qu'il ne va être dit ci-après, où il verra la maniere
de les entretenir.

14.

Il les accordera toutes les fois qu'ils en auront befoin. Il ne s'en tiendra pas à
la pratique de quelques Organistes, qui se fixent à certaines Fêtes pour accorder
les Jeux d'Anche, & qui les laissent la plus grande partie de l'année dans un
grand discord. Il vaut mieux qu'à mesure qu'il apperçoit quelque Tuyau, qui fait
un mauvais effet assez senfible, il l'accorde sur le champ : cela n'empêche pas
qu'il ne soit nécessaire de leur donner un accord général de temps-en-temps.
Dans certaines Orgues il faut les accorder plus souvent que dans d'autres,
felon que ces Jeux sont bien ou mieux construits. Quelques bien traités qu'ils
ayent été, leur accord s'altére à tous les changements de température de l'air.
Lorsqu'il est froid, le ton des Tuyaux monte, & il baisse lorsqu'il est chaud. Les
orages encore font discorder les Jeux d'Anche. La principale raison de cette variation dans l'accord vient de ce que l'élasticité des languettes augmente ou diminue selon que l'air est plus froid ou plus chaud.

15.

Lorsqu'il accordera, il écoutera attentivement certaines vibrations ou battements dans le son, plus ou moins accélérés, selon que le ton du Tuyau est
plus ou moins éloigné de l'accord avec le Tuyau du fond sur lequel on l'accorde : ces battements cessent entiérement, lorsque les deux Tuyaux sont d'accord ensemble. Un Organiste qui connoît un peu l'harmonie que doit avoir un
Tuyau, ne se contente pas de mettre simplement le Tuyau d'accord ; car encore qu'il n'entende plus de vibrations, il peut faire monter ou descendre le
ton de quelque petite partie, & il n'abandonne point le Tuyau que non-seulement il ne soit d'accord ; mais encore qu'il ne soit dans sa meilleure harmonie. Il remarquera que le Tuyau change d'harmonie à chaque coup d'accordoir
qu'il donne sur la rasette : ceci n'a lieu que pour certaines basses.

16.

Lorsqu'il accordera un Tuyau, il observera de ne jamais l'éloigner de son
ton ; il gâteroit bientôt par cette pratique tous les Jeux d'Anche. La rasette fait
une pression assez forte sur la languette : en la hauffant ou en la baissant confidérablement, on altére infailliblement la tournure de la languette, qui n'étant
plus dans son premier état, fait que le Tuyau n'est plus dans son harmonie.
Cette observation mérite d'autant plus l'attention de l'Organiste, que cet effet
peut arriver la premiere fois qu'on aura ainsi éloigné le Tuyau de son ton. Il y
a des Facteurs qui écrouissent très-peu les languettes ; certains ne les écrouissent pas du tout ; c'est dans ce dernier cas où il faut être le plus exact à ne pas
éloigner le Tuyau de son ton.

17.

L'Organiste se gardera bien de couper ou raccourcir jamais aucun

Tuyau. Il porteroit un grand préjudice à son Instrument : cet avis est important ; on ne sauroit trop y faire attention.

18.

Il accordera la Trompette sur le Prestant , & le Clairon sur la Trompette avec le Prestant : la Voix-humaine sur le Bourdon & le Prestant ; je suppose que le petit Bourdon est bien d'accord : il accordera de-même le Cromorne sur le Prestant. Pour accorder les basses de tous les Jeux d'Anche avec plus de facilité , il le fera par octaves. Si le Prestant n'étoit pas d'accord , il tâchera de bien accorder une octave ; & il accordera les autres sur celle-là. La Pédale de Trompette s'accorde toujours sur le Plein-Jeu. S'il y trouve de la difficulté , en ce que le Plein-Jeu ne seroit pas assez d'accord , il l'accordera sur la Trompette du grand Orgue , & la Pédale de Clairon sur celle de Trompette. S'il y a des Bombardes , elles s'accordent toujours sur les Trompettes.

19.

Il ne soufflera jamais avec la bouche pour faire parler un Tuyau d'Anche. L'humidité, dont se rempliroit l'Anche, la languette & la rasette, gâteroit tout. Le Tuyau cesseroit bientôt de parler , ou parleroit mal à cause de la rouille , du verd-de-gris , ou de la poussiere qui s'attacheroit à l'humidité , principalement aux petits Tuyaux.

20.

Lorsqu'un Tuyau ne parlera pas , ou qu'il parlera mal , il l'ôtera de sa place ; il examinera s'il n'y auroit pas quelque grain de sable , de poussiere ou autre chose entre la languette & l'Anche : il ôtera cet obstacle, soit en soufflant bien fort dessus , soit avec la pointe d'un couteau, en ménageant beaucoup la languette. Si la rasette est trop lâche, il la recourbera un peu avec la pincette : si elle ne peut couler aisément, il la raclera avec un couteau, pour en ôter la rouille , & il la frottera legérement avec du suif de chandelle : si la languette n'est pas bien affermie, ou qu'elle sorte plus que l'Anche , il l'enfoncera autant qu'il le faudra pour l'égaliser avec l'Anche , & il affermira le tout en enfonçant le coin. Si le coin s'enfonce totalement, & que cependant il ne serre pas bien, il en fera un autre. Il aura l'attention en tirant ou remettant une rasette , de soulager sa pression sur la languette , pour ne pas risquer d'en altérer la tournure ; ce qui est de conséquence , pour ne pas gâter un Tuyau d'Anche.

21.

1290. Voici à-peu-près les accidents qui peuvent arriver à un Tuyau d'Anche , avec les moyens d'y remédier :

1°. Si le Tuyau est lent à parler , c'est que la languette est trop ouverte ; on passera le dos d'une lame d'un couteau par-dessus la languette , & on la tiendra pendant cette opération bien appliquée contre l'Anche. Si le Tuyau tarde encore à parler, on reviendra à cette opération. Il faut observer que si l'on en fait trop , le Tuyau deviendra trop prompt, ce qui est un grand défaut ; il n'aura

jamais

jamais alors une bonne harmonie : il risquera de doubler, ou il sera foible de son, ou il ne pourra pas monter ou descendre à son ton, ou enfin il râlera.

2°. Si le Tuyau râle, cela peut venir de ce qu'il est trop prompt : on donnera un peu plus de ressort à la languette, c'est-à-dire, qu'on y passera la lame d'un couteau en-dessous, & tenant en même-temps le pouce par-dessus, ou encore mieux l'ongle du gros doigt, on donnera comme en glissant, depuis le coin jusqu'au bout, un peu plus de tournure à la languette en dehors, & toujours un peu circulaire : si après cette opération le Tuyau est tardif, ce sera une marque qu'on en aura trop fait ; il faudra passer par-dessus le dos de la lame du couteau, comme il est dit ci-devant.

3°. S'il râle, & qu'il soit lent à parler, cela vient ordinairement de ce que la languette est gauche ; ce qu'on reconnoîtra en la regardant par son ouverture au bout de l'Anche : si l'on trouve qu'elle approche plus de l'Anche d'un côté que de l'autre, elle sera gauche ; il faut la dégauchir par l'opération du couteau & du pouce, en la contournant dans un sens opposé ; & comme ordinairement elle se trouve trop ouverte après cette opération, on y passera par-dessus, le dos de la lame du couteau, en l'appuyant seulement du côté où elle se trouve trop ouverte.

4°. Si le Tuyau râle, & qu'il parle promptement, c'est une marque qu'il est trop prompt : on donnera un peu plus d'ouverture ou de ressort à la languette, par l'opération de la lame du couteau & du pouce : s'il n'est pas trop prompt, on dégauchira la languette.

5°. S'il double, il est ordinairement trop prompt, ou bien la tournure de la languette ne part pas d'assez loin vers le coin ; sa tournure est trop courte.

6°. Si le ton du Tuyau ne peut descendre assez bas, quoique la rasette touche le coin, cela proviendra de ce que le Tuyau est trop prompt, ou que la tournure de la languette est trop courte, ou autrement dit, trop au bout inférieur.

7°. Si le Tuyau ne parle pas du tout, cela vient de ce que la languette est trop ouverte, ou entièrement fermée, ou n'a pas du tout de tournure, étant toute droite. Mais le plus souvent, c'est quelque grain de poussiere ou autre chose, qu'il faut ôter en ménageant beaucoup la languette.

8°. Si le Tuyau ne peut prendre aucune harmonie & parle mal, cela vient de ce que la languette a quelque faux pli, ou qu'étant ouverte, elle est toute droite sans aucune tournure, ou que cette tournure est irréguliere, ou qu'elle est gauche, ou enfin que le Tuyau est trop prompt. On examinera encore si la languette ne touche pas dans l'intérieur du pied. Les grands Tuyaux sont sujets à cet inconvénient, pour peu qu'ils soient posés de travers. Leurs grandes Anches & leurs grandes languettes ne se tiennent pas toujours bien au milieu de l'intérieur du pied, ou elles y entrent quelquefois, & y enfoncent jusqu'à sa partie conique.

ORGUES. III. Part.   R r r r r r

9°. Si l'on ne peut parvenir à faire prendre au Tuyau une bonne harmonie par toutes les opérations mentionnées ci-dessus, on ôtera la languette de sa place ; on la mettra sur un bois dur & uni, & on la redressera exactement, en frottant bien fort dessus avec le dos de la lame du couteau, & opérant ainsi de chaque côté, jusqu'à ce qu'elle soit bien droite & bien dégauchie : alors on ne la frottera que d'un côté pour lui faire prendre une tournure un peu circulaire, mais peu sensible. On visitera encore l'Anche : si on la trouve gauche, on la repassera sur une lime assez fine & droite. On remettra & on affermira le tout dans sa place.

10°. Si le Tuyau est foible de son, c'est une marque qu'il est trop prompt, ou que la languette n'a pas assez de tournure vers le bout.

Les Organistes pourront peut-être penser qu'un Tuyau ne sauroit être trop prompt à parler, mais il faut entendre cette expression. L'on dit qu'un Tuyau est trop prompt, lorsqu'il a une si grande facilité à parler, que le moindre zéphir lui fait rendre du son. Pour qu'il soit bien à cet égard, il faut que la languette soit ouverte à un tel point, que le Tuyau ait besoin de toute la force ordinaire du vent tel qu'il est dans l'Orgue, pour parler aussi promptement qu'un petit Tuyau à bouche.

22.

L'Organiste enfin observera de ne jamais toucher à la tournure d'une languette, qu'à la derniere extrêmité. Quoique par tout ce que je viens de dire, il paroisse peut-être facile de bien faire parler un Tuyau d'Anche ; cependant il n'est rien de si difficile dans la pratique pour ceux qui n'en ont pas un grand usage, & qui ne connoissent pas parfaitement l'harmonie : il n'y a qu'un bon Facteur qui soit en état de bien réussir. Un Organiste agira donc prudemment de ne faire ces sortes d'opérations que très-rarement, c'est-à-dire, que lorsqu'un Tuyau ne pourroit absolument servir, soit parce qu'il ne parleroit pas, ou que son mauvais son gâteroit tout, ou qu'il ne pourroit venir à l'accord.

1291. Ce n'est pour ainsi dire qu'en tremblant, que je viens de déduire ici la maniere d'entretenir & conserver un Orgue : je crains beaucoup d'avoir fait plus de mal que de bien. Je suis très-convaincu que si je ne parlois qu'à des Organistes sages & prudents, il n'y auroit rien à risquer ; mais comme je suis forcé de dire devant tous ce que j'ai jugé convenable, il est bien à craindre qu'il n'y en ait plusieurs qui en feront un mauvais usage. Un Organiste imprudent, (il en est toujours quelques-uns,) ravagera un Orgue au lieu de l'entretenir & de le conserver : il vaudroit autant le livrer à la merci des rats, qu'à la légéreté d'un tel Organiste. Il ne faut donc pas être surpris si les Ouvriers Facteurs font toujours cette injurieuse comparaison, & s'ils en ont fait une espece de proverbe, en disant communément qu'ils ont obligation aux rats & aux Organistes, & que sans eux les Orgues dureroient trop long-temps : mais encore un coup ceci ne regarde que quelques jeunes inconsidérés, qui font toujours les plus hardis & les plus entreprenants. Il est heureux que le grand nombre foient des hommes fages, judicieux & fort jaloux de la confervation de leur Inftrument.

CHAPITRE QUATRIEME.

Les principaux mélanges ordinaires des Jeux de l'Orgue (a)

Lus, examinés, corrigés & approuvés par les plus habiles & les plus célébres Organiftes de Paris, tels que Meffieurs Calviere, (b) Fouquet, Couperin, Balbâtre, & autres.

I.

Pour le Plein-Jeu.

1292. On y mettra toutes les Montres, tous les 8 pieds ouverts, tous les Bourdons, tous les Preftants, toutes les Doublettes, toutes les Fournitures, toutes les Cymbales, tant au grand Orgue qu'au Pofitif, & on mettra les Claviers enfemble. Si l'on fe fert des Pédales, on y mettra la Trompette & le Clairon. S'il y a plufieurs Trompettes & plufieurs Clairons à la Pédale, on les y mettra également. On ne mêle jamais aucune Pédale de Flûte avec celles de Trompette & de Clairon. On peut fe fervir quelquefois au Plein-Jeu, des Pédales de Flûte, au lieu des Pédales de Trompette & de Clairon, fur-tout s'il y a des 16 pieds.

Le grand Plein-Jeu doit fe traiter gravement & majeftueufement : l'on doit y frapper de grands traits d'harmonie, entrelaffés de fyncopes, d'accords diffonants, de fufpenfions & furprifes d'harmonie frappantes ; & que tout cela cependant puiffe former une modulation réguliere. Le Plein-Jeu du Pofitif doit être touché plus légérement : l'on peut y exécuter du brillant, des roulades, &c ; le tout aboutiffant à une harmonie fuivie.

II.

Pour le Grand Jeu.

On mettra au grand Orgue le grand Cornet, le Preftant, toutes les Trom-

---

(a) Un Organifte, nommé M. le Bégue, a donné au Public vers le commencement de ce fiecle, plufieurs pieces d'Orgue. Il a ajouté à fon Ouvrage les mélanges des Jeux qui pouvoient convenir, à quelque chofe près, à la maniere dont on conftruifoit alors les Orgues, & à la qualité de l'harmonie qu'on leur donnoit. Le goût étant changé depuis ce temps-là, à caufe des différents ufages qu'on fait des Jeux, & la façon de les traiter, il a été néceffaire de faire des chan-

gements dans leurs mêlanges. Ceux que je donne ici font du moins généralement pratiqués à préfent par le plus grand nombre & les meilleurs Organiftes.

(b) Quoique M. Calviere foit mort, j'ai cru cependant devoir le citer, attendu qu'ayant écrit ces mélanges des Jeux avant fa mort, il avoit eu la complaifance de les examiner & de les corriger le premier. Je fuis en état de faire voir fes corrections écrites de fa propre main.

pettes & les Clairons, s'il y en a plufieurs. On mettra également au Pofitif le Cornet, le Preftant, la Trompette, le Clairon & le Cromorne : (on retranchera ce dernier Jeu, s'il n'y a dans le grand Orgue qu'une Trompette & un Clairon.) On mettra les Claviers enfemble : les Pédales feront comme au Plein-Jeu. Si l'on a befoin du Récit, on ouvrira le Cornet, ainfi qu'à l'Echo.

Il y a plufieurs Organiftes, qui ne touchent prefque jamais le Grand Jeu, fans y faire jouer le Tremblant-fort. Il eft remarquable que ce ne font jamais les plus habiles, & qui ont le plus de goût ; ceux-ci fentent trop bien que cette modification du vent barbouille & gâte la belle harmonie : les Tuyaux n'en parlent pas fi bien, ni fi nettement. Ce Tremblant leur ôte tout le tendre, le velouté de leur fon : ils perdent cette harmonie pleine & mâle qu'un bon Facteur expert en fon art, a tant pris de peine à leur faire rendre. Le Cromorne fur-tout en eft le plus mal affecté ; le Tremblant défigure tout ce qu'il a d'agréable dans fon harmonie ; ce Jeu ne fait alors que nafarder : on fera donc très-bien de ne s'en fervir prefque jamais au Grand Jeu, à l'exemple des plus grands Organiftes, qui naturellement doivent être le modele des autres.

III.

Pour le Duo.

Il y a différents mêlanges qui peuvent convenir au Duo, felon la maniere dont on veut le traiter.

1°. On mettra au grand Orgue tous les Jeux de fond, même le 32 pieds, s'il y en a, comme au Plein-Jeu. On y ajoutera les deux Nafards, les deux Tierces & la Quarte, fans Doublette, à moins qu'il n'y eut pas de Quarte : c'eft ce qu'on appelle *le grand Jeu de Tierce.*

Au Pofitif on mettra le 8 pieds ouvert, le Bourdon de 8 pieds, le Preftant, le Nafard, la Quarte & la Tierce. S'il n'y a pas de Quarte, on mettra la Doublette : ce mêlange s'appelle *le Jeu de Tierce du Pofitif.* Les Claviers feront féparés.

On touchera le deffus fur le Pofitif, & la baffe fur le grand Orgue.

Il faut remarquer que fi l'on fait de grandes vîteffes à la Baffe, elles ne feront aucun effet. Leur mouvement doit être tout au plus en croches d'un battement modéré. On ne fera monter les Baffes que jufqu'à la clef de *G re fol* ; les deffus dans ce mêlange n'étant pas agréables.

2°. On touchera le deffus fur le Cornet de Récit, & la Baffe fur le Preftant & le Cromorne du Pofitif. S'il n'y a pas de Cornet de Récit, on fe fervira du grand Cornet tout feul, ou bien du *petit Jeu de Tierce du grand Orgue*, où il n'entre que le 8 pieds ouvert, & le petit Bourdon, (autrement appellé le Bourdon de 8 pieds ou de 4 pieds,) le Preftant, le petit Nafard, la Quarte & la Tierce.

Les

Les deux mélanges précédents pour le Duo font les plus ufités, & qui conviennent davantage au caractère de la piece : le premier pour le grave & le noble ; le fecond pour la grande exécution.

3ᵉ. On touchera le deffus fur le Cornet de Récit, & la baffe fur la Trompette feule du Pofitif.

4°. On fera le deffus fur la Trompette de Récit, & la baffe fur tout le Jeu de Tierce du Pofitif.

5°. On fera le deffus fur le Cromorne & le Preftant du Pofitif, & la Baffe fur tout le grand Jeu de Tierce du grand Orgue, en obfervant de ne pas faire de grandes viteffes fur la baffe.

Ce mélange eft encore plus propre pour toucher un Trio, dont les deux deffus fe feront fur le Pofitif, & la baffe fur le grand Orgue.

6°. Faire les deux parties du Duo fur les tailles des Trompettes & Clairons, avec le Preftant du grand Orgue.

Ce mélange eft moins propre pour toucher un Duo régulier, qu'un caprice irrégulier, où quelquefois il n'entre que deux parties, d'autres fois trois & même quatre, felon l'imagination de l'Organifte.

7°. Faire le deffus fur les deux 8 pieds, la Flûte de 4 pieds & le Nafard du Pofitif, ou encore mieux fur le feul Cromorne avec le Preftant, & la baffe fur les deux 16 pieds & le Clairon du grand Orgue.

Comme ce mélange dans le grand Orgue eft irrégulier, attendu qu'on mêle un Jeu d'Anche avec de grands fonds, il ne faut faire defcendre la baffe que jufqu'à la clef d'*F ut fa* tout au plus : elle fera plus d'effet vers la troifieme octave. On y peut toucher en harpégements, batteries, &c, le tout lié. On touche encore plus fouvent un Trio qu'un Duo fur ce mélange.

8°. On fera le deffus fur le Cornet de Récit, & la baffe fur tous les fonds du grand Orgue, avec le Cromorne & le Preftant du Pofitif, les Claviers enfemble. On obfervera de ne pas faire de grandes viteffes à la baffe, afin que les fonds du grand Orgue faffent bien leur effet.

IV.

Pour la Fugue grave.

On mettra au grand Orgue le Preftant, toutes les Trompettes & les Clairons. Au Pofitif, on mettra la Trompette, le Clairon & le Cromorne : (on met toujours ce dernier Jeu dans ce mélange, quoiqu'il n'y ait qu'une Trompette & un Clairon au grand Orgue ;) les Claviers feront enfemble. Si l'on fe fert des Pédales, ce feront les mêmes qu'au Grand Jeu & au Plein-Jeu.

Un nombre d'Organiftes ajoute à ce mélange le grand Cornet, fans s'appercevoir que ce Jeu ôte tout le tranchant & la douceur dans les deffus des Jeux d'Anche. C'eft prefque la feule occafion de les faire paroître dans tout leur brillant & leur beauté : on en eſt privé par l'éclat du Cornet, qui les abſorbe & les émouſſe. D'autres font encore pis ; ils y joignent le Tremblant-fort. Ceux qui ont le plus de goût font bien plus attentifs à tirer de leur Inſtrument toute l'harmonie dont il eſt ſuſceptible ; auſſi ils ne tombent point dans ces inconvéniens, qui marquent peu de diſcernement.

On peut encore toucher quelquefois une Fugue grave ſur le mêlange ſuivant, qui eſt fort harmonieux : on mettra tous les fonds au grand Orgue ; & au Poſitif, on mettra le Cromorne avec le Preſtant ſeulement ; les Claviers ſeront enſemble.

Ce mêlange eſt propre à toucher auſſi un caprice rempli d'accords dans les baſſes, en batteries modérées ſi l'on veut, & faire chanter les deſſus en une ou deux parties.

V.

Pour la Fugue de mouvement.

On la touche ordinairement ſur le Grand Jeu : on peut encore l'exécuter ſur tout le grand Jeu de Tierce, joint avec celui du Poſitif, les Claviers enſemble. Quelques Organiſtes y ajoutent le Clairon au grand Orgue ; d'autres le Cromorne au Poſitif ; mais ce mêlange eſt alors irrégulier, attendu qu'un Jeu d'Anche ne peut parler dans ſa véritable harmonie, & dans ſon accord avec tout le Jeu de Tierce.

VI.

Pour la Tierce en Taille.

On mettra au grand Orgue pour l'accompagnement les deux 8 pieds, ou trois s'il y en a : au Poſitif, les deux 8 pieds, le Preſtant, (ou encore mieux, la Flûte de 4 pieds, s'il y en a, au lieu du Preſtant ;) le Nafard, la Quarte, (ou au défaut de la Quarte, la Doublette) la Tierce & le Larigot. On mettra à la Pédale pour faire la Baſſe, tous les Jeux de fond de la Pédale, comme les 16 pieds, s'il y en a, les 8 pieds & les 4 pieds.

Il y a beaucoup d'Organiſtes qui font l'accompagnement trop près du Récit en Taille : il ne fait alors preſqu'aucun effet, il ſe confond avec le Récit. On doit le faire toujours le plus haut que l'on peut, par exemple, ſur la quatrieme octave ; l'accompagnement alors ſort bien, & orne mieux le Récit : il eſt d'ailleurs plus brillant, & imite mieux la Flûte Allemande.

Le Récit qu'on joue ſur les tailles dans cette maniere de toucher, doit être bien chantant & orné avec beaucoup de goût. Il y a des Organiſtes qui ne font que des roulades d'un bout de Clavier à l'autre, beaucoup de rapidités, de paſſages & de cadences, le tout ſans preſqu'aucun chant : ce n'eſt pas-là un véritable Récit ; il faut eſſentiellement du chant pour la mélodie.

VII.

Pour le Cromorne en Taille.

On mettra au grand Orgue pour l'accompagnement les mêmes Jeux qu'à l'article **VI** précédent : au Pofitif, le Cromorne avec le Preftant : à la Pédale , les Jeux de fond. S'il y a un Jeu de Tierce à la Pédale , il fera encore mieux de s'en fervir pour la baffe, qui fera un plus bel effet.

Voyez la remarque de l'article **VI** précédent au fujet de l'accompagnement. On touchera le Récit plutôt bas que haut , tant qu'on pourra, c'eft-à-dire , que le chant doit dominer fur la feconde octave, qui a toujours plus d'harmonie.

VIII.

Pour toucher la Trompette en Taille.

On mettra au grand Orgue les deux 8 pieds , ou trois, s'il y en a, pour les accompagnements ; & au Pofitif, la Trompette feule , fi elle eft bien harmonieufe ; ou on y joindra le Preftant , fi elle n'eft pas affez parfaite. On mettra à la Pédale les Jeux de fond, ou encore mieux le Jeu de Tierce , s'il y en a. On touchera le Récit fur les feconde & troifieme octaves de la Trompette.

IX.

Pour le Trio à trois Claviers.

Il y a plufieurs mélanges qui y font propres ; voici les principaux :

1°. On touchera le premier deffus fur le Cornet de Récit ; le fecond deffus fur le Cromorne du Pofitif avec le Preftant ; & la baffe fur les fonds de la Pédale , ou encore mieux fur le Jeu de Tierce, s'il y en a à la Pédale.

Un nombre d'Organiftes mettent trop d'intervalle entre la baffe & les deffus dans toutes les efpeces de Trio. Lorfque l'harmonie eft fi éloignée , elle ne fe lie point avec les deux deffus , puifqu'on y met quelquefois jufqu'à trois octaves d'intervalle. C'eft un défaut que les habiles Organiftes évitent toujours : ils ne mettent pas plus d'une octave d'intervalle entre la baffe & les deux deffus.

2°. On fera le premier deffus fur tout le Jeu de Tierce du Pofitif, fans Larigot ; le fecond deffus fur la Trompette de Récit ; ou s'il n'y en a point au Récit , fur la Trompette du grand Orgue avec le Preftant ; la Baffe fur les Pédales de Flûte ou du Jeu de Tierce.

3°. Le premier deffus fur le Cornet de Récit ; le fecond deffus fur le Jeu de Tierce du Pofitif ; & la baffe fur les Pédales de Flûte ou du Jeu de Tierce.

Quoique ces deux deffus dans ce mélange , foient d'une harmonie affez approchante l'une de l'autre , ils font cependant d'un bon goût. Ils laiffent la liberté de parcourir le Clavier avec une certaine étendue : on n'y eft pas auffi gêné que fi les deux mains travailloient fur le même Clavier, dans le cas où l'on veut que les deux deffus foient de la même harmonie.

4°. Le premier deffus fur tous les 8 pieds, tant du grand Orgue que du Pofitif, les Claviers enfemble; & le fecond deffus fur la Trompette de Récit, ou le Cornet de Récit, s'il n'y a pas de Trompette; la Baffe fur les Pédales de Flûte, ou du Jeu de Tierce.

5°. Le premier deffus fur les deux 8 pieds du grand Orgue, ou trois s'il y en a; & le fecond deffus fur le Cromorne & le Preftant du Pofitif: la Baffe fur les Pédales de Flûte, ou du Jeu de Tierce.

6°. Un deffus fur les deux 8 pieds & le petit Nafard du grand Orgue; on peut y joindre la Flûte de 4 pieds, s'il y en a; & l'autre deffus fur le Cromorne & le Preftant du Pofitif; la Baffe fur les Pédales de Flûte, ou du Jeu de Tierce.

7°. Un deffus fur la Trompette de Récit; & l'autre deffus, fur les deux 8 pieds, Flûte & Nafard du Pofitif. S'il n'y a pas de Trompette au Récit, on fe fervira de celle du grand Orgue: la Baffe fur la Pédale de Flûte, ou du Jeu de Tierce.

8°. Un deffus fur le Jeu de Tierce du Pofitif; & l'autre deffus fur tous les 8 pieds du grand Orgue; la Baffe fur les Pédales de Flûte, ou du Jeu de Tierce.

9°. Le premier deffus fur le Cornet de Récit, ou fur deux 8 pieds feulement, ou fur deux 8 pieds & le Nafard avec la Flûte, s'il y en a: le fecond deffus fur la Voix-humaine, le petit Bourdon & la Flûte de 4 pieds, ou s'il n'y a pas de Flûte, on fe fervira du Preftant; la Baffe fur les Pédales de Flûte; on y mettra le Tremblant-doux.

10°. Les deux deffus fur tous les 8 pieds, tant du grand Orgue que du Pofitif, les Claviers enfemble; & la Baffe fur les Pédales de Flûte.

X.

Pour le Quatuor à quatre Claviers.

1°. On fera le premier deffus fur la Trompette de Récit, ou fur deux 8 pieds (s'ils y font féparés;) le fecond deffus fur le petit Jeu de Tierce du grand Orgue; la troifieme partie fur le Cromorne du Pofitif avec le Preftant; la Baffe fur la Pédale de Flûte, ou du Jeu de Tierce; ou bien,

2°. On fera le premier deffus fur le Cornet de Récit, le fecond fur la Trompette & le Preftant du grand Orgue, la troifieme partie fur le Jeu de Tierce du Pofitif, & la Baffe fur la Pédale de Flûte.

Cette maniere de faire le Quatuor fur quatre Claviers eft difficile pour l'exécution: on ne peut guere faire chanter les deux deffus, parce qu'on eft obligé de les toucher de la feule main droite fur deux Claviers différents; ou felon la feconde maniere, l'on eft obligé de faire les deux parties moyennes de la feule main gauche fur deux Claviers différents; mais voici un autre mêlange fur

lequel

lequel on pourra exécuter plus aisément le Quatuor de deux manieres, en le faisant sur trois Claviers seulement.

XI.

Pour le Quatuor à trois Claviers.

On fera les premier & second dessus sur le Cornet de Récit ; la troisieme partie sur le Cromorne & le Prestant du Positif ; & la Basse sur les Pédales de Flûte, ou du Jeu de Tierce.

Ou bien avec le même mélange, on touchera le premier dessus sur le Cornet de Récit ; les deux moyennes parties sur les tailles du Cromorne ; & la Basse sur les Pédales de Flûte ou du Jeu de Tierce ; cette seconde maniere aura plus de brillant & d'harmonie, sans plus de difficulté pour l'exécution.

XII.

Pour toucher un Fond d'Orgue.

On y mettra les Montres, les Bourdons, les 8 pieds ouverts, les Flûtes de 4 pieds & les Prestants, tant au grand Orgue qu'au Positif, les Claviers ensemble, avec tous les fonds de la Pédale. On n'y fera jamais jouer le Tremblant-doux, comme le pratiquent certains Organistes sans goût.

XIII.

Pour toucher une Basse de Trompette.

1°. On mettra au grand Orgue le Prestant, les Trompettes & les Clairons, s'il y en a plusieurs ; & au Positif, les deux 8 pieds, la Doublette & le Larigot. Si l'on veut faire un dialogue de dessus & de basse, on se servira du Cornet de Récit pour les dessus. Les Organistes les plus minces & mêlent toujours le Tremblant-fort, mais ceux qui sont habiles & connoisseurs en harmonie ne s'en servent jamais, parce qu'il fait disparoître la beauté des Jeux d'Anche, dont le son est alors défiguré ou altéré.

Ce mélange est le plus usité pour le caractere de cette maniere de toucher la Basse de Trompette : le mélange suivant sera encore plus harmonieux, mais il demande d'être traité avec goût.

2°. On mettra au grand Orgue les mêmes Jeux que ci-dessus ; & au Positif, les deux 8 pieds, le Prestant & le Cromorne, supposé que ces deux 8 pieds ne ralentissent point le Cromorne.

On touchera un Dialogue en maniere de Duo, imitant le Basson sur les tailles du Cromorne, & imitant le Cor de chasse, & un chant de Trompette ou de triomphe sur la Trompette.

X I V.

Pour toucher une Basse de Cromorne.

On mettra au grand Orgue tous les 8 pieds pour l'accompagnement ; & au Positif, le Prestant & le Cromorne.

On touchera le Cromorne en imitant le Basson, ou la Basse de viole.

X V.

Pour toucher des simples Récits de dessus.

Tous les Récits de dessus s'accompagneront toujours avec deux 8 pieds, pour en faire la basse. Si l'on veut toucher un dessus de Cromorne, on le tirera avec le Prestant, & on fera la basse avec les deux 8 pieds du grand Orgue, ou trois s'il y en a. Si c'est la Trompette de Récit, on la tirera seule, & on l'accompagnera de même. Si c'est le Cornet, on se servira de celui du Récit ; ou s'il n'y en a pas, on touchera le grand Cornet tout seul, & on l'accompagnera de même. Si ce font les dessus du Jeu de Tierce du Positif, on le tirera tout entier, & on l'accompagnera de même. Si ce font deux Trompettes ensemble, pour rendre le Récit plus tranchant & plus éclatant, on y joindra le Prestant, & on l'accompagnera de même. Si c'est la Trompette du Positif & le Cromorne ensemble, on y joindra le Prestant, & on l'accompagnera de même.

Chacun de ces Récits doit être traité dans le goût qui lui convient. Il faut toucher l'un avec rapidité, comme les Tierces du Positif, le Cornet, &c ; l'autre d'un mouvement plus modéré, comme les Trompettes, imitant des Fanfares, &c ; il faut les traiter selon leur caractère.

X V I.

Pour toucher la Voix-humaine.

On mettra au grand Orgue, où l'on suppose que ce Jeu est posé, le Bourdon, la Flûte de 4 pieds & la Voix-humaine : si l'on n'a pas de petite Flûte, on se servira du Prestant à sa place ; au Positif, on tirera les deux 8 pieds, avec lesquels on fera l'accompagnement ; on fera jouer le Tremblant-doux. Si on veut la toucher en Trio, voyez l'article I X ci-dessus, *pag.* 528, où il est parlé des Trio.

Il faut bien remarquer que c'est le seul cas où les Organistes, qui ont le plus de goût pour l'harmonie, se servent du Tremblant-doux, même lorsqu'il est bon ; ce qui est assez rare. Il affoiblit nécessairement le vent ; par conséquent il change & détériore l'harmonie & l'accord de l'Orgue. Il y a de grands Organistes qui ont nommé le Tremblant-doux, *le perturbateur des Jeux de l'Or-*

gue. On doit pourtant le fouffrir lorfqu'il eft comme il faut, pour modifier le fon de la Voix-humaine, qui fans cela n'imite jamais véritablement la Voix naturelle de l'homme : je n'en connois que deux qui ayent bien cette qualité. (*a*)

La meilleure maniere de toucher ce Jeu, eft de faire un fimple Dialogue de deffus & de baffe, & de joindre enfuite les parties enfemble, imitant toujours la maniere naturelle & toute fimple de chanter. Ce Jeu eft charmant lorfqu'il imite bien la voix de l'homme : il ne faut pas le toucher plus bas que le premier *F ut fa*, ni plus haut que le quatrieme *G re fol*; parce que les voix naturelles ne paffent point ordinairement cette étendue.

Comme il eft rare de trouver un excellent Tremblant-doux, plufieurs bons Organiftes touchent la Voix-humaine avec le Tremblant-fort, & y joignent le Nafard avec le Bourdon & le Preftant. Quoique ce mélange forte du caractere naturel de la Voix-humaine, c'eft cependant ce qu'on peut faire de mieux au défaut d'un bon Tremblant-doux ; mais ce mélange imite bien imparfaitement la voix naturelle : on ne chante pas fi rudement.

XVII.

Pour un Dialogue de Cornet, de Cromorne & d'Echo.

On fe fervira du Cornet de Récit, ou s'il n'y en a pas, on tirera le grand Cornet : on mettra au Pofitif le Cromorne avec le Preftant, & à l'Echo le Cornet ; on fera les accompagnements fur les deux 8 pieds du grand Orgue. Si l'on eft obligé de fe fervir du grand Cornet, on fera la baffe fur le Bourdon & le Preftant du grand Orgue, qu'on joindra au grand Cornet.

XVIII.

Pour toucher le Plain-chant.

Pour toucher le Plain-chant gravement, on l'exécute fur les Pédales de Trompette & de Clairon, & on l'accompagne fur tout le Plein-Jeu, tant du grand Orgue que du Pofitif, les Claviers enfemble.

Si on veut le toucher à la main, & rondement comme une profe, &c, on le fera fur les Trompettes, Clairons & Preftant du grand Orgue : on l'accompagnera fur le Plein-Jeu du Pofitif; on pourra mettre les Claviers enfemble, fi l'on veut, pour remplir davantage.

XIX.

Pour imiter la Flûte Allemande.

On tirera au grand Orgue & au Pofitif tous les 8 pieds : on mettra les Cla-

(*a*) Je crois devoir attribuer la parfaite réuffite de ces deux Voix-humaines, principalement à la bonté du Tremblant-doux, qui ayant été bien rencontré, affecte ces Jeux au jufte point.

viers enfemble: on n'y mêlera jamais ni Preftant, ni Flûte de 4 pieds, ni aucun 16 pieds. S'il n'y avoit dans le Pofitif qu'un Bourdon , fans 8 pieds ouvert, il ne faudroit fe fervir que du Bourdon.

Il faut toujours toucher le plus haut qu'on pourra fur ce mêlange , imitant le goût des chants propres à la Flûte.

XX.

Pour imiter les petites Flûtes , ou Flûtes à bec.

On mettra le Preftant du grand Orgue avec celui du Pofitif ; & s'il y a des Flûtes de 4 pieds, on les y joindra : on mettra les Claviers enfemble.

XXI.

Pour jouer une Mufette.

S'il y a dans l'Orgue un Jeu de Mufette, on l'ouvrira avec le Bourdon de 8 pieds feulement ; on l'accompagnera avec deux 8 pieds. On met ordinaire-ment un plomb dans la baffe fur la tonique & fur fa quinte : on fait deux deffus fur le même Jeu, ou bien le premier deffus fur les deux 8 pieds ; on tient auffi la tonique fur les Pédales de Flûte.

S'il n'y a pas de Mufette, on fe fervira du Cromorne fans Preftant, & on fera tout le refte comme on vient de le dire.

XXII.

Pour imiter le Fifre.

On mettra au grand Orgue le petit Bourdon, avec la Quarte de Nafard & la Doublette : au Pofitif, on mettra les deux 8 pieds, le Preftant & le Larigot. On touchera des airs de Fifre & de Tabourin fur le grand Orgue, & on battra fur le Clavier du Pofitif, pour imiter le Tambour.

XXIII.

Pour imiter le Flageolet.

On mettra au grand Orgue la Quarte & la Doublette ; & au Pofitif, les deux 8 pieds pour l'accompagnement.

XXIV.

Pour imiter les petits oifeaux.

On mettra le petit Nafard au grand Orgue, un autre au Pofitif, les Claviers enfemble. On touchera une quarte plus haut, ou une quinte plus bas ; la baffe fe touchera fort haut.

On

On imitera le ramage des petits Oifeaux par des batteries, des roulements entrelaffés de tremblements & de cadences. La baffe fe fera à-peu-près dans le même goût.

XXV.

Pour accompagner les Voix.

L'accompagnement des Voix doit être proportionné à leur volume & à leur éclat. S'il faut accompagner un Chœur bien fourni de Voix, & tout un Peuple qui chante, on fe fervira de tout le Plein-Jeu, & on fera la baffe avec les Pédales de Trompette & de Clairon. Hors ce cas, on accompagnera les Voix avec des Jeux de fonds proportionnés. S'il y a plufieurs perfonnes qui chantent en partie, on les accompagnera avec trois ou quatre 8 pieds, fi les Voix font affez fortes; ou fi elles font médiocres, on n'y mettra que les deux 8 pieds du Pofitif. S'il n'y a qu'une perfonne qui chante, & qu'elle ait la voix affez forte, on l'accompagnera de même. Si la Voix qui récite eft foible, on ne fe fervira que d'un petit Bourdon. Une voix qui chante doit toujours dominer; l'accompagnement n'eft que pour l'orner & la foutenir.

XXVI.

Ufage des Bombardes.

Une Bombarde ne fe touche jamais feule; s'il y en a à la Pédale, on la joindra toujours, lorfqu'on voudra s'en fervir, aux Trompettes & aux Clairons de Pédale. On s'en fert ordinairement pour toucher le Plain-chant: on peut en faire ufage avec le Plein-Jeu, s'il eft affez fourni pour cela: on s'en fert encore fort bien au Grand Jeu, où elle fait un grand effet, lorfqu'on la touche à propos, & que le caractere de la piece le demande: il faut avoir pour cela du goût & du difcernement.

S'il y a une Bombarde à la main, elle répond ordinairement au troifieme Clavier, qu'on met avec les deux autres. On s'en fert dans le Grand Jeu, pour des préludes graves; pour certains grands accords qu'on veut exprimer plus fortement, pour des fufpenfions ou certains traits d'harmonie, pour des points d'Orgue, pour des finales, & en bien d'autres circonftances, où le caractere & l'expreffion de ce qu'on joue le demande. Si l'on veut toucher une Fugue grave fur le Plein-Jeu, on peut y joindre la Bombarde, s'il eft affez fourni: ce mêlange fait un grand effet, mais on ne peut le faire que lorfque la Bombarde joue par des gravures particulieres; fans cela elle feroit altérée par le Plein-Jeu; or ce Jeu à fes gravures diftinctes des autres, lorfqu'il joue par un Clavier féparé, qui eft le troifieme. On fe fert encore de la Bombarde pour toucher à la main le Plain-chant, en la joignant à la Trompette & au Clairon du grand Orgue: on met les Claviers enfemble. En un mot, un Orga-

nifte doit avoir du goût & du génie, pour fe fervir à propos des Bombardes.

1293. Voilà les mêlanges des Jeux les plus réguliers, les plus en ufage
& tels que les pratiquent les plus habiles Organiftes. Ils peuvent en trouver
bien d'autres : ils en imaginent qui font propres à rendre avec plus d'éner-
gie & d'expreffion les idées que leur fournit leur génie. Comme ils ont du
goût pour la bonne harmonie & qu'ils connoiffent les propriétés & la nature
des Jeux de leur Orgue, ils ne font point de nouveau mêlange, qui ne
foit raifonnable, & qui ne plaife. Ils s'attachent fur-tout à toucher chaque
mêlange dans le goût qui convient à fon caractere : il faut avoir pour cela
bien du difcernement ; auffi il n'appartient pas à tous d'en inventer de nouveaux, parce qu'il ne feroit pas aifé de les caractérifer comme il faut. Un
Organifte qui n'aura pas encore atteint un grand dégré de perfection, doit
s'étudier à imiter ceux qui ont le plus de talent, & tâcher de fe conformer à
leur goût & à leurs mêlanges. Comme il n'eft pas facile de les retenir tous
dans fa mémoire, j'ai cru leur faire plaifir de les leur préfenter ici par écrit.
Il eft cependant convenable d'y faire quelque changement dans certaines circonftances ; parce que toutes les Orgues ne font pas également bien faites.
Voici quelques regles générales, dont on pourra faire ufage dans l'occafion ;
car dans tout ce que j'ai dit ci-deffus au fujet des mêlanges, j'ai toujours fuppofé que tous les Jeux de l'Orgue étoient bons & proportionnés pour la qualité & la force de leur harmonie.

1°. Si les Jeux d'Anche font courts, & que par conféquent ils aient une
harmonie maigre, rude, feche & criarde, il fera à propos de les émouffer un
peu. On pourra à cet effet y ajouter plus de fonds, comme un petit Bourdon ; & s'il ne fuffit pas pour tempérer leur aigreur, on y joindra encore un
8 pieds ouvert, & un petit Narfard au Grand Jeu ; je fuppofe que ces fonds ne
les rendront pas lents à parler.

Mais fi au contraire les Jeux d'Anche font trop longs, & qu'ils aient par
eux-mêmes une harmonie fourde & trop douce, on les touchera fans fonds ;
on en retranchera même le Preftant.

2°. Si les Jeux d'Anche ont une mauvaife harmonie, & qu'ils ne foient pas
d'accord, c'eft le cas où l'on pourra fe fervir du Tremblant-fort. Cette modification du vent mettra de la confufion dans l'harmonie, & pourra peut-être maf-
quer un peu les défauts, fi elle ne les augmente ; mais dans les Orgues qui
font bonnes & qui vont bien, on fera beaucoup mieux de ne point s'en fervir,
à l'exemple des Organiftes qui ont le plus de goût, comme je l'ai déja dit. Il
eft cependant des occafions où l'on peut le faire jouer, pour donner une expreffion finguliere à quelque caprice que l'Organifte voudra exécuter : ces cas font
affez rares.

3°. Si les deux 8 pieds (qu'on doit toujours entendre du 8 pieds ouvert & du

4 pieds bouché) font si foibles, qu'ils ne faffent pas l'effet convenable dans les accompagnements, on y joindra la Flûte de 4 pieds, ou au défaut de la Flûte, le Preftant; mais on n'y mettra jamais de 16 pieds : du refte les deux 8 pieds ne peuvent jamais trop dominer dans ces fortes d'occafions. S'il n'y avoit point de 8 pieds ouvert dans le Pofitif, on joindroit au Bourdon la Flûte de 4 pieds, ou le Preftant s'il n'y avoit point de Flûte : ceci n'eft dit que pour les accompagnements.

4°. On ne mettra jamais aucune Tierce, ni Nafard, ni Quarte dans le mêlange du Plein-Jeu; on émoufferoit par-là fon tranchant, fa fineffe & fon brillant : ce font des Jeux incompatibles.

5°. On ne mettra point non plus aucune Tierce, ni Quarte, ni Nafard au Grand Jeu, que dans le cas du n°. 2 ci-deffus. Les Jeux d'Anche faifant toute la beauté du grand Jeu, ces Jeux leur feroient perdre tout leur mérite, & tout ce qu'ils ont de gracieux : ils les rendroient plus fourds & plus lents à parler; d'ailleurs, ils ne font pas un bon effet lorfqu'on fait des accords, comme on le pratique quelquefois au Grand Jeu.

6°. On a déja pu remarquer par tout ce qui a été dit ci-deffus, qu'il faut éviter, autant qu'on le pourra, de joindre le Preftant aux 8 pieds, pour les accompagnements des différents Récits, foit en taille, foit fur les deffus : il a un aigu qui n'eft pas agréable. On ne s'en fervira que dans le cas du n°. 3 ci-deffus : il faut lui préférer toujours pour cette fonction la Flûte de 4 pieds, s'il y en a.

7°. Si la Pédale de Flûte eft compofée d'un ou deux 16 pieds, avec les 8 pieds & les 4 pieds, on doit fe fervir de tous ces Jeux, même du 32 pieds, s'il y en a, dans toutes les manieres de toucher, où il eft fpécifié qu'on doit employer la Pédale de Flûte.

8°. S'il y a un Jeu de Tierce à la Pédale, c'eft-à-dire Nafards, Quartes, & Tierces avec tous les Jeux de fond, on peut s'en fervir aux Quatuor, aux Trio à trois Claviers, & dans d'autres occafions où l'on jugera qu'il doit faire un bon effet : cela dépend du goût & du génie de l'Organifte.

9. Il y a des Organiftes qui joignent prefque toujours un Nafard au Cromorne. Ce mélange peut affez bien faire, lorfque le Cromorne eft court, ou qu'il ne *cruche* pas affez, c'eft-à-dire, qu'il n'a pas l'harmonie qu'il doit avoir; mais lorfqu'il a fon véritable caractere & qu'il eft bon, il ne faut jamais y mêler aucun Nafard.

10°. Un Organifte doit s'attacher à bien connoître l'Orgue qu'il touche, pour en tirer tout le parti poffible. On a vu bien des fois un Orgue touché par deux bons Organiftes, lequel paroiffoit beaucoup meilleur fous la main de l'un que de l'autre. La raifon en eft que l'un avoit plus de goût dans fes mélanges des Jeux que l'autre, & fe conformoit mieux à la portée & à l'état actuel de l'Orgue. Chaque mélange a fon caractere particulier : il y en a qui font plus brillants fur certaines parties du Clavier, que dans d'autres; par exemple, tous les 8 pieds enfemble imitent mieux la vraie Flûte dans le plus haut du Clavier que plus bas : les Cornets ont un fon plus agréable en haut que plus bas : c'eft le contraire dans les Jeux d'Anche; les derniers Tuyaux ne font pas fi brillants, ils font toujours un peu foibles. Le Plein-Jeu n'eft pas fi nourri ni fi harmonieux dans les deffus : le grand Jeu de Tierce ne fait pas bien dans les deffus; auffi y a-t-il de très-bons Organiftes qui ne les touchent jamais : les 16 pieds y dominent trop. Il y a certains accompagnements qui doivent être pris fort bas, d'autres médiocrement, & d'autres fort haut. Il eft des mélanges qu'il faut toucher avec rapidité, d'autres d'un mouvement modéré, comme tous ceux où entrent les fonds de l'Orgue, & fur-tout les grands fonds, qui ne feroient aucun effet. C'eft à un Organifte qui a du goût, & qui du refte en fait affez pour être le maître de fon harmonie, à choifir non-feulement fes Jeux comme il faut, mais encore les parties de fes mélanges les plus favorables; c'eft ce que j'ai tâché d'infinuer dans plufieurs de ceux que je viens de donner; comme quand j'ai déterminé fur quels Jeux ou quels Claviers on doit faire le premier ou le fecond deffus dans les Trio, ou dans les Duo, felon le mélange dont il s'agiffoit. Plus un Organifte fera paroître l'Orgue, plus il plaira & plus il paroîtra lui-même. J'en ai vu un qui portoit fon attention jufqu'au point de ne plus toucher, pendant tout l'office, une touche fur laquelle il avoit entendu un Tuyau affez notablement difcord pour choquer l'oreille; il faut être pour cela maître de fon harmonie.

FIN DE LA TROISIEME PARTIE.

Faute à corriger.

Pag. 523, feconde colonne de la note, ligne 2; font du moins généralement pratiqués à préfent par; lifez, font généralement pratiqués à préfent, du moins par.

DE L'IMPRIMERIE DE L. F. DELATOUR. 1770.

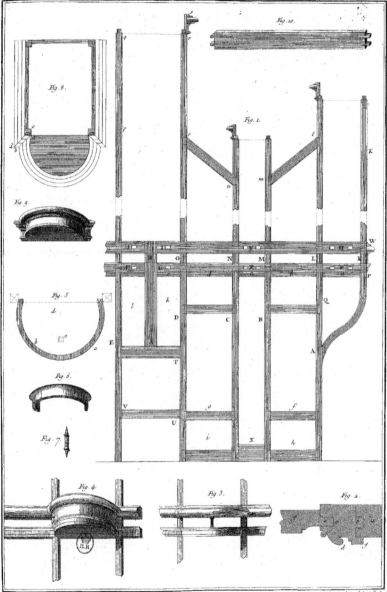

Fig. 20.

Fig. 8.

Fig. 9.

Fig. 5.

Fig. 6.

Fig. 7.

Fig. 2.

Fig. 4.

Fig. 3.

Fig. 1.

Le Gardette Del. et Sculp.

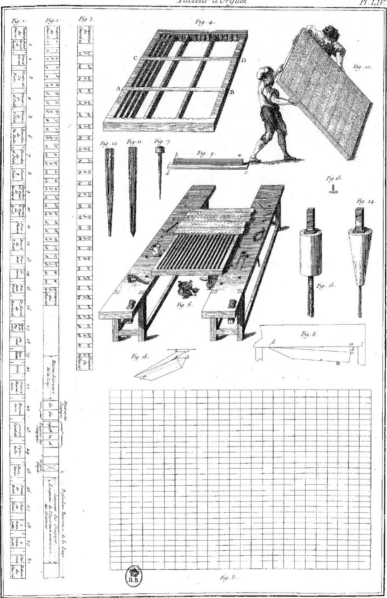

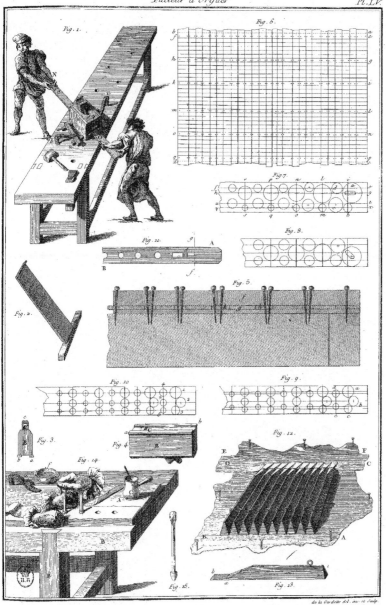

Fig. 1.

Fig. 6.

Fig. 7.

Fig. 11.

Fig. 8.

Fig. 5.

Fig. 2.

Fig. 10.

Fig. 9.

Fig. 3.

Fig. 4.

Fig. 14.

Fig. 12.

Fig. 15.

Fig. 13.

de la Gardette del. ou et Sculp.

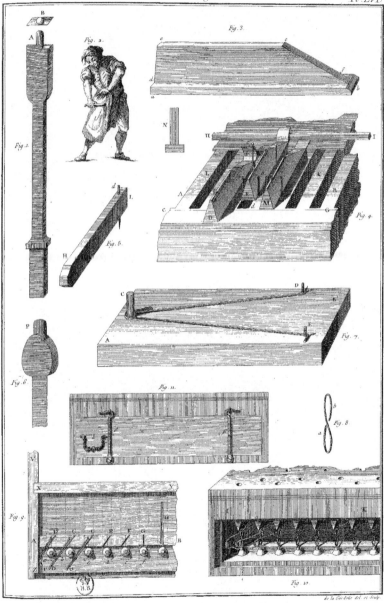

Fig. 1. *Fig. 2.* *Fig. 3.* *Fig. 4.* *Fig. 5.* *Fig. 6.* *Fig. 7.* *Fig. 8.* *Fig. 9.* *Fig. 10.* *Fig. 11.*

de la Gardette del. et Sculp.

Fig. 1.

Fig. 2.

Fig. 3.

Fig. 4.

Fig. 5.

Fig. 6.

Fig. 7.

de la Gardette del. Sculp.

Pl. LVIII.

Pl. LIX.

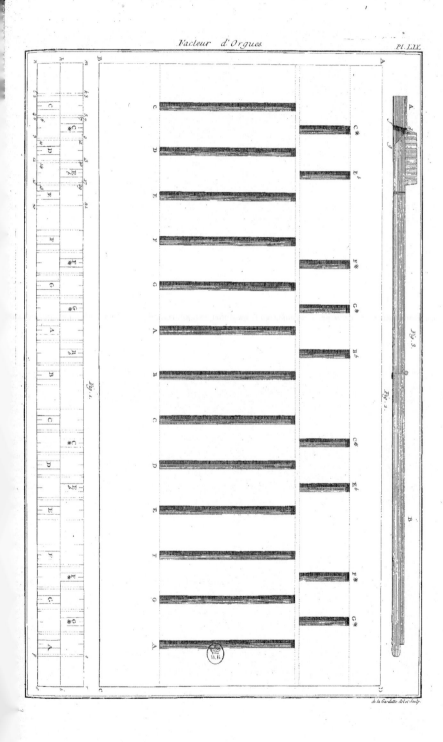

Pl. LIX.

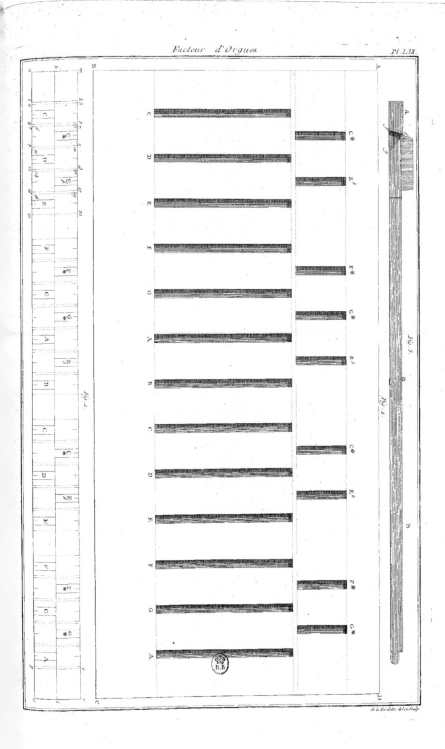

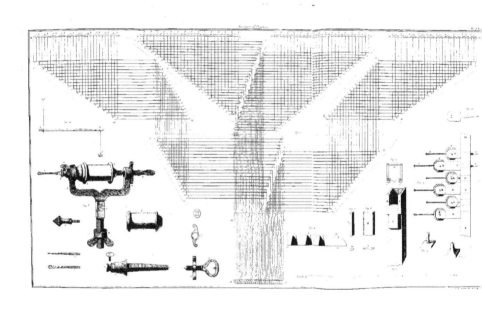

700
z. xi.

Pl. LXI

Fig. 4.

Fig. 2.

Fig. 6.

Fig. 1.

Fig. 5.

Fig. 3.

A. la Gardette del et Sculp.

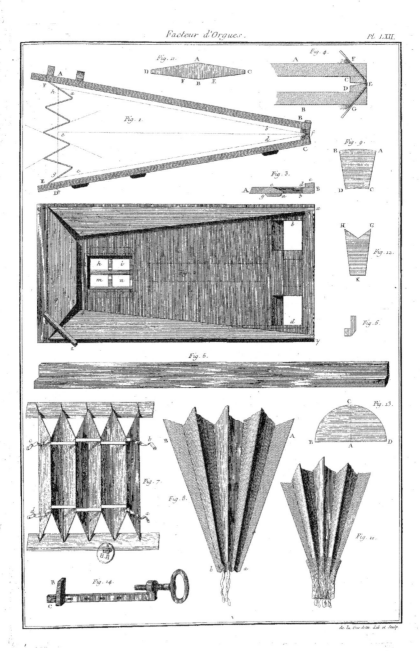

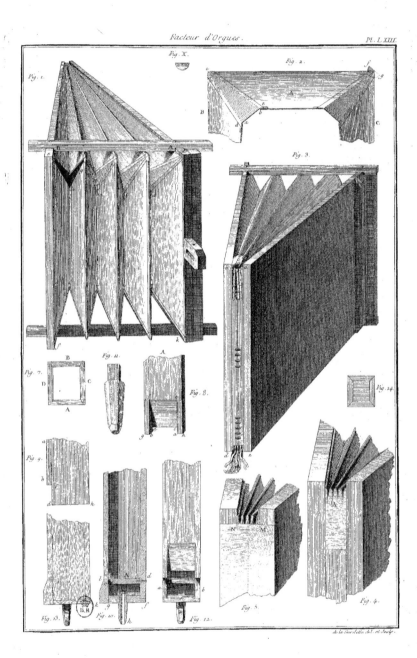

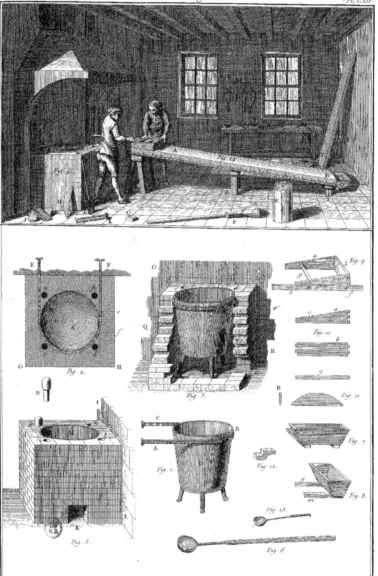

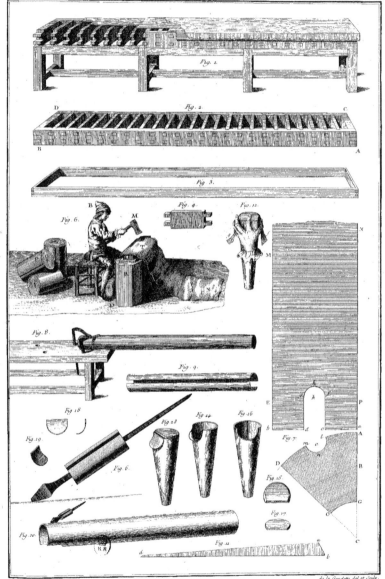

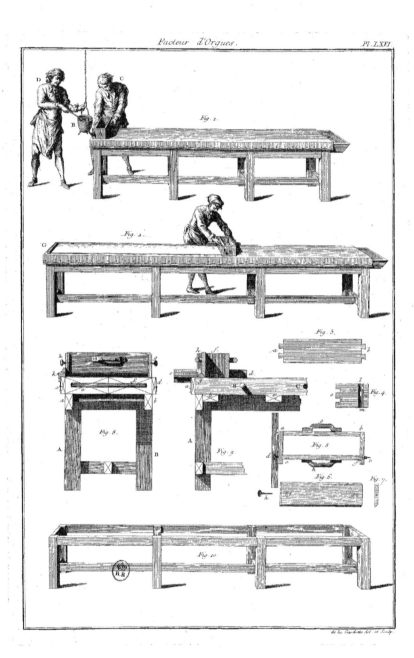

Fig. 1.

Fig. 2.

Fig. 3.

Fig. 4.

Fig. 8.

Fig. 9.

Fig. 5.

Fig. 6.

Fig. 7.

Fig. 10.

de la Gardette del. et Sculp.

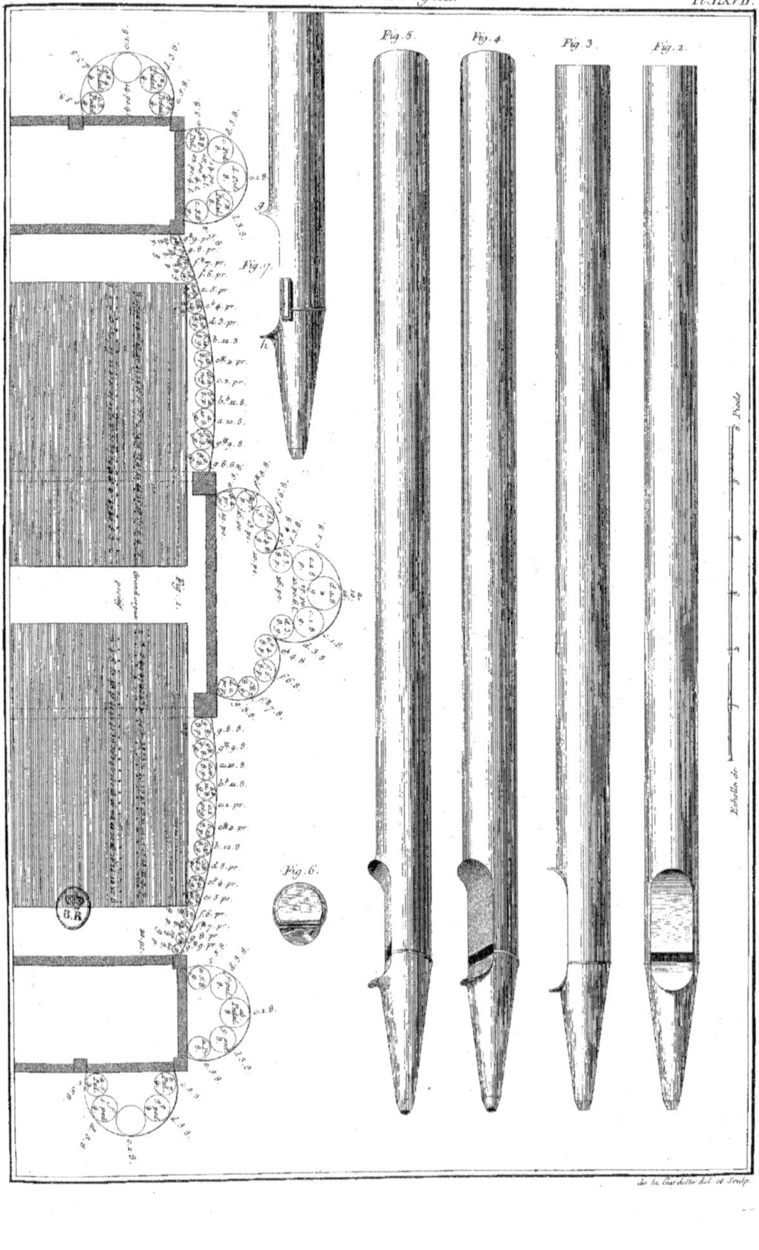
Fig. 5.
Fig. 4.
Fig. 3.
Fig. 2.
Fig. 7.
Fig. 6.
Fig. 1.
Echelle de 6 Pieds

de la Gardette del. et Sculp.

Pl. LXVIII.

Fig. 2. Fig. 3. Fig. 4. Fig. 6. Fig. 7. Fig. 8. Fig. 5.

Fig. 1.

Fig. 11.

Fig. 19. Fig. 16. Fig. 12. Fig. 17. Fig. 18. Fig. 13. Fig. 14. Fig. 15. Fig. 9. Fig. 10.

de la Gardette del. et Sculp.

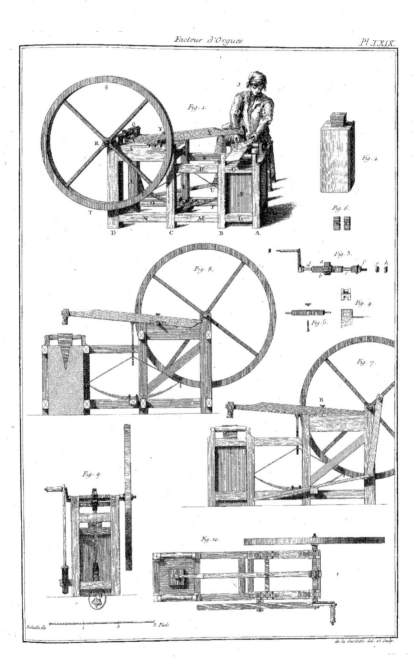

Echelle de ...... 1 ...... 2 ...... 3 Pieds.

de la Gardette del. et Sculp.

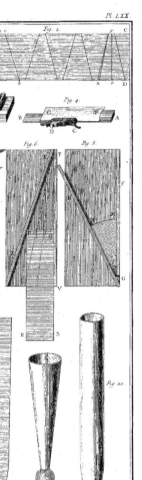

Fig. 1.

Fig. 2.

Fig. 3.

Fig. 4.

Fig. 5.

Fig. 6.

Fig. 7.

Fig. 8.

Fig. 9.

Fig. 10.

Fig. 11.

Fig. 12.

Fig. 13.

Fig. 14.

Fig. 15.

Fig. 16.

Fig. 17.

Fig. 18.

Fig. 19.

Fig. 20.

Fig. 21.

Fig. 22.

de la Gardette del. et Sculp.

Pl. LXXI.

de la Gardette del. et Sculp.

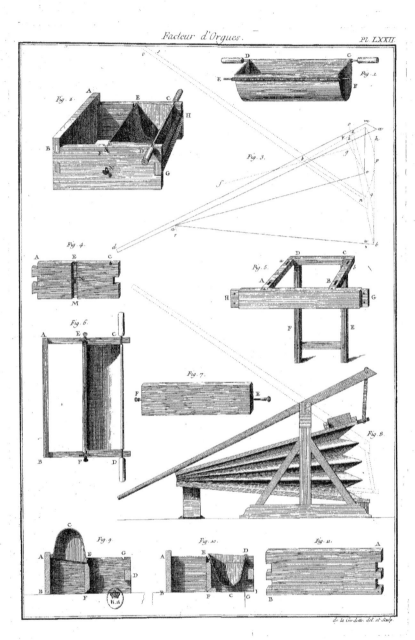

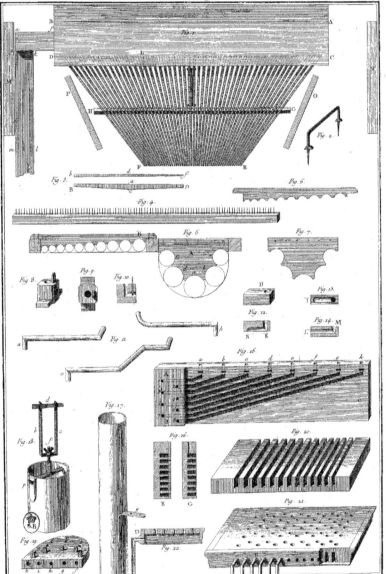

de la Gardette del. et Sculp.

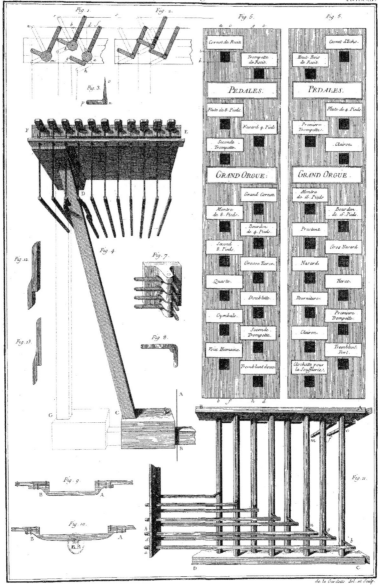

Fig. 1.

Fig. 2.

Fig. 3.

Fig. 4.

Fig. 12.

Fig. 13.

Fig. 7.

Fig. 8.

Fig. 9.

Fig. 10.

Fig. 11.

Fig. 5.

Cornet de Récit.

Trompette de Récit.

PEDALES.

Flûte de 8 Pieds.

Nazard. 4 Pieds.

Seconde Trompette.

GRAND ORGUE.

Grand Cornet.

Montre de 8 Pieds.

Bourdon de 4 Pieds.

Second 8 Pieds.

Grosse Tierce.

Quarte.

Doublette.

Cymbale.

Seconde Trompette.

Voix Humaine.

Tremblant doux.

Fig. 6.

Cornet d'Echo.

Haut-Bois de Récit.

PEDALES.

Flûte de 4 Pieds.

Première Trompette.

Clairon.

GRAND ORGUE.

Montre de 16 Pieds.

Bourdon de 16 Pieds.

Prestant.

Gros Nazard.

Nazard.

Tierce.

Fournitures.

Première Trompette.

Clairon.

Tremblant Fort.

Clochette pour la Soufflerie.

de la Gardette del. et Sculp.

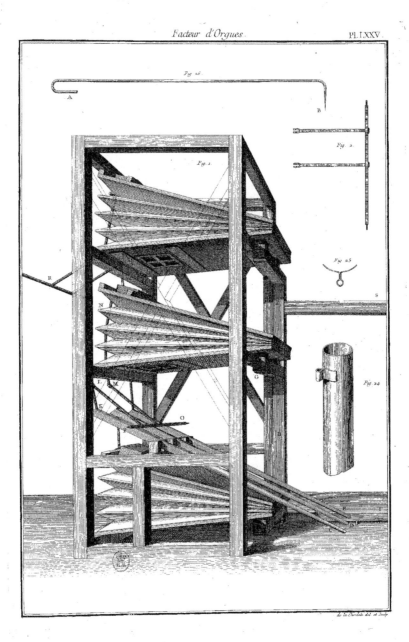

Fig. 26.

Fig. 1.

Fig. 2.

Fig. 25.

Fig. 24.

de la Gardelle del. et Sculp.

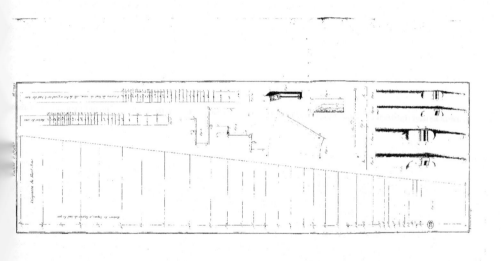

Pl. LXXIV

Décoration extérieure en perspective de l'Orgue de l'Abbaye de Weingarthen,
dans la Souabe en Allemagne.

Fait et fini le 24 Juin 1750, par M. Gabler Mtre Facteur d'Orgues de la Ville de Ravensbourg dans le même Pays.

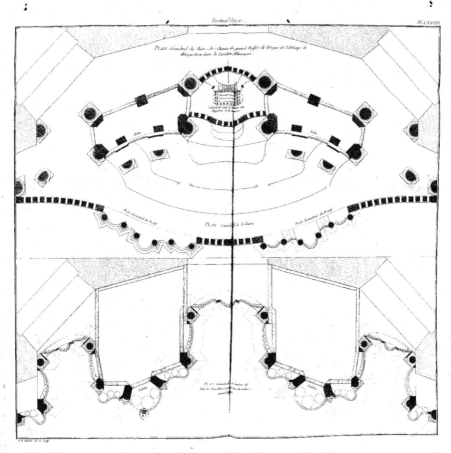

Pl. I.XXIX.

Idée d'un grand
Buffet d'Orgues

sans Tuyaux
Apparents.

Plan du grand Buffet

Offori inv. Roubo del.

de la Gardette Sculp. 1769.

Made at Dunstable, United Kingdom
2023-04-20
http://www.print-info.eu/

21361502R00262